CHASSEURS ALPINS

Des Vosges aux Djebels

1914-1964

DU MEME AUTEUR

aux Presses de la Cité

COMMANDO DE CHASSE (Collection Troupes de choc).
LES PANZERS DE LA GARDE NOIRE (Collection Troupes de choc).
LES PARAS DU MATIN ROUGE (Collection Troupes de choc).
LA CRÈTE, TOMBEAU DES PARAS ALLEMANDS (Collection Troupes de choc).

Chez d'autres éditeurs

La Guerre.
LA BRIGADE FRANKREICH (Arthème Fayard et Livre de Poche).
LA DIVISION CHARLEMAGNE (Arthème Fayard et Livre de Poche).
MOURIR A BERLIN (Arthème Fayard et Livre de poche).
LES JEUNES FAUVES DU FÜHRER (Arthème Fayard et Livre de poche).
LA DIVISION « WIKING » (Arthème Fayard et Livre de poche).
LA PANZERDIVISION « WIKING » (Arthème Fayard).
LA DIVISION « NORDLAND » (Arthème Fayard).

L'Histoire.
HISTOIRE DE L'AFRIQUE (François Beauval), *en collaboration.*
LE MASSACRE DES JANISSAIRES (Editions de Crémille).
LES SAMOURAÏ (André Balland et Livre de poche) *avec Yves Bréhéret.*
L'ETÉ ROUGE DE PÉKIN (Arthème Fayard et Livre de poche).
LA BATAILLE DE L'YSER (Arthème Fayard).
HISTOIRE DES TROUPES D'ÉLITE (Famot, Genève) *en collaboration.*
LES SEIGNEURS DE LA GUERRE (François Beauval) *en collaboration.*
UNGERN, LE BARON FOU (André Balland et Livre de poche).
LES ENIGMES DE L'OCCUPATION (Editions de Crémille) *en collaboration.*
HISTOIRE DE LA GESTAPO (Editions de Crémille) *en collaboration.*
LES SURVIVANTS DE L'AVENTURE HITLÉRIENNE (Famot) *en collaboration.*
LES GRANDS AVENTURIERS DE L'HISTOIRE (Arthème Fayard).
RÖHM, L'HOMME QUI INVENTA HITLER (Arthème Fayard).

La Politique.
DRIEU PARMI NOUS (La Table Ronde).
HISTOIRE D'UN FRANÇAIS (L'Esprit nouveau).
L'ECRIVAIN, LA POLITIQUE ET L'ESPÉRANCE (Europe).

Le Nord.
THULÉ, LE SOLEIL RETROUVÉ DES HYPERBORÉENS (Robert Laffont).
HISTOIRE DE LA NORMANDIE (Hachette) *avec Jean-Robert Ragache.*
LES SOLSTICES, HISTOIRE ET ACTUALITÉ (G.r.e.c.e.) *avec Pierre Vial.*
LES VIKINGS, SEIGNEURS DES TEMPÊTES (Versoix, Genève).
LES DIEUX MAUDITS, récits de mythologie nordique (Copernic).
VIKINGS EN NORMANDIE (Copernic) *en collaboration.*
LA SAGA DE GODEFROY LE BOITEUX (Copernic).

La Mer.
LA MARÉE NOIRE DU « TORREY CANYON » (Albin Michel).
EVASIONS FANTASTIQUES (Editions maritimes et d'outre-mer).
PÊCHEURS DU COTENTIN (Heimdal).
LES CONQUÉRANTS DES MERS POLAIRES (Vernoy, Genève).
« MOR BIHAN » AUTOUR DU MONDE (Editions maritimes et d'outre-mer).

JEAN MABIRE

CHASSEURS ALPINS

Des Vosges aux Djebels

1914-1964

Collection « Troupes de choc » dirigée par Jeannine BALLAND

Presses de la Cité
Paris

Dans la même collection :

La Légion au combat, Erwan Bergot.
Commando de chasse, Jean Mabire.
Paras de la France Libre, colonel Roger Flamand.
Corsaires en béret vert, René Bail.
Bataillon Bigeard, Erwan Bergot.
Ier Bataillon de choc, Raymond Muelle.
G.M. 100, Jean-Pierre Bernier.
La Légion saute sur Kolwezi, Pierre Sergent.
Les Cadets de la France Libre, Erwan Bergot.
Les Panzers de la Garde noire, Jean Mabire.
La Bataille des Ardennes, Michel Hérubel.
Les 170 jours de Diên Biên Phu, Erwan Bergot (couronné par l'Académie française).
Normandie-Niémen, Yves Courrière.
La 2e D.B., Erwan Bergot.
Commandos d'Afrique, de l'île d'Elbe au Danube, Patrick de Gmeline. (Prix Raymond Poincaré.)
Panzers en Afrique, Jean-Marie Fitère.
La Guerre des Appelés en Algérie, 1956-1962, Erwan Bergot.
Les Bombardiers de la France Libre, François Broche.
Les Paras du matin rouge, Jean Mabire.
Le Corps expéditionnaire français en Italie, Jacques Robichon.
La Bataille des Convois de Mourmansk (1941-1945), J.-J. Antier.
Les Sous-Marins de la France Libre, Maurice Pasquelot. (Prix Raymond Poincaré.)
Bataillon R.A.S. — Algérie —, Jean Pouget.
Paras-Légion. Le 2e B.E.P., Pierre Sergent.
La Coloniale — du Rif au Tchad, 1925-1980 —, Erwan Bergot.
Les Hélicos du Djebel — Algérie, 1955-1962, Marc Flament.
Les Chasseurs de la R.A.F. dans la bataille d'Angleterre, juillet-septembre 1940, Jean Bourdier.
La Crète, tombeau des paras allemands, Jean Mabire.
Le Commando du 6 juin. N° 4 Commando, Raymond La Sierra.
La Bataille de Malte, Jean-Jacques Antier.
Bataillon de Corée — les volontaires français 1950-1953 — Erwan Bergot.
La 1re D.F.L., Général Yves Gras.
La division Brandebourg 1939-1945, Eric Lefèvre.

ISBN 2.258.1318-6

A la mémoire de mon oncle,
Jean Mabire,
étudiant aux Beaux-Arts,
engagé volontaire,
caporal mitrailleur au 12ᵉ BCA,
dix-neuf ans, Médaille militaire,
mort des suites d'une blessure
reçue au combat de Maurepas,
le 13 août 1916, dans la Somme,
le jour où disparaissait,
dans le même secteur, son frère aîné,
le sous-lieutenant Pol Mabire,
officier d'active,
vingt et un ans, Légion d'honneur,
chef de section au 70ᵉ BCA,
« mort pour la France ».

AVERTISSEMENT

Ayant lui-même servi dans un bataillon bleu — le 12ᵉ BCA — l'auteur n'ignore pas que les chasseurs alpins ne forment que des unités spécialisées au sein de la grande et unique famille des Chasseurs à Pied, créée en 1840 par le duc d'Orléans, notre père.

Il apparaît donc injuste de limiter ce livre aux seuls bataillons alpins. Mais le sujet « chasseur » est si vaste qu'il a paru souhaitable de le diviser, arbitrairement.

Un prochain ouvrage de la même collection sera consacré aux bataillons « à pied », de leur création à nos jours, et complétera celui-ci.

AVERTISSEMENT

[illegible] le lecteur [illegible] [illegible] [illegible] ne forment que [illegible] de la grande et unique famille [illegible] en 1830 par le duc d'Orléans, [illegible]

[illegible] de [illegible] côté [illegible] [illegible] vaste [illegible] [illegible]

[illegible] de la [illegible] collection [illegible] de leur [illegible] [illegible]

I

1845-1914

Chapitre premier

PENDANT TROIS JOURS, A UN CONTRE CENT...

Dans la solitude des sommets où hurle en rafales un vent glacial, s'engouffrant entre les aiguilles sombres qu'il fait vibrer comme des tuyaux d'orgue, une petite troupe de jeunes hommes se tient au garde-à-vous, plantée jusqu'aux genoux dans la poudreuse qui scintille au soleil d'automne.

Il fait déjà froid à plus de trois mille mètres d'altitude en ce 23 septembre. Dans l'immense étendue blanche, on distingue à peine ces êtres humains, vêtus de la couleur immaculée de la neige. Anorak blanc, knickers blancs, bas de laine blancs, vaste béret blanc. Le froid pique les visages de ses mille aiguilles, les larmes se figent en glaçons et, chaque fois qu'ils respirent, on aperçoit un nuage de buée naître sur leurs lèvres gercées.

Immobiles au cœur même de la montagne, plus près des nuages qui s'effilochent aux arêtes rocheuses que des vallées déjà noyées dans l'ombre de la mi-journée, ces hommes sont les jeunes recrues d'un bataillon de chasseurs alpins qui vont recevoir, au terme d'une dure ascension, la fourragère gagnée naguère au feu par leurs grands anciens. Pour la mériter, ils se sont élevés lentement, pas après pas, tandis que les crampons mordaient la glace bleutée et que le fer des piolets faisait jaillir des gerbes d'étoiles. Ils ont triomphé de la fatigue qui noue les muscles quand l'air semble encore se raréfier et que le souffle devient plus court à chaque geste. Les épaules rompues par le sac, le fusil d'assaut, les cartouchières, ils ont aussi connu l'angoisse quand brusquement le regard découvre un vertigineux à-pic où deux choucas glissent sur leur aile noire comme des pilotes de chasse à la poursuite de l'ennemi.

Loin de ceux qui rampent dans les villes noirâtres, les futurs Alpins sont entrés dans cet univers qui n'appartient qu'aux jeunes et aux forts, à mi-chemin du ciel.

— Présentez... armes !

Gestes tant de fois répétés dans la cour du quartier. Cette fois, il n'y a pas de spectateurs. Tous ceux qui sont ici appartiennent au même monde, celui de la haute montagne où l'on respire un air différent, plus rare et plus pur.

Les guerriers blancs, figés comme des statues que raidirait le gel, écoutent le récit de ce combat de Sidi-Brahim d'où jaillit comme un geyser ce que leurs aînés nomment *l'esprit chasseur*. On entend une voix, presque métallique dans le grand silence des sommets :

— Dans la nuit du 21 au 22 septembre 1845, trois cent cinquante hommes du 8e bataillon des Chasseurs d'Orléans ont quitté le poste côtier de Djemmaa-Ghazaouet pour se diriger en direction du sud-ouest et de la frontière marocaine. Ils marchaient à la rencontre de l'émir Abd el-Kader et de la mort. Il ne reviendra de cette colonne qu'un caporal et quatorze chasseurs...

Ainsi le nom de Sidi-Brahim entrait dans l'histoire des hommes en tenue bleue, que les indigènes d'Algérie nommaient, au temps de la Conquête, les « soldats noirs ».

La cérémonie en haute altitude est rapide. Sur les anoraks blancs tranche désormais la fourragère rouge [1] gagnée en 14-18 par les Alpins du 6e BCA comme du 27e BCA.

— Reposez... armes !

Des lèvres crevassées et bleuies par le froid, un chant monte, dont les paroles naïves sont devenues sacrées au souvenir de tant de sacrifices :

Francs Chasseurs, hardis compagnons,
Voici venir le jour de gloire.
Entendez l'appel du clairon,
Qui vous présage la victoire.

Le rythme est vif, saccadé. Chaque mot claque comme une gifle de ce vent brutal qui siffle sur tout le paysage de haute altitude.

Volez, intrépides Chasseurs,
La France est là qui vous regarde.
Quand sonne l'heure du combat,
Votre place est à l'avant-garde !

Maintenant, les cordées se reforment et les chasseurs, jeunes et anciens mêlés, redescendent vers les alpages où ils arriveront au crépuscule. La cérémonie de la Sidi-Brahim est terminée.

---

1. La fourragère est rouge, puisqu'elle reprend la couleur de la Légion d'honneur. Rouges sont également le battant du drapeau tricolore et les lèvres de la femme aimée... En dehors de ces trois exceptions, les chasseurs ignorent ce mot et désignent cette nuance de l'arc-en-ciel sous le vocable de « bleu-cerise ».

Le désastre serait-il plus exaltant que la victoire ?

Le héros ne trouve sa vraie grandeur que seul, face à un destin tragique. Chaque 23 septembre, le combat de 1845 est célébré par les chasseurs avec une ferveur qui n'a d'égale que celle des légionnaires pour le 30 avril, anniversaire de Camerone.

Les deux faits d'armes, d'ailleurs, se ressemblent et se rejoignent, préfigurant toutes ces situations désespérées et exaltantes où une poignée de braves, encerclés par l'ennemi, refuse de se rendre et préfère la mort, dans l'honneur et la fidélité.

Quand la colonne, formée principalement par les hommes du 8ᵉ bataillon de Chasseurs d'Orléans, quitte le poste de Djemmaa-Ghazaouet, que l'on nommera ensuite Nemours, avant qu'il ne reprenne son nom original, il n'y a même pas dix ans que le corps d'élite auquel ils appartiennent a été créé.

En 1837, à Vincennes, une unité expérimentale porte le nom de Compagnie de Chasseurs d'essai. Son chef est le duc d'Orléans, fils aîné de Louis-Philippe, roi des Français. Le jeune prince, très attiré par le métier des armes, espère créer une troupe de choc, composée d'excellents tireurs, armés de la nouvelle carabine Delvigne-Pontcharra. L'année suivante, c'est tout un bataillon qui est organisé selon cette méthode nouvelle. Il prend le nom de Bataillon provisoire de Chasseurs à Pied, qui deviendra, dès 1840, le « Premier » bataillon de Chasseurs à Pied.

Ses hommes sont vêtus d'une sombre tenue bleu roi, froncée à la taille et passepoilée de « jonquille [1] » au collet, aux parements et à la jupe. Ils portent des épaulettes vertes, des boutons et des galons d'argent. Leur pantalon, gris de fer, est pris dans des guêtres blanches. Tous conservent — obligatoirement — de longues moustaches au-dessus d'une barbiche en pointe.

Selon le duc d'Orléans lui-même, ils constituent « le type de l'infanterie équipée, armée et instruite en vue de la guerre la plus active. »

Les chasseurs à pied livreront leurs premiers combats en Algérie, sous les ordres directs de leur créateur. Le succès est si évident qu'il est décidé de multiplier par dix l'effectif de ce corps d'élite.

Le 13 juillet 1842, le duc d'Orléans, âgé de trente-deux ans, trouve la mort dans un accident de voiture, alors qu'il se trouvait à Neuilly. Moins d'une semaine plus tard, le roi son père décide :

— Désormais, les dix bataillons de Chasseurs à Pied porteront le nom de Chasseurs d'Orléans.

Réfugié au Maroc après la prise de sa Smala, le 16 mai 1843,

---

1. De même que le terme de « rouge » est inconnu des chasseurs qui emploient exclusivement « bleu-cerise », avec toujours une nuance péjorative, à l'exception des trois cas cités dans la note précédente, la couleur « jaune » se dit « jonquille » et constitue, avec le bleu et le vert, une des couleurs favorites des chasseurs.

l'émir Abd el-Kader ne cesse d'envoyer des émissaires en Algérie. Ces fanatiques de l'indépendance vont de douar en douar et de tribu en tribu, prêchant la guerre sainte contre les envahisseurs. Les Français entrent alors en guerre contre le sultan du Maroc Moulay Abd al-Rahman. La victoire de l'Isly, le 14 août 1844, pourtant, sera sans lendemain. Le maréchal Bugeaud, gouverneur général de l'Algérie doit ramener ses troupes, durement éprouvées par le climat, vers leurs bases de la côte algérienne, où la proximité de la mer tempère un peu les assauts implacables du soleil.

Parmi les unités qui se trouvent placées sous ses ordres, les plus solides sont, sans conteste, les bataillons de Chasseurs d'Orléans. Ils jouent un rôle qui sera plus tard l'apanage des « Commandos », dont l'endurance et la vitesse sont les qualités primordiales.

En eux, l'émir Abd el-Kader trouve ses adversaires les plus redoutables. Rapides, courageux, tenaces, ils mènent la guerre sur le même rythme que les indigènes. Les voici aussi endiablés qu'eux, avec leur tenue sombre et leur longue carabine. Les visages ruissellent de sueur sous les shakos noirs de cuir bouilli. En quelques mois de campagne, les peaux sont tannées, les regards durcis, les muscles tendus. Les « Vitriers », dont le sac brille au soleil infernal comme les carreaux d'un artisan parisien, sont-ils les meilleurs soldats de l'armée d'Afrique ? En tout cas, ils s'en persuadent et le clament bien haut.

Encore un carreau de cassé,
V'là le vitrier qui passe,
Encore un carreau de cassé,
V'là le vitrier passé !

Il s'agit maintenant de délimiter la frontière occidentale de l'Algérie. Le 23 août 1845, une convention a été signée, en Normandie, à Eu, entre le Maroc et la France. Tout semble calme. Pourtant, entouré de trente à quarante mille partisans, Abd el-Kader attend son heure. Sait-il qu'une sourde rivalité oppose le commandant en chef Bugeaud et le chef de la division d'Oranie Lamoricière ? En tout cas, Bugeaud décide d'aller en France pour tenter de convaincre de ses idées sur la colonisation le maréchal Soult, qui est à la fois ministre de la Guerre et président du Conseil. Son rival Lamoricière assure l'intérim. A Tlemcen, le général Cavaignac craint les incursions des dissidents marocains et des réfugiés algériens.

Partisan de la force, Cavaignac désire envoyer une colonne vers la frontière.

— Il faut dissuader les tribus kabyles de rallier Abd el-Kader, répète-t-il au commandant Bazaine, chargé des affaires indigènes.

— L'Emir est d'autant plus dangereux qu'il se tient à Deïra, non loin de la frontière, et qu'il reçoit chaque jour des partisans. Le sultan du Maroc n'a plus aucun pouvoir sur ce fragment d'Algérie.

Partant de cette base inviolable, Abd el-Kader franchit la frontière. Sa seule présence met le feu aux poudres !

⁂

Depuis le 8 août 1845, des renforts ont débarqué à Djemmaa-Ghazaouet, dont la garnison n'était que de trois cents hommes, pour la plupart inaptes au combat, car la bourgade portuaire sert aussi de centre de convalescence pour les postes de la montagne. Le renfort, particulièrement bienvenu à une période où la situation se dégrade à la frontière, comporte comme infanterie le 8e bataillon de Chasseurs d'Orléans et comme cavalerie deux escadrons du 2e régiment de Hussards, dont un seul restera.

Le lieutenant-colonel de Montagnac qui commande la place de Djemmaa-Ghazaouet, où il a entrepris d'importants travaux de fortification, semble enchanté de l'arrivée des nouveaux venus dont il admire la fière allure au milieu des malades et des éclopés qu'il ne sait trop comment employer.

Le 8e d'Orléans jouit d'une bonne réputation dans toute l'armée d'Afrique. Depuis son débarquement à Mostaganem, voici quatre ans maintenant, il a toujours vécu et lutté en Oranie.

A sa tête, se trouve le chef de bataillon Froment-Coste, promu officier de la Légion d'honneur au feu. Il n'a pas quarante ans. Mince, brun, calme, c'est un chef qui n'a même pas besoin d'élever la voix pour imposer son autorité. Il est bien secondé par son capitaine adjudant-major, le capitaine Dutertre, bel officier malgré une myopie qui l'oblige à porter des lunettes, particularité rare à cette époque pour un militaire. Il a l'ambition des pauvres et la bravoure des simples. Tout dévoué à son métier, il écrit à sa sœur, dont il est le seul soutien : « Que je plains mon pays d'abandonner le goût des armes pour devenir exclusivement marchand. » Par ailleurs, Dutertre n'a pas de haine pour les Arabes : « Tout en les battant, nous devons les plaindre et même les admirer. »

Le bataillon qui arrive à Djemmaa-Ghazaouet n'a pas ses effectifs au complet. Seules sont présentes quatre compagnies de chasseurs, plus la compagnie de carabiniers du capitaine de Géreaux.

Plusieurs des officiers sortent du rang et sont déjà assez âgés. Beaucoup de leurs camarades se trouvent alors en congé ou au dépôt de Toulouse. La pénurie est telle, en ce domaine de l'encadrement, qu'une des compagnies a été confiée à un simple sous-lieutenant.

L'escadron de hussards est commandé par un officier qui peut s'enorgueillir de trente ans de service et de huit campagnes. Il se fait appeler Courby de Cognord. Son intelligence est qualifiée par ses chefs de « militaire ».

Tout comme le chef de bataillon Froment-Coste, ce brillant cavalier découvre en la personne du lieutenant-colonel de Montagnac, commandant de la place de Djemmaa-Ghazaouet, un singulier chef de guerre, dont l'intelligence, la brutalité et l'ambition ont de quoi étonner, même en ce rude milieu militaire algérien.

Ce véritable sanglier de combat ne songe qu'à en découdre. Et il mène ses hommes d'une main de fer. « La crevaison de tous les habitants de la terre ne pèse pas, à mes yeux, dans la balance, un milligramme, lorsqu'il s'agit de l'intérêt général et de l'honneur des armes. » Qui n'est pas militaire se voit qualifié d'un seul titre, celui de « sale civil ».

Envers les indigènes, sa politique est simple. A la moindre résistance, Montagnac prévoit une seule riposte : « Tuer tous les hommes jusqu'à l'âge de quinze ans, prendre toutes les femmes et tous les enfants, en charger des bâtiments, les envoyer aux îles Marquises ou ailleurs ; en un mot, anéantir tout ce qui ne rampera pas à nos pieds comme des chiens. »

Dur pour les autres, il l'est tout autant pour lui-même. Son déjeuner se limite à trois œufs, un verre d'eau et une tasse de café. Son dîner à du riz ou des patates, un verre d'eau et une tasse de café.

Ne parlant pas assez bien la langue du pays, Montagnac doit avoir recours aux services d'un interprète, le juif Lévy, dont les origines suscitent la haine tenace des Arabes. L'officier estime, une fois encore, que nécessité fait loi et tient fort serré son auxiliaire.

On ne peut guère s'étonner qu'un tel homme, exigeant et susceptible, n'entretienne pas les meilleures relations avec ses camarades, à commencer par le lieutenant-colonel de Barral qui commande le poste de Lalla-Maghrnia, à une trentaine de kilomètres à vol d'oiseau à l'intérieur des terres, en pleine montagne hostile. La garnison de ce nid d'aigle comprend un demi-millier d'hommes et se compose de fantassins du 15ᵉ léger, de cavaliers, d'artilleurs et surtout du 10ᵉ bataillon de Chasseurs d'Orléans, que commande le chef de bataillon d'Exéa, un camarade de combat de Montagnac.

Cette colonne excite beaucoup l'envie du commandant de Djemmaa-Ghazaouet qui ronge son frein au bord de la mer où il n'avait jusqu'ici sous ses ordres que des recrues sans grande combativité et qu'il employait surtout comme terrassiers.

L'arrivée du bataillon de chasseurs d'Orléans de Froment-Coste et de l'escadron de hussards de Courby de Cognord ne peut que réjouir profondément Montagnac. Enfin, il va avoir de « vraies » troupes à commander, des hommes qui servent depuis plusieurs années en Algérie et connaissent bien le climat, le terrain et les indigènes.

Persuadé que ses brutales manières d'imposer sa loi et de rendre la justice ont définitivement soumis les habitants du territoire où il règne en tyran sans partage, Montagnac se montre plutôt optimiste sur le ralliement des populations. Il est persuadé d'avoir, avec les indigènes, la bonne manière, la manière forte. Montagnac est très content de lui et a écrit récemment à son oncle, en évoquant son « proconsulat » de Djemmaa-Ghazaouet :

« J'aime cette vie. Je sens que j'ai besoin de faire mon sillon comme un bœuf, l'inaction m'endort et me tue. Enfin, me voilà mon maître, et le maître des autres ; je régnerai, je vous en réponds, et je gouvernerai ; vive les gouvernements absolus ! »

Il affirme à ses camarades nouveaux venus en son domaine :

— Les pillards qui se livrent à des razzias ne sont pas des gens du pays. Ce sont des partisans d'Abd el-Kader venus d'au-delà de la frontière marocaine.

Profitant des renforts qui viennent d'arriver à Djemmaa-Ghazaouet, le lieutenant-colonel va multiplier les patrouilles « pour se donner de l'air ». Il veut rapidement accoutumer chasseurs et hussards au pays et à ses gens.

Le 21 septembre, un message du général Cavaignac incite les deux chefs qui commandent à la frontière marocaine, Barral et Montagnac, à redoubler de vigilance.

Selon certains renseignements, l'Emir pourrait revenir sur le territoire algérien à la tête de plusieurs milliers de partisans. Toute l'Oranie est mise en alerte.

Cette nouvelle inquiète le commandant de la place de Djemmaa-Ghazaouet, qui mesure quand même la disproportion écrasante des forces en sa défaveur.

— Cavaignac veut-il que j'arrête Abd el-Kader avec une poignée d'hommes ? s'écrie Montagnac en proie à une grande agitation. J'y laisserai ma peau ! Soit. Mais je ne suis pas homme à reculer.

Pendant toute une journée, le lieutenant-colonel va hésiter à lancer une colonne dans la montagne. Puis il se décide enfin et annonce le départ pour la nuit même.

— Nous ne prendrons que les plus valides, ordonne-t-il. Je commanderai moi-même cette expédition. Messieurs, nous partirons à dix heures du soir.

Le chef de bataillon Froment-Coste désigne alors environ trois cent cinquante chasseurs et le chef d'escadrons Courby de Cognord une soixantaine de hussards. Dix officiers encadrent la petite troupe qui se met en marche par une nuit très sombre.

Le lieutenant-colonel de Montagnac ne cache pas son énervement et commence par faire fusiller comme espion un indigène qui avait été capturé lors d'une précédente opération et devait servir de guide.

Une heure avant l'aube du 22 septembre, un bivouac est établi.

— Nous nous trouvons à une douzaine de kilomètres à vol d'oiseau de Djemmaa, annonce Montagnac. Par la route, cela en fait une bonne vingtaine.

Dès le lever du jour, le lieutenant-colonel demande à Froment-Coste et à Courby de Cognord de venir les rejoindre.

— Nous partirons dans une heure, décide-t-il. Que vos hommes fassent le café et se restaurent rapidement.

— A-t-on des informations sur l'ennemi ? demande le chef des chasseurs d'Orléans.

— Un indigène m'assure qu'Abd el-Kader s'est mis en route vers l'est avec au moins douze cents cavaliers.

— Nous ne sommes pas assez forts pour les arrêter, estime le chef de l'escadron de hussards.

Montagnac ne répond pas et garde un air songeur. Puis il finit par ordonner d'une voix brève :

— En route.

La petite colonne se dirige alors vers le sud-est. Au début de l'après-midi, chasseurs et hussards s'arrêtent pour bivouaquer. La chaleur est accablante. Les hommes cherchent l'abri des figuiers et des lauriers-roses. D'un oued, il ne reste qu'un filet d'eau qui se perd entre des cailloux. A peine de quoi remplir les bidons. Tandis que leurs camarades tuent des moutons pour faire la soupe, les sentinelles aperçoivent sur les crêtes, dans le lointain, des hommes à cheval vêtus de grands burnous blancs. Chasseurs et hussards sont seuls.

Un messager apporte alors une lettre du capitaine du génie Coffyn, qui commande désormais par intérim la base arrière de Djemmaa-Ghazaouet.

— Selon les derniers renseignements, annonce alors Montagnac aux officiers, l'Emir se rapproche encore.

De plus en plus nombreux, des cavaliers indigènes surveillent la colonne. Déjà claquent les premiers coups de feu contre les hussards envoyés en éclaireurs. Une section de chasseurs doit être envoyée pour dégager leurs camarades cavaliers.

— Nous partirons dans la nuit, décide alors Montagnac. Toujours en direction du sud-est. Nous laisserons les feux allumés pour tromper nos adversaires.

La marche reprend en silence, à la clarté de la lune. Chasseurs et hussards progressent sur un sentier difficile et accidenté. A deux heures du matin, le chef de la colonne ordonne de faire halte.

— Nous avons à peine parcouru quatre kilomètres, grogne Montagnac. Installons-nous ici. Les hommes peuvent dormir. Défense d'allumer des feux et de fumer.

Personne ne peut trouver le sommeil, dans ce pays étrange et hostile. Soucieux, les officiers se sont regroupés et gardent le silence. Montagnac hésite sur la direction à prendre.

Quand le jour se lève, les cavaliers ennemis apparaissent de plus en plus nombreux. On distingue même parmi eux les hauts bonnets rouges des Marocains.

— Nous allons être encerclés, annonce Montagnac à ses deux camarades. Je vais envoyer un message au lieutenant-colonel de Barral pour qu'il vienne nous dégager avec sa colonne.

Un auxiliaire indigène part aussitôt. Nul ne le reverra jamais.

Peu après six heures du matin, le 23 septembre, Courby de Cognord et ses hussards sont envoyés vers le sud-ouest, avec trois compagnies de chasseurs. Froment-Coste doit rester au bivouac avec la compagnie du capitaine Burgard et les carabiniers du capitaine de Géreaux. Avec eux se trouvent une demi-douzaine de hussards et tous les bagages chargés sur des mulets.

— Je pars avec la reconnaissance, décide l'impétueux Montagnac.

La colonne s'avance dans un ravin dont les cavaliers ennemis occupent les berges. Les Arabes sont maintenant près de deux cents et les hussards escaladent les pentes pour les charger. Une mêlée confuse tourne au désavantage des cavaliers français qui subissent des pertes. Montagnac lui-même est très grièvement blessé. Courby de Cognord décide de se replier avec les survivants vers une petite éminence et d'y résister en attendant l'arrivée des trois compagnies de chasseurs que l'escadron de hussards dans sa charge a laissées en arrière. Les cavaliers doivent se frayer un chemin au milieu d'un véritable flot d'ennemis qui déferlent des montagnes du Kerkour.

Voici enfin les chasseurs d'Orléans qui arrivent à la rescousse. Le lieutenant-colonel de Montagnac ne leur donne qu'un seul ordre :

— Chargez !

Mais que peuvent-ils contre les cinq ou six mille adversaires, soldats de l'Emir et civils ralliés à sa cause ? Encerclés, les chasseurs forment le carré. Leurs officiers sont tués les uns après les autres.

Le lieutenant-colonel donne un dernier ordre au maréchal des logis de hussards Barbut :

— Allez prévenir le commandant Froment-Coste de m'envoyer une compagnie en renfort.

Suivi d'un seul hussard, le sous-officier repart vers le nord-

est au grand galop, avec trois cents cavaliers arabes à ses trousses. Montagnac expire en murmurant un dernier mot :
— Courage !

Le chef de bataillon Froment-Coste n'a pas attendu le message de son chef pour se précipiter vers les deux collines où les survivants de la colonne se trouvent encerclés.

Le chef du 8e Chasseurs d'Orléans rameute la compagnie Burgard. Son adjudant-major, le capitaine Dutertre, le suit. Seuls restent en arrière, sur ordre, le capitaine de Géreaux, son adjoint, le lieutenant de Chappedelaine, et leurs carabiniers. Avec eux se trouvent le chirurgien Rosaguti et l'interprète Lévy.

La compagnie de secours arrive trop tard au Kerkour. Tous leurs camarades ont succombé à un dernier assaut des Arabes. Les morts sont décapités, les blessés ont tous disparu. Pas un seul hussard ni un seul chasseur n'est tombé indemne aux mains de l'ennemi. Le capitaine Burgard dit alors aux hommes de sa compagnie :

— Mes amis, ils sont tous morts en braves. Apprêtons-nous à faire comme eux.

Le chef de bataillon Froment-Coste comprend qu'il ne peut plus rien pour le gros de la colonne. Il décide alors de réunir les deux compagnies qui lui restent et ordonne le repli sur le bivouac où se trouvent les carabiniers. Mais les assaillants rattrapent la petite troupe, l'encerclent, l'anéantissent. Froment-Coste tombe, tué d'une balle en plein front. Dutertre prend le commandement. Pressés de toutes parts, ses hommes doivent se défendre à l'arme blanche. Le capitaine adjudant-major s'écroule frappé au ventre et à la tête. Tous le croient mort. Le capitaine Burgard, la cuisse fracassée d'une balle, dit seulement à un sous-officier :

— Je vais mourir. A tout à l'heure. Nous nous retrouverons là-haut.

Les quelques survivants essayent de former le carré. En vain. Ils lancent une dernière charge à la baïonnette et disparaissent au milieu d'une nuée d'ennemis. Les derniers rescapés sont faits prisonniers. Presque tous sont blessés. Parmi eux, le clairon Rolland que ses adversaires, impressionnés par son instrument de cuivre, conduisent aussitôt à l'Emir. Abd el-Kader lui demande alors, par le truchement d'un interprète, de sonner *La Retraite.* Mais Rolland embouche son instrument et sonne *La Charge* à s'en faire éclater les poumons...

De toute la colonne Montagnac, il ne reste plus désormais que la compagnie des carabiniers du 8e Chasseurs d'Orléans et une demi-douzaine de hussards.

*
**

Le capitaine de Géreaux, originaire de la Gironde, est entré à Saint-Cyr à dix-sept ans et a réussi à se faire muter de l'infanterie de ligne aux chasseurs d'Orléans peu après la création de ce corps d'élite. A trente-trois ans, c'est un capitaine déjà ancien, promis à ce qu'on nomme une brillante carrière. Depuis qu'il sert en Algérie, il s'est toujours révélé intrépide, malgré une certaine fragilité physique qui lui fait mal supporter le climat. Epris de littérature, il s'intéresse aussi à la politique. Son grand rêve est de voir ses soldats se transformer en colons. Dans cette perspective, Bugeaud est son dieu.

Raffiné et élégant, il s'est quand même épaissi avec l'âge et a perdu sa mince taille de sous-lieutenant qui lui donnait autrefois une silhouette d'officier de gravure de mode au charme presque féminin. Blond, assez petit et désormais un peu lourd, le capitaine de Géreaux n'en demeure pas moins l'officier le plus séduisant du 8e d'Orléans. Et à la guerre, c'est un chef de valeur.

Très rapidement, il juge de la gravité de la situation, d'autant qu'un cavalier, portant l'uniforme des hussards, arrive au grand galop sur le bivouac tenu par ses carabiniers. Du nom de Daveine, c'est le seul Français échappé au massacre du Kerkour. Mais il est devenu fou.

— Ils sont tous morts ! Tout est fini !

Il hurle ainsi en passant devant Géreaux, continue à éperonner son cheval couvert d'écume et disparaît au grand galop en direction de Djemmaa-Ghazaouet.

— Le malheureux, murmure le capitaine de la compagnie des carabiniers.

Mais l'officier n'a pas le temps de s'apitoyer. Il doit prendre d'urgence des dispositions de combat et d'abord récupérer son adjoint, le lieutenant de Chappedelaine, envoyé en éclaireur avec sa section. Cet officier, lui aussi saint-cyrien, est un Breton aventureux et téméraire, que ses camarades dépeignent comme risque-tout, franc buveur et bon vivant. Et avec du courage à revendre. Il vient d'assister de loin à l'anéantissement de la colonne Montagnac et, tout essoufflé, rend compte à son chef :

— Vite, mon capitaine ! lui lance-t-il. Les Arabes nous poursuivent. J'ai perdu trois de mes hommes, mais ils ont peut-être réussi à leur échapper.

Géreaux n'hésite pas. Il rallie trois escouades d'une autre compagnie que leur chef avait laissées en arrière et abandonne le bivouac indéfendable. Ses carabiniers le suivent rapidement, après avoir chargé d'une partie des bagages la demi-douzaine de mulets. La petite troupe se dirige alors vers une colline, où son chef espère se retrancher. Géreaux marche en tête, à cheval, encadré du chirurgien Rosaguti et de l'interprète Lévy. Un éclaireur envoyé en observation rejoint et déclare :

— Mon capitaine, j'ai aperçu plus loin vers l'est un marabout entouré de murs. On pourrait s'y défendre.

L'officier expédie les quatre-vingt-deux hommes qu'il commande vers cet édifice dont il espère faire un fortin.

Après avoir délogé les quelques Arabes qui s'y étaient embusqués, la petite troupe s'installe autour du bâtiment cubique surmonté d'un toit hémisphérique. Avec eux se trouvent toujours une demi-douzaine de hussards, à qui Géreaux ordonne d'abandonner leur monture, pour combattre à pied comme ses carabiniers. A ce moment, le lieutenant de Chappedelaine s'exclame :

— Mais vous êtes blessé, mon capitaine !

— Ce n'est rien. Juste une balle qui m'a traversé la cuisse. L'os n'est pas atteint et je peux encore marcher. D'ailleurs, nous ne bougerons plus d'ici avant d'être dégagés.

L'officier espère l'intervention de la colonne de Barral ou bien une sortie de la garnison de Djemmaa-Ghazaouet. En attendant, on va se retrancher dans ce marabout qui porte le nom de Sidi-Brahim.

— Vingt hommes sur chaque face, derrière le mur de pierres. Un genou en terre. Prêts à faire feu. Ne tirez que sur mon ordre.

On barricade l'entrée du marabout avec les cantines des officiers et le capitaine s'installe au centre du dispositif de défense, toujours entouré du chirurgien Rosaguti et de l'interprète Lévy.

— Que nos hommes se restaurent, dit Géreaux à Chappedelaine.

Carabiniers et hussards n'ont qu'un pain et une gamelle de pommes de terre pour six hommes. On cueille aussi quelques figues. Mais les bidons sont vides et il n'y a pas une goutte d'eau.

Il fait très chaud. Le soleil, haut dans le ciel, marque près de midi.

— Les voici !

Les cavaliers arabes surgissent. Ils sont des centaines, des milliers peut-être. Ils s'élancent au galop contre le marabout. Bien protégés derrière leurs murs, chasseurs et hussards les fusillent à bout portant. Le flot ennemi reflue. D'autres assaillants arrivent. La montagne est blanche de burnous comme s'il neigeait...

Un messager de l'Emir s'avance. Géreaux refuse de le laisser entrer dans le marabout-forteresse. L'homme doit passer un message par-dessus le mur à l'aide d'une longue tige de roseau fendue. C'est une simple feuille de papier couverte de caractères arabes.

— L'Emir nous demande de nous rendre, traduit Lévy. Sinon, il sera impitoyable.

— Donnez-moi ce papier, dit Géreaux.

Et le capitaine écrit sur le billet envoyé par Abd el-Kader : « Plutôt mourir que de nous rendre. »

Le message est retransmis de la même manière. Quelques minutes plus tard, une vive fusillade sera la réponse de l'Emir au refus de Géreaux.

Un nouveau message arrive cependant peu après.

— Cette fois, dit Lévy, c'est plus grave. Abd el-Kader annonce qu'il a fait des dizaines de prisonniers parmi nos camarades et qu'ils seront décapités si nous refusons de nous rendre.

— Répondez-lui que nous sommes sous la garde de Dieu, ordonne Géreaux qui n'a plus d'autre ressource.

Et le capitaine ajoute à mi-voix :

— Espérons qu'il ne sait pas que nous manquons d'eau, de vivres et de munitions.

Un troisième message arrive. Il est rédigé en français par un des prisonniers, qui l'a écrit sous la menace. « Vous êtes perdus, déclare l'Emir. Je vous réduirai par la force ou par la faminc. »

Epuisé par sa blessure, le capitaine de Géreaux s'est étendu à l'ombre du marabout. C'est le caporal Lavayssière qui prend le crayon de son chef et écrit d'une grosse écriture appliquée : « Merde pour Abd el-Kader. Les chasseurs d'Orléans se font tuer mais ne se rendent jamais. » Géreaux trouve la force de sourire.

— C'est exactement ce que j'aurais écrit, murmure-t-il.

L'Emir, pourtant, ne renonce pas à obtenir la reddition des encerclés de Sidi-Brahim. Il expédie un nouveau messager que les assiégés reçoivent à coups de fusil. Alors, il fait venir le capitaine adjudant-major Dutertre. Fait prisonnier quelques heures auparavant, l'officier peut encore marcher malgré ses blessures. On lui demande de conseiller à ses camarades de se rendre.

— Tu leur diras que s'ils refusent, tu auras la tête tranchée !

Dutertre est conduit par six Arabes à une cinquantaine de mètres d'un des murs de pierres. Il n'a plus sur lui qu'un pantalon déchiré et une chemise en lambeaux. Sans ses lunettes, il ne voit pas grand-chose mais distingue quelques vagues silhouettes autour du marabout.

— Tous nos camarades sont tombés, leur crie-t-il. Il ne reste que vous. Ne vous rendez pas et résistez jusqu'à la mort !

Deux coups de feu claquent. L'officier s'écroule. Ses gardiens lui tranchent alors la tête et l'un d'eux va la brandir sous les murs du marabout. Une détonation et l'Arabe s'écroule, en tenant toujours dans son poing serré la chevelure du malheureux Dutertre.

Les assauts vont alors se succéder. Chaque vague est brisée

par le feu des carabiniers et les cadavres s'amoncellent devant les défenseurs du marabout. Les assiégés s'en tirent sans mal. Seul un sous-officier, le vieux sergent Steyaert, déjà blessé à la cuisse, reçoit une balle qui lui traverse les deux joues sans même lui fracturer la mâchoire.

Pour attirer l'éventuelle attention d'une colonne de secours, le capitaine de Géreaux remarque :

— Il nous faut un drapeau.

On en fabrique un avec une cravate bleue de chasseur, un mouchoir blanc et un morceau de ceinture rouge. Pour hampe, une branche de roseau. Un carabinier d'origine corse monte l'attacher en haut d'un figuier et son geste provoque une grêle de balles, dont il se sort indemne.

La journée s'étire, toujours aussi chaude. Seuls quelques coups de feu isolés ponctuent l'écoulement du temps sous la morsure du soleil. Chasseurs d'Orléans et hussards commencent à beaucoup souffrir de la soif.

La nuit apporte enfin un peu de fraîcheur aux défenseurs de Sidi-Brahim. Chasseurs et hussards, sous la garde de quelques guetteurs, essayent de sommeiller. Ceux qui ne peuvent dormir travaillent à créneler les murs de pierres sèches ou à couper leurs balles en morceaux pour avoir davantage de coups à tirer le lendemain, car ils sont partis avec seulement quarante cartouches par homme et ont déjà pas mal utilisé ces munitions.

A l'aube du 24 septembre, l'émir Abd el-Kader décide de poursuivre sa marche vers l'intérieur de l'Algérie. Il expédie au Maroc la plupart des prisonniers, parmi lesquels se trouve le chef d'escadrons Courby de Cognord, et décide, avant de lever le camp, de réduire la garnison du marabout de Sidi-Brahim. Un nouveau message au capitaine de Géreaux provoque la même réaction que les trois missives de la veille. Les Arabes resserrent alors leur dispositif et commencent à ouvrir un feu nourri sur les défenseurs. Bien abrités, hussards et chasseurs laissent pleuvoir cette grêle de balles sans broncher.

— Nous les aurons par la faim et la soif, décide alors Abd el-Kader.

L'Emir ordonne à la plupart de ses cavaliers de monter en selle et de le suivre vers l'est en direction de Nédroma. Quelques centaines d'hommes restent autour du marabout pour empêcher toute sortie des assiégés.

La journée du 24 septembre se passe dans un calme relatif. Avec la chaleur, le supplice de la soif devient intenable et les heures coulent lentement. Rien ne semble indiquer l'arrivée d'une colonne de secours. Tout autour du marabout, la montagne reste silencieuse et hostile. La nuit finit par tomber après un interminable crépuscule rougeoyant. Dans les ténèbres, des Arabes s'avancent en rampant et parviennent même à jeter des pierres dans l'enceinte du lieu saint. Les assiégés sentent le cercle se resserrer de plus en plus. Lancé de quelques mètres, un assaut à l'arme blanche risque de tout emporter. Aussi personne ne va beaucoup dormir durant cette seconde nuit.

Le soleil de l'aube va trouver les chasseurs et les hussards assoiffés tout autant qu'affamés. Leurs maigres provisions sont épuisées depuis longtemps. Alors les défenseurs du marabout de Sidi-Brahim en sont réduits à mâchonner des herbes et des feuilles. La soif devient un supplice pire encore. Les malheureux vont boire leur urine, additionnée de quelques gouttes d'une unique bouteille d'absinthe qui passe de main en main. Le visage creusé par la fatigue, les yeux fiévreux, le corps secoué de frissons, ils semblent tous à bout de force.

Le capitaine de Géreaux, souffrant de plus en plus de sa blessure à la cuisse, reste assis, silencieux. Mais il a gardé le commandement de la petite troupe.

— Chappedelaine, dit-il à son adjoint, faites la tournée des défenseurs, une fois encore.

Il n'y a que quelques pas à parcourir. Le lieutenant breton, courbé pour profiter de l'abri des murs de pierres, va de l'un à l'autre. Les chasseurs d'Orléans ne se plaignent pas et s'efforcent même de plaisanter.

— Mon lieutenant, allons-nous cuire encore longtemps dans cette marmite ? demande l'un d'eux.

Tous souhaitent une sortie, pleine de risques. S'il faut mourir, autant être frappé d'une balle que périr lentement de faim et de soif au milieu des pires hallucinations.

— Ecoutez !

Dans le camp d'en face, des voix s'élèvent. Ce sont des indigènes qui se proposent de vendre aux assiégés de l'eau et des vivres.

— N'acceptons surtout pas, dit Géreaux à son adjoint. Ils pourraient empoisonner cette nourriture.

Le lieutenant, comme le chirurgien, approuvent leur chef.

— Il faut attendre du secours, dit le capitaine sans trop d'espoir.

Vers le milieu de l'après-midi, un indigène arrive devant le marabout et commence à interpeller les défenseurs de Sidi-Brahim.

— Que dit-il ? demande Géreaux à Lévy.

— Il se propose de nous conduire en sûreté à Djemmaa, répond l'interprète. Contre une forte somme d'argent.

— Je n'ai pas confiance, dit Géreaux. Mais au point où nous en sommes... Dis-lui que nous acceptons.

Le rendez-vous est pris pour la tombée du jour. A l'heure dite, personne ne se présente et une nouvelle nuit d'attente et de souffrance débute pour les assiégés.

Le capitaine de Géreaux se demande s'il ne va pas tenter une sortie. Mais ses hommes sont épuisés et les sentinelles ennemies plus proches encore que de coutume. Alors l'officier renonce à une expédition nocturne et décide d'attendre le jour.

Le 26 septembre au matin, le capitaine dit à Chappedelaine et à Rosaguti :

— Si nous restons ici, nous sommes voués à une mort certaine. Alors il vaut mieux tout risquer et mourir les armes à la main.

Le lieutenant et le chirurgien approuvent leur chef. Géreaux donne aussitôt ses ordres pour le départ :

— Il faut rester en carré. Vingt hommes en avant, vingt en arrière. Et quinze de chaque côté. Objectif, le port de Djemmaa-Ghazaouet. Départ à six heures du matin.

Surpris, les assiégeants, qui ne s'attendaient pas à une sortie, sont bousculés et la petite troupe prend la direction du nord-est, vers le rivage et la liberté.

— Il faut d'abord nous emparer du poste d'Aïn-Schem, fait remarquer le capitaine en consultant sa carte.

Les Arabes qui l'occupent sont en train de manger quand les chasseurs et les hussards leur tombent dessus dans une furieuse charge à la baïonnette. Puis ils reprennent rapidement leur marche, tandis que leurs poursuivants pillent les bagages laissés au marabout de Sidi-Brahim, les hommes du capitaine de Géreaux s'avancent toujours en carré. Leur chef soutenu par deux chasseurs d'Orléans a pris la tête des rescapés de sa compagnie de carabiniers. Près de lui flotte le drapeau improvisé avec une cravate, un mouchoir et un bout de ceinture.

Après la brève affaire d'Aïn-Schem qui ne leur a pas coûté un homme, les survivants de la colonne Montagnac ont repris confiance. Ils se mettent même à chanter. Jamais paroles, croient-ils, ne furent plus de circonstance :

La victoire en chantant
Nous ouvre la barrière
La liberté guide nos pas...

— On va essayer de gagner le plateau de Tient, décide Géreaux.

— Ce sera dur, mon capitaine, répond seulement Chappedelaine, l'air sombre.

De tous les douars, des hommes surgissent pour barrer la route aux chasseurs et aux hussards rescapés de Sidi-Brahim. Des coups de fusil claquent, tout proches. Trois carabiniers, les jambes fracassées, tombent à terre.

— Nous ne pouvons plus marcher, disent-ils à leurs camarades. Nous ne voulons pas tomber vivants entre leurs mains. Achevez-nous, les amis !

Un hussard est frappé à son tour dans le cou. Deux de ses voisins le soutiennent et le blessé donne son fusil au lieutenant de Chappedelaine qui le remplace dans le rang.

Enfin, ceux qui marchent en tête aperçoivent les grosses tours berbères de Djemmaa-Ghazaouet.

— Courage, dit le capitaine de Géreaux. Nous sommes à moins de trois kilomètres de notre but.

Entre sa petite troupe et la bourgade côtière se creuse un ravin profond où coule un filet d'eau, l'oued Mersa. Les rescapés aperçoivent sur ses berges une cohue immense d'hommes armés de fusils et de sabres. Ils sont des centaines qui leur barrent le passage. Et derrière eux, lancés à leur poursuite, d'autres centaines de partisans de l'Emir.

Le capitaine de Géreaux fait arrêter ses hommes et ordonne aux clairons de sonner à s'en rompre les veines pour attirer l'attention de la garnison de Djemmaa. Mais personne ne semble les entendre. Les survivants de la colonne Montagnac ne peuvent attendre du secours que d'eux seuls.

— Combien nous reste-t-il de cartouches ? demande l'officier.

Le compte est vite fait.

— Quatre par homme, mon capitaine.

— Advienne que pourra. Nous allons charger à la baïonnette.

Ses hommes se lancent dans la pente. Les Arabes qui les talonnent font rouler sur eux d'énormes rochers, alors que de chaque buisson des tireurs les attendent dans le fond de la vallée. La lueur des coups de feu et des nuages de poudre ponctuent leur descente folle au milieu des épineux et des cailloux. En bas de la pente, les chasseurs se reforment tant bien que mal en carré. Ils ont perdu plusieurs camarades. Mais leurs chefs sont encore là.

— En avant, c'est notre seule chance, estime Géreaux.

Des adversaires surgissent de plus en plus nombreux. C'est une véritable marée humaine. Le lieutenant de Chappedelaine, atteint de deux balles, tombe le premier. Il est mort. Ou ne vaut guère mieux. Dans quelques secondes, il aura la tête tranchée.

Le capitaine arrive à rassembler quelques survivants dans un bouquet de figuiers, au pied du village des Ouled-Ziri, près d'une source. Avant de mourir, ses hommes vont pouvoir étancher leur soif. Entouré du chirurgien Rosaguti et de l'interprète Lévy, l'officier, totalement à bout de force, arrive encore à commander :

— Formez le carré !

Ils ne sont plus que quelques carabiniers et deux ou trois hussards pour essayer de faire front à une meute hurlante qui dévale les pentes de l'oued Mersa. Les chasseurs d'Orléans les accueillent à coups de baïonnette ou à coups de crosse. Une horrible mêlée commence. D'autres indigènes arrivent à la curée, venus du douar de Sidi-Amar.

Cette fois, c'est la fin.

Parmi ces paysans de la montagne vocifèrent beaucoup de femmes. Elles ne sont pas les moins acharnées. Les Français reçoivent des jets de pierres et des coups de bâton. Zohra, dite El Afia, c'est-à-dire la Paisible, a escaladé un figuier et exhorte ses sœurs au combat et au massacre. Pas un *Roumi* ne doit échapper à la vengeance de ces indigènes qui ont vu tomber tant des leurs depuis la Conquête.

Peu à peu, toute tentative de former un carré devient illusoire et chaque combattant est entouré par une grappe d'ennemis. La plupart vont périr tout près du salut. Car le poste côtier n'est plus qu'à quinze cents mètres !

Le capitaine de Géreaux est tué parmi les premiers. Puis tombent le chirurgien Rosaguti et le sergent-major Merley. L'interprète Lévy apostrophe ses adversaires en arabe et ceux-ci, impressionnés par un homme qui parle si bien leur langue, le font prisonnier sans le frapper davantage.

Bientôt, il ne reste plus que le caporal Lavayssière et une vingtaine d'hommes.

— A la baïonnette ! ordonne le gradé. On va essayer de rejoindre Djemmaa. Chacun pour soi !

A ce moment, trois coups de canon partent enfin du fort. Un projectile tombe au milieu des poursuivants qui se dispersent. Les chasseurs rescapés courent encore plus vite. Ils doivent remonter la pente escarpée de l'oued, car la bourgade portuaire se trouve sur l'autre rive. Enfin, ils arrivent, épuisés, sous ses murailles.

— Halte !

Les sentinelles ont pris les quelques survivants qui surgissent comme des diables pour des indigènes revêtus des défroques de soldats français massacrés.

Enfin, ils se font reconnaître. De toute la colonne Montagnac, il ne reste pas un seul officier ni un seul sous-officier. Et seize hommes seulement ont échappé à la mort et à la captivité. Le caporal Lavayssière ne commande plus qu'à une petite troupe de fantômes surgis de quelque enfer. Il est le seul à posséder encore sa carabine, sans une seule cartouche. Tous les autres ont perdu leur arme dans la mêlée. Deux hommes vont encore mourir d'épuisement en tombant dans les bras de leurs camarades. Trois autres succomberont plus tard à leurs blessures. Des défenseurs du marabout de Sidi-Brahim, il reste alors onze hommes vivants et libres, dont un seul hussard.

Et c'est ainsi qu'un minuscule lieu-dit d'Oranie entrera à jamais dans l'histoire des chasseurs d'Orléans, ancêtres des Alpins.

Quand ils chantent leur hymne traditionnel, c'est sur un rythme plus lent, empreint d'une émotion contenue, que les chasseurs évoquent le combat où s'est à jamais illustrée « l'arme bleue » :

Aux champs où l'oued Had suit son cours
Sidi-Brahim a vu nos frères
Un contre cent lutter trois jours
Contre des hordes sanguinaires.

Désormais, le sacrifice de leurs camarades du 8e bataillon des Chasseurs d'Orléans va devenir pour eux une sorte de hantise, qui prend toute sa signification exemplaire en se renouvelant à chaque épisode dramatique des combats qu'ils vont livrer. Les chasseurs disent tout simplement « faire Sidi-Brahim ». Et cela annonce qu'ils se battront jusqu'à épuisement de leurs forces. Comme leurs anciens de 1845 :

Ils sont tombés silencieux
Sous le choc comme une muraille.
Que leurs fantômes glorieux
Guident nos pas dans la bataille !

Chapitre II

DOUZE BATAILLONS VOUES AU ROCHER ET A LA GLACE

— Notre frontière du sud-est n'est pas défendue. Il faut créer des troupes de montagne.

Ainsi parle à la tribune de l'Assemblée un député des Hautes-Alpes, nommé Louis Cézanne. Ses collègues l'écoutent distraitement. En ce 23 juillet 1873, les élus patriotes ne pensent qu'à l'Alsace-Lorraine. Les Alpes leur semblent bien lointaines. Et puis chacun sait qu'elles sont infranchissables. Il y a eu pourtant Hannibal et Napoléon. Mais ce sont de vieilles histoires. Non, l'important, c'est la ligne bleue des Vosges. Et puis les dépenses militaires sont toujours trop coûteuses.

Donc, Cézanne parle dans le vide. Pourtant, ce qu'il dit n'est pas stupide. Ce serait même une fort bonne idée :

— Le plus simple serait d'affecter à la défense des Alpes un certain nombre de bataillons de Chasseurs à Pied qui devraient être recrutés avec des contingents originaires des pays montagneux.

Les députés somnolent. Quelques-uns feuillettent leur journal. D'autres, par petits groupes, se tenant familièrement par le bras au gré des amitiés politiques, se dirigent vers la buvette. Une guerre avec l'Italie ? Mais n'est-elle pas notre « sœur latine » ? Et puis c'est à la France qu'elle doit sa récente unité.

L'Italie, elle, ne néglige pas sa frontière des Alpes. Elle vient de créer, l'année précédente, six régiments spécialisés dans la guerre en montagne qui portent le nom d'*Alpini*. Sa politique étrangère l'éloigne de la France, surtout depuis que celle-ci a accordé son protectorat à la Tunisie. Le 20 mai 1882, l'Italie adhère à la Triple-Alliance, qui l'unit à l'Allemagne et à l'Autriche-Hongrie.

Cette fois le Parlement s'émeut.

Il faudra encore attendre une demi-douzaine d'années avant

que la proposition du député Cézanne devienne réalité. Les Alpini italiens sont alors forts de vingt-deux bataillons et les relations diplomatiques apparaissent assez tendues entre les deux pays.

Le 24 décembre 1888, sous le ministère de M. de Freycinet, le gouvernement présente un projet de loi établi par le général Ferron qui fixe à douze le nombre de bataillons de Chasseurs à Pied affectés à la défense des Alpes. Quel nom donner à ces unités ? Il n'est pas question de créer une troupe nouvelle. Ces bataillons ne constituent qu'une spécialisation des chasseurs à pied et continuent à faire partie intégrante de « l'arme bleue », dont ils conservent toutes les traditions. Leur nom exact sera celui de *Bataillon alpin de Chasseurs à Pied.* L'usage voudra pourtant qu'on simplifie rapidement leur nom en *Bataillon de Chasseurs Alpins* dont les initiales BCA vont vite entrer dans le vocabulaire militaire, grand amateur de sigles comme chacun sait.

Rien ne surgit du néant. La France n'avait pas attendu la loi de 1888 pour posséder des troupes de montagne.

Sous l'Ancien Régime, en février 1744, une ordonnance royale créait un corps des fusiliers de montagne, recruté dans le Roussillon et à l'existence éphémère.

La Révolution vit naître les Chasseurs du Gévaudan, les volontaires du Dauphiné ou la Légion des Allobroges, en 1791 et 1792, au temps de la Patrie en danger.

93 allait voir surgir les volontaires du Comté de Nice qui — les premiers sans doute — menèrent la guérilla en montagne selon des méthodes que devaient illustrer, cent cinquante ans plus tard, dans la Résistance, les maquisards de la compagnie Stéphane et d'autres unités alpines des FFI.

La Convention créa des Chasseurs des Alpes. On les attendait sur les sommets. Ils se retrouvèrent à Paris pour former certaines unités de la Garde Consulaire du général Bonaparte.

L'empereur, qui n'avait pas tellement le sens de la reconnaissance, ne reconstitua que sur le papier des troupes de montagne. Il préférait se battre en plaine, d'Austerlitz à Waterloo.

La IIIe République, voici maintenant une centaine d'années, allait recréer — d'une manière organique cette fois — les troupes de montagne et faire des Chasseurs Alpins un corps d'élite appelé à devenir troupe de choc sur n'importe quel théâtre d'opérations — et même parfois le plus exotique.

En 1878, le gouverneur militaire de Lyon est le général Bourbaki. Il voit se présenter dans son bureau le lieutenant-colonel Zédé, qui commande la place forte de Briançon.

— Mon général, pourquoi ne ferions-nous pas manœuvrer pendant l'été prochain des troupes dans les hautes vallées des Alpes ?

— Oui, pourquoi pas. Et quelles unités proposez-vous ?

— Des bataillons venant des 52e, 75e et 97e régiments d'infanterie, ainsi que le 12e bataillon de Chasseurs à Pied.

Ce bataillon qui se trouvait auparavant en Algérie, sur le littoral, venait d'être rappelé en métropole. Affecté à la défense mobile de Briançon, il tenait ses quartiers d'hiver à Lyon.

C'était la porte ouverte sur la montagne.

Le chef de bataillon Arvers, commandant le 12e BCP va devenir le pionnier de l'alpinisme militaire en France.

L'été 1879 va donc voir pendant trois mois les premiers Alpins manœuvrer dans les montagnes du Briançonnais, les vallées de la Clarée, de la Guisanne et de la Ceveyrette.

Dès la fin du mois de mai, le 12e quitte Lyon pour rejoindre Briançon. Le chef de bataillon Arvers caracole à la tête de ses chasseurs à pied sur un cheval à l'allure un peu dansante. Les clairons sonnent, à s'en faire claquer la veine jugulaire, le refrain du corps :

Ah, c'qu'il est beau, c'qu'il est beau l'douzième
Ah, c'qu'il est beau, c'qu'il est beau c'lui-là !

Refrain que les mauvaises langues — et il n'en manque pas dans les autres unités de l'arme bleue — traduisent par :

Ah, c'qu'il est con, c'qu'il est con l'douzième
Ah, c'qu'il est con, c'qu'il est con, c'con-là !

Peu importe, la mélodie est la même. Les chasseurs à pied traversent bourgades et villages sur un rythme entraînant. Les populations ont toujours aimé les « Vitriers » à qui le bon vin et le jupon n'ont jamais fait peur. L'ambiance de ces manœuvres, malgré la fatigue des étapes, la poussière, le soleil, s'annonce joyeuse.

— On n'aura jamais aussi chaud qu'en Algérie ! lancent les hommes en remontant leur sac « as de carreau » et leur fusil d'un même coup d'épaule.

— Vivement l'étape !

Tous aspirent à la paille d'une bonne grange. Le barda pèse lourd et les kilomètres s'enchaînent, monotones. Rapidement, le paysage change. On grimpe. Les collines deviennent montagnes.

Le commandant Arvers, par une belle fin de soirée, réunit les officiers sous le préau d'une école où ils font popote.

— Messieurs, le bataillon va franchir le col du Lautaret.

— Mais, mon commandant, lance le capitaine adjudant-major, ce passage est encore enneigé en cette saison.

— Justement, rétorque Arvers.

En réalité, l'année exceptionnellement douce ne fait pas de ce col reliant l'Oisans au Briançonnais un obstacle très sérieux. Mais le chef de corps du 12e BCP tient à son idée. Il déplore presque qu'il ne fasse pas assez mauvais temps en ce début du mois de juin 1879. Vers le sommet, les diligences ont, certes, quelque mal à passer, mais les paysans de la région utilisent des traîneaux et tout se déroule pour le mieux.

Pourtant, faire franchir le Lautaret à un millier d'hommes, équipés sur pied de guerre, n'a encore jamais été réalisé.

Le commandant Arvers, arrivé devant l'obstacle commence par réquisitionner les habitants des hameaux voisins.

— En cas de besoin, leur dit-il, vous creuserez une tranchée dans la neige.

Comme ses hommes n'ont pas d'outils appropriés, les commandants de compagnie ont l'ordre d'envoyer leurs fourriers dans toutes les habitations du voisinage :

— Ramenez ce que vous pourrez trouver comme pioches et comme pelles.

C'est tout juste si on ne se munit pas de cordes.

Rapidement, le bataillon prend ses dispositions pour l'opération Lautaret.

— On dirait une expédition pour le pôle Nord ! lance un jeune sous-lieutenant à un de ses camarades saint-cyriens.

— C'est vrai que sur la neige nos chasseurs ont un peu des allures de pingouins.

Pour donner l'exemple, le chef de bataillon Arvers, montera à pied comme tout le monde. Il ne se sépare pourtant pas de son shako à plumes de coq vertes ni de son sabre qu'il dégaine pour donner plus de majesté à l'opération.

— En avant, le 12e !

Les clairons répercutent l'ordre de marche et les compagnies commencent à grimper la route en lacet vers le col du Lautaret.

Le colonel Zédé, assez inquiet du projet alpin du commandant Arvers lui a ordonné avant le départ :

— Surtout, vous me télégraphierez le plus souvent possible pour me donner des détails sur votre manœuvre.

Bien entendu, la transmission des nouvelles doit se faire par dépêches chiffrées, ce qui intrigue beaucoup les télégraphistes.

En approchant du col, les chasseurs du 12e BCP reçoivent des ordres draconiens :

— Interdiction de parler, de siffler, de fumer.

Une vieille troupe doit recevoir toutes les consignes sans broncher. Mais celles-ci leur paraissent quand même un peu fortes.

— Et pourquoi donc ? demandent de vieux briscards, endurcis par toutes les campagnes d'Afrique.

— Chut ! intiment les gradés. La montagne est dangereuse. Tout le monde sait ça.

Les « Vitriers » poursuivent leur route. Il est de fait que ça grimpe ferme. Mais les chasseurs sont réputés depuis 1840 pour la qualité de leurs jarrets. Dommage qu'on ne puisse pas chanter, ou au moins siffler une marche entraînante.

Dans la neige, des traces profondes. Ce sont celles d'une diligence, une bonne grosse patache de province au toit hérissé de malles et de ballots, qui a réussi avant eux, sans trop de peine, à forcer le passage.

Finalement, toutes les compagnies du 12e BCP arrivent au col du Lautaret que les chasseurs franchissent le sourire aux lèvres. Il fait un peu frisquet, mais il en faut bien plus pour atteindre leur moral. D'autant que les gradés, le danger passé, les autorisent à sortir leur blague à tabac.

— Vous pouvez fumer.

Et le beau 12e descend dans la vallée du Monêtier au milieu d'un véritable nuage de tabac gris.

Le chef de bataillon Arvers est content. Il y a un commencement à tout...

De 1880 à 1885, cinq bataillons de Chasseurs à Pied, les 12e, 13e et 14e, dans le nord des Alpes, le 7e et le 24e, l'ancien bataillon de la Garde impériale de Napoléon III, dans le sud vont effectuer ainsi des manœuvres d'été en montagne, tant en Savoie qu'en Dauphiné ou en Provence.

Pour les fantassins des régiments d'infanterie, il ne s'agit que de marches d'une dizaine de jours au maximum. Pour les chasseurs, au contraire, c'est un séjour de trois mois qui les attend à la belle saison.

Rapidement, sept nouveaux bataillons de Chasseurs à Pied viennent renforcer dans les Alpes leurs frères de l'arme bleue. Dans le nord, les 11e [1], 22e, 28e et 30e [2]. Dans le sud, les 6e, 23e et 27e [3]. Chaque année voit les difficultés augmenter.

Le chef de bataillon Arvers se trouve toujours à la tête du 12e BCP où il insuffle à tous ses cadres sa double passion communicative pour l'armée et la montagne. Il porte aux nues le lieutenant Faes parce que celui-ci lui a dit un jour :

— Mon commandant, j'ai étudié des fours démontables que nous pourrions transporter à dos de mulets. Ainsi nos chasseurs auraient du pain frais en pleine montagne.

Pour gagner, pendant les quatre mois de l'été 1884, le Briançonnais, ses chasseurs franchissent le col du Lautaret, désormais manœuvre de routine. Chaque compagnie cantonne pendant une semaine dans un petit village, d'où elle rayonne pour reconnaître les passages frontaliers.

— En cas de guerre avec l'Italie, dit le commandant Arvers, ce sera à nous de couvrir la route de Briançon à Grenoble. Nous devrons nous battre sur les sommets.

---

1. Le 11e revient d'Extrême-Orient où il a fait campagne au Tonkin et en Annam de 1885 à 1887.
2. Le 30e se trouvait en Algérie en 1883.
3. Le 27e a séjourné en Tunisie de 1881 à 1883.

Ses chasseurs escaladent entre autres la cote 3 011. Pour la première fois des hommes en armes dépassent les trois mille mètres d'altitude. Et tous les jours, ils découvrent de nouveaux pitons.

Chaque matin, les chasseurs se mettent en route à cinq heures et commencent à grimper. A dix heures, c'est la grande halte, si possible au sommet. A tour de rôle, chaque escouade inaugure la tradition de venir offrir un quart de café brûlant au capitaine et aux trois lieutenants de la compagnie.

— C'est la belle vie, disent les officiers en admirant les extraordinaires panoramas des Alpes.

Il n'y a pas que le paysage. A leur solde de 206 francs par mois s'ajoute en montagne une prime de 3 francs par jour « pour usure d'effets ».

Les manœuvres se poursuivent par une marche de trente jours qui termine les six semaines de nomadisation en haute altitude.

Le 12e BCP doit maintenant passer de la vallée de la Romanche en Maurienne. Cette expédition, c'est vraiment une *première* dans le domaine de l'alpinisme militaire.

Le commandant Arvers réunit ses commandants de compagnie et leur annonce :

— Nous diviserons le bataillon en plusieurs colonnes, chacune de la force d'une compagnie. Nous emprunterons des itinéraires différents. Je prévois d'utiliser les cols Lombard, de Martignare, de Rachas, des Trente-Combes et des Prés-Nouveaux. Les deux colonnes extrêmes bénéficieront des conseils d'un guide du pays.

Franchir un col, défendu par un glacier, à 3 100 mètres d'altitude n'est pas une chose facile et le guide ne sera certes pas de trop. Celui qui doit conduire la compagnie où sert le lieutenant Faes se nomme Emile Pic. C'est un montagnard de belle prestance qui paraît âgé de trente-cinq à quarante ans et arbore une superbe barbe. Rochers et glaciers constituent son domaine familier. Il regarde la longue colonne des chasseurs qui n'ont ni cordes ni bâtons ferrés et, sans hésitation, prend la tête de la compagnie de cent cinquante hommes dont il va tenir la vie entre ses mains.

— Nous partirons de Chaselet à quatre heures du matin, annonce-t-il.

— Et quand arriverons-nous ? lui demande le commandant de la compagnie désignée pour le col Lombard.

— Demain dans la soirée, si tout va bien.

Quatorze heures de marche par les éboulis, puis par les névés et les glaciers, attendent les chasseurs. Les officiers admirent les paysages de l'Oisans, du Pelvoux, de la Vanoise. Les hommes trouvent quand même que le sac et les armes pèsent bien lourd. Et puis ils n'ont aucun équipement alpin.

Il est un peu moins de huit heures du matin quand les chasseurs atteignent le glacier.

— C'est très simple, explique Emile Pic, chacun doit mettre son pied exactement où j'ai mis le mien.

Rapidement, le guide doit tailler des marches avec son piolet. Il faudra une heure pour arriver au col Lombard. Il est obstrué par un banc de neige très épais.

— Rien n'est plus facile à franchir, affirme Pic.

Le guide montre le chemin. La colonne, dont les tenues bleu sombre se détachent nettement sur la neige et la glace, le suit, attentive à ne pas s'éloigner d'un centimètre des traces, de plus en plus profondes après le passage de chaque homme de la compagnie.

Arrivés sur l'autre versant, les chasseurs découvrent un névé, long d'environ cinq cent mètres. En pente raide, il aboutit à un précipice.

Le lieutenant Faes trouve que le paysage est magnifique, mais le chemin dangereux. Peu lui importe pourtant, le voici totalement envahi par l'amour de la haute montagne envoûté par ce paysage grandiose sous le ciel d'un bleu métallique.

La longue file reprend sa marche sur le névé, derrière Pic qui taille des marches. Le guide arrive enfin sur les bords du torrent qui s'échappe du glacier. Il faut maintenant descendre une pente de cent cinquante mètres de hauteur, passer sur une arête rocheuse étroite et très inclinée.

— Quand il y a du rocher, il y a des prises, dit Pic. Faites comme moi.

Il est près de midi quand la compagnie établit son bivouac aux chalets de Rieu-Blanc, au pied des Aiguilles d'Arves. Maintenant, le chemin est plus facile. Mais bien long. La compagnie, au complet, arrive à Entraigues à six heures du soir. A l'aube du lendemain, les chasseurs repartiront. Cette journée du 7 août 1884 comptera dans les annales du bataillon...

L'année suivante, le 12e BCP marchera pendant soixante-neuf jours en montagne, pour une durée totale de manœuvres de cent deux jours.

Finalement, la loi du 24 décembre 1888 et le décret du 2 janvier 1889 ne viennent qu'officialiser un état de fait, en reconnaissant que certains bataillons de Chasseurs à Pied sont désormais « plus spécialement chargés d'opérer dans les régions montagneuses ».

Leur nombre est fixé à douze.

Le long de la frontière des Alpes, ils se répartissent entre le XIVe corps d'armée au nord et le XVe corps d'armée au sud.

Ces douze premiers bataillons de chasseurs alpins seront en quelque sorte les bataillons « historiques », ceux de la fondation. Au hasard des circonstances, certains autres bataillons de chasseurs à pied deviendront « Alpins », pour une durée plus ou moins longue. Et en temps de guerre des bataillons de réserve doubleront les bataillons d'active. Mais les douze premiers — aujourd'hui réduits à cinq — parfois renforcés par des bataillons de marche et soutenus par des bataillons territoriaux, garderont toujours une sorte de prestige très particulier, au sein d'un corps déjà fort jaloux de ses traditions [1].

Innovation dans l'armée française, ces bataillons formant corps sont à six compagnies — soit deux de plus que dans les bataillons d'infanterie ordinaire, que les chasseurs nomment « biffe ». Chaque compagnie, commandée par un capitaine, comprend trois lieutenants ou sous-lieutenants, un adjudant, un sergent-major, six sergents, un sergent fourrier, douze caporaux, quatre clairons et cent vingt-cinq chasseurs [2].

Bien encadrés et bien équipés, les Alpins sont principalement de recrutement local et comportent une grande majorité de montagnards. Provençaux, Dauphinois et Savoyards y servent de beaucoup les plus nombreux. Mais le recrutement tient aussi à incorporer dans les unités de chasseurs alpins, des originaires d'autres régions montagneuses. On y trouve ainsi des Corses, des Ardéchois, des Cévenols, des Auvergnats et des Basques.

Chaque bataillon doit assurer en principe la défense d'une région des Alpes d'où la majorité de ses chasseurs est originaire. On songe un peu au système suisse où les recrues doivent défendre des vallées qui leur sont familières.

Infanterie d'élite, le bataillon de Chasseurs Alpins n'est pas isolé. Il fait partie d'un « Groupe » — formule très moderne pour l'époque et qui annonce le *Combat team* américain ou le *Kampfgruppe* allemand de la Seconde Guerre mondiale. Le Groupe alpin, commandé par un lieutenant-colonel, comprend en plus des six compagnies d'infanterie de son BCA, une batterie d'artillerie, une section de sapeurs du génie et une escouade de télégraphistes. En tout deux mille trois cents hommes.

Il est créé deux régiments d'artillerie de montagne à six batteries chacun. Les canons sont des pièces de 80 mm démontables en trois fardeaux et transportables par mulets, si ce n'est

1. Les douze bataillons de Chasseurs à Pied, devenus Bataillons Alpins de Chasseurs à Pied en 1888 et bientôt, plus simplement, Bataillons de Chasseurs Alpins, ou BCA, sont dans l'ordre des numéros : le 6e BCA, à Nice ; le 7e BCA, à Draguignan ; le 11e BCA, à Annecy ; le 12e BCA, à Lyon puis à Embrun ; le 13e BCA, à Chambéry ; le 14e BCA, à Grenoble ; le 22e à Albertville ; le 23e BCA, à Grasse ; le 24e BCA, à Villefranche ; le 27e BCA, à Menton ; le 28e BCA, à Barcelonnette, et le 30e BCA, à Grenoble.

2. L'effectif des compagnies de chasseurs alpins passe en temps de guerre de 154 à 277 gradés et chasseurs. L'effectif du bataillon dépasse alors théoriquement seize cents hommes et justifie la prise de commandement par un lieutenant-colonel, cas de la moitié des bataillons alpins.

à bras d'hommes. Le canon, l'affût, les roues, telles sont les trois charges qui vont vite devenir familières dans les photographies des manœuvres alpines. Et quelles prouesses de hisser avec des cordes ces pièces d'artillerie sur des sommets rocheux ou de les traîner au péril des glaciers !

Le 5 janvier 1889, le général Berge est désigné pour commander l'armée des Alpes. Il restera à ce poste pendant cinq ans, avec le colonel Zédé comme chef d'état-major. Ces deux chefs vont se montrer des passionnés de la montagne, très attentifs aux possibilités offertes par ces douze bataillons de Chasseurs à Pied placés sous leur commandement et « plus spécialement chargés d'opérer dans les régions montagneuses ».

Au retour des manœuvres, il faut voir avec quel entrain les bataillons bleus défilent devant le général Berge, tandis que les clairons sonnent :

Les chasseurs en avant, l'artilleur au milieu,
Les biffins, les biffins en arrière,
Les chasseurs en avant, l'artilleur au milieu,
Les biffins, les biffins à la queue...

Le côté sportif des exploits des chasseurs alpins ne doit pas faire oublier que leurs bataillons ont été créés avant tout pour répondre à une nécessité militaire. La défense de la frontière du sud-est. Il ne faut pas le cacher ; l'Italie est clairement désignée comme l'ennemi potentiel. On craint même — et surtout — que les Italiens, membres de la Triplice, ne franchissent les Alpes pour venir rejoindre une armée d'invasion composée d'Allemands — leurs alliés de l'époque — quelque part du côté de Lyon.

Si certains chefs militaires estiment qu'il faut laisser l'ennemi s'approcher, pour ensuite manœuvrer en rase campagne et le battre au débouché des vallées alpestres, d'autres pensent, au contraire, que la frontière des Alpes doit se défendre sur les cols eux-mêmes.

— L'offensive est encore le meilleur moyen de retenir les Italiens chez eux, déclare le général Berge.

Il n'y a guère qu'une demi-douzaine de passages, dont deux ne sont pas praticables en hiver : la route sud du Mont-Blanc, le col du Petit-Saint-Bernard, le col du Mont-Cenis, le col du Mont-Genèvre, le col de Largentière et le col de Tende, auxquels s'ajoute la voie le long du littoral méditerranéen par Menton.

Au lendemain du Second Empire, le système des fortifications françaises des Alpes laisse fort à désirer. Les quelques ouvrages qui existent datent souvent de Vauban. Ils sont situés trop bas par rapport aux points de passage menacés. Ils sont aussi peu efficaces, inconfortables et, de surcroît, fort mal gardés...

La plupart des postes de la frontière étaient alors abandonnés à l'arrivée de la mauvaise saison. Parfois, on laissait un seul gardien, souvent un civil, qui devait tous les jours à heure fixe agiter un drapeau pour que les observateurs de la vallée constatent dans leur lunette d'approche que le malheureux solitaire n'était pas encore mort.

— Ce n'est pas une frontière, c'est une passoire ! s'exclame un soir d'hiver, dans le mess de garnison de Briançon, un officier supérieur. N'importe qui peut passer sans que quiconque y voie quoi que ce soit.

— Personne ne peut parvenir là-haut par ce temps, rétorque un de ses camarades.

— Parce que vous croyez que le gel, l'hiver, la tempête peuvent arrêter des montagnards résolus comme certains Alpini italiens ?

— Sans nul doute, mon commandant.

— Eh bien, mon cher, je vous apporterai demain les clefs du fort de l'Infernet.

Les officiers présents s'esclaffent.

— Mais c'est impossible ! Pas par un temps pareil.

— Qui veut prendre le pari ? demande l'officier.

Un de ses camarades s'engage à payer le champagne à tous les officiers de la garnison en cas de succès de la tentative.

— Pari tenu, lance le commandant.

Dans la nuit, accompagné d'un adjudant et de deux hommes, il grimpe jusqu'au pied de l'ouvrage, traverse les fossés sur la neige gelée et surprend le gardien.

— Donne-moi les clefs du fort.

— Mais, à quel titre ?

— C'est un ordre ! rugit le commandant.

Le malheureux s'exécute.

Et vingt-quatre heures après avoir lancé son pari, l'officier jette les clefs du fort de l'Infernet sur une des tables du mess.

L'anecdote arrive aux oreilles du ministre de la Guerre. M. de Freycinet, un camarade de Polytechnique du général Berge, n'est pas content du tout. Dès le 13 novembre 1889, il signe une ordonnance prévoyant de faire construire des forts en haute altitude et de confier leur surveillance à des unités de chasseurs alpins.

Telle est la nouvelle politique stratégique. Si les manœuvres d'été des « groupes alpins » vont devenir de plus en plus audacieuses, la montagne ne doit pas se vider totalement de troupes dès la mauvais saison revenue.

Des postes nouveaux, construits souvent par leurs futurs occupants, vont permettre de verrouiller la frontière douze mois sur douze.

Plusieurs postes de haute altitude vont ainsi être construits en une quinzaine d'années [1].

Il a fallu monter à dos d'hommes — quand les mulets ne passaient plus — les sacs de ciment, les seaux de gravier et de sable, les poutres, les chevrons, les planches et même les bidons d'eau. Et il n'est pas rare que cette pénible ascension, avec une telle charge, dure quatre à cinq heures.

En général, chaque garnison, fournie par un bataillon de chasseurs alpins, comprend un lieutenant, deux sous-officiers, une trentaine de chasseurs et bénéficie de la présence d'un médecin. Ces hommes voués à la solitude et au silence de la haute montagne, ensevelie sous la neige et la glace, occupent le poste d'altitude du mois d'octobre au mois de mai, presque toujours sans aucune liaison avec le monde extérieur.

La neige aux abords des baraquements atteint souvent une épaisseur de quatre à six mètres. Quant à la température, elle chute parfois à —30°. Aussi ceux qui doivent passer l'hiver dans les postes sont-ils équipés de vêtements particuliers. Il n'y manque même pas ce que les manuels militaires de l'époque nomment des « gants de pied », qui sont d'énormes chaussons en laine se portant par-dessus la chaussure. Non seulement ils tiennent chaud, mais ils empêchent de déraper sur la neige gelée dès que l'hivernant met le nez dehors, une dizaine de minutes par jour, vers midi, les jours où la tempête de neige et le vent furieux diminuent quelque peu.

Les postes se composent souvent de plusieurs baraques de planches à double paroi. Pour les relier entre eux, il n'existe que des tunnels creusés dans la neige vite transformée en glace. Les isolés de la haute montagne vivent dans la crainte des gelures et dans l'angoisse des avalanches.

Les exercices militaires se limitent à quelques séances de tir, les jours de grand beau temps. Le seul ennemi que les Alpins doivent combattre, jour et nuit pendant huit mois de suite, est la neige qui s'insinue partout, plus envahissante encore que le sable dans le désert...

Tous les hivernants sont des volontaires. La plupart sont originaires du pays. Quelques-uns y trouveront la mort dans des accidents de montagne.

---

1. Pour la Tarentaise, les Chapieux (1 500 m) près de Bourg-Saint-Maurice, Seloge (1 700 m) et la Redoute Ruinée au col de la Traversette (2 400 m), au-dessus du passage du Petit-Saint-Bernard.

Pour la Maurienne, Sollières au Mont-Froid (2 647 m) et La Turra (2 500 m) qui contrôlent le col du Mont-Cenis. S'y ajoute Le Fréjus (2 500 m) qui défend Modane et l'accès au tunnel percé en 1871.

A l'arrière, le poste des Rochilles contrôle le col du Galibier (2 645 m).

La Chaux d'Acles (2 343 m) sera construit au-dessus de la vallée de la Névache, tandis que le fort des Gondrans protège Montgenèvre, dans le Briançonnais.

En Ubaye, le principal poste d'altitude est celui des Fourches (2 250 m). Le plus élevé de tous est installé sur la cime de la tête de Vyraisse (2 744 m), dominant le col de Larche.

Populaires, les Alpins le seront très vite, tant auprès des populations montagnardes, au milieu desquelles ils vivent hiver comme été, qu'auprès des enfants des villes qui les découvrent à travers les images d'Epinal ou les couvertures du *Petit Journal illustré.*

Leur tenue ne variera guère jusqu'à nos jours et restera dans la même tonalité sombre que celle des chasseurs à pied, leurs frères, qui ne sont que « bleu, jonquille et argent »...

La capote est raccourcie jusqu'aux genoux et comporte une pèlerine à capuchon. Elle sera par la suite remplacée par une vaste pèlerine. Le pantalon gris de fer est pris dans des bandes molletières longues de plus de deux mètres. Cet accessoire, conduisant à des prouesses de coquetterie les Alpins soucieux de mettre leurs mollets en valeur, est d'ailleurs emprunté curieusement à l'uniforme des troupes britanniques des Indes et du Canada... Par contre sont bien français leur large ceinture de laine bleue et leur chandail de tricot. Le vaste béret bleu sombre que l'on nommera vite « la tarte », n'a rien de savoyard. Il est d'origine béarnaise ou basque. Mais il prendra une taille inusitée dans les Pyrénées et chacun dans les bataillons alpins, mettra désormais sa fantaisie à le porter selon son style personnel, aux dépens parfois de l'uniformité militaire.

Pendant une douzaine d'années, les Alpins se sont distingués de leurs frères « à pied » par une soutache de laine verte au-dessus des parements de leurs manches. Puis, vers 1900, cet attribut particulier sera abandonné. Comme ont été auparavant abandonnés les projets — sortis de l'imagination du peintre militaire Detaille [1] — de coiffer nos Alpins d'un chapeau de feutre, à l'aile gauche relevée et fixée par une plume verte, si ce n'est d'un casque en feutre bleu foncé ayant la forme du casque colonial...

L'équipement montagnard, au début, reste sommaire. Chaque chasseur emporte un bâton ferré au bec recourbé dit « alpenstock », qui peut se séparer en deux morceaux pour se fixer sur le sac. On parlera plus tard des raquettes et plus tard encore des patins, ainsi que l'on nomme les « skys » (orthographe d'époque) dont l'usage sera importé de Scandinavie au début du XXe siècle.

Les Alpins n'ont pas d'insigne particulier. Certains bataillons prennent l'initiative de porter sur leur béret un « edelweiss » comme les chasseurs de montagne bavarois ou autrichiens. Mais une note de service vient rappeler que seul le cor de chasse est réglementaire, en drap jonquille pour la troupe et en fils d'argent pour les officiers.

Car, chasseurs, les Alpins tiennent à le rester, fidèles, plutôt deux fois qu'une, à la tradition de Sidi-Brahim.

---

1. Officier de réserve au 20e bataillon de l'arme bleue — qui deviendra d'ailleurs BCA de 1926 à 1942.

Si intégrés soient-ils dans l'arme bleue, les Alpins n'en constituent pas moins une formation à part, une élite au sein de l'élite. La montagne devient vite pour eux plus qu'un cadre de manœuvre ou de combat. Elle leur impose un style de vie particulier. On pourrait presque dire une véritable conception du monde, dont ne peuvent avoir aucune idée les hommes qui se traînent dans les vallées.

Eux, les Alpins, ils se sentent de la race des aigles.

Ils sont voués à grimper sans cesse plus haut, tout en restant, comme leurs frères des bataillons « à pied », prêts à marcher sans cesse plus vite. Et, le moment venu, précisément dans ces années 1880 où le gouvernement voudra, par mesure d'économie, supprimer les bataillons bleus, ils chantent *La Protestation* chère à tous les Chasseurs :

Vous qui voulez qu'on nous supprime
Qu'avez-vous à nous reprocher ?
En guerre, en paix, notre seul crime
C'est d'avoir su trop bien marcher.

Les douze mille Alpins font partie intégrante de ces « trente mille braves » qui font retentir sur toutes les frontières menacées la même protestation indignée :

Ne touchez pas au corps d'élite ;
Chasseurs, chasseurs, pressons le pas,
Qu'on nous fasse marcher plus,
Mais qu'on ne nous supprime pas.

Plus vite. Plus haut. Telle est désormais la véritable hantise de tous les chefs de corps des bataillons alpins qui rivalisent pour lancer leurs hommes dans les exploits sportifs les plus audacieux, gradés en tête bien entendu.

Le 23 février 1890, deux officiers et deux chasseurs du 12ᵉ BCA font la première ascension de la croix de Belledonne en plein hiver. Quelques jours plus tard, au début du mois de mars, les lieutenants Dunod et Becker, avec une dizaine de chasseurs, s'installent au chalet de la Pra, d'où ils partent pour la croix de Belledonne, Chamrousse et le col de la Grande-Vaudaine. Cette fois, les Alpins passent, en plein hiver, une semaine entière en haute montagne.

L'année suivante, toujours en hiver, le 27 février 1891, c'est toute la 3ᵉ compagnie du 12ᵉ BCA, avec le capitaine Tournois, les sous-lieutenants Dunod et Perrin, deux sergents, six caporaux, deux clairons et cinquante chasseurs qui grimpe à la croix de Belledonne. Les Alpins mettront trente-six heures pour faire cette course. Il n'y aura pas un retardataire et pas un éclopé.

La grande compétition commence entre les bataillons bleus et c'est à qui parviendra à réussir les ascensions les plus spectaculaires. Les civils du Club Alpin Français, le célèbre CAF, seront tellement impressionnés par les exploits de leurs camarades militaires qu'ils finiront même par admettre en bloc un bataillon — ce ne peut être que le 12e BCA — dans le cadre ultra-fermé de leur club, où ne se côtoient que des alpinistes distingués.

De tels exploits ne vont pas sans fatigues ni sans accidents. Le lieutenant Porcher et l'adjudant Bozier, du 13e BCA se tuent près du col de la Vanoise, tandis que leurs compagnons de cordée, un simple chasseur et le lieutenant Messimy — futur ministre de la Guerre — échappent par miracle à la mort. La même année 1892, trois chasseurs du 11e BCA sont emportés par une avalanche près du Petit-Saint-Bernard, tandis que le lieutenant Fauquignon dévisse sur une pente de neige glacée et trouve la mort à la Tournette.

Les annales de chaque bataillon alpin gardent précieusement le souvenir de toutes les ascensions réussies par des sections, des compagnies, voire par le corps tout entier. Certains cadres profitent de leurs congés pour se lancer dans des courses en solitaire ou avec deux ou trois compagnons de cordée.

Ainsi le lieutenant Dunod, du 12e BCA, s'affirme un spécialiste de la Meije. A la tête d'une demi-section de ses Alpins, il obtient l'autorisation de faire le tour du massif par les glaciers. Malgré les chutes de pierres, les risques d'avalanche, les brûlures du soleil, ses chasseurs reviennent à leur cantonnement du Monêtier de Briançon, après quatre jours de marche sans un seul incident. Deux ans plus tard, la même équipe va faire le tour du Pelvoux et de l'Olan.

Le lieutenant-colonel marquis du Pouget de Nadaillac, qui a sous ses ordres le 30e BCA, se montre un peu jaloux du prestige du 12e BCA parmi les bataillons alpins.

Le 21 juin 1895, trois escouades franches de son unité passent le col de la Pisterle, au jour même du solstice d'été, pour gagner la Vallouise et bivouaquer autour du refuge Puiseux, au pied des escarpements du Pelvoux.

Vers trois heures du matin, la longue file d'hommes en vareuse bleue, avec le béret et le pantalon de coutil blanc, s'engagent sur le glacier du Sélé. La neige ne porte pas et la marche devient vite très pénible. Pourtant, avant midi, les Alpins atteignent le sommet du col, ouvert à plus de 3 300 mètres.

Il faut continuer.

Avant d'atteindre le glacier, une barre rocheuse très escarpée défend le passage. Pour y parvenir, il faut d'abord franchir un névé, incliné à 45°, qui aboutit à de profondes crevasses. Mais les Alpins ne sont pas seuls. A leur tête, le guide Emile Pic taille des marches de son inlassable piolet qui fait jaillir de la glace de véritables gerbes d'étoiles miroitantes dans le soleil.

A dix heures du soir, la colonne arrive sans fatigue excessive au refuge du Carrelet.

— Nous repartirons demain à l'aube, ordonne le lieutenant-colonel de Nadaillac, qui s'enroule pour la nuit, comme tous ses chasseurs, dans son manteau à capuchon, après avoir fumé une courte pipe de terre de bruyère.

Ne voulant pas être en reste, le chef de bataillon Pouradier-Duteil, à la tête de trois compagnies de son 12e BCA, traverse les glaciers de l'Oisans et du Briançonnais pendant toute une semaine du mois d'août de cette même année 1895.

L'ordre est de s'alléger au maximum. Le paquetage n'atteint pas dix-neuf livres. Chaque chasseur emporte un rouleau formé par sa toile de tente et dans lequel se trouvent le jersey, le pantalon de treillis, une ceinture de laine, une chemise et un mouchoir. S'y ajoutent la gamelle, les ustensiles de campement, six jours de sucre et de café, un bidon, un quart et un repas froid dans la musette.

Comme tous les chasseurs n'ont pas de lunettes de verres de couleur ni même une simple bande de gaze verte, ils vont se protéger les yeux des ophtalmies des neiges en se noircissant le tour des orbites avec du bouchon brûlé.

Le 24 août, l'état-major du bataillon et les trois compagnies de combat bivouaquent dans une oasis de mélèzes au pied de la colossale cascade du glacier Blanc descendue de la Barre des Ecrins culminant à plus de quatre mille mètres.

Dès le lendemain matin, le lieutenant Dunod et le guide Christophe Turc, accompagnés d'un sergent et de six chasseurs partent en éclaireurs.

Le chef de bataillon Pouradier-Duteil a pris la tête de la 1re compagnie de son 12e BCA et remonte le glacier Noir dès le 25 août. Près du col de la Temple, à 3 283 m, il réussit à faire distribuer à ses chasseurs un grog chaud. Descendant du glacier, les compagnies vont cantonner dans des chalets d'alpage. Elles se retrouvent à Saint-Christophe-en-Oisans. Et le 28 août tout le bataillon atteint le sommet de la colossale croupe neigeuse du glacier du Mont-de-Lans, à 3 543 m d'altitude.

La vue sur les Alpes du Dauphiné et de la Savoie est grandiose.

Le 30 août, l'état-major et les trois compagnies du 12e BCA sont de retour à Ville-Vallouise, leur point de départ.

Une véritable frénésie du record s'est emparée de tous les bataillons alpins. Et les officiers ne sont certes pas les derniers à vouloir grimper plus haut et marcher plus vite.

Les paroles d'un nouveau couplet de la *Sidi-Brahim* expriment, d'une manière un peu naïve, bien dans le goût de la Belle Epoque, cette véritable hantise du record.

Quand votre pied rapide et sûr
Rase le sol, franchit l'abîme,
On croit voir à travers l'azur
L'aigle voler de cime en cime.

Il ne faut pas oublier que les premiers Jeux Olympiques de l'ère moderne seront instaurés par Pierre de Coubertin en 1896, sur le stade même d'Athènes. Le sport de haute compétition est en train d'acquérir ses lettres de noblesse.

Chaque bataillon alpin essaye de prendre la tête. Ainsi au mois d'août 1895, le capitaine Duprey, accompagné de deux lieutenants du 30e BCA, vient trouver son chef de corps, le lieutenant-colonel marquis du Pouget de Nadaillac :

— Mon colonel, nous voudrions aller à pied de Briançon à Grenoble.

— Mais il y a cent dix-sept kilomètres ! Et votre service ?

— Donnez-nous une permission de vingt-quatre heures.

Les trois officiers dépasseront le temps accordé de trois quarts d'heure seulement... Le lendemain de cette course d'endurance, ils se retrouvent avec leur compagnie, prêts à repartir pour une étape « ordinaire ».

De tels hommes qui savent dresser leur corps à la dure sont impatients de toujours en demander plus à leur énergie. Et puis s'ils sont entrés dans l'armée, n'est-ce pas pour se battre ? Puisque l'heure de la Revanche tarde à sonner, ne peut-on trouver un exutoire à tant de dynamisme dans quelque campagne lointaine ?

On a beau être alpin, on n'en garde pas moins, en cette époque conquérante de la IIIe République, quelque nostalgie de l'arme coloniale.

Justement, on demande des volontaires pour Madagascar[1].

---

1. Un bataillon de marche de l'arme bleue, le 40e BCP, sera formé au début de février 1895 à Grenoble et placé sous les ordres du commandant Massiet du Biest. Il regroupe des volontaires venant principalement des troupes alpines, les originaires d'un même bataillon se retrouvant dans la même compagnie ; ainsi ceux du 11e BCA à la 1re compagnie du capitaine Juge, ceux du 12e BCA à la 2e du capitaine Gloxin, ceux du 14e BCA à la 3e du capitaine Ducrot et ceux du 22e BCA à la 4e du capitaine Delanney. En tout, vingt-deux officiers et huit cent soixante chasseurs. L'unité, regroupée à Nîmes, prend la mer à Marseille et débarque le 5 mai près de Majunga. Participant aux longues marches du corps expéditionnaire, les Alpins souffrent beaucoup du climat. Ils participent à la prise de Mévatanana et au combat de Béritzoka, près de Tsarasotra. Trop éprouvé par les fièvres qui lui ont tué près de six cents des siens, le 40e BCP ne pourra faire colonne sur Tananarive et sera rapatrié à la fin de l'année 1895 pour être dissous à Grenoble. Ainsi sera inscrit, grâce aux volontaires des bataillons alpins, le nom de *Madagascar* sur l'unique drapeau des Chasseurs à Pied.

Chapitre III

DES VALLEES ALPESTRES AUX DJEBELS MAROCAINS

— C'est de l'acrobatie... Un amusement, tout au plus. En tout cas, aucun intérêt militaire.

Les grands chefs ne semblent guère séduits par l'expérience du lieutenant Widmann, du 28e bataillon de Chasseurs Alpins. Cet officier, qui a quitté la Légion étrangère pour l'arme bleue, est d'origine suédoise. D'un séjour dans son pays natal, il a rapporté deux longues planches recourbées à chaque bout et qui se fixent aux pieds par des lanières.

— En Scandinavie, dit-il, on les nomme « skys ». C'est le moyen de transport le plus efficace sur la neige.

— Des « skys », disent les autorités. C'est un mot étranger. Dans l'armée française, on dira des « patins ».

Skieur ou patineur, en tout cas, le lieutenant Widmann tient absolument, au cours de l'hiver 1895-1896, à faire, dans les environs enneigés d'Embrun, la démonstration des avantages de ces engins insolites. Il ne perd pas une occasion de les chausser et de se livrer à des évolutions qui semblent assez peu convaincantes. Il est vrai que tout Suédois qu'il soit, le lieutenant Widmann, chef de section au 28e BCA, ne se montre pas très bon skieur. Couvert de neige poudreuse, il multiplie les chutes, ce qui amuse ses chasseurs et ne séduit guère ses camarades officiers. Quant aux supérieurs, ils ne prennent pas ses expériences au sérieux et ne les considèrent en rien comme concluantes.

Vexé, Widmann décide de réaliser un exploit sportif qui puisse forcer la décision. Il prévient ses détracteurs :

— Je vais monter avec ces patins jusqu'au sommet du mont Saint-Guillaume.

C'est une ascension qui le mène à 2 544 mètres d'altitude. Une véritable prouesse en plein hiver. Mais le malheureux lieutenant ne parvient à persuader aucun des cadres de son 28e BCA. Le ski militaire n'a pas séduit l'armée française et c'est en vain qu'un camarade de Widmann, le lieutenant Dunod, du 12e BCA, alpiniste célèbre, tentera d'attirer, lui aussi, l'attention du commandement sur les « patins à neige ».

La décision est rapidement prise et elle semble sans appel. Les chasseurs alpins français continueront à se servir de raquettes. A cela trois raisons sont données.

La première est que le ski ne peut s'utiliser que sur des pentes, ce qui est faux quand on connaît les possibilités du ski de fond.

La seconde c'est qu'il faut un long temps d'apprentissage pour faire un skieur, ce qui est également faux ; un stage de quarante-cinq jours suffit, si l'on possède une bonne méthode d'instruction.

La troisième et dernière raison de refuser les skis c'est « qu'ils sont trop chers et qu'il serait trop onéreux d'en munir tout l'effectif ». Et cela, c'est une raison péremptoire. La seule qui emporte la décision.

Par économie et également par routine, les Alpins ne vont donc pas tous s'initier au ski. Il faudra attendre le début du siècle et la volonté opiniâtre et contagieuse du capitaine Clerc, du 159e régiment alpin de Briançon, le fameux 15-9, pour voir naître la première formation militaire de skieurs et s'organiser des stages d'instruction à l'école de Briançon [1].

Utilisant des raquettes plutôt que des skis, les chasseurs alpins vers les années 1900 n'en constituent pas moins des unités très efficaces et très populaires. Les corps d'élite qui gardent les frontières montagneuses affrontent beaucoup de fatigues et même de réels dangers. Un accident, survenu le 22 décembre 1901, sur le chemin du poste de Fréjus à Modane, provoque dans tout le pays une grande émotion et on va jusqu'à parler de « catastrophe nationale ».

Noël approche. Ceux qui gardent le poste de Fréjus, isolé en pleine montagne, voudraient aller chercher dans la vallée les colis envoyés par leurs familles.

— Peut-on envoyer une patrouille, mon lieutenant ? demandent-ils à l'officier qui commande leur section.

Le lieutenant Guillot n'hésite guère. Le temps est beau et le chemin du col d'Arrondaz, enfoui sous la neige, reste balisé par des poteaux télégraphiques. Il y a trois jours, une compa-

1. L'armée française possédait environ trois mille skieurs ayant subi un stage à la déclaration de guerre de 1914. Deux cents seulement se trouvaient disponibles... Leurs utilisation militaire se bornera à l'emploi d'agents de liaison et à la constitution d'une demi-douzaine de compagnies de skieurs qui connurent des fortunes diverses. Ce n'est qu'entre les deux guerres que sera créée dans chaque BCA une SES, ou section d'éclaireurs-skieurs.

gnie entière est montée au poste de Fréjus sans aucun problème.

Un détachement se constitue rapidement sous les ordres d'un sous-officier, bon montagnard, le sergent Charaz. Celui-ci organise aussitôt sa patrouille, en la divisant en trois groupes.

— En tête un caporal et deux hommes. En arrière-garde, trois chasseurs. Je me trouverai avec le groupe du milieu, qui comprendra quatre hommes plus moi. Bien entendu, chaque groupe s'encorde.

— A quelle heure le départ, sergent ?

— A dix heures ce matin. Ne perdez pas de temps à vous préparer.

La vie est monotone dans le poste et les volontaires n'ont pas manqué pour ce qu'ils considèrent comme une promenade.

— Nous arriverons sans doute vers une heure de l'après-midi aux Granges-d'Arrondaz, estime le sergent Charaz. Là, nous retrouverons le convoi de mulets montant de Modane.

Le lieutenant Guillot regarde sans inquiétude partir ses hommes.

Vers midi, les trois cordées descendent les pentes au-dessus du col. Soudain, on entend un terrible craquement sur la gauche.

— Une avalanche !

Déjà l'énorme torrent de neige déboule du sommet, entraînant tout sur son passage.

— Garez-vous ! hurle le sergent.

Mais que peuvent faire ses hommes devant la colère de la montagne ? Le groupe d'arrière-garde et celui du milieu sont emportés. En tête, c'est le miracle. La corde qui réunit le caporal et ses deux chasseurs s'enroule autour d'un poteau télégraphique et les retient.

— Nous sommes sauvés ! s'exclament-ils. Mais où sont les autres ?

Laissant le caporal, fortement commotionné, récupérer un peu au pied du poteau, les deux Alpins survivants commencent leurs recherches dans l'immense plaque de neige où sont enfouis leurs camarades. Ils aperçoivent une silhouette sombre qui se dégage lentement du linceul blanc. Le dernier de la cordée centrale a réussi à s'en sortir tout seul. Il suit la corde et parvient à libérer un autre de ses camarades. Les deux hommes font signe à ceux de la cordée de tête. En suivant toujours la corde de leur groupe du centre, ils finiront bien par retrouver le sergent Charaz et les deux autres.

Un craquement sinistre suivi d'un bruit effroyable. C'est une nouvelle avalanche qui emporte tout. La montagne semble devenue furieuse en ce dimanche qui précède Noël.

Les deux derniers de la cordée du centre s'en tirent une seconde fois, mais leurs efforts pour rejoindre le sergent et les deux autres ensevelis s'avèrent inutiles. La corde est cassée.

Le caporal qui marchait en tête de la première cordée commence seulement à reprendre ses esprits. Il se relève et annonce aux quatre Alpins rescapés :

— Je vais descendre jusqu'aux Granges-d'Arrondaz pour prévenir le lieutenant.

Une ligne téléphonique, heureusement, réunit le poste de Fréjus au reste du monde.

— Mon lieutenant, annonce le caporal. C'est une catastrophe.... Une avalanche... Nous avons été emportés.

— Où est le sergent Charaz ?

— Disparu. Et cinq autres avec lui.

Le lieutenant Guillot ne perd pas une seconde. Il prévient par téléphone le quartier de Modane et décide de descendre lui-même sur les lieux de l'accident.

— Deux hommes restent au poste. Tous les autres viennent avec moi.

Une demi-heure plus tard, ils se trouvent sur les lieux. Les deux rescapés du groupe du centre guident leurs camarades. Sondant la neige avec des bâtons, ils ne tardent pas à retrouver des corps.

— Voici le sergent Charaz !

— Il est mort.

— Et les deux autres ?

— Morts aussi.

Quant aux trois hommes de la dernière cordée, personne n'arrive à les découvrir dans les énormes éboulis de neige répandus, sur plusieurs mètres de haut, au-dessus du col d'Arrondaz.

Jusqu'à dix heures du soir, les hommes du poste de Fréjus travaillent à la lueur des lampes-tempête pour essayer de localiser les ensevelis. Ils demeurent introuvables.

Dans la vallée, le chef de bataillon Sauret, venant de Lanslebourg, vient d'arriver à Modane avec son 13e bataillon de Chasseurs Alpins. Prévenu de l'accident dans le milieu de l'après-midi, il réunit aussitôt ses officiers.

— Des hommes sont pris dans une avalanche au col d'Arrondaz, dit-il. On parle d'une dizaine... Il faut aller à leur secours.

Le 13e BCA constitue immédiatement un détachement de vingt-quatre chasseurs, tous bons montagnards et tous volontaires. Le capitaine Arbey prendra leur tête.

Avec la petite troupe partiront aussi le médecin-major Bouffandeau, du 158e régiment d'infanterie alpine, un lieutenant d'artillerie, deux gendarmes et une quinzaine de pompiers et d'habitants de Modane. Trois mulets seront chargés des outils nécessaires.

Parti à cinq heures du soir, le détachement du capitaine Arbey n'arrive aux Granges-d'Arrondaz qu'après dix heures. Il fait nuit. Très froid. Le capitaine s'entretient avec le lieutenant Guillot qu'il trouve sur les lieux, à bout de force.

— Vos hommes sont épuisés. Les miens vont les relever. Nous ferons tout pour retrouver vos camarades.

Les sauveteurs vont travailler toute la nuit et ne s'arrêteront que le lundi matin vers dix heures.

Tous leurs efforts sont vains. Ils ont creusé en douze heures cinq cents mètres de tranchées dans la neige pour ne rien trouver.

Le capitaine Arbey devient inquiet. Le temps se gâte.

— Nous n'allons pas risquer la vie de nos hommes pour retrouver trois cadavres, dit-il au médecin-major Bouffandeau.

— C'est aussi mon avis. Il y a déjà deux blessés à redescendre.

— Et aussi les trois premiers morts. On ne va pas les laisser là.

Le triste convoi regagne les Granges-d'Arrondaz, puis Modane.

Une seconde expédition aura lieu le lendemain mardi. Cette fois, fantassins et artilleurs de montagne finissent par retrouver un corps. En suivant la corde, ils parviennent aux deux autres. Personne n'a survécu de la deuxième cordée.

Les funérailles du sergent Charaz et de ses cinq compagnons, Charlet, Guillou, Desgranges, Sérinet et Rebavel, donneront lieu à une impressionnante cérémonie militaire. Le général Zédé, qui a joué un si grand rôle dans la spécialisation alpine de certains bataillons de Chasseurs à Pied, a tenu à être présent.

On commence maintenant à lire, sur les croix des cimetières au pied des glaciers et des aiguilles, cette simple inscription : « Mort en montagne. »

Troupe d'élite formée à la dure école du risque, les chasseurs alpins ne cessent de pousser leur entraînement physique et moral jusqu'à un point rarement atteint jusqu'ici dans l'armée française. Ils s'estiment l'élite de l'élite. Les officiers sortis les premiers de Saint-Cyr se disputent l'honneur de les commander. Même en ces années d'expansion outre-mer, légionnaires et coloniaux n'ont peut-être pas une telle cote.

D'ailleurs, outre-mer, les Alpins sont aussi capables que d'autres d'y servir — pour l'honneur de l'arme bleue. Ils l'ont prouvé à Madagascar. Ils vont le prouver, à nouveau, au Maroc.

Malgré l'Angleterre et l'Allemagne, la France est en train d'établir par étapes son protectorat sur le Maroc. Une colonne militaire débarque en 1907 sur la côte, près de Casablanca, tandis qu'une autre, venue d'Algérie s'avance jusqu'à Oujda. En avril 1911, le sultan, assiégé dans Fès par des insoumis, demande l'intervention des troupes françaises. Une expédition de secours le dégage de vive force et en profite pour occuper Rabat et Meknès. En avril 1912, le ministre de la Guerre Millerand désigne le général Lyautey comme Résident général muni de pouvoirs civils et militaires. La pacification devient protectorat et l'ancien sultan doit faire place à son demi-frère Moulay Youssef, jugé plus francophile.

L'ensemble du pays est loin d'être rallié et il demeure de larges zones d'insoumission, à Kénitra, Marrakech et Taza notamment.

Le colonel Mangin parvient à s'emparer de Marrakech au début du mois de septembre 1912. Mais la situation générale reste préoccupante. Dans tout le Maroc, des dissidents se livrent à des coups de main contre les troupes chérifiennes et leurs alliés français. Après avoir frappé par surprise, les terribles guerriers berbères se retirent dans leurs villages fortifiés des contreforts de l'Atlas, défiant toutes les unités lancées à leur poursuite.

— Pour réduire les guerriers de la montagne, déclare Lyautey au ministre de la Guerre, il me faudrait des chasseurs alpins.

— Vous n'y pensez pas. Le climat...

— Et comment ont-ils fait à Madagascar en 1896 ? lance Lyautey qui connaît bien la Grande Ile pour y avoir séjourné pendant une demi-douzaine d'années.

— Bon, eh bien, vous les aurez vos Alpins, finit par dire Millerand. Mais je ne peux vous envoyer que deux bataillons. Lesquels voulez-vous ?

Le Résident général sait que ce n'est pas la peine de réclamer tel ou tel des bataillons bleus. Tous se valent et seules des nécessités stratégiques vont permettre de choisir deux d'entre eux.

Ce seront le 7e BCA, alors en garnison à Antibes, et le 14e BCA, dont le quartier se trouve à Embrun, qui seront désignés. L'ordre de mise en route arrive par télégramme à la fin de l'été 1912, au moment même où se terminent les grandes manœuvres alpines, sommet de l'entraînement en haute altitude, alors que les deux unités s'apprêtent à regagner leurs quartiers d'hiver.

Chacun de ces deux bataillons de chasseurs avec sa batterie d'artillerie de montagne, sa section du génie et son groupe optique, dans le cadre habituel d'un Groupe alpin, prendra part à la campagne du Maroc dans des secteurs différents. Le 7e BCA au nord et le 14e BCA au sud du Protectorat.

Embarqués à Marseille, les chasseurs du 7e BCA arrivent à Casablanca le 4 septembre après quatre jours de traversée. Ils sont mis à terre à l'aide de barcasses et commencent aussitôt à percevoir leurs effets coloniaux : vêtements de toile écrue et casque blanc de liège, auquel on n'a pas manqué de fixer un cor de chasse. En hiver, ils garderont le béret et en toute saison leurs bandes molletières qu'ils enroulent sur des espadrilles à semelle de caoutchouc et à tige montante.

Le général Lyautey se rend en personne au campement et réunit les cadres :

— Vous commencerez par être tenus en réserve pour la région de la Chaouïa que j'ai été obligé de dégarnir des troupes envoyées à Marrakech. Puis vous entrerez dans un groupement mobile pour dégager le pays des Zaërs jusqu'aux montagnes en direction du Tadla. Cette fois, vous retrouverez votre vocation naturelle...

Chasseurs et sous-officiers, qui pour la plupart n'ont jamais quitté leurs montagnes natales, découvrent un monde nouveau. Les souks avec leurs éventaires, le grouillement humain autour des conteurs, les femmes voilées qui se glissent dans les ruelles étroites, l'appel du muezzin du haut de son minaret. Mais les Alpins ne sont pas venus pour le pittoresque. Les troupes d'Afrique, avec lesquelles ils doivent faire campagne, sont toutes composées de volontaires. Tirailleurs, zouaves, spahis ou légionnaires regardent d'un peu haut ces nouveaux venus qui vont bivouaquer en dehors de la ville de Casablanca, impatients de partir en campagne.

Le 7e BCA ne tarde pas à rejoindre El Borouj, où s'organise la colonne Gueydon de Dives, et pousse de longues reconnaissances en pays hostile. Le 24 novembre 1912, sous les ordres de son chef, le commandant Neltner, il participe à une razzia près d'Ous-Fistali. Il s'agit de punir des pillards qui ont assassiné un lieutenant de cavalerie.

Les Alpins poursuivent ensuite leur marche vers le nord-est, à travers un difficile massif montagneux. La population semble avoir fui à l'arrivée des troupes françaises. La colonne Gueydon fait sa jonction avec la colonne du colonel Blondat. Et les deux formations vont opérer dans la région des Zaërs. Mais la mauvaise saison arrive. Le général Franchet d'Esperey, qui commande les troupes du Maroc occidental, décide de réunir toutes ses forces à Maazis.

Le 7e BCA, toujours dans le cadre de son Groupe alpin, est alors affecté à la région de Meknès, où il arrive au mois de décembre 1912.

Envoyé au Maroc un mois après son bataillon frère, le 14e BCA arrive également à Casablanca. Débarquement tout aussi acrobatique avec les mêmes barcasses. Le général Lyautey adresse aussi aux officiers une brève allocution :

— Vous serez employés dans le sud du Protectorat. La situation est assez tendue du côté d'Anflous et des insoumis continuent à tenir tout le pays entre Marrakech et Mogador.

Les Alpins ne tardent pas à quitter Casablanca et rejoignent le sud par mer. Le mauvais temps sur l'Atlantique éprouve plus d'un estomac montagnard. C'est en assez piteux état que le 14e BCA atteint Mogador, d'autant que le débarquement par chaloupes a été périlleux.

— Enfin, le plancher des vaches !

Les nouveaux arrivés ont à peine le temps de s'installer dans leurs cantonnements qu'il n'est question que de partir en opérations. La situation vient de se dégrader encore davantage au pays des Haha, qui tiennent la région côtière de part et d'autre de Mogador, entre Safi au nord et Agadir au sud. Le petit port semble véritablement en état de siège. Tout le monde travaille à le mettre en état de défense, même les matelots des compagnies de marche mises à terre pour la circonstance.

Une harka, confiée à un frère du Sultan, a été envoyée à une cinquantaine de kilomètres de Mogador. Cette force marocaine est accompagnée d'un tabor de police aux ordres du commandant Massoutier et de deux compagnies de zouaves.

Les terribles Haha, soutenus par des guerriers de plusieurs autres tribus, ont attaqué le campement de la petite troupe. Les rescapés de l'embuscade se sont réfugiés dans une grande bâtisse indigène abandonnée, à Dar-el-Kadi près de l'océan. Ils sont totalement incapables de se dégager et commencent à souffrir de la soif. Déjà dix volontaires indigènes se sont fait tuer en essayant de se rendre à un puits, situé à quelque distance.

Quelques-uns des policiers supplétifs reçoivent du commandant Massoutier l'ordre de franchir les lignes ennemies et d'aller prévenir le général Brûlard, qui commande la place de Mogador.

Celui-ci n'a comme troupes disponibles que quelques unités de zouaves et surtout les six compagnies d'infanterie du 14e BCA qui viennent d'arriver par mer. Leur chef de bataillon se voit convoqué de toute urgence chez le général Brûlard.

— Est-ce que vos Alpins sont prêts à faire colonne ? demande aussitôt ce vieil officier africain particulièrement énergique et entreprenant.

— Ils ne demandent que ça, mon général.

— Je ne vous cache pas que ce sera dur, mon cher. Il faut dégager à tout prix les deux compagnies de zouaves encerclées à Dar-el-Kadi.

Le commandant du 14e BCA lance un coup d'œil sur la carte fixée au mur par quelques punaises déjà rouillées par l'air marin.

— Ce n'est qu'à quarante-cinq kilomètres d'ici. Mes Alpins y seront vite, mon général.

— Il faudra franchir un territoire totalement contrôlé par les Haha. Je vous jure que ce ne sera pas une promenade. De toute façon, je prendrai moi-même la tête du détachement.

Enfin, en cette veille de Noël, les chasseurs du 14e BCA ne

vont pas rester inutiles à traîner dans leur cantonnement, aux portes de la ville indigène de Mogador, en rêvant de réveillon, de cadeaux et de messe de minuit dans des villages encapuchonnés sous plusieurs mètres de blanche neige fraîche.

— Nous partirons le plus vite possible dans la nuit, décide le général Brûlard.

La colonne se compose de sept compagnies d'infanterie, formées de zouaves et de chasseurs, et de la batterie d'artillerie de montagne du Groupe alpin.

Aucune de ces unités n'a encore connu l'épreuve du feu.

Les clairons du 14e sonnent le rassemblement. Les chasseurs bouclent leurs sacs. Sortir de l'inaction provoque une ambiance joyeuse parmi les « Vitriers ».

— Et dire qu'on va au secours des « Chacals » !

— Ça, c'est un comble... Se battre pour les zouaves [1] !

Paquetages de combat, munitions de guerre, vivres de réserve... Rapidement, les chasseurs alpins sont prêts pour le départ de la colonne de secours.

— Drôle de Noël !

— On est chargés comme des brêles !

Les mulets, eux, sont au service des artilleurs qui fixent sur les bâts les canons de montagne divisés en trois fardeaux. En attendant le signal du départ, ces animaux broutent quelques touffes d'herbe sèche, tandis que les servants des pièces roulent une cigarette.

La colonne part dans la nuit. Au lever du soleil, le 24 décembre 1912, artilleurs, Alpins et zouaves marchent déjà depuis de longues heures pour venir au secours des deux compagnies encerclées.

La piste de sable serpente au milieu d'une végétation très dense que découvrent les montagnards. Lentisques, thuyas et genêts mêlent leurs feuillages et leurs senteurs.

Les gradés pressent la cadence :

— Plus vite. Les camarades nous attendent.

Ils sont deux cents zouaves assiégés sans autre espoir que ceux qui se hâtent vers Dar-el-Kadi, dans ce paysage inconnu du pays des Haha.

Tout à coup, on entend deux détonations isolées et on aperçoit deux flocons de fumée blanche dans les broussailles au pied d'un palmier. Deux balles passent en sifflant au-dessus des grands bérets des chasseurs qui rentrent quand même, instinc-

1. Depuis les guerres d'Algérie, où se sont illustrés tant les « Chacals » (les Zouaves fondés en 1831) que les « Vitriers » (les Chasseurs d'Orléans créés en 1840), il a toujours existé une certaine rivalité entre ces deux subdivisions d'arme de l'infanterie française. Elle s'exprime notamment par deux vers de *La Protestation*, chère aux bataillons bleus :

Et nous voyons même les zouaves
Derrière nous courir au feu...

tivement la tête dans les épaules. Les Alpins du 14e se font tirer dessus pour la première fois.

A ce moment, un grondement sourd vient de la mer toute proche. Ce sont les bâtiments de guerre français qui entrent à leur tour dans la bataille et expédient quelques obus de marine qui vont se perdre dans le bled en faisant jaillir une volée de cailloux qu'enveloppe bientôt un gros nuage de poussière.

Cette canonnade trouble à peine le paysage. La luminosité est telle en ce matin de décembre qu'on aperçoit une cime neigeuse du Haut Atlas dans le lointain.

Vers l'avant, la fusillade devient de plus en plus nourrie.

— La tête de la colonne est en train d'accrocher les Chleuhs, lance le capitaine Touchon. On y va !

Les Alpins se mettent à courir, passant entre deux haies de cactus hérissés d'épines, auxquelles succèdent des murets de pierres sèches. La fusillade redouble. Des balles sifflent. On n'arrive pas à repérer les tireurs.

— Sans doute sont-ils là-bas, derrière ce mur blanc.

Voici maintenant les chasseurs dans un bois de gros arganiers aux troncs noueux. Ils aperçoivent un petit groupe. Une crosse s'abat, furieuse, sur un Marocain en grand burnous blanc tombé à terre. Plus loin deux tirailleurs soutiennent un camarade couvert de sang.

— Les Haha sont à quelques mètres, prévient un officier en élégant dolman bleu ciel.

— Déployez-vous ! ordonne le commandant des Alpins.

Très vite la colonne en arrive au corps à corps. Des coups de feu crépitent dans tous les sens. On entend des cris sauvages. Puis des clameurs poussées par des voix féminines.

— Qu'est-ce que c'est ? s'étonne un Savoyard.

— Les « you-you », lance un Turco. Il faudra t'y habituer.

— Qu'est-ce qu'elles veulent ces bonnes femmes ?

— Elles encouragent leurs hommes à nous couper les...

— Ça, alors !

Les Alpins reçoivent par un feu de salve des cavaliers qui les chargent brusquement. Les guerriers marocains agitent de longs fusils. Ils poussent, eux aussi, des cris perçants. Leurs burnous blancs voltigent au vent de la course. Leurs petits chevaux rapides ont des selles magnifiques de couleurs bleu-cerise brodées d'or. Ces superbes indigènes se tiennent debout sur les étriers d'argent.

Parfois, frappé par la balle d'un chasseur, l'un d'eux tombe à terre et roule, mort. Tout ce combat est confus, rapide, sanglant.

La colonne de secours s'est déployée sur un vaste plateau, mais les officiers s'impatientent. Le convoi n'arrive pas. Bientôt, les hommes du général Brûlard risquent de manquer de munitions.

— Economisez les cartouches ! crient les gradés.

Les Alpins, retranchés dans les caillasses, subissent le feu d'un ennemi qui ne semble pas manquer, lui, de poudre ni de balles. Les projectiles miaulent dans le ciel ou frappent la terre, creusant un brusque sillon dans la poussière. Parfois, un homme, touché par une décharge, s'affaisse. Quelques blessés gémissent qu'il faut aller récupérer sous le feu, couverts de sang. Déjà, des morts, immobiles, gisent sous le soleil.

La bataille va durer cinq heures.

Le convoi se traîne loin derrière. Les combattants ont faim et soif. Il ne reste plus qu'un fond d'eau tiédasse dans les bidons. Un spahi se glisse vers les premières lignes pour distribuer les sacs de pain d'un mulet tué par une balle perdue. Quelques chasseurs ont encore conservé une barre de chocolat. Mais ils auront encore plus soif tout à l'heure...

Il fait de plus en plus chaud au fur et à mesure que coulent les heures. Parfois, entre deux volées de balles, on entend vrombir un insecte. Le capitaine Touchon regarde deux scarabées d'Egypte qui s'agitent autour de leur boule de fiente.

— Curieux spectacle, murmure l'officier alpin à mi-voix.

Le combat continue.

— Formez le carré !

Ces Marocains se montrent de redoutables adversaires. Ils sont parvenus à stopper longtemps la colonne de secours. Mais la marche reprend. Les Alpins traversent un oued. Enfin, ce qui fut un oued. Il n'y a plus une goutte d'eau, que de la terre rougeâtre craquelée par la sécheresse. On entend des rafales de mitrailleuse. Les armes lourdes ont quand même fini par rejoindre. Le jour décline rapidement.

Il faut continuer, dégager les zouaves de Dar-el-Kadi qui attendent les secours, en cette étrange nuit de Noël, illuminée par le sillage des balles traçantes comme des étoiles filantes dans les ténèbres.

Zouaves et chasseurs alpins pressent le pas. Ils finissent par trouver un puits. On n'en tire que quelques bidons d'eau boueuse, dont chacun n'a le temps d'avaler qu'une gorgée. Sèches, les gorges semblent serrées par une main invisible.

La colonne de secours marche depuis vingt heures. Après l'endurance, la volonté seule a permis cet effort. Maintenant, ce n'est qu'une sorte d'habitude qui pousse les Alpins en avant, les tempes bourdonnantes de fatigue, les langues énormes et toutes racornies par la soif, la peau du visage brûlante sous le grand béret alpin insolite dans ce paysage de cactus et de figuiers.

Une fusillade éclate à nouveau. Dans cette obscurité on ne sait pas très bien qui tire sur qui. Entre les coups de feu, on entend quelques notes de clairon.

— C'est la marche des zouaves ! s'écrie le capitaine Touchon. Ecoutez ! Ils sont encore vivants.

Les notes du refrain sonnent claires dans la nuit :

Pan, Pan, l'Arbi ! Les Chacals sont par ici.

— Vite ! lance l'officier. Les clairons ! Répondez-leur.

Deux chasseurs reprennent le refrain des zouaves :

Les Chacals et les Vitriers aussi...

Ils sont là, les « Vitriers » du 14e BCA, comme furent là tant de fois leurs anciens du bataillon sur la terre d'Afrique.

— Sonnez notre marche ! lance Touchon.

La *Sidi-Brahim* éclate dans cette nuit de Noël, sur cette terre marocaine, où tant d'hommes courageux se sont pris à la gorge avec la sombre volonté de s'égorger.

Marchons, marchons, marchons !
Mort aux ennemis de la France

Les Alpins s'approchent de la kasbah, où se sont réfugiés les zouaves encerclés qu'ils viennent de délivrer par leur charge.

— Allez, ordonne le capitaine Touchon aux clairons, qu'ils sachent qui les a sauvés. Le refrain du 14e !

Les notes montent, aigrelettes dans la torpeur nocturne.

La peau d' mes roulettes pour une casquette,
La peau de mes rouleaux pour un chapeau[1] *!*

Les deux troupes se sont retrouvées vers dix heures du soir. Mais le danger n'a pas disparu pour autant. Les Haha continuent de rôder. Zouaves et Alpins reçoivent l'ordre de creuser des trous et d'élever des murs de pierres. Tout proches, on entend encore des cris sauvages. Ces hurlements semblent plus terrifiants dans cette obscurité pleine de présences invisibles. Des balles sifflent et vont se perdre dans le feuillage frissonnant des palmiers.

Les guetteurs ouvrent, plus que jamais, les yeux et les oreilles pour repérer les bruits qui viennent encore parfois troubler le silence revenu. Quelques sourdes détonations, très loin, au creux d'un vallon. C'est fini.

Les assiégés et leurs libérateurs partagent les conserves que les chasseurs ont amenées de Mogador. Les officiers du 14e BCA, assis autour du capitaine Touchon, ouvrent les sacs tyroliens qu'ils traînent sur le dos depuis leur arrivée au Maroc, comme au temps des courses alpestres. Une miche de pain, une topette de vin, un pot de confiture, les jeunes lieutenants partagent fraternellement tous leurs trésors.

— Et voilà la surprise ! lance le capitaine Touchon.

Ce sont quelques perdreaux qu'une belle amie de Mogador a fait rôtir pour leur popote.

---

1. (Ou *un shako*).

Un homme s'approche, coiffé d'un canotier de paille. Il se présente. C'est le correspondant d'un grand journal parisien qui s'est trouvé enfermé dans Dar-el-Kadi avec les zouaves et qui n'en revient pas tout à fait d'être encore vivant.

— Messieurs les officiers, demande-t-il. Puis-je partager votre réveillon ?

On se serre pour lui faire une place. Le journaliste raconte les affres du siège avec force détails :

— Pendant quatre jours, nous avons été privés d'eau et nous avons fini par boire notre urine. Ensuite, il a un peu plu et nous avons pu remplir à moitié une citerne.

— Un bon verre de vin vous semblera d'autant meilleur, cher monsieur.

— Permettez-moi de le boire à la santé du 14e d'Alpins, mon capitaine.

L'atmosphère devient de plus en plus joyeuse. On en oublierait les cadavres des rebelles, étendus à quelques mètres des tranchées où se déroule cette singulière fête de Noël. Par moments, les plaintes des blessés viennent couvrir le chœur des chasseurs et des zouaves qui lancent, tour à tour, chansons gaillardes et cantiques de Noël.

Il est né le divin Enfant.
Jouez hautbois, résonnez musettes.

La lune se lève. Les chants s'apaisent vite. On relève les sentinelles. Bientôt, tout le monde dormira, enveloppé dans sa toile de tente, malgré la puanteur des charognes de chameaux et de mulets, dont les carcasses luisent comme de grandes taches blanches à la clarté lugubre de la lune. Le remugle augmente encore. Bientôt, les chacals vont disputer aux vautours les cadavres des Marocains tués dans le combat de Dar-el-Kadi. Le ciel, bleu sombre, s'illumine de lueurs scintillantes.

— Regardez, dit le capitaine Touchon à ses lieutenants, parmi les étoiles de Noël vous verrez briller l'étoile des Mages et des Bergers.

Quand les Alpins du 14e regagnent Mogador, le 27 décembre à midi, en compagnie des zouaves qu'ils ont sauvés d'une mort certaine et du journaliste qui tient le meilleur reportage de sa carrière, une grande agitation règne dans le petit port. Les quelques matelots qui formaient en leur absence l'essentiel de la garnison de cette petite ville côtière sont en grande tenue et contiennent une nuée de curieux, européens et indigènes, fort agités.

— Vous avez vu ces pompons bleu-cerise ? s'étonne le capitaine Touchon. Voici la Marine sur son trente et un.

— Est-ce pour nous cette parade, mon capitaine ?

— Je ne demande qu'à le croire.

C'est pour eux, certes. Mais ce n'est pas que pour eux. Le général Franchet d'Esperey, commandant en chef des troupes du Maroc occidental vient d'arriver à Mogador et une prise d'armes a été organisée par les marins, qui célèbrent en même temps le retour du général Brûlard et des zouaves libérés.

Les Alpins sont à l'honneur. Franchet d'Esperey ne cache pas sa satisfaction. Il a naguère commandé le 18e BCP à Stenay pendant quatre années, à la fin du siècle dernier et a gardé beaucoup de sentiment pour l'arme bleue.

Une prise d'armes est improvisée près de la plage inondée de soleil. Partout de petits drapeaux tricolores voltigent dans cette brise acidulée de décembre.

A peine rentrés de colonne, les Alpins retrouvent tous les gestes de l'ordre serré.

— Garde à vous... Présentez armes... Reposez armes... Repos... Garde à vous... L'arme sur l'épaule droite... En avant marche...

Voici le général Franchet d'Esperey avec un bicorne dont frissonnent les plumes blanches.

— Tête droite !

La cérémonie terminée, les Alpins regagnent leur cantonnement. Le réveillon du Jour de l'An 1913 sera inoubliable. Peut-être pas aussi inoubliable quand même que leur insolite nuit de Noël 1912.

Deux colonnes mobiles venues de Marrakech ont rejoint Mogador le 27 décembre à midi, au moment même où chasseurs et zouaves arrivaient de Dar-el-Kadi. Le général Brûlard dispose désormais de forces importantes pour liquider les rebelles de la zone d'Anflous, au sud-est de la ville.

L'opération ne peut débuter qu'après l'arrivée d'approvisionnements, de munitions et surtout de nombreux mulets pour les porter dans le bled. Tout cela ne peut provenir que par mer, le pays Chiadma entre Mogador et Marrakech restant contrôlé par des dissidents.

L'Atlantique, déchaîné, interdit tout débarquement de matériel. Le général Brûlard s'impatiente. Franchet d'Esperey le calme :

— Mieux vaut attendre et être fort pour s'aventurer en pays ennemi.

Pendant ce temps, chasseurs alpins et zouaves sont installés en avant de la ville. Le pays semble paisible. Des paysans viennent vendre leurs produits au marché. Coiffés de leur grande « tarte » qui excite la curiosité, les Alpins traînaillent dans les souks, s'amusant à marchander quelques babioles. Après le dur combat de Dar-el-Kadi, ces journées de repos ressemblent à des vacances. Et l'état de la mer retarde toujours le départ de la colonne.

— On s'y fera ! lancent les hommes. On n'est pas pressés de quitter Mogador.

Bien vite pourtant, le petit port épuise ses charmes. Certains rêvent de repartir en campagne et lancent des mots nouveaux dont les plus fréquents sont djebel et baroud. Les Alpins n'ont-ils pas été créés pour la montagne et le combat ?

Le pays reste assez calme le jour, mais toutes les nuits on entend des coups de fusil. Les Haha rôdent aux portes de la ville.

Le 20 janvier, la colonne mobile, dont le général Brûlard a pris la tête, quitte Mogador.

Le 14e BCA participe à la prise de Dar Anflous. Une manœuvre rapide dans un paysage montagneux fait l'admiration des autres unités de la colonne, tirailleurs, zouaves et coloniaux. Pendant deux jours, les 24 et 25 janvier, les Alpins se battent durement. Puis ils suivent la colonne pour gagner le pays des Zelten et des Zenzen. Le 8 février 1913, ils seront de retour à Mogador. Jusqu'au mois d'août 1914, le bataillon de chasseurs du Sud-Marocain prendra part à vingt-deux engagements et fera partie de la célèbre colonne de Marrakech sous les ordres du colonel Mangin.

Dans le pays des Tadla, les chasseurs alpins du 14e BCA seront surnommés par les indigènes les « Chleuhs de France ».

— Pourquoi nous nommez-vous ainsi ? demande le capitaine Touchon à un vieillard, chef du village où sa compagnie a planté ses guitounes.

— Parce que les Chleuhs sont les plus braves guerriers de nos montagnes, répond le Marocain.

A la fin du mois de décembre 1912, les chasseurs alpins du 7e BCA avaient regagné Meknès. Après les aventures de la colonne Gueydon de Dives, ils sont un peu déçus.

— C'est la vie de garnison ! s'exclament quelques rouspéteurs. On aimait mieux le bled !

Meknès, ville de l'intérieur, avec ses quinze minarets, son palais et ses jardins est une ville magnifique mais vite étouffante, loin de l'océan et de sa fraîcheur.

Les chasseurs construisent des routes ou surveillent des voies ferrées. Le chef de bataillon Neltner trouve que son Groupe alpin, avec ses six compagnies de combat et sa batterie de pièces de montagne, pourrait être mieux utilisé qu'à ces travaux de terrassiers ou d'agents de police. Il parvient à convaincre le général Franchet d'Esperey dont il connaît bien le faible pour l'arme bleue.

— Nous allons employer vos chasseurs et vos artilleurs alpins dans des colonnes mobiles, décide-t-il. J'ai l'intention de dégager Meknès de la menace que font peser dans le Sud les tribus des

Beni M'Tir et des Beni M'Guild. Mais il faudra que vos compagnies soient engagées par roulement. Je veux toujours en avoir quelques-unes en réserve sous la main à Meknès.

— Puis-je vous demander encore une faveur, mon général ?

— Laquelle ?

— De prendre moi-même la tête d'une des colonnes.

Non seulement le chef de bataillon Neltner verra son souhait exaucé, mais il sera nommé lieutenant-colonel au feu pendant sa première opération sur les contreforts du Moyen Atlas.

Une nuit, au bivouac, dans la plaine de Kasbah Arroub, par un froid glacial, les Alpins ne cessent de recevoir des coups de feu. Puis les insoumis se décident à lancer quelques attaques. Dès l'aube, le commandant fait appeler l'officier d'artillerie :

— Vous allez envoyer quelques obus sur ces troupeaux que gardent des hommes armés.

Les premiers coups de canon semblent réveiller toute la région. Par milliers des Berbères, fusil en main, s'avancent, menaçants, vers le campement du 7e BCA. Le combat s'engage. Un des chefs de compagnie, le capitaine Mangematin est blessé.

La colonne Neltner est ensuite dirigée vers El-Hajeb que menace le départ en dissidence de plusieurs tribus. Toute la région s'enflamme.

Le 24 janvier 1913, un combat très dur s'engage près d'Aïn Marouf. Les Alpins du 7e supportent le plus dur du choc *le jour même* où leurs camarades du 14e se battent tout aussi farouchement à Dar Anflous, à quatre cents kilomètres d'eux.

Au sud comme au nord du Maroc, les Alpins sont partout sur la brèche.

La colonne Neltner, victorieuse, retourne à Meknès par le territoire de la tribu Guerrouan.

Et ce sont à nouveau les missions fastidieuses, la routine des guerres coloniales, avec ses escortes de convoi et ses services de garde. Le commandant Gouveau remplace le lieutenant-colonel Neltner à la tête du bataillon.

Le printemps arrive. Avec la belle saison, les opérations vont reprendre plus fort que jamais. Une colonne est dirigée en pleine montagne, dans le Moyen Atlas, entre Ifrane et Azrou. Quatre compagnies du 7e BCA vont être lancées dans cette aventure qui verra les Alpins se battre pendant trois mois, de piton en piton, et de ravin en ravin. La 3e compagnie du capitaine Marnet et la 6e du lieutenant Vallet se retrouvent côte à côte dans le combat de Koudiat. La situation devient vite tragique. Un commandant de tirailleurs est tué dès le début de l'engagement. Le lieutenant Faivre, qui commande la batterie du Groupe alpin, n'a pas de trop de toutes ses six pièces de montagne pour rétablir la situation et briser l'assaut des insoumis qui descendent en rangs serrés des montagnes.

A la fin du mois de juillet, toutes les unités alpines en opérations regagnent Meknès. Le commandant Gouveau espère que ses chasseurs vont prendre un peu de repos. Mais il est convoqué chez le général Dalbiez qui commande la place :

— Vous avez fait du bon travail en huit mois de baroud. Mais je dois me séparer de vous.

— Et pourquoi, mon général ?

— Le général Franchet d'Esperey vous demande à Fès. Cependant je suis autorisé à garder provisoirement votre batterie d'artillerie.

Les chasseurs, eux, gagnent la capitale marocaine et s'installent au camp de Dar Mahres. A peine arrivés, ils doivent pousser des reconnaissances vers Sefrou. La guerre continue contre les dissidents et voici maintenant que les Cherarda se soulèvent. Nouvelle opération.

La grande préoccupation du commandement militaire au Maroc reste la trouée de Taza. Le 7e BCA s'attend à être envoyé d'un instant à l'autre dans cette région. Mais un ordre arrive de France.

En septembre 1913, alors que le Résident général Lyautey va avoir particulièrement besoin de troupes de montagne, le ministère de la Guerre lui annonce qu'il compte rapatrier en métropole le 7e puis le 14e BCA.

Furieux, le grand chef dont tous connaissent le caractère impulsif et même irascible, bondit sur une feuille de papier et écrit au ministre ce qu'il pense de cette décision qui le frappe en plein cœur :

« L'expérience faite depuis un an contre un adversaire de premier ordre a fait ressortir avec éclat la valeur et l'instruction de ces unités formées à la bonne école, entièrement dans la main de leurs chefs et rompues à la manœuvre. »

Lyautey poursuit sa lettre par un éloge peu commun des bataillons bleus :

« Il s'est donc produit ceci, c'est que depuis un an, ce sont les deux bataillons alpins qui, l'un au nord, l'autre au sud du Maroc, ont servi d'étalon, d'exemple et de stimulant aux autres troupes blanches et ont acquis très rapidement (et ceci est capital) une véritable légende aux yeux des Marocains... »

Dès le 1er octobre, les Alpins du 7e sont regroupés à Fez, la ville seigneuriale, tout à la fois savante et pieuse, si chère à l'Islam, puis ils repartent pour le grand port de Casablanca, où ils arrivent par une véritable tempête de sable. Cet énorme nuage de poussière jaunâtre et sèche qui pique les visages brûlés par le soleil de ses mille aiguilles de feu, ce sera leur dernier souvenir de la terre marocaine. Le 25 octobre, le 7e BCA s'embarque à Casablanca. Dans moins d'une semaine, ses Alpins auront retrouvé leur quartier de Draguignan.

Arrivés au Maroc un mois après leurs camarades du 7e BCA, les chasseurs alpins du 14e vont y rester dix de plus. Le général Lyautey aura réussi à garder au moins un de ses deux bataillons bleus.

D'avril à juillet 1914, le 14e mène la vie dure aux montagnards berbères en pays Zaïans. Ses Alpins font partie de la colonne qui s'empare de Khénifra. Avec l'été la chaleur est devenue épouvantable dans cette région de l'Atlas dont les sommets dénudés sont de vraies fournaises. Dans un décor nu de pierrailles brûlantes et d'épineux acérés, les Alpins souffrent beaucoup d'un climat terrible où, dès le coucher du soleil, un froid glacial vient geler les corps brûlés par le soleil de la journée. Marches, combats, souffrances. Le 14e ne va pas prendre part à moins de vingt-deux engagements sur la terre marocaine.

Ses hommes sont à bout de force, les cadres ne peuvent plus tenir que par un ultime sursaut de la volonté qui rassemble dans leurs mains ces poignées de Savoyards, de Provençaux ou de Dauphinois, grelottant de mauvaise fièvre.

— Nos hommes sont à bout, doit avouer le commandant Marty.

Et pourtant, le bataillon marche toujours, titubant de fatigue, salué par les coups de fusil des insoumis, dormant au hasard des rochers et mangeant au gré des convois de mulets qui se traînent par des chemins impossibles.

Le 21 juillet, l'ordre tant attendu finit par arriver :

« Le 14e BCA part au repos à Casablanca. »

Quand les officiers d'Alpins arrivent à Casablanca, ils apprennent une nouvelle vieille d'un mois qui semble fort émouvoir tous leurs interlocuteurs :

— L'archiduc François-Joseph d'Autriche a été assassiné le 28 juin dernier à Sarajevo.

Le 14e BCA est alors dirigé sur Kénitra. C'est dans ce petit port, au bord de l'Atlantique qui vient battre de ses longues vagues frangées d'écume la côte marocaine, que son chef apprend, le 2 août 1914, la grande nouvelle.

Le commandant Marty réunit ses Alpins. Il leur lit le texte officiel qui annonce la mobilisation générale. Puis il ajoute :

— Le bataillon part pour la France par le prochain bateau.

Tous ses hommes entonnent d'une seule voix la *Sidi-Brahim* :

Quand sonne l'heure du combat,
Notre place est à l'avant-garde.

II

1914-1918

CHAPITRE IV

DEPART POUR LE RHIN ET BATAILLE SUR LA MARNE

La *Sidi-Brahim*...

Tous les chasseurs des bataillons bleus chantent depuis 1871, avec une ferveur quasi mystique, un cinquième couplet, ajouté pour la tragique circonstance de l'annexion à l'Empire allemand des deux provinces de l'Est :

O France relève le front
Et lave le sang de ta face,
Nos pas bientôt réveilleront
Les morts de Lorraine et d'Alsace

A la mobilisation du 2 août 1914, ils sont trente et un bataillons d'active de Chasseurs à Pied, dont douze bataillons alpins, prêts à bondir vers le grand combat de la Revanche. Chez les Alpins, onze bataillons se trouvent en France, pour la plupart en manœuvres estivales de haute montagne. Seul le 14e BCA est encore au Maroc, bouillant d'impatience dans le port de Kénitra. Il sera d'ailleurs le premier de toutes les unités d'Afrique du Nord à rejoindre la patrie en danger et débarquer à Bordeaux le 9 août 1914.

Tandis que l'on mobilise dans les dépôts de Savoie, du Dauphiné ou de Provence, les bataillons de réserve [1], les Alpins de l'armée d'active, dont les compagnies sont portées aux effectifs de guerre, vont se diriger vers le nord-est, où ils participeront au premier choc dans les provinces annexées.

---

1. Chaque bataillon de réserve reçoit le même numéro que le bataillon d'active dont il est le complément, augmenté du chiffre 40. Ainsi, par exemple, le bataillon de réserve du 6e BCA est le 46e BCA, celui du 11e BCA le 51e BCA, celui du 27e BCA le 67e BCA ou celui du 30e BCA le 70e BCA. Pour la simplicité du récit, ce livre se bornera en général à l'évocation — très résumée — du destin des seuls bataillons d'active. Il n'en est pas moins certain que leurs bataillons de réserve ont partagé tous leurs combats et payé très cher la victoire de 1918.

— Allez-y, les gars ! Poussez fort ! Tirez, maintenant !

— Oh ! Hisse ! Tous ensemble !

Une des premières images que vont populariser les journaux à travers toute la France est une photographie d'un lieutenant et de quatre chasseurs alpins. Ils se trouvent au col du Bonhomme, un des passages des Vosges qui conduit à Colmar, par Lapoutroie et Ammerschwihr. Ils sont en train d'abattre le poteau frontière que l'aigle germanique griffait de ses serres. Le cliché est un peu trop posé, mais combien symbolique.

Si on regarde la photo à la loupe, on s'aperçoit — négligence de la censure — qu'ils appartiennent au 11e BCA d'Annecy. Mais tous leurs camarades savoyards et dauphinois connaissent la même « corvée » exaltante.

Venus de Draguignan pour le 7e BCA, d'Embrun pour le 12e BCA, de Chambéry pour le 13e, d'Albertville pour le 22e, ou de Grenoble pour le 28e ou le 30e, ils ont longtemps voyagé dans les fameux wagons à bestiaux de la mobilisation (Hommes : 32 — Chevaux en long : 8), et ont débarqué, il y a quelques jours, engourdis et pleins de paille, au pied même des Vosges — versant français.

Ils ont commencé aussitôt en longues colonnes bleues à grimper les routes en lacet qui, sous les sapins sombres, mènent vers les cols qui se nomment Sainte-Marie, les Bagenelles ou la Schlucht.

Le général Pau commande les troupes de l'armée d'Alsace. Avec sa grosse moustache blanche et son képi à visière cassée, il est le type même du chef militaire qui veut venger les mois noirs de sa jeunesse. Il a perdu un bras à Froeschwiller, en 70, et la manche vide de son dolman étoilé lui vaut un regain de popularité.

Le 14 août 1914, il décide de lancer ses troupes à l'attaque. Les Alpins en tête, les Français descendent vers la plaine d'Alsace. C'est tellement beau que ça paraît incroyable.

Le capitaine Boutle, du 13e BCA, écrit sur son journal de marche, après avoir reçu le baptême du feu en Alsace : « En quelques moments, je me suis senti récompensé de ces vingt années de maussade instruction de recrues que j'avais faites [1]. »

Les collines couvertes de vignobles succèdent aux sommets hérissés de forêts. Voici les premiers hameaux avec leurs maisons fleuries aux immenses toits pentus et ces murs dont les pans de bois rappellent toutes les images de l'oncle Hansi.

Dans les villages, il n'y a plus que des femmes vêtues de

---

1. Le capitaine Boutle devenu chef de bataillon et commandant du 14e BCA sera tué dans la Somme, le 6 août 1916, sur la route de Maurepas à Cléry. Il avait écrit ses souvenirs sur les deux premiers mois de la guerre ; ils paraîtront, après sa mort, en 1917.

noir, des enfants, des vieillards. Les hommes sont mobilisés et envoyés pour la plupart sur le front russe. Les Alpins découvrent des foyers ravagés par la guerre. Le poids du silence est impressionnant. Quelques drapeaux tricolores apparaissent aux fenêtres. Une mère de famille accouche le jour même où une unité de chasseurs alpins — le 28ᵉ BCA — traverse son village blotti au pied des Vosges. On nommera le bébé François et le chef de bataillon Brissaud-Desmaillet acceptera d'être le parrain. « Riesling » et « traminer » pétillent dans les verres. On va chercher de nouvelles bouteilles mises au frais dans le cellier. Mais des coups de feu claquent. Très vite, la résistance allemande se durcit. Les soldats gris — ici ce sont des Wurtembergeois — semblent n'avoir plié devant les chasseurs bleus que pour mieux lancer leur contre-attaque. Les deux adversaires se prennent à la gorge au milieu des vignes et des houblons. Les Alpins s'accrochent à cette terre qui les attendait depuis quarante-quatre longues années, à en croire les poètes de la Revanche.

Malgré les premières pertes qui creusent dans leurs rangs sombres un sillon sanglant, les assaillants croient encore qu'ils vont reprendre leur avance, bousculer d'un seul élan les dernières résistances ennemies devant Colmar, défiler dans la ville libérée sous les acclamations de la foule. Mais une terrible contre-offensive ennemie balaye tout.

Le 25 août, les Allemands tournent les éléments français aventurés à Logelbach, aux portes de Colmar, et percent le front très au nord au col de Sainte-Marie-aux-Mines. Maintenant ce sont eux qui dévalent les Vosges, sur l'autre versant, et vont emporter Saint-Dié.

Il faut abandonner la plaine, se replier sur les sommets, garder les cols, revenir à cette ancienne ligne frontière, dont chaque pointillé est pour les Français comme l'épine sanglante d'une couronne de deuil.

La belle aventure n'a duré que dix jours.

De la grande offensive libératrice sur l'Alsace, il ne reste qu'une immense nostalgie et quelques têtes de pont. Un nouveau front se dessine dans la montagne. Des noms inconnus jusqu'ici vont devenir le symbole même du sacrifice des Alpins des Vosges.

Un sommet arrondi et boisé commande toute la région de Mandray, la Tête de Béhouille. A la charnière des mois d'août et de septembre 1914, on va s'y battre pendant six jours. Les Allemands sont parvenus à se retrancher sur la cime. Leurs fantassins, bien soutenus par leurs artilleurs, connaissent la valeur de la forteresse naturelle qu'ils occupent. Tenir la Tête de Béhouille devient pour les deux adversaires une question de vie ou de mort.

Ce sera la mort pour deux bataillons de chasseurs alpins.

En se lançant à l'assaut de ce sommet imprenable, le 22e BCA et le 13e BCA, qui vient rapidement le renforcer, voient tomber chacun leur chef de corps, le commandant Parisot de La Boisse et le commandant Verlet-Hanus. Avec eux, dans chaque bataillon, on compte une centaine de tués et un demi-millier de blessés. Un Alpin sur deux est hors de combat.

Le rêve alsacien s'achève dans une aube de sang.

En Lorraine, les Alpins ont connu le même aller et retour horriblement douloureux. D'abord l'euphorie de la reconquête. Puis, très vite, la retraite, avant le sursaut qui les pousse à s'accrocher là où ils se trouvent. Et à repartir pour un nouvel assaut.

Comme ils semblaient pourtant joyeux les Méridionaux des quatre bataillons de la Côte d'Azur, le 6e BCA de Nice, le 24e BCA de Villefranche, le 27e BCA de Menton et le 23e BCA de Grasse, que le commandement avait tous regroupés sous les ordres du colonel Papillon-Bonnot.

Pour eux, le voyage vers les frontières avait été encore plus long que pour les autres et ils réalisaient mal de se voir maintenant transplantés de la riante Méditerranée à cette Lorraine septentrionale.

Ils avaient traversé rapidement Dieuze, sans bien se rendre compte qu'ils venaient de franchir la frontière impériale et de libérer une ville annexée, à peine entrevue en pleine nuit. Ils n'ont même pas remarqué les plaques de rues dans les deux langues et il faisait trop sombre pour distinguer les couleurs noires, blanches et rouges qui zébraient la guérite du factionnaire, devant une grande caserne abandonnée.

Maintenant, il est environ quatre heures du matin. On est le 19 août 1914.

Chargés d'un très lourd paquetage, les Alpins marchent dans des champs d'avoine complètement détrempés. Le jour va bien finir par se lever, mais il y a tellement de brume que les colonnes se perdent dans une grisaille gluante. Les officiers ont repéré sur la carte les villages qu'ils doivent atteindre.

— Notre premier objectif, c'est Vergaville, au nord de Dieuze, a ordonné le colonel Papillon-Bonnot, qui dispose ses quatre bataillons en losange, le 6e BCA à la pointe d'avant-garde.

Vergaville, curieux ce nom français au milieu des lieux-dits qui se nomment Guebling ou Bensdorf. Mais quelle importance ? L'essentiel, c'est d'y arriver et de poursuivre la route. Metz, par Morhange, n'est qu'à une soixantaine de kilomètres.

Enfin, le brouillard se dissipe. C'est ça, le champ de bataille ? Une suite d'ondulations peu élevées et de marécages, qui paraissent étrangement vides de toute présence humaine. Dans les creux, on enfonce jusqu'à la cheville, englués par ce sol spongieux qui semble vouloir absorber toutes ces colonnes en marche vers quelque imprévisible destin.

Brusquement, l'enfer se déchaîne. Ce ne sont même pas des coups de feu ou des salves, mais une sorte de crépitement continu. Les Allemands, invisibles, abattent toutes ces silhouettes bleues des rafales de leurs mitrailleuses qui dévorent bande sur bande.

Des Alpins, frappés de plein fouet, s'écroulent soudain, rejetés en arrière par une gerbe de balles, les bras en croix. D'autres, au contraire, semblent buter sur une pierre et vont s'écraser, le nez dans la terre gorgée d'eau, pour ne plus se relever.

— Avancez par bonds, ordonnent les chefs de section.

Beaucoup de gradés manquent déjà à leur poste, fauchés par les armes automatiques. Pourtant, les Alpins avancent toujours.

— Baïonnette au canon !

Ce n'est pas possible ! Ils ne vont pas charger dans ce terrain découvert, sous cette grêle d'acier qui abat des files entières d'hommes en tenue bleue ? Pourtant, Vergaville est emportée d'un seul élan.

Après ? Après, c'est Bensdorf.

Seulement, chez l'ennemi, les artilleurs viennent relayer tirailleurs et mitrailleurs. D'énormes chuintements, des explosions, des gerbes de mottes boueuses et de billes d'acier qui voltigent dans tous les sens. Des Alpins tombent, frappés par les shrapnells.

— C'est du 77, remarque le colonel Papillon-Bonnot. Notre 75 peut mieux faire. Mais c'est quand même rudement ennuyeux.

Par-delà cette constatation technique, que peut le chef des quatre bataillons alpins ? Ses hommes sont promis au pire dans cette zone dénudée, sans un seul abri.

— Couchez-vous, conseillent les gradés survivants.

L'eau semble les absorber avec des gargouillements sinistres. Il n'y aura plus de bond en avant aujourd'hui. Les Alpins vont seulement rester là, stoïques, sous ce bombardement infernal qui ne cesse pas un instant. Attendant la nuit.

Parmi les tués, on compte le commandant Renié, chef du 27e BCA. Le commandant Stirn lui succède sous le feu.

La canonnade acharnée arrose à flots tout le vallonnement où se trouvent les troupes françaises stoppées en plein élan. Après les « fusants » à shrapnells, tombent d'énormes « percutants » à mélinite. Ils labourent le sol avec un bruit affreux, projetant en l'air des colonnes de terre, d'eau boueuse et de fumée noire. Des débris humains, aussi.

— Cela ne suffisait pas du 77, voici maintenant du 210. Quelle histoire !

Partout, des maisons et des meules flambent. Depuis les hauteurs de Bensdorf, les canons allemands tirent sans arrêt.

Un aéroplane à croix noire surveille le champ de bataille, lançant des fusées au-dessus des rassemblements de troupes françaises qu'il survole dans le ronronnement saccadé de son hélice. Quelques coups de fusil rageurs saluent chacun de ses passages au-dessus des Alpins.

Dans le sillage du 6e BCA, le 23e se trouve aussi cloué au sol par les mitrailleuses et les pièces de campagne ennemies. Tout comme le 27e ou le 24e. Aucun ne peut plus avancer.

Pour le colonel Papillon-Bonnot, ce baptême du feu dans un terrain aussi horriblement découvert se révèle comme une catastrophe. Mais comment pourrait-il y parer désormais ? La puissance du feu ennemi contredit toutes les prévisions de l'état-major français.

Le chef des quatre bataillons alpins de la Côte d'Azur décide pourtant, parce que les ordres exigent de tout faire pour libérer cette terre lorraine annexée :

— L'attaque reprendra demain sur Bidestroff.

Avec l'approche de la nuit, le feu ennemi diminue d'intensité. Chaque compagnie en profite pour envoyer quelques patrouilles éclairer le terrain et établir des avant-postes.

— Allons, debout !

Nombreux sont ceux qui ne se lèvent pas. Qui ne se lèveront jamais plus.

Les survivants, hébétés, font quelques dizaines, parfois quelques centaines de mètres, puis se laissent tomber en pleine campagne, là où on leur dit qu'il va falloir passer la nuit.

La nuit. La nuit entière au milieu des cadavres et des moribonds, avec ces plaintes qui ne cessent pas, ces coups de feu dans les ténèbres, cette humidité marécageuse qui les enveloppe et les imbibe jusqu'aux os. De petits groupes se forment au hasard des rencontres. Pour chacun commence la longue veille, avec pour seules compagnes la solitude et l'angoisse. Les survivants de cette attaque sur Vergaville en viennent à envier leurs camarades blessés, dont les moins atteints se dirigent par petits groupes hagards vers l'arrière, où les postes de secours sur la route de Dieuze sont totalement débordés.

Au matin du 20 août, les Alpins tenteront de reprendre la marche en avant. Mais le barrage des mitrailleuses et des pièces de campagne allemandes s'avère infranchissable. Après une journée entière de folie, le commandement doit se résoudre à la grande retraite de Morhange.

Les Alpins, qui formaient l'avant-garde, se retrouvent à l'arrière-garde. En deux jours, ils ont perdu le tiers de leurs effectifs et presque tous leurs officiers, tués ou blessés.

Malgré la surprise d'un feu ennemi qu'ils n'auraient jamais pensé si brutal, malgré les tués qui gisent immobiles dans les champs d'avoine et les marécages, malgré les blessés qui encombrent tous les chemins en douloureux convois, au pas des charrettes sur lesquelles flottent de pauvres drapeaux à croix rouge, les chefs de l'armée française parviennent à tenir encore leurs troupes en main. Ils donnent des ordres, manœuvrant ces masses d'hommes sur les routes encombrées et sanglantes d'un immense repli stratégique.

Tant bien que mal, les unités disloquées par les combats des premiers jours se reforment, au hasard des étapes, les traînards rejoignent, des hommes que l'on croyait morts resurgissent soudain, la tête bandée où un bras en écharpe, au milieu de leurs camarades stupéfaits.

Livrant sans cesse des combats retardateurs pour couvrir la retraite, les Alpins marchent vers le sud, traversant Lunéville qu'ils doivent abandonner, la rage au cœur. Un seul cri :

— Nous reviendrons !

Descendront-ils jusqu'à Epinal où se fabriquaient naguère de si jolies images coloriées à la gloire des chasseurs alpins et de tous les militaires de l'armée française ? Non. Exténués, à bout de force, n'ayant ni mangé ni dormi depuis leur baptême du feu le 19 août, les Alpins des quatre BCA de la Côte d'Azur se regroupent à Landecourt, le 25 août. La semaine de défaite et de repli est terminée. Ils s'arrêtent, font face et repartiront vers le nord-est dès le lendemain à l'aube. Au coude à coude, ils enlèvent le village de Lamath, sur la Mortagne. Les vaincus de Dieuze font mille prisonniers allemands.

Ils ne sont plus qu'à une heure de marche de Lunéville.

Si la situation s'est rétablie à Lunéville, on continue à frôler la catastrophe à Saint-Dié. Déferlant par le col de Sainte-Marie-aux-Mines et la passe de Saales, les Allemands menacent de couper en deux les forces françaises du Nord-Est et de totalement tourner les Vosges, où ne subsisteraient plus alors sur leurs arrières que quelques bastions de chasseurs alpins isolés sur des sommets désormais inutiles. Tandis que le 13e et le 22e BCA souffrent et meurent pour essayer de conquérir la Tête de Béhouille, d'autres bataillons alpins sont envoyés, à marche forcée, vers le nord-ouest pour essayer de colmater la brèche et arrêter, à n'importe quel prix, la fantastique percée allemande.

Le 11e BCA se retrouve alors avec le 7e et le 14e, à qui leurs aventures vosgiennes ont rapidement fait oublier leurs souvenirs marocains.

Dans les derniers jours d'août, ils battent en retraite, alternant reculs et contre-attaques, obéissant aux ordres de repli, mais montrant encore les dents, capables de faire très mal aux envahisseurs. Dans ce pays de collines boisées, les montagnards se montrent rapidement maîtres du terrain. Les premiers jours de septembre vont les trouver près d'un village dont ils vont faire entrer le nom dans leur légende guerrière. Nompatelize, entre Saint-Dié et Raon-L'Etape. Trois fois il sera pris par les Allemands et trois fois, il sera repris par les chasseurs alpins. Toute la région devient le domaine de leur sacrifice.

Même les morts jouent leur rôle dans cette tragédie. Ils restent vivants en devenant exemplaires. Il arrive qu'on les décore et le chef de bataillon Gouveau, qui commande le 7e BCA, détache sa croix de la Légion d'honneur pour l'accrocher sur le cadavre du lieutenant Morel, blessé quatre jours auparavant, resté quand même à son poste et qui vient d'être tué au combat.

Comme toutes les troupes qui se battent sur les hauteurs entre la Meurthe et la Mortagne pour contenir la poussée allemande, les chasseurs alpins, dont quelques semaines de combats et d'échecs n'ont pas encore entamé le moral, se battent avec une énergie farouche. Pour terrible que soit cette guerre dans laquelle ils sont brusquement plongés, elle n'a pas encore émoussé tous les élans de témérité et de panache.

Le 3 septembre, les Allemands attaquent de nuit et parviennent à s'emparer du village de La Salle, à l'est de la forêt de Rambervillers. Deux compagnies du 7e BCA se trouvent non loin de là, à La Bourgonce, et sont aussitôt mises en route. Ordre de foncer dans les ténèbres, droit devant soi, de part et d'autre de la route qui mène à La Salle. Un seul commandement avant le départ :

— Baïonnette au canon.

Les chasseurs avancent rapidement dans le plus grand silence. La nuit est illuminée par les incendies. Les maisons du village de La Salle brûlent avec d'immenses flammes, éclairant les colonnes sombres qui se hâtent.

Brusquement, sur un ordre bref, les clairons sonnent *La Charge.*

Les Alpins attaquent du sud, par la route, tout en prenant le village par un mouvement de tenaille, à la fois du sud-est et du sud-ouest. Manœuvre simple. L'essentiel, c'est de se jeter en avant, baïonnette haute. Le village, devenu brasier, éclaire une scène que l'on croit soudain resurgie des gravures d'une autre guerre. Alphonse de Neuville ou Edouard Detaille ont peint dix fois ce tableau, pour illustrer les combats de 70. Les « Vitriers » abordent l'ennemi dans un élan irrésistible.

Cela paraît de trop, mais pourtant c'est vrai, ils chantent la *Sidi-Brahim.* On se battait encore ainsi un mois après la mobilisation générale. A la baïonnette et en chantant.

En avant, braves bataillons,
Jaloux de notre indépendance,
Si l'ennemi vers nous s'avance...

L'ennemi ne s'avance pas. Il attend les chasseurs, bien abrité derrière les derniers murs encore debout de La Salle, prêts à fusiller les Alpins à quelques mètres, quand ils aborderont le village en feu.

Les lisières sud-ouest et sud-est sont pourtant enlevées d'un seul élan. Au centre, à la sortie sud de La Salle, les Allemands s'accrochent au terrain. Ils abattent les Français par dizaines. Mais d'autres Alpins surgissent, avancent, tirent. Bientôt, leurs adversaires lâchent pied. Et c'est la poursuite, en chantant toujours la *Sidi-Brahim* :

Marchons, marchons, marchons !
Morts aux ennemis de la France !

Ils ne marchent pas, ils courent, au milieu des incendies et des gravats, bondissant de maison en maison, malgré les tuiles qui pleuvent comme grêle, les poutres enflammées qui s'abattent, les derniers coups de feu de leurs adversaires qui refluent lentement. Parfois, avec ces lueurs dansantes qui creusent de larges pans d'ombre totale, la mêlée devient confuse.

Un clairon, soudain seul, s'aperçoit qu'il ne retrouve plus ses camarades. Il distingue des ombres. Il crie :

— C'est la 2e compagnie ?

Quatre à cinq coups de fusil lui répondent.

Alors l'Alpin ne tire pas. Il s'arrête brusquement, l'arme dans une main. De l'autre, il porte son instrument à ses lèvres et sonne la *Sidi-Brahim.* Stupéfaits, ses adversaires n'insistent pas. Il est des moments où les plus braves ont peur de la folie d'un seul.

Les Allemands contre-attaquent. Ils parviennent à reprendre les lisières sud-est et sud-ouest de La Salle qu'ils avaient trop facilement abandonnées au début de l'assaut des chasseurs. Surpris, les Alpins, qui se trouvaient déjà au centre du village, refluent sur la route de La Bourgonce.

Leur attaque furieuse a échoué. Voici les rescapés des deux compagnies du 7e BCA à l'abri de la nuit, à cent mètres au sud du village de La Salle. Exténués. Pas le temps de compter les disparus et les blessés. Un seul ordre :

— On repart !

On se replie ?

Non, on contre-attaque !

C'est une nouvelle ruée vers le village en feu que l'ennemi vient de reprendre. Il se trouve encore des clairons pour sonner *La Charge.* Puis la *Sidi-Brahim,* encore et toujours.

Cette fois les Allemands baissent les bras. Ou plutôt, ils les lèvent, ils sont des dizaines et des dizaines que capturent les Alpins dans les dernières maisons intactes au nord du village.

Maintenant, il faut rallier les combattants, éparpillés un peu partout dans La Salle, où le combat de cette nuit s'est fragmenté en une multitude d'engagements individuels.

A toutes les issues du village reconquis, les clairons sonnent le refrain du 7e BCA :

Bataillon, bataillon, bataillon de fer !
Bataillon, bataillon, bataillon d'acier !

La « bataille » de La Salle n'est qu'un minuscule épisode dans la gigantesque empoignade de deux armées. Mais dans toute sa démesure — et sa grandiloquence héroïque — ce coup de projecteur dans la nuit montre comment les Alpins ont vécu la grande retraite qui les emportait sans les briser.

A marche forcée, les chasseurs du 6e et du 24e BCA se dirigent vers l'ouest. Sur les routes poudreuses, les Alpins, mis en route dès le 4 septembre, après avoir emporté d'assaut la cote 278 dans la région de Lunéville, avalent les kilomètres par dizaines. Leur tenue bleu sombre est si poussiéreuse qu'ils ressembleraient à des soldats gris si l'immense béret alpin, porté la corne en avant, ne venait corriger la silhouette. Deux jours plus tard, ils arrivent à l'ouest de Bar-le-Duc, près du canal de la Marne au Rhin.

— Il y a un ordre du jour du père Joffre...

Dans toutes les compagnies, on rassemble les hommes au rapport pour leur lire le message que vient de faire diffuser le général commandant en chef.

Capitaine ou lieutenant, chaque commandant de compagnie s'éclaircit la voix avant de donner lecture de ce texte dont chaque phrase pèse lourd son poids d'honneur et de sang :

« Au moment où s'engage une bataille dont dépend le sort du pays... »

Les Alpins se regardent. Comme s'ils ne s'étaient pas battus rudement depuis près d'un mois. Mais cette fois-ci, ils comprennent vite qu'il s'agit d'autre chose que de cette suite épuisante et coûteuse de reculs et de contre-attaques.

« ... Il importe de rappeler à tous que le moment n'est plus de regarder en arrière... »

C'est vrai, tant de camarades tombés depuis quatre semaines, tant de cadavres, tant de disparus, tant de blessés. Et tant de villages abandonnés dont les habitants vous regardaient comme s'il dépendait de soi de les laisser aux mains de l'ennemi. Non, il vaut mieux ne pas regarder en arrière. Le médecin auxiliaire Giraud se rappelle cette phrase qui avait claqué comme une gifle pendant la retraite de Morhange : « C'est pire qu'en 70. » Les jeunes revivaient le cauchemar de leurs pères. Il faut vite maintenant enfouir cela dans un coin de sa mémoire, avec la tristesse et la honte.

Le chef de compagnie poursuit sa lecture :

« ... Tous les efforts doivent être employés à attaquer et à refouler l'ennemi... »

Les Alpins se regardent en clignant de l'œil et en se poussant du coude. Cette fois, ça y est. La grande contre-attaque ! Sur tout le front, de Paris à Verdun.

Le ton de l'officier se fait soudain sévère :

« ... Une troupe qui ne peut plus avancer devra, coûte que coûte, garder le terrain conquis et se faire tuer sur place plutôt que de reculer... »

C'est clair et net. Pourquoi terminer par des menaces ?

« ... Dans les circonstances actuelles, aucune défaillance ne peut être tolérée. »

— Ne t'en fais pas, murmure un Niçois à l'adresse d'un copain corse qui sert comme lui au 6e BCA. Cette phrase, c'est pas pour nous.

— Pour qui, alors ?

— Pour les généraux, pardi.

Les Alpins vérifient leur paquetage, remplissent les bidons, garnissent les musettes et surtout chargent les cartouchières à craquer. Machinalement, ils sortent et rentrent la baïonnette du fourreau. Il règne très vite une sorte d'excitation guerrière. Ils se sentent tous d'attaque. Cette fois, enfin, ils veulent gagner et ils pensent que c'est possible. Provençaux crédules et braves, ils croient au miracle. A ce miracle de la Marne.

Le 6 septembre, les deux bataillons frères, le 6e et le 24e, sont prêts. La dure retraite, les combats, la longue marche, tout cela n'est plus que souvenirs. Et même l'horrible baptême du feu sous les mitrailleuses et les canons de Dieuze est oublié.

Ils ne sont pas encore engagés. Déjà, ils s'impatientent.

— Vous êtes en réserve, leur dit-on.

— On ne va pas nous oublier, au moins ?

Le 7 septembre, les Alpins sont en train de plumer des canards et des poulets pour la soupe du soir quand retentit l'ordre tant attendu :

— Alerte ! On y va.

Les hommes fanfaronnent un peu. Mais ils ont un moral du tonnerre. L'ordre du jour du « père Joffre » a fait son effet.

Encore plus « gonflé » que ses chasseurs semble le lieutenant Bertrand. Depuis le début de la campagne, il tient ses carnets de route. Cette fois, il va en avoir long à écrire...

Au crépuscule, sa compagnie longe la forêt des Trois Fontaines.

— Méfiez-vous, Bertrand, lui dit son capitaine. Il paraît que s'y trouvent quelques uhlans précédant l'avant-garde allemande.

La nuit est tombée quand le 6e BCA reçoit l'ordre de stopper devant le village de Mognéville.

— Déployez-vous en formation de combat.

Puis, après une longue attente, un nouvel ordre arrive :

— Vous bivouaquez sur place.

Les Alpins se couchent dans un champ de betteraves. Il fait toujours un temps splendide. Cette fois, pas de doute, on pourra dire qu'ils ont vraiment dormi à la belle étoile. Peu dormi d'ailleurs, car le branle-bas sonne à trois heures du matin.

Les chasseurs du 6ᵉ traversent dans une clarté grisâtre le village de Mognéville, s'engagent dans un bois, puis remontent vers le nord, en direction du village de Vassincourt.

Les quelques maisons se trouvent sur une éminence, entourée d'une série de crêtes. On entend les premiers coups de feu.

— Qu'est-ce qui se passe ?

— Il paraît qu'il y a des « biffins » qui se replient.

— On arrive !

C'est curieux comme les hommes ont envie de plaisanter ce matin. Pourtant, tout se gâte très vite.

Le lieutenant Bertrand et sa compagnie doivent servir de liaison entre deux bataillons. Et ses Alpins sont repérés par les Allemands qui leur tirent dessus depuis une ferme accrochée à mi-pente.

Le chef de bataillon Lançon surgit.

— Qu'est-ce qui se passe ?

— On ne peut plus progresser, mon commandant, lui dit Bertrand. Chaque fois qu'on montre le nez, on se fait tirer dessus depuis la ferme de la Tuilerie.

— Vous voyez ce tas de bois ? Que chacun de vos chasseurs prenne un fagot et s'en serve à la fois comme d'un camouflage et comme d'un bouclier.

Pour médiévale qu'elle soit, la ruse de guerre réussit. Les Alpins s'avancent, en tirailleurs, au milieu du terrain découvert. Ils arrivent à un fossé, se jettent dedans.

— Et maintenant, à nous de tirer, annonce le lieutenant Bertrand.

L'officier ne tarde pas à entendre des cris bizarres tout près de lui.

— Qu'est-ce qui se passe ?

— C'est moi, mon lieutenant, avoue un des Alpins. Enfin, c'est mon oie.

— Ton oie ?

— Je la traîne depuis hier soir. On n'avait pas encore eu le temps de la tuer... Je la garde. Elle nous portera bonheur.

Un autre bruit. Cette fois, ce sont les mitrailleuses du bataillon qui viennent d'ouvrir le feu sur la ferme de la Tuilerie. Les voltigeurs encouragent leurs camarades à grands cris.

— Allez-y, les gars ! Tapez dedans !

A ce moment, le lieutenant Bertrand voit un de ses hommes, séminariste dans le civil, qui saisit son fusil et tire comme un forcené sur un Allemand qui rampe près de la ferme. Un de ses camarades, athée d'ailleurs, lui dit :

— Eh ! l'apprenti curé, tu ne vois pas que tu tires sur un blessé !

— Mais non, il n'est pas blessé, Il fait semblant.

Et puis, après un moment de réflexion, le tireur ajoute :

— Et puis s'il est vraiment blessé, je le tuerai plus facilement.

On entend des gémissements. Un jeune sous-officier vient de recevoir une balle dans le genou.

— Tais-toi, sergent, lui lance le caporal Séassal. Tu beugles comme un cochon et tu vas faire peur aux Allemands.

Le lieutenant Bertrand se tourne vers son camarade mitrailleur :

— Je pense qu'on va donner l'assaut à Vassincourt. Il faudra que tu me soutiennes avec tes pièces.

— Compte sur moi.

Brusquement, les Alpins perçoivent un bruit étrange qui s'amplifie. C'est un chant d'abord, une sorte de marche funèbre. Puis des cris sauvages, accompagnés de fifres et de tambours.

Un chasseur arrive en courant de la gauche.

— Mon lieutenant, on se replie !

— Qui « on » ?

— J'sais pas, des pantalons bleu-cerise, des « biffins », quoi...

Le jeune officier va voir ce qui se passe. Il découvre alors, sur sa gauche, dans un défilement, toute une brigade allemande qui contre-attaque au pas de course. La liaison est rompue entre les deux bataillons français. Les Alpins du 6e BCA vont être débordés puis tournés.

— Deux sections face à gauche, ordonne Bertrand.

Deux autres sections de la compagnie ne tardent pas à les rejoindre.

Cette fois, on n'attaque plus. Mais on se défend. « Se faire tuer sur place plutôt que de reculer », a dit Joffre.

Les Allemands se déploient à travers un verger et grimpent la pente en direction de leurs adversaires. En tête, quelques éclaireurs, l'arme au poing, progressent d'arbre en arbre.

— Ouvrez le feu ! hurle le lieutenant Bertrand.

Les voici à quelques mètres. Trop tard. Les chasseurs bleus vont être bousculés par les soldats gris. Il n'y a qu'une seule riposte. La contre-attaque ! Brutale. Sans même attendre les ordres.

Le lieutenant Bertrand dégaine son revolver. Ses hommes mettent la baïonnette au canon.

— En avant ! hurle l'officier en bondissant.

Il dévale la pente. Ses Alpins, autour de lui, hurlent comme des diables. Le petit chasseur Chabannes court, à cinq ou six mètres devant ses camarades, et perce le ventre d'un gigantesque adversaire de sa baïonnette. L'autre s'écroule. Mais Chabannes est atteint à son tour de quatre coups d'arme blanche.

A trois pas de Bertrand, un officier allemand le vise avec son pistolet. Le lieutenant d'Alpins lève son arme et lui tire dessus. Au moment où le coup part, un de ses chasseurs surgit et cloue le moribond contre l'arbre d'un coup de baïonnette en pleine poitrine.

Les Allemands finissent par refluer vers le fond du ravin.

Le lieutenant Bertrand va retrouver son camarade, qui vient aussi de charger à la tête de deux sections.

— On les a repoussés, lui dit-il. Et toi ?

— Moi aussi. Mais ils vont revenir. Que faire ?

— Recommencer, conclut simplement Bertrand.

Le lieutenant regroupe ses Alpins avec de grands moulinets des deux bras. Il tient dans une main son revolver 92 d'ordonnance et dans l'autre un pistolet automatique personnel qu'il traîne depuis le début de la campagne.

A nouveau, les fifres et les tambours. A nouveau, l'assaut allemand. A nouveau, la contre-attaque des chasseurs alpins. Bertrand n'a plus une seule cartouche dans aucune de ses deux armes de poing. Alors, il saisit la baïonnette d'un de ses hommes et se bat à l'arme blanche [1]. Les survivants de cette tuerie s'empoignent au milieu des cadavres bleus et gris qui jonchent les pentes devant Vassincourt.

Les Allemands lancent un troisième assaut. Le lieutenant Bertrand reçoit une balle dans le bras. Quand, pour l'ambulance, il quitte sa compagnie, forte, quelques heures auparavant de cent vingt Alpins, il en reste exactement quarante-huit...

Le 9 septembre et pendant toute la nuit et pendant toute la journée du 10 septembre, malgré les attaques allemandes, le 6e BCA maintient toutes ses positions. Dans Vassincourt, les tranchées allemandes sont comblées de cadavres.

A l'aile droite de l'immense front, les troupes françaises, rameutées en toute hâte, ont tenu bon sur place, pendant que l'aile gauche manœuvrait. La bataille de la Marne est gagnée.

---

1. Cet officier d'Alpins du 6e BCA écrit dans ses Carnets : « Oh ! La Baïonnette française - C'est le superbe instrument de la vengeance. Elle est souple et gracieuse comme notre langue, affûtée et fine comme notre esprit, acérée et mordante comme notre âme en récolte. Elle a quelque chose de féminin, de câlin presque, de trompeur. Elle n'a pas de sa rivale allemande le tranchant bref et qui veut être définitif. Son œuvre n'en est que plus profonde. Car elle ne coupe pas, certes, mais elle pénètre facilement, proprement, sans laisser de traces sanglantes sur son passage, jusqu'au cœur qui mérite le châtiment. » Bertrand, *Carnets de route d'un officier d'Alpins*, Paris, deux volumes, 1915 et 1916, Berger-Levrault éditeur.

Chapitre V

SUR TOUT LE FRONT, DE L'ARGONNE A L'ARTOIS

Désormais, après la victoire de la Marne, voici quelques bataillons bleus parvenus sur des champs de bataille dont les noms ne prendront toute leur tragique résonance que dans quelques mois ou même quelques années. Il semble que ces Alpins forment une sorte de détachement précurseur au pays de l'horreur absolue et de l'hécatombe boueuse.

Le 24e BCA — le bataillon de la Garde — fait toujours équipe avec le 6e. Le commandement n'a pas voulu séparer les deux bataillons frères de la Côte d'Azur. Ils sont tous les deux en Argonne, où la poursuite française s'enlise devant la résistance ennemie.

Le 22 septembre 1914, le commandant Nicolas, chef du 24e, expédie des agents de liaison vers ses compagnies, dispersées dans les Bois-Bourrus.

— Mon capitaine, le chef de bataillon demande à tous les cadres de venir le rejoindre.

— Où se trouve son poste de commandement ?

— Au Mort-Homme.

Nom de lieu-dit horriblement prémonitoire... La réunion sera brève :

— Le commandement nous demande de porter quatre compagnies vers le nord-ouest du bois de Cheppy, devant la ferme des Neuves-Granges. Les compagnies restantes tiendront le Pont des Quatre-Enfants.

— Quelle est la situation générale, mon commandant ?

— Les Allemands ont réussi à rompre nos lignes vers le bois de Malancourt et avancent vers la forêt de Hesse. Leur infanterie possède sur nous une supériorité numérique écrasante.

Le commandant Nicolas hésite un instant et ajoute :

— Autant vous le dire. Leur artillerie suit dans la lancée et il faudra nous attendre à un combat très dur.

On va se battre pendant des heures et des heures à la ferme

des Neuves-Granges. Les Alpins s'accrochent au bois de Cheppy et personne ne peut les en déloger. Alors, les fantassins allemands, leur assaut brisé, confient à leurs artilleurs le soin d'en finir avec le 24e. Le bombardement est épouvantable et les pertes très lourdes.

A l'arrière, les deux compagnies de soutien ne restent pas longtemps au Pont des Quatre-Enfants. Un messager du général Gouraud arrive auprès du capitaine Villard qui les commande.

— Les Allemands ont franchi nos lignes. La brèche ne cesse de s'agrandir. Il faut les arrêter à Avocourt.

— Quelle consigne ?

— Comme sur la Marne. Se faire tuer sur place plutôt que de reculer...

Les Alpins du 24e s'enterrent et ne concéderont pas un mètre de terrain à l'ennemi qui lance assaut sur assaut. Leurs chefs, le capitaine Villard et le lieutenant Henry s'accrochent à cette lourde glèbe de l'Argonne et ne bronchent pas sous les éclats et les balles. Près d'eux, un vieux sous-officier de l'arme bleue, l'adjudant Piétri, ne cesse de parcourir les lignes pour encourager les hommes à profiter du moindre abri et surtout à économiser les munitions :

— Derrière vous, il n'y a plus rien. Alors, vous tenez, un point c'est tout.

Sous la mitraille, l'adjudant arrive jusqu'au poste de commandement du capitaine Villard.

— Ça doit aller, mon capitaine. Ils tiendront. Même les jeunes qui sont arrivés du dépôt en renfort. Il n'y a qu'une chose...

— Quoi donc, Piétri ?

— On sonnerait le refrain du 24e au clairon que ça donnerait du cœur aux gars. Et puis, en face, ils verraient bien à qui ils ont affaire.

— Comme vous voudrez. Ce n'est peut-être pas une mauvaise idée.

Un volontaire se présente. Il porte à ses lèvres l'instrument de cuivre et lance les quelques notes allègres :

Tout le long du bois, j'ai baisé Jeannette ;
Tout le long du bois, j'l'ai baisée trois fois !

— Pas mal, dit le capitaine Villard.

Puis il se tourne vers le lieutenant Henry :

— Vous savez quel jour nous sommes, mon cher ?

— Le 23 septembre, mon capitaine. Demain, ce sera la fête du bataillon de la Garde.

— Et le 23 septembre 1845...

— ... Les quatre-vingts chasseurs survivants du 8e de l'Arme, après le massacre de leurs compagnons, se réfugient au marabout de Sidi-Brahim. Ils y tiendront trois jours...

— Pour nous, ce sera sans doute plus bref.

Le capitaine Villard n'achève pas sa phrase. Les deux compagnies qu'il commande vont perdre devant Avocourt les quatre cinquièmes de leur effectif. C'est le combat le plus meurtrier livré par leur bataillon depuis le début de la guerre.

Mais les Alpins parviennent à bloquer la ruée allemande et arrêtent net la marche de l'ennemi sur Verdun.

Verdun appartient toujours aux Français et Péronne reste aux Allemands... Comme ils se sont battus dans l'Argonne, les Alpins vont se battre sur la Somme, véritables sergents fourriers des grandes empoignades futures, dont ils semblent préparer les cantonnements et les cimetières.

Maintenant, après les aller et retour tragiques de la guerre de mouvement, le front va s'enliser. La mauvaise saison arrive, avec la pluie, le vent et le froid. L'automne règne en maître. Les Alpins des 7e, 11e et 14e BCA sont envoyés pour colmater ce rempart qui menace de faire eau par plusieurs brèches inquiétantes. Le pays qu'ils découvrent a de quoi les surprendre.

— Ça alors, mon lieutenant, dit un Annécien au lieutenant Belmont, un médecin savoyard qui a demandé à servir dans une unité de combat et commande la 8e compagnie du 11e BCA, ce tas de boue ne fait pas cinquante mètres de haut et ils appellent ça un mont !

Les Alpins du 11e, venus directement des Vosges à la mi-septembre, sont presque aussitôt lancés à l'attaque de Vermandovillers, un village planté en plein terrain de culture, à une dizaine de kilomètres au sud de la Somme. Le capitaine Lobligeois est tué avant même de mener l'attaque et le lendemain ses hommes n'ont réussi qu'à prendre une ferme isolée.

Son échec devant Vermandovillers a coûté finalement au 11e que commande le chef de bataillon Augerd près de cinq cents des siens hors de combat. On en dénombrera quatre cents pour le 7e devant Chaulnes et au moins autant pour le 14e devant Maucourt !

Les citations pleuvent sur les bataillons alpins, toujours les mêmes : « Assaillis par des forces très supérieures, ont vigoureusement repoussé l'attaque, infligeant à l'ennemi des pertes considérables, et ont ensuite repris l'offensive avec la plus grande vigueur. »

L'offensive... Non. Le front de la Somme ne bouge plus et s'immobilise tragiquement, après tant de sacrifices dans les deux camps ennemis.

Le 11e part un peu plus au nord, presque sur les rives du fleuve, devant le gros village de Dompierre-Becquincourt, toujours aux mains des Allemands, et qui semble les narguer.

Le 7e et le 14e resteront au sud, dans une zone ou vont se succéder attaques et contre-attaques sans amener de grands changements.

Au 11e, les Savoyards découvrent les misères de la guerre de positions. Ils vivent au fond de leurs trous, couverts de poux et assaillis par une multitude de gros vers et de moustiques qui leur disputent les nids à rats, où ils se tiennent recroquevillés presque toute la journée en attendant d'aller chacun leur tour prendre une garde monotone aux créneaux.

« Nous vivons sous terre, quelque chose dans le genre de la taupe ou du renard, écrit le 3 octobre le lieutenant Belmont à sa famille. Notre mission est uniquement défensive. Nous n'avons pas autre chose à faire que de garder nos positions sans perdre un pouce de terrain. »

L'officier exagère un peu, pour rassurer les siens. Le secteur tenu par les Alpins dans la Somme n'est pas de tout repos. Et puis le climat se détériore rapidement. Les jours sont courts et gris, le ciel brumeux, le vent frais. Les Savoyards découvrent cette petite pluie fine que l'on nomme le « crachin » et qui ne mouille guère — du moins au début. Car ils vont peu à peu, dans ces prairies souvent marécageuses au bord de la Somme, se dissoudre dans une perpétuelle humidité. Le conflit prend un nouveau visage. C'est cela, la guerre de positions. Plus de fatigue que de sang, peut-être, et une longue, une interminable usure des combattants.

« C'est celui qui saura résister le plus longtemps à l'usure, écrit le lieutenant Belmont, le 21 octobre, usure morale autant, sinon plus, que matérielle, c'est celui-là qui aura le dernier mot. »

La Toussaint arrive. Dans la paix, cette journée est toujours d'une infinie tristesse. Dans la guerre, elle prend encore davantage sa signification lugubre.

Dans chaque village on a regroupé les sépultures sous de pauvres croix de bois, fabriquées avec les vieilles planches des caisses à munitions. Un béret alpin, gluant de pluie, marque le dernier repos d'un camarade.

La nouvelle d'un prochain départ provoque presque un soulagement, tant les journées passées sur la Somme ont semblé pénibles, après les vives empoignades sanglantes qui ont marqué l'arrivée devant Péronne des 7e, 11e et 14e BCA. Ces trois bataillons alpins ne seront pas seuls à rejoindre le nouveau front. On dirige aussi vers le nord, pour enrayer la « Course à la mer » des Allemands, les quatre bataillons de la Côte d'Azur.

Le 23e et le 27e BCA ont été relativement épargnés ; après leur entrée victorieuse dans Lunéville, ils ont surtout monté des grand-gardes dans la forêt de Parroy et dans la Woëvre.

Par contre, le 6e et le 24e BCA arrivent de l'Argonne où ils ont livré de durs combats au bois des Forges.

Le 29 octobre, les deux bataillons d'Alpins doivent attaquer Montfaucont. Le signal du début de l'assaut sera donné au moment où on amènera à terre un ballon captif se trouvant au-dessus du secteur de Verdun. Hélas, le capitaine d'état-major observateur a tellement le mal de mer dans sa nacelle qu'il demande à se faire redescendre le plus vite possible. L'attaque va partir trop tôt pour les fantassins !

Le commandant Lançon, chef du 6e BCA, commande l'ensemble des deux unités d'Alpins et il fait appeler le capitaine d'Omezon qui se trouve avec sa 2e compagnie du 24e en tête de son unité, le bataillon de la Garde.

— Vous aurez à pousser devant vous les « Biffins » du 40e régiment d'infanterie. Ils attaqueront la cote 272 au bois des Forges et ensuite nous glisserons à gauche pour filer sur Gercourt.

Le jeune officier décide de passer par le bois des Corbeaux qui lui assure un bon itinéraire d'accès. Mais il est à peine en route qu'un coureur lui apporte un premier contrordre.

— Le commandant vous demande de vous arrêter. On est parti trop tôt.

Le capitaine d'Omezon vient à peine de repartir, après cette halte forcée, qu'un hussard arrive au grand galop.

— Arrêtez, les Alpins ! Ça ne suit pas derrière...

Nouvelle station dans le bois des Corbeaux, alors que l'ennemi doit commencer à se méfier.

Un fourrier à pied arrive alors et lance au capitaine :

— Comment, vous n'êtes pas reparti ? Mais le commandant en a donné l'ordre.

— Le cavalier qui a quitté après vous le poste de commandement m'a donné l'ordre d'arrêter. Alors, j'arrête...

A ce moment, surgit le capitaine Julia, l'officier adjoint du 24e BCA.

— Partez ! Partez, vite, d'Omezon ! Vous allez être en retard !

La confusion tourne à l'affolement. Toutes les compagnies de chasseurs alpins sont lancées à l'attaque.

– Et les « Biffins » du 40e, mon capitaine ?

— On ne sait pas où ils sont. Mais foncez droit devant vous !

On ne sait pas où sont les fantassins, mais on sait où se trouve leur chef, le colonel Santini, qui accueille sans chaleur excessive les chasseurs.

— Qui vous a donc dit de partir? s'exclame-t-il. Vous voyez bien que vous allez me gêner.

Pour franchir le canal des Forges, un affluent de la Meuse, il n'y a qu'une passerelle, à l'ouest du moulin de Raffécourt. Les colonnes d'assaut s'y embouteillent. Et les artilleurs allemands les harcèlent sans cesse avec leurs obus de 77. Deux compagnies sont entassées derrière les ruines du moulin. Les Alpins doivent attendre leur tour, en colonne par un, tandis que tombent tout autour d'eux des « marmites ».

— Elles font plus de bruit que de mal, confie le capitaine d'Omezon à ses chefs de section. Rassurez vos hommes.

Enfin, voici son tour de franchir le cours d'eau. Il prend la liaison avec un chef de bataillon d'infanterie, en dolman sombre et pantalon bleu-cerise.

— Je suis un ancien chasseur, lui dit celui-ci aussitôt.

— Cela se voit, mon commandant, avoue d'Omezon tout heureux de découvrir dans cette pagaille un officier qui garde son calme et va donner des ordres pondérés et intelligents.

— Nous y arriverons, capitaine, dit-il au chef de la 2e compagnie du 24e BCA. L'affolement vient de l'arrière. Pas de l'avant...

C'est alors que le capitaine d'Omezon reçoit une nouvelle mission, contraire aux ordres reçus avant le départ. Il doit maintenant enlever d'assaut le bois des Forges. Et si possible plus vite que les fantassins du 40e RI.

Des cris fusent de toutes parts :

— Attaquez ! Marchez ! En avant !

Les balles allemandes commencent à sérieusement siffler aux oreilles des assaillants. Enfin, le capitaine et sa section de commandement arrivent, par un fossé, jusqu'à un petit bosquet. L'officier découvre, dans un repli de terrain, un de ses camarades en tenue bleu-jonquille. C'est un capitaine du 6e BCA, blessé à la tête et qui est en train de mourir avec des râles affreux.

Surgit alors le chef de bataillon Lançon. Il paraît de plus en plus nerveux, mais on ne peut certes pas dire qu'il manque de courage. Il n'interroge personne sur la situation et ne va même pas observer le terrain devant lui. Il annonce seulement :

— Je vais faire sonner la charge.

Le capitaine d'Omezon entraîne ses Alpins jusqu'à une crête terriblement battue par le feu de l'ennemi. Il aperçoit devant lui un boqueteau qui dissimule un ravin. Les Allemands s'y sont embusqués.

— Ce n'est pas possible ! s'exclame-t-il. Mais nos artilleurs n'ont jamais tapé là-dedans avec leurs 75 !

La position grouille littéralement d'uniformes gris et de casques à pointe.

C'est alors qu'un clairon se met à sonner la charge. Puis d'autres reprennent. D'Omezon aperçoit le chef de bataillon du 6e debout au milieu de ses clairons, presque indifférent aux balles qui fouettent l'air. Le commandant étend les bras, comme pour donner la main aux hommes de son groupe de liaison et arrêter les fuyards éventuels. Pourtant, malgré le sort effroyable qui les attend, pas un de ses chasseurs ne lâche pied. Au son de la charge, ils continuent à courir vers l'ennemi qui les fauche par rangs entiers. Baïonnette au canon, ils se précipitent droit devant eux, jusqu'à ce qu'une balle les couche à jamais.

Le capitaine d'Omezon s'efforce seulement de courir encore plus vite que ses hommes. Il doit donner l'exemple du courage.

C'est tout ce qu'il peut faire, car, dans cette ruée en avant, il n'est plus question de manœuvrer ni même de commander.

Les chasseurs tombent par paquets entiers. Ceux qui restent se resserrent et continuent à charger l'ennemi invisible.

D'Omezon désigne le boqueteau d'où part la fusillade allemande.

— Feu à répétition ! hurle-t-il. Feu !

Mais personne ne tire. Alpins et « biffins », mélangés, ont fini par se jeter à terre sous l'averse mortelle. Beaucoup sont morts. L'officier ordonne :

— Que tous ceux qui ne sont pas blessés se portent en rampant jusqu'en avant de moi. Et feu à répétition !

Il leur reste quatre cents mètres à parcourir avant d'arriver au corps à corps. Quatre cents mètres de glacis. C'est beaucoup trop long. On entend encore des clairons qui sonnent la charge. Les Allemands tirent sans arrêt. Même les hommes couchés à terre sont touchés par leurs balles.

Un adjudant arrive en rampant. Il lance à son chef :

— Mon Dieu, mon capitaine. Comment suis-je arrivé jusque-là ? Je ne suis même pas blessé.

Il se croit sauvé et fait le signe de la croix. Au même moment il est touché d'une balle et roule sur le dos, en poussant un cri rauque.

Les balles allemandes sifflent toujours. Un sous-lieutenant s'écroule, touché en pleine poitrine. Son chef le regarde sans même pouvoir lui porter secours. A ce moment, il entend des cris :

— Tout le monde se replie !

Maintenant, sur sa droite, il voit des chasseurs et des « biffins » qui refluent et redescendent la pente vers le cours d'eau qu'ils ont traversé au début de l'attaque. Les « marmites » allemandes se mettent alors à tomber sur cette masse en mouvement et la plupart des hommes qui reculent sont déchiquetés sur ce terrain découvert.

Seul en avant de sa compagnie, le capitaine d'Omezon s'accroche au terrain, persuadé qu'il n'a pas autre chose à faire que de rester sur place et de garder cette portion de terre reconquise.

Derrière lui, le flot du recul emporte tout. L'officier se trouve seul avec un groupe d'une quinzaine d'hommes, à une soixantaine de mètres de lui, alignés au coude à coude. Plus près de lui, il n'y a que des morts et des blessés.

Le chef de la 2e compagnie réalise alors qu'en cas de contre-attaque allemande il sera fait prisonnier. Alors, il se décide enfin à se replier et lance à ceux qui l'entourent :

— En arrière ! Homme par homme ! A dix pas de distance !

Une douzaine de chasseurs dont un sous-lieutenant partent avec lui. Quand il arrivera dans le ravin après avoir essuyé un feu violent de l'ennemi, le chef de la 2e compagnie est seul avec un adjudant. Tous les autres Alpins de la compagnie sont tués, blessés ou disparus.

L'officier et le sous-officier franchiront le ruisseau des Forges sur quelques planches branlantes, rejoindront le Mort-Homme et retrouveront le reste du 24e BCA dans le courant de la nuit [1].

— Que d'eau ! Que d'eau !

Il n'y a pas d'autre mot. Le paysage qui attend en Flandre maritime les sept bataillons de chasseurs alpins a de quoi décourager, jusqu'au fond de l'âme, Savoyards, Auvergnats, Dauphinois, Cévenols ou Provençaux. Sans parler des Basques et des Corses ! De l'eau, de l'eau grise et sale à perte de vue, sous la cavalcade des nuages sombres qui écrasent cette terre basse, déjà à demi aquatique.

Dans les premiers jours de novembre, les Alpins qui débarquent pour opposer la digue de leurs poitrines au raz de marée germanique déferlant vers la mer du Nord, vont découvrir une vérité évidente :

— Dans cette guerre, le pire est toujours à venir.

Comment creuser des tranchées dans cette plaine envahie par l'inondation sans qu'elles ne se remplissent aussitôt d'une eau fétide et glaciale ? Barrages de sacs de terre ou de vieilles planches, rien n'y fait. Il faut sans cesse écoper, comme des marins dans une chaloupe en perdition. Et puis l'eau emporte tous les barrages dérisoires, revient, envahit à nouveau abris et postes de guet. Les chasseurs vont en avoir jusqu'au ventre dans ces canaux que l'on nomme tranchées. Et les sentinelles, grimpées sur quelque caisse, trempent encore jusqu'aux genoux. A leur créneau, le premier jour où les Alpins montent la garde en Flandre, ils ne découvrent qu'un paysage immobile et triste, cinglé par les averses continuelles. Sous leurs yeux étonnés, la plaine devient une mer grise aux courtes vagues frissonnantes, d'où surgissent, dispersés au hasard par le dieu de la guerre, les quelques briques d'un pan de mur en ruine, un arbre mort amputé de toutes ses branches par les éclats d'obus, un canon qui dresse vers le ciel plombé un tube tordu entre deux roues brisées, des chevaux crevés dont on ne voit plus que les quatre pattes tendues vers les nuages bas qui roulent et roulent comme des vagues. Partout, flottant sur le ventre ou sur le dos, des dizaines, des centaines de cadavres, Allemands et Britanniques mêlés dans une même puanteur humide. Parfois, un village brûle et les flammes allument des reflets de sang sur l'eau grise.

Les Allemands attaquent pour s'emparer d'Ypres, franchir

---

1. Le capitaine d'Omezon sera mortellement blessé devant Metzeral, le 5 juin 1915.

l'Yser, faire sauter le dernier barrage qui protège la parcelle encore libre du minuscule royaume de Belgique.

Deux ou trois jours après leur arrivée à Poperinghe ou à Langemark, à Vemezelle ou à Zwartelen, les Alpins sont lancés dans la bataille. Entre le 13 et 17 novembre, les bataillons bleus vont vivre quatre ou cinq jours d'épouvante.

Ceux du 14e BCA — que leurs camarades appellent encore parfois les Marocains — doivent défendre une petite colline qui surgit au milieu de tout ce paysage lacustre. Elle n'a même pas de nom. On la nomme la cote 60.

Dès leur arrivée en Flandre les gars de Grenoble sont salués par de terribles chuintements, suivis d'explosions qui soulèvent des geysers d'eau et de terre formidables, comme ils n'en n'ont encore jamais vu.

— C'est du 320 autrichien, disent les « biffins » qu'ils viennent relever. Il faudra vous y habituer.

La cote 60 doit être occupée par la 5e et la 6e compagnie du bataillon. Il n'y a même pas de tranchées. Juste quelques trous individuels, même pas reliés entre eux par des boyaux.

Le 14 novembre, de l'aube au crépuscule, les obus allemands tombent sur la position. Avant la chute du jour, les Allemands attaquent. Les mitrailleuses prennent le relais des pièces de campagne. Il reste peu de rescapés parmi les deux compagnies d'Alpins installées sur l'observatoire. Le sous-lieutenant Fabre, qui a fait toute la campagne depuis le 3 août 1914 sans une égratignure, s'écroule, coupé en deux par un éclat d'obus. Le lieutenant Marsan, son chef de compagnie, se précipite vers lui. Il est à son tour cisaillé par des éclats. Trois trous dans la poitrine et une jambe à moitié arrachée. Il perd son sang à flots et pourtant s'obstine encore à diriger la défense. Dans son secteur de gauche, il n'a plus que treize hommes valides. Alors ses chasseurs, pour faire croire aux Allemands qu'ils sont plus nombreux, prennent les armes de leurs camarades morts et garnissent tous les créneaux avec des fusils munis de leur baïonnette.

La position tiendra toute la nuit. A l'aube, il ne reste comme gradés que le lieutenant Fournié et le sergent Corial. Avec eux, quelques rescapés stupéfaits d'être encore vivants. La cote 60 ne sera jamais prise.

Dans ce pays où l'enfer n'est plus de feu mais d'eau, régiments gris et bataillons bleus sont aux prises avec une sauvagerie peut-être jamais encore atteinte.

Les arrières du front sont soumis tout autant que les avant-postes au continuel bombardement.

Près de Dixmude, fusiliers marins et chasseurs alpins montent la garde sur l'Yser. Dans la nuit du 1er au 2 décembre, un obus de 210 allemand tombe sur l'église de Lampernisse où cantonnent deux compagnies du 23e BCA. La toiture s'écroule.

Des décombres, pour un seul projectile ennemi, les Alpins retireront plus de cinquante tués. Une immense fosse commune, creusée dans la terre détrempée sera déjà à moitié pleine d'eau quand on y alignera leurs restes mutilés. Et il y a plus de cent cinquante blessés. Les médecins du 23e sont débordés.

Maintenant, c'est l'hiver. Après les blessés, il faudra évacuer les premiers hommes aux pieds gelés.

Le dos à la mer du Nord qu'ils n'ont jamais vue, les Alpins défendent toujours ce minuscule royaume cerné de toutes parts par l'eau sale de l'inondation où le sang laisse de longues traînées visqueuses.

Avec insistance, parmi les sept BCA à demi noyés dans ce pays spongieux, court un bruit qui semble trop beau pour être vrai :

— Tous les bataillons de chasseurs alpins vont être rassemblés dans les Vosges.

Avant de rejoindre leurs camarades des bataillons bleus accrochés au sol sablonneux et rosâtre d'où surgissent les fûts des sapins vosgiens droits comme des mâts de navire, quatre BCA, après avoir combattu dans les Flandres, vont faire un crochet mémorable par l'Artois.

On a besoin d'unités de choc pour une de ces attaques suicides qui marquent périodiquement la guerre de positions, quand les adversaires perdent des milliers d'hommes pour gagner quelques dizaines de mètres.

Une fois encore, voici ceux qui commencent à s'appeler des « poilus » envoyés sur les routes du Nord en longues colonnes boueuses.

« Jamais je n'aurai autant voyagé que cette année », écrit avec humour le lieutenant Belmont du 11e BCA. Le 11 décembre, il a franchi avec sa compagnie la frontière près d'Hazebrouck. Ses Alpins trouvent que le pays ne change guère. Mêmes alignements d'ormes géants, mêmes routes pavées, mêmes champs humides coupés de canaux remplis à pleins bords. Parfois, la silhouette d'un moulin à vent vient rompre la monotonie de cette plaine flamande qui, française ou belge, reste toujours semblable sous la pluie. Enfin, voici le village où l'on installera les cantonnements avant l'attaque, Mingoval, à une quinzaine de kilomètres au nord-ouest d'Arras.

L'objectif qu'il faut atteindre — à tout prix, a dit le commandement — est une crête d'environ cent vingt mètres de haut, au sud des villages de Carency et de Souchez, tenue par l'ennemi.

— Cent vingt mètres, qu'est-ce que c'est à grimper pour les Alpins ? peuvent se dire les officiers d'état-major.

Ce n'est rien. Ce ne serait rien, s'il n'y avait les barbelés et les mitrailleuses des Allemands, bien retranchés sur cette croupe de l'Artois.

On va se battre dans la boue où l'on enfonce jusqu'aux genoux. Le commandant du corps d'armée, dont dépendent les bataillons bleus pour cette attaque, n'est pas tellement optimiste. D'ailleurs, il ne l'a jamais été. On se bat chez lui ou presque, puisqu'il est né dans un village de la région, à Cauchy-à-la-Tour. Il se nomme Philippe Pétain.

En sortant de Saint-Cyr, il a servi comme jeune sous-lieutenant au 24e bataillon de Chasseurs à Pied de 1879 à 1883. C'était le moment où ce BCP de la Côte d'Azur commençait à préparer la spécialisation alpine qui devait aboutir en 1888 à sa transformation officielle en BCA. Le chef de section Pétain avait participé aux premières courses de montagne dans la région de Menton et de Sospel.

On n'oublie jamais l'arme bleue quand on y a commencé sa carrière militaire et Pétain voit arriver avec plaisir le renfort des quatre bataillons alpins que commande le lieutenant-colonel Bordeaux, frère du célèbre écrivain d'origine savoyarde.

— L'attaque sur Carency aura lieu le 27 décembre, à 13 h 50, lui annonce-t-il aussitôt. Que vos chasseurs profitent de leurs derniers instants de repos.

Les Alpins viennent de recevoir leur colis de Noël et ils déballent les pauvres trésors qu'ils contiennent, chocolat, savon ou tabac.

Ce qui leur fait le plus de plaisir — le plus de peine aussi, en cette veille d'attaque — c'est la lettre de la famille, malhabilement écrite sur du papier quadrillé d'écolier. « Tout va bien à la maison... »

De nombreux chasseurs se sont pressés dans la petite église de Mingoval pour assister à la messe de minuit, dont beaucoup avaient le pressentiment qu'elle pouvait être leur veillée funèbre.

Maintenant, les Alpins ne doivent plus penser qu'à l'assaut. Mais la même question les tourmente tous, combien d'entre eux verront-ils dans quatre jours la fin de l'année 1914 ?

Ils arrivent vers midi dans les tranchées de départ, après cinq heures d'un long piétinement dans la boue gluante qui colle à tout l'équipement et oblige à entourer la culasse des fusils d'un vieux mouchoir.

Au dernier carrefour, près de Mont-Saint-Eloi, ils ont aperçu celui qui va diriger leur charge, le général Barbot, longue silhouette en lame de couteau perdue dans une capote de troupier et portant un immense béret alpin ramené en arrière.

Tout ce pays minier, ravagé par la guerre, paraît aux montagnards triste, glacial, humide. Ils grelottent. Et puis, toujours, cette même appréhension avant chaque attaque. On ne s'y habitue jamais.

— Dire qu'on croyait être de retour chez nous en 1915 !

— Chez nous ou à Berlin.

— Taisez-vous et avancez !

Au nord du bois de Berthonval, les assaillants cheminent dans des boyaux étroits, où ils s'accrochent partout avec tout ce fourniment qu'ils doivent traîner ce matin. Il est midi. La préparation d'artillerie commence. Les obus français passent au-dessus des têtes et vont s'abattre sur la ligne jaunâtre de la tranchée ennemie qu'il va falloir atteindre tout à l'heure. Les explosions se succèdent et la crête de Carency s'enveloppe d'un véritable nuage de poussière.

— Ils y vont les artilleurs !

Les spécialistes repèrent des 75, des 120 et même des 155.

Les Alpins sont énervés. Finalement, cette attente de près de deux heures leur semble bien longue. De temps à autre, un homme monte sur le gradin de départ. Un jeune chasseur du 6ᵉ BCA demande à son chef de section :

— Mon lieutenant, faut-il mettre la baïonnette ?

Un ancien le rabroue aussitôt :

— Attends les ordres, imbécile ! Le lieutenant ne te demandera pas la permission de partir.

Il est une heure et demie, maintenant. Encore vingt minutes d'attente.

Vingt minutes pour respirer, voir, entendre, sentir, vivre enfin. Avant de rejoindre sa place, le jeune lieutenant va serrer la main de son capitaine. Les deux officiers n'échangent qu'un regard. Pas un mot.

Le commandant de compagnie tire sa montre de sa poche. Il est exactement deux heures moins le quart. Il reste cinq minutes.

— Baïonnette au canon !

Tous les sous-officiers répètent l'ordre.

— En avant !

Les trois bataillons ont jailli des tranchées de départ une ou deux minutes avant la fin prévue du tir d'artillerie, pour profiter au maximum de ce déluge d'obus français qui s'abat sur les positions ennemies.

Toute une ligne de chasseurs alpins, dont la tenue sombre est grise de boue, se jette à l'assaut, coude à coude, à travers les labours, dans une véritable « fuite en avant ».

Deux ou trois bonds d'une cinquantaine de mètres. Et déjà les rafales des mitrailleuses allemandes. Ils n'ont pas été longs à se ressaisir après les obus, les gars d'en face ! Premiers blessés. Premiers morts.

A gauche du 6ᵉ BCA, le 11ᵉ mène l'assaut. Plus loin, le 27ᵉ [1]. Ainsi les Savoyards d'Annecy se trouvent encadrés par leurs

1. Le 23ᵉ BCA reste alors en réserve et devrait occuper la position conquise.

camarades à l'accent ensoleillé de Nice et de Menton. C'est à qui va courir le plus vite vers les tranchées allemandes. Il n'y a guère que quatre cents mètres. Mais quel billard ! Et ces mitrailleuses qui n'arrêtent pas et qui ne se tairont que lorsque les survivants de l'attaque arriveront dessus, la baïonnette haute ; ils fusilleront les servants à bout portant sur leurs pièces dont les canons chauffés au rouge fument comme des locomotives à force de tirer et de tirer sur les petites silhouettes bleues qui galopent vers la croupe de Carency.

Les premiers à aborder l'ennemi sont les deux sections qu'entraîne le sous-lieutenant de réserve Maître. Ses chasseurs dépassent même les premières lignes de l'ennemi et vont s'établir en plein cœur du dispositif allemand, où Maître se fera sérieusement blesser. Pendant ce temps, les Alpins des compagnies Mazade et Cassin se battent au corps à corps dans les tranchées conquises, après un bond de plus de quatre cents mètres sous les mitrailleuses.

Déjà des signaleurs grimpent sur le parapet pour faire flotter des fanions rouges et blancs destinés aux artilleurs. « La position est entre nos mains. »

— Où en sont les camarades ? demande le capitaine Mazade à son ami Cassin.

— Les gars du 6e et du 27e sont presque partout bloqués par le tir des mitrailleuses. C'est l'hécatombe.

— Essayons quand même de rétablir le contact.

Les deux officiers expédient des patrouilleurs. Mais les Allemands, solidement accrochés à la croupe de Carency, mitraillent tout ce qui bouge. Sur le glacis, devant les éléments de tranchées que tiennent encore ces coriaces adversaires, les Alpins n'ont d'autre ressource que de s'abriter derrière leur sac pour échapper aux balles qui miaulent et qui frappent. Ce dérisoire rempart n'empêche pas de nombreux assaillants d'être touchés. Dans beaucoup de compagnies, il ne reste même plus un seul chef de section. Des sous-officiers prennent le commandement sous le feu et essaient de rallier leurs camarades.

— Mais que font nos mitrailleurs ? demande un gars du 27e.

— Ils se sont fait démolir. Il n'en reste même pas six sur seize.

Quelques sapeurs du génie qui ont participé à l'assaut aident les chasseurs alpins à retourner vers le nord, en direction du village de Carency, les tranchées conquises et à les réunir par des boyaux. Là où on peut lâcher le fusil, on prend la pelle et la pioche. Et on tend des réseaux souples de barbelés. Parfois tout un rang de travailleurs s'écroulent comme des quilles, fauchés par une nouvelle mitrailleuse allemande qui les prend d'enfilade.

La nuit ne va pas tarder à tomber, en ce mois glacial de décembre boueux.

Le lieutenant Belmont rassemble sa section de la 8e compagnie du 11e BCA. Il fait le compte des disparus et des blessés. Le bilan est effrayant. Parmi les tués, son adjudant de compagnie, un « mécréant » qui avait absolument voulu communier à la messe de minuit l'avant-veille...

Avec la tombée du jour, le mauvais temps redouble. C'est une véritable tempête de vent, de pluie, de neige et de grêle. Les survivants de l'attaque croupissent dans des tranchées de boue pâteuse et glaciale, où ils enfoncent jusqu'aux genoux et même parfois jusqu'à la ceinture. Certains s'enlisent dans des trous d'obus remplis de fange à ras bord. Pour les tirer d'une affreuse noyade, leurs camarades leur tendent des courroies de bidon qu'ils s'efforcent de saisir de leurs mains visqueuses auxquelles l'argile donne déjà la cireuse couleur jaunâtre des cadavres.

Dans son état-major du 33e corps d'armée, le général Pétain fait le bilan de cette attaque du 27 décembre avec le général Barbot qui a dirigé l'opération et le lieutenant-colonel Bordeaux chef des quatre bataillons de chasseurs alpins engagés au plus dur de la mêlée.

Les nouvelles positions occupées par les troupes françaises devant Carency sont pointées sur la carte.

— C'est un demi-succès, avoue Barbot.

— Je dirais plutôt un demi-échec, estime Pétain. Même si on a un peu avancé notre première ligne, nous n'avons pas réussi à nous emparer de la crête 124-123, but de l'opération.

— Pourtant, ajoute Bordeaux, mes Alpins n'ont pas ménagé leur sang. Pour les trois bataillons d'assaut, on compte dix-neuf officiers et huit cents hommes tués. Le tiers de l'effectif. Quel massacre !

Pétain reste silencieux, muré dans une sorte d'amertume tranquille. Barbot, toujours vif-argent, demande à Bordeaux :

— Quel bataillon s'est le mieux battu ?

— Ils se sont tous terriblement bien battus, mon général. Disons que c'est le 11e qui a été au centre de l'attaque.

— Eh bien, mon cher Bordeaux, à partir d'aujourd'hui, le 11e BCA prend le nom de « Bataillon de Carency ».

Quand les Alpins couverts d'argile gluante regagneront leur base de repos à Mingoval, ils devront prendre le pas cadencé et défiler, baïonnette au canon, à la cadence alerte de leur fanfare.

Les clairons sonnent le refrain des bataillons. Les gars du 11e promu « Bataillon de Carency » se redressent quand ils entendent :

Onzième bataillon d' Chasseurs Alpins,
Onzième bataillon d' lapins !

Leurs camarades ont tout autant souffert qu'eux devant Carency, un des engagements les plus meurtriers depuis le début de la campagne. Ils ne veulent pas être en reste :

Le Sixième est là !
Il est un peu là !

Et le 27e ne sera certes pas le dernier :

Baisons la cantinière,
Son mari n'est pas là !

Lors de cette véritable attaque suicide dans la boue de l'Artois, les Alpins ont laissé des centaines des leurs sur les quatre cents mètres de glacis. On ne pourra pas relever tous les cadavres en tenue bleue qui passeront tout l'hiver à pourrir sous la pluie et la neige et dont les ossements blanchis jalonneront la route de leurs camarades d'un bataillon bleu, le 41e BCP, qui, plusieurs mois après, au printemps 1915, finiront par prendre Carency.

Les bataillons de chasseurs alpins qui ont combattu en Artois sont les derniers à rejoindre les Vosges où ils retrouveront leurs camarades dans la grande fraternité de la souffrance, du combat et de la mort. Les tribulations des six premiers mois de la guerre sont terminées[1]. Il semble que les Diables Bleus aient trouvé désormais leur vrai « terrain de chasse ».

1. Pendant les six premiers mois de la guerre, les bataillons de Chasseurs Alpins ont été souvent fort dispersés. Dès la mi-août, certains ont gagné la Lorraine, au-delà de Dieuze (6e, 23e, 24e et 27e BCA) ou l'Alsace, devant Colmar (7e, 11e, 12e, 13e, 14e, 22e, 28e et 30e BCA). L'ivresse de la marche victorieuse au-delà des frontières de l'empire allemand a peu duré et la grande offensive des armées ennemies conduit les Alpins sur les tragiques chemins de la retraite.

Certains s'accrochent aux sommets et aux cols des Vosges (12e, 13e, 22e, 28e et 30e BCA) ou luttent pied à pied pour ne pas être tournés par le nord dans la région de Saint-Dié (7e, 11e et 14e BCA). Les autres sont alors lancés dans la dure contre-attaque. Tandis que deux d'entre eux participent à la reprise de Lunéville (23e et 27e BCA), deux autres sont envoyés en toute hâte dans les environs de Bar-le-Duc (6e et 24e BCA) où ils participeront au « miracle de la Marne ».

A la mi-septembre, la moitié des bataillons alpins rescapés du premier mois de combat sont toujours dans les Vosges, tandis que les autres vont lutter sur des champs de bataille qui n'ont pas encore atteint leur tragique notoriété, comme la Somme (7e, 11 et 14e BCA) ou l'Argonne (6e et 24e BCA).

La course à la mer exige des troupes « fraîches » en Flandre maritime. Sept bataillons de chasseurs alpins y sont envoyés au début novembre (6e, 7e, 11e, 14e, 23e, 24e et 27e BCA) que l'on retrouvera ensuite pour certains en Artois, à la fin décembre (6e, 11e, 23e et 27e BCA).

Dès le mois de janvier 1915, les douze bataillons alpins d'active (6e, 7e, 11e, 12e, 13e, 14e, 22e, 23e, 24e, 27e, 28e et 30e BCA) sont rassemblés dans les Vosges, en même temps que tous les bataillons de réserve (46e, 47e, 51e, 52e, 53e, 54e, 62e, 63e, 64e, 67e, 68e et 70e BCA) et une demi-douzaine de bataillons de marche comme le 32e BCA.

CHAPITRE VI

DANS LES VOSGES MEURENT LES DIABLES BLEUS

— Ici, nous sommes chez nous !

Tous les bataillons alpins, d'active comme de réserve, vont être rassemblés dans les Vosges. On va même y envoyer des bataillons de marche [1], puis des bataillons territoriaux [2] alpins qui travailleront, jour et nuit, sous la neige et l'orage, à réparer ces chemins de ravitaillement en lacet qu'emportent les pluies torrentielles et les avalanches. Ils réussiront à hisser en direction du col de la Schlucht les rails d'un petit chemin de fer à voix étroite, qui viendra cracher sa fumée jusqu'aux premières lignes de crêtes.

De loin, ce paysage vosgien paraît admirable, avec ses sommets couverts de forêts où les conifères se reflètent dans l'eau, tantôt noire comme la nuit et tantôt blanche comme la neige, des lacs de montagne. De près, on s'y bat, on y souffre et on y meurt. Autant qu'ailleurs et sans doute plus qu'ailleurs.

Depuis qu'ils ont pris d'assaut, le dernier jour d'octobre, la Tête du Violu, de l'autre côté du col du Bonhomme, vers Sainte-Marie-aux-Mines, les Alpins des 28e et 30e BCA qui avaient tous deux leurs quartiers à Grenoble avant la guerre, ont une réputation de grimpeurs et de guerriers qu'ils doivent justifier par de nouveaux succès.

---

1. Les bataillons de marche seront créés dans les premiers mois de 1915. Le premier prendra le numéro de 32e BCA. Les autres seront numérotés au-delà de 100. Seront bataillons « alpins » les 102e, 106e, 107e, 114e, 115e, 116e, 120e, 121e BCA.

2. Il y aura sept bataillons de chasseurs alpins territoriaux de 1 200 hommes chacun. Maintenus dans la région des Alpes pendant les deux ou trois premiers mois de guerre ils ont ensuite rejoint le front, où ils ont été affectés à des travaux à l'arrière ou envoyés en ligne, dans des secteurs réputés « calmes ». Comme leurs camarades des bataillons d'active, de réserve ou de marche, ils ont subi de dures épreuves et parfois de lourdes pertes. Ces bataillons territoriaux ont été numérotés de 1 à 7.

— Plus on en fait et plus on nous en demande, constate le lieutenant-colonel Brissaud-Desmaillet.

Les Alsaciens nommaient l'endroit Buchenkopf ou Tête des Fayards. Les Français en feront la Tête-des-Faux [1]. Avec ses hêtres de montagne rabougris qui émergent d'énormes blocs de granit à 1 219 mètres, c'est un observatoire prodigieux au-dessus du col du Bonhomme, sur le versant occidental des Vosges. Quel nid d'aigles ! A vingt kilomètres à l'est, Colmar. A vingt kilomètres à l'ouest, Saint-Dié.

Le mois de novembre a été épouvantable. Les couches de neige successives s'entassent sur le sommet et forment avec les arbres et les rochers un véritable blockhaus naturel, aussi dur que du béton. Et les Allemands qui occupent cet observatoire sans pareil sont bien décidés à le conserver, coûte que coûte.

Pourtant, les compagnies d'assaut des Alpins se rassemblent sur les pentes où ils ont installé leurs abris hivernaux, au creux des bois de sapins. Ils y vivent dans des tanières dont la neige cimente les parois de troncs d'arbres à la rugueuse écorce.

— Ce sera pour le 2 décembre. Départ à deux heures du matin, annonce Brissaud-Desmaillet.

Qui se battrait par un temps pareil ?

Un brouillard glacial envahit toute la vallée de la Meurthe et le paysage vosgien semble figé par le gel.

Les troupes d'assaut de la Tête-des-Faux sont placées sous le commandement d'un officier du 28e BCA, le capitaine Regnault. C'est un dur à cuire. La position qu'il occupait au Collet de la Maison du Bois, près de la Tête du Violu, a repoussé toutes les contre-attaques ennemies de la première semaine de novembre et l'ouvrage tenu par ses Alpins a pris le nom officiel de « Fort Regnault ». Lui ne doute pas du succès de l'opération sur la Tête-des-Faux :

— Le 2 décembre ? C'est l'anniversaire d'Austerlitz. Voilà une bonne date.

Sous les ordres de ce simple capitaine d'Alpins, se regroupent deux compagnies du 28e, dont la sienne, la 1re, trois compagnies du 30e et deux sections de mitrailleuses, dont chacune est fournie par un des deux bataillons frères.

Le détachement d'attaque commence à gravir par un sentier rocailleux les pentes des Hautes Chaumes. Au lever du jour, les Alpins arrivent à la ferme de Reichberg.

— Halte, on casse la croûte, décide le capitaine Regnault qui conserve le calme des vieilles troupes.

Pas question de fumée. On boira le café tiédasse des bidons, à peine réchauffé par quelques gouttes de gnole.

---

1. On écrit aussi Tête-de-Faux.

Très vite, la colonne repart et s'enfonce dans les épaisses forêts de sapins qui mènent au pied de la Tête-des-Faux. Le capitaine Regnault et ses hommes y arrivent vers onze heures du matin.

On entend vers l'ouest quelques coups de départ. Puis les obus passent au-dessus des Alpins, tapis sur les pentes, avant d'aller éclater sur le sommet de l'observatoire.

— Les artilleurs sont à l'heure, fait remarquer Regnault au capitaine Touchon qui commande une des compagnies du 30e BCA.

— Oui, mais il faut souhaiter qu'ils ne « sonnent » pas trop les Allemands. Ils croiront qu'il s'agit seulement d'un bombardement de routine.

— Espérons-le. Allez, on y va.

L'escalade commence. Les pentes de la Tête-des-Faux sont très raides. Souvent, les Alpins doivent mettre leur fusil en bandoulière et s'aider des deux mains pour escalader les blocs de granit que le verglas a rendus très glissants. Ils cheminent par des éboulis, puis doivent s'enfoncer dans les épais taillis alourdis de neige qui envahissent la base des arbres rabougris précédant le sommet. Le maquis devient inextricable. Les colonnes d'assaut, tout en grimpant, doivent s'ouvrir un chemin à la cisaille et à la serpe. Parfois, un arbre abattu bloque le passage et il faut se dégager à la hache du fouillis des branches.

Heureusement, le brouillard tenace et gluant étouffe un peu le bruit que font les cinq compagnies de voltigeurs et les deux sections de mitrailleurs, qui avec les pièces, les affûts et les munitions, peinent encore plus que leurs camarades.

— Attention, on approche du sommet, chuchote le capitaine d'Escodéca qui a pris la tête de la 1re compagnie.

Dès que les bérets bleus apparaissent, ils provoquent une surprise totale.

— *Achtung ! Die Franzosen ! Die Schwarze Teufel !*

Les « Diables bleus [1] » attaquent. Ils n'ont plus que quelques mètres à faire. Ils bondissent, hurlant et tirant. Les Allemands se sont vite ressaisis et ripostent. Le capitaine d'Escodéca s'écroule, blessé, et le lieutenant de Pouydraguin, fils d'un général, tombe à son tour. Voici les deux compagnies du 28e privées de leur chef. Au 30e, la situation n'est guère meilleure. La compagnie Touchon, après les gigantesques éboulis du sommet, se heurte à un réseau de barbelés.

Les Alpins se voient arrêtés par quelques fils de fer.

— Sonne la charge, ordonne Touchon à son clairon.

La charge et le refrain du bataillon, pendant qu'on y est :

Il était un p'tit homme
Tout habillé de bleu, sacrebleu !

1. La traduction exacte serait les Diables *noirs*, mais fiers de leur tenue traditionnelle de chasseurs à pied les Alpins ont préféré les Diables *bleus*.

Ses hommes s'empêtrent dans les barbelés. Le capitaine crie :

— Alors, ces fils, vous les coupez, oui ou...

Il n'achève pas et ressent un grand choc dans une jambe. Une balle vient de le frapper à la cuisse, mais il reste debout. Les chasseurs Mazet et Lecomte sont tués en essayant d'ouvrir un chemin à coups de hache dans les fils de fer. Leurs cadavres serviront de passerelle.

— On y va !

Le caporal Moissonnier, qui avance en tête, saute dans la position ennemie et commence par tuer deux Allemands à coups de baïonnette.

Les Alpins s'élancent, s'arrêtent quelques secondes pour tirer à l'abri d'un bloc de granit, repartent, bondissant par-dessus les énormes pierres et les troncs d'arbres.

Les camarades avancent aussi et malgré la blessure des deux chefs de compagnie d'Escodéca et Pouydraguin la progression continue. L'adjudant Destribats est tué d'une balle en pleine tête, alors qu'il mettait ses mitrailleuses en batterie à même pas cent mètres de l'ennemi. Mais le sommet est atteint. Maintenant, c'est le clairon du 28e qui sonne le refrain de son bataillon.

Saut' putain, t'auras d'la saucisse !
Saut' putain, t'auras du boudin !

Tout le monde se retrouve en haut. Il ne reste que deux chefs de compagnie indemnes, Marion et Manicacci, du 30e.

— Les Allemands ont décroché et se sont réfugiés sur la contre-pente, dit le premier.

— T'en fais pas, on les reverra, répond son camarade. Ils ne vont pas tarder à contre-attaquer.

Seulement, la Tête-des-Faux est maintenant entre les mains des Alpins et ils ne la lâcheront plus.

Toute la soirée et toute la nuit, les assauts ennemis vont se succéder. Aussi calme qu'au champ de tir, le chasseur Vincent « fait des cartons ». Bientôt les cadavres en tenue grise s'accumulent devant son créneau.

Les deux adversaires ne sont même pas à cinquante mètres de distance. Impossible de creuser des tranchées dans cette terre gelée d'où surgissent les blocs de granit. On ne peut même pas planter des piquets pour tendre des barbelés. Alors, on lance quelques « araignées », écheveaux de bois et de fils de fer qui semblent un obstacle dérisoire. Et on remplit de terre des sacs de toile et des caisses de bois pour constituer d'approximatifs boucliers.

Les Allemands, dès le lendemain de la prise de l'observatoire, réagissent par un épouvantable tir de mortiers. Les torpilles s'abattent en pluie serrée. Moins serrée quand même que les flocons de neige qui voltigent dans le brouillard. Le vent souffle et hurle. Les Alpins se terrent dans des trous qu'ils recouvrent de quelques branches. Le combat continue.

— Mon capitaine, on manque de cartouches !

— Ramassez celles de vos camarades morts, ordonne Marion.

— Et après, vous déferez les bandes de mitrailleuses, ajoute le capitaine Manicacci. On se battra balle par balle.

Les Alpins du 28e et du 30e BCA qui forment le détachement d'assaut Regnault sont cruellement privés d'armes lourdes. Mais les Dauphinois sont aussi bricoleurs que d'autres. Un chasseur montre triomphalement son « invention ». C'est un paquet de cheddite ficelé à une branche de sapin.

— C'est encore plus efficace que leurs grenades à manche, mon capitaine.

— Fais attention de ne pas te péter la gueule en leur envoyant ton colis, prévient l'officier.

— Vous en faites pas...

Quelques secondes plus tard, une fantastique explosion amène un grand sourire sur le visage rongé de barbe de l'Alpin.

Par les courtes journées et les longues nuits d'un affreux mois de décembre, commence sur la Tête-des-Faux une interminable garde dans le brouillard et sous la neige.

Malgré ce temps épouvantable, la bataille continue. Presque chaque jour, des cadavres gelés et rigides d'Alpins tués dans un accrochage sont descendus par leurs camarades sur des « schlitts » de bûcheron vosgien. Remis de sa blessure, le capitaine Touchon a retrouvé les chasseurs de sa compagnie.

Parfois, le brouillard se dissipe. Alors, on aperçoit dans le lointain, là-bas vers le sud-est, le sommet neigeux de la Jungfrau, dans les Alpes bernoises en Suisse, par-delà la sombre ligne des crêtes de la Forêt-Noire. Dans la plaine d'Alsace, cette lueur d'argent, c'est le Rhin.

Arrive le soir de Noël. Le capitaine Touchon se tient au sommet, près d'un rocher qu'il appelle le « Sphinx », en compagnie d'un officier observateur d'artillerie qui a tenu à rester sur la Tête-des-Faux pendant cette nuit unique.

— Regardez les hôtels occupés par les Allemands dans la vallée des Trois-Epis, mon capitaine. Toutes leurs fenêtres sont illuminées. On réveillonne joyeusement en face, dit le lieutenant Chabert.

— Peut-être pas tous, mon cher. Certains vont sans doute profiter de cette nuit de Noël pour nous attaquer.

— Vous croyez ?

— Je le sens.

Il y a un trou d'une trentaine de mètres dans les barbelés.

Soudain, des projecteurs s'allument. Il va être minuit. Quelles sont ces lueurs de Noël ? Ce sont des lampes électriques que les assaillants braquent vers les yeux des guetteurs français pour les aveugler.

— Alerte ! Ils attaquent !

C'est la charge furieuse, dans les ténèbres. Les premiers Allemands sautent dans la tranchée, au milieu des cadavres et des blessés.

Les Alpins ont tendu une seconde ligne de barbelés derrière leurs avant-postes. Les fantômes de la nuit s'y empêtrent. Et les mitrailleuses viennent les frapper à mort. Le capitaine Touchon prend la tête d'une section de réserve. La nuit est si sombre et le choc si confus que les Allemands commencent à s'envoyer des grenades les uns sur les autres. A la lueur des explosions, les Alpins découvrent des monceaux de corps gris. Mais d'autres surgissent. On se fusille à bout portant. On se bat à la baïonnette. Les cartouches manquent.

Le lieutenant d'artillerie Chabert, bloqué au poste de commandement près du téléphone, récupère les agents de liaison, les cuisiniers, les ordonnances, les téléphonistes et même les blessés. Il éventre des caisses de munitions.

— Allez porter ces paquets de cartouches à vos camarades, ordonne-t-il.

Les canons des deux camps ne tardent pas à s'en mêler. La nuit de Noël s'illumine. Les Alpins, médusés, entendent un bruit insolite. Des fifres et des tambours !

— C'est une nouvelle charge qui se prépare, annonce Touchon. Il faut tenir.

— Et les renforts, mon capitaine ?

— Ils sont prévenus par téléphone.

Mais les pentes enneigées de la Tête-des-Faux sont terribles à grimper. Et les Allemands se pressent de plus en plus nombreux. Maintenant, on entend un cri, rythmé par des centaines de poitrines :

— *Kaiserbefehl !*

Cet ordre de l'Empereur, c'est de se ruer à l'assaut dans la nuit et la neige, de franchir les premières lignes dévastées, de foncer, droit devant soi, vers le sommet de la Tête-des-Faux et son « Sphinx » que viennent fouetter des rafales de balles traçantes au point de nettoyer le granit de la glace et de lui rendre tout son brillant rose.

Le capitaine Touchon répond aux hurlements de l'ennemi :

— Vous ne passerez pas !

Les insultes fusent dans les deux camps. Parfois, le cri de paix devient un cri de guerre. Les Dauphinois contre-attaquent en hurlant à leur tour :

— Noël ! Noël !

Etendu, la cuisse brisée, entre les Allemands et ses camarades qui se fusillent à quelques mètres, le chasseur Mallier chante *La Marseillaise.* Puis il crie :

— Les voilà ! Tirez ! Mais tirez donc !

Et puis il reprend :

Qu'un sang impur
Abreuve nos sillons.

Il mourra, totalement vidé de son sang, peu avant l'aube.

Que cette nuit est longue à finir ! La confusion devient extrême. Perdu, un agent de liaison, qui amène des cartouches à ses camarades des premières lignes, les offre à deux Allemands tapis derrière un rocher :

— *Danke schön...*

— Merde alors !

L'estafette comprend son erreur et abat les ennemis de deux coups de revolver à bout portant.

Le capitaine Touchon se dirige vers un petit groupe qui tiraille, totalement isolé, en tête de toute sa compagnie. Il rampe vers ses Alpins, sans lâcher la bouteille de champagne qu'il destinait à son réveillon. On casse le goulot sur une pierre, et chacun boit une large rasade avant de reprendre son fusil. Pendant une heure interminable, les Alpins de la compagnie attaquée vont tenir seuls. Puis une section de renfort arrive, à bout de souffle. Jamais ils n'ont si vite escaladé les pentes de la Tête-des-Faux. Son chef sera son premier tué.

Le combat continue. Par trois fois, les Allemands attaquent et, par trois fois, ils seront repoussés. Un nouveau venu sur la ligne de feu. C'est le chef du bataillon, le lieutenant-colonel Goybet.

— Je vous amène encore une section de renfort.

Cette fois, les assaillants refluent. Et soudain, le caporal Crampe se lève, entraîne les survivants de sa compagnie et dévale la pente du côté ennemi, criant à son chef, dans le jour gris qui se lève enfin :

— Je vais faire des prisonniers, mon capitaine.

Des prisonniers ? Il y en aura quelques dizaines. Ce sont des chasseurs mecklembourgeois coiffés d'un shako de cuir noir. Presque tous portent autour du fourreau de leur baïonnette une dragonne verte.

Le capitaine Touchon récupère ces attributs.

— Vous voulez en faire des trophées ? demande le lieutenant artilleur Chabert.

— Non, pas des trophées, mais des galons pour mes chasseurs qui vont être nommés caporaux après l'accrochage de cette nuit.

Ainsi, pour la première fois de la guerre, des galons verts vont remplacer les galons jonquille du temps de paix, trop visibles sur les tenues bleu sombre.

Les prisonniers allemands, désarmés, sont regroupés devant le poste de commandement de la Tête-des-Faux, au pied du « Sphinx ». Quelques chasseurs, légèrement blessés, les conduiront dans la vallée, vers le village de Fraize où se trouve la base arrière.

Au moment où arrivent les hommes qui vont les emmener, tous les prisonniers se figent au garde-à-vous. Intrigué, le capitaine Touchon demande à un adjudant ennemi :

— Pourquoi ce geste, Feldwebel ?

Le sous-officier répond, avec un geste du menton en direction des Alpins, qui s'avancent vers ses camarades prisonniers :

— *Die besten Truppen in der Welt.*

« Les meilleures troupes du monde. »

Est-il meilleur jugement que celui d'un tel ennemi dont tout un bataillon vient d'être repoussé par une seule compagnie de chasseurs alpins ?

Au début de l'année 1915, la situation est assez grave dans le secteur sud des Vosges.

La « route des Crêtes » qui serpente au pied du Grand Ballon pour aboutir à la grosse bourgade de Cernay — que les Allemands nomment Sennheim — et rejoindre la route de Thann à Mulhouse, est dominée, avant de déboucher sur la plaine d'Alsace, par un énorme massif désolé que personne n'a tellement songé à contrôler, tant il semble à l'écart de cette guerre qui fait rage à ses pieds. Pas un chemin ne mène à son sommet. Dominé par l'énorme Molkenrain qui culmine à 1 135 mètres, ce piton sauvage de 936 mètres apparaît comme un véritable nid d'aigle. On s'avisera un jour qu'il constitue un observatoire fantastique sur la vallée du Rhin. Allemands et Français se sont jusqu'ici contentés de l'entourer, mais ont négligé de l'occuper, jusqu'au jour où ce sommet solitaire va entrer dans la légende sanglante des Alpins.

Les habitants du pays l'appellent Hartmannswillerkopf. Les officiers d'état-major des deux camps diront plus simplement HWK pour les Français et HW pour les Allemands. Quant aux chasseurs alpins, ils ont tout de suite trouvé, comme les anciens l'expliquent aux bleus :

— Tu vois cette grosse montagne sombre, c'est l'Artemane.

Ce ne sera que plus tard, parmi les civils, que l'on parlera d'Armand et de Vieil-Armand... Nom stupide à en croire un officier d'Alpins, qui y a combattu[1].

---

1. Le général Bonnet de La Tour, ancien lieutenant au 13e BCA à l'époque des attaques de janvier 1915, dans un article des *Cahiers de Savoie*, janvier-mars 1966, *Le 13 à l'Hartmann* : « Nul n'employa jamais le mot stupide de Vieil-Armand ».

Artemane ou Hartmann, la réalité de cette montagne tragique va se révéler terrible et un autre surnom naîtra après les combats : *la montagne mangeuse d'hommes.*

Tout commence par une patrouille du 28e BCA, au lendemain de Noël 1914. L'hiver est précoce et le thermomètre chute à —15° et même moins encore. La couche de neige fraîche atteint une quarantaine de centimètres et un vent glacial souffle sur la montagne.

Le capitaine Regnault, l'officier qui a commandé l'attaque sur la Tête-des-Faux, s'installe avec la 1re compagnie au col de Silberloch. Il expédie des patrouilles :

— Vous devriez envoyer une demi-section sur le sommet de l'Hartmann, dit-il au sous-lieutenant Canavy.

— Les Allemands n'ont pas l'air de s'y trouver, mon capitaine.

— Justement, comme cela nous en serons sûrs.

Canavy est un officier de réserve de vingt-trois ans qui terminait son temps de service militaire comme sous-lieutenant quand la guerre a éclaté. De petite taille, il met son point d'honneur à rester toujours aussi élégant qu'il est énergique. On est frappé par son regard clair. La guerre a fait de ce civil un vrai officier d'Alpins.

Canavy désigne aussitôt pour cette mission le sergent Calestroupat, qui rassemble une trentaine d'hommes sans guère leur laisser le temps de souffler. Patrouille de routine. Mais elle promet d'être longue et pénible, avec ce froid et cette neige.

— Il faut aller jusqu'au sommet, sergent ? demande le caporal Barbouteau.

— La montagne te fait peur, maintenant ?

— Non, mais je trouve qu'on était bien tranquilles au col.

— Il n'y a pas d'Allemands, là-haut ? interroge le caporal Destroyat.

— Tu verras bien, lui lance Calestroupat. Allez, en route !

Le sergent emmène sa petite troupe qui se dirige vers les premières pentes de l'Hartmann. Ils ne vont pas tarder à atteindre les sapins et commencent une pénible ascension. Le terrain est très difficile, surtout avec la neige fraîche, les Alpins doivent parfois s'ouvrir un chemin avec leurs outils individuels. Les pentes de l'Hartmannswillerkopf sont raides, hérissées d'arbres aux troncs couverts de glace et d'énormes rochers sombres où les prises glissent sous la main. La demi-section du sergent Calestroupat va peiner pendant des heures pour se frayer un chemin.

Arrivé au sommet, où il ne remarque aucune trace de pas sur la neige fraîche, le sous-officier installe ses hommes.

— Essayez de creuser des tranchées, leur dit-il.

— Impossible, sergent, on trouve tout de suite le roc sous la neige.

— Démerdez-vous... De toute façon, personne n'a eu l'air de grimper sur ce sommet jusqu'ici.

Calestroupat appelle alors le caporal Destroyat.

— Tu vas prendre trois chasseurs et installer un petit poste vers le nord.

Le seul adversaire que vont rencontrer à la tombée du jour les Alpins du 28e BCA, ce sera le froid. Un froid terrible qui les tiendra à moitié réveillés toute la nuit sur le sommet de l'Hartmann.

Brusquement, les guetteurs annoncent, dans la grisaille de l'aube :

— Les voilà !

Ce n'est qu'une patrouille de territoriaux allemands qui ont eu la même mission que les chasseurs alpins. Quelques coups de fusil les font se replier en toute hâte.

— Ils fichent le camp comme des lapins, sergent !

— Ne vous réjouissez pas trop vite, répond Calestroupat. Ils reviendront.

Ils reviendront même par deux fois dans les jours qui viennent. Le 30 décembre 1914, un Allemand est tué. C'est le premier mort de la bataille pour cet Hartmannswillerkopf qui va entrer dans l'Histoire.

Le 4 janvier, l'attaque ennemie apparaît plus sérieuse. Les assaillants parviennent à enlever le petit poste du caporal Destroyat, qui disparaît avec ses trois chasseurs. Calestroupat sent que l'étau se resserre. Maintenant, le sergent le sait, l'ennemi veut le sommet de cet Artemane.

Ses hommes ripostent mais risquent d'être vite débordés.

Au col de Silberloch, le capitaine Regnault a entendu la fusillade. Il appelle le lieutenant Canavy :

— Vos chasseurs sont en train de se faire durement accrocher là-haut. Prenez deux sections et allez les dégager.

Sur le sommet de l'Hartmann, la lutte devient de plus en plus acharnée. Le sergent Calestroupat est tué d'une balle dans la nuque. Son camarade Broche dit seulement :

— Je prends le commandement.

Autour de lui se groupent quelques Alpins, dans des trous de neige. Le sergent Broche tombe grièvement blessé à son tour. Le caporal Barbouteau le remplace et dirige la défense.

Le plus extraordinaire, c'est que cette poignée d'hommes va tenir. Leurs éléments de tranchée sont envahis par l'ennemi ? Alors, ils se replient d'arbre en arbre, continuant à tirer. Le caporal Barbouteau arrive même à lancer une contre-attaque, tandis que le sous-lieutenant Canavy se hâte vers la crête de l'Hartmann avec les deux sections de renfort. Dans la neige jusqu'au ventre. Ses Alpins escaladent les pentes et finissent par arriver au sommet, où leurs camarades ont déjà perdu dix tués et six blessés.

— Ah ! Vous voilà, mon lieutenant, dit simplement le caporal Barbouteau. On commençait à se demander...

La charge à la baïonnette de tous les Alpins réunis réexpédie les Allemands vers la vallée du côté de Guebwiller. L'attaque menée par une compagnie a échoué. Le 9 janvier, ils reviendront avec tout un bataillon de fantassins, accompagnés de mitrailleurs et de sapeurs du génie. Et l'artillerie s'en mêle. Les obus percutent les cimes des sapins. Il pleut dru des éclats portés au rouge et des branches brisées. Le sous-lieutenant Canavy et ses Alpins se retranchent au sommet. Ils parviennent à repousser cet assaut du 9 janvier.

Le froid devient de plus en plus vif. Plusieurs des chasseurs qui se trouvent de garde en haut de l'Hartmann ont les pieds gelés. Maintenant, ce n'est plus seulement deux sections qui y sont retranchées mais toute la 1re compagnie du 28e, avec le lieutenant Tavernier, assisté du sous-lieutenant Canavy et de l'adjudant Ferraris, qui vient juste d'être nommé officier.

Le chef de la compagnie a installé son poste de commandement sur le sommet, où il se fait construire un abri de fortune avec quelques rondins, vite recouverts de neige.

Jour et nuit, des patrouilles relient la 1re compagnie, en position au sommet de l'Hartmann, avec la grand-garde du capitaine Regnault, établie au col de Silberloch.

Le mauvais temps redouble. D'énormes nuages noirs se dissolvent en tempêtes de neige, un inlassable vent glacé venu du nord balaye en hurlant les pentes et le sommet de l'Hartmannswillerkopf. La neige a maintenant plus de cinquante centimètres d'épaisseur.

— Au moins, avec ce temps-là, il n'y aura pas un Allemand pour mettre le nez dehors, dit le caporal Barbouteau à son camarade le clairon Mosnier.

Pourtant leur chef, le lieutenant Tavernier, est inquiet. Les effectifs de la 1re compagnie, avec tous ces pieds gelés, ont fondu. Il a bien reçu, voici quelques jours, un renfort d'une cinquantaine de chasseurs. Mais ce sont des jeunes, des « bleus » de la classe 15, tout juste arrivés du dépôt de Grenoble avec le sous-lieutenant Reynaud.

Sans cesse, le chef de la 1re compagnie se rend aux avant-postes, mal défendus par quelques fils de fer. On ne voit rien. Même pas les pentes qui filent sous les sapins. Rien qu'une brume opaque. Au-delà, c'est l'inconnu. Et la menace incessante d'une attaque surprise.

Dans les deux camps, on semble marquer une pause. Pourtant, les Français ne désespèrent pas de descendre en force les vallées et de déboucher sur Uffholtz et Cernay. Les Allemands, eux, sont bien décidés à contrôler le massif montagneux.

Pour les deux adversaires, l'Hartmannswillerkopf devient un observatoire capital.

Le mardi 19 janvier 1915, dans la matinée, la corvée qui doit aller chercher le ravitaillement au col de Silberloch quitte le sommet de l'Hartmannswillerkopf. Le sergent fourrier Petit commande ce détachement fort d'environ vingt-cinq chasseurs.

— Je descends avec lui, annonce le lieutenant Tavernier à Canavy. Je voudrais voir le capitaine Regnault. Vous me remplacerez au sommet. D'ailleurs vous connaissez l'Hartmann mieux que moi...

La corvée arrive au col et doit remonter, lourdement chargée, au bout d'une demi-heure.

— Restez donc un peu, dit Regnault à Tavernier. Vous rejoindrez avec une des patrouilles. Canavy se débrouillera très bien en votre absence.

Le chef de la 1re compagnie reste donc à Silberloch, tandis que le sergent Petit et ses porteurs reprennent la route du sommet.

Très lourdement chargés de caisses et de ballots, sur ces pentes que même des mulets ne peuvent escalader, ses Alpins, le fusil en bandoulière, peinent terriblement sur l'espèce de sentier que patrouilles et corvées ont fini par tracer et qui brille d'un mauvais verglas.

— On y arrive bientôt à ce maudit sommet de l'Artemane ?

Petit ne répond pas. Il est habitué aux plaintes des hommes de corvée. Ce à quoi il n'est pas habitué, par contre, depuis trois semaines qu'il assure cette liaison, c'est à se faire tirer dessus. Des coups de feu éclatent.

— Eh ! sergent. On nous allume !

Aussitôt, deux chasseurs sont tués et trois autres blessés.

Sans même attendre l'ordre du fourrier, les porteurs se délestent de leur charge, qu'ils abandonnent dans la neige, et se replient, tout en tiraillant. Le sergent rassemble ses hommes.

— Allons, ils n'ont pas l'air nombreux, leur dit-il. On y retourne !

Mais les Allemands les repoussent à coups de fusil. Le chef de la corvée retourne au col de Silberloch où il rend compte au capitaine Regnault et au lieutenant Tavernier.

— On ne peut plus joindre le sommet de l'Artemane, mon capitaine... Les copains sont encerclés !

— Allez voir vous-même, Tavernier, lui dit Regnault.

Le lieutenant, suivi de quelques Alpins, s'engage sur le sentier. Quelques instants plus tard, accueilli par une vive fusillade, il doit redescendre avec sa petite troupe.

— Je n'ai perdu personne, mon capitaine, dit-il à Regnault. Mais ils ont l'air nombreux en face. Et très décidés.

C'est une attaque allemande qui concerne tout le secteur et va emporter un autre piton, un peu plus au sud, l'Hirtzstein. Surpris, les Français s'accrochent quand même au terrain et parviennent à reformer un front.

Le commandement décide une contre-attaque pour dégager le sommet de l'Hartmannswillerkopf. Mais se trouve-t-il toujours entre nos mains ?

— Qu'en pensez-vous, Regnault ? demande le chef de bataillon Coquet, qui commande le 28ᵉ, au chef de la grand-garde de Silberloch.

— Je connais bien Canavy, mon commandant. Je suis certain qu'il tiendra jusqu'au bout. Mais ça ne durera quand même pas bien longtemps.

Il faut reprendre le terrain perdu et rétablir la liaison avec le sommet. Cette fois, les Allemands semblent avoir attaqué en force et le temps épouvantable va singulièrement entraver l'opération.

Le chef de bataillon Coquet alerte la brigade dont il dépend :

— Le 28ᵉ BCA ne peut reprendre à lui seul le massif de l'Hartmannswillerkopf.

— On vous expédie le 13ᵉ et le 43ᵉ BCA.

Le bataillon d'active de Chambéry et son bataillon de réserve sont à cette époque dans la vallée de la Thur, en attente de l'offensive projetée et avortée. Ils font partie de la brigade Serret qui comprend aussi le 7ᵉ et le 27ᵉ BCA, alors en réserve. Toutes les compagnies disponibles sont rameutées pour dégager l'Hartmann.

Pour parvenir jusqu'au col de Silberloch, les Alpins appelés en renfort vont marcher pendant six heures dans la neige, guidés par quelques camarades du 28ᵉ. La première chose que découvrent les Savoyards dans ce secteur, ce sont des cadavres raidis par le gel et laissés sans sépulture sous les sapins. La neige les a recouverts à demi, mais des pieds chaussés de gros godillots dépassent par endroits du linceul blanc.

Le chef de bataillon Barrié, qui commande le 13ᵉ BCA, a une mauvaise impression. Il craint que ne recommence cette terrible attaque suicide sur la Tête de Béhouille, où le bataillon a perdu son chef et la moitié de ses effectifs.

— Affaire mal engagée, murmure-t-il.

Le 19 janvier au soir, les Alpins des compagnies du 28ᵉ, du 13ᵉ et du 53ᵉ BCA qui doivent mener l'attaque bivouaquent sur les pentes, au pied de l'Hartmannswillerkopf, dans des trous de neige. Le froid est terrible et le thermomètre chute à — 18°. Une nouvelle tempête se déchaîne. De gros flocons voltigent dans la nuit.

Sur le sommet, la 1ʳᵉ compagnie du 28ᵉ BCA, complètement isolée, essaye de creuser des tranchées et de tendre des fils de fer. Mais avec le froid et la nuit, les hommes s'épuisent sans avancer à grand-chose. Le sous-lieutenant Canavy fait distribuer les cartouches et ce qui lui reste de vivres.

— Je garde encore des munitions près de mon abri, dit-il. Ce sera notre dernière réserve.

Les Alpins, encerclés au sommet de l'Hartmann, s'installent sur la défensive, face à toutes les directions. Il n'est pas une pente d'où ne peut surgir l'ennemi. La veille, ils ont subi un terrible bombardement de canons et de mortiers. Nul doute qu'il ne recommence avec le jour.

Le sous-lieutenant Canavy fait appeler le clairon Mosnier.

— Tu restes près de moi, lui dit-il. C'est toi qui guideras les camarades qui vont venir nous délivrer.

— Quand arrivent-ils, mon lieutenant ?

— Bientôt. Peut-être aujourd'hui.

Dès 6 heures 45 du matin, le 20 janvier, alors qu'il fait encore nuit, le commandant Barrié a donné l'ordre à ses Alpins du 13ᵉ BCA de se mettre en route. Ceux du 53ᵉ et les restes disponibles du 28ᵉ participent aussi à la tentative de dégagement de l'Hartmann. Parmi les assaillants, se trouve le lieutenant Tavernier, furieux d'avoir été séparé de ses hommes en un tel moment.

Les compagnies se déploient et essayent de gagner, par petites colonnes, les premières pentes de l'Hartmann. L'ennemi ? Personne ne sait où il est. Trouver le sommet lui-même, ce n'est déjà pas si commode. Les Alpins du 13ᵉ BCA s'engagent sous les sapins et très rapidement les premières balles leur sifflent aux oreilles.

Arrive un colonel qui apporte les ordres de la division :

— L'affaire doit être terminée pour ce soir.

Le commandant Barrié ne répond rien. Parvenir au sommet de cette montagne qu'il ne connaît pas, et dont les pentes grouillent d'Allemands ne lui paraît pas si évident. Ses officiers partagent son pessimisme.

Dans une des compagnies de combat, le capitaine Didio échange quelques propos désabusés avec son camarade Bonnet de La Tour, qui commande la 2ᵉ compagnie.

— Ils sont fous, lui dit ce dernier.

— On ne te demande pas s'ils sont fous. On te dit d'y aller.

Les deux officiers restent un moment silencieux. Et puis ils concluent ensemble :

— Allons-y !

Quelques instants plus tard, Didio sera blessé.

Les clairons du 13ᵉ BCA sont rassemblés sous les sapins et sur l'ordre de leur commandant de bataillon commencent à sonner la charge pendant que leurs camarades grimpent la pente sous la fusillade de l'ennemi.

Baïonnette au canon, enfonçant dans soixante centimètres de neige molle, toute la ligne d'assaut fait quand même un bond en avant. La fusillade redouble d'intensité.

Tout le monde se couche.

— Encore un bond !

Beaucoup d'assaillants, blessés ou tués, ne se relèvent pas.

Soudain, le commandant Barrié dit aux officiers qui l'entourent :

— Ecoutez... Ecoutez bien... Oui, c'est un clairon... Très loin... Le refrain du 28e BCA... *Saute, putain...* Oui, c'est bien ça... Ce sont les camarades qui nous indiquent le chemin.

Tous les Alpins qui peinent dans la neige pour gagner le sommet ont eux aussi entendu. Comme ce clairon solitaire leur paraît loin. Le lieutenant Bonnet de La Tour constate sans plaisir que des notes si joyeuses peuvent devenir affreusement lugubres.

Mais il faut absolument tout essayer pour délivrer les camarades. L'officier tente un bond jusqu'au pied d'un gros sapin. Deux chasseurs le suivent. L'un d'eux s'écroule, une balle en plein front. L'attaque s'enlise.

Par trois fois dans la journée les compagnies de combat du 28e, du 13e et du 53e BCA vont s'élancer sur les pentes de l'Hartmannswillerkopf. Par trois fois, elles seront repoussées. La dernière tentative a lieu à six heures du soir, à la nuit tombante. Les Alpins tourbillonnent sous les nappes de balles, aveuglés par la fumée et la neige. Quelques-uns parviennent jusqu'aux fils de fer barbelés qui marquent l'approche des positions allemandes. Sous le sommet, ils s'y écroulent, fusillés à quelques mètres par des adversaires bien enterrés. Il ne reste qu'à passer la nuit sur place et à reprendre cette attaque, si mal engagée, dès le lendemain.

Par moments, on entend encore le clairon du sommet de l'Hartmann. Assourdi par la brume et la distance, le refrain du 28e paraît si fragile et si lointain.

Saute putain, t'auras d'la saucisse...

— Nous devons leur répondre, dit le commandant Barrié. Il faut qu'ils sachent que nous sommes là, près du sommet, que nous allons les délivrer demain. Allez-y, les clairons, le refrain du 13e !

Comme le cuivre de l'embouchure de ces instruments paraît froid aux lèvres gercées. Mais on y va, tous les clairons ensemble et de bon cœur :

Sans pain, sans fricot,
Au treizième, on n'boit que de l'eau.

De l'eau, il n'en reste même plus dans les bidons. Les Alpins, dans leurs trous immondes, sur les pentes de l'Hartmann, doivent se contenter de sucer un peu de neige pour faire passer un morceau de pain dur comme une pierre et une bouchée de « singe » dont la gelée est devenue glace. Ils n'auront rien d'autre à manger pendant deux jours. Du sommet, on répond à leur appel. Ils prêtent l'oreille à ces notes funèbres qui viennent des camarades, perdus là-haut dans la tempête et la fusillade.

Saute putain, t'auras du boudin !

— Ils ne doivent pas s'amuser les copains du 28e, conclut un caporal avant de s'enrouler dans son manteau capuchon et de chercher quelques heures de repos entre les racines d'un sapin.

L'attaque reprend le 21 janvier, toujours à 6 heures 45. Dans la brume glaciale, tout semble étrangement recommencer comme la veille. C'est un film en noir et blanc qui repasse pour la seconde fois. Les assauts sous les sapins aussitôt stoppés par la fusillade, les cadavres qui s'entassent sur les barbelés de l'adversaire, les blessés que l'on tire en arrière par les pieds, sous le feu, et qui laissent des traînées sanglantes dans la neige fraîche.

Oui, toute la journée du 21 ressemble à celle du 20 janvier. Le même clairon sonne le refrain du 28e au sommet de l'Hartmannswillerkopf. Le même sentiment de sacrifice inutile. Deux événements nouveaux, pourtant. Appelé en renfort, le 27e BCA, arrivé de l'Artois, commence son séjour dans les Vosges par une autre attaque suicide. Moins d'un mois après Carency, l'Hirtzstein va aussi coûter un lourd poids de sang. Et ce sera un même échec le 21 janvier 1915 que le 27 décembre 1914. Son chef, le commandant Stirn, est blessé. Une fois de plus, le commandant Barrié est monté vers les premières lignes pour encourager ses chasseurs cloués dans la neige par la fusillade ennemie. Il regagne son poste de commandement du col de Silberloch. Un coup de feu claque. Un seul. Le chef du 13e BCA s'écroule, blessé mortellement.

On va compter dans son seul bataillon, en deux jours de combat sur les pentes de l'Hartmann, plus de cent tués et près de quatre cents blessés, auxquels il faudra ajouter rapidement trois cents évacués pour pieds gelés.

Pourtant, malgré tous les échecs de ceux qui tentent vainement de les dégager, les défenseurs du sommet de l'Hartmannswillerkopf tiennent toujours. Les Alpins du sous-lieutenant Canavy, sans ravitaillement en vivres et en munitions, n'ayant pas dormi ni mangé depuis le début de l'encerclement, ne peuvent ni enterrer leurs morts ni soigner leurs blessés et s'accrochent à la position confiée à la garde de la 1re compagnie du 28e BCA. Cernés de toutes parts par les Allemands accrochés aux pentes, les Diables Bleus lancent même de brutales contre-attaques quand l'ennemi s'aventure trop près de leurs trous de neige.

Près de son abri où s'entasse l'ultime réserve de munitions — quelques caisses de cartouches et des grenades —, le sous-lieutenant Canavy reste silencieux. D'un geste, il indique parfois au clairon Mosnier de lancer aux quatre vents le refrain du 28e BCA. Mais il se doute bien maintenant que les camarades ne pourront pas franchir le rideau de troupes tendu par les Allemands tout autour du sommet de l'Hartmann. Entre deux sonneries, le clairon Mosnier lui crie :

— Il nous en fait voir, cet Artemane, mon lieutenant !

Canavy sourit. Il brosse d'un revers de main la neige que vient de faire voler un obus de mortier tombé non loin de son abri. Et puis d'autres tombent. Très vite. Partout. Un *minen*, que les Français nomment « tuyau de poêle » et qui ressemble à une sorte de longue quille explosive, s'abat sur le poste de commandement de Canavy. Tout saute dans une gigantesque déflagration, les grenades, les cartouches et la tête du lieutenant Canavy, coupée net par un éclat. Le sous-lieutenant Reynaud est grièvement blessé et parmi les morts se trouve le clairon Mosnier.

Les Alpins de l'Hartmann se regroupent autour du sous-lieutenant Ferraris, blessé l'avant-veille et qui commande encore cette poignée d'hommes. Ils se sont battus pendant trois jours et trois nuits. Sans manger et sans dormir. L'explosion du dépôt les prive de munitions. Et les coups de minen ne cessent de tomber. Les Alpins tirent leurs dernières cartouches. La nuit va bientôt venir. Tout se tait sur le sommet de l'Hartmann. C'est la fin. Les derniers défenseurs sont faits prisonniers.

Les Allemands entourent les Diables Bleus.

— Ce n'est pas possible ! s'exclame le lieutenant von Düring. Vous étiez si peu !

Les soldats gris commencent à ramasser les fusils, dont les Alpins ont jeté au loin les culasses pour les rendre inutilisables.

Un officier ennemi surgit, sanglé dans un long manteau au col de fourrure. La casquette à double cocarde inclinée sur l'œil qui porte monocle, il ordonne à ses hommes d'un ton bref :

— Rendez-leur ces fusils.

— Mais, *Herr Oberst*...

Le colonel répète l'ordre, encore plus sèchement. Les Alpins interloqués, reprennent les armes que tendent leurs adversaires.

L'officier s'adresse alors, en excellent français, aux quelques survivants de l'Hartmannswillerkopf, dont les tenues bleues sont déchirées et couvertes de neige où le sang fait souvent de larges taches sombres.

— Vous êtes des braves, leur dit-il.

Et le colonel de l'armée impériale ajoute :

— En témoignage de notre admiration, nous vous autorisons à conserver vos fusils. Vous défilerez à Mulhouse l'arme sur l'épaule et toutes nos troupes seront tenues à vous rendre les honneurs militaires [1].

---

1. *Pages de gloire du 28e Bataillon de Chasseurs Alpins.* Historique officiel paru chez Berger-Levrault en 1921. « Ce défilé des prisonniers l'arme sur l'épaule est probablement unique dans les annales de la Grande Guerre. »

Désormais, en cette triste journée neigeuse du 21 janvier 1915, l'Hartmannswillerkopf est tombé entre les mains des Allemands. On pourrait croire que la bataille pour l'HWK est terminée. Elle ne fait que commencer. Dès le surlendemain, le 7e BCA tente à son tour une contre-attaque. Echec sanglant. Le bataillon de Draguignan n'a pas dit son dernier mot. Un jour, il reprendra le sommet. D'autres le reperdront. D'autres le reprendront. On comptera dans les comptes rendus d'opérations quarante attaques et contre-attaques dont les trois quarts pendant l'année 1915 pour le seul HWK. Elles coûteront vingt mille hommes aux Français et sans doute le double aux Allemands. Finalement, les deux camps occuperont, l'un comme l'autre, les abords immédiats du sommet, séparés par quelques dizaines de mètres seulement qui n'appartiennent à personne, si ce n'est aux corps des hommes tués dans ces combats surhumains.

Cadavres bleus et cadavres gris pourrissent dans les barbelés du sommet, sous la neige, dans la pluie, sous le soleil, dans la pluie à nouveau et à nouveau sous la neige d'un nouvel hiver. Décembre 1915 verra se rallumer tous les feux de la bataille sur l'Hartmannswillerkopf. Depuis des mois, ce volcan n'avait cessé de brûler. Sur ces pentes, ce n'était pas de la lave mais du sang. Pour les Diables Bleus, « l'Artemane » reste à jamais la « Montagne mangeuse d'hommes ».

Leurs adversaires éprouvent le même sentiment. En témoigne ce poème, trouvé dans la poche de tunique d'un soldat allemand tombé sur les pentes fatales, au pied d'un sapin coupé à mi-tronc par les éclats et dont les étranges bourgeons, émergeant de l'écorce déchiquetée sont des morceaux d'acier :

Dans les ravins des Vosges
Grimpent les chasseurs alpins de France
A côté d'eux marchent leurs fidèles mulets
Porteurs de ce qu'il faut pour se battre.

Sur les arêtes les plus escarpées
Ils escaladent les hauteurs sans tressaillir
Car le courage est leur honneur
Et la bravoure leur vie.

C'est une joie pour le soldat allemand
De combattre un pareil adversaire.
Au-dessus de nombreuses, nombreuses tombes
Le vent passe à travers les sapins des Vosges.

Pendant tout l'hiver de 1914-1915, le front des Vosges, où se battent les Alpins, sans jamais connaître les grands mouvements qui ont agité les armées ennemies au début de la guerre, ne cesse de frémir sous la mauvaise fièvre des attaques et des contre-attaques. Gagner quelques mètres coûte cher. Même les secteurs réputés « calmes » où se succèdent à tour de rôle les bataillons bleus connaissent de durs moments de patrouilles et d'embuscades, d'inconfort et de misère, de maladies et de blessures. Les pieds gelés ne se comptent plus. Les hôpitaux sont pleins de malheureux, dont il faut amputer les membres noirâtres et puants. Ceux qui descendent des avant-postes de montagne, à chaque relève, ont des silhouettes de fantômes. Les souliers enveloppés de chiffons boueux, la tenue en loques, le visage rongé de barbe et les yeux brûlants de fièvre sous la visière du grand béret alpin tirés vers l'avant, ils frissonnent sous des peaux de bique ou de mouton grouillantes de poux. Pas rasés et pas lavés, ils n'ont plus de coquetterie que pour leurs armes qu'ils graissent longuement et entourent d'un mouchoir car le moindre enrayage peut leur coûter la vie.

L'armée des Vosges devient une sorte de « curiosité », avec ses Alpins vêtus de sombre, ses combats dans la forêt, ses corps à corps furieux pour la possession de quelques rochers. Et puis il y a la neige. En France, elle rime mal avec la guerre qui exalte des charges au soleil dans les blés et les coquelicots. Ce premier hiver d'un conflit, que l'on devine maintenant très long et très rude, donne à la guerre moderne son vrai visage. Celui d'une terrible souffrance quotidienne. La neige des Vosges est le linceul de beaucoup d'illusions perdues. L'héroïsme est en train de s'y faire plus quotidien et plus misérable.

Mais c'est cela, cette armée de pouilleux, noirs de crasse et fous de bravoure, le nouveau visage de l'armée française. L'Alpin est en train de devenir le symbole même du « poilu ». Les visites officielles se multiplient sur ce front. On promène les généraux couverts de pelisses dans des traîneaux dont l'avant se recourbe en col de cygne et que remorquent trois robustes chevaux montés par des territoriaux transis. Ils admirent une nouveauté incroyable : des compagnies de skieurs. On dit même que ces acrobates sont capables de charger à la baïonnette sans quitter leurs « patins ». Que ne dit-on pas ?

Le président de la République, Raymond Poincaré, se doit d'aller visiter ces singulières troupes des Vosges. D'autant qu'il est lui-même chasseur alpin de surcroît. Il a naguère servi comme officier de réserve au 11e BCA. Le 10 février 1915, il se rend à Gérardmer dans sa curieuse « tenue de front » qui le fait ressembler à un chauffeur de bonne maison avec costume de velours, leggins et casquette cirée. La remise de décorations précède le défilé et le banquet. Les Alpins ont brossé leurs guenilles et ont fière allure. Les photographes sont ravis.

Mais pour un bataillon bleu qui parade durant quelques heures — c'est le 11e BCA d'Annecy, le propre bataillon du président Poincaré — combien d'autres, dans la montagne souffrent et meurent ? Chacun d'entre eux, pendant cet hiver, comptera en moyenne un demi-millier d'hommes hors de combat. Parfois même, la moitié de l'effectif se retrouve au cimetière ou à l'hôpital.

Et pourtant, les Alpins « s'organisent » dans cette guerre. Ils se sentent « chez eux » dans les Vosges, s'habituant à leur vie, et même — pourrait-on dire — à leur mort.

Au début du mois d'avril 1915, le détachement d'armée des Vosges, jusque-là commandé par le général Putz, voit arriver un chef singulier. Le nouveau venu ne va pas tarder à jouir d'une popularité fantastique parmi les Diables Bleus. Il a déjà cinquante-huit ans et se nomme Louis Ernest de Maud'huy. Né à Metz, il a le patriotisme farouche des officiers français originaires de Lorraine et qui ne vivent que dans l'espoir de libérer un jour leur terre natale.

Ancien officier de l'arme bleue dans sa jeunesse, il reste chasseur dans l'âme. Il est réputé pour sa bonhomie avec ses subordonnés et son mauvais caractère avec ses supérieurs. Coiffé d'un calot sombre, la moustache ébouriffée, les sourcils en bataille, une longue bouffarde plantée de travers entre les dents, ils reste, par beaucoup de côtés, un officier de troupe qui houspille son état-major quand tout ne va pas assez vite et bondit jusqu'aux avant-postes pour faire distribuer à ses « poilus » des paquets de tabac et des quarts de vin chaud.

Sous ses ordres, ce qui va devenir l'armée des Vosges s'organise autour de deux divisions, la 47e au nord et la 66e au sud, qui regroupent chacune une dizaine de bataillons de chasseurs alpins.

Chapitre VII

L'HILSENFIRST, SIDI-BRAHIM DE LA GRANDE GUERRE

Les Alpins se battent dans les Vosges depuis la Tête du Violu, au nord, jusqu'à la vallée de la Thur, au sud, essayant, au prix de sacrifices incroyables, de conquérir des observatoires sur la plaine d'Alsace, de Colmar à Mulhouse.

Les bataillons bleus sont comme des pompiers que l'on appelle chaque fois qu'un nouvel incendie de fer et de feu s'allume sur quelque sommet dévasté des Vosges.

Sans que les secteurs soient attribués une fois pour toutes, on peut situer sur une carte les douze bataillons d'active à la fin du dur hiver 1914-1915.

Le bataillon le plus au nord est le 22ᵉ, d'Albertville, qui tient la région de Wisembach, à l'ouest du col de Sainte-Marie-aux-Mines, dont la prise par les Allemands a été catastrophique pour l'armée d'Alsace, le 25 août 1914.

Les bataillons les plus au sud sont ceux qui se battent pour l'Hartmannswillerkopf, comme le 7ᵉ, de Draguignan, le 27ᵉ, de Menton, ou le 28ᵉ, de Grenoble.

Le 13ᵉ, de Chambéry, après avoir subi de très lourdes pertes lors des contre-attaques sur l'HWK a gagné le secteur du Grand Ballon, où il domine la situation à 1 424 mètres d'altitude...

C'est dans la vallée de la Fecht, au centre du front des Vosges, en dessous du col de la Schlucht, que se trouve concentrée la majorité des bataillons alpins.

Le 6ᵉ, de Nice, épaulé par le 23ᵉ, de Grasse, et le 24ᵉ, de Villefranche, mène de terribles combats dans la région particulièrement sanglante du Petit-Reichakerkopf et du Grand-Reichakerkopf, au-dessus de Munster.

Le 11ᵉ, d'Annecy, et le 12ᵉ, d'Embrun, se trouvent en lignes près du village de Sultzern. Non loin d'eux, combat à Stosswihr le 28ᵉ, de Grenoble, tandis que le 30ᵉ, lui aussi de Grenoble, se trouve près du col de Wettstein.

Avec les bataillons de réserve, les bataillons de marche et les bataillons territoriaux, ils sont maintenant une trentaine de bataillons de chasseurs alpins, engagés dans cette terrible guerre de montagne des Vosges qui a commencé pour la plupart d'entre eux dès l'été 1914 et qui ne se terminera qu'au printemps 1916, quand ils seront envoyés vers d'autres fronts, à commencer par celui de la Somme.

L'hiver a été épouvantable. Avec le printemps, la pluie et la boue succèdent à la neige et à la glace. C'est pire. Le moindre chemin se transforme en torrent, les abris, s'effondrent, les parapets s'écroulent. Le gel qui figeait les tranchées comme dans un ciment, disparaît et libère soudain les sacs de terre, les piquets de fer, tous les débris de la bataille. Dans l'eau fangeuse flottent de vieilles boîtes de conserve, des débris humains, des paquets de pansements. Parfois, la terre libère le cadavre d'un chasseur en tenue sombre tombé au mois de décembre et qui retrouve soudain le jour, comme ces alpinistes disparus dans des crevassses et que le glacier finit par rejeter sur la moraine, libérés de leur cristalline prison bleutée.

Débarrassées de leur parure de neige, les croix de bois sont de plus en plus nombreuses.

Chaque bataillon connaît son poids de gloire et de sang. La conquête d'un piton devient, pour les survivants, une aventure presque légendaire, avec ces Alpins en tenue bleue et grand béret accrochés aux pentes, l'ultime assaut à la baïonnette pour s'emparer du sommet, le clairon qui sonne la charge, la *Sidi-Brahim* ou le refrain du bataillon. Il y a toujours un clairon. Et s'il l'un d'eux tombe, frappé à mort, un de ses camarades prend aussitôt sa place. Le chef de bataillon arrive souvent en haut de la montagne avec la compagnie de tête et parfois, au soir du combat, il compte parmi les blessés ou les morts. Toutes ces images héroïques sont vraies, même si elles ne sont pas toujours vraisemblables à un demi-siècle et même davantage de distance.

Le pire est qu'elles deviennent lassantes à force d'être toujours semblables. Rien ne ressemble plus à la prise du Südelkopf par le 24e BCA, le 12 février 1915, que la prise du Schnepenfriedkopf par le 28e BCA, le 17 avril 1915 [1].

Il n'y a qu'une différence. Jour après jour, l'hiver s'en est allé. Après la neige et la pluie, voici le soleil sur les Vosges.

Maintenant, la belle saison est arrivée. Alors que les montagnes, labourées par les obus et hérissées d'arbres massacrés, ont pris la teinte rougeâtre du sable et du sang, toute la nature, à l'arrière des lignes, renaît. Les prés apparaissent d'un vert cru et les vergers se parent de fleurs mauves et roses. On entend

1. Y tombera le capitaine Regnault que l'on a vu à la Tête-des Faux et à l'Hartmannswillerkopf.

ruisseler des cours d'eau enfin libérés du gel de l'hiver et partout des oiseaux chantent, dominant parfois le fracas lointain du canon. Car la guerre continue. Plus que jamais. Les actes de courage se multiplient, provoquant une averse de croix de guerre et une avalanche de croix de bois.

Avec le retour du beau temps, le commandement prépare une offensive dans les Vosges. Oh ! une offensive bien limitée. Elle doit avoir pour cadre la vallée — ou plutôt les vallées, car il y en a plusieurs qui se rejoignent — de la Fecht. Le premier objectif de cette offensive c'est le petit village de Metzeral. Au-delà ? Au-delà, il peut y avoir Munster. Et après Munster ? Alors ce serait Turckheim au débouché de la vallée de la Fecht sur la plaine d'Alsace, où Colmar attend depuis dix mois les troupes françaises après les avoir espérées quarante-quatre ans.

L'opération passe par la conquête de quelques pitons qui dominent la vallée. Chaque bataillon de chasseurs alpins va attacher son nom à l'un d'eux, qu'il se nomme Reichakerkopf, au nord de Metzeral, Braunkopf, à la hauteur même de la bourgade, ou Hilsenfirst, plus loin vers le sud. Ces montagnes forment une sorte d'arc de cercle d'une dizaine de kilomètres.

Après des mois de préparation, l'attaque est prévue pour le 14 juin. Adviendra alors un fait d'armes qui — tragiquement isolé — apparaît fantastique.

Les annales parleront un jour de l'Hilsenfirst comme du Sidi-Brahim des Vosges. Ce sera le 7e BCA, bataillon de fer et d'acier, qui inscrira ce fait d'armes à son Historique.

— L'attaque aura lieu le 14 juin et votre compagnie sera à la tête du bataillon. Vous savez quel est l'enjeu, Manhès ?

— Parfaitement, mon commandant. Si nous parvenons à crever le front allemand au pied de l'Hilsenfirst, la route de Colmar nous est ouverte.

La lutte pour les sommets des Vosges n'a pas cessé depuis des mois et des mois. En cette fin du printemps 1915, les Alpins des bataillons bleus, accrochés aux pentes où les sapins ne sont plus que des troncs dénudés, déchiquetés, criblés de balles et d'éclats, continuent un combat qui ne semble jamais finir.

Promu capitaine depuis quelques jours, Manhès commande la 6e compagnie du 7e BCA. D'origine, c'est un cavalier. Mais la seule pensée d'être parmi les premiers à reconquérir l'Alsace l'a poussé à se porter volontaire pour servir dans les chasseurs. Au mois de février, il a enfin vu sa demande acceptée et s'est trouvé affecté au 13e BCA, avant de passer au 7e. Le 13e, d'ailleurs, n'est pas loin. Bataillon frère, il fait partie de la même brigade et va, lui aussi, participer à cette affaire de l'Hilsenfirst.

De ses 1 279 m d'altitude le sommet domine au sud les

pentes où doivent s'engager les Alpins. L'affaire promet d'être rude dans ce cadre impressionnant des hautes Vosges où les deux adversaires vivent et meurent à quelques dizaines de mètres les uns des autres, dans des tranchées creusées en plein roc.

Le commandement n'a jamais cessé d'espérer pouvoir rompre le front allemand. Le général de Maud'huy, chef de la VIIe armée, sait pouvoir compter sur le courage fanatique de ses bataillons alpins. La guerre ne dure que depuis dix mois à peine et ils ont pourtant vu leurs effectifs fondre comme neige au soleil.

Le commandant du 7e BCA, le chef de bataillon Hellé, fait confiance à Manhès et à sa 6e compagnie pour former la pointe de ce véritable triangle de fer et de feu qu'il faut enfoncer, coûte que coûte, dans les lignes ennemies.

A l'ultime réunion du 12 juin qui précède la bataille, le chef de corps fixe le rôle de chacun :

— La 1re compagnie profitera de la percée réalisée par la 6e pour prendre les Allemands à revers et escalader les pentes de l'Hilsenfirst où elle s'installera solidement. La 4e compagnie rejoindra la 6e et essayera de conquérir avec elle notre objectif de la journée qui est Landersee, première étape sur la route de Munster. Dans leur sillage, la 5e compagnie assurera le nettoyage des positions conquises et tiendra ensuite la liaison entre Landersee et l'Hilsenfirst. Je garde en réserve la 2e et la 3e compagnie.

La demi-douzaine d'officiers qui assistent à cette ultime réunion de mise au point gardent un silence éloquent. Une fois de plus, le commandement va demander l'impossible. Rien de plus meurtrier que ces combats de montagne où les adversaires s'accrochent au moindre caillou et à la moindre souche.

— Messieurs, dit le commandant Hellé, comme s'il devinait les pensées de ses chefs de compagnie, nous ne devons avoir qu'un seul souci, celui d'être en flèche de l'assaut. Plus le succès sera rapide et plus il sera complet. N'oubliez pas que nous avons pris et repris l'Hartmann...

Quelques hochements de tête marquent seulement l'approbation de ses capitaines.

— Je marcherai moi-même avec la 5e compagnie, à deux cents mètres derrière la première ligne, décide le chef du 7e. Je vous rappelle les consignes du général commandant notre division : « On ne s'occupera des camarades que pour les aider, jamais pour les attendre. »

Le surlendemain, les Alpins gagnent leurs tranchées de départ. L'attaque doit avoir lieu au grand jour. Le capitaine Manhès regarde sa montre.

— Il est midi et demi, dit-il. C'est l'heure où doit commencer la préparation d'artillerie.

Les canons de campagne français ouvrent le feu au même

instant et les premiers obus passent au-dessus des Alpins avec un bruit soyeux. Les hommes ne sont pas pressés de voir finir ce bombardement. La dernière explosion marquera en effet le signal de l'attaque, la poitrine nue, contre les tranchées allemandes creusées au flanc de l'Hilsenfirst. Ils sont un peu plus de deux cents hommes à la 6e compagnie et leur capitaine leur a annoncé qu'ils formeraient le fer de lance de l'attaque.

Les officiers surveillent le terrain devant leurs positions de Langelfeldskopf. Les premiers obus sont tombés sur le Bois-Inférieur, au-delà d'une clairière qui porte le nom du ruisseau de Wüstenrunz et qu'il va falloir franchir tout à l'heure sous le feu de l'ennemi.

— Je n'arrive pas à me rendre compte de l'efficacité de ce marmitage, déplore le capitaine Manhès qui ne cesse de porter ses jumelles à ses yeux. Il y a encore trop de troncs de sapins pour y voir quelque chose.

— Par contre, tout se passe bien sur l'Hilsenfirst, lui fait remarquer son adjoint.

Le sommet rond et chauve de la montagne est martelé par les explosions. Les obus semblent tomber avec précision sur les ouvrages allemands dont les parapets de terre rougeâtre tranchent nettement sur le vert vif des pâturages.

— J'aime mieux être à ma place qu'à la leur, mon capitaine ! lance un des chefs de section, l'aspirant Martin.

Manhès le regarde dans les yeux. Cet officier est un tout jeune homme qui n'a pas vingt ans et n'a jamais encore subi l'épreuve du feu. Il est enthousiaste et élégant, presque coquet dans sa tenue sombre qu'il semble avoir spécialement « briquée » pour son premier assaut. Son chef aime mieux ne pas lui avouer que tout à l'heure la position des chasseurs de la 6e compagnie sera peut-être encore moins enviable que celle des défenseurs de l'Hilsenfirst. Il dit seulement :

— Attention, Martin. Ce sera à nous dans dix minutes.

L'heure H a été fixée à 15 h 30. Il reste peu de temps avant de bondir hors de la tranchée et de s'avancer dans la clairière, à mi-pente de la montagne qui domine le paysage de son impressionnante masse verdâtre.

Les trois autres chefs de section, le lieutenant Guillermet, l'adjudant Duret et le sous-lieutenant de Benoist passent une dernière inspection. Tout va bien.

— En avant !

C'est l'heure. Le capitaine Manhès a crié à pleins poumons et tous ses chasseurs hurlent à leur tour :

— En avant !

C'est comme si le souffle sorti de leurs poitrines pouvait balayer la résistance de l'ennemi qu'ils devinent tout proche, tapi dans ses tranchées et ses abris, prêt à la riposte. La compagnie Manhès s'avance maintenant en terrain découvert.

Les Alpins progressent rapidement dans une clairière où quelques jeunes sapins pas encore brisés par les rafales d'acier dressent de frêles silhouettes d'un vert sombre. Les Allemands ont ouvert le feu. Ce sont des coups de fusil isolés. Puis les premières salves crépitent. On n'entend encore aucune arme automatique. La 6e compagnie traverse en courant le Bois-Neutre et dévale les pentes du premier ravin, le Malchrunz, saluée par quelques coups de fusil, mal ajustés. L'ennemi serait-il à ce point « sonné » par le bombardement ? Le capitaine Manhès pense que c'est trop beau pour durer. Voici maintenant ses hommes dans la large clairière du Wüstenrunz. Ils approchent des tranchées allemandes creusées dans le Bois-Inférieur. Les silhouettes bleues, alourdies par le paquetage d'assaut, progressent par bonds. Le terrain est impossible. Un véritable billard, sans un couvert. Le silence, à peine troublé par quelques coups de fusil sporadiques, devient presque insoutenable.

Brusquement claquent, toutes proches, des rafales. Trois mitrailleuses se dévoilent au même moment. Le chef de la 6e compagnie essaye de les repérer. Il les désigne de sa canne à Soppin, son adjudant de compagnie.

— En voici une, juste au-dessus. Elle nous tire de haut en bas... Voici la seconde, juste à notre hauteur, en face de nous. Il va falloir nous en occuper sérieusement...

Les rafales cinglent le sol, soulevant de la terre et des cailloux. Des chasseurs s'écroulent, frappés en plein élan. Leurs camarades se sont jetés à plat ventre, essayant de ramper vers quelque abri, loin de l'orage mortel.

— La pire, c'est la troisième mitrailleuse, constate le capitaine. Elle a pris position en bas, vers le fond de la clairière. Elle nous prend en écharpe. Quelle saloperie !

Les Allemands tirent bande sur bande. La plus meurtrière des mitrailleuses est celle qui tire de bas en haut et commence à creuser de sérieux vides dans la compagnie Manhès. Et les fantassins s'en mêlent. Debout ou à genoux derrière le parapet de leur tranchée, ils tirent sur les chasseurs engagés en terrain découvert.

— Ça va mal, mon capitaine, lance l'adjudant de compagnie qui se trouve juste à côté de Manhès.

— Il va falloir nous débarrasser de cette mitrailleuse, Soppin. Sinon nous allons tous nous faire descendre.

— Ça ne sera pas facile...

L'adjudant pousse un cri de douleur et s'écroule près de son chef.

— Mon capitaine, j'ai la cuisse fracassée.

Manhès n'a rien. Mais d'autres gradés tombent à quelques mètres de lui.

L'adjudant Duret, qui commande la 2e section, ancien ouvrier bottier militaire ayant conquis tous ses grades au feu, avec la médaille militaire de surcroît, tombe, les deux jambes transpercées. Près de lui, la tête traversée par une balle, gît le vieux sergent Caradot qui a quitté son unité de territoriale pour venir se battre en première ligne dans une compagnie d'assaut. La situation n'est pas meilleure à la 3e et à la 4e section. Des agents de liaison arrivent en courant :

— Tous les sergents et tous les caporaux sont hors de combat, mon capitaine.

De simples chasseurs aident les officiers à rassembler les hommes abasourdis par le feu incessant des mitrailleuses.

Maintenant la 6e compagnie est arrivée devant un ruisseau, le Wüstenrunz. Profondément encaissé entre des rives abruptes de granit, le filet d'eau coule au fond d'un vrai ravin. Les hommes vont y trouver un abri pendant quelques minutes. Ils reprennent leur souffle. Mais il faut repartir. Le plus dur reste à faire.

— Merde ! Des barbelés !

Sur la rive ennemie, tout un réseau de fil de fer est dissimulé par de hautes herbes. Les chasseurs s'y empêtrent, tandis que les mitrailleuses continuent à cingler le glacis. Des hommes rampent avec des cisailles. Parfois l'un d'eux, en plein travail, s'écroule, frappé à mort. Un camarade prend sa place.

Il faut monter la pente. En plein mois de juin, il fait une chaleur terrible, le soleil tape dur en ce début de l'après-midi. Les Alpins ruissellent de sueur, la poitrine meurtrie par toutes les courroies et les sangles de leur barda. Un coureur arrive de la 2e section. Il apporte au commandant de la 6e compagnie de terribles nouvelles.

— Le caporal Pradel est le seul gradé survivant, mon capitaine.

— Combien a-t-il d'hommes avec lui ?

— Cinq.

Il y a quelques minutes, ils étaient cinquante-six gradés et chasseurs à partir à l'assaut !

Les autres sections ont subi des pertes, elles aussi. Mais pas dans les mêmes proportions. Le capitaine Manhès ne peut faire autrement que de lancer aux survivants :

— On continue !

Voici maintenant un second réseau de fil de fer barbelé, toujours battu par des armes automatiques. Cette fois, les Allemands sont tout proches. Manhès n'hésite pas :

— On y va à la grenade et à la baïonnette.

Dans le fracas des explosions, les Diables Bleus se précipitent sur les soldats en feldgrau. Les deux adversaires se battent au corps à corps, sans pitié. Bientôt, les Alpins s'installent au milieu des cadavres ennemis, gisant dans la tranchée conquise de haute lutte. Tous les défenseurs du Bois-Inférieur ne se sont pas fait tuer sur leurs positions. Les chasseurs rassemblent une trentaine de prisonniers, les mains en l'air, les yeux hagards. Plusieurs sont blessés. Tous semblent encore sous le choc de l'assaut des Alpins qui ont enlevé leur tranchée dans une ruée furieuse, à l'arme blanche.

— Conduisez-le vers l'arrière, ordonne Manhès à quelques-uns de ses chasseurs.

Et il demande aussitôt d'un ton bref :

— Leurs mitrailleuses ?

— On en a pris deux, mon capitaine !

Les Alpins s'installent dans la tranchée conquise, tiraillant sur quelques Allemands rescapés de la bagarre qui se retirent rapidement, vite dissimulés aux regards par les fûts du Bois-Inférieur.

Le soleil tape de plus en plus dur. Les chasseurs, à l'abri dans la tranchée ennemie, récupèrent vite. Leur capitaine va d'une section à l'autre, organisant la position conquise. Il arrive aux emplacements de combat de la 3e section, à la lisière du bois.

— Où est votre chef ?

— L'aspirant Martin vient d'être tué, mon capitaine.

Quelques-uns de ses hommes rapportent le cadavre du petit officier, toujours élégant. Il semble sourire. Mais une balle en plein cœur a figé ses traits à jamais.

Le chef de la 4e section, le sous-lieutenant de Benoist, est aussi hors de combat. Cet ancien maréchal des logis de dragons s'était porté volontaire pour les Alpins et il venait de rejoindre le 7e BCA depuis seulement une semaine. Et le voici sur un brancard, criblé de balles.

— Rien de grave, mon capitaine, dit-il à son chef. Je reviendrai bientôt à la compagnie.

En attendant, Manhès reste seul officier avec le lieutenant Guillermet, chef de sa 1re section. C'est un saint-cyrien, ancien de l'infanterie coloniale, type même du jeune officier d'active, fonceur, souriant, toujours en tête de ses hommes quand il s'agit de prendre l'ennemi à bras-le-corps.

A ce moment, un autre gradé surgit sur la position conquise. C'est le lieutenant Burdallet, de la 4e compagnie qui devait suivre la 6e.

— Je suis avec deux sections, dit-il à Manhès. Je ne sais pas ce que sont devenues les deux autres après la fusillade.

— Et le capitaine Martin ?

— Tué pendant la traversée du Wüstenrunz [1].

Le capitaine Manhès récupère aussi le sous-lieutenant Moreau avec neuf éclaireurs du bataillon.

— Alors, vous restez avec moi.

---

1. Le chef de la 4e compagnie portait le même nom que le jeune aspirant de la 6e.

— C'est tout ce qu'il me reste sur les trente-six qui se trouvaient avec moi au départ, lui dit le jeune officier.

Les compagnies d'assaut du 7e BCA ont subi des pertes terribles au cours de cet assaut. Et la bataille ne fait que commencer. Sitôt la position conquise organisée et retournée contre l'ennemi, le chef de la 6e compagnie désigne deux équipes pour ouvrir à la cisaille un chemin à travers le réseau de barbelés qui couvre la position allemande de seconde ligne.

— Ils sont installés dans le Bois-en-Brosse, dit le capitaine. Faites attention.

L'équipe de gauche arrive jusqu'au réseau et commence à travailler. L'équipe de droite est prise à partie par un tir violent. Les chasseurs tombent les uns après les autres. Bientôt, il n'en reste plus un seul. Et pourtant, il faut absolument cisailler ce réseau si on veut poursuivre l'assaut.

— Des volontaires ! demande Manhès.

Plusieurs Alpins se présentent au capitaine. Il en a bientôt plus qu'il n'en faut. Alors, il en désigne quelques-uns, au hasard. Ils s'équipent, partent et se font aussitôt faucher. Leurs cadavres jonchent le sol, à l'entrée du réseau ennemi. Intact. Alors, le chef de la 6e compagnie doit encore demander :

— Deux volontaires !

Ils se présentent aussitôt :

— Chasseur Lorenzi, mon capitaine.

— Chasseur Marchal, mon capitaine.

L'un est cévenol et l'autre corse. Ils se tiennent au garde-à-vous devant leur chef, aussi calmes que s'ils partaient monter la garde à la grille du quartier. Ils s'éloignent aussitôt en rampant. Des coups de feu claquent à nouveau. Marchal tombe le premier, frappé à mort d'une balle en pleine tête. Lorenzi est touché au ventre. Il parvient à ramper jusqu'à la position tenue par ses camarades et s'écroule, la tête sur les genoux de Manhès qui ne peut cacher son émotion.

— Vous faites pas de bile pour moi, mon capitaine. C'est pas mal de mourir comme ça.

Déjà, il agonise. On entend des explosions. Cette fois, c'est l'équipe de gauche des cisailleurs qui se fait prendre à partie par des Allemands armés de grenades à manche. Les Alpins sont immobilisés sous une pluie de projectiles et anéantis sans avoir terminé d'ouvrir une brèche dans le réseau de barbelés. Il sera difficile de poursuivre la progression.

Le capitaine Manhès est un peu inquiet de n'avoir aucune nouvelle de ce qui se passe derrière lui. Pourtant il reste encore deux sections de la 4e compagnie et toute la 5e qui devraient suivre dans le sillage de sa 6e. L'officier rédige un bref compte rendu pour le chef de bataillon et le donne à un coureur :

— Va porter ce pli au commandant Hellé. Tu le trouveras

un peu en retrait, avec la 5e compagnie, à moins de deux cents mètres derrière nous.

Manhès regarde sa montre pour inscrire l'heure sur le message. Il est exactement 17 h 30. Il y a deux heures que l'attaque a commencé et sa compagnie a déjà laissé en chemin bien des blessés et des morts.

Quelques instants plus tard, l'agent de liaison revient vers lui. Il a l'air complètement affolé :

— Mon capitaine, je suis tombé sur des Allemands !

— Où ça ?

— Derrière nous. Nous sommes encerclés !

Le capitaine Manhès se rend compte immédiatement que la situation est grave. Si le reste du bataillon ne suit pas, sa compagnie risque de se trouver prise à l'intérieur des lignes allemandes. Il expédie une patrouille en reconnaissance vers l'arrière, puis il appelle l'officier qui l'a rejoint avec quelques éléments de la 4e compagnie :

— Burdallet, lui dit-il, vos chasseurs n'ont pas été aussi durement engagés que les nôtres tout à l'heure. Vous allez donc vous mettre en route tout de suite et réoccuper les tranchées derrière nous.

— Elles devaient être nettoyées par la 5e compagnie, mon capitaine.

— Il faut croire qu'elle n'a pu réussir. De toute façon, vous y allez et vous vous installez solidement.

Le lieutenant et ses chasseurs, dès qu'ils abordent les positions enlevées par la première vague d'assaut des Alpins, sont reçus par un feu d'enfer. Les Allemands sont parvenus à s'infiltrer derrière la 6e compagnie et à réoccuper le terrain qu'ils avaient dû céder. Burdallet ne tarde pas à rejoindre Manhès.

— J'ai perdu un tiers de mes hommes, lui dit-il. Nous sommes encerclés.

— Rien n'est joué. Il faut tenir sur place. Nos camarades finiront bien par nous délivrer.

Le capitaine Manhès a sous ses ordres quatre officiers, dont le sous-lieutenant de Benoist blessé, et cent trente-sept sous-officiers et chasseurs parmi lesquels on compte deux douzaines d'hommes hors de combat.

— Il faut nous former en carré, décide-t-il.

Le capitaine ordonne de creuser des éléments de tranchées pour réunir les trous où se sont installés ses hommes. Désormais, ses Alpins encerclés doivent faire front devant le Bois-en-Brosse vers l'avant et vers la vallée du Wüstenrunz à l'arrière. A leur droite, le piton de l'Hilsenfirst les domine de ses 1 279 mètres. A leur gauche, par contre, un véritable ravin descend en pente raide vers le cours de la Fecht, loin en contrebas. Les Allemands sont partout.

Le chef de la 6e compagnie commence par faire construire

un abri pour y installer les blessés dont trois sont grièvement atteints.

Sans tarder, il faut dénombrer les munitions.

— Il y a cent cinquante cartouches par homme, annonce rapidement le sous-officier qui remplace l'adjudant de compagnie. Et nous avons cent soixante grenades.

— Et les mitrailleuses prises aux Allemands ? demande Manhès.

— Une seule est en état de marche, mon capitaine. Il y a cinq caisses de cartouches sur bandes.

Les Alpins peuvent aussi utiliser une trentaine de fusils pris à l'ennemi, avec un lot de quatre mille cartouches de Mauser qui ne peuvent approvisionner le Lebel français.

A huit heures du soir la fusillade que l'on entendait à l'arrière cesse totalement. Le calme revient. L'attaque française semble avoir échoué.

La nuit tardera longtemps à tomber en ce brûlant mois de juin. Après la chaleur de cette torride journée, elle paraît très froide. Les Alpins, épuisés, ne parviennent guère à trouver le sommeil et sont vite transis. Et puis il faut s'organiser, installer de nouveaux emplacements de combat, répartir les hommes sur les quatre faces du carré. Les chasseurs s'activent dans la grisaille. Certains pourront dormir deux heures et se réveilleront, maussades et glacés vers trois heures du matin, tirés du sommeil par une vive fusillade.

— Qu'est-ce qui se passe ?

— Ils attaquent la face est.

C'est celle qui fait face au Bois-en-Brosse, solidement tenu par les Allemands qui lancent dans la grisaille qui précède l'aube un premier assaut pour essayer de réduire les Alpins encerclés. Les chasseurs bondissent sur leurs fusils et commencent à tirailler. Mais rien ne semble arrêter leurs adversaires. Ils débouchent par vagues des couverts.

— Si seulement nous avions pu tendre un réseau de fils de fer, lance Manhès à Guillermet dont la section supporte le plus dur de l'attaque.

Mais il est trop tard pour se lamenter. Maintenant, les assaillants parviennent à moins de cinquante mètres. Manhès a même l'impression qu'il distingue la couronne qui orne leurs boutons d'uniforme. Ils continuent à avancer, progressant par bonds, rampant, repartant, se jetant à nouveau à terre. Ils approchent inexorablement des tranchées qui ne font même pas un mètre de profondeur et dans lesquelles se sont blottis les chasseurs, l'air farouche, le vaste béret bleu sombre tiré sur les yeux.

— Ils grouillent comme de la vermine, ces salauds-là ! lance un des encerclés au voisin qui tiraille à quelques mètres de lui, accroupi derrière une souche.

Un fracas assourdissant, un ronflement qui gronde comme un soufflet de forge. Les premiers obus français passent au-dessus des Alpins et viennent éclater au milieu des assaillants, en soulevant des gerbes de terre et de cailloux. Plusieurs Allemands s'écroulent et leurs camarades refluent. Mais un gradé, gigantesque dans sa tenue feldgrau, jaillit, rallie les hésitants et les réexpédie à l'assaut. La vague repart vers l'avant. Elle semble irrésistible. Le capitaine Manhès se tourne vers un de ses chasseurs qu'il sait tireur d'élite — vieille expérience de braconnier.

— Baudun, lui dit-il, vois-tu ce grand type devant le bois ?

— Très bien, mon capitaine.

— Descends-le !

L'Alpin épaule son Lebel, vise longuement. La détonation claque. Très sèche. Et l'officier allemand s'écroule, tué d'une balle en pleine tête.

Privés de chef, les assaillants refluent vers le Bois-en-Brosse, laissant derrière eux plusieurs des leurs, frappés de plein fouet par les fusils des Alpins et par la mitrailleuse prise à l'ennemi qui commence à dévider bande sur bande. Beaucoup d'adversaires ont aussi été touchés par les éclats d'obus des 75 français qui ont brisé l'attaque au moment le plus critique.

— Nous allons peut-être avoir un peu de répit, estime le capitaine Manhès.

Ce qui tourmente le chef des encerclés, c'est aussi le manque de ravitaillement. Il n'y a guère qu'une boîte de singe pour six hommes, très peu de pain et presque plus d'eau. Le soleil tape déjà très dur, illuminant les pentes de l'Hilsenfirst qui domine tout ce paysage chaotique. Accrochés à mi-pente, les Alpins de la compagnie encerclée se demandent quel va être leur sort pendant cette nouvelle journée de combat.

L'accrochage matinal a coûté aux assiégés deux tués et trois blessés.

— Vous êtes touché, mon capitaine ? demande le lieutenant Guillermet à son chef.

— Ce n'est rien. Une égratignure sur le haut du crâne. Mais j'ai une tête solide d'Auvergnat.

Et le chef de la 6e compagnie ajoute en souriant :

— Et aussi une petite taille qui m'a évité de prendre cette balle en pleine figure.

Il est midi quand un nouveau bombardement s'abat sur les lignes allemandes. Les artilleurs français tirent si près que plusieurs chasseurs sont blessés par les éclats. Le capitaine Manhès se demande si le commandement a réalisé qu'une compagnie et demie du 7e BCA se trouve totalement isolée, au milieu de l'ennemi.

Le bombardement diminue d'intensité et finit par cesser. Plus que les obus, la grande préoccupation des chasseurs reste la faim et surtout la soif. Il y a bien un point d'eau, mais il se trouve entre les lignes.

Il est quatre heures de l'après-midi, quand le capitaine Manhès repère sur sa droite des Allemands qui descendent la pente en dessous de la crête unissant les sommets de l'Hilsenfirst et du Langelfeldskopf. Ils s'étalent en tirailleurs et semblent très nombreux. Rapidement, des bruits de fusillade déchirent l'air. Ce qui est le plus inquiétant c'est que tout ce vacarme vient de... l'arrière. Les encerclés sont désormais bien loin des positions françaises. Sans cesse des renforts allemands se dirigent vers la nouvelle ligne de front. Ils passent maintenant, en masses compactes, en dessous du retranchement occupé par les chasseurs de la 6e compagnie.

Aucune colonne d'assaut ennemie ne se préoccupe pour l'instant de réduire le carré formé par les Alpins au milieu des positions allemandes. Le capitaine Manhès en profite pour renforcer son dispositif de défense. Il donne ses ordres rapidement :

— Le lieutenant Guillermet défend la face est, avec les deux angles nord-est et sud-est. Le lieutenant Burdallet occupe l'angle sud-ouest et l'aspirant Thiveau l'angle nord-ouest. Quant au sous-lieutenant Moreau et à ses éclaireurs, ils vont lancer des patrouilles selon les circonstances.

Déjà la veille, Moreau et sa demi-douzaine d'hommes ont réussi à capturer une mitrailleuse et à faire deux prisonniers au cours d'une sanglante équipée entre les lignes où les éclaireurs ont vu tomber trois des leurs.

Il ne reste presque plus de vivres. Le capitaine Manhès demande alors aux quatre officiers qui se trouvent avec lui :

— Seriez-vous d'accord pour qu'en matière de nourriture nous ne vivions que de... souvenirs, jusqu'à notre délivrance, afin de donner le peu qui reste à nos chasseurs ?

— Bien entendu, mon capitaine, répond aussitôt le lieutenant Guillermet au nom de ses camarades.

— Seulement, il y a le problème de l'eau, fait remarquer le sous-lieutenant Moreau.

— J'ai repéré une source, dit Manhès. Elle se trouve à quatre ou cinq cents mètres derrière nous.

— Donc, dans les lignes allemandes, constate le lieutenant Burdallet.

— Malheureusement. Je me propose d'aller la reconnaître moi-même avec trois chasseurs.

Le petit groupe part aussitôt. Manhès découvre vite que quatre Allemands se tiennent près de la source. Ils ne semblent pas trop sur leurs gardes.

— On y va ! A la grenade ! lance le capitaine.

Les explosions retentissent aussitôt. Leurs adversaires disparaissent dans la fumée et les Alpins sont maîtres de la place.

— Restez ici en petit poste, dit le capitaine. Et essayez de ne pas vous faire surprendre comme ces imbéciles que nous venons de déloger.

— Soyez tranquille, mon capitaine.

— Il ne s'agit pas de vous faire tuer stupidement, mais de tenir ce point d'eau pour tous vos camarades.

Chargé de plusieurs bidons, l'officier regagne le carré des encerclés. Maintenant la nuit ne va pas tellement tarder. Elle sera plus tranquille que la précédente, mais peut-être encore plus froide.

Le capitaine Manhès sait bien qu'il ne pourra pas, avec les seules forces qu'il commande, regagner les lignes françaises. Il faudrait une attaque pour le délivrer. Encore doit-il prévenir les autres compagnies de ce qui se passe sur la pente de l'Hilsenfirst. Deux bataillons de chasseurs alpins ont lancé l'attaque de l'avant-veille, le sien, le 7e et une autre unité bleue, le 13e BCA. Manhès expédie deux patrouilles dans la direction où devraient se trouver ces camarades. Les hommes malgré la nuit, ne parviennent pas à passer.

— La ligne allemande est solidement tenue, mon capitaine. Il n'y a pas un seul trou dans leur dispositif, annonce un des chefs de patrouille.

— Vous avez eu de la casse ?

— Trois blessés.

— Allez les faire soigner dans l'abri.

Le chef de la 6e compagnie se demande de plus en plus comment il va se sortir du piège. Sa blessure à la tête le tourmente et il souffre terriblement du froid, du manque de nourriture aussi. Heureusement, il y a encore de l'eau...

C'est justement dans la direction de la source qu'on entend tout à coup, aux premières lueurs de l'aube du 16 juin une fusillade. Sept à huit coups de feu très distincts déchirent le calme de l'aurore.

— Ce sont les copains de la source, mon capitaine, dit le caporal Hecht, un gradé de la 4e compagnie qui se trouve juste à côté de Manhès.

— On y va !

Le capitaine et le caporal bondissent et arrivent rapidement au point d'eau. Les trois chasseurs n'ont rien et racontent leur histoire :

— Ils sont arrivés à la fin de la nuit, mon capitaine. On était bien planqués. On les a laissés approcher. A vingt mètres. Puis à dix. Quand ils ont été à une demi-douzaine de mètres, on a tiré tous les trois ensemble. Le chef de patrouille et deux de ses hommes ont été tués à bout portant. Et puis on a continué à tirer... Et ils sont partis. C'est tout.

Devant la source, le capitaine Manhès découvre huit cadavres d'Allemands. Ou plutôt sept, car l'un d'entre eux n'est que blessé et gémit.

— Je vais vous faire relever, dit le capitaine aux défenseurs de la source. Vous ramènerez le blessé ennemi dans une toile de tente.

Le malheureux, grièvement atteint, sera soigné par l'infirmier de la 6e compagnie, le jeune Malfay, qui essaye de soulager comme il le peut tous les blessés entassés dans l'abri au centre du carré. Parmi eux, le sous-lieutenant de Benoist, criblé de balles lors de l'assaut de l'avant-veille, étonne tout le monde par son moral inentamé.

Dès son retour au milieu des encerclés, Manhès est appelé par des guetteurs :

— Mon capitaine, il y a des Allemands qui descendent de l'Hilsenfirst vers la vallée du Wüstenrunz.

C'est une forte patrouille d'une vingtaine d'hommes.

— J'y vais, dit le sous-lieutenant Moreau.

Le chef des éclaireurs est un « fonceur », toujours prêt à la bagarre. Il choisit cinq Alpins pour l'accompagner et le petit groupe part à travers les fûts déchiquetés des sapins.

Planqués sur le bord du chemin que suit la patrouille ennemie, les chasseurs en embuscade attendent le dernier moment pour bondir comme des loups. Trois Allemands sont tués aussitôt. Et il y a cinq prisonniers, dont deux blessés. Les autres parviennent à s'enfuir.

Le capitaine Manhès profite d'un répit pour faire enterrer les morts. Il sépare les ennemis. Le cimetière français se trouve en haut, sous les sapins et le cimetière allemand en contrebas, au bord du sentier, dans une clairière.

Le calme ne saurait durer.

Par deux fois, les Allemands lancent des attaques contre la façade orientale du carré. Ils parviennent la première fois à s'approcher au corps à corps et il faut les repousser à la grenade. Le second assaut sera brisé net par une mitrailleuse... allemande, que servent les chasseurs. Ils n'ont pas été longs à en apprendre le maniement.

— Il ronronne rudement bien leur moulin à café ! lance un des servants au tireur de la pièce de récupération.

— Pas mal. Mais qu'est-ce qu'il bouffe comme grains...

Cette arme automatique ne peut défendre qu'un seul côté du quadrilatère, le plus exposé, celui de l'est.

Les deux assauts à peine brisés, une nouvelle fusillade retentit. Il est dix heures du matin seulement.

— Ils remettent ça, mon capitaine !

— Où ?

— Sur la face nord.

C'est celle du ravin. Comment les Allemands ont-ils pu réussir à gravir, avec leurs équipements d'assaut, une pente aussi raide ? Ce sont des vrais montagnards, eux aussi... Ce secteur est à peine défendu par les assiégés.

— J'y vais ! lance une fois encore le sous-lieutenant Moreau.

Le chef des éclaireurs a repéré le long du sentier qui domine la pente sur laquelle grimpent les assaillants, de gros blocs de grès et de granit. Avec ses éclaireurs, il parvient à les faire rouler sur le flanc de la montagne, provoquant une véritable avalanche. Dans un grondement de tonnerre ces énormes blocs dévalent la pente, emportant des fragments entiers de la montagne et « déracinant » les assaillants accrochés au terrain. Les Alpins du sous-lieutenant Moreau, couverts de poussière et ruisselants de sueur, continuent à harceler les Allemands en leur lançant des pierres qui s'abattent sur eux en sifflant. Pour la première fois dans cette guerre, une attaque est brisée avec des méthodes de combat remontant à l'époque préhistorique...

Les Alpins regagnent tranchées et abris. Leur chef découvre alors, vers l'arrière, des silhouettes qui se détachent juste après la ligne de départ de l'assaut de l'avant-veille. Ce sont des chasseurs en tenue bleue. Sans doute des hommes des autres compagnies du 7e BCA qui n'ont pu franchir le mur de feu et se trouvent bloqués au débouché de leurs positions. Heureusement, le chef de la 6e compagnie est muni de fanions de signalisation et il peut leur envoyer un message :

— Qu'est-ce que je signale, mon capitaine ? demande le transmetteur.

— « Encerclés mais pas prisonniers. Tiendrons bon jusqu'à délivrance. »

Quelques minutes se passent, tandis que l'Alpin agite ses fanions. Puis il s'arrête, observe et donne à son chef la réponse de leurs camarades :

— « Grosse attaque prévue ce soir. Espérons vous libérer. »

Cela signifie sans doute l'intervention de l'artillerie et les hommes isolés dans les lignes allemandes seront alors mal placés. Aussi le capitaine Manhès ordonne :

— Faites creuser des abris... Renforcez le toit de la « cagna » des blessés... Enterrez-vous...

Il est midi juste quand débouche une première attaque française.

— Les camarades vont surgir d'une minute à l'autre dans la clairière du Wüstenrunz, fait remarquer Manhès à Moreau.

— Alors, ils vont se faire massacrer, mon capitaine, répond le sous-lieutenant.

On ne voit rien. Ou pas grand-chose. De la fumée. Quelques silhouettes. Mais on entend de nombreux coups de feu, de véritables salves. Puis des rafales de mitrailleuse. De plus en plus rageuses. Enfin, tout se calme. L'attaque des Alpins pour délivrer les encerclés a échoué.

— Ça, c'est extraordinaire !

Le capitaine Manhès n'en revient pas. Des guetteurs lui

désignent du doigt quelques Allemands qui s'avancent vers les positions des encerclés. Ils sont sans armes.

— Mais qu'est-ce qu'ils viennent faire ?

— Ils se rendent, mon capitaine !

— Incroyable, murmure Moreau qui a rejoint son chef.

A ce moment, un sous-officier ennemi jaillit comme un diable de derrière un sapin et, à quelques mètres, tire un coup de pistolet sur le chef des éclaireurs. Le sous-lieutenant Moreau entend la balle lui siffler aux oreilles. Le temps qu'il revienne de sa surprise, le gradé allemand a repris ses hommes en main, et, l'arme au poing, les ramène vers leurs tranchées.

— Tirez dessus ! ordonne Manhès.

Quelques coups de fusil claquent, mais les hommes en tenue feldgrau disparaissent vite derrière les fûts des sapins.

— Il n'y a plus qu'à attendre, confie le capitaine à Moreau.

— On pourrait lancer des patrouilles, mon capitaine ?

— Attendons de voir ce que vont faire les nôtres.

Les encerclés vont patienter jusqu'à neuf heures du soir. Cette fois, c'est dans le sud-ouest que naît la fusillade. On entend entre les coups de feu et les rafales, les notes aigrelettes d'un clairon.

— Vous reconnaissez ce refrain ? mon capitaine.

Sans pain, sans fricot
Au treizième on n' boit que de l'eau !

— Oui. Nos camarades du 13e BCA attaquent. Ecoutez, Moreau, leur clairon sonne la charge.

Aussitôt, le capitaine Manhès décide :

— On va leur répondre ! Les deux clairons, à moi !

Deux Alpins se présentent avec leur instrument de cuivre dont ils portent aussitôt l'embouchure à leurs lèvres.

— D'abord le refrain du bataillon, les enfants.

Les notes claquent, aigrelettes et insolentes :

Bataillon, bataillon, bataillon de fer !
Bataillon, bataillon, bataillon d'acier !

Les encerclés écoutent, un peu étonnés d'entendre ce refrain sonné à pleins poumons au milieu de leur véritable prison accrochée aux pentes de l'Hilsenfirst.

— Et maintenant, dit Manhès, la *Sidi-Brahim !*

C'est à la fois un signal et un défi. Et quelle sonnerie pourrait mieux symboliser leur position d'encerclés, totalement pris au piège au milieu des troupes ennemies ?

En avant, braves bataillons,
Jaloux de notre indépendance,
Si l'ennemi vers nous s'avance,
Marchons, marchons, marchons !
Mort aux ennemis de la France !

Tous les chasseurs semblent fouettés par ces notes insolites en plein combat, au milieu de cette forêt déchiquetée, sur ces pentes dévastées par la mitraille.

— Tout va bien, mon capitaine ! lance Moreau.

— Pour les hommes valides, sans doute. Mais ce sont nos blessés qui m'inquiètent.

Dans la « cagna », les malheureux souffrent terriblement. Le pauvre infirmier Malfay est débordé. Et il n'a rien pour calmer la douleur des plus gravement atteints. Presque tous gémissent et délirent. En français ou en allemand.

Maintenant, il fait nuit. Ce sera la troisième depuis que la 6e compagnie est encerclée. On entend en contrebas, dans le ravin, les ennemis qui s'activent sur les positions de départ de l'assaut final.

Les officiers ne trouvent pas le sommeil. Réunis autour du capitaine Manhès, ils étudient les plans d'une percée de la dernière chance. Leurs hommes n'ont plus rien à manger. Pire encore, les munitions ont sérieusement diminué. Alors, faut-il tenter le tout pour le tout ?

— Nous nous déciderons demain. On peut rester une journée sans manger. Quant à boire, il nous reste encore la source.

Attaqué dans la nuit, le petit poste du point d'eau a encore bien tenu. Dès l'aube, d'autres Allemands surgissent du Bois-en-Brosse et sont repoussés par la mitrailleuse Maxim récupérée.

Le capitaine Manhès arrive encore à communiquer avec les lignes françaises par signaux à bras. Il guide aussi les artilleurs en lançant deux fusées. Pour terminer la liaison, il ordonne au chasseur qui manœuvre les fanions de transmettre :

— « Préfère voir coups tomber chez nous plutôt que voir ennemi épargné. »

Les obus commencent à tomber au milieu de l'après-midi du 17 juin. Les projectiles français éclatent tout autour du carré des encerclés qui se trouve comme au centre d'un véritable cyclone.

— Heureusement qu'ils tirent avec précision, dit Manhès.

Partout, devant leurs retranchements, les Alpins voient voler des éclats, de la terre, des pierres. Une poussière tenace envahit les pentes de l'Hilsenfirst et une odeur âcre d'explosif se traîne au ras du sol bouleversé. Les artilleurs français continuent à tirer. Parfois, un projectile tombe un peu trop près. Deux chasseurs sont blessés par des éclats français. Mais l'étau allemand se desserre.

Il est six heures du soir quand l'artillerie allonge son tir. Aussitôt, une vague d'assaut part des lignes françaises.

— Ils viennent nous libérer ! hurlent les chasseurs.

Les hommes qui dévalent les pentes de l'Hilsenfirst portent la tenue bleue. Bientôt, ils arrivent au milieu des encerclés. Leur chef se présente à Manhès :

— Capitaine Regaud, du 13e BCA. J'ai avec moi une compagnie de marche de deux de mes sections et de deux sections de votre 7e BCA.

Dans l'enthousiasme, on sonne encore les refrains des deux bataillons frères. Puis les nouveaux venus aident les encerclés à renforcer les défenses et à inclure leur camp retranché dans la nouvelle ligne française.

Pendant quatre jours et quatre nuits, les Alpins du capitaine Manhès ont réussi à tenir à l'intérieur des lignes ennemies, encerclés de toutes parts.

Le général de Maud'huy, commandant l'Armée des Vosges, est un ancien chasseur. Aussi sait-il ce qui impressionnera le plus les rescapés de l'Hilsenfirst. Son ordre du jour décide :

« La 6e compagnie du 7e BCA sera désormais dénommée " Compagnie Sidi-Brahim ", en souvenir de l'exploit qu'elle a accompli dans le Wüstenrunz. »

Ainsi, à soixante-dix ans de distance, s'était renouvelé dans les Vosges, au pied de l'Hilsenfirst, le fait d'armes qui avait naguère consacré la gloire des chasseurs d'Orléans, dans la région de Djemmaa-Ghazaouet, en Oranie.

Le fait d'armes de l'Hilsenfirst n'est pas un événement isolé. Il s'inscrit dans le cadre de l'offensive française dans la vallée de la Fecht.

Tout a commencé le 15 juin 1915 par un double concert. Celui des canons d'abord. Toutes les pièces de campagne de la région se concentrent sur les positions allemandes qu'elles vont pilonner pendant des heures. Le concert des fanfares ne tarde pas à suivre. Etrange spectacle sous les sapins, juste à l'arrière des tranchées de départ. Les fanfares ont reçu l'ordre de sonner la *Sidi-Brahim*. Jamais, sans doute, ne sont-elles encore intervenues ainsi, au grand complet, si près de la ligne de front. Ils sont tous là, les clairons et les saxhorns, les bugles et les cors, et même les trombones à piston. Les fanfaristes, tout à l'heure, passeront un brassard à croix rouge sur leur tenue bleue et changeront leurs instruments pour des civières. Avant de devenir brancardiers, ils sonnent à tout rompre pour leurs camarades des compagnies d'assaut :

Vous roulez, en noirs tourbillons
Et parfois limiers invincibles,
Vous vous couchez dans les sillons
Pour vous relever plus terribles !

Les chasseurs alpins ne sont pas seuls pour cette attaque sur la vallée de la Fecht. Avec les « Vitriers » se trouvent des « Biffins ». Ce sont des montagnards d'un régiment de l'Ain qui ont aussi demandé à leur musique de monter vers les premières lignes. Les fantassins jouent *La Marseillaise*, avec un tel entrain que la grosse caisse est crevée. Elle reviendra à l'arrière sur le dos d'un prisonnier allemand, avec le premier convoi de captifs...

Le lieutenant Belmont, du 11e BCA, médecin dans le civil, dont les sentiments patriotiques et chrétiens sont si exemplaires qu'un académicien comme Henry Bordeaux en fera le héros d'un de ses récits de guerre, écrit à sa famille en ce matin du 15 juin :

« Temps magnifique : une journée faite pour la victoire. Depuis hier les canons tonnent sans arrêt de tous côtés. Le concert est infernal. Des mitrailleuses, des fusillades crépitent par intervalles. Les avions ronronnent en tournoyant dans un ciel bleu inondé de soleil. Ça, c'est la guerre ! Nous sommes dans les bois, les faisceaux formés, prêts à marcher au premier signal. Je vais très bien. J'ai envie de tuer des Boches. Vive la France ! »

Le 11e reste pour l'instant en réserve. La première attaque va être portée par ses bataillons frères, le 6e et le 24e sur le Braunkopf, le 23e sur le bois d'Eichwald.

Les Allemands répondent au concert des cuivres par un concert d'acier. Dès sept heures et demie, leur artillerie lourde pilonne les tranchées de première et de seconde ligne des Alpins, ainsi que tous les boyaux de communication. Les assaillants, avant même le début de leur attaque, enregistrent des pertes. Les gros canons de 220 français s'en mêlent. Tirant trop court, ils dévastent, à leur tour, les positions des Alpins.

— Il faut prévenir les artilleurs ! s'exclame le capitaine Barthélémy, du 6e, qui commande les compagnies d'attaque.

— Mais, mon capitaine, la ligne téléphonique est coupée. On doit envoyer un coureur, sous les obus français et allemands qui ne cessent de pleuvoir.

— Je demande un volontaire, dit le capitaine.

— Moi, répond aussitôt le caporal fourrier Bréra.

Il part en courant vers le poste de commandement du bataillon. Non seulement il parvient à franchir le barrage, mais il revient dans la tranchée.

— J'ai bien eu peur, mon capitaine, dit-il à son chef.

— De quoi ? Tu as vu d'autres bombardements.

— Ce n'est pas ça, mon capitaine. J'ai eu peur de n'être pas revenu à temps pour participer avec vous à cette attaque.

L'objectif, c'est le Braunkopf, un sommet très défendu, hérissé de fortins et de mitrailleuses. Une maison-blockhaus inquiète particulièrement les assaillants.

La préparation d'artillerie française dure trois heures et demie et provoque une nouvelle réaction de l'adversaire.

Les chasseurs qui doivent donner l'assaut courbent le dos sous cet orage d'acier et commencent à trouver le temps bien long. Le capitaine Barthélémy, une fois encore, regarde le Braunkopf. C'est un gros mamelon au sommet dénudé, surmonté d'un rocher isolé. Les pentes, naguère cultivées, sont parsemées d'arbres mutilés et de maisons en ruine.

Deux compagnies doivent donner l'assaut en premier. L'heure H est fixée à 16 h 30.

— C'est bien compris, répète Barthélémy. La 3e compagnie du capitaine Laplanche attaque par la droite et la 5e compagnie du lieutenant Audibert par la gauche. Allez, on y va !

Les Alpins, à la seconde prévue, bondissent hors des tranchées de départ. Rapidement, la 3e compagnie arrive au sommet du rocher et un coureur vient prévenir :

— Objectif atteint. Le capitaine Laplanche est tué.

Un autre agent de liaison surgit de la 5e compagnie.

— Le lieutenant Audibert est blessé. Progression ralentie.

Le sous-lieutenant Faure a pris le commandement. Il court si vite que ses hommes ne peuvent le suivre. Le voici isolé au milieu d'un groupe d'Allemands dont il doit se débarrasser de quelques coups de revolver. Il arrive devant un abri. Aucun de ses Alpins ne l'a encore rejoint et l'officier n'a plus une seule cartouche dans son revolver. Tant pis, il le brandit quand même et lance aux occupants en allemand :

— Rendez-vous ! *Schnell !* Les mains en l'air.

Surpris par la rapidité de l'attaque, le petit groupe obéit et se rend. Quelques Alpins surviennent à ce moment.

— Enfin, vous voilà, dit Faure. Où étiez-vous ?

— Mon lieutenant, on était en train de capturer un nid de mitrailleuses avec tous ses servants.

L'aspirant Lacour, lui, a reçu l'ordre de se rendre jusqu'au cimetière de Metzeral. Il n'a que sept chasseurs avec lui quand il arrive au milieu des tombes, en plein dans le village occupé par l'ennemi. Il rejoindra sa compagnie par miracle juste au moment où les Allemands, s'apercevant enfin de sa présence, essayent de l'encercler.

Tout va bien pour le 6e BCA dont le détachement d'assaut du capitaine Barthélémy se voit renforcé sur la ligne de feu par deux nouvelles compagnies, la 2e et la 6e. Puis la 1re et la 4e compagnie rejoignent à leur tour sur les premières positions conquises du Braunkopf. Maintenant, il faut aller plus loin et ce ne sera pas facile.

Les deux autres bataillons alpins qui mènent l'attaque dans le même secteur connaissent des difficultés. Le 24e doit s'emparer du Schwarzwald. Mais ce Bois Noir est truffé de positions allemandes bien enterrées et bien camouflées. Les Alpins, sans pouvoir guère avancer, perdent en quelques minutes quatre-vingts tués, dont le capitaine d'Omezon, un des rares officiers de troupe rescapés de tous les combats depuis août 1914. Les blessés sont au moins trois cents.

Au 23e, la situation n'est guère meilleure. Son objectif, c'est l'Eichwald. Mais ce bois de chênes est lui aussi truffé de pièges.

Six compagnies de chasseurs alpins sont lancées à l'assaut. Un premier blockhaus est enlevé. Le sous-lieutenant Durand s'y porte.

— Mais vous êtes blessé ! lui dit son capitaine.

— Justement. Comme je ne peux pas aller plus loin, c'est ici que je vais installer un point d'appui avec les mitrailleurs.

Des éléments de la 3e compagnie du capitaine Essautier et de la 6e compagnie du capitaine Mounier pénètrent sous les couverts de l'Eichwald. Ils se heurtent à un énorme mur de pierres sèches que les Allemands ont renforcé avec du béton et percé de meurtrières. Le sous-lieutenant Forgues s'élance le premier vers l'obstacle et s'écroule, tué net par une rafale. Les Alpins, cloués au sol par des tirs de mitrailleuses, essayent de riposter en envoyant des grenades par-dessus le mur. Le capitaine Mounier est blessé. Son ordonnance s'approche de lui.

— Rejoins tes camarades, lui dit l'officier. Moi, je vais mourir. Dis-leur qu'il faut qu'ils aillent en avant. Toujours en avant !

Ses Alpins peuvent à peine franchir un premier réseau de barbelés. Et il y en a un second derrière. Et après, plus terrible que tout, le redoutable mur. Sous le feu, les assaillants tentent de cisailler les barbelés, tandis que d'autres creusent fébrilement des trous, où ils vont s'enterrer pour faire face à la contre-attaque. Tous les officiers et sous-officiers chefs de section, sans aucune exception, sont tombés ; les petits groupes d'Alpins encore en vie sont commandés par des sergents et parfois des caporaux. Pourtant, une contre-attaque allemande est repoussée. Mais le 23e BCA n'ira pas plus loin en cette terrible journée du 15 juin.

Les Alpins du 6e, sur le Braunkopf, se trouvent donc en pointe de l'attaque, rapidement isolés. Les tirs les plus meurtriers viennent de la maison solitaire que les Allemands ont transformée en blockhaus.

— Tant qu'elle sera là, cette baraque..., murmure le capitaine Barthélémy.

Le sous-lieutenant Girod lui lance :

— Je m'en charge, mon capitaine.

Il entraîne son peloton mais dès qu'ils débouchent, ses Alpins sont stoppés par le tir des armes automatiques. Ils semblent hésiter et vaciller sous le feu.

— Il faut arriver coûte que coûte, leur crie Girod.

Il tombe aussitôt, une balle dans la tête. Sa mort, au lieu d'arrêter ses hommes, les incite à faire un bond en avant. Ils s'emparent de la maison-fortin.

Vers huit heures du soir, les Allemands tentent une contre-attaque et s'infiltrent entre les petits groupes d'Alpins du 6e BCA qui n'ont pas toujours réussi à constituer un front continu sur le Braunkopf. Un des éléments ennemis se heurte au sergent Granier entouré de quelques hommes. Le sous-officier se fait tuer en criant :

— Mort aux Boches !

Le caporal Couval prend le commandement. Lui, il crie :

— Le 6e est là !

Il se fait tuer à son tour.

Sans chef, ses Alpins, au lieu de se débander, vengent les deux gradés qui viennent de tomber et repoussent l'attaque ennemie.

La nuit tombe sur le Braunkopf. A la faveur des ténèbres, deux compagnies du 46e BCA, le bataillon de réserve du 6e, sont poussées sur les positions conquises.

Des contre-attaques allemandes vont se succéder dans la nuit, pour reprendre avec une incroyable violence dans la matinée du 16 juin. Le 6e ne peut aller plus loin, mais deux autres bataillons bleus viennent le relayer. Le 46e et le 24e BCA, qui vient d'être engagé, parviennent à atteindre leur objectif.

Le chef de bataillon Melle-Desjardins, qui commande le 6e, apprend qu'il va être relevé dans la nuit. Son bataillon a perdu en deux jours de combat quatre cent quatre-vingt-dix-neuf des siens.

Le 11e, qui relève le 6e, découvre un spectacle d'épouvante sur les pentes du Braunkopf. Le lieutenant Belmont trouve le temps de jeter quelques notes sur son carnet : « La croupe du Braunkopf est complètement ravagée par l'artillerie. Il n'est guère d'endroits où la terre n'ait été bouleversée. Là-dedans, là-dessus, c'est un entassement, un enchevêtrement inimaginables de fils de fer, de chevaux de frise, tordus, broyés, arrachés, un entassement de débris, de sacs de terre éventrés, de cadavres de chasseurs et d'Allemands, les uns à demi ensevelis, les autres mutilés par les obus — parfois Boches et Français côte à côte, tous dans des postures bizarres, tels que la mort les a saisis. Des fusils dont les baïonnettes brillent au soleil gisent à côté des corps... C'est un tableau indescriptible de destruction, de ravage, de dévastation. »

Les Allemands pilonnent la position qu'ils ont perdue avec des obus de 210 et de 150. Sans cesse, s'épanouissent les flocons bleus des 77 dont les shrapnels s'éparpillent, meurtriers, dans tous les sens.

Les assaillants parviennent à faire refluer leurs adversaires jusqu'aux lisières des forêts, en bas des pentes. Progressant des deux côtés de la vallée, les Alpins avancent irrésistiblement vers le village de Metzeral dont les petites maisons blanches autour de l'église semblent toutes proches désormais. Déjà, certains éléments de pointe approchent d'Altenhof, un hameau qui prolonge vers l'ouest la bourgade même de Metzeral. La victoire semble à leur portée. Mais les Allemands se défendent pied à pied.

Le 11e BCA, d'Annecy, relève le 6e et le 24e, épuisés par les deux premiers jours de combat. Il a l'ordre de s'emparer d'Altenhof et de nettoyer le Bois Noir.

Le 22e BCA, d'Albertville, prend désormais la tête des troupes d'assaut sur Metzeral. L'attaque décisive est décidée pour le 21 juin.

La veille au soir, les Alpins ont atteint toutes les positions prévues. Ceux du 22e se trouvent sur les lisières mêmes de Metzeral, où ils s'installent solidement, tandis que leurs camarades du 11e pénètrent sous les couverts dévastés du Bois Noir.

Les Savoyards vont passer la dernière nuit avant l'assaut à quelques dizaines de mètres de leurs adversaires qui sommeillent comme eux, épuisés de fatigue, mais la main sur leurs armes, prêts à bondir comme des fauves.

Le 21 juin arrive. C'est le jour le plus long de l'année solaire. Dès l'aube, les Alpins attaquent sur tous les fronts de la vallée de la Fecht.

Dans le Bois Noir, les combats sont très violents. L'une après l'autre, trois lignes de tranchées allemandes sont enlevées. Blessé, le commandant Forest, chef du 11e BCA, confie sous le feu la responsabilité de son unité au capitaine adjudant-major Doyen [1].

Le capitaine Luneau, chef de la 2e compagnie, tombe à son tour, mortellement touché, et le sergent Boussuge se précipite entre les lignes.

— Je ne laisserai pas le corps de mon capitaine aux Allemands ! lance-t-il à ses camarades stupéfaits.

Dans la journée, les éléments de pointe du 11e atteignent, au prix de lourdes pertes, la ferme Meyerhof.

Leurs camarades du 22e BCA se battent dans les rues mêmes de Metzeral. Les clairons sonnent comme des furieux la charge, puis le refrain de leur bataillon :

Encore un biffin d'tombé dans la merde ;
Encore un biffin d'emmerdé !

Les Allemands décrochent. En quelques minutes les Alpins arrivent à la gare, bousculant tout sur leur passage. C'est un raz de marée bleu qui envahit les rues et les jardins de Metzeral.

Tandis que les chasseurs du 22e grimpent sur les pentes d'un sommet que l'on appelle le Kiosque et qu'ils s'emparent de vive

1. Il commandera pendant l'hiver 1944-1945 le détachement d'armée des Alpes, qui comprendra notamment deux demi-brigades de chasseurs alpins : la 7e (6e, 11e et 15e BCA) et la 5e (7e, 13e et 27e BCA) formées par amalgame de l'Armée secrète et des FFI.

force de la cote 604, leurs camarades du 11e font l'appel des compagnies, au milieu des rues de Metzeral incendié. Leur bataillon compte plus de trois cent cinquante hommes hors de combat.

Voici les Savoyards maîtres de ce village alsacien, objectif depuis des mois des bataillons bleus de la vallée de la Fecht.

Metzeral n'est plus que ruines.

Après avoir été bombardées par les Français les maisons sont finalement incendiées par leurs adversaires qui se retirent vers Munster.

Les Alpins sont parvenus sur les lisières à l'est du village. Dans leurs dos, les incendies crépitent. Avec leurs grands bérets, leurs longs fusils, leurs jambes minces serrées dans les bandes molletières, ils se découpent en fines silhouettes sur un fond embrasé qui fait songer à quelque écarlate rideau de théâtre. On entend toujours des explosions et des rafales. Les Allemands barrent solidement le débouché de la vallée. L'attaque française n'ira pas plus loin.

Les vainqueurs, installés sur les crêtes, regardent dans la vallée Metzeral qui brûle sans fin, en ce soir du 21 juin, comme un de ces brasiers du solstice d'été qu'allumaient naguère les Alsaciens de ce village paisible et qui n'est plus qu'une torche dans la nuit de juin.

CHAPITRE VIII

DU TOMBEAU DES CHASSEURS A L'ARC DE TRIOMPHE

— On continue !

Pour l'armée française des Vosges, la victoire de Metzeral, qui a permis un gain de terrain variant entre un et trois kilomètres au plus, n'est que le prélude à une autre offensive. Elle aura lieu sur le Lingekopf que les Français nomment tout simplement le Linge.

Cette montagne portera un autre nom. Sinistre : le Tombeau des Chasseurs. Ce sera sans doute la plus sanglante bataille dans laquelle seront lancés les bataillons bleus des Vosges.

Le Lingekopf et les sommets voisins, le Schratzmännele et le Barrenkopf, vont s'inscrire en lettres de sang dans l'histoire des Alpins comme synonymes de sacrifices inutiles. Dix mille jeunes hommes y trouveront la mort.

Le Linge semblait a priori n'avoir aucun intérêt stratégique. C'est un petit éperon boisé et rocheux qui s'étend, sur environ cinq cents mètres, du sud au nord, entre les vallées d'Orbey et de Munster.

Certains chefs militaires, comme le général de Pouydraguin, le vainqueur de Metzeral, voudraient continuer à progresser par les vallées. Mais d'autres prétendent qu'il faut s'assurer d'abord des sommets.

— C'est élémentaire, mon cher. Nous l'avons appris à l'Ecole de guerre. Toujours tenir les hauts...

Seulement, les hauts, les Allemands s'y trouvent et s'y fortifient farouchement depuis qu'ils ont compris que les Français méditent une offensive pour tenter, une fois de plus, de déboucher sur la plaine d'Alsace. Alors, ils abattent des arbres pour renforcer leurs tranchées et leurs abris, élèvent des murs de pierre, consolident les parapets avec des sacs de ciment, recouvrent tous les ouvrages par des toitures de rondins et même de rails de chemin de fer. Ils truffent littéralement le Linge et les deux massifs plus au sud, le « Schratz » (dont il est séparé par ce qu'on nomme le Collet) et le Barrenkopf, avec des nids de mitrailleuses protégés par des casemates de béton. Pendant des mois, les guetteurs des premières lignes françaises entendent leurs adversaires travailler.

Jamais position ennemie dans les Vosges n'a autant été transformée en forteresse, totalement dissimulée par la forêt de sapins qui couvre tout le paysage de son manteau vert sombre. Un fantastique camouflage naturel vient relayer le travail des pionniers de l'armée impériale.

Pour mener à bien leur offensive contre le Linge, les Diables Bleus devront être ravitaillés, tout au long de la bataille, en vivres et en munitions. A partir de la station du Rudlin, au pied des Vosges, il n'y a aucune route. Seuls des sentiers muletiers franchissent alors le col du Luschpach. Qu'importe.

— On la construira cette route !

Trois mois de travail avant d'arriver au Lac Blanc et au Lac Noir, puis de remonter, par le col du Wettstein, sur les premières lignes, d'où partira l'attaque.

Quand les convois automobiles arrivent à bout de course, alors on retrouve les mulets... Chaque homme du convoi qui escalade l'ultime pente, en un long serpent bleu, tient d'une main le bridon de sa bête et de l'autre la queue du mulet qui le précède. Les « brêles » lourdement chargés avancent ainsi, jour et nuit, conduits par les « pépères » des bataillons alpins territoriaux.

Le commandement rêve d'une grande opération. Pour le général de Maud'huy, le Linge doit être la bataille décisive qui ouvrira la route sur Colmar et la plaine d'Alsace.

— Nous laisserons en dehors de l'opération — pour l'instant — la 66e division d'infanterie du général Serret qui reste dans la région de l'Hartmannswillerkopf, tout à fait au sud. Par contre, il faudra une attaque de la 47e division d'infanterie du général de Pouydraguin sur le Reichakerkopf. L'effort principal incombera au général Nollet avec sa 129e division d'infanterie.

C'est une unité « mixte » qui comprend des chasseurs à pied d'une demi-douzaine de bataillons de marche et des « Biffins ».

— Pour la renforcer, annonce le « père Maud'huy », j'y ajoute la 3e brigade de Chasseurs Alpins.

Cela fait cinq bataillons de plus. Et quels bataillons ! Le 14e et le 54e, le 30e et le 70e, enfin le 22e. Tous bien aguerris aux opérations dans les Vosges. A leur tête, le lieutenant-colonel Brissaud-Desmaillet, type même de l'officier d'Alpins. A lui, le premier assaut. Il désigne à ses chefs de bataillon les crêtes qui leur font face.

— A droite, le Barrenkopf. Ce sera pour vous, Richard, avec votre 22e BCA.

Le chef de bataillon acquiesce d'un signe de tête.

— Au centre, la grande carrière du Schratz. Je vais y mettre deux bataillons, le 30e et le 70e.

Ce sont les deux bataillons frères de Grenoble, celui d'active et celui de réserve. Leur chef est le lieutenant-colonel Messimy, qui a été « dans le civil » ministre de la Guerre l'année dernière, mais préfère se battre à la tête de deux bataillons d'Alpins.

— Enfin, le Linge lui-même sera l'objectif du 14e et du 54e BCA. C'est entendu, Reyniès ?

Ce sont deux bataillons frères eux aussi de Grenoble. Le commandant de Reyniès reçoit le secteur le plus au nord de l'attaque. Maître du Linge, il devra ensuite gagner le Schratz par la crête.

Pour appuyer l'attaque, une douzaine de batteries d'artillerie sont hissées jusqu'au Wettstein. 155 court, 120, 75 et des pièces de 50 forment l'essentiel de cet appui.

— Le jour J est fixé au 20 juillet et l'heure H à quatorze heures.

Tout de suite, dès la sortie des tranchées de départ, quand les Diables Bleus s'engagent sur le glacis qui les sépare de la lisière de la forêt, c'est le massacre.

Au sud de l'attaque, les Alpins du 22e sont pris à partie par des mitrailleuses qui les tirent de face et de flanc. En quelques minutes, on compte plus de quatre cents blessés et près de deux cents tués, dont le commandant Richard lui-même. Il ne reste pratiquement rien des vainqueurs de Metzeral. Même plus un clairon pour sonner *Encore un biffin d'tombé dans la merde.*

Les quelques survivants, totalement épuisés, regagnent leurs tranchées de départ. Un des chasseurs parvenus jusqu'aux barbelés allemands en ramène un écriteau tragiquement ironique : « Le Linge sera le tombeau des chasseurs. »

Au nord, quelques troupes de choc du 14e parviennent jusqu'au Collet du Linge mais doivent lâcher prise tandis que leurs camarades du 54e sont bloqués sous le Schratz. Les pertes des deux bataillons sont épouvantables. Un tiers de l'effectif pour le 54e et la moitié pour le 14e sont hors de combat en quelques minutes. Partout, les Alpins sont arrêtés par les réseaux de barbelés invisibles sous les bois et pris aussitôt sous les feux des mitrailleuses.

Pionniers et cisailleurs se lancent sur ces obstacles. Pas un n'en reviendra.

Au centre, le lieutenant-colonel Messimy prévient le commandement.

— Je demande une nouvelle préparation d'artillerie.

— Impossible pour le moment.

— Alors je n'engage pas le 30e et le 70e BCA sur le Schratz. Ce serait du suicide.

— C'est un ordre.

Messimy tiendra tête à tout le monde, y compris au « père Maud'huy » chef de l'Armée des Vosges. Son prestige d'ancien ministre le porte à affronter toutes les tempêtes.

Rameutés en toute hâte de Colmar des fantassins bavarois font une trentaine de kilomètres en pleine montagne, par une chaleur épouvantable, pour lancer une contre-attaque dans la soirée. Tout ce qui avait été gagné sur le flanc du Linge est perdu pour les Alpins.

Au sud, l'attaque contre le Reichakerkopf est un échec sanglant qui se solde par mille chasseurs alpins hors de combat dont près de quatre-vingts officiers parmi lesquels le commandant Nicolas, chef du 24e BCA.

Impassible, le général de Maud'huy avec sa pipe et sa grosse moustache blanche, entouré de son état-major, surveille le combat du haut de l'Altenberg. Va-t-il renoncer à son plan ? Non. Il le modifie seulement.

— Nous concentrerons tous nos efforts sur le massif du Linge et renonçons pour le moment au Reichakerkopf. On attaque à nouveau demain.

Le brouillard épais interdira l'opération. Il faudra attendre le surlendemain 22 juillet.

En face des Diables Bleus, les trois sommets inviolés, le Lingekopf et son Collet, le Schratzmännele, le Barrenkopf et sa Courtine. Pour venir relayer les anciens, dont les rangs ont été tellement éclaircis l'avant-veille, on engage les « bleus » de la 5e brigade. Ce sont presque tous des garçons de la classe 15 qui n'ont pour la plupart même pas vingt ans et viennent d'arriver au front. Leur juvénile enthousiasme semble tout emporter mais les mitrailleuses sous casemates bloquent net leur élan. La brigade Messimy, formée avec ce qui reste d'anciens encore valides, va plus lentement et plus prudemment. Mais que peuvent les plus aguerris des Alpins dans un tel enfer ?

— Sur ce terrain et contre cette défense, c'est impossible ! s'exclame Messimy. On ne gagnera pas un mètre en lançant des hommes poitrine nue contre des mitrailleuses !

La vague française reflue.

— On continue, décide le général de Maud'huy.

Mais, cette fois, ce sont les éléments et non l'ennemi qui arrêtent l'attaque des Alpins. Pendant trois jours, en plein mois de juillet, ce n'est que vent, pluie et brouillard. Les tranchées deviennent des bourbiers infâmes. Pousser vers l'avant le matériel et évacuer les blessés deviennent à peu près impossibles.

Le 26 juillet, le brouillard ne s'est pas dissipé.

— On n'attend pas, décide le chef de l'Armée des Vosges. On attaque dans le « coton ». Et on ne s'occupe que du seul sommet du Linge et de son Collet.

En quelques minutes, d'une course folle sous la mitraille et dans le brouillard, les Alpins du 14e dépassent la crête du Collet et s'établissent sur la contre-pente. Ceux du 30e BCA atteignent le sommet du Linge. Les pertes sont lourdes. Partout des morts et des blessés. Mais un clairon solitaire, en haut du Lingekopf sonne *Au Drapeau !*

— Le Linge est à nous, dit Maud'huy. Il faut prendre le Schratz et le Barren. L'opération aura lieu dès demain.

Dans la nuit, les Allemands contre-attaquent. Repoussés ils reviennent à la charge dès l'aube. Puis, après l'échec de leurs fantassins, les artilleurs prennent la relève. Jamais les Alpins n'ont connu un tel « marmitage ». Les gros calibres s'en mêlent. 130, 150 et surtout 290 ! Les pentes et la crête sont totalement bouleversées. Sous les explosions, les arbres sont arrachés et les rochers fendus, et tout part en gerbe vers le ciel. Il ne reste plus au sommet que quelques survivants du 14e. A bout de force. Sous ce bombardement d'enfer, ils ne trouvent d'autre ressource que de chanter la *Sidi-Brahim.*

Des voix répondent. Ce sont les Allemands du bataillon des chasseurs de la Garde impériale qui contre-attaquent en chantant. On se bat au fusil, au pistolet, à la grenade, au couteau même.

Chacun des adversaires lance de nouvelles troupes dans la fournaise. Le sommet du Barrenkopf est pris par les chasseurs du 15e BCP. Ils se maintiennent au sommet, pratiquement encerclés, subissant assaut sur assaut, matraqués par l'artillerie. Alors, le commandement décide de replier ce bataillon bleu. Tous sont furieux d'abandonner le Barrenkopf qu'il avait été si dur d'enlever. Maintenant, il pleut et il va faire nuit.

Le général de Maud'huy demande des renforts au Grand Quartier général de Chantilly. Il sait qu'il ne peut prendre le Linge avec ces bataillons exsangues. Le 28 juillet au soir, la réponse du généralissime Joffre arrive :

— C'est non.

Va-t-on abandonner cette attaque qui a coûté si cher et rapporté peu ?

— Nous tenons le Lingekopf, dit Maud'huy. Il faut continuer pour emporter tout le massif. On attaquera dès demain, 29 juillet. Le 15e BCP sur le Schratz et le 11e BCA sur le Barrenkopf.

Le 5e BCP est lancé dans la bataille. Il doit reprendre le terrain perdu au Collet. Malgré les mitrailleuses, les bombardements, les contre-attaques, les chasseurs à pied parviennent à conserver le Collet.

Tout à fait au sud du massif, le commandant de Douglas est furieux. Il vient d'arriver avec son 11e BCA et que lui demande-t-on ?

— Enlever un sommet comme le Barrenkopf qu'on a volontairement abandonné il y a quarante-huit heures. Mais c'est de la folie !

Une telle folie que le commandement décide d'arrêter les offensives sur le massif du Linge et de s'en tenir à ce qui a été conquis à la fin de juillet 1915 : la crête du Lingekopf, la carrière du Schratzmännele, une partie du Barrenkopf, où tombe le capitaine Carbillet, commandant le 12e BCA.

D'autres attaques, très locales, seront pourtant lancées. Et d'autres bataillons alpins envoyés dans la bataille. Le 22 août, le 23e BCA s'empare du sommet du Barrenkopf. On sonne le refrain du bataillon :

V'la l'vingt-troisième, nom de Dieu !
Ça va barder !

Ça barde pour les malheureux Alpins qui sont délogés par une contre-attaque le soir-même.

Leurs camarades du 22e arrivent à prendre d'assaut le sommet du Schratz et à le garder.

Les Allemands vont alors multiplier les contre-attaques. En août, en septembre, en octobre... Ecrasés de soleil, les deux adversaires se disputent quelques mètres d'une terre totalement dévastée. Deux mille cadavres bleus et gris couverts de grosses mouches bourdonnantes s'entassent dans les barbelés. L'odeur devient épouvantable. Parfois, au hasard d'un assaut on arrose les morts de phénol ou on les brûle au lance-flammes. Les nappes de gaz stagnent, s'accrochent après les troncs des sapins comme des écharpes d'une brume mortelle. Seul le sommet du Schratzmännele reste entre les mains des Alpins. Les Allemands finissent par reprendre le Lingekopf après le Barrenkopf et rejettent les Français sur les contre-pentes, où ils s'accrochent, aveugles et meurtris.

Ils ont perdu des centaines, des milliers des leurs, dont deux chefs de bataillon rien qu'au 30e BCA, tués l'un après l'autre à la tête de leurs Alpins, le commandant Bouquet, le 18 septembre, et le commandant Julliard, le 12 octobre 1915.

La mauvaise saison arrive. Le front des Vosges, noyé sous les averses glaciales, semble perdre peu à peu son aura de flammes et de sang. Il s'immobilise dans une guerre de tranchées.

Le 3 novembre, le général de Maud'huy, le « père des Chasseurs », en désaccord avec son supérieur, le général Dubail, se voit mis en congé. Quand il quitte les Vosges, c'est un peu de l'âme des Diables Bleus qui s'en va avec lui.

Pourtant, sur ce front, demeurent deux généraux qui semblent désormais pétris de la terre même qu'ils ont pour mission de défendre : le général de Pouydraguin avec la 47e division de Chasseurs Alpins, au nord, et le général Serret, avec la 66e division de Chasseurs Alpins, au sud.

L'incendie, dans le nord, devant le massif du Lingekopf n'est plus que cendres sous la neige. Alors, il va se rallumer soudain dans le sud en un gigantesque brasier. A nouveau, flambe toute la Montagne mangeuse d'hommes, l'Hartmannswillerkopf. Au 21 décembre 1915, pour le solstice d'hiver, les Diables Bleus attaquent à nouveau sous une véritable tempête de neige. On va se battre au corps à corps pendant toute la nuit la plus longue de l'année. Et la contre-attaque allemande du lendemain reprend le terrain gagné par le 7e, le 27e, le 28e BCA et le 5e BCP qui ont payé très cher cet aller et retour tragique.

Celui qui ressent le plus cruellement l'échec de cette opération, c'est le général Serret qui commande la 66e division bleue et qui souffre profondément d'avoir ainsi envoyé pour rien à la mort ceux qu'il nomme dans ses lettres « ces braves bougres avec leurs bonnes têtes ». Sans se soucier de popularité, ce chef n'en a pas moins réussi à gagner le cœur de ses Alpins, parce qu'il est, au fond de l'âme, chasseur comme eux et porte la même tenue sombre et le vaste béret.

Né à Bléneau, dans l'Yonne, en 1867, il avait demandé, dès sa sortie de Saint-Cyr, à servir dans l'arme bleue. Il fit presque toute sa carrière aux 8e, 18e et 20e BCP. Breveté de l'Ecole de guerre, il commanda le 17e BCP, dont il porte toujours l'insigne sur la sacoche de cuir qui ne le quitte jamais. Attaché militaire à Berlin, juste avant la guerre, il a réussi à quitter l'Allemagne par le Danemark dans des conditions acrobatiques.

Dès le début du conflit, le colonel Serret a souhaité un commandement « chez les chasseurs ». Chef d'une brigade dans les Flandres, il commande enfin, en Alsace, la 66e division qui deviendra « la division bleue » avec ses quatre groupes de bataillons de Chasseurs Alpins.

A quarante-huit ans, Marcel Serret, un des plus jeunes généraux français, devient vite très populaire. Des écrivains célèbres et patriotes, comme Maurice Barrès ou Edmond Rostand, viennent lui rendre visite à son poste de commandement montagnard, au milieu de la forêt de sapins, et en repartent éblouis par ce chef au regard clair. De petite taille, fortement moustachu, nerveux et vif, il est toujours sur la brèche et surgit dans les tranchées de première ligne à l'improviste pour la plus grande admiration des « poilus ».

Le général Serret se montre un passionné de l'éducation morale du combattant et il parle sans cesse « du goût de l'effort, du culte de l'énergie et de l'éducation de la volonté ». Il hait ce qu'il nomme « la pourriture flasque de l'arrière » et ne se plaît qu'au front. Parmi les siens. Sa devise, pour lui-même comme pour la troupe, est « bravoure et gaieté ! » Il écrit à sa famille, le 1er décembre : « On voit vraiment de beaux caractères et c'est un réconfort de vivre avec eux. Comme je le répète souvent, c'est par ici sur le front qu'est l'air pur, la source de vie. Ailleurs on ne fait parfois que végéter. »

L'échec de l'attaque sur l'Hartmannswillerkopf lui déchire le cœur. Le temps est devenu épouvantable et empêche toute grande opération. Noël s'est accompagné de pluie, de neige, de vent. Le poste de commandement de la division est envahi par une boue glaciale.

Le 29 décembre, comme chaque jour, le général Serret part en inspection aux avant-postes, accompagné de son porte-fanion. Au retour, il doit traverser une zone prise sous le feu des canons allemands. On lui conseille d'attendre. Mais il est toujours pressé et dit seulement :

— Il faut que je passe. J'en ai vu bien d'autres.

Et il ajoute :

— J'ai foi en mon étoile.

Quelques minutes plus tard, il est très grièvement atteint à une jambe par des éclats d'obus. L'évacuer sous le feu sera très dur. Alors qu'on le porte sur un brancard, son casque roule à terre. On le ramasse. Il murmure :

— Pas comme cela... les étoiles en avant... toujours.

Il refusera de se faire soigner avant deux chasseurs blessés qui se trouvent avec lui au poste de secours.

Le 6 janvier 1916, après une longue semaine de souffrances, le général Serret succombe à sa blessure. Il est inhumé au cimetière de Moosch, au milieu de ses Alpins.

Au moment où tombent les premières pelletées de terre sur son cercueil, un brutal coup de vent déploie le drapeau qui flottait au-dessus des tombes et les trois couleurs apparaissent brusquement sur le ciel gris, au-dessus des sommets bleutés des Vosges.

— Enfin !

Le premier bataillon de chasseurs alpins à quitter l'enfer des Vosges, où il a tant combattu et tant souffert sur les pentes du Reichakerkopf, sera le 6e BCA. Le 21 novembre 1915, il arrive à... Toulon. Les Méridionaux sont enthousiasmés de retrouver la Côte d'Azur et croient qu'ils vont rejoindre leur ancien quartier de Nice. Mais un ordre insolite surprend tout le monde :

— Embarquement immédiat sur le paquebot *La Provence.*

Commence, en pleine guerre, une merveilleuse croisière sur les eaux bleues de la Méditerranée orientale. Un débarquement à Bizerte, en Tunisie, permet de vacciner les hommes contre le choléra et de faire un peu d'instruction militaire avec des artilleurs et des matelots. Un bruit court :

— Il paraît qu'on va former des compagnies de débarquement !

Le 9 janvier, les Diables Bleus s'embarquent sur quatre croiseurs dont les noms fleurent bon la République : *Edgar-Quinet*, *Waldeck-Rousseau*, *Ernest-Renan* et *Jules-Ferry*. A neuf heures du soir, le 10 janvier 1916, les bâtiments arrivent, tous feux éteints, en vue d'une terre inconnue.

A l'aube, les Alpins découvriront dans une brume bleutée qu'ils sont mouillés devant Corfou. La plus septentrionale des îles Ioniennes, au large des frontières albanaise et hellénique, apparaît comme un paradis après les mois épouvantables vécus depuis le début de la guerre.

Violant délibérément la neutralité grecque, les Français, casqués et armés, vont débarquer sur les quais de Kérkira et occuper aussitôt la villa de l'empereur d'Allemagne Guillaume II, l'Achilleion. C'est une énorme bâtisse blanchâtre hérissée de colonnes et de balustrades au faste tapageur. Les Alpins, en sentinelle dans le parc, se promènent, fusil à la bretelle, sous les cyprès et vont jusqu'à escalader le socle d'un gigantesque guerrier de marbre gréco-teuton qui préfigure la statuaire « kolossale » du IIIe Reich de style Arno Breker. Des patrouilles arrêtent des suspects, qualifiés aussitôt « espions boches », et le chef de bataillon Melle-Desjardins répond courtoisement à toutes les protestations des autorités locales :

— J'ai des ordres. Je les exécute.

Comme la population ne montre aucune mauvaise volonté, le commandant ordonne à la fanfare de jouer l'Hymne grec suivi de *La Marseillaise* et de la *Sidi-Brahim*.

Le but de l'Opération Corfou est de récupérer les débris de l'armée serbe, transportés en chaloupes depuis le continent. Vêtus de loques, couverts de vermine, tremblants de typhus et de choléra, ce ne sont plus que des épaves de la guerre, s'appuyant sur leur fusil comme sur un bâton. Ils se nourrissent d'herbe et s'abreuvent d'eau de mer... On les rassemble, on les ravitaille, on les soigne. Mais il en meurt une moyenne de cent cinquante par jour, vite remplacés par les milliers et les milliers de malheureux qui ne cessent de débarquer sur la petite île de Vido où ils sont parqués tant bien que mal. Parmi les huit cents dysentériques grabataires, des corvées d'infirmiers français essayent tous les matins de distinguer les vivants — si peu — des morts. Les Alpins se transforment en brancardiers et en fossoyeurs. Le séjour paradisiaque sur cette île de rêve n'a rapidement plus les belles couleurs qu'ils espéraient. Maintenant, il meurt deux cents Serbes par jour. On ne peut même plus les enterrer et un bâtiment-hôpital français va jeter leurs corps au large.

Dès le début du mois de février, après les avoir soigneusement épouillés et rhabillés après passage à l'étuve, on essaye de refaire de ces clochards des soldats. On espère former trois divisions serbes. L'unité la plus pittoresque est le bataillon de dissidents herzégoviens et bosniaques, dont le capitaine Barthélémy, le héros du Braunkopf lors de la prise de Metzeral, assure l'instruction.

Le 13 mai 1916, les Alpins s'embarquent sur le croiseur auxiliaire *La Savoie* et gagnent Marseille. Puis Nice.

Après un bref retour dans les Vosges, un autre enfer les attend : la Somme. Les chasseurs du 6e BCA vont s'y retrouver avec presque tous leurs camarades des bataillons bleus.

Quand les Alpins arrivent dans la Somme au printemps de 1916, ils découvrent un nouveau visage de la guerre. Les montagnes des Vosges, sauf en de rares endroits, avaient relativement entravé l'action de l'artillerie. Sur les sommets aux sapins mutilés, les Diables Bleus ont, quand même, mené une guerre d'homme à homme, contre un adversaire qu'ils pouvaient regarder dans les yeux au cours de terribles combats corps à corps. On cite toujours l'histoire de ce lieutenant d'Alpins qui a roulé dans un ravin avec l'officier allemand qu'il avait pris à la gorge !

Désormais, la guerre change de visage. Le commandement parle de « lutte d'usure » et de « choc de matériel ». Coiffés du nouveau casque Adriant avec son cimier et ses petits rebords, habillés d'une capote bleu horizon par-dessus leur tenue bleu sombre, les chasseurs de 1916, leur grand béret dans la poche ou passé dans le ceinturon, ressemblent de plus en plus aux autres troupes métropolitaines de l'armée française. Avec leur barda, leurs musettes, leur bidon, leurs cartouchières, leur sac de grenades, leur masque à gaz, leur couverture en sautoir roulée dans la toile de tente cachou, leurs gros godillots boueux, ils sont en train de devenir la « matière première » de la guerre, ce que certains nomment « la chair à canon ».

Pourtant, troupes de choc, ils sont, et troupes de choc ils resteront. La bataille de la Somme va exiger d'eux des sacrifices surhumains, comme ils n'en ont peut-être jamais connu. Même pour ceux qui ont « fait le Linge », la découverte de ce nouveau paysage de misère, de boue et d'horreur provoque comme un sursaut de bête menée à l'abattoir. Le but de la nouvelle offensive suicide est simple :

— Il faut soulager le front de Verdun.

Mission de fraternité et de sacrifice que les bataillons bleus n'ont jamais refusée. Les Britanniques doivent attaquer sur une trentaine de kilomètres et les Français, parmi lesquels se trouvent tous les bataillons alpins, ont à leur charge une cinquantaine de kilomètres de front. L'offensive est fixée au début du mois de juillet.

Finalement, le gouffre humain de Verdun oblige à rétrécir le front d'attaque français de la Somme à seize kilomètres seulement, véritable goulot de l'entonnoir qui mène à la mort. Malgré les canons français qui ont tonné pendant une semaine entière — avec une bouche à feu tous les dix-huit mètres de front —

la plupart des positions allemandes toutes dominantes sont intactes. Depuis des mois, les tranchées zigzaguant dans la terre boueuse ont été renforcées par des ouvrages d'acier et de béton. Chaque ferme est transformée en fortin hérissé de mitrailleuses. Les villages sont devenus des forteresses que défendent des kilomètres de fil de fer barbelé battus par le tir des armes automatiques.

C'est sur ce glacis que vont être envoyés les Alpins. Ils doivent atteindre la route de Bapaume à Péronne. Ils vont se faire faucher par les mitrailleuses qui tirent bande sur bande dans une sorte de crépitement ininterrompu. Les chasseurs, cinglés par les rafales d'acier, tourbillonnent et s'écroulent. Et les tirs de barrage d'une fantastique concentration d'artillerie s'abattent sur ces masses d'hommes qui surgissent des tranchées de départ pour se trouver immédiatement au cœur d'une fournaise où tout fond comme cire dans un brasier.

Pourtant, les Alpins avancent baïonnette au canon, comme en 14. Ils s'emparent de Curlu, de Maurepas ou de Cléry. Jamais encore les pertes n'ont été si lourdes. Mais rien ni personne ne semble pouvoir arrêter les Diables Bleus.

Le caporal Goutaudier, du 11e BCA, jeune cultivateur du village de Renaison dans la Loire, fait partie d'une compagnie qui attaque le bois de Hem, le 20 juillet. D'un repli de terrain situé sur la droite, une arme automatique allemande fait des ravages.

— Tu vois les camarades de la deuxième vague ! lance Goutaudier à un homme de son escouade nommé Guillot.

— Qu'est-ce qu'ils prennent ! Ils tombent comme des quilles... Et on n'y peut rien.

— Mais si, lui dit Goutaudier. Viens avec moi !

Les deux Alpins, traînant chacun une musette bourrée de grenades se glissent de trou en trou vers la mitrailleuse allemande. Ils finissent par arriver au-dessus de la position ennemie qui se prolonge par un abri profondément enterré. Quelques soldats en uniforme gris, coiffés du nouveau casque allemand, s'affairent près d'une mitrailleuse.

— On y va ! ordonne Goutaudier. A la grenade !

Une série d'explosions ébranle la terre tout autour d'eux. Un épais nuage de poussière couronne le réduit de sacs de sable où se terraient les Allemands près de leur arme automatique.

— Rendez-vous ! crie Goutaudier, dissimulé derrière un tronc d'arbre mutilé.

Précédés par deux officiers, cent soldats gris sortent de l'abri. En face d'eux, le caporal Goutaudier et le chasseur Guillot, qui tiennent une grenade dans chaque main, se demandent bien comment l'aventure va finir.

Les Allemands suivent les deux Alpins vers l'arrière. Au premier officier qui les interroge, les prisonniers répondent :

— Certains de nos camarades n'ont pas voulu sortir de l'abri. Ils doivent s'y trouver encore.

Dès qu'il l'apprend, Goutaudier dit à Guillot :

— Eh bien, il n'y a plus qu'à y retourner.

En revenant vers la ligne de front, Guillot s'écroule, tué net. Certains disent « une balle perdue ». Pas pour lui. Le caporal Goutaudier reste seul.

Quelques jours plus tard, le président de la République, Raymond Poincaré, décore le caporal Claude Goutaudier, figé au port d'armes, impassible, avec sa courte moustache et son béret bien tiré sur l'oreille gauche. Lui remet-il la croix de guerre ? La médaille militaire ? Non, c'est la Légion d'honneur, la « rouge » que le caporal de chasseurs alpins va arborer sur sa vareuse bleu sombre. Le 20 juillet, le commandant L'Eleu, chef du 14e BCA, est tué à la tête de ses hommes en abordant les fils de fer de la première position allemande de la Ferme Rouge et de la Pestilence, au sud de Maurepas.

Malgré de tels faits d'armes, la grande offensive franco-britannique s'essouffle. Les pertes sont terribles. Le matériel humain s'use. Maintenant sont appelés sous les drapeaux les jeunes de dix-neuf ans.

Les bataillons bleus sont de tous les coups durs. Le 13 septembre, le chef de bataillon de Galbert, commandant le 27e BCA, se trouve aux avant-postes. Il observe le terrain dans sa lorgnette, aussi calme que pendant une manœuvre. Il tombe frappé à mort.

Les Alpins prendront Bouchavesnes, mais ne dépasseront pas les bois de Saint-Pierre-Waast. Octobre et novembre ne verront plus que des attaques partielles. Voici la pluie, la boue.

— C'est du « porridge », disent les Anglais flegmatiques. Vingt-cinq villages ont été repris aux Allemands, mais les bataillons des « Vitriers » — comme ceux des « Biffins » ou des « Colos » — sont saignés à blanc.

L'hiver 1916-1917 verra les bataillons de chasseurs alpins à nouveau dispersés. Les Diables Bleus sont envoyés dans tous les secteurs où l'on a besoin de troupes de choc. Comme le dit un prisonnier allemand de la Garde impériale qui vient d'être capturé au cours des combats de la Somme :

— Les Chasseurs, vous êtes terribles !

Certains BCA retournent dans les Vosges, où la bataille sur les pentes dévastées de l'Hartmannswillerkopf s'enlise dans une guerre de tranchées. D'autres restent dans la Somme, où la neige vient ensevelir les tranchées si péniblement atteintes lors de l'offensive du printemps dernier. Certains bataillons bleus « nomadisent » d'un secteur à l'autre.

Au printemps 1917, de nouveaux noms apparaissent dans les

journaux de marche des bataillons bleus. Ce sont ceux de la falaise du Chemin des Dames et du canal de l'Ailette.

Le Chemin des Dames ! Haut lieu arrosé de tout le sang de l'infanterie française. Le nom avait déjà frappé, après la bataille de la Marne, par une sorte d'aspect bucolique qui cadrait mal avec l'horrible réalité sanglante et boueuse. Le nouveau généralissime français, Nivelle, est un homme d'offensive. Seulement il engage ses troupes dans un terrain qui se prête merveilleusement à la défensive ! L'assaut est lancé le 16 avril 1917, après une préparation d'artillerie de cinq mille canons. Comme l'écrit un chroniqueur militaire : « Chacun est décidé à y aller " carrément " pour frapper le grand coup qui amènera la victoire décisive et la fin de la guerre. Le 16, en quelques heures, cette immense espérance se transformera en une dramatique désillusion. »

Une fois encore, les Alpins ont été utilisés en troupes de choc.

La France est là qui vous regarde.
Quand sonne l'heure du combat
Votre place est à l'avant-garde

Dès qu'ils bondissent vers les tranchées allemandes, les assaillants sont fauchés par les tirs des mitrailleuses. En moins d'un mois, l'armée française comptera cent trente cinq mille hommes hors de combat. Nivelle, limogé, se voit remplacé par Pétain. A lui de combattre cette terrible déception qui parfois se transforme en révolte. Les désordres se multiplient à l'arrière. On parle de « mutineries [1] ». Et pourtant le front tient.

Le 28e BCA, par exemple, est en ligne au Chemin des Dames depuis le premier jour. Gardé en réserve, il doit improviser une contre-attaque le 3 juin au matin.

Dans la nuit, la plupart des officiers sont partis en reconnaissance et ont été bloqués par une brutale offensive allemande. Un jeune lieutenant guide le bataillon qui parvient enfin face au village de Craonne et au plateau de Californie. Devant les Diables Bleus un immense espace découvert battu par les armes automatiques. Plus un seul arbre, plus un seul brin d'herbe. Toute la végétation a été détruite par les obus ou brûlée par les gaz. Les Alpins s'avancent dans un véritable paysage lunaire. Les obus ne cessent de tomber sur ce champ de bataille désolé sur lequel pèsent les rayons d'un soleil de plomb.

Le chef de bataillon Prudhomme finit par rejoindre ses hommes.

— On va attaquer en même temps que le 24e, dit-il.

A l'heure dite, les tranchées allemandes seront enlevées

1. Les rapports du Grand Quartier général font état d'incidents « graves » dans neuf bataillons de Chasseurs à Pied (sur les trente et un d'active). *Aucun* BCA n'est concerné.

d'assaut. Aussitôt le terrain conquis est écrasé sous un déluge d'obus. Eclats d'acier, fumée opaque, odeur de gaz et toute cette poussière de craie qui dessèche les lèvres et brûle la gorge.

Le général Brissaud-Desmaillet qui commande la 66e division bleue est l'ancien chef de corps du 28e BCA dans les Vosges. Il annonce à ses Alpins :

— Rasez-vous de frais. Je viens vous voir et je vous embrasserai tous. J'ai une surprise pour vous.

La surprise, c'est le défilé dans Paris pour le 14 juillet 1917. Les Diables Bleus déferlent au milieu de la foule. Des femmes leur lancent des fleurs.

Ces fleurs, ils les arborent encore, fanées, au revers de leur vareuse quand ils s'en retournent au Chemin des Dames.

— Les Allemands nous ont pris la tranchée de la Gargousse. A vous de la reprendre.

Les Alpins s'élancent, dépassent la tranchée qu'ils doivent reconquérir, arrivent en plein milieu des secondes lignes ennemies. Un corps à corps farouche s'engage. Le sous-lieutenant Montouchet est blessé au visage par une balle tirée à quelques mètres. Il tombe à genoux, la face ensanglantée. Il voit les Alpins de sa section entouré d'Allemands. Il se redresse, à moitié aveuglé par le sang et les débris de chair qui pendent de son front sur ses yeux. Appuyé d'une main sur le bras d'un caporal, il s'élance à la poursuite de l'officier ennemi qui l'a blessé. Une deuxième balle lui traverse le bras. Il vacille, sent qu'il va laisser tomber son arme. Alors, il la tend au caporal et lui dit :

— Tiens, moi je ne puis plus, prends mon revolver et tue-le !

Le 23 octobre 1917, ce sera l'attaque sur toute la crête du Chemin des Dames, depuis le Panthéon à l'est, au moulin de Laffaux à l'ouest, en passant par le fort de la Malmaison. A cinq heure du matin, dans la nuit, sous une pluie qui maintient au ras du sol la fumée âcre des éclatements d'obus, les Alpins de l'ancien bataillon de la Garde impériale se trouvent face à face avec les hommes de la Garde prussienne. On se battra une journée entière. A la nuit tombante, les loups gris bondissent au bord des entonnoirs énormes où gisent les blessés et les morts. Les fusils français, enrayés par la boue, ne fonctionnent pas. Les Alpins n'ont plus de grenades. Alors ils se battent à la baïonnette et lancent des pierres sur leurs adversaires. Le commandant de Castex, chef du 24e BCA, est tombé à la tête de ses hommes.

On va encore se battre pendant trois jours. La ferme fortifiée de la Malmaison tombera le 26 octobre. Et dans la nuit les Alpins, relevés, quitteront enfin le secteur du Chemin des Dames.

Les Diables Bleus ont une telle réputation de bravoure que plusieurs bataillons sont retirés du front pour servir d'instructeurs aux unités américaines qui débarquent de plus en plus nombreuses mais totalement inexpérimentées. Les Alpins découvrent une armée insolite dont tous les hommes, du général au dernier mitrailleur, pareillement vêtus de superbe drap « moutarde », coiffés d'un chapeau de cow-boy et sanglés dans des équipements de grosse toile, évoquent quelque Far West de légende. Ces géants blonds à la peau rose révèlent aux Alpins le chewing-gum et le whisky. Savoyards et Dauphinois s'essayent à fumer du tabac blond et trouvent que ce métier de « troupes de démonstration » a du bon. Ils ne vont pourtant pas rester bien longtemps à l'arrière. Un ordre du commandement les lance à nouveau dans la bataille.

Ils vont se battre aux côtés de ceux qu'ils devaient en principe affronter voici une trentaine d'années quand on avait transformé douze bataillons de Chasseurs à Pied en spécialistes de la montagne.

— Venir en aide aux Alpini ! s'exclament les Diables Bleus. Eh bien, on aura tout vu dans cette guerre !

Nos alliés italiens ont subi une terrible défaite à Caporetto et refluent dans la vallée de la Piave, talonnés par les Autrichiens.

Deux divisions alpines sont envoyées à leur secours. La première arrivée est la 47ᵉ du général Dillemann.

Huit des douze anciens bataillons d'active avec leurs bataillons de réserve [1] participent à cette expédition chez les « frères latins » devenus compagnons d'armes, après avoir été et avant de redevenir ennemis potentiels.

Selon une délicieuse expression du célèbre auteur dramatique de la Belle Epoque Robert de Flers, marquis de La Motte-Ango, « leur gloire part faire son voyage de noces en Italie »...

Un ordre du jour du commandement évoque l'amitié franco-italienne et la gloire acquise par les chasseurs à pied à Solférino. Des affiches bilingues, que découvrent les Alpins, affirment la foi inébranlable « en une proxime (sic) et complète victoire ».

Dès le 11 novembre 1917, des Alpins traversent les rues de Brescia au milieu d'un enthousiasme indescriptible.

— *Bravo ! Bravissimo ! Viva gli Alpini francesi !*

La fanfare n'a jamais tant été à son affaire qu'au milieu de ces belles filles brunes. Clairons et cors se frayent leur chemin entre deux rangs de corsages généreux et sonnent à tout rompre le refrain de *La Protestation :*

Encore un carreau d' cassé,
V'là le vitrier qui passe,
Encore un carreau d' cassé
V'là le vitrier passé !

---

1. Partent en Italie, d'abord la 47ᵉ DI avec les 11ᵉ, 12ᵉ, 14ᵉ, 30ᵉ, 51ᵉ, 52ᵉ, 54ᵉ, 70ᵉ et 115ᵉ BCA. Puis la 46ᵉ DI avec les 7ᵉ, 13ᵉ, 22ᵉ, 23ᵉ, 47ᵉ, 53ᵉ, 62ᵉ et 63ᵉ BCA.

En plein hiver, les Alpins viennent relever des soldats italiens complètement épuisés et démoralisés.

— En face de vous, c'est le Monte Tomba, disent les Alpini aux nouveaux venus. Il est im-pre-nable !

Imprenable, c'est un mot que ne comprend pas le général Dillemann. Le 30 décembre 1917, il lance dans la bataille trois bataillons alpins, dont le 70e BCA, et s'exclame :

— Prenez le Monte Tomba. La France attend de vous ses étrennes de gloire.

Cette « montagne » n'a que 868 mètres d'altitude et constitue un des derniers contreforts des Alpes au-dessus de la vallée de la Piave.

Sur ses flancs, quelques masures de bergers et des boqueteaux de châtaigniers rabougris. Au sommet, Autrichiens et Allemands possèdent un merveilleux observatoire sur toute la plaine de Vénétie.

Les Alpins occupent les tranchées laissées par les Alpini. Il faut amener tout le matériel à dos de mulet dans un paysage difficile. Cartouches et grenades commencent à s'entasser. L'attaque est prévue pour le 30 décembre, à 16 h 15.

Le commandant Masson, chef du 70e BCA, annonce lors de l'ultime réunion préparatoire :

— Nous appliquerons la « méthode Pétain » : Tous à la même heure en même temps, vite, face à l'objectif. Nous ne ferons qu'un seul bond. Nous aurons à nos côtés le 51e et le 115e BCA.

Les troupes d'assaut des trois bataillons représentent moins d'un millier d'hommes. Mais ce sont de vrais Diables Bleus.

Tout le paysage est couvert de neige. La nuit qui précède l'attaque s'illumine d'un magnifique clair de lune.

— On dirait un décor de théâtre ! s'exclame le lieutenant qui commande une des compagnies d'assaut à son ami le capitaine Doligez qui doit l'appuyer du feu de ses mitrailleuses lors de l'attaque du lendemain.

La journée commence par un duel de 75 italiens et de 77 autrichiens. Les tranchées de départ sont prises à partie par de gros 105 et, vers midi, tous les fils téléphoniques sont coupés par des éclats. Des aviateurs français, volant en rase-mottes, mitraillent les positions ennemies.

— En avant !

Avec la compagnie Tourniaire bondit la compagnie Magne. L'objectif est atteint en moins de dix minutes, après avoir franchi sans trop de pertes le tir de barrage de l'artillerie ennemie.

L'aspirant Cournarie qui est arrivé sur la crête parmi les premiers voltigeurs, avec toute sa section de mitrailleurs, installe ses pièces sous le feu et lance à son chef qui arrive à son tour :

— Mon capitaine, voyez donc quelle belle vue on a d'ici !

Sur le sommet du Monte Tomba, les Alpins s'installent. Ils manient la pioche avec ardeur.

Chez les vainqueurs, on fait le bilan.

— Le 70e a perdu huit tués et vingt-quatre blessés, annonce le commandant Masson au chef de sa brigade, le colonel Zerbini.

— Et chez les Autrichiens ?

— Six cents prisonniers. Je n'ai pas encore compté les morts, mon colonel.

— Bravo. Et le matériel ?

— Cinq mitrailleuses, trois canons et un minnenwerfer intacts.

— Vous avez les félicitations du roi d'Italie.

Au poste de commandement de la 6e compagnie, le chasseur Rocher, grenadier d'élite, est arrivé le premier sur la tranchée ennemie établie sur la contre-pente. Il a fait prisonniers quatre Autrichiens, après avoir tué à coups de pistolet les cinq qui ne voulaient pas se rendre. Il commente à la ronde la journée du Monte Tomba :

— Des attaques comme ça, c'est épatant. On a bien mangé. On a bu du jus. On a sifflé de la gnole. On les a eus et il n'y a pas beaucoup de casse. Moi, je rempile pour des attaques comme ça.

D'autant que chaque prisonnier ennemi rapporte à son vainqueur une citation et trois jours de permission...

La nuit tombe vite. Sur la neige, on distingue dans la pénombre des mitrailleuses renversées, des cadavres épars, tout un matériel abandonné.

Un convoi de mulets arrive sur le sommet avec le ravitaillement. Dans une des caisses, on découvre une bouteille de champagne envoyée par le commandant Masson pour les officiers des compagnies d'assaut.

Une seule ombre au tableau. Dans la vallée, un obus de gros calibre autrichien a percuté le fourgon dans lequel se trouvaient les instruments de la fanfare du 70e BCA. Tous les cuivres sont pulvérisés.

Les Diables Bleus quittent le front italien — stabilisé — au printemps 1918. Ils laissent derrière eux les corps de mille de leurs camarades. On a besoin de troupes de choc en France. Il reste huit mois de guerre. Ce seront peut-être les plus durs.

— On a donné un coup de main aux Italiens, maintenant il faut aider les Britanniques !

Telle est la réflexion de beaucoup de Savoyards du 7e, du 13e ou du 22e BCA dirigés vers le Nord à la suite d'une attaque allemande dans la région d'Ypres au mois d'avril 1918.

Ce sont d'ailleurs les derniers arrivés sur le front de la Piave qui vont être engagés les premiers sur le front de la Lys. La brèche est colmatée au milieu d'un paysage désespérément plat que la boue a transformé en un immense marécage. Il faut se rendre aux tranchées par les chemins de caillebotis et les

Alpins ont l'impression de vivre comme les habitants des cités lacustres.

Le 1er mai, ce front se calme, après trois semaines de durs combats, surtout dans la région du mont Kemmel, « montagne » de 151 mètres d'altitude où s'ancre la résistance alliée.

L'incendie à peine calmé dans les Flandres reprend de plus belle dans la Somme. Une fois encore, les Alpins sont jetés dans la fournaise.

Au sommet des hiérarchies militaires, le duel s'engage désormais entre deux hommes, Ludendorff et Foch. Pour le quartier-maître général de l'armée impériale, la victoire peut encore être arrachée en 1918. Depuis le printemps, il a lancé offensive sur offensive, utilisant, en stratège habile, à la fois la surprise et la vitesse. Foch l'a contré en Picardie et en Flandre.

La bataille change d'allure. Les avions et les chars commencent à y prendre part. Les fantassins sont de plus en plus réduits au rôle de matériel humain, même s'ils doivent montrer, plus que jamais, un courage fantastique. Vus du ciel, ils se ressemblent tous. Les bataillons de chasseurs alpins partagent les échecs et les succès de toute l'armée française.

Un nom familier reparaît dans le communiqué, celui du Chemin des Dames. L'assaut allemand commence le 27 mai 1918. Trois jours plus tard, la Marne est atteinte. Les rares survivants de 1914 encore sur les rangs retrouvent des paysages familiers. Tout va-t-il recommencer ? Un second miracle est-il encore possible avec ces troupes épuisées par quatre années de guerre ? Les noms de Soissons et de Reims reviennent dans les ordres du jour. On se bat sur l'Ourcq. L'ennemi est finalement contenu, mais l'échec est certain. Les Allemands qui espéraient avancer de vingt kilomètres en ont fait cinquante. Ils poursuivent leur avance vers Compiègne. Pour eux, c'est l'offensive de la dernière chance. Un ultime coup de boutoir, le 15 juillet, et ce sera le reflux. Inexorable.

Les Français prennent l'offensive. Plus que jamais, les bataillons bleus constituent le fer de lance des troupes de choc. Les Alpins accumulent les citations, les croix de guerre, les fourragères. Mais la liste de leurs morts s'allonge. Chaque historique de bataillon garde précieusement le souvenir de ces hauts faits de l'été 1918.

L'objectif qu'il faut percer à tout prix a reçu des Allemands le nom de Ligne Hindenburg.

Les forces françaises abordent dès le début du mois de septembre ce redoutable ensemble fortifié. Partout, de l'acier et du béton, des canons et des mortiers qui tirent sans arrêt, des lance-flammes et des mitrailleuses, d'innombrables mitrailleuses.

Les chasseurs alpins, comme tous les chasseurs à pied, célèbrent, chaque 23 décembre, l'anniversaire du combat que livrèrent à Sidi-Brahim leurs anciens du 8e bataillon de chasseurs d'Orléans. (*Roger-Viollet* en haut et *E.C.P.A.* en bas.)

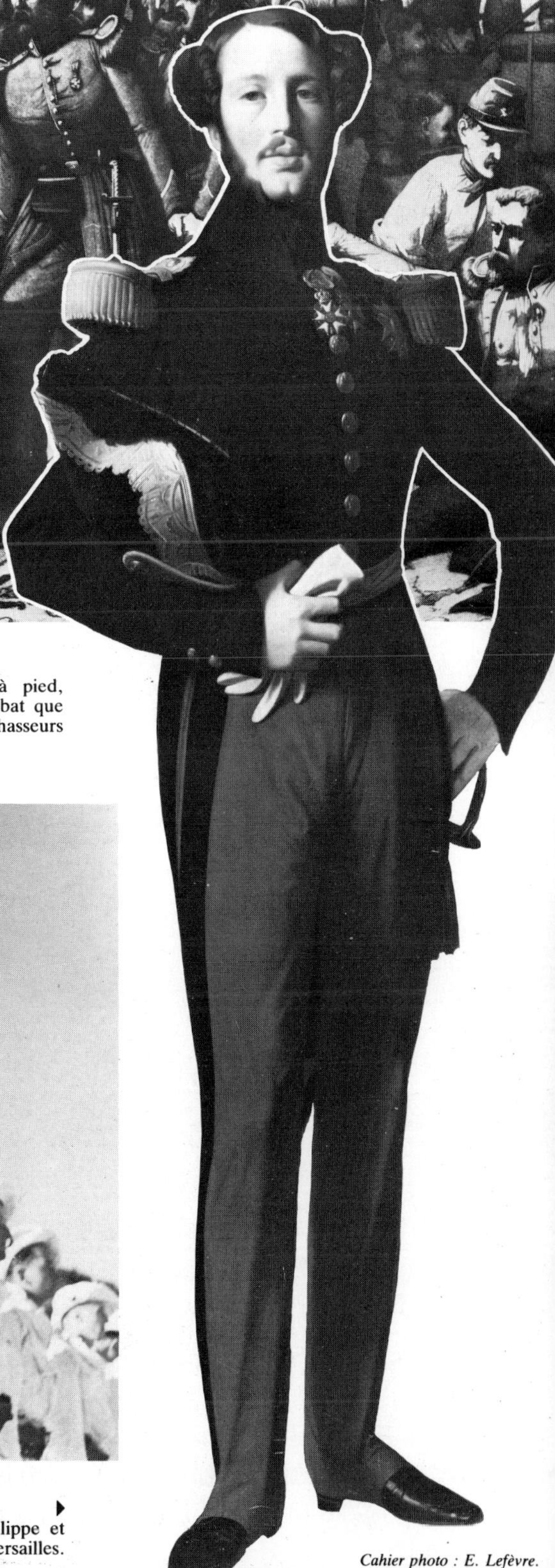

Le duc d'Orléans (1810-1842), fils aîné de Louis-Philippe et "père des chasseurs". Portrait par Ingres, musée de Versailles. (*Tallandier.*)

Cahier photo : E. Lefèvre.

En haut : l'unique drapeau des chasseurs à pied confié à la garde du 11e bataillon alpin, après la revue passée par le président Fé Faure à Taninges en Haute-Savoie. *(Collection Jacques Sicard.)* En bas : manœuvres en milieu montagnard avant la guerre 1914. *(Roger-Viollet.)* En médaillon : le général Berge, gouverneur militaire de Lyon. *(Droits réservés.)*

e mont Pourri, vu du
assage de la Folgliette où
nanœuvrent les Alpins.
*Collection Jacques Si-
rd.)*

Chasseur du 14e B.C.A.
tenue de garde, peu
temps avant la déclarati
de guerre de 1914. *(Rog
Viollet.)*

e commandant Arvers,
ef du 12e B.C.P., dont le
taillon sera le premier à
fectuer des manœuvres
haute altitude et sera
dmis au Club alpin fran-
is. *(Droits réservés.)*

Chasseurs alpins s'emb
quant en 1912 pour
Maroc, à bord du transp
de troupes "Chaoui
*(Collection Jacques
card.)*

officier d'Alpins exemplaire : le
iéral Brissaud-Desmaillet, chef de
66e division bleue en 1918, qui
it commencé la guerre en 1914
nme chef de corps du 28e B.C.A.
Grenoble. *(Musée des Chasseurs.)*

Ci-dessus : en août 1914, les Alpins du 11e B.C.A. abattent le poteau-frontière allemand au col du Bonhomme. *(E.C.P.A.)*

Ci-contre : un des quatre-vingt mille "Diables bleus" disparus pendant la Grande Guerre, le caporal mitrailleur Jean Mabire, du 12e B.C.A. *(Collection de l'auteur.)*

Ci-dessus : le caporal Goutaudier, du 11e B.C.A reçoit la croix de la Légion d'honneur des mair du président Raymond Poincaré, le 4 août 1916, Aubigny dans la Somme. *(E.C.P.A.)*

Ci-contre : section d'Alpins repoussant u attaque sur la crête du Linge, le 5 août 191 *(L'Illustration.)*

Alpins en manœuvre près de Gérardmer, en février 1916. *(E.C.P.A.)*

Le général de Maud'huy (1857-1921). Officier de chasseurs à pied dès sa sortie de Saint-Cyr. Il prend, en 1915, le commandement de l'armée des Vosges, où sont rassemblés presque tous les bataillons bleus. Après la guerre, il deviendra gouverneur militaire, puis député de sa ville natale, Metz. *(Revue historique de l'Armée.)*

Un paysage tragiquement célèbre de la bataille des Vosges : les pentes du Lingekopf. Tous les sapins ont été fauchés par les éc d'obus et les troncs criblés de balles. Dix mille Alpins sont morts dans cet enfer. *(E.C.P.A.)*

Le capitaine Pourchi
du 27e B.C.A., prem
commandant de l'Ec
de haute montagne
Chamonix, héros d
Résistance, mort
déportation. *(E.C.P.*

En haut : un éclaireur-skieur du 199e bataillon de chasseurs de haute montagne dans la région du mont Blanc, pendant l'hive 40. *(E.C.P.A.)* En bas : Alpins du 67e B.C.A. aux avant-postes pendant la « drôle de guerre ». *(E.C.P.A.)*

En avril 1940, les Alpins se retrouvent au combat en Norvège, au-delà du cer polaire. En haut : les servants d'un fusil-mitrailleur 24/29. *(E.C.P.A.)* Ci-contre général Béthouart (1889-1982), ancien chef de corps du 24e B.C.A. et vainqueur Narvik. *(E.C.P.A.)* Ci-dessous : les chasseurs alpins du corps expéditionna s'embarquent sur le « Ville-d'Oran ». *(E.C.P.A.)*

s combats de mai-juin 1940 voient des ıtés d'Alpins se battre de la Somme aux sges. En haut et en bas : les Français se igent à pied vers le front *(E.C.P.A.)*, dis que les Allemands progressent à la ur des incendies *(Bundesarchiv)*. Ci-tre, deux des héros de cette courte et e bataille : à gauche, le chef de aillon Soutiras, du 7e B.C.A., abattu rs qu'il essayait de s'évader, et le itaine Montjean, du 13e B.C.A., tué tête de sa compagnie au cours d'une rge à la baïonnette. *(Droits réservés.)*

En devenant B.C.P., l'ancien 30e B.C.A. n'en avait pas moins conservé une section d'éclaireurs-skieurs maintenant les traditions des unités alpines. *(E.C.P.A.)*

rmé d'un pistolet-mitrailleur Thompson, un sergent-chef 27e B.C.A. figure sur la couverture d'une brochure nsacrée à l'armée d'armistice. *(Droits réservés.)*

e lieutenant Bulle reçoit la croix de chevalier de la Légion 'honneur des mains du commandant du 6e B.C.A., dans la our du quartier Hoche à Grenoble, le 17 octobre 1940. *Droits réservés.)* Chef d'une section d'éclaireurs-skieurs sur front des Alpes, il s'était fait suspendre à une corde de ppel pour attaquer au fusil-mitrailleur un détachement alien, le 22 juin 1940, au col d'Enclave. *(E.C.P.A.)*

Ci-dessus : un maquisard du plate
des Glières *(Roger-Viollet)*.
contre, deux des officiers d'Alp
tombés au combat : à droite,
lieutenant "Tom" Morel, du
B.C.A., premier chef du batail
des Glières *(Revue historique
l'armée)*, et, à gauche, le so
lieutenant marquis de Griffo
d'Aurimont, dit "lieutenant
rôme", du 27e B.C.A. *(Droits rés
vés.)* Ci-dessous : quelques-uns
leurs maquisards. *(E.C.P.A.)*

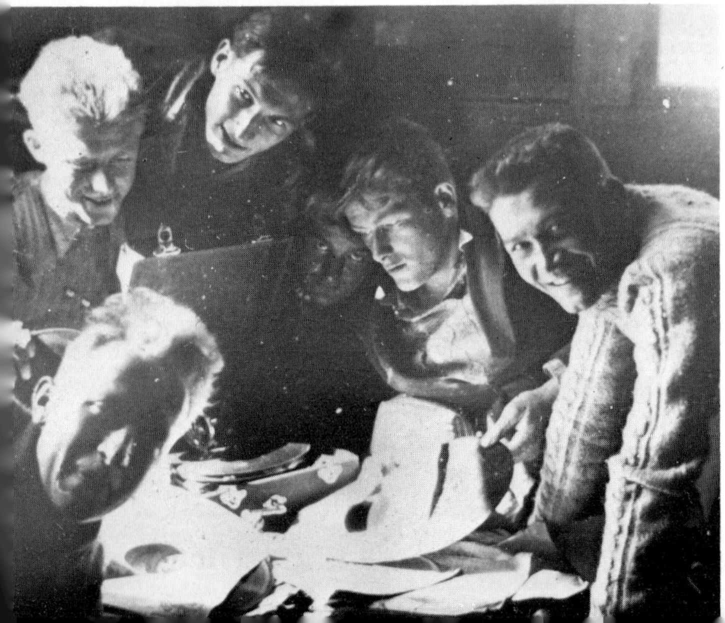

Le capitaine Anjot, dit "Bayard"
27e B.C.A., second chef des Gliè
tombé le 27 mars 1944 à la tête de
maquisards. *(Revue historique
l'armée.)*

Le lieutenant Eysseric, du 6e B.C.A., tué au combat à Malleval, dans l'Isère, le 29 janvier 1944. *(Droits réservés.)*

Le chef de bataillon de Seguin de Reyniès, chef du 6e B.C.A., arrêté le 6 mai 1944 et disparu à jamais. *(Droits réservés.)*

Le lieutenant Chabal, chef de la 2e compagnie du 6e B.C.A., au Vercors, tué au combat le 23 juillet 1944. *(Droits réservés.)*

Maquisards au combat dans le Vercors, où furent reconstitués, le 13 juillet 1944, les 6e, 12e et 14e B.C.A. *(Droits réservés.)*

Ci-contre : combattants du Vercors lors d'une prise d'armes le 14 juillet 1944. *(Droits réservés.)* Ci-dessous : l'écrivain Jean Prévost, dit "capitaine Goderville", chef de la 4e compagnie du 12e B.C.A., tombé les armes à la main à Sassenage le 1er août 1944. *(Bibliothèque nationale - Estampes.)*

s maquisards reçoivent peu à peu
nement et tenue militaire. Les
eux pourvus sont équipés d'ano-
ks et de shorts. Ils ont touché des
êtres de toile et arborent le grand
ret des Alpins. *(E.C.P.A.)*

Deux des chefs de la Résistance dans les Alpes. A gauche, le capitaine Poitau, dit "Stéphane", qui opéra à partir du Grésivaudan avec une douzaine de groupes d'assaut très mobiles. *(E.C.P.A.)* A droite, le capitaine Bulle, ancien du 80e B.A.F. en 39-40, qui dirigeait la résistance armée du Beaufortin et sera exécuté alors qu'il négociait la reddition d'Albertville, le 21 août 1944. *(Droits réservés.)*

Les unités du maquis dans les régions montagneuses reprennent les traditions des chasseurs alpins et donneront naissance à de nouveaux B.C.A. *(Revue historique de l'armée.)*

Ci-dessus et ci-contre : en décembre 1944, le centre-école de Serre-Ratier reçoit en stage de montagne les hommes affectés à la nouvelle division alpine. *(E.C.P.A.)* Ci-dessous : sentinelle en observation au poste de Thures, pendant l'hiver 1944-1945. *(E.C.P.A.)* Ci-contre : le capitaine Desserteaux, du 13e B.C.A., héros de la prise du Roc-Noir au printemps 1945, tombé en Indochine le 25 septembre 1947. *(Collection particulière.)*

-dessus : deux officiers d'Alpins tombés au mbat en Algérie. A gauche, le sous-utenant François d'Orléans, du 7ᵉ B.C.A., otographié avec le général Faure au poste Aït Bou-Mahdi *(E.C.P.A.)*, et, à droite, le utenant Toma, chef du commando de asse de la 1ʳᵉ demi-brigade, tué au combat Djebel Bou Nab, le 21 mai 1959. *(Musée s Chasseurs.)*

uf bataillons alpins se sont trouvés en gérie de 1954 à 1964. Ci-dessus, en haut, trouille du 15ᵉ B.C.A. près de Tigzirt, en vembre 1958. *(E.C.P.A.)* Ci-contre : ments du 7ᵉ B.C.A. lors d'un accrochage, février 1957, dans le massif de la Djur-ıra, en Grande Kabylie. *(E.C.P.A.)*

:i-dessus : une prise d'armes au 7e
;.C.A. au ras Timedouine, durant la
uerre d'Algérie. Les jeunes appelés vont
:cevoir la fourragère de leur bataillon.
E.C.P.A.) Ci-contre : de nombreux
agiaires suivent, dès leur retour en
iétropole, les cours de l'Ecole militaire
: haute montagne de Chamonix.
E.C.P.A.)

-dessus : le lieutenant Yves Guichard,
6e B.C.A., mort en montagne en
rvice commandé le 26 août 1983, alors
'il passait les épreuves du B.A.M.
revet d'alpinisme militaire). *(Collection
rticulière.)*

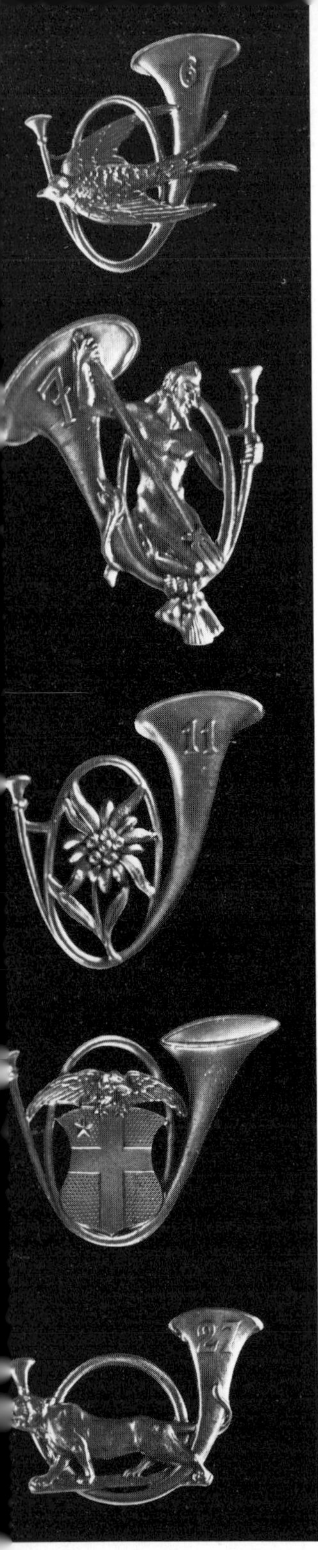

Comme leurs aînés, les chasseurs alpins d'aujourd'hui doivent devenir aussi bons varapeurs qu'excellents skieurs. *(E.C.P.A.)* Ci-dessus : les insignes des cinq bataillons actifs, une centaine d'années après la création des bataillons alpins de chasseurs à pied : 6e, 7e, 11e, 13e et 27e B.C.A. *(Musée des Chasseurs.)*

Les Alpins avancent dans un paysage de cauchemar où stagnent dans les cratères d'obus remplis de cadavres les odeurs atroces des gaz toxiques. On compte davantage de brûlés que de blessés par balles et éclats. En allant vers sa fin, il semble que la guerre veuille atteindre les sommets de l'horreur. Les offensives se succèdent. Maintenant, c'est Foch qui sait que l'on peut gagner la guerre en 1918.

Les semaines passent. Les Allemands reculent. De nouveaux noms de villages et de cours d'eau apparaissent dans le communiqué.

L'automne est là. A nouveau la pluie et la boue. Mais les combattants commencent à croire qu'ils ne verront plus la neige d'un hiver de guerre. Encore quelques combats. Les derniers.

Dans la nuit du 3 au 4 novembre 1918, le 6e BCA, réduit à un effectif de cent trente hommes seulement, quitte la forêt d'Andigny pour rejoindre ses positions de départ. Il doit franchir le canal de la Sambre. On en est là, désormais.

Le 6e se trouve dans le même secteur que d'autres bataillons bleus, comme le 7e BCA ou le 27e.

— Notre mission est simple, annonce le commandant Petitpas. Il faut franchir de vive force le canal de la Sambre, à l'aide de radeaux et de passerelles. A nous de créer sur l'autre rive une tête de pont et de la tenir contre toute contre-attaque.

Besogne dangereuse, et insolite pour des Alpins. Le canal a vingt-six mètres de largeur et trois mètres de profondeur. Sur ses berges aucun abri contre les tirs ennemis. Sur la rive Est les Allemands ont aménagé des tranchées avec des nids de mitrailleuses. Il faudra traverser sous le feu quatre cents mètres de glacis avant le canal et quatre cents mètres après.

Le 4 novembre 1918, à cinq heures du matin, les Alpins se dirigent vers leurs positions de départ, en traînant, en plus de leur barda d'attaque, armes et munitions, des radeaux, des échelles, des tonneaux. L'artillerie française commence un tir de préparation. L'artillerie ennemie riposte sur tous les chemins d'accès au canal. Les mitrailleurs allemands balaient de rafales continuelles le chemin de halage. Le chef de la 1re compagnie, le lieutenant du Ménil, debout sur la berge au milieu de ses Alpins, est tué d'une balle en plein cœur.

— Mettez les radeaux à l'eau, ordonne le sous-lieutenant Brun.

Il saute dans le premier, qu'il dirige vers la rive ennemie. Les mitrailleuses allemandes sont attaquées à la grenade. Un combat acharné s'engage pour tenir une première tête de pont sur l'autre rive du canal de la Sambre. Des corps, fauchés par les rafales, tombent à l'eau et des embarcations chavirent.

Sur la rive Ouest, les chasseurs travaillent fébrilement à construire des passerelles. Quelques sapeurs du génie sont venus les renforcer. Mais on manque de personnel et de matériel.

— On ne fera qu'une seule passerelle au lieu de deux, décide le lieutenant Faldat, chef de la 3e compagnie, qui presse ses hommes pour rejoindre les camarades se battant sur la rive Est.

Cette passerelle se résume à quelques échelles ficelées sur des tonneaux en guise de flotteurs. Il faut la lancer sur le canal à trente mètres des mitrailleuses allemandes !

Le lieutenant Faldat est mortellement frappé d'une balle en pleine poitrine. Ses hommes continuent à travailler sous le feu. Ils mettront une demi-heure avant de parvenir à lancer leur pont improvisé. Le premier à s'élancer est l'Alpin Teyssier.

Il fait quelques pas et s'écroule, frappé à mort. Ses camarades enjambent son corps et se précipitent vers la rive ennemie. Ils arrivent à quelques mètres des mitrailleurs allemands. L'aspirant Reginensi, qui menait l'assaut, est tué d'une balle en pleine tête. Deux caporaux, Guelle et Vallière, prennent le commandement. Ils sautent sur une mitrailleuse et sont aussitôt abattus par les servants. Mais d'autres chasseurs de leur section surgissent et s'emparent de l'arme automatique qu'ils retournent contre l'ennemi.

Les unités d'assaut du 6e BCA traversent rapidement le canal de la Sambre sur la passerelle improvisée. Sur l'autre rive, les Alpins doivent franchir encore quatre cents mètres de glacis. Les mitrailleurs allemands, établis aux lisières de boqueteaux et de haies, sur la hauteur, les fauchent par dizaines. Les survivants sont obligés de se jeter dans un nouveau cours d'eau, la Vieille Sambre, pour échapper aux balles. Le sergent Burlaud arrive avec des mitrailleuses et parvient à museler l'adversaire.

Les deux chefs des compagnies d'assaut tués, c'est le lieutenant de Vernejoul qui prend le commandement.

— En avant !

Les Alpins font un bond de deux cents mètres. De tout le bataillon, il reste exactement trente-cinq chasseurs dispersés sur un front de trois cents mètres. De nouvelles mitrailleuses allemandes se dévoilent et tirent sans arrêt. L'artillerie s'en mêle. Les sous-lieutenants Brun et Racine sont tués dans un trou d'obus, où ils interrogeaient un prisonnier.

Le sous-lieutenant Carli reçoit une balle dans le bras droit et une autre dans la cuisse gauche.

Vernejoul reste le seul officier. Il est alors frappé d'une balle qui lui laboure l'épaule. Il garde le commandement des survivants des deux compagnies d'assaut jusqu'au moment où une autre balle lui fracasse le bras.

A huit heures du matin, il ne reste plus comme gradés, dans les unités d'assaut du 6e, que quelques sous-officiers. Ne pouvant plus progresser, les Alpins s'enterrent sur place. Ils sont vingt-sept, très exactement, et ils feront face aux contre-attaques jusqu'à minuit, avant d'être relevés par des zouaves.

Le 5 novembre au matin, le 6e BCA est réduit à quelques dizaines de combattants. Mais ils viennent de gagner la sixième citation de leur bataillon à l'ordre de l'Armée et le droit au port de la fourragère rouge de la Légion d'honneur.

La même distinction, rarissime, sera accordée à leurs camarades du 27e, qui ont combattu à leurs côtés sur la Sambre, et à ceux du 30e, qui, après avoir franchi l'Oise sous le feu, se préparent à une dernière attaque...

Six jours plus tard, les Alpins survivants du dernier combat du canal de la Sambre traversent les régions libérées, totalement dévastées par la bataille. Ils arrivent dans un village en ruine, le 11 novembre. Soudain, une rumeur s'enfle et explose :

— Les Allemands viennent de demander l'armistice !

Dans huit mois, le 14 Juillet 1919, les chasseurs alpins du 6e BCA passeront sous l'Arc de Triomphe et descendront les Champs-Elysées, au milieu des troupes françaises et alliées, pour l'inoubliable défilé de la Victoire.

III

1919-1942

Chapitre IX

APRES GUERRE, AVANT GUERRE, « DROLE DE GUERRE »

Voici l'armistice du 11 novembre 1918, et le défilé du 14 juillet 1919. C'est la fin de la guerre, de la Grande Guerre, de la « der des ders ». La dernière ! L'horreur a atteint de tels sommets qu'il n'est plus possible qu'il y ait de nouveau un tel massacre en Europe.

D'ailleurs le Traité de Versailles saura y veiller...

La paix revenue, on mesure l'ampleur des sacrifices. Plus de quatre-vingt mille chasseurs à pied ont été tués au combat. Parmi ces « Diables Bleus », une bonne moitié d'Alpins sans doute [1]. Et il en est encore qui ne cessent de mourir des suites de leurs blessures. Et combien de gazés, d'amputés, de défigurés...

Tant de combats et tant d'agonie pour une seule inscription sur l'unique drapeau des Chasseurs : GRANDE GUERRE 1914-1918.

Les survivants, abasourdis et épuisés, n'en reviennent pas d'être encore de ce monde. Mais ils sont marqués, profondément, dans leur âme et dans leur chair. Ils resteront, à jamais, des anciens combattants, avec leurs médailles aux rubans multicolores, leur moustache qui se raccourcira et blanchira avec les années, leur béret sombre tiré sur l'oreille. On les retrouvera autour de la flamme de l'Inconnu. Et parfois sur les pavés de la Concorde quand siffleront les balles des gardes mobiles. Quel-

1. Chaque bataillon a perdu en moyenne *quinze cents tués* dont cinquante officiers, auxquels s'ajoutent trois à quatre mille blessés. Les pertes du 22e BCA, par exemple, sont de 49 officiers, 109 sous-officiers, 136 caporaux et 1 130 chasseurs, soit un total de 1 424 tués. Le 27e BCA compte pour sa part 1 822 morts au combat. Avec les douze bataillons d'active, leurs douze bataillons de réserve et les bataillons de marche, on peut donc compter environ quarante mille tués en 14-18 pour les seuls chasseurs alpins.

ques-uns se laisseront tenter par la politique. Beaucoup en 1934 n'auront même pas quarante ans... La plupart rentrent dans l'anonymat, voués à devenir de retour au foyer héros méconnus, comme le *capitaine Conan* dans sa petite ville de province.

Très vite, dès l'armistice, les bataillons de réserve et les bataillons de marche ont été dissous.

Mais il reste encore, dans cette armée française victorieuse et exsangue, des hommes sous les armes. Parmi eux, des Alpins, pour qui continue le service, avec ses monotonies et parfois ses dangers.

L'Europe se fait assez mal à ces nouvelles frontières — souvent bien artificielles — qui ont morcelé les empires centraux. On parle de zones contestées et de plébiscites. Parfois des émeutes et des attentats montrent la volonté des peuples de ne pas se plier aux rêves des utopistes qui croient en la Société des Nations et en la paix éternelle.

Régiments et bataillons de l'armée française partent au loin pour « maintenir l'ordre ».

Le 22e BCA découvre la partie septentrionale de ce vieux duché si longtemps disputé entre les Germains de la mer et les Germains de la terre que les Allemands nomment Schleswig et les Danois Slesvig. On a rétabli la frontière d'avant les annexions bismarckiennes, laissant au nord, sous les plis du « danebrog » rouge à croix blanche, une forte minorité allemande. De sourds frissons parcourent ces enfants perdus du germanisme, établis depuis toujours dans ce pays modéré de lacs et de collines, le long des rivages sablonneux qui annoncent déjà les landes du Jutland. En février 1920, le plébiscite en faveur du Danemark sera tellement massif que même Adolf Hitler le respectera en 1940 quand ses troupes envahiront le royaume de Danemark. Ce sera peut-être la seule frontière à laquelle le maître de l'Allemagne ne touchera pas.

Au sortir de la guerre, ce séjour au Danemark sera pour les Alpins du 22e BCA une sorte de voyage enchanteur au pays des contes de fées. Ensuite ils retrouveront leur garnison. Ils étaient en 1914 à Albertville, en Savoie. Les voici maintenant à Nice, sur la Côte d'Azur où les fêtes du Carnaval vont leur valoir le surnom de « chasseurs du Bataillon des Fleurs ».

En Haute-Silésie, les consultations électorales n'arrangent rien. Elles ne font qu'exacerber les passions. Allemands et Polonais sont aux prises. Ici, on n'est pas en Scandinavie où les minorités se tolèrent de part et d'autre d'une nouvelle frontière. Quand les pointillés de la ligne idéale seront tracés sur la carte, ce sera l'intolérance absolue érigée en principe national. Et l'irrédentisme qui conduira aux annexions foudroyantes de 1939 puis de 1945. Aller et retour sanglants où l'affrontement des Germains et des Slaves s'exaspère jusqu'à conduire au suicide européen.

C'est dans une véritable poudrière que sont envoyés neuf bataillons de chasseurs à pied, dont six alpins, les 6e, 7e, 13e, 23e, 24e et 27e BCA.

Les hommes qui débarquent en Haute-Silésie arrivent de Rhénanie, où ils ont monté cette fameuse « garde au Rhin », dont rêvait toute la France depuis le désastre de 1870.

Le 1er février 1920, départ pour les confins germano-polonais. Le général Gratier qui commande les bataillons bleus ne cache pas à ses officiers et à leurs hommes les difficultés qui les attendent :

— Vous allez vivre au milieu d'une population hostile et excitée. Votre rôle est de vous interposer entre les partis, de protéger les points vitaux, d'éviter les incidents, de réprimer les émeutes, de lutter contre le terrorisme.

Le terrorisme ? Il est le fait des deux camps engagés dans une lutte à mort. Mais comment s'empêcher, dans cette tâche de maintien de l'ordre, de ressentir pour les Polonais les sentiments que l'on a pour de vieux compagnons d'armes, et pour les Allemands ceux que l'on éprouve pour d'anciens ennemis au sortir de cinq années de guerre sans merci. Comment s'étonner de découvrir parfois, parmi les assistants au grand pèlerinage catholique de la Vierge noire de Czestochowa la tenue bleue de quelques Alpins en dévotion ?

Pour les Allemands du pays, soutenus et encadrés par les volontaires des fameux corps francs clandestins, les « Réprouvés » de la république de Weimar, la présence française ne fait qu'exacerber l'humiliation et la colère.

Les groupes de soldats de fortune se multiplient. Ces hommes se sont connus dans les tranchées de la guerre et ont poursuivi leur aventure désespérée le long des paysages tristes du *Baltikum*. La Haute-Silésie, pour eux, c'est la chair même de la patrie allemande. Alors, ils arrivent de Hambourg comme de Munich pour se battre et planter le drapeau noir à tête de mort de leurs corps francs sur la colline sacrée de l'Annaberg.

Les plus résolus et les plus fanatiques ce sont sans doute les montagnards du *Freikorps Oberland* où les Alpins retrouvent la race de ces adversaires si coriaces qu'ils ont naguère affrontés sur les sommets des Vosges. Une fois encore, Bavarois et Savoyards sont se retrouver face à face.

Mais comment reconnaître le soldat du civil dans cette guerre qui se mène sans uniforme, une grenade sous le manteau ou un pistolet dans la poche ? Pour les nationalistes allemands, tout soldat étranger est un occupant. Un ennemi. On ne le subit pas. On le tue. Ainsi, le 7 juillet 1921, va être assassiné par quelques militants d'une obscure Sainte-Vehme, surgie du plus profond des âges germaniques, le chef de bataillon Montalègre, chef de corps du 27e BCA. Quand ils reviendront dans leur nouvelle garnison d'Annecy, ses Alpins porteront le deuil de leur chef, dernier tué de la Première Guerre mondiale — ou premier tué de la Seconde ?

1925. Les Français découvrent une nouvelle guerre. Elle porte le nom d'une montagne située aux confins des zones occupées par les soldats espagnols et par les troupes du Protectorat, le Rif.

Le chef des insoumis se nomme Abd el-Krim. Il a proclamé la guerre sainte parce qu'on est en pays musulman et la République du Rif parce que la mode est aux nations nouvelles. En face de lui, un chef de guerre promu maréchal depuis quatre ans. Le même que celui qui était arrivé au Maroc en 1912. Lyautey.

Et, comme une douzaine d'années auparavant, celui-ci formule auprès du ministre de la Guerre la même demande :

— Je voudrais que l'on m'envoie des bataillons de chasseurs alpins.

Il en avait obtenu deux la première fois, en 1912. Il en aura cinq cette fois-ci. Le 15e BCP qui vient de passer BCA depuis quelques mois [1], et les 23e, 24e, 25e et 27e BCA [2].

Le séjour des Alpins au Maroc sera particulièrement bref.

Le 15e et le 23e BCA, complétés par quelques éléments du 6e BCA de Grenoble, arrivent de Barcelonnette et de Gap. Ils débarquent à Casablanca le 7 septembre 1925. Les hostilités contre les Rifains, qui ont commencé depuis six mois, tournent totalement à l'avantage des Français. L'offensive d'Abd el-Krim est partout stoppée. Mais il reste encore des « taches » de rébellion. A Taza, par exemple. Les Alpins y sont envoyés. Ils vont trouver des adversaires à leur mesure, les Berbères blancs descendus des crêtes neigeuses du Moyen Atlas, montagnards et guerriers sans pareils qui tirent juste, malgré leurs vieux fusils, et se battent au poignard quand ils ont brûlé leurs dernières cartouches.

Tout ce pays de caillasses brûlées par le soleil implacable a connu le feu de la rébellion. Maintenant, des tribus entières se soumettent et Lyautey ne désespère pas de rallier Abd el-Krim au sultan. Pourtant, il faut tenir des postes en bordure du Rif.

Tandis que leurs camarades arrivaient à Taza, les Alpins du 27e BCA entraient à Fez, la ville sacrée de l'Islam, au début du mois de septembre. Il faut « pitonner », pour tenir les sommets, face aux djebels encore hostiles. Chaque compagnie s'isole sur

1. Après avoir participé également aux opérations de contrôle d'un plébiscite, à Teschen, sur la frontière polono-tchèque, dans la région qui deviendra célèbre des Sudètes.

2. Parallèlement à la présence de leurs bataillons frères au Maroc, deux unités de l'arme bleue se trouveront à la même époque en Tunisie où elles passeront quatre mois pour relever des troupes dirigées vers le Protectorat : les 7e et 13e BCA, dont le séjour sera particulièrement calme.

un sommet rocailleux, tandis que le poste de commandement du bataillon s'installe à Taounat.

Le 1er octobre, la 1re compagnie du capitaine Ponet doit relever la position la plus avancée du secteur. C'est le Piton Astar. Seuls des légionnaires ont réussi à la tenir jusqu'ici. Ils confient leur poste aux chasseurs alpins. Les grands bérets bleus remplacent les képis blancs.

Commence une vie monotone, coupée par les patrouilles et les corvées. L'eau manque. Parfois quelques balles sifflent, expédiées par un tireur invisible que personne ne retrouvera. Dès que la nuit est tombée, les « Chleuhs » sont les seuls maîtres de la montagne. Ils rôdent autour des fortins, arrachent les réseaux de barbelés, assaillent les sentinelles, tirent quelques coups de feu contre les murs du bordj sur lequel flotteront dès l'aube, salués par un clairon solitaire, le drapeau tricolore et un fanion bleu-jonquille.

Quelques hommes tombent dans des embuscades. Le 27e perd deux chasseurs au début d'octobre. Une semaine plus tard, on frise le drame.

Le 10 octobre, le capitaine Ponet fait venir dans son gourbi recouvert de sacs de terre le sous-lieutenant Bruder.

— Vous sortez demain pour aller occuper un piton qui m'inquiète, lui dit-il. De là on a trop de vues sur notre poste.

Le chef de la 1re compagnie désigne un sommet dénudé, à quelques kilomètres à peine du Piton Astar. Et il ajoute :

— Vous emmenez tous les chasseurs de votre section. Le lieutenant Rolanday vous accompagnera avec sa section de mitrailleuses.

A l'aube du lendemain, les Alpins quittent le poste avant la grosse chaleur, qui menace encore en cet automne rifain si éprouvant avec son vent torride et ses tempêtes de sable. Les Alpins se protègent le visage par un chêche qui laisse à peine le regard filtrer entre l'étoffe de toile claire et leur grand béret sombre cassé en visière.

Les deux sections vont arriver sur le piton, où elles doivent établir un point d'appui, quand la fusillade se déchaîne. Les insoumis semblent partout. Les balles miaulent et se croisent. Déjà des hommes sont tombés dans les rangs des chasseurs du 27e BCA.

— Formez le carré ! crie le sous-lieutenant Bruder à ses chasseurs. Il faut tenir.

Ses hommes plaqués au sol par les tireurs rifains essayent de gagner un abri d'où ils pourront riposter, ou au moins survivre. Bruder appelle son camarade Rolanday.

— Mon lieutenant, essayez de nous soutenir avec vos mitrailleuses !

— Je fais ce que je peux !

Ce n'est pas si commode. Les pièces se trouvaient à dos de

mulets et il faut décharger les animaux, effrayés par les coups de feu et qui forment des cibles magnifiques sur les caillasses claires du djebel.

— Quel merdier ! jurent les deux officiers.

Ils n'arrivent même pas à repérer d'où ils sont tirés. Les partisans d'Abd el-Krim ne possèdent pas d'armes automatiques, mais ils se sont remarquablement dispersés dans la nature. Il semble qu'il y ait un tireur derrière chaque rocher.

Le combat va être très dur. Finalement les Rifains, pris à partie par les mitrailleuses des Alpins, finissent par décrocher. Mais la 1re compagnie compte dans ses rangs trois morts et quatre blessés graves. Les évacuer sera un calvaire.

Enfin, au début de novembre, le 27e BCA est relevé par une unité de tirailleurs après deux mois de campagne dans le bled.

Le 18 novembre, il s'embarque à Casablanca, à destination de Marseille. Le 25 novembre, un autre paquebot emmènera les camarades des 15e et 23e BCA.

Voici les Alpins revenus dans leurs garnisons d'origine, Barcelonnette, Gap, Villefranche, Menton, Annecy...

Ulcéré par l'incompréhension du gouvernement qui ne lui laisse que des responsabilités civiles et a délégué pour diriger les opérations militaires au Maroc son vieux rival le maréchal Pétain, Lyautey a offert le 24 septembre 1925 sa démission de Commissaire de la République Résident Général. Elle est acceptée aussitôt. Il débarque à Marseille le 13 octobre 1925. Il ne retournera jamais au Maroc.

C'est dans sa retraite de Thorey, en Lorraine, que, se souvenant des bataillons bleus, qu'il a commandés à deux reprises dans le Protectorat, alors que les Alpins constituaient ses meilleures troupes métropolitaines, qu'il écrit une courte déclaration manuscrite, le 3 mai 1930.

Les Diables Bleus qui ont servi sous ses ordres y trouvent la meilleure des récompenses :

« *L'esprit chasseur ? Mais c'est justement ce qu'en d'autres termes, j'ai toujours prôné.*

C'est d'abord l'esprit d'équipe, de “ *mon équipe* ”.

C'est la rapidité dans l'exécution de gens qui “ *pigent* ” *et qui* “ *galopent* ”.

C'est l'allant, c'est l'allure, c'est le “ *chic* ”.

C'est pour les chefs le sens social dans le commandement, c'est l'accueil aimable.

C'est servir avec le sourire, la discipline qui vient du cœur.

C'est le dévouement absolu qui sait aller, quand il le faut, jusqu'au sacrifice total. »

Malgré tant d'abnégation et tant d'héroïsme, de nombreux bataillons de Chasseurs à Pied sont dissous en 1929.

Sont ainsi touchés, parmi les Alpins, les 12e, 14e, 23e et 28e BCA.

Quant au 30e BCA, il devient simple BCP et va prendre garnison à Metz. En revanche, les 9e, 15e, 18e, 20e et 25e BCP deviennent BCA. Les Alpins ont perdu cinq bataillons, ils en regagnent cinq. Le compte est juste. Ils restent toujours à douze, comme lors de leur création officielle, en 1888 [1].

Et ils resteront ainsi pendant dix ans, jusqu'en 1939.

La spécialisation « montagne » va prendre des proportions totalement insoupçonnables avant 1914, aux temps héroïques de l'alpinisme. Désormais, le rocher et le ski tiennent de plus en plus de place dans l'entraînement des chasseurs alpins. De rudes manœuvres en montagne ont lieu pendant deux semaines l'hiver et pendant deux mois l'été.

Sous l'impulsion d'un chef, Alpin dans l'âme, comme le général Dosse, gouverneur militaire de Lyon, dans les années trente, le niveau technique et moral des bataillons bleus de Savoie et du Dauphiné ne fait que grimper.

En 1930 sont créées les SES, les sections d'éclaireurs-skieurs, qui portent l'étoile bleue et vont devenir l'élite des bataillons d'élite d'un corps d'élite... On ne peut rêver plus parfaite formation militaire dans la guerre comme dans la paix !

Désormais les Alpins sont capables de grandes courses. Les guides et les skieurs les plus célèbres font leur service dans les BCA et entraînent les jeunes sur leurs traces. La « cordée » devient plus qu'un groupe sportif, un véritable symbole. Maintenant des militaires réalisent, avant des varappeurs renommés, des « premières », en été comme en hiver, qui impressionnent tous les amoureux de la montagne.

Aiguilles et glaciers voient évoluer ces jeunes hommes, volontaires et tenaces, qui portent désormais par-dessus leur tenue bleue le survêtement de toile blanche qui devient le camouflage idéal des guerriers de la neige, sous le grand ciel d'azur des sommets alpins.

Quand le lieutenant Pourchier, du 27e BCA, dont le quartier se trouve maintenant à Annecy, est appelé chez son chef de corps, il ne peut penser qu'il va recevoir le plus beau commandement dont puisse rêver un officier de chasseurs alpins.

— Le général Dosse a réussi à faire admettre par le ministère son idée d'une Ecole de Haute Montagne. Cette EHM dépendra administrativement du 27e BCA. C'est donc un officier de notre bataillon qui la commandera. Le général Labordère vous a recommandé...

Pourchier, au garde-à-vous, n'en revient pas. Ainsi son plus vieux rêve de montagnard se réalise.

— Je pense que le choix est bon, ajoute le commandant du

1. Les nouveaux quartiers de ces douze bataillons alpins, de 1929 à 1939, seront : 6e BCA, Grenoble ; 7e BCA, Albertville ; 9e BCA, Antibes ; 11e BCA, Gap ; 13e BCA, Chambéry ; 15e BCA, Barcelonnette ; 18e BCA, Grasse ; 20e BCA, Antibes ; 22e BCA, Nice ; 24e BCA, Villefranche ; 25e BCA, Menton ; 27e BCA, Annecy.

27e BCA. Je regrette seulement de vous voir nous quitter. Je tiens aussi à vous annoncer que vous ne resterez pas longtemps lieutenant et que les galons de capitaine vous attendent à l'école.

Cette école, l'EHM, Pourchier va la créer à son image. Les bâtiments sont installés à Chamonix, dans la plus belle vallée des Alpes, au pied même du mont Blanc. La station attire les meilleurs grimpeurs du monde entier et sa compagnie de guides est réputée parmi tous les alpinistes.

La section de commandement de l'EHM comprend deux groupes de chasseurs alpins, détachés par le 7e BCA d'Albertville et le 27e BCA d'Annecy, deux groupes de fantassins de l'infanterie alpine, venant du 99e RIA et du 159e RIA, le fameux « Quinze-neuf » de Briançon. S'y ajoutent les Marocains d'un groupe de tirailleurs qui entendent bien prouver que l'on possède d'aussi bons montagnards dans l'Atlas que dans les Alpes...

Jusqu'à la déclaration de guerre de 1939, le capitaine Pourchier, qui a divisé l'école en deux sections, organise deux stages d'été et deux stages d'hiver. De nombreux officiers et sous-officiers d'active viennent, à tour de rôle, s'initier à la haute montagne, à ses risques et à ses joies. Plus de mille stagiaires sont ainsi formés, pour qui le séjour à Chamonix restera toujours la période la plus exaltante de leur vie militaire. De retour dans les bataillons alpins, ils transmettront à leurs camarades et à leurs subordonnés un peu de « l'esprit Pourchier ».

Le commandant de l'EHM est un homme qui rayonne, sans cesse sur la brèche. Il repère vite les meilleurs des stagiaires dont il fera un jour des moniteurs pour son école. Trois d'entre eux sont sélectionnés pour les Jeux Olympiques d'hiver de 1936, à Garmisch-Partenkirchen en Bavière : le lieutenant Faure qui deviendra général et commandera la division alpine en Grande Kabylie pendant la guerre d'Algérie, le lieutenant Villers, chef de la SES du 7e BCA, qui sera tué sur le torpilleur *Sirocco* au large de Dunkerque en 1940[1], le sergent Coutaz, type même du parfait sous-officier de chasseurs alpins.

Le capitaine Pourchier apparaît comme le maître après Dieu de l'EHM et lui a donné sa fière devise en patois savoyard, *Tot dret*. Tout droit ! Ce sera le cri de ralliement d'une unité de chasseurs exceptionnelle, née pendant la « drôle de guerre », le 119e bataillon de Chasseurs de Haute Montagne, ou BCHM, chargé de défendre la haute vallée de l'Arve, en gardant à lui seul tout le massif du Mont-Blanc. Formé de véritables profes-

---

1. Après la campagne de 1940, où le capitaine Laporte sera tué le 25 mai au milieu de sa compagnie, d'autres anciens cadres de l'EHM tomberont au combat, comme en 1944, le capitaine Dupont, tué lors de l'entrée de la 2e DB à Paris, ou, en 1945, le lieutenant Roland Faure, tombé en Alsace. D'autres trouveront la mort au combat outre-mer. Ainsi le lieutenant de Montauzan qui tombera en Indochine en 1952 et dont l'Ecole militaire de Haute Montagne porte aujourd'hui le nom.

sionnels de la montagne, ce bataillon sera le fer de lance des Alpins mais les destinées de la guerre le tiendront hors de la zone des combats. Ses morts, il les devra à des accidents de montagne, particulièrement meurtriers à très haute altitude.

Quant au commandant Pourchier qui avait avant la guerre considérablement travaillé à l'amélioration de l'équipement et du matériel des troupes alpines — on lui doit entre autres le fameux « traîneau Pourchier » que connaissent bien tous les anciens Alpins — il restera, jusqu'au bout, fidèle à l'image d'un chef au courage tranquille et à l'honneur exigeant qu'il avait donnée à tous les stagiaires de l'EHM [1].

Désormais reviennent les jours d'épreuves. C'est l'alerte de 1938 et la guerre de 1939 [2]. Tandis que les bataillons de réserve sont à nouveau mobilisés, les bataillons d'active, laissant leurs SES dans les Alpes, seront presque tous dirigés vers l'Alsace et la Lorraine avant la fin de l'année. Ils vont y découvrir l'hiver très rigoureux de cette « drôle de guerre ». Pas si drôle, d'ailleurs, que le croient les civils. Sous la pluie et dans la boue, la vie s'organise dans les points d'appui et les avant-postes.

Chaque bataillon alpin va connaître une destinée à peu près semblable. Monotone et parfois sanglante.

L'aventure du 15e BCA, par exemple, apparaît comme fort significative des premiers mois d'une guerre qui n'ose guère encore dire son nom.

La pluie, une pluie torrentielle et glaciale, ne cesse de tomber, en pleine nuit noire de ce début novembre, quand les Alpins du 15e débarquent dans la petite gare d'Attigny. Ils croyaient quitter leur quartier de Barcelonnette pour l'Alsace ou la Lorraine. Les voici dans les Ardennes.

Comme leur garnison de la vallée de l'Ubaye se trouvait à quarante kilomètres de la station de chemin de fer, ils ne sont pas très familiarisés avec les embarquements dans les wagons « Hommes 32 — Chevaux en long 8 » surgis de l'autre guerre. Ce n'est pas sans mal qu'ils ont réussi à y faire monter leurs

---

1. Après avoir participé à la campagne de Norvège dans l'état-major du général Béthouart, le commandant Pourchier, promu lieutenant-colonel, entrera très tôt dans la Résistance. Arrêté et déporté, il trouvera la mort au camp du Struthof en 1944.

2. A la mobilisation, les quatre bataillons dissous en 1929, 12e, 14e, 23e et 28e BCA, sont recréés. Il s'y ajoute les douze bataillons de réserve de série A : 46e, 47e, 49e, 51e, 53e, 55e, 58e, 60e, 62e, 64e, 65e et 67e BCA. Ils vont être regroupés, trois par trois, en huit demi-brigades de Chasseurs Alpins : la 2e demi-brigade : 9e (active), 20e (active) et 49e (réserve) BCA ; la 5e demi-brigade : 13e (active), 53e (réserve) et 67e (réserve) BCA ; la 6e demi-brigade : 24e (active), 25e (active) et 65e (réserve) BCA ; la 7e demi-brigade : 11e (active), 15e (active) et 28e (réserve) BCA ; la 22e demi-brigade : 18e (active), 23e (réserve) et 60e (réserve) BCA ; la 25e demi-brigade : 7e (active), 27e (active) et 47e (réserve) BCA ; la 26e demi-brigade : 22e (active), 62e (réserve) et 64e (réserve) BCA ; la 27e demi-brigade : 6e (active), 12e (réserve) et 14e (réserve) BCA.

indispensables mulets. Mais pour les faire redescendre des wagons, alors, la tâche s'avère surhumaine.

Plus les Alpins jurent et plus les « brêles » se butent, arcboutés des quatre fers sur la paille des wagons, où ils ont fait un excellent voyage. Trempés et furieux, les conducteurs s'agitent dans la nuit. L'un pousse, l'autre tire et deux autres pressent les flancs du mulet récalcitrant qui refuse obstinément de s'engager sur la planche qui mène au quai.

Les officiers donnent leurs ordres :

— Le bataillon se rassemble pour cantonner à Ambly-Fleury.

Première étape en pleine nuit, sous la pluie. Pour les Alpins du 15e, « bouffer des kilomètres » ne leur a jamais fait peur. Quand ils arrivent, ils trouvent un toit, un peu de paille, une tenace odeur de moisi.

— Il faisait plus beau à « Barcelo », grogne un Marseillais.

— C'est la guerre, conclut le caporal Edouard Vincent, pour qui cette formule résume désormais toutes les situations.

Pendant près de deux mois, les Alpins du 15e vont vivre à l'arrière du front. Pour leur chef de bataillon, le commandant de Linarès, la hantise quotidienne est de mener l'instruction sur un rythme de guerre, tout en sauvegardant le moral de ses chasseurs, à la recherche du confort et du plaisir qui restent les seuls buts d'une troupe au repos.

Tout commence par une note grave, la cérémonie aux morts, le 11 novembre, sur la petite place de ce village ardennais, au milieu des notables engoncés dans leurs vêtements noirs, un peu raidis par l'émotion. La *Sidi-Brahim*, vigoureusement sonnée par la fanfare, retentit comme un ordre :

La France peut compter sur nous,
Les fils seront dignes des pères.

La fanfare, elle, devient une des préoccupations essentielles — avec l'ordinaire — de ce bataillon encore cantonné à l'arrière du front immobile. Les fanfaristes enfileront bientôt des gants blancs, tout comme les cuisiniers arborent toques et tabliers immaculés.

Chaque compagnie cantonne dans une ferme. On bricole des douches avec un tuyau percé et on installe un foyer, dont les murs se couvrent de fresques humoristiques hautement alpines. La grande préoccupation du commandement, c'est la constitution d'une équipe de football. Elle sera prête le 3 décembre, pour jouer contre les Britanniques de la Royal Air Force, sur le stade de Reims. Un lieutenant est envoyé d'urgence à Paris pour habiller les joueurs du 15e. Il déniche chaussures, culottes et maillots. Enfin, l'équipe s'aligne avant le coup d'envoi. Le chef de corps manque d'avoir une attaque cardiaque. Il désigne les mollets de ses footballeurs alpins :

— Mais ils ont des bas de laine « bleu-cerise » !

Il en oubliera qui gagnera le match.

De telles distractions n'empêchent pas le chef de bataillon de Linarès de nourrir des soucis plus militaires. Pour faire face à l'attaque des chars allemands — on a parlé dans tous les journaux des ravages des Panzers en Pologne — il n'a que deux canons de 37 datant de l'autre guerre !

En attendant, il constitue l'unité de choc de son bataillon, le groupe franc, où le jeune lieutenant saint-cyrien Barral se trouve secondé par l'adjudant-chef Sarres, vétéran des sous-officiers et ancien nettoyeur de tranchées en 14-18. On équipe ces volontaires de neuf et ils font quelques jaloux.

Le 20 décembre au matin, les Alpins s'embarquent à nouveau dans les vieux wagons à bestiaux et débarquent le soir même à Drulingen. Ils étaient arrivés dans les Ardennes sous la pluie. C'est la gelée blanche, saupoudrant de givre les arbres et les herbes, qu'ils découvrent en Lorraine.

Les Marseillais pensent qu'il fait de plus en plus froid.

L'hiver s'annonce rude.

L'attribution des cantonnements provoque quelque surprise :

— Nous devons nous répartir entre Wintersbourg et Fleischeim, annonce le commandant à la réunion des chefs de compagnie. Ce sont deux charmants villages. Ils sont distants de trois kilomètres seulement l'un de l'autre, mais figurez-vous qu'ils sont ennemis depuis quatre siècles.

— Et pourquoi donc, mon commandant ? demande le capitaine Vibert, un ancien de 14, qui commande la compagnie hors rang.

— Tout simplement, messieurs, parce que Wintersbourg est protestant et Fleischeim catholique. Nos chasseurs seront d'ailleurs aussi bien reçus sans doute dans l'un que dans l'autre.

Et dans l'un comme dans l'autre village, les Alpins découvrent avec étonnement, sur le mur au-dessus de la chaise du maître de maison qui tient à les recevoir à sa table familiale la photographie jaunie du père ou de l'oncle en grand uniforme de uhlan ou de jäger de Sa Majesté impériale l'empereur Guillaume II.

— Cela prouve simplement qu'ils ont ici le sens de la famille, explique le caporal Vincent aux chasseurs de son escouade.

— Et puis, tu sais bien ce qu'en dit Maurice Chevalier, lance un des Provençaux, qui se met à chanter :

Et tout ça, ça fait d'excellents Français
D'excellents soldats qui marchent au pas...

Dans la nuit du 24 au 25 décembre, tandis qu'un prêtre-chasseur célèbre, dans une grange ouverte à tous les courants d'air, la messe de Noël, il neige.

Il neige même de plus en plus.

Le froid mord encore davantage. A cinq heures de l'après-midi, il fait nuit. C'est le moment où les Alpins du 15ᵉ doivent monter vers les lignes pour relever leurs camarades du 11ᵉ et du 28ᵉ BCA. Ils vont marcher plusieurs jours en colonne par un de chaque côté de la route, leur chef de bataillon en tête. Le 31 décembre, pour le dernier jour de l'année, ses hommes occupent les baraques d'un camp, à Bitche.

Ils y passent une semaine. Le 6 janvier, c'est la fête des Rois ; comme autrefois à « Barcelo », on partage le gâteau. A la place du roi, le commandant de Linarès surgit au milieu de l'assemblée des sous-officiers.

— Finissez la galette. Nous montons aux avant-postes cette nuit même.

Il ne faut même pas faire cent mètres dans les ténèbres pour franchir la ligne Maginot. Maintenant, on est au-delà, au pays de l'inconnu, du froid et de la peur. Le sentier verglacé s'enfonce sous des sapins sombres. Les bruits sont étouffés par la neige. Parfois, un chasseur glisse et s'étale avec tout son barda. Jamais les Alpins n'ont été aussi chargés.

— Silence ! Nom de Dieu ! Silence !

On entend pourtant encore quelques tintements du bois d'un fusil contre l'acier d'une gamelle plus ou moins bien arrimée sur le sac, au-dessus du manteau bleu à capuchon roulé en boudin et de la paire de chaussures de rechange, semelles à clous en dehors. Dans le village de Haspelschiedt, le bataillon se disloque et chaque compagnie va occuper son avant-poste.

Le caporal Vincent avec la 1ʳᵉ compagnie doit rejoindre Roppeviller. Après un petit pont, la piste continue en pleine forêt. L'obscurité semble encore plus profonde.

Une sentinelle du 11ᵉ BCA, blottie dans l'ombre, voit venir la colonne et l'arrête brutalement :

— Halte !

Un chasseur du 15ᵉ, à moitié endormi, croit bon de crier :

— Au secours !

Le capitaine surgit. Entre le « Halte ! » français et le « *Halt !* » allemand il n'y a que la différence d'un e muet. Ce serait donc l'ennemi qui aurait envoyé une patrouille à la rencontre de la relève ? L'officier croit intelligent de le tromper et lance à son tour, en allemand :

— *Achtung !*

En quelques secondes, la confusion atteint son comble. On entend le bruit sec des culasses que l'on arme. Par miracle, personne ne tire.

— Halte-là ! Merde, je vous ai dit d'arrêter !

Cette fois, pas d'erreur. C'est bien un compatriote. Un Savoyard, de surcroît. Les deux capitaines se passent les consignes et les nouveaux venus remplacent leurs camarades aux postes de guet.

— Comment c'est ?

— Pas vraiment drôle, vois-tu. Et surtout salement froid. On se les gèle.

— Et les Allemands ?

— Il y en a qui rôdent...

Au point d'appui numéro cinq, le caporal Vincent découvre le domaine qu'il va partager avec son escouade. Quelques niches s'ouvrent dans une vague tranchée à la lisière du bois. Des vieux rideaux de cretonne servent de portières et sur le sol boueux, on a étendu des édredons qui perdent leurs plumes.

— C'est pas Byzance !

— Ni même « Barcelo ».

— Silence ! Tout de suite, il faut un guetteur à chacun des points cardinaux. Je désigne quatre volontaires. Vous serez relevés dans deux heures.

— Dis donc, Edouard, sais-tu où sont les Fritz ?

— Pas trop... Ce doit être par là.

Le caporal a un geste du bras vers la pente qui se perd dans la neige et la nuit, au-delà des barbelés.

On entend par intermittence rouler le canon. Mais c'est très loin.

Aucun des Alpins des avant-postes ne dormira beaucoup cette première nuit. A cinq heures du matin, il fait encore sombre quand on entend le chant d'un coq abandonné. Un miaulement de chat sauvage lui répond. La première journée de front commence.

Dans les barbelés on distingue maintenant toute une batterie de cuisine suspendue par les précédents occupants du poste, afin que le bruit avertisse de la moindre incursion ennemie.

La nuit vient vite. La ferraille sonne comme des cloches en folie.

— Les Boches ! Je leur expédie une grenade.

Explosion. L'ennemi décroche dans un grand bruit de branches brisées. C'est un sanglier dont on découvrira au jour quelques touffes de poils accrochées aux barbelés.

— Et en plus tu l'as loupé ! s'exclame furieux le sergent-chef Henzelin, un sous-officier alsacien dont l'accent sent bon le terroir.

Désormais, il va attacher des ficelles aux bras des guetteurs, envoyés à quelques dizaines de mètres devant son abri.

— Si tu entends du bruit, tu hales dessus et j'arrive. Surtout pas un coup de feu. Et laisse tes grenades tranquilles.

Dans le brouillard, les Alpins des avant-postes découvrent un petit groupe. Ces silhouettes arrivent du village de Haspelschiedt.

— C'est le commandant !

Le chef de bataillon de Linarès est venu faire la tournée de ses avant-postes. Il porte son casque au ceinturon et reste coiffé de son béret alpin. A la main, son éternelle canne. Détail insolite — pas tellement d'ailleurs avec toute cette neige — il porte des gants blancs.

— Il est aussi calme qu'en manœuvre, souffle le sergent-chef Henzelin au caporal Vincent.

Le chef de corps du 15e BCA rassure ses chasseurs :

— Ouvrez l'œil. Mais n'ayez pas peur. Si vous croyez que les Allemands vont se promener par plaisir entre les lignes... Ils ne sont ni plus stupides ni plus braves que vous.

Le commandant s'éloigne et rejoint l'observatoire de la cote 382 tenu par l'adjudant Kuntz. Il grimpe sur le parapet et montre de sa canne les positions que devrait occuper l'ennemi. Quelques coups de feu. C'est la première fois que ses Alpins entendent les balles siffler.

— Comme ils tirent mal avec cette brume, remarque Linarès, impassible.

Le chef du 15e va un peu plus loin jusqu'à un avant-poste où un fusil mitrailleur se trouve en batterie, derrière un parapet de troncs d'arbres recouverts de terre et de neige. Un toit de tôle ondulée, camouflé avec des branches de sapin, protège le guetteur. Les deux mains dans les poches, l'homme surveille le *no man's land*. Le FM 24/29 est posé devant lui, déjà engagé dans le créneau de tir. Près de l'arme une musette de boîtes-chargeurs ouverte, et quelques grenades quadrillées défensives. L'Alpin serre entre ses dents le tuyau d'une pipe éteinte.

— Ça va ? demande le chef de corps.

— Ça va, répond l'homme sans se retourner.

— Tu n'as rien vu, ce matin ?

— Rien.

Le guetteur tourne enfin la tête et reconnaît le chef de son bataillon. Il le salue en portant deux doigts à son casque qui recouvre un passe-montagne de laine bleue déjà pas mal reprisé.

— Excusez-moi, mon commandant. Je ne vous avais pas reconnu.

— Normal. C'est vers l'avant que tu dois regarder, pas dans ton dos.

L'Alpin suçote toujours le tuyau de sa pipe éteinte. Une lueur de malice finit par s'allumer dans son regard, entre le casque et le passe-montagne.

— Mon commandant, lance-t-il, vous connaissez bien le refrain du 15e ?

— Evidemment, répond Linarès, qui se met à chantonner :

Je fumerais bien un' pipe,
Mais je n'ai pas d' tabac !

Le commandant éclate de rire et dit au guetteur :

— Moi non plus je n'ai pas de tabac, mais j'ai des cigares.

Il sort quatre havanes de la poche de sa vareuse :

— Tiens, voilà de quoi fumer. Tu n'oublieras pas tes copains.

Et le commandant du 15e va tranquillement visiter un autre avant-poste, en faisant toujours de grands moulinets avec sa canne.

Une nouvelle nuit de veille.

Soudain, vers deux ou trois heures du matin, retentit la sonnerie d'alarme. Chacun, comme sur un navire de guerre, émerge de son nid à rats pour se précipiter à son poste de combat, fusil à la main.

— Qu'est-ce qui se passe ? demande le lieutenant Granotier qui commande la section.

— Là, à même pas cinquante mètres devant moi...

— Quoi donc ?

— Ben, les Allemands, mon lieutenant. Il vient d'en passer quatre et puis ils ont traversé le plateau et filé vers la droite.

Chacun écarquille les yeux. Rien. Rien du tout.

— J'ai pourtant pas rêvé, mon lieutenant. Puisque je vous dis qu'ils ont disparu dans ce coin-là.

— Bon, finit par dire Granotier. On va leur envoyer cinq ou six grenades à fusil VB et puis j'irai voir. Quatre volontaires avec moi.

Le fracas des explosions finit à peine d'ébranler toute la forêt aux arbres enneigés que l'officier se glisse hors de la tranchée avec quatre chasseurs. Ils enjambent les barbelés, en provoquant un gigantesque bruit de casseroles, arrivent en terrain découvert, bondissent de buisson en buisson et disparaissent dans le bois.

— C'est maintenant qu'on va entendre des coups de feu, annonce le sergent Challe à ses chasseurs. Si ça pète, on y va.

Vingt minutes plus tard, la patrouille est de retour.

— Rien, dit Granotier.

— Il n'y avait personne, mon lieutenant ?

— Si. Mais ils sont partis. Au fait, ils nous ont laissé un souvenir.

C'est un chargeur métallique rempli de toutes ses cartouches. Il y en a bien une trentaine.

— C'est pour quelle arme, ce machin-là ?

— Un pistolet mitrailleur. Un patrouilleur sur deux en est armé en face.

Au 15e BCA, il existe en tout et pour tout un seul PM et il sera remis au groupe franc du lieutenant Barral à la fin de la campagne d'hiver...

L'alerte est terminée.

— Puisque les gars sont réveillés, mon lieutenant, dit le sergent Challe, ils pourraient peut-être boire un quart de pinard avant d'aller se rendormir.

— Accordé, soupire Granotier.

D'ailleurs, la nuit sera brève. Les patrouilleurs allemands

reviendront et cette fois ils tenteront de cisailler silencieusement les barbelés. Surpris, ils enverront une grenade à manche vers le guetteur. L'explosion provoque plus de bruit que de mal. En quelques secondes, tous les Alpins sont derrière le parapet et tiraillent à qui mieux mieux.

— Cessez le feu ! lance le chef de section.

Décidément, pense le lieutenant Granotier, ce n'est pas Verdun. C'est bien une « drôle de guerre ».

Huit jours vont ainsi se passer en première ligne. Les Alpins ne réalisent pas très bien que les hostilités sont vraiment commencées.

Un matin, une dizaine de soldats allemands apparaissent à la lisière du bois, devant le point d'appui de la cote 382. En face d'eux, quelques chasseurs qui apportent la soupe aux avant-postes. Les deux patrouilles s'arrêtent et se regardent. Les ennemis sont à moins de cent mètres les uns des autres. Personne ne tire. Quand ils arrivent à destination, les Alpins racontent leur aventure à l'adjudant Kuntz.

— Et vous n'avez pas ouvert le feu ? s'étonne le sous-officier.

— S'ils avaient riposté, ils auraient pu canarder la soupe, mon adjudant, dit l'un.

— Moi, avoue un autre, j'étais tellement surpris !

— Et moi, ajoute le troisième, j'ai pensé qu'on ferait repérer l'observatoire et qu'il y aurait de la casse ce soir.

— Tirer ? dit le dernier. Tirer ? Eh oui, je n'y ai même pas pensé.

Par contre, il va tirer ce jeune Alpin, installé en guetteur pendant une de ces belles journées froides de la mi-janvier. Il repère un Allemand qui observe à la jumelle, épaule, vise rapidement, tire et descend le soldat feldgrau d'une balle en pleine tête.

— Bravo ! lui lance le sergent-chef Henzelin.

— Mais je ne l'ai pas fait exprès, chef. Je voulais seulement lui faire peur.

Oui, drôle de guerre. Parfois une pluie d'obus de mortiers tombe sur l'observatoire de la cote 382. Une cinquantaine d'obus à chaque fois. Imperturbable, l'adjudant Kuntz prend son téléphone.

— Attendez, dit-il. Je sors de l'abri pour vous dire où ça tombe.

Le sous-officier pose le combiné, va mettre le nez dehors et annonce :

— C'est tout près. A vingt mètres derrière la chicane. Ne quittez pas l'écoute. Ça continue à tomber. Je vais vous dire où...

Et ainsi pendant toute une partie de la matinée.

Le seul accrochage de ce premier séjour au front sera celui

du groupe franc du lieutenant Barral qui se mesure aux Allemands dans le ravin de Schlangenbach [1].

Le 14 janvier 1940, le 15ᵉ est relevé par le 11ᵉ BCA. Seul le groupe franc obtient le privilège de rester en ligne avec son fanion noir à tête de mort.

Le 22 janvier, nouveau départ vers les premières lignes. Cette fois, en quittant leur cantonnement de Bitche, les chasseurs alpins du 15ᵉ ont l'impression d'être déjà aguerris. Voltigeurs, servants d'engins, mitrailleurs, tous demandent désormais à sortir en patrouille. A part la découverte d'une ligne téléphonique d'écoute allemande dans les positions françaises et l'échange de quelques tirs de mortiers, il n'y aura rien à signaler.

Le réglage de l'appui des armes lourdes est parfois surprenant. Un soir, des lueurs suspectes apparaissent devant Munchenberg. Le capitaine responsable de la compagnie concernée alerte le poste de commandement du bataillon pour demander un appui-feu. Le téléphoniste explique à son correspondant de la section de mortiers :

— Tu vois le fourbi dans ta binoculaire. Alors, tu sors, tu longes le machin et, près du truc, c'est là !

Après un instant de silence, le téléphoniste de la section d'appui annonce :

— Mon lieutenant demande si tu ne pourrais pas lui donner des coordonnées plus précises.

— Attends, je vais demander à mon capitaine.

Celui-ci se met à grogner :

— Non, mais, ce qu'ils sont exigeants au PC maintenant ! Tu leur dis de prendre leur petit tuyau de poêle et de leur foutre quatre pélots de mortier sur la gueule. Un point, c'est tout.

Les quatre obus arrivent au petit bonheur. Et tout s'éteint chez l'ennemi.

Au bout de huit jours, les Alpins du bataillon frère viennent relever leurs camarades. Cela devient monotone. L'état des tranchées et des abris provoque quelques plaintes :

— Dites donc, vous n'avez rien foutu, les gars du 15ᵉ !

— Comme si vous faisiez quelque chose au 11ᵉ ! Dans huit jours, on retrouvera le même bordel.

Les nouveaux venus s'installent en maugréant. Février s'annonce encore plus froid que janvier. La température chute. La neige gèle par plaques épaisses et luisantes sur les parapets et les abattis.

— On s'en souviendra de l'hiver 40 !

Le 9 février, le lieutenant Ninck qui commande la 2ᵉ compa-

---

1. Opération remarquablement évoquée par Patrick de Gmeline dans *Les Corps francs 39/40* Presses de la Cité, 1983. Tout ce qui concerne les groupes francs (comme les éclaireurs-skieurs) n'est donc pas traité dans le présent livre.

gnie a tenu à sortir en patrouille de nuit avec une de ses sections. Dans les ténèbres, l'officier s'égare un peu et se heurte à un blockhaus allemand. Aussitôt des rafales de balles traçantes illuminent tout le paysage. Puis, de proche en proche, le front s'embrase sur près de deux kilomètres. On entend des explosions. Après les grenades, les mortiers. Les armes lourdes s'en mêlent. Dans la confusion, le chasseur Hatz met la main sur un fil de laiton.

— Mon lieutenant, j'ai trouvé un drôle de truc.

— Laisse tomber, malheureux ! C'est une mine !

Voilà toute la patrouille de la 2e compagnie dans un champ de mines. Et ces mitrailleuses qui tirent toujours... La première chose à faire, c'est de trouver un chemin de repli. N'importe l'endroit où il mène.

Un des éclaireurs finit par découvrir un sentier et la patrouille reprend haleine dans un repli de terrain qui paraît un angle mort pour les armes automatiques ennemies.

— Manque personne ? demande Ninck.

— Personne, mon lieutenant.

C'est déjà ça. Seulement, l'officier doit bien se l'avouer, il est maintenant complètement perdu. Il ne se panique pourtant pas :

— Il vaut mieux rester jusqu'au jour entre les lignes, estime-t-il.

Il a justement repéré quelques maisons abandonnées où ses chasseurs pourront s'installer jusqu'au jour. C'est même tout un village autour de son église. Les patrouilleurs y cherchent un abri. Ce qui préoccupe surtout le lieutenant Ninck c'est qu'avec le jour, ses hommes en tenue bleue et capote moutarde vont devenir terriblement visibles dans ce paysage de neige. Comment se camoufler ?

Cette pensée l'empêche de dormir, tandis que des guetteurs se relayent tout le restant de la nuit pour surveiller les abords du hameau perdu où ils ont trouvé refuge.

La disparition de la patrouille de la 2e compagnie inquiète fort le commandant de Linarès qui décide, vers minuit, d'aller à sa recherche avec le groupe franc du lieutenant Barral. Mais comment retrouver ses hommes entre les lignes ? Finalement le chef du 15e BCA attendra le lever du jour.

Il est sept heures du matin quand les hommes du lieutenant Ninck émergent l'un après l'autre de la brume et s'avancent, en file indienne derrière leur chef, vers les lignes françaises. Le premier compatriote que rencontre le lieutenant est son chef de bataillon en personne. Linarès ne cache ni sa satisfaction de récupérer ses chasseurs égarés ni sa surprise devant leur tenue.

— Félicitations pour le camouflage de vos hommes, Ninck, dit-il avec un sourire.

Les Alpins sont tous de blanc revêtus. Les uns ont enfilé par-dessus leur capote un simple drap percé d'un trou. D'autres ont trouvé dans les armoires des maisons abandonnées quelques chemises de nuit féminines — de fortes femmes à en juger par leur pointure. Quant au lieutenant Ninck, il arbore ingénument un magnifique surplis blanc d'enfant de chœur.

— Le principal, c'est d'avoir ramené les hommes sans encombre, dit-il à son camarade Barral.

Tous ces événements que ne vient sanctionner aucune perte, enhardissent de plus en plus les Alpins du 15ᵉ.

Le 11 février, une fois de plus, le poste d'observation 382 est pris à partie en pleine nuit. On entend du bruit dans les barbelés. Le caporal Boulanger, qui est de quart, lance à ses hommes, un peu interloqués :

— Je vais sortir et aller voir... Si on ne me tire pas dessus, c'est qu'il n'y a personne !

— Et si on te tire dessus ?

— C'est qu'il y a quelqu'un. Alors, vous sortez et vous tirez aussi.

Il n'y avait d'être vivant dans les barbelés... qu'un renard. Pourtant, le commandant de Linarès se méfie et décide d'aller lui-même passer la nuit du 12 au 13 février dans l'observatoire menacé. Et puis le corps franc sort cette nuit. Le chef de corps du 15ᵉ veut être debout pendant que ses hommes patrouillent dans la nuit.

A une heure du matin, c'est l'accrochage entre les lignes. On entend rafales et explosions pendant de longues minutes. Le lieutenant Barral ne tarde pas à rejoindre les avant-postes. Linarès l'attend.

— Alors ?

— Zafranski a descendu au moins quatre Allemands avec son FM, mais on a eu de la casse au retour. Le caporal Traback et le sergent-chef Mathonet ont été tués. Jacquot est blessé. Légèrement.

Le chef du groupe franc surveille ses hommes qui ramènent dans les lignes les corps de leurs deux camarades. Barral a pris lui-même sur son épaule les mousquetons des tués. Parfois, il donne un coup de main pour porter les brancards, toujours avec le même bras. Son attitude intrigue un peu Linarès.

— Qu'est-ce que vous avez, Barral ?

— Rien, mon commandant.

— Mais enfin, ce bras immobile ?

— Une égratignure.

Le lieutenant finira par avouer qu'il a le coude gauche fracassé, mais il refuse de se faire évacuer tant que tout son groupe franc n'a pas regagné la base arrière.

Le lendemain, les deux Alpins tués au combat sont enterrés à Saint-Louis-lès-Bitche. A l'issue de la cérémonie, le commandant de Linarès fait appeler l'adjudant-chef Sarres.

— Vous remplacez le lieutenant Barral blessé. Bien entendu,

il serait bon que vos gars sortent en opération dès demain. Ce sera meilleur pour leur moral.

Le 16 février, les Alpins du 15ᵉ BCA descendent en réserve à Bitche. Huit jours plus tard, ils remontent une dernière fois en ligne le 22 février, pour un dernier séjour aux avant-postes avant de quitter définitivement ce secteur de Lorraine au bout de deux mois de front, où ils n'ont pas mené moins de cent vingt-sept patrouilles ou embuscades et connu huit accrochages sérieux.

Le bataillon est envoyé en Haute-Alsace. Deux blockhaus édifiés près de la frontière suisse porteront les noms de « Mathonet » et de « Traback ». Pour les deux premiers morts du bataillon ce n'était pas une drôle de guerre.

Ce sera, pendant deux mois, les quartiers de repos à Winkel, en Haute-Alsace. Et le 10 mai, c'est l'annonce de l'attaque allemande sur la Hollande et la Belgique.

— Nous sommes loin du front, constate le caporal Vincent.

— Pas tellement, rétorque le sergent-chef Henzelin. S'ils attaquent la Suisse, alors c'est nous qui serons aux premières loges [1].

1. Les bataillons de chasseurs alpins peu éprouvés par la « drôle de guerre », à l'exception de leur groupe franc, auront l'occasion de se rattraper. Ainsi le 15ᵉ BCA, sous les ordres du capitaine Risterucci qui remplace le commandant de Linarès le 8 mai 1940, sera engagé au sud-est de Soissons, en même temps que le 11ᵉ et le 28ᵉ BCA, avec lesquels il forme la 7ᵉ demi-brigade de Chasseurs Alpins. Dès le 7 juin 1940, un bombardement aérien provoque de lourdes pertes chez les Alpins. Le lendemain, une tentative de contre-attaque au Mont-de-Soissons se heurte à un ennemi en pleine offensive. Enfin, le lendemain 9 juin 1940, sur l'Ourcq, au sud de Fère-en-Tardenois, le 15ᵉ BCA, après une journée entière de combats acharnés, sera disloqué en trois tronçons. Six officiers, vingt et un sous-officiers et cinquante-huit chasseurs ont été tués.

Chapitre X

COMBATS A NARVIK SOUS LE SOLEIL DE MINUIT

— Venez voir, nous franchissons le Cercle polaire !

— Mais on ne voit rien !

Les chasseurs du 6e bataillon de Chasseurs Alpins, se pressent sur le pont d'un paquebot réquisitionné qui fait route vers le Grand Nord. Ils ont gardé le vaste béret bleu sombre à cor de chasse, mais ont dû revêtir, comme toute la brigade de Haute Montagne, formée pendant l'hiver, la tenue « moutarde » : blouson de grosse toile à capuchon, pantalon de drap, guêtres, souliers cloutés. A bord, ils portent, obligatoirement, les ceintures de sauvetage qui leur donnent la silhouette du célèbre personnage publicitaire des pneus Michelin, Bibendum...

Certes, on ne voit rien. Mais il est là, par 66° et 35' de latitude nord. La mer, très agitée depuis le départ de Brest, huit jours auparavant, a fini par se calmer. Le temps gris s'est éclairci et il y a même un peu de soleil en ce début d'après-midi. Il est exactement 13 h 45, le 26 avril 1940, quand est franchi le Cercle polaire.

Les Alliés se sont décidés à riposter à l'occupation des principaux ports norvégiens par les forces du Reich. Un premier débarquement dans la région de Namsos, auquel participaient les Alpins des 13e, 53e et 67e BCA, mis à terre le 19 avril, dix jours après l'attaque allemande, se terminera par leur rembarquement dans les premiers jours du mois de mai. La seule opération que vont désormais tenter les Alliés se situe dans le Grand Nord, à Narvik, où aboutit la ligne de chemin de fer venant de Suède et apportant le précieux minerai de fer — celui qui doit forger « l'acier victorieux ». Lequel des deux belligérants pourra-t-il l'utiliser pour ses fabrications de guerre ? C'est la question que se posent les grands stratèges, à Londres comme à Berlin.

Pour l'instant, sous le soleil pâle des immenses journées sans nuit, dans le froid perçant de l'été septentrional, des troupes « fraîches » dans tous les sens du terme sont acheminées vers la région de Narvik. A leur tête se trouve un véritable montagnard, le colonel Béthouart, un officier de cinquante ans, qui a naguère commandé le 24e BCA. Il arrive directement de Namsos pour prendre le commandement de la DLC, la division légère de chasseurs. Sous ses ordres, se trouvent une brigade polonaise à deux bataillons, la 13e demi-brigade de la Légion étrangère, également à deux bataillons, et la 27e demi-brigade de Chasseurs Alpins, qui regroupe, sous les ordres du lieutenant-colonel Valentini, le 6e BCA, unité d'active, et les 12e et 14e BCA, unités de réserve. Tous ces Alpins, après avoir longuement piétiné à Belley dans le Jura, en attendant de partir pour la Finlande, se retrouvent désormais sur le pont des navires qui font route vers la Norvège du Grand Nord.

Franchir le Cercle polaire n'est qu'un symbole, mais il marque fort les « passagers » qui sentent bien qu'ils entrent désormais dans un autre monde pétri de rudesse hostile. Dès le lendemain, on aperçoit la terre, ligne blanche à peine distincte dans la brume glaciale, au-dessus du gris métallique de l'eau. Les officiers, cartes d'une main et jumelles de l'autre, essayent de se repérer :

— Nous entrons dans le Vaagsfjord, annonce Béthouart à son chef d'état-major, le commandant Paris.

Là, sur l'île Hinnoy, la plus grande des célèbres Lofoten, se trouve la petite ville de Harstad, où doit s'installer le commandement interallié de l'opération Narvik placé sous la responsabilité de l'amiral Lord Cork and Orrery, assisté du général MacKenzie.

Le port terminus de la route du fer se situe sur une presqu'île, plus au sud, à environ cinquante kilomètres à vol d'oiseau.

Béthouart garde sous ses ordres les Alpins du 6e et du 14e BCA, qui attaqueront Narvik par le nord. Mais il doit se séparer de ceux du 12e, qui passent sous le commandement du général britannique Frazer et s'intalleront à l'ouest, totalement isolés de leurs camarades et des deux autres bataillons frères.

Après un long trajet vers le fond du fjord, entre deux parois de neige que trouent parfois quelques rochers sombres, les chasseurs du 6e et du 14e sont pris en charge par de grandes chaloupes norvégiennes qui les débarquent dans un minuscule village de pêcheur, Sjoveien. Il fait grand jour alors que les montres indiquent deux heures du matin !

Dès le 30 avril, les Alpins retrouvent les petites barques à moteur qui les conduisent plus au sud, dans un nouveau fjord, le Gratangenfjord. Sur la rive méridionale, ils débarquent près d'un village aux maisons de bois peintes en vert épinard, en blanc ou en bleu-cerise, Foldvik, que viennent de reprendre les Norvégiens du général Fleischer.

Cette fois, il se rapprochent de l'ennemi. La grande presqu'île où ils viennent d'aborder se trouve défendue par des chasseurs de montagne autrichiens et par des matelots échappés à la destruction de leurs torpilleurs et formés en compagnies de marche. Equipés de matériel de l'armée norvégienne, les hommes de la Kriegsmarine ne seront pas les moins coriaces des adversaires. Quant aux montagnards de Carinthie ou de Styrie, ce sont tous des skieurs entraînés.

En face d'eux, les Alpins français n'ont que des raquettes, à l'exception des trente gaillards de la SES, la section d'éclaireurs-skieurs que compte chacun des trois BCA.

Quand les chasseurs arrivent dans les quelques hameaux accrochés à la montagne neigeuse, au-dessus des eaux plombées du Gratangenfjord, c'est pour apprendre que les Allemands y sont déjà passés avant eux, en longues patrouilles silencieuses vêtues de blanc. Maintenant, les invisibles adversaires se trouvent dans la montagne, quelque part vers le sud.

Le casque d'acier couvert d'un manchon blanc, les Alpins doivent à leur tour gagner les hauteurs et essayer d'ouvrir la voie vers le sud. Ils commencent par cheminer, le long du rivage, jusqu'au hameau de Laberget. Rien de plus épouvantable que cette marche dans la neige fondante. La piste côtière s'est transformée en un véritable ruisseau. Parfois, un chasseur fait un écart et tombe dans le fossé où il enfonce jusqu'à la ceinture dans une boue glaciale.

La colonne se traîne, ponctuée de jurons. Très vite, l'humidité a eu raison du cuir plus ou moins bien graissé des chaussures de montagne et tous ont les pieds trempés. Les assaillants semblent tituber sous le poids des sacs Bergam, des fusils, des cartouchières, des musettes, des bidons, de tout ce fourniment qu'il doivent porter sur le dos, comme des mulets.

— Où sont passés nos brêles ?

— On ne les a pas encore vus sur les rives du Gratangenfjord.

Arrivés après des heures et des heures de marche au hameau de Laberget, où ils trouvent l'abri de quelques cabanes de planches, les Alpins vont pouvoir un peu se reposer, avant l'opération prévue pour le lendemain 1er mai.

Le chef de bataillon Célerier, un ancien de la Grande Guerre, ne cesse de répéter :

— Le Boche est là. Je le sens...

Il réunit ses officiers et leur donne ses ordres :

— La SES progressera en tête, par le flanc gauche de la vallée. La 2e compagnie suivra le ruisseau. A sa gauche, la 3e, qui devra occuper le sommet 694. Encore plus à gauche, enfin, la 1re. Départ à 5 heures.

Il est 2 heures du matin. Il fait grand jour. Les chasseurs, épuisés par la longue progression dans la neige le long du fjord, vont pouvoir sommeiller à peine trois heures, au hasard des cabanes où des réfugiés norvégiens se serrent pour leur faire un peu de place. Les Alpins sont si fatigués qu'ils s'endorment avant même de boire le thé que leur font chauffer leurs hôtes. Trempées, les chaussures et les tenues de campagne dégorgent des ruisseaux d'eau sale qui serpentent sur les planches de bois.

Le 1er mai, les unités de combat du 6e BCA se mettent en marche pour la première véritable opération de guerre dans le Grand Nord. Le sergent Chenavas, chef d'un groupe de mitrailleurs, doit suivre le poste de commandement du chef de bataillon en tirant ses pièces sur des traîneaux réquisitionnés, que ses hommes halent avec des cordes ou même des fils de fer.

Malgré le soleil qui luit dans un ciel bleuâtre, les chasseurs, qui font chute sur chute, ne parviennent pas à se sécher et sentent une sueur glaciale leur ruisseler dans le dos.

Tout à coup, dans le ciel dégagé, surgissent quatre avions Heinkel à croix noire. Ils vont bombarder et mitrailler les débarcadères et les sentiers, sans pouvoir être arrêtés par les vieilles pièces Hotchkiss de 8 mm des chasseurs. Un projectile tombe juste sur un Alpin blotti derrière le talus du chemin. Le malheureux est pulvérisé et on ne retrouvera de lui que... l'armature de son sac.

— Et voilà le premier mort du 6e en Norvège, constate le sergent Chenavas.

Les chasseurs doivent maintenant prendre une piste de montagne, totalement enneigée. Derrière eux, sur le Gratangenfjord, un bateau brûle avec un énorme panache de fumée.

La 2e compagnie progresse dans la vallée de Labergdalen, remontant de part et d'autre d'un ruisseau dont la glace commence à fondre. L'eau s'écoule en mille rigoles sous la morsure du soleil matinal.

Après une marche qui semble interminable, dans ce paysage inconnu, des coups de feu retentissent brusquement.

— Les Allemands !

La montagne fait écho. On n'arrive pas à localiser l'adversaire.

— Couchez-vous ! hurlent les gradés.

Les Alpins n'ont pas attendu leur commandement et se sont déjà jetés dans la neige fondante. Cette fois, ils sont totalement trempés.

— Les FM en batterie, ordonne calmement le commandant de compagnie.

L'officier essaye de repérer les invisibles adversaires. Ses fusils mitrailleurs commencent à tirer.

— Par petites rafales... pas plus de cinq cartouches... Il faut les fixer, mais ne pas gaspiller nos munitions.

Sous la protection des armes automatiques, les groupes de voltigeurs commencent à manœuvrer et rampent dans la neige, bondissant parfois de quelques mètres, pour s'étaler à nouveau sous la protection d'un abri. Jusqu'ici cela ressemble un peu à des grandes manœuvres d'hiver.

Un vrombissement emplit le ciel.

— Des avions !

Inutile de le préciser. Ce ne peut être que des appareils allemands. Ils mitraillent les Alpins dont la tenue moutarde apparaît fort repérable sur le blanc de la neige. Heureusement, la compagnie s'est bien éparpillée dans la nature. Les aviateurs de la Luftwaffe lâchent aussi une demi-douzaine de bombes qui vont éclater sans grand mal, en faisant voler d'énormes geysers de neige poudreuse. Et puis, ils virent sur l'aile et repartent vers leurs bases.

On entend alors une violente fusillade dans la montagne. Elle vient de derrière la position ennemie.

— Ce sont les gars de la SES qui sont en train de les cravater !

Effectivement, les skieurs du lieutenant Blin, pendant que la 2e compagnie faisait diversion, ont réussi leur manœuvre. Pendant six heures, ils ont progressé à travers les bouleaux et sont arrivés silencieusement à une centaine de mètres au-dessus du poste ennemi. Puis ils ont ouvert le feu avant de charger *en ski*, descendant à toute allure en slalom autour des rochers dont les crêtes noirâtres crèvent la neige fondante.

Dix-huit Allemands dont trois sous-officiers sont faits prisonniers et descendent dans la vallée, les mains sur la nuque.

Pendant ce temps, la 3e compagnie s'est avancée un peu plus à l'est. Après une longue montée en pleine forêt, elle est parvenue sur un immense plateau qui domine le fjord de près de 700 mètres.

— Ordre de s'installer pour la nuit, face au sud, annonce le commandant de compagnie.

Déjà 11 heures du soir et c'est encore le grand jour, mais le soleil s'est caché. Tout de suite, il fait très froid. Les Alpins creusent des trous dans la neige pour prendre quelques heures de mauvais repos, sous la seule protection d'une toile de tente. Les pieds dans leur sac, engoncés dans leur blouson au capuchon baissé, les hommes tremblent de froid dans leurs trous de neige. Ils se serrent les uns contre les autres, sans parvenir à se réchauffer. Dans cette nuit si claire, le vent s'est levé. Il siffle sur le plateau, emportant des tourbillons de neige. Il hurle. Les guetteurs sont transis sous leur casque d'acier. On distingue les fusils mitrailleurs, comme des branches noires sur le bord des trous où veillent leurs servants.

Il est près de minuit quand des ombres surgissent. Une colonne de skieurs monte de la vallée vers les positions de la 3e compagnie.

— Alerte ! Qui va là ?

— SES.

Le lieutenant Blin qui commande les skieurs se fait reconnaître et parle quelques instants avec le chef de la 3e compagnie.

— Nous allons essayer d'établir la liaison avec la 1re.

— Où est-elle ?

— Sur la gauche, mon capitaine. Encore plus vers l'est, dans la vallée d'Elveness.

Un coup d'œil rapide à la carte. Cela fait une bonne dizaine de kilomètres à vol d'oiseau.

— On va y arriver, dit le chef de la SES. Pendant la nuit, la neige, durcie par le froid, porte mieux.

Le lieutenant Blin repart aussitôt. Derrière lui ses trente skieurs montent vers les rochers noirs du sommet de 694. Rapidement, ils disparaissent dans la pénombre, silhouettes blanches vite absorbées par l'immensité, le silence, la neige.

Quelques minutes plus tard on entend un bruit de fusillade. Dans leurs trous, tous les Alpins se dressent. Fini de somnoler.

— Qu'est-ce que c'est ?

— Les gars de la SES, sans doute. Ils accrochent dur.

Encore des coups de feu, ponctués de brèves et sèches rafales, où l'on commence à reconnaître le bruit des armes automatiques ennemies. Une section, équipée de raquettes, est envoyée à la rescousse de la SES. Les hommes pataugent dans la neige, s'essoufflant sur la pente raide. Ils finissent par distinguer un sommet rocheux, très noir, à environ trois cents mètres d'eux.

— On dirait un château fort.

Au pied de cette masse sombre, s'étend un vrai glacis. C'est là où sont bloqués les skieurs de la SES, sous un tir infernal qui les prend depuis le sommet du piton.

Finalement, un fusil mitrailleur français répond. Comme le 24/29 a une cadence lente comparée à la MG 34 ! Mais c'est une arme précise. Une seconde mitrailleuse allemande se dévoile. Les éclaireurs de la SES, cloués dans le champ de neige, ne peuvent bouger. Ils ne pourront décrocher, après des heures d'attente, qu'à la faveur du brusque passage d'une nappe de brouillard, véritable rideau de fumée tendu devant les mitrailleuses ennemies. Les skieurs rejoignent leurs camarades. Ils ont un blessé avec eux.

— Nous avons été obligés de laisser deux morts au pied de ce maudit château rocheux, dit le lieutenant Blin. Il faudra aller les récupérer plus tard.

Cette fois, c'est vraiment la guerre dans toute cette grisaille glacée qui précède l'aube du 2 mai. Le chef de la 3e compagnie expédie alors un éclaireur-skieur au poste de commandement du 6e BCA, où veille le chef de bataillon Célerier.

— SES dégagée, annonce le messager.

En attendant, les Allemands occupent toujours solidement ce château fort de rochers sombres qui domine le Gratangenfjord et semble inexpugnable.

Par-delà la cote 694, la vallée de Laberget et celle d'Elveness se rejoignent vers le sud, dans une région de petits lacs gelés, à mi-chemin du hameau de Bjervik et du Ofotenfjord qui borde la presqu'île de Narvik. Pour l'instant le « château noir » interdit le passage. Et les Allemands qui l'occupent sont ravitaillés tous les jours par parachutage.

Ordre est donné au 6e BCA de réduire cette résistance.

— On va pousser des mortiers sur la pente, décide le chef de bataillon Célerier.

Son grand souci, c'est désormais de ravitailler les hommes qui se battent en pleine montagne, par un froid qui descend la nuit à — 25°. Ses Alpins ont dû reverser avant le départ les équipements d'hiver prévus pour la Finlande, puisque maintenant, pour les magasins de l'Intendance, c'est le plein du printemps... Ils n'ont que deux canadiennes par section, aucun chausson de neige et à peine une couverture par homme. Quant au ravitaillement, les chasseurs des premières lignes ne pourront manger que ce que leurs camarades leur monteront à bras d'hommes.

Il faut à tout prix ravitailler ces malheureux qui signalent déjà de nombreux pieds gelés dès leur première nuit dans la montagne. Et le soleil revenu provoque, par la réverbération sur la neige, des conjonctivites. Car les lunettes bleutées ont, elles aussi, été reversées sur ordre au magasin avant le départ en Norvège ! Une journée se passe. Puis une autre. Les chasseurs souffrent de plus en plus du froid.

Le 4 mai, un avion allemand bombarde les assaillants de la cote 694 avec des... tracts. Le texte fait sourire ceux qui parviennent à récupérer ces morceaux de papier dans la neige :

« Braves chasseurs alpins. Qu'êtes-vous venus faire en Norvège ? Vous êtes venus vous battre pour des intérêts qui ne sont pas les vôtres. Nous vous reconnaissons pour de braves et valeureux soldats, mais si vous continuez à vous battre pour la Cité de Londres, pas un de vous ne reverra le sol de France. »

Les chasseurs du 6e BCA reçoivent l'ordre d'envoyer quelques patrouilles et les éclaireurs-skieurs parviennent, le 6 mai, à récupérer les corps de leurs camarades tués sur le glacis quatre jours auparavant. Dans leurs trous de neige, les chasseurs n'en peuvent plus de froid et de faim. Ils n'ont pour tout réconfort que quelques bouteilles de rhum.

En l'absence du chef de la 27e demi-brigade, un avion allemand parvient à lancer une bombe en plein sur le poste de commandement du lieutenant-colonel Valentini. Le vieux guerrier corse, au retour d'une tournée aux avant-postes, découvre des cadavres et des blessés qu'il fait évacuer au plus vite sur les rives du fjord. Puis il décide de poursuivre l'opération vers le sud avec une unité moins fatiguée :

— Le 14e, tenu en réserve, relève à partir du 7 mai le 6e.

Pauvre 6e où la moitié des chasseurs sont atteints de gelures profondes et semblent à bout de force.

Déjà harassé, comme tous ses hommes, par la longue marche dans la neige profonde, le lieutenant Morel monte en ligne avec la 2e compagnie du 14e BCA. Ses Alpins croisent alors leurs camarades épuisés qui descendent des pentes de 694. Morel découvre les hommes du 6e dans un état épouvantable : « décharnés, hirsutes, le teint plombé, boitant sur leurs pieds gelés, méconnaissables ».

Dès le lendemain, le chef de bataillon de La Roque qui commande le 14e ordonne la progression vers les trois petits lacs gelés de Reisevand, Osevand et Storvand près desquels passe la route qui mène à Bjervik. La route et les lacs sont d'ailleurs recouverts d'une même couche de neige qui dépasse parfois un mètre de profondeur. Quelques Allemands, bien camouflés, barrent le passage.

Les armes automatiques des deux camps se déchaînent. On s'arrête, on rampe, on tire, on repart. Et une nouvelle mitrailleuse se dévoile. Un officier est évacué, sérieusement atteint. Les compagnies de combat du 14e reçoivent l'ordre de bivouaquer sur place en attendant l'aube d'un nouveau jour.

Au cours de leur première journée de combat, les Alpins du 14e ont réussi à enlever cette terrible cote 694 qui avait barré la route à leurs camarades du 6e pendant si longtemps. Le « château noir » est entre leurs mains. Plus au sud, il reste un piton, menaçant, qui domine toute la région à plus de mille mètres de hauteur. Le chef de bataillon de La Roque convoque le lieutenant Delage, qui commande les éclaireurs-skieurs.

— Vous sentez-vous capable d'escalader 1013 avec votre SES ?

— Aucun problème, mon commandant.

C'est une véritable ascension qui va exiger des efforts surhumains, mais permettra au 14e de contrôler toute la région, tandis que vers l'est, les skieurs norvégiens progressent de lac en piton, refoulant les chasseurs de montagne du Reich vers le lac de Loeigastvand.

Dans la grisaille de la nuit, les Allemands décrochent des positions qu'ils occupaient si solidement.

— Ils semblent avoir disparu, annonce le chef de bataillon de La Roque au lieutenant-colonel Valentini.

— Ce n'est pas pour aller bien loin, répond le vieux guerrier corse.

— A nous de ne pas les laisser s'installer, mon colonel.

Le chef du 14ᵉ donne ses ordres pour la journée du lendemain. La SES sera relevée sur 1013 par la compagnie du capitaine Tatin. Les deux autres compagnies, la 1ʳᵉ du capitaine Lescote et la 2ᵉ du lieutenant Morel, devront progresser entre les deux lacs d'Osevand et de Storvand pour enlever la « clé » qui mène à Bjervik, c'est-à-dire le col situé à 333. Ses défenseurs ont réussi à mettre en batterie un mortier qui arrose les Alpins. Un second officier du 4ᵉ s'écroule, la chair du bras droit et de la cuisse gauche arrachée. Son commandant de compagnie se précipite vers lui. Etendu sur un brancard, ruisselant de sang, le blessé s'excuse :

— Mon capitaine, ma section n'est peut-être plus tout à fait en ordre...

Le 10 mai, enfin, le 14ᵉ attaque le col 333. La compagnie du lieutenant Morel progresse à droite, le long d'une haie. L'une après l'autre les sections s'élancent et traversent un des lacs gelés. Mais les mitrailleuses allemandes se dévoilent. Un chasseur s'avance, son fusil mitrailleur à la hanche. Il tire deux ou trois rafales vers l'ennemi, puis s'écroule, frappé au ventre. Un sergent se précipite, ramasse le FM, veut reprendre le tir et tombe à son tour, tué d'une balle en pleine tête.

La compagnie du lieutenant Morel voit tomber son troisième chef de section ! Mais les Alpins arrivent quand même au col au-delà des deux lacs gelés.

Après avoir un peu récupéré, les éléments encore valides du 6ᵉ BCA sont à nouveau lancés dans la bataille. La 1ʳᵉ compagnie du capitaine Lalande progresse en liaison avec des Norvégiens.

Les assaillants sont appuyés par la batterie d'artillerie du capitaine Duhamel, mise à pied d'œuvre, en pleine neige, dans des conditions acrobatiques.

Dans la nuit, une tourmente de neige se lève. On n'y voit plus à trente mètres. Les chasseurs du 14ᵉ se terrent dans leurs trous, vite recouverts par la neige qui tombe en gros flocons. Ils n'ont rien mangé depuis trois jours. Et plus un seul paquet de tabac ni une seule bouteille de rhum.

Les gradés multiplient les rondes.

— Si nos hommes s'endorment dans leurs trous, dit le commandant de La Roque, ils ne se réveilleront plus.

Un bataillon de fantômes transis bivouaque sur la route de Bjervik.

En dix jours, les Alpins, malgré tant de souffrances, n'ont progressé que de cinq kilomètres vers le sud.

Le chef de bataillon Célerier a réussi à maintenir en ligne une compagnie de son 6ᵉ BCA, celle du capitaine Lalande ; les deux autres, où beaucoup de chasseurs ne peuvent même plus remettre leurs souliers et s'enveloppent les pieds de chiffons, sont affectées au ravitaillement des unités engagées en première ligne. Ils cantonnent dans des granges ouvertes à tous les courants d'air glacés et envahies par une tenace odeur de hareng saur. Le rythme de travail est de sept heures pour monter aux pitons, trois pour redescendre et trois heures de repos avant de repartir pour une nouvelle corvée.

Au bord de la piste de neige fondante qui part du village d'Elveness, tout au fond du Gratangenfjord et se dirige vers les lacs, ils aperçoivent des croix de bois, surmontées par un casque timbré d'un cor de chasse.

— Ils se sont fait « moucher » par des bombardiers allemands, dit un des hommes du poste de commandement de la demi-brigade.

— Et nos avions ?

— Jamais vus.

Au soir du 10 mai, le sergent mitrailleur Chenavas, lors d'une liaison au poste de commandement de la demi-brigade, apprend une nouvelle stupéfiante :

— Les Allemands ont attaqué la Hollande et la Belgique.

Depuis plus d'une semaine, le 6ᵉ et le 14ᵉ BCA sont engagés sans grand résultat dans un terrain impossible. La neige bloque les opérations et les hommes souffrent terriblement de gelures graves. La moitié d'un bataillon se trouve déjà hors de combat du fait du climat et non de l'ennemi. Installés sur les pitons, chasseurs de montagne et matelots allemands se battent durement, bloquant la progression vers Bjervik. Pourtant, au quartier général de Harstad, le général Béthouart arrive à persuader le commandement allié qu'il doit attaquer.

— Nous pourrions nous emparer de Bjervik dès le lundi 13 mai, affirme le chef de la division légère de Chasseurs. La Légion attaquerait par mer en utilisant le Herjangsfjord, tandis que les Alpins pousseraient vers le sud à travers la presqu'île.

Ce qui reste d'hommes valides au 6ᵉ BCA vient prendre position sur un piton, le Roasme, qui culmine à 856 mètres et d'où ils devront faire mouvement vers le sud, pour s'emparer d'un second sommet, l'Ornfjeld, haut de 852 mètres. Il faut d'abord amener le matériel à pied d'œuvre.

Le sergent Chenavas dirige une corvée qui doit porter vers les hauteurs des obus de mortiers. Ils sont une dizaine de chasseurs aidés de deux soldats norvégiens, qui doivent acheminer des lourdes caisses d'obus. Elles sont si encombrantes que Chenavas décide de les ouvrir et de mettre les projectiles dans les sacs Bergam. La pente est très rude et tous ses hommes peinent terriblement. La corvée faite, les Alpins descendent, épuisés, à Gratangen où ils espèrent dormir quelques heures dans un hangar.

— Ordre de remonter sur 856. Vous devez mettre vos pièces en batterie pour une grande attaque.

Chenavas et ses hommes reprennent la piste qu'ils venaient de redescendre à peine trois heures auparavant. Le petit groupe arrive au sommet vers 9 heures du soir. Il fait toujours aussi froid. Le vent souffle en tempête, projetant des paquets de neige glacée qui vrille le visage et les mains de mille piqûres. Les Alpins s'affairent en pleine brume. Par moments, toute la montagne disparaît dans la grisaille.

— On ne voit plus rien, sergent ! Où se trouvent les Allemands ?

Chenavas indique vaguement une direction. Et puis tout à coup, les écharpes de brume s'effilochent et les Alpins découvrent, à quelques kilomètres en contrebas, sur le rivage du fjord, le village de Bjervik en flammes. Aux canons de montagne et aux mortiers des Français, font écho les pièces de marine des Britanniques. C'est un vrai spectacle d'enfer. Les dépôts de munitions des Allemands sautent les uns après les autres.

L'heure de l'attaque a été fixée au 12 mai, à minuit juste. Il neige. La brume revient. Le froid se fait encore plus terrible.

Au sommet du Roasme, le chef de bataillon Célerier a installé son poste de commandement sous trois mètres de neige. Il réunit ses commandants de compagnie pour leur donner ses dernières instructions.

— Il y a des armes automatiques allemandes partout. Mais il faudra passer quand même. On se servira du brouillard pour déboucher. Vous avancerez d'abord à la même hauteur, la 1re compagnie à la droite de la 2e. Essayez de trouver un trou. La 3e compagnie suivra derrière, prête à vous soutenir.

Les hommes de la 3e, chargés de monter une dernière corvée de matériel au sommet du Roasme, arriveront juste un quart d'heure avant le début de l'attaque et n'auront même pas le temps de se reposer avant de repartir.

A droite du 6e BCA, les camarades du 14e attaquent par la vallée. Partant du col 333, ils doivent progresser dans un terrain difficile. Les fonds ne sont que marécages de neige fondante. Au-dessus, sur les pentes, des rochers pointent de temps à autre entre les bouleaux et les sapins, n'offrant guère plus de couverts que la crête entre les sommets où les Alpins du 14e doivent s'emparer des pitons 409 et 416.

A quelques kilomètres plus au sud, deux bataillons de la Légion étrangère débarquent de vive force et prennent les Allemands à revers. Les défenseurs des pitons rocheux sont obligés de se replier. Non sans multiplier les actions retardatrices. A quatre reprises, la 2e compagnie du 6e BCA essayera de déboucher des rochers et se fera clouer sur le glacis. La 1re compagnie parviendra à manœuvrer et à déborder l'ennemi qui doit décrocher. Dans la nuit claire, on repère les petits groupes tapis dans la neige autour des fusils mitrailleurs qui tirent par courtes rafales précises. Sur l'arrière, claquent les coups de départ des 75 français. Les Allemands ripostent avec leurs mitrailleuses et leurs mortiers. Balles et éclats fouettent la neige que jonchent quelques cadavres, les bras en croix. Le jour arrive. Le soleil.

Encore toute une journée à se battre. Le chef de bataillon Célerier parvient à pousser sa 2e et sa 1re compagnie qui commencent à aborder la dernière pente avant le sommet de l'Ornfjeld. Un message lui a appris que son camarade le commandant de La Roque a réussi avec son 14e à s'emparer des cotes 409 et 416. Il n'est pas dit que le 6e, malgré le dur tribut payé au gel, restera en arrière.

Il est huit heures du soir quand le jeune officier qui commande la section de tête, le sous-lieutenant de La Baume, dans le civil novice de la Compagnie de Jésus, tombe frappé de plusieurs balles dans le ventre. Deux Alpins bondissent avec leurs fusils mitrailleurs et couvrent de leurs feux le petit groupe qui récupère le corps de leur chef. Couché dans la neige, ce séminariste, mobilisé comme officier d'Alpins, continue à donner des ordres :

— Tirez, tirez, dit-il. Tenez bon !

Il s'évanouit. Puis rouvre les yeux et murmure :

— Ne reculez jamais.

On l'évacue sur un traîneau qui laisse une longue trace sanglante dans la neige. Du poste de secours de la demi-brigade dans la vallée, il sera chargé sur un bateau et emmené à l'hôpital d'Harstad. Mais il est trop tard. Le sous-lieutenant de La Baume mourra le lendemain.

Dans la soirée du 13, légionnaires, venant du sud, et chasseurs alpins, venant du nord, ne sont plus qu'à deux kilomètres les uns des autres, chacun sur la crête qui leur avait été assignée comme objectif de la journée. Le lendemain, les éclaireurs-skieurs établissent le contact.

Au soir du 14 mai, le général Béthouart débarque à Oijord, sur le Rombakfjord. De l'autre côté de l'eau grise et froide, à moins de quinze cents mètres, on aperçoit les maisons de Narvik et la gare maritime où stationnent les wagons de minerai de fer. Au-dessus des toits flotte le drapeau de guerre du Reich.

Tandis que les Alpins du 6e et du 14e se battaient au nord, leurs camarades du 12e BCA avaient été mis à terre à Bogen, à l'ouest de Narvik.

Sitôt débarqué, le 29 avril, quinze jours auparavant, le chef de bataillon Nicolaï, un Corse qui a une réputation de « dur à cuire » acquise dans les tranchées de la dernière guerre, reçoit l'ordre de gagner Lanvik, à cinq kilomètres, toujours le long du rivage. Il vient à peine d'y installer ses Alpins qu'il doit les embarquer à nouveau sur des destroyers pour traverser l'Ofotenfjord et faire du village de Skjomnes la base de ses opérations offensives.

Le 12e semble vraiment l'enfant perdu de la demi-brigade. Placé directement sous les ordres d'un officier britannique, le général Frazer, il manque cruellement de matériel.

Tous les bagages sont restés à bord du paquebot *Flandre* qui a amené le bataillon en Norvège. Débarqués dans un autre port, les roulantes, l'ambulance, les camions, les motocyclettes et les voitures d'infanterie n'ont pas rejoint. Le pire est le manque de munitions. Il n'y a que six caisses de bandes par mitrailleuse et pas une seule grenade. Les mulets ont disparu. Quant au matériel de montagne, non seulement les Alpins du 12e n'ont, comme leurs camarades de la demi-brigade, ni canadiennes, ni chaussons de neige, ni lunettes bleues, mais ils n'ont même pas de raquettes ! Se déplacer dans la neige leur est donc à peu près impossible. On comprend que le commandant Nicolaï ne décolère pas.

La seule unité sur laquelle il peut compter est la SES. Au nombre d'une trentaine d'hommes bien entraînés, sous les ordres du lieutenant Angles d'Auriac, les éclaireurs-skieurs sont à pied d'œuvre sur la presqu'île de Skjomnes dès le 19 avril et ils lancent aussitôt de longues patrouilles en montagne. Skieurs allemands et skieurs français se jouent une véritable partie de cache-cache. Il arrive même que les Alpins s'installent dans des cabanes abandonnées pour dévorer les provisions de leurs adversaires, tandis que ceux-ci sont partis en mission. Au retour, on échange quelques rafales et chacune des deux troupes rompt le combat. A plusieurs reprises, les gars de la SES parviennent sur la crête d'où ils peuvent observer la presqu'île de Narvik, de l'autre côté du Beisfjord.

Le 4 mai, les compagnies de combat du 12e BCA touchent enfin des raquettes et peuvent lancer des reconnaissances qui vont les amener à leur tour sur la crête. Dès le 6 mai, la 1re compagnie du capitaine Humbert occupe la cote 295, au-dessus du village d'Antreness. Les Alpins tiennent les mamelons situés à l'ouest et leurs adversaires ceux situés à l'est. Le chef de bataillon Nicolaï décide :

— Nous attaquons le 9 mai. Notre objectif est la cote 677. La 1re compagnie d'Humbert à gauche et la 2e de Monteil à droite. Le capitaine de Germiny restera en réserve avec la 3e compagnie.

— Et la SES, mon commandant ? demande le lieutenant Angles d'Auriac.

— Vous partirez par la vallée, vous monterez jusqu'au lac gelé qui se trouve à l'est du piton et vous prendrez les Allemands à revers.

Il reste une seule question. La participation d'un bataillon britannique à cette opération. Mais le général Frazer prétend que ses hommes ne sont pas entraînés à la guerre en montagne.

— Tant pis, conclut le chef de bataillon Nicolaï, le 12e se battra seul.

Son unité est composée de réservistes, comme le 14e, mais depuis des mois ils subissent un entraînement efficace dans le cadre de la brigade de Haute Montagne.

Les éclaireurs-skieurs s'emparent de la position du lac puis ils remontent vers 677, où la petite garnison du sommet est vite réduite par quelques rafales. Du piton, les Alpins aperçoivent le fjord, le port de Narvik, les destroyers britanniques et les panaches de plusieurs incendies.

Le 15 mai, alors que ses camarades de La Roque et Célerier viennent de réussir la ruée sur Bjervik, en liaison avec la Légion, le chef de bataillon Nicolaï reçoit du commandement britannique l'ordre de relever une unité alliée et d'étendre son front d'encore trois kilomètres vers l'est, en occupant le piton 668 qui constitue un magnifique observatoire au-dessus du Beisfjord.

La position est tenue par le lieutenant Magnon-Pujo qui commande une section de vingt-cinq chasseurs de la 2e compagnie. Il est minuit et demi, le 17 mai quand une très vive fusillade éclate.

— Mon lieutenant ! Les Allemands escaladent la pente !

A moins d'un kilomètre, une demi-douzaine de mitrailleuses lourdes appuient l'attaque des chasseurs de montagne de la Wehrmacht, formés en deux colonnes d'une centaine d'hommes chacune. Les Alpins vont avoir affaire à forte partie. Le piton 668 va-t-il devenir un nouveau Sidi-Brahim ? Une des deux mitrailleuses françaises tire sans arrêt, bande sur bande. Le tireur veut changer de place. Il se lève et s'écroule aussitôt, frappé à mort. Le caporal chef de pièce prend sa place.

Maintenant, les Allemands sont à moins de vingt mètres de l'observatoire tenu par les Alpins dont ils sont séparés par un ravin. On se fusille de piton à piton, presque à bout portant.

Pendant quatre heures, dans la nuit claire, les montagnards des deux camps vont se battre au cours d'une lutte à mort. Les Français vont sans doute succomber sous le nombre. Le lieutenant Magnon-Pujo n'a plus guère d'espoir. Soudain, l'officier aperçoit dans ses jumelles des ombres blanches qui montent à leur tour vers la cote 668 à partir du village de Bakkenhaugen.

— Ce sont les gars de la SES ! annonce-t-il. Nous allons être délivrés.

Ce renfort d'une trentaine de combattants entraînés et l'intervention de l'artillerie britannique vont renverser la situation.

Il est huit heures et demie du matin quand le lieutenant Angles d'Auriac lance à l'assaut les hommes de sa SES.

— On va prendre le piton ! A la grenade !

Quelques explosions. Les Allemands décrochent.

Dans la soirée, les Alpins pourront remettre l'observatoire de la cote 668 intact à leurs camarades polonais dont deux bataillons sont en train de manœuvrer dans la presqu'île au sud du Beisfjord. Le chef de bataillon Nicolaï reçoit l'ordre de regagner Bogen où son 12ᵉ BCA est placé en réserve.

Le 6ᵉ BCA, dont 65 % de l'effectif ont eu les pieds gelés depuis le début des opérations, regagne sa base de départ d'Elveness, où il sera mis au repos pendant quatre jours. Le 22 mai, le chef de bataillon Célerier reçoit l'ordre d'embarquer les quatre cents chasseurs encore valides qui lui restent. Ils doivent gagner Sjovein, là même où ils avaient mis le pied sur le sol norvégien, et y resteront en réserve.

Il est exactement midi, au jour prévu pour l'embarquement, quand quatre avions Dornier surgissent brusquement au-dessus du Gratangenfjord. Ils commencent à bombarder les navires au cours d'un premier passage et s'éloignent rapidement.

La 1ʳᵉ compagnie du capitaine Lalande a déjà embarqué dans une grande chaloupe.

— Ils vont revenir ! lance l'officier.

Et il ordonne aussitôt :

— Vite ! Tout le monde à terre !

Il s'agit de ne pas perdre une minute. Sans même prendre leur matériel, les chasseurs se précipitent hors du bâtiment et giclent vers les quais.

— Dispersez-vous ! Couchez-vous ! crie le capitaine Lalande.

Il reste debout, au milieu de l'embarcadère, dirigeant la sortie des derniers hommes qui continuent à jaillir de la cale.

— Allez vous mettre à l'abri ! Vite !

Au même instant, les quatre appareils allemands reviennent et recommencent à bombarder le port d'Elveness.

Un des projectiles tombe dans la cale ouverte et explose, projetant des débris dans tous les sens. Quatre Alpins sont déchiquetés. La chaloupe sombre aussitôt, avec tout l'équipement et tout l'armement de la compagnie.

Le capitaine Lalande est blessé par un éclat. Mais il a réussi à sauver la plupart de ses chasseurs. Les quatre bombardiers allemands s'éloignent. Dans le port d'Elveness en feu, les maisons de bois brûlent comme des allumettes. Un dépôt de munitions explose. A toute allure, des artilleurs retirent d'un brasier des caisses d'obus de 75 et évitent une catastrophe.

Le chef de bataillon Célerier doit alors diriger par la route les hommes du 6ᵉ vers un autre port d'embarquement. Ils finiront par gagner Sjovein où ils seront placés en réserve.

Une seule compagnie sera détachée auprès du 14e du chef de bataillon de La Roque. Après avoir fait sa jonction avec les légionnaires à Bjervik, le 14 mai, le bataillon descend le long du Herjangsford jusqu'à Oijord, en face de Narvik. Puis il réussit, le 18 mai, un débarquement de vive force à Lilljedal.

— Nous avons l'ordre de pousser vers Aasen et le lac Fisklosvand, annonce le chef de bataillon à ses commandants de compagnie.

Les Alpins se mettent à nouveau en marche vers les sommets d'où ils domineront, sur la rive septentrionale, le Rombakfjord. Près du lac, ils parviennent à établir la liaison avec les Norvégiens.

Repoussant les Allemands vers l'est, le long du rivage et sur les premiers contreforts de la montagne, ces chasseurs du 14e, renforcés par une dernière compagnie du 6e, seront désormais les seuls Alpins encore en ligne pour l'assaut final sur Narvik. Car prendre le « port du fer » reste — quoi qu'il arrive par ailleurs — l'idée fixe de leur chef, le général Béthouart.

Le 26 mai, le chef de la division légère de Chasseurs est convoqué par l'amiral Cork and Orrery, au quartier général de Harstad. C'est pour y apprendre une mauvaise nouvelle :

— Le gouvernement de Sa Majesté a décidé que les forces alliées évacueront la Norvège du Nord dans un avenir très prochain.

L'amiral demande alors à Béthouart :

— Persistez-vous encore dans votre idée d'attaque sur Narvik ?

Le chef de la division légère de Chasseurs demande à réfléchir pendant une demi-heure. Se rembarquer maintenant pourrait mener à un désastre. Il vaut mieux, auparavant, remporter une victoire qui obligera les Allemands à se retirer jusqu'aux abords de la frontière suédoise.

Alors, la décision est prise :

— Oui, amiral, je maintiens mon attaque pour le 28 mai.

Deux bataillons de la Légion étrangère et un bataillon norvégien débarquent à Orneset et commencent aussitôt à progresser tant vers le sud-ouest, pour s'emparer de la ville, que vers l'est, pour contrôler la voie de chemin de fer. Malgré des pertes sévères, ils atteignent tous leurs objectifs [1]. A dix heures du soir, le général Béthouart entre à Narvik.

Sur l'autre rive du Rombakfjord, au nord de Narvik, les chasseurs du 14e, côte à côte avec les Norvégiens, continuent de repousser leurs adversaires vers l'est. Ils s'emparent du

---

1. Pour l'attaque sur Narvik, voir, dans la même collection chez le même éditeur, Erwan Bergot : *La Légion au combat*, 1976, et, pour la défense par les parachutistes allemands, Jean Mabire : *Les Paras du matin rouge*, 1980.

village de Hergotten sur les rives du Rombakfjord, le jour même où les légionnaires prennent Narvik d'assaut. Puis ils s'arrêtent devant un ravin qui dévale des sommets enneigés, un gros torrent y coule, le Storelven. Derrière en surplomb, une haute falaise, le Haugfjemdet, monte d'un seul jet jusqu'à près de 500 mètres. Les Alpins n'iront pas plus loin.

La bataille de Narvik est gagnée, l'ennemi repoussé jusqu'à la frontière suédoise, le général Béthouart, qui a fait quatre cents prisonniers et capturé plus de deux cents mitrailleuses et dix canons, doit, la rage au cœur, donner l'ordre de rembarquement. Comme un capitaine qui abandonne son navire en perdition, il s'embarque à Narvik le dernier, après avoir dicté un ultime message au général Fleischer, qui commande les soldats du roi Haakon dans la région où se sont déroulés de si durs combats :

« C'est la mort dans l'âme que je quitte la Norvège... Je laisse sur votre sol ce que j'ai de plus précieux — mes morts. Je vous les confie comme un gage d'inaltérable amitié entre la France et la Norvège [1]. »

1. Le général d'armée Béthouart est mort le 17 octobre 1982 à quatre-vingt-treize ans, après avoir commandé le 1er corps d'armée dans la campagne 1944-1945 et avoir terminé l'offensive victorieuse au Tyrol.

CHAPITRE XI

LES HEROS INCONNUS DU CANAL DE L'AILETTE

Dix jours. Ils viennent de tenir dix jours sur le canal de l'Ailette sans que les Allemands parviennent à entamer leurs positions. Dix jours scandés par les rafales de mitrailleuses et les coups d'arrivée des obus de mortiers. Des avions aux croix noires les survolaient sans cesse, bombardant et mitraillant les tranchées et les emplacements d'armes automatiques. Mais les chasseurs du 7e BCA ont tenu, avec à leur droite leurs camarades du 27e BCA, eux aussi accrochés à ce canal de l'Ailette qui marquait pour eux la frontière même de la patrie envahie.

Et puis ce fut, pour les hommes épuisés, cette relève tant attendue qu'elle paraissait incroyable. Dans la nuit du 30 au 31 mai 1940, les Alpins sont descendus des lignes, laissant sur le bord de l'Ailette bien des tombes.

Le chef de bataillon Soutiras installe ses chasseurs dans un petit village, Bucy-le-Long, à cinq kilomètres au nord-est de Soissons. L'Aisne n'est pas loin avec son eau fraîche et ses ombrages. L'été brûle de tous ses feux ce paysage valonné qui garde encore dans ses replis les souvenirs tragiques de l'autre guerre, la Grande, celle de 14-18.

De celle de 1939, les Alpins du 7e venus d'Albertville où ils tenaient les zones frontalières de la Tarentaise et du Beaufortin ont connu les longues patrouilles dans les sentiers enneigés de la forêt de la Hardt, aux portes du Palatinat ennemi. Un rude hiver entre Wissembourg et Bitche. Si rude que le repos dans le Jura, le 15 avril, leur parut un printemps de rêve. Le coup de tonnerre du 10 mai les relança dans la bataille. La vraie. Le 15 mai, les Alpins du 7e étaient à Paris et deux jours plus tard débarquaient à Soissons pour découvrir le plus hideux visage de la guerre moderne, celui du lent exode des civils. Le lieutenant Portier, qui commande la 3e compagnie, n'est pas près d'oublier ce spectacle de cauchemar. Ce souvenir l'a peut-être encore plus marqué que les combats de l'Ailette qui allaient suivre. Il le dit à un de ses chefs de section :

— J'avais le cœur déchiré... Toutes ces femmes, tous ces enfants, ces vieillards. Epuisés, tremblants de peur au moindre vrombissement d'avion dans le ciel — ce n'était jamais un des nôtres, hélas — tenaillés par la faim et la soif... Je n'oublierai jamais cela, la chaleur, la poussière, la hargne...

Et l'officier revoit l'interminable défilé, les automobiles et les carrioles à cheval, les camions et les charrettes, les voitures de tourisme et les tracteurs agricoles, les motos, les bicyclettes, les brouettes, les voitures d'enfant, les poussettes de maraîchers, tout ce qui pouvait rouler et qui coulait comme un fleuve de misère vers le sud.

— Et quand nous avons reçu l'ordre d'arrêter toute circulation sur la rive droite de l'Aisne, mon capitaine !

— Jamais entendu tant de gémissements et de supplications. De menaces aussi.

Tous les Alpins du 7e se rappellent ces moments affreux, dont le sommet fut sans doute le bombardement de la gare de Soissons, le 18 mai au matin. Des cadavres partout. Des blessés hurlants. Terreur et panique.

Ces visions d'horreur semblent soudain très loin dans ce cantonnement de Bucy-le-Long, où les chasseurs débrouillards lavent leur linge, traînaillent, découvrent de quoi améliorer l'ordinaire et surtout dorment, dorment tout ce qu'ils n'ont pas dormi sur l'Ailette et aussi tout ce qu'ils ne vont pas dormir dans les jours terribles qui les attendent. Tous le savent. Les Alpins pansent leurs blessures pour être engagés, d'un jour à l'autre, dans une contre-attaque.

Une semaine se passe. Courte et tragique semaine. Les soldats français encerclés à Lille sont obligés de se rendre. Des scènes d'enfer se déroulent à Dunkerque où les Britanniques s'embarquent sous la protection désespérée des arrière-gardes françaises. Les usines Renault à Paris sont bombardées par la Luftwaffe. Le 4 juin, les Allemands sont à Dunkerque. Maintenant, toutes les forces allemandes vont pouvoir pousser vers le sud, dans une irrésistible charge. Le raz de marée déferle au bruit des sirènes des Stukas, des moteurs des Panzers, dans une odeur d'huile chaude, de poudre, de chants sauvages qui claquent comme des rafales d'armes automatiques. La bataille du Nord est terminée, la bataille de la Somme et de l'Aisne commence. Et un nom revient toujours. Celui du canal tenu envers et contre tous. L'Ailette.

A Bucy-le-Long, la nuit du 4 au 5 juin sera bien courte.

Il est 5 heures du matin quand le 7e BCA est mis en alerte. Une heure plus tard, un bulletin de renseignements arrive dans chaque compagnie. Il est d'une brutale précision.

Le lieutenant Pailloncy qui a succédé au capitaine Laporte, tué sur le canal de l'Ailette, à la tête de la 1re compagnie, montre le morceau de papier à son plus ancien chef de section, le sous-lieutenant Rey.

— Lisez donc. C'est effrayant. Tout va se jouer maintenant.

Les deux officiers découvrent la terrible vérité :

« L'ennemi a franchi le canal de l'Ailette en plusieurs points du front du corps d'armée... en particulier sur le tunnel du Chemin des Dames... »

Ce nom qui revient, avec tant de souvenirs sanglants de la guerre 1914-1918.

Dans toutes les compagnies, les Alpins s'équipent en hâte avec la capote « moutarde » sur la tenue bleue, bouclent les sacs, remplacent la grande « tarte » bleu foncé par le casque d'acier peint de couleur mate. Cartouchières pleines, musettes de boîtes-chargeurs de FM gonflées à craquer, grenades plein les poches, il ne manque rien. L'animation est telle dans les cantonnements, au petit jour, qu'elle paraîtrait presque joyeuse sous les premiers rayons du soleil levant.

Le chef de bataillon Soutiras réunit les officiers à son poste de commandement à 8 heures du matin. C'est un homme mince, droit, élégant, avec une fine moustache. Il tient à la main ses gants blancs. Sur sa poitrine étincelle l'insigne du 7e avec le fameux « diable au cor ».

— Messieurs, vous connaissez tous la nouvelle. Voici quelques détails. L'ennemi a traversé le canal de l'Ailette au nord du village de Pinon et s'est infiltré dans le secteur que défendait une division d'infanterie. Nous allons contre-attaquer avec le 130e RI. Il n'y a pas de délai. La mise en route est immédiate.

Avant de clore la réunion, le commandant Soutiras donne une dernière précision. C'est une bonne nouvelle dans tout ce drame et il semble ne même pas y croire :

— Un compagnie de chars participera à l'opération.

D'un geste, le chef du 7e BCA signifie que la réunion est terminée. Moins d'une demi-heure après la convocation des officiers chez leur chef de corps, tous les hommes sont prêts à embarquer.

Pour cette contre-attaque, fait insolite, presque extraordinaire, les Alpins vont être motorisés. Il n'y a pas une minute à perdre pour la réserve de la dernière chance. Etrange convoi qui comprend, pêle-mêle, des autobus et des camions. Des chauffeurs militaires conduisent ces véhicules réquisitionnés qui s'étirent à la sortie du village.

— Moteurs en route, ordonne le commandant Soutiras.

Le chef semble impatient, toujours élégant mais un peu

nerveux. Il est assez vieux chasseur pour ne pas se faire d'illusions sur l'issue de la bataille.

Un fracas épouvantable. Déjà tombent les premiers obus ennemis. Les Allemands ont pris pour cible le village de Bucy-le-Long avec leurs tubes de 150. Les premiers projectiles, encore mal réglés, soulèvent surtout de la poussière. Le convoi démarre. Au bout de deux ou trois kilomètres on rejoint, à Crouy, la nationale qui va de Soissons à Laon. Cette fois, du village, il ne reste rien. Ou pas grand-chose. Des ruines. Encore des ruines. Des incendies grésillent encore, des pans de murs oscillent avant de s'abattre dans un nuage de poussière. Des obus continuent à tomber.

Le commandant Soutiras presse le mouvement. Il faut traverser cet enfer. Ses hommes doivent arriver entiers sur la ligne de feu. Après...

Décidément, la nationale, prise sous un déluge d'obus, n'est pas empruntable. Il faut se résoudre aux chemins de traverse.

— Le convoi passera par Margival, décide le chef du 7e BCA.

Le prochain village est Laffaux. Les souvenirs de la « der des ders » reviennent par bouffées. Pas de nostalgie. On va encore essayer de tenir cette fois-ci.

Un vrombissement tenace. Un avion d'observation à croix noires. Alors, en face, les batteries se déchaînent sur le convoi repéré. Autobus et camions traversent Neuville-sur-Margival. Les obus commencent à tomber dru.

— Tout le monde à terre ! ordonne le commandant Soutiras.

Le chef du 7e se rend bien compte que le trajet par la route devient impossible sous cette grêle mortelle.

— Nous gagnerons à pied nos positions de départ, ordonne-t-il. Quittez la route tout de suite. Regroupement dans le bois pour organiser la progression.

A l'abri des couverts, deux échelons sont aussitôt organisés.

— Chaque compagnie reçoit le renfort d'une section de mitrailleuses. Nous partons tout de suite. En premier échelon, la 1re compagnie du lieutenant Pailloncy et la 2e du capitaine Hullo. En deuxième échelon, la 3e compagnie et la compagnie d'accompagnement du capitaine Carcassonne. Avec lui les engins du bataillon, les transmetteurs, les infirmiers.

Les ordres sont simples. Le chef de bataillon précise seulement :

— Je marche en tête avec mon adjoint. Nous n'aurons qu'un poste de commandement réduit.

Le capitaine Duchaussoy, adjoint du commandant Soutiras, rassemble déjà la petite équipe qui doit suivre le chef de bataillon. Dans les sections de mitrailleuses, les servants débarrassent les voiturettes et s'apprêtent à porter à dos d'hommes les pièces et les affûts, tandis que les pourvoyeurs se chargent des pesantes caisses de bandes de cartouches. En quelques minutes, tout le 7e est prêt au départ.

— En avant !

Les Alpins commencent une terrible marche d'approche qui va durer onze heures à travers un terrain épouvantable. Les tranchées et les trous d'obus de l'autre guerre forment un paysage chaotique, totalement envahi par les couverts et les marécages. Partout des bosquets, des ajoncs, des trous d'eau. Les chasseurs s'empêtrent dans des barbelés rouillés, pataugent dans des vasières, disparaissent dans des buissons serrés. En tête, les compagnies de combat arrivent encore à progresser relativement vite, malgré la fatigue des mitrailleurs, rapidement épuisés par leur charge. A l'arrière, la compagnie d'accompagnement doit traîner ses mortiers de 60 et ses canons de 37.

Le capitaine Carcassonne voit ses Alpins à bout de force. La chaleur est vite devenue insupportable. Jamais le soleil de juin n'a semblé brûler aussi fort. Tout le paysage de ce plateau de Laffaux n'est qu'une fournaise. Et les capotes sont autant de carcans sous les courroies de tous les brêlages.

— Un avion !

— C'est encore le « mouchard ».

— Quelle saloperie !

L'avion d'observation allemand tourne et retourne, avec son vrombissement agaçant d'insecte rageur pris dans un bocal. Il finit quand même par s'éloigner.

— Ça va bientôt tomber !

Les premiers obus arrivent très vite. Geysers de boue et de feu. Le capitaine Carcassonne, qui marche avec l'arrière-garde, voit la gare de Margival disparaître dans une gigantesque explosion.

— Les Stukas !

Les terribles avions en piqué semblent tomber comme des pierres en faisant hurler leurs sirènes. Et puis, tout de suite, les bombes éclatent en chapelet. La forêt tremble. Tout le sol frissonne sous l'orage brutal. Dns le ciel, les appareils à croix noires semblent se livrer à un étrange ballet. Ils plongent sur les colonnes des Alpins en marche. Comme frappés par une gigantesque cognée, des arbres s'abattent d'un seul coup, au milieu des flammes et des éclats. Partout, des morts, des blessés. Les chairs sont déchiquetées par les éclats. Le sang jaillit par saccades des membres mis à nu.

Sur le bord d'un entonnoir, un homme est assis. Il a les deux yeux arrachés, le visage et la poitrine ruisselant de sang. C'est un sous-officier, le sergent-chef Chabert. De ses deux poings crispés, il tient un mousqueton qu'il ne veut pas lâcher. Comme si son arme était encore plus précieuse que sa vue, que sa vie... Il faut le tirer de son trou.

Le chef de bataillon Soutiras marche avec la compagnie de tête, celle du lieutenant Pailloncy. Le chef du 7e BCA est soucieux. Depuis ce matin, il n'a aucun autre renseignement. Il ne connaît que le nom de ce village : Pinon.

— Si au moins nous pouvions savoir quels points d'appui tiennent encore sur le canal de l'Ailette, confie-t-il au capitaine Duchaussoy.

Mais rien. Hormis l'ordre de se rendre à l'extrémité du Mont-de-Pinon. Puis, enfin, quelques précisions :

« Réoccupez au plus tôt le village de Pinon et les ponts sur l'Ailette. »

C'est donc qu'ils sont aux mains de l'ennemi. Voilà quand même une certitude, même si elle est bien navrante.

Au début de l'après-midi, le soleil brûle de plus en plus. Les chasseurs de la compagnie d'appui, pour échapper aux vues des avions ennemis, se glissent dans les ravins qui ont connu naguère les combats de 1917. Une végétation à peu près impénétrable a envahi les anciennes tranchées. Traîner là-dedans des mortiers et des pièces antichars paraît impossible.

— Il faut y arriver, dit seulement le capitaine Carcassonne. Nos camarades auront besoin de nous dans les heures qui viennent.

Voici le dernier échelon du 7e engagé à son tour sur le plateau de Laffaux. Des explosions, des geysers, des éclats. Cette fois, ce sont des pièces de 105 qui prennent les Alpins à partie. Aux explosions répond un vrombissement dans le ciel.

— Les avions !

Cri affreux tant de fois entendu. Bombardement et mitraillage. A nouveau des morts et des blessés. Quel calvaire que cette marche vers Pinon. Vers le sacrifice. Vers le nord et sous le soleil.

Un calvaire de onze heures. A peine coupé d'une brève halte vers midi. Il fait déjà nuit quand le bataillon se met en place. Les Alpins sont en avant de leurs camarades du 130e RI, à l'extrême pointe de la future contre-attaque.

— Trop tard pour donner l'assaut cette nuit, décide le commandant Soutiras.

Le chef de bataillon a installé son poste de commandement à six cents mètres au sud-ouest du village de Pinon, sur une petite hauteur d'où il domine les bois et les marais. On devine tout proche le canal de l'Ailette dans le crépuscule.

Les trois compagnies de fusiliers voltigeurs s'installent dans la nuit selon les ordres du commandant Soutiras :

— La 2e devant le village de Pinon, la 1re au sud de la route qui mène à Vauxaillon, la 3e dans l'axe.

— Quelles sont les liaisons avec le régiment d'infanterie ? demande le capitaine Duchaussoy.

— Aucune, dit Soutiras.

Il ne parviendra à rencontrer le colonel Adam qu'au milieu de la nuit.

Ce qui est peut-être le plus extraordinaire à la veille d'une telle horreur, c'est que la nuit est splendide. On n'entend pas un seul bruit au-delà du canal où l'on devine la forêt de Mortier et le village d'Anizy-le-Château. Epuisés par onze heures de marche harassante, les Alpins, sous la garde de quelques guetteurs, dorment sous les couverts, blottis au pied des arbres et dans les fossés. Ils n'ont même pas froid. Il est une heure du matin.

Le chef de bataillon Soutiras ne dort pas. Cette contre-attaque à l'aube lui semble tellement risquée. Sans liaisons et sans appuis. Mais il y a les chars. Le capitaine Duchaussoy surgit près de son chef :

— Mon commandant, nous venons de recevoir un message du capitaine qui commande les chars.

— Où est-il ?

— Loin derrière, hélas ! L'aviation l'a empêché de nous suivre. Il ne dépassera pas le village de Laffaux.

— A une demi-douzaine de kilomètres derrière nous. Il ne servira à rien !

Le chef de bataillon Soutiras a un geste de désespoir.

— Et l'artillerie, Duchaussoy ?

— Aucune liaison, mon commandant.

Un long silence.

— Bien, dit Soutiras. Je vais vous dicter les ordres pour l'attaque. Elle aura lieu aujourd'hui à quatre heures. La 1re compagnie occupera le pont ouest, sur la route de Brancourt, et la 2e compagnie le pont est, sur la route d'Anizy. La 3e restera en réserve à ma disposition près du PC.

Il est exactement 3 h 25 quand un agent de liaison secoue une forme enroulée dans une couverture à même le sol :

— Mon lieutenant ! Hé ! Mon lieutenant !

— Qu'est-ce que c'est ?

— Un ordre écrit du commandant Soutiras.

Le lieutenant Pailloncy, chef de la 1re compagnie, n'est pas long à déchiffrer le message qui se termine par « exécution immédiate ». L'officier rassemble aussitôt ses chefs de section et la 1re compagnie, celle dite de « Sidi-Brahim », qui conserve les traditions de la compagnie de l'Hilsenfirst de 1915, se met en marche. Les Alpins descendent vers le canal de l'Ailette en suivant des pentes boisées, assez raides. Ils franchissent la route de Pinon à Vauxaillon. Le jour commence à peine à se lever. Tout le paysage paisible baigne dans une lueur grise, presque laiteuse. Au-dessus du canal, une brume très épaisse déborde des rives et couvre tout le fond de la vallée. Il fait assez frais, mais la journée promet d'être très belle.

Le lieutenant Pailloncy pense à celui qui l'a précédé. Tué d'un éclat d'obus le 24 mai, le capitaine Laporte aurait tant voulu conduire ses chasseurs pour une attaque comme celle-ci. Sans espoir et pour l'honneur.

La compagnie « Sidi-Brahim » a dépassé d'environ trois cents mètres ses objectifs de départ. Tout à coup un vrombissement, une explosion. Et des dizaines, des centaines d'autres. L'enfer se déchaîne.

— Un tir d'artillerie ! lance le sous-lieutenant Rey à son chef.

— Eux aussi préparaient une attaque, constate Pailloncy.

Le vacarme est assourdissant. Les branches d'arbres s'abattent, les feuilles voltigent, les éclats sifflent dans tous les sens. Une fumée âcre prend à la gorge. Entre les explosions on entend les cris affreux des blessés.

Le tir de l'artillerie allemande tombe non seulement sur les positions de départ des deux compagnies de combat prêtes à l'attaque mais aussi sur les abords du poste de commandement du commandant Soutiras. Obus de 105 et même de 150 ne cessent de pleuvoir sur un rythme infernal. Des chasseurs blessés arrivent au poste de secours, vite débordé.

— Il n'y a pas de doute, mon commandant, dit le capitaine Duchaussoy, c'est une préparation d'artillerie qui précède une attaque.

— Et avant même que notre contre-attaque ait démarré, murmure Soutiras. C'est une catastrophe.

Et le chef du 7ᵉ BCA ajoute :

— Nous pouvons être coupés des deux compagnies de tête d'un moment à l'autre.

Il réfléchit un instant. Puis décide, avec un mouvement violent de tout le corps :

— S'il le faut, nous ferons Sidi-Brahim sur la cote 154.

A la 1ʳᵉ et à la 2ᵉ compagnie, la situation devient vite épouvantable.

Sous ce tir d'artillerie, qui dure presque pendant une heure, les Alpins se terrent sans guère pouvoir trouver un abri, engagés comme ils le sont sur un véritable glacis.

— Et dans quelques minutes, nous risquons de nous heurter aux vagues d'assaut allemandes, dit le lieutenant Pailloncy au sous-lieutenant Rey.

Le feu reprend, encore plus violent.

— Il n'y a rien d'autre à faire que de continuer l'attaque, conclut le chef de la compagnie « Sidi-Brahim ».

Ses chasseurs foncent sur leurs objectifs. En tête, s'élance le groupe du sergent-chef Garny. Il arrive à la voie ferrée, semble hésiter à la franchir, puis se ressaisit et bondit sur le remblai.

— Les Allemands !

Ils arrivent de l'autre côté, après avoir franchi le canal. Le sous-officier hurle à ses hommes :

— Repoussez-les à la grenade !

Surpris par une pluie de « citrons » et de « quadrillés », les assaillants refluent. Garny se rend compte que son groupe est un peu trop aventuré en terrain menacé par l'ennemi et ordonne :

— On se replie sur la voie ferrée et on s'y accroche solidement.

Le gros de la 1re compagnie a déjà subi pas mal de pertes. Le lieutenant Pailloncy essaye de rétablir la liaison avec ses chefs de section.

— Où est donc l'aspirant Bourgeois ?

— Il vient d'être blessé, mon lieutenant !

— Tenez bon !

La fusillade devient de plus en plus brutale. Des balles sifflent comme des essaims de guêpes furieuses. Les mauvaises nouvelles ne cessent d'arriver.

— Mon lieutenant, il y a un groupe encerclé.

— Couvrez-le avec les FM. Il faut le dégager !

Mais il ne reste plus que quatre ou cinq fusils mitrailleurs encore en état de tirer. Ça va mal à la compagnie « Sidi-Brahim ». Pourtant on ne peut pas laisser les camarades voués à la capture ou à la mort. Devant ses Alpins, le lieutenant Pailloncy ne voit qu'un terrain totalement découvert que battent les mitrailleuses allemandes.

— Quel billard ! siffle le sous-lieutenant Rey à côté de lui.

— Il faut quand même y aller !

Entraînés par les deux officiers, les Alpins de la 1re compagnie s'élancent. Le sous-lieutenant Rey s'écroule, frappé d'une balle en plein front. Son chef, miraculeusement, est indemne. Et où en est l'autre section, celle de l'adjudant Gaudillière ? Elle progresse rapidement, derrière le sous-officier qui accroche ses hommes à ses traces sur un rythme endiablé. Soudain Gaudillière, déjà blessé une première fois, vacille, s'abat.

— L'adjudant est à nouveau touché ! crie un de ses chasseurs.

— Blessé mais pas mort, lance Gaudillière qui se relève.

Il rassemble ses chasseurs, leur montre l'objectif d'un geste, s'élance. Une nouvelle balle le frappe. En pleine tête. Cette fois, il est mort. Encore une section sans chef.

Un autre sous-officier, le sergent André, a le bras complètement déchiqueté. Pourtant, il garde le commandement de son groupe de combat. Ses Alpins luttent à un contre dix, pressés par des fantassins allemands qui semblent surgir de partout. André se rend bien compte qu'il va succomber sous le nombre. Il continue pourtant à encourager ses hommes :

— Tenez bon, les gars. Les copains vont venir !

Mais où sont-ils, les copains ? Morts, blessés. Pas en fuite en tout cas.

Sur les cent cinquante hommes que comptait sa compagnie, le lieutenant Pailloncy n'a plus autour de lui qu'une trentaine de survivants, totalement épuisés. Il doit y avoir aussi une dizaine d'hommes, avec le sergent-chef Garny, du côté du canal. L'officier décide d'installer son poste de commandement sur la voie ferrée et d'y arrêter le plus longtemps possible l'assaut allemand. Il ne garde avec lui que trois ou quatre chasseurs parmi les moins grièvement blessés. A deux reprises, il demandera des renforts au bataillon, mais personne n'arrive de l'arrière pour tenir à ses côtés le point d'ancrage de la résistance avancée.

— Formez un groupe avec ceux qui sont encore valides, dit l'officier à l'adjudant-chef Lebé. Essayez de tenir sur le canal.

— A vos ordres, mon lieutenant, répond le sous-officier aussi calme que dans la cour du quartier un matin de rapport.

Lebé bondit avec ses hommes, tandis que son chef s'accroche à la voie ferrée. Les Allemands ont franchi le cours d'eau sur des radeaux pneumatiques et déferlent de partout. Il est cinq heures et demie du matin et ils arrivent nombreux sur la rive sud de l'Ailette et dans le village de Pinon. Ils parviennent à occuper le pont de la ligne de Brancourt et y établissent des armes automatiques qui commencent à battre toutes les positions occupées par les chasseurs du 7ᵉ BCA. La 2ᵉ compagnie se trouve à son tour violemment prise à partie.

De la 1ʳᵉ, il ne reste en avant que l'adjudant-chef Lebé et ses hommes. Par une sorte de miracle, en se glissant à travers les colonnes d'assaut ennemies, ils parviennent jusqu'au canal, un peu à l'ouest du pont d'Anizy. Très rapidement, leur position devient intenable. Le sous-officier qui les commande ne leur cache pas la gravité de la situation.

— Nous sommes encerclés, dit-il à ses hommes. Il faut faire Sidi-Brahim.

Pas un ne songe à une autre solution. Farouches, ils se groupent autour de leur adjudant-chef. Lebé et ses Alpins vont tenir pendant quatre heures. Les Allemands essayent de les réduire par un bombardement de mortiers. Puis ils attaquent au pistolet mitrailleur et à la grenade. Les derniers survivants de la 1ʳᵉ compagnie, abrités derrière des cadavres, ennemis ou amis, tirent leurs dernières cartouches. Bientôt, ils n'auront plus de munitions. Leurs coups de feu s'espacent de plus en plus.

Les Allemands s'avancent dans le pré, venant des rives du canal et du village de Pinon. Les Alpins de l'adjudant-chef Lebé parviennent à se terrer tant bien que mal dans une vieille tranchée de la dernière guerre et ils entassent sur le parapet les cadavres des ennemis tués qui vont leur servir de rempart.

— L'adjudant-chef vient d'être blessé !

— Ce n'est rien, dit Lebé. Continuez à tirer. Ne les laissez pas approcher.

Les armes automatiques des chasseurs s'enrayent l'une après l'autre. Sur les trois fusils mitrailleurs qui leur restaient il n'y en a plus qu'un seul en état de tirer. Alors, calmement, tandis que les Alpins repoussent les assaillants à coups de mousqueton, le sergent Martin et le caporal-chef Curtet démontent les deux armes enrayées et commencent à les nettoyer.

Les fantassins allemands resserrent leur étau autour du petit groupe encerclé sur la berge du canal de l'Ailette.

— Ils vont attaquer de l'ouest, mon adjudant-chef !

Lebé fait mettre en batterie dans ce secteur le fusil mitrailleur encore en état de marche. Celui-ci ne tarde pas à cesser le feu.

— Qu'est-ce qui se passe ?

— On vient de tirer la dernière boîte-chargeur.

— Défendez-vous avec vos grenades.

L'adjudant-chef Lebé comprend que la situation des encerclés devient désespérée. Sans munitions, ils ne pourront plus tenir.

— Il faudrait prévenir le lieutenant sur la voie ferrée, dit-il au sergent Martin.

— Cela fait à peine deux cents mètres à courir, mon adjudant-chef. J'y vais.

— Tu vas te faire tuer.

Le sergent ne répond même pas et bondit hors de la tranchée. Quelques coups de fusil claquent aussitôt. Martin s'écroule, frappé de deux balles.

Tous les chasseurs qui entourent Lebé sont, comme lui, plus ou moins grièvement blessés. Le sous-officier demande :

— Est-ce que quelqu'un a encore une cartouche ?

— Non... Non...

— Une grenade ?

— Non plus.

— Alors, enlevez les culasses de vos fusils et fichez-les dans le canal.

Les uns après les autres, les derniers survivants de la compagnie « Sidi-Brahim » sabotent leur arme et se regroupent autour de leur chef.

— Plus une cartouche, dit l'adjudant-chef Lebé. Plus une grenade. Les armes sont inutilisables. Tout est en ordre. On peut cesser le combat la tête haute.

Il est dix heures du matin quand les Allemands stupéfaits découvrent qu'ils ont été arrêtés pendant quatre heures par cette poignée de garçons farouches aux yeux fiévreux et au visage ruisselant de sueur et parfois de sang.

La 2e compagnie, sous les ordres du capitaine Hullo, a connu elle aussi un sort dramatique. Dès le débouché de l'attaque, avant l'aube, elle a été prise sous le terrible bombardement d'artillerie qui a tragiquement ouvert cette journée du 6 juin. Puis quand leur chef a donné l'ordre d'avancer quand même vers l'objectif, le pont de Brancourt, des mitrailleuses allemandes se sont dévoilées, prenant en écharpe les sections descendant la pente vers le canal par un véritable glacis.

— Les Allemands attaquent !

Surgis de leurs canots pneumatiques, ils viennent d'aborder la rive droite de l'Ailette et s'infiltrent aussitôt vers les hauteurs qui dominent le village de Pinon.

Le commandant de compagnie ne voit plus son plus ancien chef de section.

— Où est le lieutenant Lathune ?

— Tué, mon capitaine.

De nombreux gradés sont aussi tombés comme le sergent-chef Murat ou le sergent Chevallier. C'est par dizaines que sont hors de combat caporaux et chasseurs. Seuls quelques blessés légers peuvent gagner d'eux-mêmes le poste de secours. Les autres restent sur le terrain. Ils seront soignés par les Allemands, s'ils vivent jusque-là.

Le capitaine Hullo parvient malgré tout à briser plusieurs attaques ennemies, mais sa compagnie lui fond dans la main. A une heure de l'après-midi, il prend la seule décision qui permette de sauver les derniers survivants :

— On se replie dans les bois à l'ouest de la route Pinon-Laffaux, décide-t-il. On va essayer de rejoindre la 3e compagnie.

— Je vous couvre avec ma section de mitrailleuses, dit le lieutenant Fouques. Je vais essayer de vous donner le temps de décrocher.

Ce qui reste de la 2e compagnie échappe à l'encerclement. Une seule section reste en arrière. Volontairement. Son chef, le lieutenant de La Gorce, qui en a fait la section franche du 7e BCA, ne peut se résoudre à céder sans un nouveau combat un seul mètre de terrain à l'ennemi.

— On va décrocher à la nuit, dit-il à ses hommes. En attendant, on va leur en faire voir.

Par quatre fois, les Allemands donnent l'assaut à la section franche. Et par quatre fois, ils sont repoussés. Le lieutenant de La Gorce fait mieux encore. En cette tragique journée du 6 juin, il capture six soldats ennemis. Parmi eux, un Oberleutnant qui n'en revient pas de se trouver captif des Alpins le jour même où son unité franchit victorieusement le canal de l'Ailette.

Le lieutenant de La Gorce ne réussira pas son retour vers les lignes françaises. A 6 heures du soir, à bout de munitions, il est fait prisonnier. Avec lui, seuls survivants de sa section franche, deux chasseurs. Deux, seulement. Parmi les morts se trouve le tireur au fusil mitrailleur, l'Alpin Paul Bienabé, engagé volontaire à dix-huit ans, peu avant la guerre. Avant d'être mortellement frappé, il avait tué à lui seul dix-huit assaillants. Stupéfaits de son incroyable courage, les Allemands l'enterreront avec les honneurs militaires et inscriront sur sa croix de bois : *Hier ruht ein tapferer französicher Soldat...* « Ici repose un courageux soldat français. »

Dans l'après-midi de ce 6 juin tragique, tous les chasseurs encore valides du 7e BCA se regroupent tant bien que mal autour du poste de commandement du chef de bataillon Soutiras. Si la 3e compagnie est à peu près intacte, il ne reste que des débris de la 2e et quelques rares rescapés de la 1re que l'on peut compter sur les doigts d'une seule main. Parmi eux, le lieutenant Pailloncy, en larmes.

— Je ne me pardonne pas d'avoir été épargné, répète-t-il. Son point d'arrêt sur la voie ferrée a ralenti les assaillants mais, désormais, ils s'infiltrent de partout et commencent à encercler le poste de commandement lui-même. Les chasseurs de la compagnie d'appui sont en pleine bagarre et tirent comme des furieux.

— On va manquer de munitions, mon capitaine ! lance un des sous-officiers au capitaine Carcassonne, le chef de la CA.

— Ne t'en fais pas. Voilà le ravitaillement.

Sous la mitraille, une chenillette s'avance vers les assiégés. Son équipage franchit le barrage de fer et de feu pour venir apporter caisses de cartouches et obus de mortiers.

— On va aller en chercher d'autres, dit tranquillement le conducteur.

L'engin disparaît dans un repli de terrain. Il reste encore un passage vers le sud, en direction de Laffaux.

Sur la crête occupée par les rescapés du 7e le combat fait de plus en plus rage. Les mitrailleurs soutiennent de leurs feux les derniers Alpins couchés dans de vieilles tranchées envahies d'herbes folles et qui tiraillent contre les silhouettes en feldgrau de plus en plus nombreuses sur les pentes. Les officiers vont d'une pièce à l'autre. Parfois un tireur ou un chargeur s'écroule sur sa mitrailleuse, tué net. Un camarade pousse le corps de côté et le remplace à son poste.

En dirigeant le tir de ses mitrailleuses, le sous-lieutenant Paulin est grièvement blessé. Son camarade, le lieutenant Fouques, voit ses munitions diminuer dangereusement.

— Tirez par courtes rafales, ordonne-t-il. Il faut tenir le plus longtemps possible.

Les Allemands ont amené des canons d'infanterie et prennent les mitrailleurs à partie. Maintenant, les emplacements de tir des Alpins sont repérés. Un obus explose sur le groupe du sergent Rescoussié. D'une pièce voisine un pourvoyeur vient prévenir le lieutenant Fouques :

— Pas un ne s'en est sorti vivant, mon lieutenant. Et nous, qu'est-ce qu'on doit faire ?

— Tirez jusqu'à l'épuisement complet de vos munitions.

Il n'y en a plus pour longtemps.

Il est quatre heures de l'après-midi quand les Allemands lancent un nouvel assaut, encore plus brutal.

— Ils tournent le bois à l'est de la route, mon commandant, annonce le capitaine Duchaussoy au chef de bataillon Soutiras.

— Il faut les arrêter avec les mitrailleuses de Poncet.

La section du lieutenant Poncet a encore ses pièces en état de tirer et il lui reste quelques bandes de cartouches. Ses mitrailleurs prennent les Allemands de flanc et beaucoup d'assaillants s'écroulent dans les prés, fauchés dans leur élan. Mais les pièces de Poncet sont repérées à leur tour. Des rafales claquent, à une cadence ultra-rapide. Ce sont les mitrailleuses lourdes allemandes qui interviennent. Placées sur affût, ces pièces sont d'une terrible précision.

— La situation devient intenable ! lance le lieutenant Poncet qui voit ses mitrailleurs tomber les uns après les autres.

Inlassable, un avion tourne dans le ciel, comme s'il jouait avec le soleil. C'est l'observateur allemand, le « mouchard ». Il repère les derniers emplacements des armes automatiques des Alpins et les désigne aux servants des pièces allemandes qui intensifient encore leurs tirs, de plus en plus précis.

Sur la crête au-dessus du village de Pinon, c'est vraiment la fin. Les mitrailleuses des Alpins se taisent l'une après l'autre. Il ne reste plus que les mortiers de la compagnie d'appui, un peu en retrait, dans un creux. Le chef de bataillon Soutiras, debout, très calme, on pourrait presque dire très chic, règle lui-même le tir des pièces. Près de lui le lieutenant Villers, comme à la manœuvre, observe les résultats.

— Un peu plus à gauche, mon commandant.

— Plus à gauche, ordonne Soutiras aux servants des mortiers.

— Plus long, trente mètres.

— Plus long, trente mètres, répète le chef de bataillon.

Les servants enfournent les obus dans les tubes brûlants. Un claquement sec. Les projectiles s'élancent vers le ciel en chuintant. Des séries d'explosions en face ponctuent les coups au but.

— Efficacité, dit le lieutenant Villers.

— Allez-y, les gars, dit le commandant Soutiras.

Les mitrailleuses allemandes sont muselées. Elles se taisent, elles aussi, l'une après l'autre.

— On n'a plus un seul obus, mon commandant ! crie le chef de pièce.

Les Allemands, eux, ne manquent pas d'obus de mortiers et un violent bombardement s'abat sur toutes les positions tenues par les chasseurs du 7e. Soutiras a un geste de la main. Ses gants blancs qu'il tient dans son poing serré battent l'air. Il s'éloigne des pièces muettes et se dirige vers son poste de commandement.

— Où est le capitaine Duchaussoy ? demande-t-il.

— Il vient d'être blessé, mon commandant.

La mise hors de combat de son adjoint touche beaucoup le chef du 7e. Le voici seul désormais avec quelques sous-officiers pour diriger ce qui reste du bataillon.

— L'adjudant Rumber ?

— Blessé. Très grièvement.

— Alors, l'adjudant Peter ?

— Blessé, aussi. Un œil arraché.

— Et le sergent Guly ?

— Tué, mon commandant.

Solitaire, accablé, mais toujours aussi calme, le chef de bataillon Soutiras se dirige vers son poste de radio.

Le chef du 7e BCA tente d'obtenir le poste de commandement du 130e RI dont il dépend. On entend un long chuintement, mais rien ne répond. Le poste reste muet. Le commandant Soutiras est seul avec ses derniers Alpins.

Maintenant, les Allemands sont à cinquante mètres.

Les chasseurs n'ont plus une seule arme automatique ni un seul mortier en état de tirer. Ils se défendent encore à coups de fusil, mais ils vont être rapidement pris sous les rafales des pistolets mitrailleurs de leurs adversaires qui leur donnent l'assaut et vont arriver dans quelques instants à portée de grenades.

Le commandant Soutiras donne alors un ordre qui lui serre le cœur :

— Décrochez !

Et le chef de bataillon ajoute aussitôt :

— Nous avons encore une mission à remplir. Former un nouveau 7e à l'image de celui qui vient de mourir.

Ses derniers Alpins gagnent à toute vitesse les ravins qui se trouvent à l'ouest de la route de Pinon à Laffaux. Là, ils trouvent des couverts pour se dissimuler aux yeux des Allemands qui arrivent sur l'emplacement de l'ancien poste de commandement. Les soldats de la Wehrmacht, maîtres de la place, ne s'arrêtent pas et se lancent à la poursuite des rescapés. Ils sont appuyés par des feux de mitrailleuses et de mortiers. Les chasseurs en retraite sont tirés de partout.

Les canons ennemis se déchaînent à nouveau et tentent par un terrible feu de barrage de bloquer les survivants du 7e que leur chef essaye de conduire vers le salut, entraînant dans son sillage survivants et blessés légers. Tous se hâtent pour échapper à la capture. Il faut progresser par bonds, zigzaguer un peu au hasard, entre les balles et les éclats. S'en tirer devient une question de chance.

Enfin, un dernier élan amène les Alpins épuisés à la ferme de la Motte où devrait se trouver le poste de commandement du 130e régiment d'infanterie. Les bâtiments ont été touchés à plusieurs reprises et l'ensemble n'est plus qu'une ruine aux murs branlants. Des cadavres et des blessés gisent dans l'herbe. Parmi les hommes couchés aux abords de la ferme de la Motte, le commandant reconnaît un de ses derniers officiers, le lieutenant Monaton, frappé d'une balle en pleine poitrine.

— Portez-le à l'abri, ordonne Soutiras.

Quelques Alpins traînent l'officier derrière un pan de mur. Le lieutenant Monaton ouvre les yeux une dernière fois. Puis il les referme sans un mot. Il est mort.

— On va essayer d'emporter son corps, dit un des chasseurs.

— Impossible, les Allemands sont déjà dans le parc !

— Il faut décrocher, ordonne le commandant Soutiras.

Quelques obstinés tirent leurs dernières cartouches pour protéger le repli de leurs camarades [1].

Maintenant, la nuit va bientôt tomber, apportant aux rescapés de cette tuerie quelques heures de répit. Un petit groupe d'Alpins plus chanceux que leurs camarades parviendront à regagner Bucy-le-Long et à franchir le canal de l'Aisne à Venizel.

Les Allemands ratissent toute la région. Dès les premières lueurs de l'aube du 7 juin, ils font prisonniers la plupart des survivants de la bataille de Pinon. Par une cruelle ironie, ces Alpins sont rassemblés au pied du monument des Crapouillots, ces mortiers de tranchée de la Grande Guerre, en bordure de la route de Laon à Soissons. Désarmés, transis, épuisés, ils regardent l'interminable défilé des colonnes de la Wehrmacht qui déferlent vers le sud-ouest.

Une automobile grise s'arrête brusquement, soulevant un nuage de poussière. Un officier allemand en descend. Ces bandes rouges à la culotte d'équitation, ces dorures au col, ce monocle vissé sous l'œil droit, pas de doute, c'est un général. Il se nomme von Strauss et commande les divisions qui ont attaqué Pinon.

Il s'approche des prisonniers et reconnaît les écussons bleu sombre aux cors de chasse jonquille.

— Vous êtes donc les Diables Bleus, dit-il en un excellent français.

---

1. Lors des combats sur l'Ailette, les deux autres bataillons de la 25e demi-brigade de Chasseurs Alpins, le 27e et le 47e BCA, livrèrent aussi de très durs combats. Pour le 27e, la défense de Soupir ne demanda pas moins d'héroïsme que celle de Pinon. Le commandant Mazaud, chef du 27e BCA, devait ensuite être grièvement blessé à Maizières le 14 juin, lors d'une attaque de blindés allemands.

Les Alpins répondent d'un signe de tête.

— Et combien étiez-vous ?

Maintenant, ils peuvent le dire. Un sous-officier avoue :

— Un bataillon.

— Un seul ?

— Oui, un seul, le 7e BCA.

Le général von Strauss reste un long moment silencieux. Puis il dit lentement :

— Vous vous êtes battus comme des braves.

Il regarde alors le monument des Crapouillots de Laffaux et il ajoute :

— Braves comme vos camarades de l'autre guerre qui ont mérité cet hommage.

Puis le général von Strauss s'éloigne des prisonniers et se dirige vers un groupe de soldats allemands, à qui il donne ses ordres.

Un officier rassemble aussitôt une compagnie d'infanterie. Les hommes s'alignent rapidement, en colonne de marche. Un ordre bref. Ils mettent l'arme sur l'épaule. Puis un autre ordre les lance en avant.

— *Parademarsch !*

Au pas de parade, ils défilent devant les prisonniers pour leur rendre hommage. Arrivés à la hauteur des Alpins, d'un geste sec, ils tournent tous la tête pour les fixer droit dans les yeux, hommage des vainqueurs à ceux qui ont été la veille des adversaires aussi coriaces et aussi braves.

Le 7e BCA n'existe plus. Quatre-vingt-dix pour cent des siens sont désormais hors de combat. Le bataillon d'acier a pratiquement disparu dans la tourmente de feu [1].

---

1. Le chef de bataillon Soutiras parviendra à passer l'Aisne et à regrouper cent dix survivants, armés de six fusils mitrailleurs, dans la région de Jouaignes. Ils se replient méthodiquement vers le sud. Arrivés au village de Nesles, près de Fère-en-Tardenois, le chef de bataillon Soutiras dira à ses hommes : « Vous vous êtes bien battus. Vous êtes des chics types. » La Marne, puis l'Aube, puis la Seine sont traversées. Le 14 juin, à Maizières-la-Grande-Paroisse, les derniers survivants du 7e sont encerclés avec leurs camarades du 27e et du 47e BCA. La plupart sont tués, blessés ou faits prisonniers. Le chef de bataillon Soutiras est tué en tentant de s'évader.

CHAPITRE XII

TOUTE UNE COMPAGNIE CHARGE A LA BAIONNETTE

— On n'y voit rien...

C'est le premier jour du mois de juin. La première nuit, plutôt. Débarqués au Havre, le 29 mai, les chasseurs du 13e BCA ont été aussitôt dirigés sur Montivilliers, à quelques kilomètres du grand port normand dont les abords sont défendus par des mines et des barrages. Les Alpins sont encore tout abasourdis de leur aventure manquée de Namsos. Et les voici au retour de Norvège jetés dans cette bataille que l'on devine si mal engagée. Les colonnes piétinent sur la route, bordée d'arbres qui frissonnent dans la brise de cette fin de printemps.

— C'est encore loin ?

— Silence dans les rangs ! lance l'adjudant Simon.

Nul ne sait trop où l'on va. Le bataillon, embarqué hier dans des wagons de chemin de fer, à 3 heures de l'après-midi, s'est retrouvé, vers 10 heures du soir, dans une petite gare de Seine-et-Oise. Un grand panneau que l'on distinguait mal dans le crépuscule agonisant : Vaux-sur-Seine. Cela ne dit rien aux Savoyards.

Les officiers n'ont pas de cartes. Ils savent seulement qu'il faut gagner le village de Vigny.

— Il n'y a que dix-sept kilomètres, leur a dit le chef du bataillon, le commandant Ponet.

A la lueur d'une lampe électrique, les gradés consultent les panneaux indicateurs plantés aux carrefours.

Les chasseurs piétinent, s'arrêtent, repartent, grognent un peu. Certains plaisantent ou rassurent leurs camarades :

— Il paraît que les motards vont nous préparer le cantonnement.

— Tu parles... Ils doivent déjà être en train de ronfler dans le foin.

— Ou dans un lit.

Finalement, kilomètre après kilomètre, les Alpins arrivent, vers 4 heures du matin, à Vigny. Les compagnies se dispersent vers leurs cantonnements. En plus des tours de garde, il faut prévoir des postes de défense contre les avions et même de défense contre les blindés.

Le lieutenant Leroudier, un grand et mince garçon rieur qui commande la 1re section de la 2e compagnie, que depuis la Grande Guerre on appelle traditionnellement au 13e BCA la « Belle Deux », fait remarquer à son chef, le capitaine Montjean :

— On dirait qu'on se rapproche du front, mon capitaine.

— C'est plutôt le front qui se rapproche de nous.

Les nouvelles sont mauvaises. Dunkerque brûle comme une torche.

— Les meilleures troupes françaises sont encerclées, lance le lieutenant Dominjon, qui commande la 2e section.

— Pas toutes, puisque nous sommes là, rétorque le capitaine Montjean en souriant.

Dès l'aube du 2 juin, le chef de bataillon Ponet réunit les commandants de compagnie :

— Le commandement essaye de former un front sur la Somme pour bloquer la ruée ennemie vers le sud. Dès que les Allemands en auront fini avec nos camarades encerclés à Dunkerque, le choc sera pour nous. Les trois demi-brigades qui se trouvaient en Ecosse [1] continuent à marcher ensemble. Nous restons entre chasseurs.

Le chef du 13e BCA marque un temps d'arrêt. C'est un homme au visage grave, un peu triste, avec une fine moustache comme en portent souvent les anciens de 14, et des lunettes à grosse monture d'écaille. Il conclut rapidement la réunion en donnant ses ordres pour l'immédiat :

— Aujourd'hui et demain, corvées pour le recomplètement en matériel. Les lieux de stockage seront indiqués par l'officier des détails du bataillon, le lieutenant Jaloux.

Après deux jours passés à chercher les magasins puis à attendre de se faire servir, le bilan se révèle fort inquiétant. Le capitaine adjudant-major Thévenot rend compte au chef de corps des multiples problèmes qui se posent encore... et qui ne seront jamais résolus :

— Nous n'avons pas de moyens de transmissions, mon commandant. Ni téléphone ni postes de radio. Nous n'avons pas d'obus de 60 pour nos mortiers. Ni de grenades.

— Pas de grenades ! s'exlame le commandant Ponet. C'est incroyable !

---

1. 5e demi-brigade de Chasseurs Alpins : 13e, 53e et 67e BCA ; 2e demi-brigade de Chasseurs Alpins : 9e, 20e et 49e BCA ; 24e demi-brigade de Chasseurs à Pied : 3e, 19e et 69e BCP.

— De toute façon, mon commandant, même si nous avions notre matériel, nous ne pourrions pas le transporter. Il n'y a pas une seule voiturette disponible.

— Et les mulets, nos vieux mulets alpins ?

— Nous n'en avons que cinquante. Seulement, il ne nous reste que quelques bâts. Alors, on ne peut même pas les charger.

Le chef du 13ᵉ BCA ne va pas avoir grand temps pour essayer de se faire livrer tout le matériel qui lui manque encore. En fin de matinée, il reçoit un ordre du colonel Laffargue qui commande les trois demi-brigades de chasseurs de la 40ᵉ division bleue :

« Le 13ᵉ BCA prêt à être enlevé par camions ce jour à 20 heures. Hommes et mulets. Train de combat suivra ultérieurement. »

— Tiens, Thévenot, dit Ponet, il y a aussi un ordre pour vous. Vous commanderez l'ensemble des convois de la 5ᵉ demi-brigade de Chasseurs Alpins. Je vous souhaite bien du plaisir.

Pour transporter les munitions et les vivres de première urgence, le bataillon ne peut emmener que trois camionnettes. Dans la soirée, il faudra attendre deux heures pour que le convoi se mette en route. Une fois encore, mais désormais à bord de véhicules, les hommes du 13ᵉ prennent la route en pleine nuit. Un dernier état des effectifs avant le départ a été enregistré sur le journal de marche du bataillon : vingt-sept officiers, quatre-vingt-dix-neuf sous-officiers, sept cent quarante-neuf caporaux et chasseurs.

Ils ont rendez-vous avec la guerre et avec la mort.

Pendant toute la nuit du 4 au 5 juin, les Alpins vont rouler vers le nord. Les alertes aériennes, le flot des réfugiés dans un sens et des troupes dans l'autre, tout cela retarde considérablement la marche du convoi. Quand le bataillon arrive à Laboissière, où il doit constituer un point d'appui de seconde ligne, le capitaine Montjean constate :

— Douze heures pour faire cent cinquante kilomètres ! Quel record !

Ses hommes descendent des camions, ankylosés et transis par cet interminable voyage inconfortable. Chargés de leur sac et de leur fusil, alourdis par les musettes de vivres, le bidon, les cartouchières, ils piétinent en attendant les ordres.

— Réunion immédiate des commandants de compagnie, annonce un agent de liaison.

Les officiers se hâtent vers le bâtiment de briques sombres où les attend leur chef.

— Messieurs, annonce d'emblée le chef de bataillon Ponet, la situation n'est guère brillante. Les Allemands tiennent déjà la rive sud de l'embouchure de la Somme et ont même lancé des têtes de pont au sud d'Abbeville et au sud d'Amiens. Entre les deux, nos troupes essayent de s'accrocher. Il est à craindre qu'une résistance prolongée soit impossible. Pour le moment, nous devons sur l'arrière de nos camarades organiser le village de Laboissière en point d'appui fermé.

Tandis que les chasseurs commencent à manier la pelle et la pioche pour aménager des positions de combat et creusent des tranchées profondes, une terrible nouvelle parvient au poste de commandement de tous les bataillons bleus de la 40e division :

— Les Allemands ont attaqué ce matin sur tout le front de la Somme.

Unité de réserve, la division va passer désormais en première ligne.

— Il faut s'attendre à recevoir le choc ennemi dès demain, estime le commandant Ponet. Nous allons recevoir notre ordre de marche d'un moment à l'autre.

Ce n'est qu'à 11 heures du soir que le 13e BCA apprend qu'il doit se porter sur le ruisseau du Liger, un affluent de la Bresle qu'il rejoint à Sénarpont, au nord d'Aumale.

— Nous nous rendons à deux kilomètres d'ici, annonce le chef de bataillon Ponet. Nous devons tenir le Liger entre les villages de Liomer et celui de Brocourt.

Le chef du 13e est le seul de tout son bataillon à posséder la carte au 150 000e de la zone qu'il doit tenir ! Aussi réunit-il d'urgence les commandants de compagnie pour leur donner verbalement ses ordres à l'aide de cet unique document, dont certains recopient quelques éléments sur leur calepin.

— Chacune des trois compagnies de combat sera renforcée par une section de mitrailleuses et deux canons de 25 antichars. Le Liger sera notre ligne de résistance. Tous les ponts doivent être détruits ou barricadés. Le poste de commandement s'installe à la lisière nord du bois de Brocourt. La compagnie hors rang reste à Laboissière, où elle formera elle aussi un point d'appui. Début du mouvement à 0 h 30.

Les commandants de compagnie regagnent rapidement leurs unités. Il fait nuit noire.

— On vient juste de terminer les tranchées, annonce le sergent-chef Charve à son chef de section, le lieutenant Leroudier.

— Elles serviront à des camarades. Nous, nous partons.

— Quand ?

— Tout de suite.

Le bataillon se met en marche aussitôt. A 4 heures du matin, les Alpins sont installés sur les nouveaux points d'appui. Epuisés, les hommes essayent d'aménager des emplacements de combat, tandis que les guetteurs tendent l'oreille vers le nord d'où va surgir l'ennemi dans les heures qui viennent.

Quand le jour se lève avec le brouillard, chacun découvre le paysage où il va devoir se battre. Des bois, quelques maisons, un ruisseau.

Le chef de bataillon Ponet s'est installé au centre de son dispositif, à cheval sur la route qui mène de Laboissière à Liomer. Le commandant du 13e garde avec lui une section de mitrailleuses, le groupe des mortiers et la section d'éclaireurs du lieutenant Quenard qui a laissé ses skis quelque part dans un dépôt. Une pièce de 75 en position de combat antichar vient renforcer le poste de commandement, lui aussi organisé en point d'appui. Ce qui préoccupe le plus le commandant Ponet, c'est de garder la liaison avec ses voisins. Son officier adjoint, le lieutenant d'Antin, repère leurs positions sur l'unique carte que possède le bataillon.

— A notre droite, c'est le 67e BCA, qui occupe Guibermesnil. A notre gauche, le 19e BCP, qui tient Beaucamps-le-Vieux.

— Qui tient... Qui tient..., murmure Ponet. Espérons qu'ils les tiendront longtemps. Il n'y a plus aucune réserve derrière nous.

— Seulement le 53e BCA, et encore il a été obligé de détacher une compagnie pour protéger le poste de commandement de la division à Beaucamps-le-Jeune.

Sur leurs positions, les Alpins s'installent. Avant de se battre, il faut creuser, creuser, creuser... Le sergent-chef Charve se trouve, avec la section du lieutenant Leroudier, tout près d'un château. Le capitaine Montjean apparaît. Très grand, calme, souriant.

— Tout va bien, Leroudier ? demande le chef de la « Belle Deux ».

— Oui, mon capitaine. Tout est calme.

— Aucune nervosité chez vos hommes ?

— Aucune.

— Bien. Alors, vous faites attention à ne pas perdre la liaison avec la 1re compagnie du capitaine de Thiersant. Il ne faut surtout pas nous laisser encercler.

Le jeune lieutenant demande alors :

— Quand vont-ils nous tomber dessus, mon capitaine ?

— Bientôt, lance Montjean en s'éloignant vers la 2e section du lieutenant Dominjon.

Le début de cette journée du 6 juin apparaît très calme. Trop calme, peut-être. Les chasseurs, une fois installés, vont pouvoir en profiter pour sommeiller un peu. Ils sont épuisés par tous ces déplacements de nuit.

Sans cesse, des soldats et des civils, mélangés, traversent les lignes tenues par les Alpins. Ils refluent vers le sud.

— C'est quand même démoralisant, soupire l'adjudant Simon.

Il est 11 heures du matin quand on entend une fusillade. Encore lointaine.

— Ça accroche au-delà du Liger, dit le capitaine Montjean au sergent Revel qui commande le petit canon de 25 renforçant sa compagnie. Mais je ne crois pas qu'ils aient des chars dans ce coin.

C'est à Hornoy que les Panzers s'infiltrent. Ils bousculent les défenseurs de la bourgade, l'emportent d'assaut de leur masse d'acier, écrasant tout sous leurs chenilles. L'infanterie suit, dans des camions. La Wehrmacht attaque dans le grondement des moteurs et l'odeur d'essence brûlée. Des incendies s'allument dont on aperçoit les panaches de fumée noire vers le nord-est.

Tandis que les Alpins renforcent leurs positions, on entend des grondements de moteurs. Cette fois, ce sont des avions.

— Les Allemands !

— Mais non, des Anglais !

Finalement, personne n'en sait rien. D'ailleurs quatre appareils sont abattus, piquent vers le sol en laissant une longue trace de fumée blanche. Quatre explosions. Plus rien.

— Tu as vu les pilotes sauter en parachute ? demande l'adjudant Simon au sergent-chef Charve.

— Non.

— Moi non plus. Les pauvres gars. Finir brûlés vifs. Quelle saloperie !

Les Alpins n'ont guère le temps de penser au sort des aviateurs. Il faut renforcer le service de guet. L'ennemi se rapproche.

Dès le début de l'après-midi du 6 juin, la 2e demi-brigade de Chasseurs Alpins du lieutenant-colonel Charrier se trouve dans une situation critique. La division bleue n'a pas tardé à subir l'épreuve du feu. La situation s'aggrave d'heure en heure. Le front est enfoncé.

La masse blindée allemande s'engouffre entre Hornoy et Poix et fonce vers Rouen de toute la vitesse de ses moteurs, tandis que les Alpins s'accrochent à la dérisoire barrière du Liger. Leurs camarades du 20e et du 49e BCP sont déjà submergés. De la 2e demi-brigade de la division bleue, il ne reste plus guère que le 9e BCA en état de résister encore pour quelques heures. Il faut modifier sur le terrain la position des unités.

Le capitaine Forest, commandant la 3e compagnie du 13e BCA, reçoit l'ordre de se porter à Lafresnoye, pour remplacer une unité partie « boucher un trou ». Mais ce départ provoque un autre trou, cette fois dans le dispositif de défense du bataillon. Le commandant Ponet expédie un agent de liaison au capitaine Montjean :

— Ordre à la 2e compagnie d'occuper Liomer. Vous prenez à votre compte la mission de la 3e compagnie.

Les Alpins se mettent aussitôt en marche dans le crépuscule. Ils commencent à souffrir de la fatigue provoquée par le manque de sommeil et surtout par la faim. L'intendance n'a fourni aucun ravitaillement. La troupe donne des signes évidents d'épuisement. Le chef de bataillon Ponet convoque le lieutenant Garin, officier d'approvisionnement.

— Nos hommes n'ont rien mangé depuis la montée vers les lignes. Ils ne peuvent se battre dans ces conditions.

— Rien n'est arrivé de l'arrière, mon commandant. C'est la pagaille.

— Je le sais bien. Mais débrouillez-vous. Il faut que nos chasseurs se restaurent.

Le lieutenant Garin organise des corvées pour que le 13e puisse, selon la formule, « vivre sur le pays ». Quelques fermes picardes vont pourvoir un peu au ravitaillement des unités.

A l'arrière, le convoi de véhicules organiques du bataillon, qui devait se porter au bois d'Escles à quatre kilomètres au sud d'Aumale, a été retardé par de continuelles attaques aériennes blessant deux conducteurs. Dans cette matinée du 6, il n'a même pas atteint les environs de Beauvais. Quand les camions arriveront enfin au lieu de rendez-vous, ce sera pour s'apercevoir que des éléments blindés allemands les ont précédés. Alors jamais plus de tout le reste de la campagne de Normandie orientale, le 13e ne retrouvera son train-auto, errant quelque part du côté de Rouen, emporté par le grand mouvement de repli des convois de l'armée de la Somme.

Pourtant, le commandement espère encore mener une contre-attaque. Un ordre du jour est diffusé à toutes les unités au combat. Il est bref et rude : « Tenir. Espoir et énergie, la partie n'est pas encore jouée, on contre-attaquera. On les aura ! »

— On les aura !

C'est le vieux mot d'ordre de Verdun, mais alors le front se trouvait bien verrouillé, après le premier choc encaissé par les chasseurs à pied du légendaire lieutenant-colonel Driant. Cette fois-ci, sous la ruée brutale des Stukas et des Panzers, tout vole en éclats, se disloque, se liquéfie... En quelques heures, des unités entières n'existent plus.

La nuit arrive. Une belle nuit de juin. Presque paisible malgré les coups de canon qui roulent vers le nord en un grondement vite monotone.

La 1re section de la « Belle Deux » reste toute la nuit au même emplacement. Le capitaine Montjean ne termine de modifier son dispositif qu'à l'aube. Il appelle le lieutenant Leroudier :

— Vous allez vous installer à l'extrémité nord-ouest de Liomer. Nous risquons une attaque très prochainement. Peut-être avec des chars. Organisez des barrages.

Le sergent-chef Charve ne tarde pas à se voir confier le soin de disposer des mines sur la route. Il voit arriver avec plaisir, dans la matinée, toute une section de sapeurs du génie qui inspecte son travail avec le coup d'œil du professionnel. Le capitaine Montjean surgit :

— Vous êtes là, les mineurs. Eh bien, vous restez avec la 2e compagnie. Je vais avoir besoin de tout le monde.

La situation devient dramatique. A la droite des positions encore tenues par le 13e BCA, la ruée des blindés allemands se dirige vers Forges-les-Eaux et va bientôt menacer Rouen. Sur les flancs de leur percée, les assaillants commencent à détruire tous les îlots de résistance. Quelques patrouilles ennemies parviennent à franchir le Liger et tentent de s'infiltrer dans les lignes françaises. La riposte est vive et trois fantassins de la Wehrmacht sont faits prisonniers après un bref accrochage. Mais ce n'est qu'une escarmouche avant la bataille qui se prépare.

A partir de midi, les positions tenues par les Alpins du 13e sont prises sous un tir d'obus fusants.

— C'est du 77, constate l'adjudant Simon.

— Enterrez-vous bien, les gars ! lance près de lui le sergent-chef Charve qui expédie à toute allure les imprudents dans leurs trous.

Le chasseur Espana obéit si rapidement qu'il tombe et se blesse stupidement. Le bombardement cesse, puis reprend, puis cesse à nouveau, puis reprend encore à intervalles irréguliers qui mettent les nerfs de tous à rude épreuve.

Devant les positions des chasseurs retranchés à Liomer, sur une crête boisée qui se trouve à environ quatre cents mètres, de l'autre côté du Liger, la fusillade n'arrête plus. Cavaliers français et fantassins allemands sont aux prises. On entend des explosions et de sèches rafales. Mais pas un ennemi n'apparaît encore. Le capitaine Montjean surveille sans cesse les lisières avec ses jumelles. Il reste d'un calme impressionnant.

Les obus allemands tombent aussi un peu à l'arrière sur le village de Laboissière où se trouvent la compagnie hors rang du capitaine Kaminski et le poste de secours du médecin-lieutenant Gay. Quelques chasseurs des unités de ravitaillement des compagnies sont blessés. Leurs camarades de première ligne vont attendre encore un peu plus longtemps la « soupe »...

Maintenant, les Allemands tirent avec du 105 et s'en prennent au château de Brocourt, au bois voisin et à la station de chemin de fer de Liomer.

— Et la contre-attaque ? demande le commandant Ponet au lieutenant-colonel Brunelli dont le poste de commandement vient de s'installer dans des vergers au nord-est de Lafresnoye.

— Elle est reportée à treize heures, Ponet, lui répond le chef de la 5e demi-brigade de Chasseurs Alpins. Les deux autres bataillons sont en train de subir de durs assauts.

La situation est grave pour les camarades. Depuis six heures du matin, les Alpins du 53e sont attaqués à Tronchoy et ceux du 67e à Bezencourt. Le lieutenant de Bazelaire, avec sa compagnie, essaye à tout prix d'arrêter la ruée ennemie. A tout prix... Sur six officiers de cette unité, cinq sont mis hors de combat !

Deux divisions blindées allemandes, en pleine offensive, espèrent atteindre dans la soirée la Bresle, dans la région d'Aumale.

A midi, le commandant Ponet reçoit une nouvelle communication téléphonique de la demi-brigade :

— La contre-attaque prévue est annulée. Ce serait vous jeter dans la gueule du loup... Tenez sur place.

Le bombardement continue. Irrégulier mais violent. 77 et 105 bouleversent les positions des Alpins du 13e BCA.

Au poste de commandement de la 2e compagnie, en bordure de la voie ferrée, un des sous-officiers, le sergent Georges, est blessé, ainsi que les deux chasseurs Hominal et Chichignoud. Le capitaine Montjean lance au sergent Pichon, le comptable de la compagnie :

— Occupez-vous de les faire évacuer.

Le poste de secours du bataillon se rapproche des premières lignes et le médecin-lieutenant Gay installe ses infirmiers tout près du poste de commandement, dans les bois de Liomer.

Il est 8 heures du soir, quand le bombardement redouble d'intensité. Cette fois, l'ennemi s'acharne pendant une heure sur les arrières immédiats des premières lignes. Le village de Laboissière se trouve au centre d'une véritable tempête de feu. Les maisons s'écroulent et brûlent.

Le chef de la compagnie hors rang, le capitaine Kaminski, est grièvement blessé. Trois de ses chasseurs sont tués.

Le front tenu par la 5e demi-brigade de Chasseurs Alpins reste encore inentamé, mais la situation se détériore d'heure en heure. Vers minuit, il faut songer à se replier sur la Bresle. Le 67e fait mouvement sur Vieux-Rouen et le 53e sur Lafresnoye.

Quant au 13e, il reçoit, lui aussi, de nombreux ordres.

— Vous devez tenir face à l'est sur une ligne Laboissière-bois de Brocourt-Liomer, ordonne le lieutenant-colonel Brunelli au chef de bataillon Ponet. Je remets à votre disposition votre 3e compagnie.

— Quels sont mes voisins ? demande le chef du 13e.

— Le 53e BCA à droite et le 19e BCP à gauche. Essayez surtout de ne pas perdre le contact. L'ennemi va chercher à s'infiltrer dès cette nuit.

Les commandants de compagnie reçoivent leurs ordres au crépuscule, tandis que les Allemands continuent à envoyer des salves d'obus qui éclatent et allument des incendies. Des flammes illuminent les ténèbres.

— Voici le dispositif qu'il faut prendre au plus vite : la 3e compagnie de Guillemot à Laboissière. La 1re compagnie de Thiersant dans le bois de Brocourt. La 2e compagnie de Montjean dans le bois de Liomer. Montjean...

— Oui, mon commandant.

— Vous laisserez une section dans le village de Liomer pour retarder un peu l'ennemi dès qu'il aura franchi le cours du Liger.

Désormais, la petite rivière n'est plus une ligne de défense, mais un mince obstacle que les fantassins allemands vont franchir sans grand dommage.

Le commandant Ponet termine rapidement la réunion des chefs de compagnie :

— Mon poste de commandement sera dans le bois Saint-Pierre, juste derrière notre 2e compagnie. Je garde pour le moment avec moi le groupe de mortiers de 81.

Ce qui inquiète surtout le chef du 13e BCA c'est sa liaison sur la gauche avec le 19e BCP. Il craint que l'ennemi ne parvienne rapidement à s'infiltrer à la charnière des deux bataillons bleus.

Et puis le commandant Ponet ne peut que déplorer l'atmosphère d'incertitude, de flottement même, qui règne depuis la percée allemande de la veille.

— Toujours des ordres et des contrordres, confie-t-il à son officier adjoint le lieutenant d'Antin. C'est à dégoûter nos hommes qui ne doivent creuser des positions que pour les abandonner et en creuser de nouvelles. Mais, enfin, puisque le front change sans cesse, il faut bien que nous changions aussi...

Le chef du 13e se penche sur l'unique carte d'état-major que possède son bataillon. Il murmure :

— C'est impossible... Le front à tenir est trop grand...

Et puis il en vient à s'exclamer :

— C'est facile de donner des ordres, mais comment les exécuter en pleine nuit ?

Au soir de cet éprouvant 7 juin, l'adjudant Simon se trouve en bordure de la route de Laboissière, dans un verger. Il aperçoit des soldats en tenue « moutarde » qui refluent vers l'arrière. Le vieux sous-officier d'Alpins s'approche. Ce sont des chasseurs à cheval. Ils ont l'air totalement épuisés.

— D'où venez-vous ? Où allez-vous ? leur demande Simon.

— On vient de Belgique. On ne sait pas où on va maintenant.

— Mais qu'est-ce qui se passe ? Où sont les Allemands ?

— Ils sont là ! Juste derrière nous. Préparez-vous. Demain, ils seront sur vous.

L'adjudant retourne à son poste, tandis que les cavaliers poursuivent leur triste exode vers le pays de Caux. Simon se dirige vers un peuplier, bien repérable, et dit à un des chasseurs de la section de commandement :

— S'il arrive quelque chose, vous m'appelez...

Et il s'enroule dans son manteau de chasseur, s'apprêtant enfin à prendre un peu de repos. Le sous-officier vient à peine de s'installer qu'une sentinelle surgit.

— Mon adjudant, le capitaine vous demande.

Le chef de la 2e compagnie annonce les dernières nouvelles.

— Simon, je viens de recevoir des ordres. Nous devons nous replier sur une hauteur au-dessus de la route.

— Ce n'est pas plus mal, mon capitaine. Nous aurons un meilleur champ de tir.

— Prévenez les chefs de groupe et les chefs de section. Toute la compagnie s'étire vers l'ouest. Seule, la 4e section du sous-lieutenant Lefort reste sur place et couvre la manœuvre.

Lefort, l'ancien chef du groupe franc pendant la « drôle de guerre » sur le front d'Alsace, a réussi, par un coup de main audacieux, à capturer, sans perdre un seul de ses chasseurs, quatre gradés allemands, deux officiers et deux sous-officiers. Décoré aussitôt de la Légion d'honneur, il jouit d'un grand prestige pour avoir ainsi, tout jeune sous-lieutenant, décroché la « rouge » !

Dans la nuit, les trois autres sections de Leroudier, Dominjon et Chatain font mouvement pour gagner les nouvelles positions, guidées par l'adjudant Simon.

Le sous-officier, vers 3 heures du matin, vient rendre compte au chef de la « Belle Deux » que tout le monde est en place.

— Nous allons partir tous les deux en reconnaissance, décide aussitôt le capitaine Montjean.

Ils réussissent à trouver chacun une bicyclette et pédalent dans le petit jour qui pointe déjà, empruntant un layon dans la forêt, l'officier en tête et son compagnon derrière. Tout semble étrangement immobile. Simon demande tout à coup :

— Mon capitaine...

— Quoi ?

— Est-ce que nous avons une liaison sur la gauche ?

— Nous devrions en avoir une...

— Mon capitaine, il y a du monde dans les bois. Ce sont des Allemands, pas des Français. Je le sens.

— Faisons demi-tour.

Très rapidement, le capitaine Montjean et l'adjudant Simon retrouvent leur compagnie qui monte vers ses nouvelles positions. La « Belle Deux » s'installe face au nord-est à environ quatre cents mètres devant le village de Liomer, sur la route de Beaucamps-le-Vieux qui n'est guère qu'à trois kilomètres.

Le lieutenant Leroudier reste à droite de la route avec sa 1re section. A sa droite, la 33e section de l'adjudant-chef Chatain, puis la 4e du sous-lieutenant Lefort, enfin la section de mitrailleuses du lieutenant Strifling, au coin du bois.

L'adjudant Simon, sur l'ordre de son chef, conduit le lieutenant Dominjon et sa 2e section de l'autre côté de la route, en pointe de la compagnie. Il montre le terrain et lui annonce :

— Mon lieutenant, le capitaine demande que vous mettiez vos fusils mitrailleurs là.

— Aujourd'hui, je suis le sacrifié, remarque Dominjon avec un sourire amer.

— Pourquoi dites-vous cela ?

— Parce que je vois bien qu'il n'y a plus personne à ma gauche et que je vais être tourné.

— Mais non. Les chasseurs du 19e BCP sont par là. Seulement, il y a bien un trou de cinq à six cents mètres.

La 2e section du lieutenant Dominjon est alors renforcée avec le groupe du sergent Fraissard de la 1re section auquel se joint le sergent-chef Charve.

La 4e section du sous-lieutenant Lefort, gardée en réserve, a laissé le groupe du sergent Maurice « en sonnette » dans le village même de Liomer.

— Vous retiendrez les Allemands le plus longtemps possible, lui a dit son chef.

Dès six heures du matin, l'ennemi passe le Liger. Les Alpins du sergent Maurice tiraillent et se replient rapidement de maison en maison, décrochant vers leurs camarades de la section Lefort.

En même temps que les fantassins, les artilleurs allemands entrent dans la bataille. Les obus de 105 ne cessent de tomber sur les positions du 13e BCA tenues par la compagnie Montjean et la compagnie de Thiersant. Un coup au but détruit le canon de 25 de la 1re compagnie.

A la « Belle Deux », les chasseurs sont déjà en plein combat. L'adjudant Simon a désigné un petit groupe pour lancer une patrouille vers la gauche, à la recherche des camarades du 19e BCP. Le sergent Mattei s'éloigne, suivi de deux chasseurs. Ils s'engagent dans un sentier et, tout de suite, la fusillade éclate.

— Les Allemands sont là ! Tout près !

Les trois Alpins parviennent à se replier. Mais il y a de la casse. Le sergent est atteint d'une balle dans la cuisse.

— Je ne sais pas par où elle est sortie, dit-il.

Elle n'est pas sortie et se trouve bloquée dans son genou. Quant au chasseur Mizoulès, il est touché à mort et ne tarde pas à succomber entre les bras de ses camarades.

Tandis que le lieutenant Dominjon tiraille comme il peut sur un ennemi dissimulé sous les couverts, l'adjudant Simon rejoint sa section de commandement, de l'autre côté de la route. D'un coup d'œil, le sous-officier constate que le lieutenant Leroudier et sa section sont, eux aussi, au contact et se défendent farouchement.

Le capitaine Montjean décide alors de faire replier la section Dominjon de son côté de la route. Faute d'avoir la liaison à sa gauche, il tient à regrouper ses forces. Seul le groupe du sergent Fraissard reste à gauche de la route de Beaucamps-le-Vieux, toujours avec le sergent-chef Charve.

Vers neuf heures et demie du matin, une nouvelle fusillade éclate. Les Allemands attaquent.

— Nous sommes tournés !

Cette fois les assaillants, après s'être infiltrés dans le trou entre le 13e BCA et le 19e BCP, prennent à revers la « Belle Deux » et surgissent non plus de l'est mais de l'ouest.

— On contre-attaque ! décide le lieutenant Leroudier sans même attendre l'ordre de son chef.

Ses Alpins se ruent sur les pentes et accrochent rudement la section de reconnaissance allemande qui espérait les tourner. Combat rapide et confus. Les assaillants se retirent. Il est dix heures du matin. La première attaque sérieuse de la journée est repoussée.

Le lieutenant Leroudier franchit la route et dit au sergent-chef Charve :

— Rejoignez avec le groupe Fraissard la droite de la route. On resserre le dispositif.

Puis l'officier ajoute :

— Ils doivent avoir des pertes en face. Prenez quelques chasseurs avec vous et partez « au résultat »...

Le sergent-chef Charve découvre une quinzaine de tués dont deux officiers et fait cinq prisonniers pour la plupart blessés. Il regagne rapidement avec eux les positions de la 1re section, en ramenant le matériel trouvé sur les lieux de l'engagement et dont il donne la liste à son chef :

— Nous avons récupéré une mitrailleuse, mon lieutenant, quatre pistolets mitrailleurs, neuf fusils et deux ou trois revolvers.

C'est un beau succès. Le capitaine Montjean, assez satisfait de ces premières heures de combat, et surtout du dernier accrochage qui ne lui a coûté que quelques blessés légers, dit à l'adjudant Simon :

— Conduisez vous-même les prisonniers au commandant Ponet. Vous ferez soigner les blessés allemands à notre poste de secours en même temps que les nôtres.

Le chef de la « Belle Deux » décide alors de modifier un peu son dispositif et d'étaler la section Dominjon le long de la route, toujours du côté droit. Le groupe Fraissard, envoyé en pointe vers le sud-ouest, se retrouve exactement sur les lieux de l'accrochage. Le sergent-chef Charve doit s'installer à quelques mètres des cadavres allemands.

— On essayera de les enterrer tout à l'heure, dit-il à son camarade Fraissard. Avec cette chaleur, cela va devenir intenable...

Mais les deux sous-officiers, pris par les nécessités du combat vont désormais vivre au milieu des dépouilles ennemies.

De son poste de commandement, le chef de bataillon Ponet aperçoit des rassemblements ennemis sur les pentes au nord du Liger. Il n'a guère d'illusions :

— Ils vont s'infiltrer sans mal entre nous et les camarades du 19e. Il faudrait au moins des tirs d'artillerie.

Mais le chef du 13e BCA n'a aucun moyen de liaison directe avec les pièces qui pourraient l'appuyer. Finalement, un tir est déclenché, avec beaucoup de retard. Et les obus français tombent juste sur les emplacements de combat de la « Belle Deux ».

— Faites arrêter cette stupidité ! s'exclame Ponet. Nous allons nous faire massacrer par nos propres canons.

— Il n'y a pas de liaison avec l'artillerie, mon commandant.

— Envoyez un motocycliste.

Peu après, le sous-lieutenant Quénard, chef de la section d'éclaireurs-ex-skieurs annonce qu'il vient de faire une capture intéressante :

— J'ai réussi à arrêter à un barrage une voiture de liaison allemande de la Flak, la défense contre avions. Ses occupants se sont enfuis mais j'ai trouvé des bouteilles de vin, un code de signaux pour parachutistes et des cartes renseignées.

Les documents confirment l'axe de la poussée allemande vers Aumale, Forges-les-Eaux et Rouen. Rien de bien inattendu. Mais cela annonce un désastre imminent.

Pourtant, les positions tenues par le 13e BCA restent encore intactes. Et les Allemands semblent renoncer pour l'instant à des attaques directes de fantassins.

Dès midi le bombardement reprend. Le chasseur Louis Laveissière de la 3e compagnie a l'épaule gauche emportée par un culot d'obus de mortier. Ruisselant de sang, il est transporté, en plein bombardement, vers le poste de secours par deux camarades. Il leur répète plusieurs fois :

— Laissez-moi tomber, les gars. Ne vous faites pas tuer pour moi !

Depuis l'aube, les avions allemands patrouillent dans le ciel et parfois piquent pour mitrailler ou bombarder les positions tenues par les Alpins.

Les patrouilles d'infanterie ennemie se rapprochent. Les assaillants ne sont plus maintenant qu'à une centaine de mètres des postes de combat de la 2e et de la 1re compagnie. La « Belle Deux » surtout, à l'extrême gauche du bataillon, semble la plus menacée.

Les Stukas attaquent dans un hurlement de sirènes. Des bombes explosent, couvrant de terre les chasseurs blottis dans leurs trous. On compte à nouveau des blessés.

Canons et mortiers intensifient leur tir. Maintenant les projectiles s'abattent sans arrêt sur le bois de Liomer, le village de Laboissière, le bois de Brocourt. Le chef de bataillon Ponet confie au lieutenant d'Autin qui n'a quitté son poste que pour faire le coup de feu contre la patrouille allemande de ce matin avec la « Belle Deux » :

— Une nouvelle attaque est imminente. Il faut absolument rétablir la liaison avec le 19e BCP.

Mais il est bien trop tard.

Maintenant, des patrouilleurs allemands s'approchent à quelques mètres des positions tenues par les Alpins, cloués au sol par les projectiles de mortiers et les rafales de mitrailleuses.

Il est quatre heures et demie de l'après-midi quand un ordre de la division bleue arrive au poste de commandement du 13e.

— Nous pourrons nous replier sur la Bresle à partir de neuf heures ce soir, annonce le commandant Ponet... A moins que la pression ennemie ne soit trop forte d'ici là. Nous devrons commencer par nous replier sur le bois de Queue-Comtesse. Sans perdre la liaison avec le 19e... Comme si nous l'avions !

Cette partie de l'ordre de la division rend perplexe le commandant Ponet. Il n'a toujours aucun contact direct avec cette unité. Aussi appelle-t-il un des jeunes officiers disponibles :

— Lieutenant Chabert, essayez de trouver le chef du 19e BCP. Dites-lui que le mieux serait de nous replier dès huit heures, à la chute du jour.

Le messager part aussitôt.

— Mission remplie, annonce Chabert un peu plus tard. Le commandant du 19e est d'accord pour huit heures du soir.

Le commandant Ponet prépare les ordres pour le décrochage de son bataillon et les fait porter aux capitaines par des coureurs.

« Dans l'ordre : 2e compagnie Montjean, 1re compagnie de Thiersant et 3e compagnie Guillemot. Point à atteindre, le bois de Queue-Comtesse. »

Un double de l'ordre doit être envoyé à la demi-brigade. Le chasseur Florentin Voiron, qui porte ce pli à motocyclette, est tué au cours de sa mission.

Le bombardement redouble d'intensité, surtout sur la 1re et la 2e compagnie.

A la « Belle Deux » où l'on vit de plus en plus dans la hantise d'un encerclement, le chef de la section de commandement, l'adjudant Simon, appelle son ami le sergent Gailland, un de ceux dont l'attitude optimiste l'a toujours frappé.

— Toi, tu as une tête à t'en tirer. Alors que moi...

— Ne dis pas de bêtises.

— La journée sera dure et j'ai un sale pressentiment. Alors tu prendras mon portefeuille et tu l'enverras à ma mère.

Quelques instants plus tard, un obus explose tout près des deux sous-officiers. L'adjudant Simon crie :

— Gailland, viens vite. Je suis touché.

Simon a reçu comme un coup de poing à l'épaule, puis il a

senti l'éclat, brûlant, qui pénétrait en vrille dans sa poitrine. Un flot de sang jaillit de sa bouche. Pourtant, il trouve la force de descendre le ravin en titubant. Le sergent Gailland lui enlève sa vareuse et sa chemise, prend dans sa cartouchière un paquet de pansements et l'applique sur l'énorme plaie bouillonnante au milieu du dos de Simon. Puis il entoure d'une bande le torse de son camarade.

— Tu te souviens de ce que tu m'as dit ? Alors, je prends ton portefeuille.

— Gailland, donne-moi à boire, j'ai soif.

L'adjudant Simon a rapporté de Norvège une petite bouteille de rhum qu'il avait trouvée dans son gilet de sauvetage et qu'il gardait depuis « au cas où... » L'alcool lui donne un vrai coup de fouet.

— Gailland, je crois que je ne vais pas mourir. Rends-moi mon portefeuille.

Son camarade lui glisse le portefeuille dans sa poche revolver et lui dit :

— Au revoir, mon vieux Simon. A bientôt, à Chambéry.

Il n'y a pas de brancard. Pour emmener le chef de la section de commandement de la « Belle Deux », il faut en improviser un avec une toile de tente et des branches. Quelques chasseurs s'affairent.

Arrive alors un autre sous-officier, prêtre dans le civil, le sergent Viguier. Il se penche sur l'adjudant Simon et, estimant qu'il risque de bientôt mourir, lui donne l'absolution.

Quelques instants plus tard, on emmène le grand blessé vers le poste de secours du bataillon au bois Saint-Pierre. Au passage dans les positions de la 3e section, Simon entend l'adjudant-chef Chatain qui crie à ses hommes :

— Feu par rafales !

Puis il se retrouve au poste de secours, au coin du bois. Il ouvre les yeux et reconnaît un de ses amis savoyards, prêtre lui aussi, Henri Féjoz [1] aumônier du 13e BCA.

— Qu'est-ce que tu as ?

— Je suis salement touché dans le dos.

— Veux-tu l'absolution ?

— Non c'est déjà fait... par le sergent Viguier.

L'adjudant Simon sera évacué couché à plat ventre sur la benne d'une chenillette qui apportait des munitions. Il a un éclat d'obus de mortier de quatre centimètres logé dans le poumon, tout près de l'aorte [2].

Peu avant six heures du soir, un aspirant du 19e BCP se pré-

---

1. De nombreux témoignages sur les combats du 13e BCA le 8 juin 1940 sont rapportés dans la brochure du chanoine Féjoz : *Une page de gloire écrite en lettres de sang,* notamment ceux du sergent-chef Charve et de l'adjudant Simon.

2. L'adjudant Simon, jugé inopérable, crachera trois semaines plus tard à l'hôpital de Bordeaux, au cours d'une quinte de toux, son éclat de mortier. Quant

sente au poste de commandement du chef de bataillon Ponet. Il a l'air très ému :

— Mon commandant, je vous informe de la part de mon chef de corps que le 19e est dans l'obligation de se replier.

— A quelle heure ? demande Ponet.

— A dix-huit heures précises, mon commandant.

Le chef du 13e BCA regarde sa montre.

— Mais c'est dans dix minutes !

Le jeune officier du 19e ajoute, pour expliquer la décision de son chef :

— Mon commandant, on signale des blindés allemands sur nos arrières, dans la région de Beaucamps-le-Vieux. Nous sommes tournés.

— Alors, nous devons nous replier rapidement nous aussi, admet le commandant Ponet.

Le chef du 13e adresse aussitôt l'ordre de décrochage de son bataillon et demande à nouveau des agents de liaison pour le porter vers les trois unités en plein combat :

« Le repli commence par la 2e compagnie Montjean à 18 h 30, puis la 1re de Thiersant à 18 h 45, enfin la 3e compagnie Guillemot à 19 heures. »

— Et les sections de mitrailleuses, mon commandant ? lui demande le capitaine Forest, chef de la compagnie d'appui.

— La SM 2 du sous-lieutenant Strifling et la SM 1 du lieutenant Trannoy décrochent immédiatement et vont assurer la protection du repli général. Il faut aussi mettre en place une section de mortiers.

A six heures du soir, alors que le décrochage des compagnies de fusiliers voltigeurs ne doit commencer que dans une demi-heure, les Allemands attaquent brusquement, appuyés par des avions qui mitraillent et bombardent toutes les positions de combat des Alpins.

Dans la confusion générale, le capitaine Montjean appelle le sergent Sclippa, chef du canon de 25 qui lui a été donné en renfort et qu'il juge maintenant inutile dans la perspective d'une percée de vive force.

— Repliez-vous avec votre pièce et ses servants le plus vite possible.

Mais le sous-officier se heurte au sergent Fraissard qui lui lance :

— Trop tard, tu ne pourras plus passer maintenant.

Voici la « Belle Deux » pratiquement encerclée dans le bois de Liomer. Son chef vient juste de recevoir, peu avant sept heures du soir, son ordre de repli. Mais le capitaine Montjean et ses Alpins doivent désormais franchir les lignes ennemies

---

à ses camarades les sergents Gailland et Viguier, ils ont tous deux été tués lors de ce combat du 8 juin 1940.

pour rejoindre le reste du bataillon qui doit se trouver sur les lisières du bois de Queue-Comtesse, juste au sud-ouest du village de Beaucamps-le-Vieux. La 2e compagnie ne peut exécuter cette manœuvre, réussie sans trop de mal par la 3e compagnie du capitaine Guillemot et avec quelque difficulté par la 1re compagnie du capitaine de Thiersant, désormais à peu près à l'abri l'une et l'autre.

A la « Belle Deux », la situation en munitions est critique. Tiraillant depuis le matin, beaucoup de chasseurs n'ont plus de cartouches. Pourtant, il n'est pas question de cesser le combat.

— On va percer, décide le capitaine Montjean.

Aussitôt, il donne ses ordres :

— En tête, la 1re section du lieutenant Leroudier et la 2e section du lieutenant Dominjon. Elles forceront le passage. Derrière, suivront la 3e section de l'adjudant-chef Chatain et la 4e section du sous-lieutenant Lefort. Bien entendu, je prends la tête avec la section de commandement. Pas de questions ?

— Mon capitaine, fait observer le lieutenant Leroudier, la plupart des hommes de ma section n'ont plus de cartouches.

— C'est exactement pareil dans ma section, ajoute le lieutenant Dominjon en écho.

Alors, le capitaine Montjean donne l'ordre qui soudain abolit les siècles et restitue aux guerriers la violence sauvage du combat à l'arme blanche :

— Baïonnette au canon !

Les Alpins sortent la courte lame quadrangulaire du fût de leur Mas 36 et la fixent dans son logement d'un coup sec.

— Prêts ? demande Montjean.

— Prêts ! affirme Leroudier.

— Prêts ! lance Dominjon.

Les deux lieutenants ont vite rassemblé les chasseurs de la 1re et de la 2e compagnie. Tous ont leur baïonnette au canon, le fusil croisé devant eux. Les servants de FM essayeront de tirer leur dernière boîte-chargeur entre chaque bond.

— En avant ! crie le capitaine Montjean.

— En avant ! hurlent ses Alpins de la « Belle Deux ».

Les Allemands en voyant surgir cette ruée de furieux les prennent sous un tir infernal de mitrailleuses et de pistolets mitrailleurs. Les armes automatiques fauchent les chasseurs qui foncent derrière leur capitaine et ses deux lieutenants, progressant par bonds d'une dizaine de mètres. Ils courent droit sur les lignes ennemies. Surpris par l'incroyable élan de ce brutal assaut, les soldats de la Wehrmacht reculent un peu, mais ils continuent à tirer et abattent de nombreux Alpins.

— Rendez-vous ! crient-ils en français.

— En avant ! A la baïonnette ! En avant ! ordonnent Leroudier et Dominjon.

Montjean les domine de sa haute stature.

— En avant la « Belle Deux » !

Il s'écroule, la mâchoire fracassée par une rafale de mitrailleuse, frappé à mort.

La moitié de cette compagnie d'élite va rester sur le terrain. On ne compte plus les blessés ni les tués. Parmi les morts, les lieutenants Leroudier et Dominjon reposent non loin du capitaine Montjean.

Blessé au début de la journée, le prêtre-sergent Viguier est frappé une seconde fois, mortellement. Quant au sergent Maurice, complètement encerclé, il continue à se battre tout seul avec un fusil mitrailleur et tire ses dernières rafales avant d'être tué à son tour, comme tant d'autres sergents tels Barrier, Bieunier, Comte ou Puel. Une dizaine de chasseurs ont aussi trouvé la mort avec ces sous-officiers. Mais leurs camarades, malgré les rafales d'armes automatiques, progressent vers le bois de Queue-Comtesse.

Il ne reste plus qu'un fusil mitrailleur en état de tirer. C'est celui du chasseur Roudadoux.

— Prends position le long du chemin et couvre le repli des camarades vers le bois, lui ordonne le sergent-chef Mollard, qui tombe presque aussitôt frappé à mort près de son camarade Charve.

Les Alpins de la 1re et de la 2e section réussissent à bousculer les Allemands et à franchir leur ligne de feu. Maintenant, ils doivent traverser un champ dégagé de quatre cents mètres de long, battu par toutes les armes automatiques ennemies. Beaucoup d'autres chasseurs tombent encore. Mais ils ont ouvert la voie. Dans leur sillage, leurs camarades de la 3e et de la 4e section parviennent à franchir les lignes.

Les survivants arrivent au poste de commandement du bataillon, où les accueille le commandant Ponet, très ému quand il apprend le sacrifice du capitaine Montjean et de ses deux lieutenants. En une journée de combat, le 13e BCA a perdu le tiers de ses effectifs, tués, blessés ou disparus. Par miracle, on a réussi à récupérer les éclaireurs de la SES du lieutenant Quénard, mais ils ont été obligés, faute de pouvoir l'emmener, de faire sauter le canon de 75 de leur point d'appui.

Des rescapés du bois de Liomer continuent à arriver sur les lisières du bois de Queue-Comtesse, où le capitaine Forest, chef de la compagnie d'appui, essaye, tant bien que mal, de couvrir leur repli à travers plusieurs centaines de mètres de glacis. Le groupe de mitrailleuses du sergent Amadieu tire bande sur bande. Puis il se repliera à son tour.

Désormais, il ne reste plus à la corne du bois de Queue-Comtesse qu'un seul homme. C'est le chasseur Leyraud, avec son fusil mitrailleur. Il s'est porté volontaire pour cette mission de sacrifice et empêche les soldats allemands de se lancer à la poursuite.

Dès son arrivée sur les positions de repli, le sergent-chef Charve regroupe les rescapés de la « Belle Deux ». Il aperçoit alors le sous-lieutenant Lefort, seul officier rescapé de sa 2e compagnie. L'ancien chef du corps franc du 13e BCA pendant la « drôle de guerre » a toujours eu de la chance...

— Où est l'adjudant-chef Chatain ? demande le sous-officier.

— Blessé. Mais il a réussi à rejoindre la 1re compagnie.

— Qu'est-ce que je dois faire, mon lieutenant ?

— Mettre tes hommes à l'abri de cette haie.

Epuisés, les rescapés de la 2e compagnie se laissent tomber dans le fossé. Leur capitaine est mort. Les deux lieutenants sont morts. Et eux, combien restent indemnes après cette charge folle ? Tout juste une quinzaine de chasseurs.

A dix heures du soir, les survivants du 13e BCA passent la Bresle et entrent en Normandie. Ils feront dans la nuit une étape de quarante kilomètres à pied avant de se regrouper à Londinières. Ils vont encore se battre pendant quatre terribles journées, presque tous voués à la mort ou à la capture.

Houdetot, près de Saint-Valéry-en-Caux, verra la fin du 13e BCA encerclé [1].

Dans le bois de Liomer et dans la plaine qui s'étend vers le sud-ouest, les Allemands découvrent des dizaines de cadavres d'Alpins de la « Belle Deux ». Les morts tiennent encore leur fusil au poing. Et tous ces Mas 36 ont la baïonnette au canon.

1. Avec le 13e BCA, ont combattu sur la Somme et dans le pays de Caux, les deux autres bataillons de la 5e demi-brigade, retour de Namsos, le 53e et le 67e. Faisaient également partie de la 40e division d'infanterie du général Durand, les trois bataillons de la 2e demi-brigade de Chasseurs Alpins, 9e, 40e et 49e BCA, eux aussi destinés à l'expédition de Norvège et prévus pour débarquer à Andalsnes. Les événements les menèrent à rester en Ecosse puis à rejoindre le front français par la Bretagne. Ils livrent de durs combats du 6 au 12 juin 1940. Dès le premier jour, le 20e et le 49e BCA sont pratiquement anéantis. Le 9e se bat sur la ligne Orival-Offignies, puis retraite vers la Bresle pour rejoindre le pays de Caux. Son chef, le commandant Prieur, sera tué au combat près du village de Houdetot, en Normandie.

CHAPITRE XIII

« LES FILS SERONT DIGNES DES PERES »

— Non, mais qu'est-ce qui vous prend ? Ce n'est plus le moment de se battre !

— Bande de salauds, vous allez nous faire massacrer !

— Vous êtes fous, les petits gars, la guerre est finie ! Rentrez donc chez vous !

Les injures pleuvent. Elles viennent de militaires et de civils qui se trouvent aux fenêtres des wagons, tandis qu'un petit groupe de chasseurs alpins, le fusil au poing, progresse le long de la voie de chemin de fer, bien décidés à se battre encore.

Encore... Le 17 juin au matin. Il ne fait pas encore tout à fait jour. Est-ce folie de croire qu'on doit encore tenir sur un dernier barrage, alors que plus de la moitié du pays est déjà envahie par l'ennemi déferlant vers le sud de toute la puissance de ses moteurs ? Quel cours d'eau pourrait arrêter les Allemands, aujourd'hui ? Même si c'est un fleuve. La Loire !

Les Alpins ne répondent pas. Ils n'écoutent même pas. Ils suivent le chef qui leur a donné un seul ordre :

— En avant ! On y va !

Hier, le cabinet de Paul Reynaud a démissionné, le maréchal Pétain, désigné par le président Lebrun pour lui succéder comme chef du gouvernement de la France, a décidé de demander à l'adversaire les conditions d'un armistice « entre soldats et dans l'honneur ». Les flots de réfugiés pitoyables continuent à déferler sur les routes. L'armée française, disloquée, s'écroule sous les coups de boutoir des Panzerdivisions de la Wehrmacht. Rommel fonce sur Cherbourg, Hartlieb s'approche de Brest, Guderian a dépassé Mâcon et s'avance vers Lyon. Von Kleist occupe Le Creusot. Le drapeau à croix gammée flotte sur Belfort. Et un simple officier d'Alpins trouve encore l'inconscience ou le courage de lancer ses chasseurs à l'attaque dans la région de La Charité-sur-Loire, déjà solidement tenue par l'ennemi.

L'avant-veille, les rescapés des durs combats menés par le 15e BCA au Mont-de-Soissons et à Fère-en-Tardenois ont été fractionnés en trois colonnes, de chacune une centaine d'hommes, et embarqués dans des wagons de chemin de fer à Charny. Le capitaine Debuissy, commandant la 1re compagnie du 15e BCA a pris la tête de l'un d'eux.

Hier, le convoi où se mélangent réfugiés et militaires, dans un désordre indescriptible, s'est arrêté toute la matinée, peu avant Nevers.

— Le pont de Cosnes est coupé, a annoncé un cheminot. On va essayer de vous faire gagner Pierrefitte.

A dix heures du soir, en pleine campagne, c'est l'arrêt définitif, semble-t-il cette fois, entre Pouilly et La Charité-sur-Loire.

— Une dizaine de trains sont bloqués devant le nôtre !

— Les Allemands sont déjà devant nous !

— Il paraît que le général Weygand a décidé de capituler !

Tous les bruits courent et s'amplifient. Pour le capitaine Debuissy, une seule chose compte, l'ordre qu'il a reçu.

— Quand la guerre sera finie, dit-il à ses Alpins, je vous le dirai. En attendant, rien de changé.

Ce 17 juin, peu après trois heures du matin, le convoi, immobilisé en rase campagne par cette belle nuit d'été, a été survolé par trois avions inconnus. Allemands ? Italiens ? En tout cas, ce ne sont sûrement par des Français. Peu après, on a aperçu une fusée verte et une fusée blanche. Puis des bruits d'explosions.

— Ce sont des parachutistes allemands, a expliqué un civil aux chasseurs qui l'entouraient. Ils sont partout ! Il y en a même qui sont déguisés en bonnes sœurs...

En réalité, ce ne sont pas des paras, même en cornette, mais de solides fantassins casqués d'acier qui ont déjà atteint et occupé La Charité-sur-Loire dès le 16 juin au soir.

Un individu s'approche du capitaine Debuissy.

— Je suis le lieutenant Munch, commissaire militaire de la gare de Cosnes. Je voudrais aller en tête de nos convois voir ce qui se passe. Pouvez-vous me faire accompagner par quelques-uns de vos soldats ?

— Ce ne sont pas des soldats, ce sont des chasseurs. De toute façon, je vais désigner une section.

Puis il appelle :

— Neboux !

Un gradé se présente presque aussitôt.

— Je sommeillais, mon capitaine. On ne sait pas ce qui nous attend demain...

— Vous voulez dire aujourd'hui. Rien de bon, sans doute. Mais nous devons continuer. Alors, vous allez prendre vos hommes et accompagner ce lieutenant...

Le petit groupe part aussitôt le long de la voie. Arrivé à la hauteur de la locomotive du train de tête, le lieutenant Munch s'adresse au mécanicien :

— Savez-vous où sont les Allemands, vous ?

— Devant nous, sans doute. La ligne est coupée.

— Avancez toujours jusqu'à la coupure.

Le convoi repart très lentement pour s'immobiliser peu après. Le rail a été arraché par une explosion.

— On devrait pouvoir réparer, dit Munch. Mais il faudrait des spécialistes.

— Où en trouve-t-on ? demande Neboux.

— A La Charité, sans doute.

— Bon, je vais aller les chercher.

Le gradé part aussitôt avec sa section squelettique réduite à quelques Alpins. Ils n'ont pas fait cent mètres qu'ils sont accueillis par un tir d'armes automatiques.

— Planquez-vous ! ordonne Neboux.

Tout de suite, il lance :

— Le FM en batterie ! Ripostez !

Les rafales partent dans les ténèbres. Le combat est incertain. La seule certitude, pour les chasseurs, c'est qu'il y a du monde devant, et rudement accrocheur. Les armes automatiques allemandes arrosent tout le terrain. Puis le feu se calme aussi brusquement qu'il avait débuté. On entend alors une voix :

— Rendez-vous !

A entendre l'accent, pas de problème, ce sont bien les Allemands qui se trouvent en face.

— Pas question ! riposte Neboux. Nous sommes toute une compagnie.

La réponse ne manque par d'allure. Mais Neboux n'a pas une compagnie, pas même une section, simplement quelques Alpins qui n'ont pas encore renoncé à l'idée qu'ils se font de leur devoir.

— Frac ! appelle le gradé.

L'homme arrive aussitôt. Il n'a pour toute arme qu'un pistolet, sans aucune cartouche d'ailleurs.

— Tu vas aller demander des renforts au capitaine, lui dit Neboux. On est sérieusement accrochés.

Peu après, ne le voyant pas revenir, le gradé se décide à retourner lui-même à quelques dizaines de mètres en arrière vers les wagons de tête du premier train immobilisé pour recruter de l'aide. Il est pour le moins mal accueilli. Les hommes à moitié endormis et parfois ivres l'insultent :

— Tu es cinglé, le « chass'bit' » ? Tu veux nous faire démolir ?

— Nous fais pas chier et va te battre tout seul, si ça t'amuse. Nous on bouge pas. D'ailleurs, on n'a plus d'armes.

Neboux est furieux.

— Mais les Allemands sont là !

— Justement, fous-nous la paix !

La paix ! C'est bien le moment. Sa section accroche dur, très dur. Tant pis pour les lâches. Les Alpins vont se battre tout seuls. Déjà on compte du dégât dans leurs rangs.

— Ortignan vient d'être tué !

— Reppelin aussi.

— Lequel ?

— Jean.

Louis Reppelin, lui, n'est que blessé. Par deux fois. Mais il ne songe pas à aller se faire panser à moins de cent mètres en arrière, dans ce convoi d'ivrognes et de trouillards. Il tire.

— Economisez les munitions ! lance Neboux. Le FM, surtout. Par petites rafales. Toutes petites...

Près de la voie, le gradé a repéré une maison, une petite baraque style « garde-barrière », et pense qu'on pourrait y accrocher la résistance. Il bondit à l'intérieur et appelle ses chasseurs. Un par un, tous le rejoignent.

— Qu'est-ce que tu as, Malligne ?

— Je suis blessé, répond l'Alpin. Dans les reins.

— Va te faire soigner dans le train.

— Non, je préfère rester avec vous.

Jacquet est aussi blessé, à la tête. Et Vial. Un peu à l'écart, deux chasseurs alpins et un sapeur du génie, qui a choisi de se battre avec eux, assurent la sécurité vers la droite.

Tout à coup, dans un grand bruit de moteurs, des blindés surgissent, sur la route près du passage à niveau.

— Merde ! Ils ont des chars !

L'équipage du premier véhicule ouvre le feu sur les trois Français isolés. Le sapeur est tué, un Alpin blessé et leur camarade ne peut que se replier.

Les Allemands déferlent. Ils suivent la voie de chemin de fer, s'approchent du train de tête. Ils semblent surgir de partout maintenant.

De la fenêtre de la petite baraque, Neboux surveille leur approche. Il se tourne vers les quelques chasseurs qui l'entourent.

— On va tenter une sortie, les gars. Tous ensemble.

— Et les blessés ?

— Ils viennent avec nous.

Les Alpins bondissent au-dehors.

— *Halt !*

Partout, des soldats en feldgrau les attendent, fusils et pistolets mitrailleurs braqués sur les rescapés de la section Neboux.

— Tant pis, on est faits ! murmure leur chef. Mais on aura quand même réussi à les retarder.

C'est à ce moment que le chasseur Frac arrive enfin auprès du lieutenant Sauvinet qui se trouve dans un des premiers wagons occupés par les Alpins de la 1re compagnie. D'habitude, Frac bégaye. Mais cette fois, il dévide son message d'une traite :

— Mon lieutenant, la section Neboux est en train d'accrocher. Il faudrait de l'aide. Ça va mal pour nous en tête...

Et il montre son casque qu'une balle vient d'atteindre quelques instants auparavant.

— Je fais prévenir le capitaine, décide l'officier. En attendant, que la section Chelotti aille déjà en renfort de Neboux. D'un côté de la voie. J'irai de l'autre côté, avec un groupe de combat.

Les Alpins remontent le long des trains, arrêtés les uns derrière les autres. Il y a quinze cents mètres à parcourir sur le ballast d'une voie absolument rectiligne. Dans les wagons bondés à craquer, civils et militaires se mettent aux fenêtres et injurient les chasseurs.

— Cessez donc de jouer aux cons !

— C'est foutu, les petits gars ! Foutu !

Le lieutenant Chelotti ne répond pas. Il se contente d'agiter son revolver 92, comme ça, pour montrer qu'il y a encore des hommes qui veulent se battre dans ce pays en pleine déroute. Les fenêtres des compartiments se ferment avec un bruit sec.

— Puisqu'ils veulent se faire tuer..., disent les passagers de ce train perdu en pleine campagne.

Et ils s'effondrent sur les banquettes de bois, résignés à tout. L'honneur, ils n'en n'ont rien à foutre. Sidi-Brahim, qu'est-ce que c'est que ce patelin ? Ici, on est devant La Charité-sur-Loire et les Allemands sont en face. Vainqueurs. A jamais.

Les Alpins remontent le long de plusieurs trains. Enfin, voici la locomotive de tête, celle qui est arrêtée juste avant la coupure. Il fait encore à moitié nuit. Tout à coup, une arme automatique ouvre le feu. C'est une mitrailleuse allemande, en batterie, juste devant, en plein milieu du ballast. Les balles traceuses tapent sur les rails, faisant jaillir des gerbes d'étoiles. Des pierres volent. Les premières victimes tombent. Le chasseur Grousset se met à hurler de douleur, une balle dans les reins. Le caporal Brousse s'écroule, la cuisse traversée.

— Tout le monde dans le fossé ! crie le lieutenant Chelotti. Nouvet, ton FM en batterie ! Tu ripostes !

— Mais, mon lieutenant, c'est plein de civils, les bras en l'air.

— Quel merdier !

Le lieutenant Sauvinet arrive à son tour en courant.

— Qu'est-ce qui se passe ? Vous ne pouvez pas tirer ?

Chelotti lui montre la scène qui se déroule sur le ballast. Impossible dans cette grisaille de distinguer soldats allemands et cheminots, militaires français et réfugiés.

— On ne peut quand même pas tirer dans le tas, mon lieutenant.

— Non bien sûr. Il faut rejoindre le capitaine ! décide Sauvinet. Suivez-moi !

Une route, de deux mètres en contrebas de la voie, permet aux Alpins de revenir en arrière sans être repérés. Mais c'est pour tomber sur une arme automatique ennemie. Puis sur une automitrailleuse à croix noire qui patrouille sur la route.

Maintenant, il fait grand jour. Les Allemands remontent le long des convois, l'arme au poing, et font descendre tous les militaires. Ceux-ci obéissent docilement et s'alignent sur le ballast, la capote ouverte, le calot de travers, les bras levés. Certains rigolent. Pour eux, la guerre est finie. Ils ne demandent rien d'autre. Etre captifs ? Ils s'en foutent. Ça vaut quand même mieux que d'être morts comme ces cons de chasseurs. Les voici qui se replient, les Alpins de la section Chelotti. En bon ordre, derrière le lieutenant Sauvinet qui va essayer de ramener les rescapés vers le reste de leur 1re compagnie. Ils ne sont plus qu'une dizaine. Mais ceux-là, ce sont des guerriers. De la section Neboux, il n'y a plus personne, sauf Frac qui recommence à bégayer.

Pendant que les Allemands progressent lentement en fouillant les wagons, les Alpins parviennent par les fossés à retrouver leur chef dans le train de queue. Le capitaine Debuissy réfléchit rapidement. Il lui reste pour toutes armes un fusil mitrailleur, avec seulement cinq boîtes-chargeurs, et une vingtaine de fusils.

— Les Allemands vont faire tout le monde prisonnier, dit le commandant de la 1re compagnie. Ce n'est pas pour cela que nos camarades viennent de se battre et de les retarder. On va gagner la Loire...

Ne pas tomber aux mains de l'ennemi devient un impératif absolu. Le fleuve doit se trouver à un kilomètre vers l'ouest. Avec un peu de chance on devrait y arriver.

Les survivants du 15e BCA se regroupent derrière leur capitaine qui compte se diriger, à la boussole, à travers bois. A ce moment surgissent des hommes en tunique noire. Ce sont des gardes mobiles.

— Mon capitaine, dit leur chef de peloton. Nous non plus on ne veut pas être faits prisonniers. Alors, on vient avec vous.

— Surtout, ne faites pas de bruit, lance Debuissy. Les Allemands ont partout lancé des patrouilles. Nous sommes en pays ennemi, maintenant.

Le petit groupe finit par atteindre le parc d'un château au bord de l'eau, à deux kilomètres en aval de La Charité-sur-Loire. Il ne reste plus qu'à traverser le fleuve.

— Sauvinet ! appelle Debuissy. Vous vous installez en protection avec le fusil mitrailleur et quelques volontaires.

Le lieutenant rejoint aussitôt son poste de combat. A ce moment, un homme s'approche. Très élégant malgré les circonstances, culotte d'équitation, bas de laine blanche, mouchoir dans la pochette de sa veste en tweed de bonne coupe.

— Je suis le châtelain, dit-il à Debuissy. J'ai l'impression que tous ces préparatifs militaires risquent de m'attirer des ennuis...

— Des ennuis, monsieur ? Mais ce sont les ennuis de tous les Français dont le pays est encore en guerre.

— Si vous vous battez contre les Allemands, ils vont se livrer à des bombardements, à des représailles, à des exactions de toutes sortes. Ils seront bientôt ici.

— Et nous, nous n'y serons plus. Alors, je vous demande de nous laisser faire ce que nous devons faire.

Le châtelain soupire.

— Comme vous voudrez. Mais partez vite. Et pendant que vous y êtes, débarrassez-moi des armes qui se trouvent dans ma cave. Ce sont des soldats en fuite qui les ont abandonnées, après m'avoir volé quelques bouteilles...

— Des armes ! s'exclame le capitaine Debuissy.

Il s'agit maintenant de traverser le fleuve au plus vite. Si on veut continuer à se battre, il faut gagner la zone encore libre. Le fleuve, en cet endroit, se divise en deux bras. Un des chasseurs dit :

— Je suis marinier dans le civil. Bien sûr, la Loire ce n'est pas le Rhône. Mais avec cette vieille barque je peux vous faire traverser. Par petits groupes.

— Nous irons d'abord jusqu'à cette île, décide le capitaine. Nous nous y regrouperons. Et nous franchirons l'autre bras ensuite.

Rapidement, tous les chasseurs alpins et les gardes mobiles se retrouvent au milieu du fleuve. Ils sont alors rejoints par des civils, dont une superbe jeune fille. Sa présence paraît si insolite au capitaine qu'il commence à la prendre pour une espionne.

— Vos papiers, mademoiselle ? lui demande-t-il.

— Je n'en ai pas. Je suis étudiante en vacances. L'arrivée des Allemands me force à fuir.

— Ce n'est pas une raison pour ne pas avoir de papiers.

Alors la jeune fille s'exclame :

— Je vois que vous ne voulez pas de moi ! Alors, tant pis, je retourne sur l'autre rive.

En quelques secondes, elle se déshabille sous les yeux des chasseurs qui n'en ont jamais tant vu depuis de début de la retraite, plonge et retraverse la Loire. Personne ne la reverra jamais.

Déjà, entassé à bord de la vieille barque, un premier petit groupe tente de gagner l'autre rive. Le chasseur-marinier s'exclame :

— On est beaucoup trop nombreux ! On va chavirer !

Bien entendu, l'embarcation coule au milieu du fleuve. Voici les Alpins prisonniers de l'île. Et déjà, les Allemands arrivent sur l'autre rive. On les aperçoit dans le parc du château et on entend même quelques rafales de pistolet mitrailleur.

— Qui sait nager ? demande le lieutenant Sauvinet.

Une demi-douzaine de bras se lèvent.

— Moi, mon lieutenant... Moi... Moi aussi.

— Alors, on y va !

Comme l'officier, tous les volontaires se déshabillent et se mettent à l'eau. Mais le courant est très fort et de dangereux tourbillons se forment. Deux Alpins vont périr noyés. Ils auront préféré la mort à la captivité. Leurs camarades parviennent quand même sur l'autre rive. Entièrement nus, ils errent sur les berges à la recherche d'une barque pour faire traverser ceux qui sont restés sur l'île. Ils ne trouveront qu'une corde, qu'ils tendent d'une rive à l'autre.

— Il suffira de vous cramponner, dit le lieutenant Sauvinet aux hésitants.

Mais la corde casse.

Tous les captifs de la Loire sont désespérés quand surgit sur les eaux du fleuve une grande barque à fond plat, menée par deux de leurs camarades. Les Alpins Raphaeli et Guyon, faute d'avirons, sont obligés de la manœuvrer avec des perches. Un des deux chasseurs découvre sous un banc un grand imperméable noir dont il enveloppe sa nudité. Il ne manque pas d'allure et dirige la manœuvre avec un calme impressionnant, malgré le courant et la présence toute proche de l'ennemi. Il ne faudra pas moins d'une heure pour faire passer sur l'autre rive de la Loire dans un premier voyage quelques Alpins. Il faut à tout prix trouver une barque et des mariniers pour sauver les autres.

— Ramenez-les revolver au poing, si c'est nécessaire, ordonne le capitaine Debuissy à deux gardes mobiles.

Il est dix heures du soir quand le dernier survivant du 15e BCA quitte l'île. C'est l'adjudant-chef Thomas, qui rend compte avec un large sourire :

— Tout le monde est passé, mon capitaine. Ils ne nous ont pas eus.

De l'autre rive partent quelques rafales rageuses. Mais le capitaine Debuissy a épargné à ses hommes le déshonneur de la captivité. Ils garderont toujours en mémoire le souvenir de leurs camarades qui sont tombés lors de leur ultime combat au matin de cette épouvantable journée du 17 juin [1].

---

1. Le capitaine Debuissy partira comme volontaire pour la Syrie au début de 1941. Il y trouvera la mort dans les combats opposant les forces de l'Etat français aux Britanniques et aux volontaires de la France Libre. Ainsi tombera, dans une guerre fratricide, celui qui ne voulait pas se rendre aux Allemands arrivés sur la Loire.

Ne pas se faire capturer devient une hantise pour ceux qui veulent encore se battre. Tandis que les Allemands s'approchent de Brest, des chasseurs du 14e BCA, de retour de Narvik par l'Ecosse et la Bretagne, se trouvent acculés, le dos à la mer, sans aucun bateau pour les évacuer. Alors, ils réquisitionnent des camions, foncent sur Concarneau et récupèrent des barques de pêche.

— Cap vers le sud !

Les voici partis sur de grands thoniers aux voiles bleues et blanches. Un seul marin, pour tenir la barre. Ce sont des chasseurs qui manœuvrent sur le pont, en suivant les ordres de ce pêcheur breton qui, lui aussi, veut échapper au grand coup de faux de la Wehrmacht.

Certains thoniers, montés par des Alpins du 14e, arriveront ainsi jusque devant Arcachon.

Sitôt à terre, le lieutenant Vuillard et ses hommes parviennent à réquisitionner quelques véhicules. Ils traversent toute la France d'ouest en est. Leur but est Gap, où doit se trouver le dépôt de leur unité et où ils ont l'ordre de se rendre.

Le lieutenant Vuillard finit par se présenter, le 22 ou le 23 juin, chez l'officier qui commande la place.

— D'où venez-vous ? lui demande-t-il.

— De Narvik, mon colonel.

— Grenoble est tombée aujourd'hui. Il faut former un bouchon pour essayer de les arrêter.

— Je suis à vos ordres.

Et ses Alpins repartent au combat. Ils pleureront de rage quand ils apprendront l'armistice.

Nombreux sont chez les combattants ceux qui ne veulent pas encore déposer les armes avant d'avoir tiré leurs dernières cartouches.

Tandis que des Alpins se battent encore sur la Loire, d'autres se trouvent dans les Vosges, menacés d'encerclement. Pour eux non plus il n'est pas question de cesser la lutte devenue tellement inégale.

Le 23e BCA, un des douze premiers bataillons de montagne de la Belle Epoque, avait été dissous en 1930 à Gap, mais il a été reconstitué à Grasse, dès septembre 1939. Formant demi-brigade avec le 18e et le 60e BCA, l'un d'active et l'autre de réserve, il s'est retrouvé en ligne à l'ouest des Vosges pendant la « drôle de guerre » et a vu tomber au mois de novembre ses trois premiers morts, le caporal Roux et les chasseurs Saussac et Paolini. Le 10 mai 1940, lors de l'attaque allemande à l'Ouest, le 23e se trouve juste à la frontière allemande au nord de Lembach en Lorraine. Tout de suite, les combats sont très durs. Puis c'est le repli derrière la zone fortifiée de la Ligne Maginot.

Le 12 juin, le chef de bataillon Royer reçoit l'ordre de tenir un front de huit kilomètres, avec ses seules compagnies de combat, quelques sections isolées et les garnisons de deux ouvrages.

— Quelles sont les troupes derrière moi ? demande-t-il.

— Aucune.

Quand il recevra l'ordre de faire retraite pour éviter d'être pris au piège, le 23e traversera un pays désert, que sillonnent déjà les motocyclettes et les automitrailleuses de la Wehrmacht, dont les colonnes motorisées ont crevé le front à l'est des Vosges. Il faut partir à pied, vers le sud-est. On marche le jour. On marche la nuit. Les traînards sont abandonnés. Impitoyablement. Le 17 juin, tandis que les Alpins du 15e se battent sur la Loire, leurs camarades du 23e franchissent le canal de la Marne au Rhin sur des planches pour les hommes et à la nage pour les chevaux et les mulets. Quand le commandant Royer arrête enfin sa colonne, elle vient d'accomplir à pied soixante-quinze kilomètres en trente heures. Les chasseurs sont à bout de force.

— Ils ne peuvent plus marcher ? Alors, ils se feront porter ! s'exclame leur chef.

On réquisitionne des charrettes, des bicyclettes et même des animaux. Voici les Alpins qui s'entassent sur des fourragères ou caracolent sur des percherons. Leur étrange colonne se traîne à travers la forêt vers Schirmeck. Il pleut. Le commandant Royer est alors averti de l'imminence d'une capitulation. Il réunit ses officiers.

— Messieurs, ne dites encore rien à vos hommes. Nous n'avons qu'un seul mot d'ordre, continuer vers le sud pour rompre l'encerclement.

Le 18 juin, le bataillon suit la vallée de la Bruche où combattaient si durement les Alpins voici un quart de siècle. Vieux souvenirs. Maintenant, ils se trouvent au milieu d'une armée en pleine retraite. Sans espoir.

Les journées se passent en ordres et contrordres. Finalement la plupart des chasseurs s'embarqueront dans un train qui les mène à Bruyères, entre Saint-Dié et Epinal.

Sur le quai de la gare, se trouve le lieutenant-colonel Camous qui commande la demi-brigade de Chasseurs Alpins dont fait partie le 23e.

— Quelle est la situation, mon colonel ? lui demande aussitôt le commandant Royer.

— Elle évolue sans cesse. Mais toujours en mal, bien sûr. L'encerclement se resserre. Les Allemands arrivent du nord, de l'ouest et du sud. Nous sommes pris au piège...

— Et ailleurs ?

— On parle d'une capitulation ou d'un armistice, je ne sais trop. Les membres du gouvernement de Bordeaux semblent en plein désarroi.

— Et notre armée ?

Le lieutenant-colonel a un geste de la main. Les Allemands sont à Vierzon et Romorantin.

Ce qu'ignorent les deux officiers, c'est que la veille, 18 juin, un général de brigade solitaire a lancé de Londres un appel à la résistance et qu'aujourd'hui même les cadets de Saumur se feront tuer sur la Loire. Pour l'honneur.

— Et nous, mon colonel ? répète le commandant Royer.

— Votre train, puisqu'il roule encore, va vous mener jusqu'à Laveline. De là vous gagnerez vos positions.

— Parce qu'on va se battre, bien entendu ?

— Bien entendu.

Sous le mitraillage des avions allemands, les chasseurs finissent par arriver à Lépanges, un village des Vosges dans la vallée de la Vologne qui descend de Gérardmer.

— 1re compagnie du lieutenant Simon au nord et 2e compagnie du capitaine Clappier au sud, ordonne le commandant Royer.

Quant à la 3e compagnie du capitaine Blaise, il n'en a plus de nouvelles depuis Schirmeck où un ordre l'a envoyé vers le sud-est par la route.

— Nos camarades des bataillons frères, le 18e et le 60e, sont dans les parages, l'un au nord et l'autre au sud. Aux Alpins de former un bouchon et de couvrir la retraite des autres unités.

Le 20 juin, une surprise de taille. Le capitaine Blaise se présente au poste de commandement du chef de bataillon.

— La 3e compagnie est à vos ordres, mon commandant.

— Mais d'où venez-vous ?

— Quand on a su que les Allemands étaient à Epinal, nous avons été réquisitionnés pour défendre le village d'Aydoilles. Ce n'était pas beau. Partout des troupes en retraite. Du désordre. De la bonne volonté aussi. Et dans tout cela un colonel qui nous découvre, nous apprend où vous êtes et nous donne l'ordre de vous rejoindre. Alors, nous voilà.

— Vous arrivez bien, Blaise. Je vais avoir besoin de tout le monde.

En cet après-midi du 20 juin, alors que le gouvernement du Reich attend les plénipotentiaires français venus s'enquérir des conditions d'un armistice, ils sont trois bataillons de chasseurs alpins à prendre leurs dispositions de combat dans les Vosges.

Ordre de s'enterrer et de construire des points d'appui. Il n'y a pas d'outils, pas de barbelés, peu de munitions. Pourtant, chaque chef de compagnie établit ses plans de feux. Il faut faire face à la fois au nord, au sud et à l'ouest. Les Allemands peuvent débouler de partout.

Quelques artilleurs surgissent au milieu des Alpins. Eux non plus n'ont pas l'air décidés à cesser le combat.

— On vient vous aider, les gars.

Leurs pièces de 75 sont les bienvenues. Mais que peuvent-elles contre l'artillerie allemande qui commence à prendre à partie toutes les positions tenues par les trois bataillons bleus ? Le lieutenant-colonel Camous a reçu un ordre. Résister au moins quarante-huit heures.

— Tenez, dit-il en le tendant à son chef d'état-major, vous transmettrez aux chefs de nos trois bataillons. Surtout n'oubliez pas la dernière phrase : « Cet ordre engage l'honneur des Corps et de leurs chefs ».

Pendant toute la nuit du 20 au 21 juin, les Alpins ne vont pas dormir, mais travailler sur leurs positions de fortune. Ils ont enfin réussi à trouver des haches et des scies pour abattre des arbres sur les routes par où peuvent attaquer les Allemands. Cela revient à toutes les barrer...

Le 21 juin, à l'aube, des appareils de la Luftwaffe surgissent. Mais le terrain est boisé et ses défenseurs bien camouflés.

— Ne tirez pas, disent les commandants de compagnie. Cela ne servirait qu'à nous faire repérer.

Les avions à croix noires s'éloignent. Qui penserait d'ailleurs qu'il y ait des Français assez fous pour se battre aujourd'hui, alors que les Allemands sont à Clermont-Ferrand et que le général Keitel, dans le wagon de Rethondes, est en train de lire aux plénipotentiaires français le texte de la Convention d'armistice ?

A huit heures du matin, des automitrailleuses allemandes apparaissent mais elles s'arrêtent avant le tournant qui les mettrait à la portée des pièces antichars des chasseurs alpins. Tout à coup, dans le silence des sous-bois claque une détonation. A bout de nerfs, un des défenseurs de Lépanges vient de tirer un coup de fusil. Aussitôt, les blindés allemands ouvrent le feu. Le chasseur Melchio est tué et cinq autres sont blessés.

Les véhicules à croix noire font alors demi-tour, salués par quelques rafales d'armes automatiques dont les balles ricochent comme des grêlons inefficaces contre leur blindage.

La matinée va se passer en un duel d'artillerie. Les servants des canons de 75 sont déchaînés et vident leurs caissons. Les heures s'écoulent, ponctuées du bruit des coups de départ et par les explosions des obus allemands qui éclatent sur les positions occupées par le 23ᵉ. Heureusement, les Alpins se sont bien enterrés au cours de la nuit.

Il est six heures du soir quand les chefs de compagnie sont convoqués chez le commandant Royer.

— Les trois bataillons de Chasseurs Alpins de la demi-brigade sont désormais seuls, leur annonce d'emblée leur chef de bataillon. Le quartier général de la division est tombé entre les mains de l'ennemi, ainsi que tous les convois automobiles et hippomobiles. Tous nos canons ou presque ont aussi été capturés. Il faut nous attendre à une attaque imminente.

Au milieu d'un lourd silence, le commandant Royer ajoute :

— Vous savez qu'on parle de négociations d'armistice. Il est possible que vous voyiez arriver devant vos positions des parlementaires allemands vous demandant de vous rendre...

— Mon commandant, lance alors le plus ancien des capitaines, aucun de nous ne mettra bas les armes sans votre ordre.

— J'en étais certain, mais je vous remercie de me le dire.

Dans le crépuscule, les pièces de 75 disparaissent. Désormais, les Alpins n'ont plus comme appuis que leurs canons antichars et leurs mortiers.

Les Allemands se massent mais n'attaquent pas.

Dans cette nuit la plus courte de l'année, celle du solstice de juin, on entend tout autour des chasseurs encerclés des bruits de moteurs. Puis le silence. Et des chants qui s'élèvent.

Denn heute, da hört uns Deutschland und morgen die ganze Welt...

« Aujourd'hui, l'Allemagne nous écoute, et demain le monde entier... »

Les vainqueurs dans cette nuit unique s'enivrent de leur marche triomphale à travers cette France qui avait vaincu leurs pères. Mais la guerre n'est pas terminée. Les dernières cartouches ne sont pas tirées.

Voici l'aube du 22 juin 1940. Il est neuf heures du matin. Depuis le lever du jour, on a entendu des bruits de combat vers les arrières. Les Alpins sont maintenant totalement encerclés.

Une dernière communication téléphonique. Le poste de commandement de la demi-brigade vient d'être emporté par le raz de marée ennemi. Alors, à neuf heures et quart du matin, c'est l'attaque. Brutale. Rapide. D'abord sur la 1re compagnie du lieutenant Simon. Puis sur la 2e du capitaine Clappier. Les Alpins, répondent et repoussent l'ennemi. Qui va se faire tuer dans ces dernières heures de la guerre ? Une colonne de blindés déboule de l'est à travers Lépanges et prend à revers le poste de commandement du chef de bataillon.

Le 23e BCA se voit maintenant assailli de toutes parts. Une ultime fusillade. Et c'est la sonnerie du *Cessez-le-feu.* L'armistice entre en vigueur le soir même.

Les chasseurs alpins ne se sont pas battus contre un seul ennemi. Le 10 juin 1940, un gros titre est apparu dans tous les journaux :

« L'Italie vient de déclarer la guerre à la France. »

Alors que la « sœur latine » tombe à genoux sous les coups de l'armée allemande, Mussolini décide de jeter dans les balances de la guerre le poids de son épée. Cette félonie vient tristement donner raison à ceux qui avaient imaginé, à la fin du siècle dernier, la création de bataillons alpins de Chasseurs à Pied dans l'éventualité d'un conflit contre l'Italie.

La fraternité d'armes de la Grande Guerre et le sang versé par les Alpins français, côte à côte avec les Alpini, au Monte Tomba, pendant le dur hiver 1917-1918, appartient au passé. La France paye lourd le prix des sanctions contre l'Italie dans cette très coloniale affaire éthiopienne [1].

Qui tient à ce moment sa frontière des Alpes ?

D'abord, les sections d'éclaireurs-skieurs de la plupart des bataillons alpins qui ont laissé ces petites unités derrière eux quand le moment était venu, dix mois auparavant, de partir pour la Lorraine ou l'Alsace. Ces hommes, élite entre l'élite, tiennent les passages les plus vertigineux et vont réussir des exploits extraordinaires.

Ensuite, des bataillons de chasseurs alpins de deuxième réserve, dits de série B, au nombre d'une douzaine, regroupés en quatre demi-brigades [2]. Eux aussi vont devoir faire face à l'armée italienne, dans un rapport de forces écasant en leur défaveur et avec la menace allemande sur leurs arrières. Ils réussiront de beaux exploits, comme par exemple le 91ᵉ BCA qui défend Montgenèvre, et dont les tirs causeront de lourdes pertes aux colonnes d'assaut italiennes. A l'heure de l'armistice, son chef, le chef de bataillon Clauzolles, écrira à ses chasseurs : « Vous rentrerez chez vous la tête haute. Vous y méditerez sans honte ni découragement les causes de notre défaite, et vous en tirerez la leçon de l'avenir. La France ne périra pas. Elle retrouvera sa gloire d'antan, si chacun de vous consacre aux devoirs du temps de paix le courage, la discipline et l'abnégation dont il a fait preuve dans la guerre. »

Au milieu d'une retraite qui se transformait en déroute, beaucoup de combattants ont fait face, seuls dans leurs trous ou par petits groupes de trois ou quatre obstinés autour de leur dernier fusil mitrailleur. Abandonnés par un régime et un peuple qui s'écroulaient, ils ont été quelques-uns à se battre jusqu'aux dernières cartouches. Parmi eux, quelques chasseurs, en tenue bleue sous la capote moutarde, et dont on retrouvera les cadavres au hasard des routes, le poing encore crispé sur leur arme. Les pertes de l'armée française en six semaines de combat

---

1. On peut évoquer à propos de l'affaire éthiopienne l'extraordinaire figure du colonel Robert Monnier, ancien officier au 14ᵉ BCA. Titulaire des plus hautes décorations, ce guerrier hors de pair avait milité dans les associations d'anciens combattants. Pendant la guerre d'Espagne, il devint conseiller militaire de la jeune république basque. Puis il se fit confier une mission à Londres par le Négus en exil et partit aider la dissidence anti-italienne en Abyssinie. Cet officier d'Alpins mourut d'épuisement sur le bord du lac Tara le 10 novembre 1939.

2. 47ᵉ demi-brigade à Chantemerle (86ᵉ, 91ᵉ et 95ᵉ BCA) ; 45ᵉ demi-brigade à Guillestre (87ᵉ, 107ᵉ et partie du 86ᵉ BCA) ; 46ᵉ demi-brigade à Peïra-Cava (102ᵉ, 104ᵉ et 105ᵉ BCA) ; 42ᵉ demi-brigade à Plan-du-Var (89ᵉ, 98ᵉ et 100ᵉ BCA). Plus le 93ᵉ BCA à Châteauroux-les-Alpes.

ont été d'environ cent vingt mille tués. Moyenne plus élevée que durant la Grande Guerre pendant le même laps de temps, si l'on ose se permettre une telle comptabilité. Ceux qui ont lutté jusqu'au bout n'ont sauvé ni l'honneur de leur pays ni même celui de l'armée. Ils ont au moins sauvé leur honneur personnel et parfois celui de leur bataillon bleu.

Les actes d'héroïsme des chasseurs alpins pendant les brefs mais durs combats de juin 1940 ont été nombreux parmi les huit demi-brigades regroupant dans leurs rangs vingt-quatre BCA d'active et de première réserve.

Tandis que leurs camarades des 6e, 12e et 14e BCA, engagés à Narvik, ne pouvaient revenir à temps pour combattre sur le sol de la France envahie, ceux des 13e, 53e et 67e BCA étaient dirigés de l'Ecosse vers la Somme après avoir rembarqué de Namsos. Aux frontières de la Normandie orientale, ils retrouvaient ceux des 9e, 20e et 49e BCA, qui n'avaient pu partir pour Andalsnes et gardaient le regret d'avoir manqué l'expédition de Norvège.

A l'est de la Somme, dans l'Aisne, trois demi-brigades ont aussi livré de durs combats. Les 11e, 15e et 28e BCA lancent une contre-attaque sur le Mont-de-Soissons et défendent pied à pied Fère-en-Tardenois. Les 7e, 27e et 47e BCA se battent sur le canal de l'Ailette, notamment à Pinon et à Soupir. Les 22e, 62e et 14e BCA sont engagés dans la région du Chemin des Dames, de sinistre mémoire. Ils défendent les abords de la cote 108 puis Oeuilly, sur la Marne. Dans l'Oise, au sud de Chaulnes, se sont bien battus les 24e, 25e et 65e BCA. Bombardés par des Stukas et attaqués par des Panzers, ils essayent, faute de munitions capables de percer les blindages, de repousser les chars allemands avec des bouteilles d'essence enflammées. De durs combats se déroulent ainsi à Liancourt, Fourches et Hettencourt, où les Alpins vont contenir pendant trente-six heures la ruée ennemie.

Il ne faut pas oublier ceux des 18e, 23e et 60e BCA qui totalement encerclés dans les Vosges ne déposeront les armes que le jour même de l'armistice.

Les paroles de la *Sidi-Brahim* se trouvent illustrées par une nouvelle génération de combattants, dont beaucoup n'ont certes pas démérité.

Nobles aïeux, reposez-vous,
Dormez dans vos couches austères,
La France peut compter sur nous :
Les fils seront dignes des pères.

Les Alpins se sont partout trouvés à rude besogne dans ces combats retardateurs. Certains ont été jusqu'au bout du sacrifice. Beaucoup de survivants emmenés en captivité n'avaient plus de munitions quand ils ont été faits prisonniers.

Une fois encore, sur le sol de France, l'arme bleue a payé le prix fort.

Sur l'Ailette ou sur la Somme, en Alsace ou en Norvège, sur la Seine ou sur la Loire, les Alpins se sont battus, au grand soleil de ces terribles journées de mai et de juin.

Les survivants retrouvent, bouleversés, leurs quartiers du temps de paix et font le compte des morts au combat et des disparus.

Désormais, dans cette France vaincue, l'armée qui subsiste en zone libre doit se limiter à cent mille hommes — rappel par le vainqueur de 40 du « diktat » des vainqueurs de 1918.

Toutes les unités de réserve ou de marche sont dissoutes, ainsi que de nombreuses unités d'active. L'arme bleue est durement touchée et réduite à une douzaine de bataillons de Chasseurs à Pied. Chez les Alpins, il ne reste donc que six bataillons qui vont reprendre les traditions de leurs anciens.

Le 6e BCA, rentré presque intact du Maroc après Narvik, rejoint son quartier de Grenoble et absorbe les restes des 12e et 14e avec qui il avait fait la campagne de Norvège. Le 13e retrouve Chambéry et le 27e Annecy. Sur la Côte d'Azur, trois bataillons sont reformés, les 20e, 24e et 25e BCA.

De leurs rangs sortiront par la suite quelques volontaires qui formeront le 33e BCP, prévu pour partir en Syrie et qui était composé en grande majorité d'Alpins. Ils ont le temps de porter un insigne, le cor avec une francisque, et d'inventer un refrain :

Bataillon du Levant,
Les chasseurs en avant !

Mais les événements iront plus vite qu'eux et le 33e de l'arme bleue ne partira pas combattre les troupes anglaises et les forces françaises libres. Pour eux, du moins, la guerre fratricide aura été évitée, de justesse, après quinze jours passés au camp de la Valbonne à la fin du mois de juillet 1941.

Ces Alpins auraient risqué de se retrouver face à face avec leurs camarades des bataillons de l'expédition de Norvège qui avaient choisi, préférant leur conception de l'honneur aux impératifs de la discipline, de rester en Angleterre pour y poursuivre la lutte.

Ils ne sont que sept officiers et une trentaine d'hommes, pour la plupart anciens du 6e BCA, qui ont décidé de s'engager dans les forces françaises libres qu'y organise le général de Gaulle [1]. De nouveaux volontaires ne tardent pas à les rejoindre, si bien qu'il est possible de créer assez rapidement une compagnie, aux ordres du lieutenant Dupont, puis tout un bataillon que commande le capitaine Hucher, ancien du 6e BCA. L'effectif atteint

1. Le commandant Vautrin, ancien chef de bataillon du 9e BCA, affecté ensuite à l'état-major d'une armée, gagne Londres en 1940. Il s'engage aussitôt dans les troupes de la France Libre et se verra par la suite affecté à la 1re DFL. Il trouvera la mort en mai 1943 dans un accident d'avion, au-dessus de Tunis.

dès le début du mois de juillet 1940 quatre cent vingt hommes, répartis en trois compagnies [1].

En raison de l'origine de l'unité, elle portera le nom de Bataillon de Chasseurs et gardera les écussons bleu-jonquille à cor de chasse, mais sans aucun numéro.

Le bataillon, après avoir connu plusieurs camps d'instruction en Angleterre sera transformé en une école de cadres, qui deviendra un jour le corps des Cadets de la France Libre [2].

Dissous au printemps 1941, le bataillon de Chasseurs verra ses éléments répartis dans différentes unités de la France Libre.

La dissolution de l'armée d'armistice, à la fin du mois de novembre 1942, va conduire beaucoup d'anciens chasseurs alpins à rejoindre la Résistance, dont faisaient déjà partie un certain nombre d'entre eux. Chaque bataillon fournira ainsi des combattants de l'ombre qui rejoindront, au fil des mois, les formations de l'Armée secrète. Il n'est pas possible de suivre la destinée de ceux qui s'engagent alors à titre individuel, en attendant que soient reconstituées des unités entières qui puissent un jour reprendre les écussons des anciens BCA, pour qui la défaite et l'occupation ne constituent qu'une épreuve dramatique mais provisoire.

Dans les maquis, se forment des petits groupes qui seront un jour des sections, des compagnies, des bataillons même. Les volontaires décidés, encore peu nombreux, rêvent tous de défiler derrière les fanions bleu-jonquille à travers les rues des villes de Savoie, de Dauphiné ou de Provence où se trouvaient naguère les quartiers de l'arme bleue.

Le 30 mai 1943, lors d'une réunion amicale des anciens combattants des troupes alpines, le lieutenant-colonel Vergezac [3] préside un rassemblement semi-clandestin de cinq cents hommes et évoque les morts de juin 40, en s'écriant :

— Leur exemple nous donnera le courage et la force d'entreprendre la tâche immense qui va nous incomber à nous, les vivants, pour que la douce France éternelle retrouve sa place dans le monde.

Jamais le cadre montagnard de Moûtiers n'entendit plus vibrante *Protestation* :

A nous les coups de main dans l'ombre
Qu'il faut exécuter tout bas.
Notre tenue est assez sombre
Pour qu'on ne la supprime pas...

---

1. Commandées par le capitaine Lalande à la 1re compagnie, le lieutenant E. Dupont à la 2e compagnie et le lieutenant Chabert à la 3e compagnie.

2. L'histoire en a été racontée par Erwan Bergot : *Les Cadets de la France Libre*, Presses de la Cité, 1978.

3. Le général Vergezac, type même de l'officier d'Alpins des deux guerres, est décédé le 16 octobre 1983.

IV

1943-1945

CHAPITRE XIV

LES GLIERES OU LA NEIGE SE TEINTE DE SANG

— L'armistice est un leurre et nous devrons un jour reprendre la lutte contre l'occupant.

Telle est pour le chef de bataillon Valette d'Osia, commandant à Annecy le 27ᵉ bataillon de Chasseurs Alpins, une conviction qui s'apparente à un véritable article de foi. Le 27ᵉ, après une brillante conduite sur l'Ailette, l'Aisne, la Vesle, la Marne et la Seine, où il a livré de durs combats retardateurs, fait partie de l'armée d'armistice de cent mille hommes, avec les 6ᵉ, 13ᵉ, 20ᵉ, 24ᵉ et 25ᵉ BCA. La Revanche y reste une idée-force, plus mobilisatrice que celle de cette Révolution nationale qu'évoque la propagande du gouvernement de Vichy.

— Nous devons nous préparer sans relâche, répète le chef de corps. Un jour, des volontaires viendront grossir nos rangs et il faudra les encadrer et les conduire au feu...

Le débarquement anglo-américain de novembre 1942 en Afrique du Nord et l'occupation de la zone libre par les forces allemandes ne surprennent guère ceux qui se préparent à la résistance.

Le 11 novembre, les chasseurs du 27ᵉ reçoivent l'ordre de regagner leur quartier. Dans quelques jours, leur unité sera dissoute comme toutes les autres formations militaires de l'Etat français. Les Alpins traversent Annecy dans une atmosphère très tendue.

Pour le commandant Valette d'Osia, ce qui arrive maintenant n'est pas la fin de sa vie militaire, mais, au contraire, le début du vrai combat. Sur le sol de France, un jour, ses hommes reprendront les armes. En attendant, c'est en civil qu'il faut affronter les vainqueurs du moment.

Dès la fin de l'année 1942, l'ORA, ou Organisation de Résistance de l'Armée, regroupe des officiers de carrière décidés à reprendre le combat. Certains passent en Afrique du Nord, d'autres se préparent à encadrer les « maquisards » que la presse officielle qualifie de « dissidents », si ce n'est de « terroristes ». Le commandant Valette d'Osia reçoit la responsabilité des maquis de Haute-Savoie.

Le 16 février 1943, en instituant le STO ou Service du Travail Obligatoire, destiné à rafler les travailleurs pour les envoyer outre-Rhin, les Allemands vont devenir les véritables sergents recruteurs de la Résistance. Les plus efficaces, en tout cas. Par milliers, les jeunes gens voulant échapper au départ pour les usines du Reich prennent le maquis. Pour se battre ? Certes pas au départ. Ils gagnent la montagne pour se soustraire à la contrainte de l'ennemi et vivre libres. Beaucoup croient qu'ils peuvent encore rester neutres ; ils n'appartiennent à aucun mouvement de résistance. Devenus, de fait, des « hors-la-loi », ils vont rapidement comprendre qu'il leur faudra combattre pour simplement survivre.

Pour les cadres militaires, ces jeunes gens constituent un réservoir humain exceptionnel dans lequel ils vont pouvoir sélectionner les plus courageux et les plus endurants.

Les réfractaires gagnent les régions montagneuses du pays où ils espèrent trouver plus facilement refuge. Par petits groupes, aidés par des paysans complices, ils s'installent dans des grottes, dans des chalets d'alpage, dans des granges. Ils se ravitaillent tant bien que mal, vivant de l'aide de quelques sympathisants ou se résignant à lancer des expéditions dans les bourgades pour se procurer, parfois l'arme à la main, des vivres, des effets et du tabac.

Maintenant, en ce début de l'année 1943, ils sont quelques milliers de garçons décidés à mener une vie rude et libre. Fuyant les villes et les rafles, ils trouvent, sous les nuages que chasse le vent froid des sommets, un cadre à l'image de leur rêve. Proscrits, rebelles, parias, ils redeviennent des hommes. Quelques chefs, issus pour la plupart des rangs du 27ᵉ BCA, vont en faire des guerriers. Et le jour venu beaucoup deviendront des martyrs et des exemples pour le pays tout entier enfin dressé contre l'envahisseur.

Dès février 1943, un ancien aspirant du 27ᵉ, Carquex, qui se fait maintenant appeler Milo, commence à monter un réseau clandestin. Il parvient à rencontrer le capitaine Peter Churchill des services secrets britanniques, qui arrive d'une mission sur la Côte d'Azur. L'Anglais ne cache pas ses sentiments :

— Les résistants savoyards sont silencieux et réalistes. Voilà qui présage du bon travail. Il va falloir que j'installe un émetteur de radio pour reprendre contact avec Londres.

— Amenez votre poste et votre opérateur. Je vais le planquer au hameau des Tissots, décide Milo.

Dès le mois de mars, un premier parachutage est organisé.

Les maquisards reçoivent du ciel des mitraillettes, des explosifs et des médicaments.

Trop d'allées et venues attirent l'attention des services de l'Abwehr, le contre-espionnage allemand. Peter Churchill et son adjointe Odette sont arrêtés. Malgré ce coup dur, la lutte continue, plus implacable que jamais.

Même sans liaison avec Londres, le commandant Valette d'Osia est bien décidé à regrouper les réfractaires de la montagne savoyarde en unités militaires. Il réunit quelques hommes au hasard des refuges et leur annonce :

— Désormais, vous êtes de l'Armée secrète...

Paysans des vallées et des alpages, ouvriers des faubourgs parisiens ou lyonnais, apatrides traqués par toutes les polices, francs-tireurs d'obédience communiste, républicains espagnols chassés d'asile en asile, anciens combattants de l'an 40 qui ne veulent pas s'avouer vaincus, tous écoutent, parfois avec surprise, cet officier d'Alpins à la silhouette trapue, la voix persuasive et à l'allure énergique, malgré les grosses lunettes à monture d'écaille qui déparent un peu son visage rude.

La belle saison arrive. Du patriotisme et du courage, les nouvelles recrues en ont à revendre. Mais ils sont totalement dépourvus de discipline et d'entraînement. Pour le moment, ils ne peuvent frapper l'ennemi allemand ou italien et sont encore gibier avant de devenir chasseurs. Quelques coups de main provoquent les premières pertes dans les rangs des hommes de l'Armée secrète des Aravis.

Un jour de septembre leur chef, muni de faux papiers, se rend lui-même en ville pour une liaison. Reconnu, l'ancien commandant du 27e BCA est arrêté. Les services de sécurité allemands décident de le transférer à Paris. Escorté de deux gardiens en uniforme feldgrau, le chef de bataillon Valette d'Osia monte dans le train en gare d'Annecy. Dans le wagon, ses « anges gardiens » s'endorment. Malgré ses menottes, l'officier se précipite contre la fenêtre, parvient à la briser et va bouler sur le ballast, tandis que le convoi s'éloigne et que claquent des coups de pistolet furieux.

— *Halt ! Halt ! Terrorist !*

Les mains entravées, le commandant Valette d'Osia se sauve à toutes jambes dans la nuit. Les policiers ne le retrouveront pas. L'officier passera en Suisse, puis rejoindra en Angleterre les Forces Françaises Libres. Et, c'est en uniforme qu'il poursuivra le combat.

Les maquis de Haute-Savoie se trouvent sans chef militaire. Les responsables de l'Armée secrète, et d'abord le commandant Clair dit Navant, désignent alors le capitaine Henri Romans-Petit qui a déjà remporté quelques beaux succès dans l'Ain. Il commence par créer une école de cadres, installée dans un chalet de montagne au camp de Manigod.

— Nous devons former des chefs de section en quinze jours, annonce-t-il à celui à qui il a confié la responsabilité de l'affaire, Louis Jourdan-Joubert, un ancien du 27ᵉ.

Cela promet d'être une tâche difficile, mais il n'est pas d'autre solution.

— Quel grade aviez-vous dans les Alpins ? demande Romans-Petit au jeune instructeur.

— Sergent, mon capitaine.

— Maintenant, vous êtes lieutenant. Au travail.

Les stagiaires défilent. Ils bénéficient du « style chasseur », de leur encadrement formé par une poignée de sous-officiers qui veulent en découdre.

L'important reste la liaison avec Londres. Le capitaine Milo voit arriver un lieutenant des Forces Françaises Libres qui se nomme Jean Rosenthal et se fait appeler Cantinier. Avec lui se trouvent le colonel anglais Heslop, dit Xavier, et le radio américain Johnson dit Paul.

Grâce à ses appels, des avions alliés vont intensivement parachuter du matériel de guerre. En cet automne 1943, la résistance savoyarde commence à devenir une réalité et, plus de deux mille maquisards se trouvent déjà armés et encadrés.

Seulement, la mauvaise saison arrive vite. Un matin, les hommes qui ont voulu vivre libres au pied des sommets alpins voient le ciel virer au gris sombre. Quelques flocons voltigent.

— C'est la première neige, fait remarquer Milo à Paul.

— Comme c'est beau, murmure l'Américain.

— Sans doute, rétorque le Savoyard. Mais nous risquons de nous faire repérer plus facilement...

Quelques jours plus tard, Paul tend à Milo un message de Londres.

— Ils nous demandent de rassembler toutes nos forces. Nous serons ravitaillés par parachutage.

— Tant mieux, les corvées dans les villages risquaient de nous coûter cher.

Les responsables de la Résistance décident, après des discussions passionnées, d'établir le camp fixe du maquis de Haute-Savoie sur le plateau des Glières [1]. Là vont se rencontrer cadres militaires et simples réfractaires, pour constituer l'embryon d'une armée nouvelle, tout entière tendue dans l'espoir de reprendre la lutte pour libérer le pays.

Les Glières vont donc devenir le haut lieu où se déroulera une expérience nouvelle, celle du combat au grand jour. Le cadre apparaît grandiose, à la hauteur du projet fantastique qui soulève tant d'espoir. C'est un plateau qui s'étend dans une soli-

---

1. Dans le patois du pays le nom est singulier. Mais l'usage lui a accordé en quelque sorte un « pluriel de majesté » auquel nous nous conformerons.

tude désolée, à une altitude d'environ quinze cents mètres, en plein cœur du massif des Aravis, dans le Faucigny, au nord-est d'Annecy. Aucune route ne traverse cette zone de refuge, de vingt kilomètres de long sur quinze de large, qu'on ne peut atteindre que par quelques sentiers de bûcherons, dont beaucoup ne figurent même pas sur les cartes. Toutes les voies d'accès semblent facilement défendables par le feu de quelques armes automatiques.

Concentrer ainsi les forces de la résistance savoyarde est un dangereux pari. Pourtant les responsables de l'Armée secrète sont optimistes :

— Nos hommes se trouveront dans une véritable forteresse naturelle. Le plateau des Glières est inexpugnable.

Le capitaine Romans-Petit doit absolument rejoindre le maquis de l'Ain, où ses volontaires sont durement attaqués par les forces allemandes. Il faut trouver un chef pour commander les Glières. Rapidement, un nom s'impose. Celui de Théodose Morel.

Ce lieutenant de vingt-huit ans a, lui aussi, servi au 27e BCA. Morel a été promu chevalier de la Légion d'honneur pour avoir capturé sur le front des Alpes, à la tête de sa section, toute une compagnie de l'armée italienne. L'armistice a fait de lui un instructeur à l'école de Saint-Cyr, repliée à Aix-en-Provence. D'emblée, il a pris le parti de la résistance à tout prix et le fait savoir à ses élèves. Il sera tout naturellement un des premiers à rejoindre l'Armée secrète. Les cheveux taillés en brosse, les traits énergiques malgré son air d'extrême jeunesse, un regard qui accroche d'emblée, ce Lyonnais est le type même du jeune officier, fanatique du métier des armes et que le patriotisme brûle jusqu'à la moelle des os. Son surnom claque comme un coup de fouet : Tom.

Au début de l'année, le lieutenant Morel se trouvait avec un de ses camarades, le capitaine Anjot, ancien comme lui du 27e, au poste de commandement de Romans-Petit à Thones. Avec deux de leurs chasseurs, les officiers d'Alpins ont engagé la lutte contre les occupants d'un véhicule allemand. Son arme enrayée, Tom a bondi sur un de ses adversaires et l'a pris à bras-le-corps. Il va succomber à une lutte impitoyable à mains nues quand Anjot abat l'Allemand d'un coup de feu. Tom vient d'échapper miraculeusement à la mort.

Quelques jours plus tard, il dirige le grand rassemblement vers le plateau des Glières.

Au soir du 29 janvier 1944 par une fin de semaine où toute la montagne s'encapuchonne de frimas, les maquisards commencent leur longue marche. Les colonnes grimpent lentement dans la neige et la nuit. Les sentiers qui longent des précipices effrayants sont couverts de verglas. Lourdement chargés, les hommes dérapent comme sur des patinoires. Une ombre trébuche, glisse, disparaît. C'est comme sur un bateau quand un homme tombe à la mer. Aucun espoir. Au fond du gouffre gît sans vie un garçon du pays, Noël Avettand, âgé de quatorze ans, venu aider les maquisards et les guider vers leur nouveau repaire. Le vent siffle en rafales glaciales. Tous scrutent l'abîme. En vain. Quelques larmes se figent en glace sur les visages amaigris.

La marche va durer des heures. Maintenant, la neige fraîche succède au verglas. Les hommes enfoncent jusqu'aux genoux. La montée vers le plateau semble interminable.

Il fait déjà jour quand les premiers maquisards arrivent dans leur domaine de vent et de gel. Le soleil levant éclaire un paysage grandiose que dominent les sommets des Frêtes et des Auges. La neige, entassée sur le plateau, semble atténuer les reliefs et noie tout le paysage sous un linceul blanchâtre. Ce décor peut apparaître d'une tristesse infinie. C'est là qu'il va falloir désormais vivre, se battre, mourir.

Dans les vallées, encore plongées dans l'obscurité, se sont tapis les hommes des forces que le gouvernement de Vichy affecte au « Maintien de l'ordre ». Ils sont des milliers, en général vêtus de bleu sombre ou de moutarde, casqués de noir, bottés, la poitrine sanglée des courroies de cuir de leur équipement. Annecy voit se succéder les convois. Aux gendarmes et aux policiers se joignent les groupes mobiles de réserve — que l'on nomme GMR et qui préfigurent les CRS — et les francs-gardes de la Milice française, créée voici un an à partir du service d'ordre de la Légion des Combattants. Son président est Pierre Laval lui-même. Le chef du gouvernement a délégué son autorité à Joseph Darnand, héros des deux guerres et ancien lieutenant des chasseurs alpins que sa fidélité fanatique au Maréchal a conduit a accepter le poste redoutable de secrétaire d'Etat au Maintien de l'ordre [1].

Pour l'instant, Darnand et les siens croient qu'il est encore possible de régler le conflit « entre Français ». Le cycle infernal des attentats et des représailles est enclenché. Même si la plupart des gendarmes, quelques gardes et certains miliciens voudraient arriver à un compromis avec l'Armée secrète, le sang appelle le sang. Et les soldats de la Wehrmacht attendent pour intervenir si — comme on peut le penser — Vichy devait échouer dans cette fratricide opération de police.

Officier de carrière, le lieutenant Morel estime que tout le succès d'une opération repose sur la discipline et l'organisation.

1. Ancien du 24e BCA, le lieutenant Darnand a entraîné plusieurs officiers d'Alpins dans les rangs de la Milice, comme le chef de bataillon Dugé de Bernonville du 102e BCA ou le capitaine Raybaud du 20e BCA.

D'une troupe hétéroclite, il veut constituer une véritable unité de combat, sur le modèle de ce bataillon de chasseurs alpins où il a servi naguère avec tant de fougue. Il fait rapidement le compte des effectifs dont il dispose. Il a désormais sous ses ordres environ un demi-millier d'hommes.

Tom les répartit en quatre compagnies de combat confiées aux lieutenants Joubert, Forestier, Humbert et Lamotte.

— Et maintenant, au travail ! conclut le chef des Glières, à l'issue de la première réunion de cadres qui se tient au poste de commandement, un chalet abandonné, en plein centre du plateau.

Les maquisards sont regroupés en sections d'une demi-centaine d'hommes chacune et reçoivent l'ordre d'aménager aussitôt des emplacements de combat et de repos. Chaque section doit défendre le secteur qui lui est désigné sur la carte. Morel, excellent skieur, ne cesse d'aller d'un poste à l'autre, vérifiant les plans de feux et fouettant le moral de tous par son entrain communicatif. Il l'avait écrit naguère, dans un journal intime, alors qu'il n'était qu'un adolescent rêvant de devenir saint-cyrien : « ... pouvoir être plus tard le chef plein d'allant, d'entrain, plein de jeunesse et de cran, le chef qui connaît son métier et ses hommes, mais aussi le chef qui se dévoue pour eux. » Ce moment est arrivé.

Pour assurer la liaison entre les unités dispersées sur le terrain, chacune dans le secteur qu'elle doit défendre, le lieutenant Morel organise une section d'éclaireurs-skieurs sur le modèle des bataillons alpins. Ils sont vingt-cinq volontaires, bien armés et très sportifs qui vont former une troupe de choc.

D'autres officiers sont montés aux Glières. Parmi eux deux lieutenants d'Alpins, Lalande et de Griffolet d'Aurimont. Ces militaires de tradition voisinent sans problème avec des francs-tireurs communistes et des républicains espagnols, qui ont rejont les Glières par unités entières. Le plateau n'est plus une zone de refuge, c'est le creuset où se forge une armée nouvelle.

Les volontaires vont même composer un chant qui sera celui de leur combat et de leur sacrifice. Derrière les paroles naïves, dans le style de l'époque, on devine le courage tranquille et l'invincible espérance de tant de jeunes gens promis à la mort :

En avant, bataillon des Glières,
Décidé à vaincre ou à mourir,
Pour chasser l'ennemi sanguinaire.
Nous vaincrons, bataillon,
Nous vaincrons, nous vaincrons !

Le gouvernement de Vichy ne peut que réagir contre ceux qui défient ses mots d'ordre de résignation et d'attentisme — si ce n'est de collaboration. Le « bouclage » se resserre autour du plateau que les forces de l'ordre cherchent à isoler de la frontière suisse, toute proche, et à couper de la ville d'Annecy, où les résistants comptent de fervents appuis.

Dès la première semaine de février, des accrochages opposent dans la vallée des patrouilles des deux camps. Policiers et maquisards échangent des coups de feu. On dénombre les premiers morts et les premiers captifs.

Dans la montagne, le temps est devenu épouvantable. Couche après couche, la neige s'accumule, rendant les liaisons particulièrement pénibles. Il fait très froid. Le vent pique les visages et les mains de ses mille aiguilles de glace. Mal vêtus et mal équipés pour résister à ce climat terrible, les maquisards souffrent beaucoup. Pourtant, à la dure, dans l'inconfort et le danger, ils acquièrent peu à peu les réflexes des chasseurs d'un véritable bataillon alpin. Les voici à la plus rude des écoles. Prêts au combat.

Désormais les forces de l'ordre se préparent à donner l'assaut au plateau lui-même, sous les ordres de l'ancien capitaine de gendarmerie Lelong, devenu « intendant de police ». Il fait placarder dans tous les villages savoyards une affiche sans équivoque : « La recrudescence des attentats terroristes dans votre département, l'insécurité de plus en plus grande qui y règne ont amené le Gouvernement à envisager son épuration et sa pacification... Je rappelle que tout individu pris les armes à la main ou détenteur d'armes ou d'explosifs, sera immédiatement traduit devant la cour martiale : jugement sans appel et exécution dans les vingt-quatre heures. »

Un sanglant accrochage oppose les policiers et les maquisards, dès le 12 février, sur le sentier qui mène au village de l'Essert vers le plateau. Les forces de l'ordre perdent une demi-douzaine de prisonniers, dont trois sont blessés. Cette fois, les hostilités sont ouvertes entre Vichy et les Glières.

Tenus au courant de ce qui se passe « en bas » par quelques intrépides agents de liaison, le lieutenant Morel et ses maquisards voient l'avenir avec une relative confiance. D'autant que dans la nuit du 13 au 14 février, guidés par les feux des maquisards, des avions alliés parviennent à parachuter une cinquantaine de containers d'armes et de munitions.

L'hiver s'éternise. La tempête règne désormais en maîtresse absolue sur le plateau balayé par des rafales de neige. Tout sombre dans le grand silence blanc.

Pourtant, des coups de main conduisent les maquisards dans les vallées. Ainsi la compagnie Humbert attaque par surprise les GMR de Saint-Jean-de-Sixt pour tenter d'obtenir la libération d'une demi-douzaine des leurs tombés aux mains des policiers vichyssois. L'affaire se déroule sans effusion de sang, mais un drame est évité d'extrême justesse. Malheureusement, l'échange espéré de prisonniers entre les deux camps échoue.

— Maintenant, nous attaquons.

C'est ce qu'annonce le lieutenant Morel à ses chefs de compagnie et de section, réunis au poste de commandement du plateau des Glières à la fin de la journée du 9 mars. La nuit commence à tomber, le froid reste toujours aussi vif, la neige règne sans partage.

— Il nous faut prendre des otages en assez grand nombre et les échanger contre nos camarades, décide Tom. L'opération aura lieu avec la moitié de l'effectif du bataillon.

— Quand donc, mon lieutenant ? demande un des gradés présents à cette réunion décisive.

— Cette nuit même, à deux heures du matin. Notre objectif est le village d'Entremont, dans la vallée de Borne, entre Saint-Pierre-de-Rumilly et Saint-Jean-de-Sixt.

Et le chef du maquis des Glières conclut :

— Rejoignez vos postes et mettez vos hommes en alerte aussitôt. Un dernier point : il faut essayer d'éviter une effusion de sang.

Peu avant minuit, les colonnes d'assaut commencent à descendre les pentes en direction de la route qui serpente dans la vallée de Borne. Les sentiers rocailleux sont toujours couverts de neige glacée. Il faut éviter le moindre bruit. La lune s'est levée et éclaire tout le paysage d'une lueur fantomatique.

Les hommes finissent par arriver près du village et s'avancent en rampant, salués par les aboiements furieux de tous les chiens d'Entremont.

Un projecteur s'allume. Puis un autre. On entend d'abord des coups de sifflet. Un cri :

— Halte ! Police ! Qui va là ?

Puis des coups de feu. Gardes et maquisards tiraillent de partout dans une atmosphère d'incroyable confusion.

Les assaillants parviennent à neutraliser plusieurs cantonnements des GMR qui n'opposent pas trop de résistance. Le lieutenant Morel attaque en personne l'*Hôtel de France,* où se trouve le poste de commandement des forces de l'ordre de la vallée de Borne. Sans perdre un seul homme, Tom parvient à se rendre maître de la place. Les hommes des GMR faits prisonniers, après un vif échange de coups de feu, sont désarmés et rassemblés dans une des salles. Leur chef demande :

— Laissez-moi mon pistolet. Il y va de mon honneur d'officier.

Le chef des Glières accède à cette demande. Et puis, très vite, une algarade verbale d'une rare violence l'oppose à l'officier de GMR qui s'échauffe, brandit son arme et tire. Le lieutenant Morel s'écroule, tué sur le coup d'une balle en plein cœur. Une rafale de pistolet mitrailleur le venge aussitôt. Mais le maquis des Glières a perdu son chef. Dans tout le village d'Entremont, les quelques GMR qui n'ont pas encore été capturés se ressaisissent et continuent le combat. Un maquisard est tué et plusieurs autres blessés.

Des rafales de fusils mitrailleurs et des éclatements de grenades illuminent la nuit. Détonations et clameurs se succèdent. La mort de leur chef a décuplé la colère des partisans. Finalement, ils restent maîtres du terrain et font une cinquantaine de prisonniers.

C'est le rassemblement avant les premières lueurs de l'aube grise de cette fin d'hiver. Et la remontée vers le plateau. A bras d'hommes, on porte les corps du lieutenant Morel et de son compagnon tués dans cette terrible nuit du 10 mars 1944.

Désormais, la lutte va prendre un autre visage, encore plus fratricide et plus impitoyable.

Le jour même où la colonne qui ramène le corps du lieutenant Morel rejoint le plateau où doit avoir lieu la veillée mortuaire et l'inhumation, les GMR de Thones attaquent à leur tour et laissent vingt nouveaux prisonniers aux mains des maquisards. Dans la journée, des avions vont larguer près de cent tonnes de matériel de guerre réparti dans six cents containers. Les maquisards, désormais, croient pouvoir compter sur l'aide massive de leurs alliés.

Ces appareils ne seront d'ailleurs pas les seuls dans le ciel des Glières. Des bombardiers allemands apparaissent, guidés par un avion d'observation, et attaquent les positions de la montagne, sans d'ailleurs provoquer de gros dégâts.

Le plus important, désormais, c'est de remplacer le lieutenant Morel. Un autre officier du 27e BCA, dont il fut l'adjudant-major, le capitaine Maurice Anjot, un Breton de Rennes, de dix ans son aîné, accepte cette redoutable mission en disant seulement :

— C'est mon devoir.

Ce quadragénaire au nez chaussé de grosses lunettes paraît un homme paisible. C'est pourtant un redoutable guerrier qui compte déjà à son actif plusieurs accrochages sanglants avec l'ennemi.

Le 18 mars, le lieutenant Humbert présente le bataillon des Glières, rassemblé au centre du plateau. Fait insolite, c'est Anjot lui-même qui se présente sous le nom éclatant de « Bayard » et va demander à ses hommes de l'accepter pour chef. Son appel provoque un gigantesque « Oui » dont les parois rocheuses font résonner l'écho.

Maintenant, l'unité des Glières ressemble de plus en plus à un vrai bataillon d'Alpins : neuf officiers, quinze sous-officiers et quatre cent cinquante hommes de troupe. Presque tous les cadres viennent du 27e BCA.

La bataille est en train de prendre un tour nouveau. Les

francs-gardes de la Milice succèdent maintenant aux GMR et tentent deux attaques dès le 20 mars. Tout de suite l'engagement devient très vif. Repérables à leur tenue bleue, celle des chasseurs modèle 1941, les miliciens sont terriblement visibles sur les étendues neigeuses. Ils montrent plus de pugnacité que les GMR et attaquent avec fougue. Ils n'en sont pas moins repoussés et laissent plusieurs des leurs sur le terrain. Ce succès grise un peu les maquisards qui se croient plus que jamais invulnérables. Le capitaine Anjot, lui, comprend que cet accrochage marque un tournant de la bataille et qu'elle risque de devenir encore plus impitoyable.

Il y a quelques semaines, « Bayard » avait tenté d'arriver à un accord avec l'intendant de police Lelong. Cette fois, c'est le chef milicien Dagostini qui va essayer de prendre langue avec le nouveau chef du bataillon des Glières. Deux prêtres, le chanoine Pasquier et l'abbé Maurice Gavel montent de la bourgade de Thones vers le plateau pour apporter l'ultimatum des forces de l'ordre :

« Les maquisards doivent se rendre sans condition. Un tri sera fait entre " réfractaires " et " terroristes "... »

L'entrevue entre le chanoine Pasquier et le capitaine Anjot prend un ton dramatique.

— Si vous refusez cette proposition, estime le prêtre, alors ce sont les Allemands qui prendront la relève des forces du maintien de l'ordre et vous serez tous écrasés.

— Je suis d'abord ici pour me battre contre les Allemands. Je suis prêt au sacrifice. Et tous mes hommes aussi.

— Quel message me faut-il transmettre ? demande le prêtre.

— Le voici, dit seulement le chef de bataillon des Glières.

Le capitaine Anjot a écrit quelques lignes rapides à l'adresse du chef milicien Dagostini : « Il est regrettable que des Français tels que vous l'avez été fassent, en ce moment, le jeu de l'ennemi. Quant à moi, j'ai reçu une mission. Il ne m'appartient pas de parlementer. »

— C'est tout, ajoute seulement l'ancien officier du 27ᵉ.

Tandis que le chanoine Pasquier et son compagnon quittent le camp retranché du plateau, des bombardiers allemands en piqué se livrent à une nouvelle attaque. Une gigantesque explosion ! C'est un dépôt de munitions qui vient de sauter. Des chalets s'écroulent sur leurs occupants. On compte des morts et plusieurs blessés, que leurs camarades traînent dans la neige vers l'infirmerie du bataillon où opèrent le docteur Marc Bombiger et ses deux infirmiers. Les deux prêtres redescendent vers la vallée. Dagostini attend à Thones la réponse d'Anjot. Dès l'arrivée des deux messagers en soutane il comprend à leur visage que c'est non. Alors le chef milicien laisse tomber :

— Ils l'auront voulu. Ce seront donc les Allemands qui vont nettoyer les Glières.

Les Allemands ? Ils disposent en Haute-Savoie des unités d'instruction de la 157e division de réserve. Un état-major opérationnel s'installe à l'*Hôtel Impérial* d'Annecy.

Deux batteries de pièces de montagne participent à l'opération dont le bouclage sera assuré par quatre cents gendarmes allemands de la Wehrmacht et huit cents francs-gardes de la Milice française. Des hommes des services de sécurité suivront les assaillants au fur et à mesure de leur avance, que soutiendra la Luftwaffe avec des chasseurs et des bombardiers. Cette fois, c'est la grande offensive.

Le premier accrochage a lieu dès le 24 mars entre des miliciens et des volontaires espagnols. La lutte entamée voici huit ans sur la terre ibérique entre républicains et fascistes se poursuit dans la neige d'un plateau désolé de Haute-Savoie. Deux combattants de la section « Ebro » sont tués, mais les francs-gardes ne peuvent franchir le col qu'ils attaquaient. Le périmètre de défense, jalonné de points d'appui bien camouflés, reste intact. Seulement le capitaine Anjot ne dispose d'aucun renfort au cas où une des sections viendrait à être débordée.

Dès le lendemain de ce sanglant lever de rideau, commence la préparation d'artillerie des pièces de montagne allemandes. Des mortiers lourds joignent leur tir à ceux des canons de 77. Puis des avions viennent encore appuyer leurs feux.

Bien enterrés et camouflés, les maquisards ne comptent qu'une douzaine de blessés, mais ils sentent que ce bombardement présage des heures terribles. Dans la fumée des incendies, les chalets brûlent comme des torches. Les maquisards du bataillon des Glières entament une de leurs dernières nuits d'hommes libres.

Le lendemain à l'aube, les miliciens attaquent par le col du Freux et par le col de Spée. Ils sont repoussés par le lieutenant Humbert qui continue à tenir le secteur nord-est. Au nord-ouest, le lieutenant Forestier repousse une autre attaque des francs-gardes sur l'Usillon et l'Enclave.

Une demi-heure après ces premiers accrochages, les Allemands attaquent à leur tour. Les chasseurs de montagne de la Wehrmacht, un survêtement blanc sur leur tenue feldgrau, progressent avec méthode par les pistes enneigées serpentant sous les sapins. Il n'est pas encore midi que déjà la situation des défenseurs des Glières apparaît dramatique, si ce n'est désespérée.

Les assaillants arrivent devant un premier poste tenu par une vingtaine d'hommes, à l'est du massif.

— Rendez-vous ! crie un officier allemand. Nous sommes plus de mille.

Une seule réponse fuse aussitôt :

— Merde !

C'est l'assaut. Le poste est débordé et les sections de maquisards venues en refort sont clouées dans la neige par un feu d'enfer.

A 2 heures de l'après-midi, il ne reste plus qu'un seul résistant du nom de Baratier dans ce secteur. Il va tirer jusqu'à épuisement des munitions. Totalement isolé, il se bat encore. Enfin une dernière rafale couche Baratier. Mort.

Tous les chefs de section se sont rapidement coupés des autres points d'appui. Leurs hommes se battent à un contre quarante.

Au sud-ouest du dispositif, les maquisards de la compagnie du lieutenant Joubert tirent leurs dernières rafales. Il est deux heures et demie quand l'officier ordonne simplement :

— On va essayer de se dégager.

— Il n'y a plus une seule cartouche, mon lieutenant !

— On y va à la grenade.

Une vingtaine d'hommes trouvent la mort dans cette manœuvre de la dernière chance. Les autres passent. Par miracle.

Peu après 3 heures, au poste de commandement de campagne des assaillants, on peut faire un premier bilan. Sans éprouver de pertes, les chasseurs de montagne de la Wehrmacht ont réussi à avancer de trois à quatre kilomètres à l'intérieur du périmètre de défense, repoussant les maquisards vers le centre du plateau. Les responsables de l'opération décident alors de demander l'appui de la Luftwaffe. Aux bombes d'avion se joignent aussi les obus des pièces de montagne.

— C'est le grand jeu..., murmure le capitaine Anjot qui voit le moment où il sera obligé d'évacuer le chalet qui lui sert de poste de commandement.

Bientôt de cette grange savoyarde, il ne reste qu'un immense brasier. L'infirmerie a aussi été touchée.

— Tout le monde à l'abri de cette grotte ! ordonne le chef du bataillon des Glières.

Le médecin, les officiers de l'état-major, les infirmiers, les secrétaires, les estafettes et surtout les blessés, d'innombrables blessés couverts de sang, s'entassent dans cet abri de fortune. De l'entrée de la grotte, Anjot aperçoit le mât des couleurs où flotte un pavillon français. A son ombre, la tombe du lieutenant Morel. Désormais, il va falloir se battre au cœur même du réduit des Glières.

Il est quatre heures et demie quand les Allemands lancent un nouvel assaut. Ils se heurtent à une vive résistance. Des coureurs, à travers les champs de neige battus par le feu de l'ennemi, s'efforcent de transmettre un bref message du capitaine Anjot. Il se passe de commentaire :

« Tenir par tous les moyens jusqu'à la nuit », ordonne l'ancien capitaine adjudant-major du 27e BCA.

Autour du chef du bataillon des Glières, les quatre commandants de compagnie, Humbert, Forestier, Joubert et Lamotte ont réussi à rameuter les survivants de leurs unités. Beaucoup de maquisards ont déjà disparu. Pourtant ils ne sont pas tous morts, car on entend encore dans le lointain, en pleine montagne, des rafales et des explosions. La lutte continue. Sporadique.

— Ça vient de Notre-Dame-des-Neiges, remarque Anjot.

Bientôt, les bruits de combat s'espacent. Le crépuscule arrive. Même si les assaillants sont parvenus au centre du dispositif, quelques points d'appui résistent encore. Et Maurice Anjot tient toujours une partie du plateau avec le dernier carré des défenseurs, groupés autour de la croix de bois plantée sur la tombe de Tom. Le silence et la nuit ne vont pas tarder à envelopper tout le paysage où les dernières lueurs du jour s'accrochent encore aux sommets des Frêtes et des Auges, là-bas dans le ciel sombre.

Le chef du bataillon évoque la situation avec ses deux plus fidèles compagnons, les lieutenants Bastian et de Griffolet qu'il a bien connus au 27e.

— Nous avons largement sauvé l'honneur, dit Anjot. Ce serait fou de nous faire massacrer demain à l'aube. Je donne l'ordre de dispersion générale. A chacun d'essayer de rejoindre son maquis d'origine.

— C'est la fin du bataillon des Glières, dit Bastian.

— D'autres maquis reprendront le combat, affirme Griffolet, qui n'a plus que quelques heures à vivre.

« Bayard » sent que le découragement, après une si rude journée, menace d'emporter tout dans un mouvement de tristesse infinie.

Pendant le reste de la nuit, le capitaine Anjot détruit tous les documents du bataillon et prépare l'évacuation de ses hommes, à commencer par les blessés.

Des petits groupes tentent de s'infiltrer à travers le dispositif ennemi, à la faveur des ténèbres. Les Allemands semblent partout, mais les maquisards connaissent parfaitement le pays et plusieurs parviennent à se glisser entre les mailles du filet. Ainsi quelques dizaines d'hommes réussissent à franchir le bouclage derrière quelques-uns de leurs chefs, comme les lieutenants Forestier ou Joubert. Le docteur Marc Bombiger réussit, lui aussi, franchir le barrage adverse.

Le gros de la troupe se dirige sous les ordres du capitaine Anjot vers le sud-ouest. Le chef du bataillon des Glières espère atteindre la vallée du Fier en utilisant la gorge d'Ablon. Après, ce sera la descente sur le lac d'Annecy et la dispersion dans des demeures accueillantes. Avec leur chef, marchent les lieutenants Bastian, Lambert et Lalande. Très vite, le capitaine Anjot décide :

— Il faut nous diviser par petits groupes avant le jour.

L'équipe que commande l'ancien adjudant-major du 27e BCA arrive dans le village de Naves, après une quinzaine d'heures de marche dans la neige. Les rescapés des Glières se heurtent à un barrage allemand. Quelques rafales d'armes automatiques. Le capitaine Anjot est tué le premier. Presque tous ceux qui l'accompagnent seront à leur tour fauchés par les mitrailleuses.

« Bayard » est mort. Avec lui, toute l'aventure des Glières se termine, se fragmentant en une multitude d'actions individuelles, dont il ne restera, la plupart du temps, aucun témoin.

Des petits groupes errent au hasard des sentiers et des couverts. Les fugitifs souffrent du froid, de la faim, du manque de sommeil et surtout de la soif. Mais ils doivent marcher, marcher sans cesse pour essayer de franchir les mailles du filet et échapper à la meute lancée à leur poursuite.

Blessé, le lieutenant Bastian tombe dans une embuscade et se trouve arrêté par les Allemands. Son camarade Lalande, lui aussi tombe à son tour dans un traquenard. Dans la prison de la ville, les deux officiers d'Alpins se retrouveront avec une intense émotion. Terriblement interrogés pendant un mois, ils finiront par mourir sous les coups des policiers allemands.

La grande chasse à l'homme se poursuit dans toutes les vallées. Gendarmes, policiers, miliciens, tous les hommes du Maintien de l'ordre y participent, aidés par les agents du Service de répression des menées antinationales, le SRMAN que dirige un fonctionnaire français, le commissaire de police Charles Detmar.

Arrestations, interrogatoires, tortures, déportations se succèdent. De pauvres détenus roués de coups s'entassent dans les caves d'hôtels ou de villas d'Annecy transformés en prisons de fortune. Des cours martiales siègent en permanence. Tous ceux que leurs juges considèrent comme des « terroristes » sont condamnés à mort et aussitôt exécutés par des pelotons de gendarmes ou de policiers. Ceux que l'on estime comme moins coupables sont livrés aux Allemands et déportés dans des camps de concentration dont beaucoup ne reviendront jamais.

Peu de maquisards parviennent à échapper à la terrible répression qui s'étend sur toute la Haute-Savoie. Le lieutenant Joubert arrive quand même jusqu'au sud de la chaîne des Aravis avec une demi-douzaine des hommes de sa compagnie. Il rencontre alors le capitaine Milo, l'ancien aspirant Carquex du 27e BCA, qui s'efforce de procurer des refuges et des papiers aux rares survivants des Glières.

Les deux officiers d'Alpins mesurent toute l'étendue de la tragédie qu'ils viennent de vivre, Joubert sur le plateau à la tête de sa compagnie et Milo par toutes les routes du département.

— Tu te souviens de ce que disait Tom ? demande Joubert : « On n'a rien donné quand on n'a pas tout donné... »

— Oui, je me souviens, dit Milo. Maintenant, j'en suis plus que jamais certain, le lieutenant Morel avait raison.

CHAPITRE XV

AUX AVANT-POSTES DE LA REPUBLIQUE DU VERCORS

— Quelle forteresse naturelle !

Dès avant la guerre, dans certains guides de tourisme, cette comparaison s'impose quand on parle de la région du Vercors, située dans les Alpes du Dauphiné, au sud-ouest de Grenoble. Partagée entre les deux départements de l'Isère au nord et de la Drôme au sud, c'est un massif montagneux d'environ soixante kilomètres de long sur quarante de large, limité par les cours du Drac, de l'Isère, du Rhône et de la Drôme qui l'enserrent totalement dans leurs vallées.

A environ mille mètres d'altitude, un vaste plateau formé de larges ondulations et couvert de profondes forêts qui alternent avec des pâturages, s'étend au pied du Grand-Veymont qui culmine au sud-est du massif à plus de 2 300 mètres.

Cette région semblant, par vocation, attirer un camp retranché est défendue du monde extérieur par une barrière de sommets très déchiquetés, tombant à pic sur les vallées qui ne parviennent pas à entamer cette citadelle de rocs et de prairies. Des torrents dégringolent le long des parois vertigineuses vers « le monde d'en bas ». Une seule route, et quelle route ! pénètre vraiment ce massif. Elle part de Grenoble et serpente vers Saint-Nizier et Villard-de-Lans, au nord du Vercors. Au sud, une voie encore plus acrobatique, monte de Die, sur la Drôme, vers le col de Vassieux. Les itinéraires d'accès s'accrochent au bord de ravins et s'enfoncent dans des gorges. En dehors des routes, des sentiers aboutissent à des « Pas » jugés infranchissables.

Sous la grande course des nuages qui s'effilochent sur les pitons crénelés par l'érosion comme des murs de donjons, se dresse un véritable château fort. Le Vercors est le type même du haut lieu où triomphe la nature et où va s'accomplir un drame. Car tout ce paysage reste empreint d'une grandeur tragique, que les années ne feront que renforcer, dans le souvenir de tant de sacrifices.

Très tôt, un esprit de résistance avait soufflé sur le plateau où la plupart des notables, d'obédience socialiste, ne cachaient guère leur hostilité au régime de Vichy. Ici, on se dit volontiers républicain et on est prêt à accueillir favorablement les réfractaires qui vont fuir le service du travail obligatoire en Allemagne. L'invasion de la zone libre par les forces allemandes ne fera qu'exacerber le désir de reprendre la lutte contre le IIIe Reich national-socialiste.

La résistance du Vercors, avant d'être militaire, se veut politique et rassemble les premiers volontaires dans le cadre du mouvement « Franc-Tireur » qu'anime notamment le docteur Martin. Dès l'hiver 1942-1943, va se former sur le plateau un des premiers maquis de France, à la ferme d'Ambel, au-dessus de Bouvante. Aimé Pupin ne tarde pas à mettre en place huit camps d'une cinquantaine de réfractaires chacun. Les occupants sont alors les Italiens et non pas les Allemands. Ils semblent se désintéresser du Vercors.

Le docteur Eugène Samuel, de Villard-de-Lans, qui se fait appeler Ravalec, et Eugène Chavant, dit Clément, maire révoqué par Vichy et cafetier de son état, vont vite apparaître comme les deux piliers de la résistance sur le plateau.

Surgit alors un architecte passionné de haute montagne nommé Pierre Dalloz qui s'est retiré avec les siens aux Côtes-de-Sassenage, près de Grenoble, et rêve d'un grand destin politico-militaire pour le Vercors. Il en parle à son ami l'écrivain Jean Prévost qui habite alors à Lyon et partage ses idées résistantes.

— Il y a là une sorte d'île en terre ferme, deux cantons de prairies protégés de tous les côtés par une muraille de Chine. Les entrées sont peu nombreuses, toutes taillées en plein roc. On pourrait les barricader, agir par surprise, lâcher sur le plateau des bataillons de parachutistes. Puis le Vercors éclaterait dans les arrières de l'ennemi.

L'architecte et l'écrivain échangent alors un grand sourire de complicité. L'idée de la citadelle du Vercors est née...

Il fallait communiquer cet enthousiasme naissant. Le premier convaincu fut Yves Farge, un des chefs de la lutte contre l'occupant.

— Je vais en parler à Max, dit-il.

« Max », c'était Jean Moulin, l'unificateur de la Résistance, promis comme tant d'autres de ses compagnons à disparaître dans le brouillard et dans la nuit. Il donna le feu vert pour pousser plus avant le projet.

Pierre Dalloz rencontre l'inspecteur des Eaux et Forêts Rémi Bayle de Jessé et le chef de bataillon Marcel Pourchier, premier commandant avant 1939 de l'Ecole de Haute-Montagne, mais ils ne tarderont pas à être tous les deux arrêtés, après avoir jeté les premières bases d'une organisation du Vercors.

Alors apparaît le capitaine Alain Le Ray, ancien officier au

159e régiment d'infanterie alpine — le fameux « quinze-neuf » de Briançon, dont les bataillons ne l'ont jamais cédé en rien à ceux des chasseurs alpins, dans la montagne ou au combat. Gendre de l'écrivain François Mauriac, licencié d'allemand, c'est à la fois un montagnard, un guerrier et un lettré. Il est résistant de raison et d'instinct, mais sait que beaucoup de ses camarades hésitent encore entre Pétain, Giraud et de Gaulle.

Lui, il n'hésite pas et il donne son accord. Le capitaine amène à Dalloz trois lieutenants de ses amis, dont Costa de Beauregard, un Savoyard, ancien chef de section d'éclaireurs-skieurs qui a gagné « la rouge » en 1939-1940. C'est un fonceur !

Le capitaine Le Ray va étudier le plan qui permettra de transformer le Vercors en forteresse et y accueillir les parachutistes destinés à reprendre le combat avec les maquisards. Le général Delestraint, chef de l'Armée secrète, ne va pas tarder à donner son approbation à ce plan avant de tomber lui aussi au pouvoir de l'ennemi, trahi tout comme Jean Moulin. Ainsi est né le projet *Montagnards*.

La double arrestation de Jean Moulin et du général Delestraint va priver le Vercors de ses soutiens. Il apparaît vite que le seul officier qui puisse prendre en main l'opération est le capitaine Alain Le Ray. C'est aussi l'avis de Jean Prévost qui va désormais se faire appeler le capitaine Goderville, du nom du village de Normandie dont son père était originaire.

Mais Le Ray sera appelé à d'autres fonctions dans la Résistance. Son ami Prévost, lui, restera dans le Vercors. Et y trouvera son destin tragique.

Au début de l'année 1944, le projet *Montagnards* semble mis en sommeil. Pierre Dalloz a gagné Alger puis Londres. Sur le plateau, des centaines de maquisards se rassemblent. Beaucoup viennent de Grenoble, tout proche.

Et Grenoble, c'est l'ancienne garnison du 6e BCA, que commandait, jusqu'à la dissolution de l'armée d'armistice, le chef de bataillon Albert de Seguin de Reyniès.

Le jour le plus douloureux de sa vie de soldat avait sans doute été pour le commandant de Reyniès le 28 novembre 1942. De ce moment date son entrée dans la résistance active.

Vingt jours auparavant, le débarquement anglo-américain en Afrique du Nord avait provoqué l'invasion de la zone libre par les troupes allemandes. L'armée d'armistice était dissoute. A une quinzaine de kilomètres de Grenoble, dans le village de Brié-et-Angonnes, situé sur la fameuse « route Napoléon », le chef de corps du 6e avait réuni les hommes de son bataillon, voués à la dispersion. Une dernière fois, il leur avait demandé de chanter ensemble la *Sidi-Brahim*.

— Un jour, nous nous retrouverons, leur avait-il dit, les larmes aux yeux.

Pauvre 6e qui avait tant souffert à Narvik, où 65 % de ses chasseurs avaient été mis hors de combat les pieds gelés ! Maintenant, il n'existait plus que dans l'âme de son chef. Dès le printemps 1943, le commandant de Reyniès entra dans la Résistance et accepta le commandement militaire de l'Isère, installant son PC clandestin à Grenoble et regroupant autour de lui quelques-uns de ses Alpins les plus résolus. Rapidement, l'occupation allemande avait remplacé l'occupation italienne et la lutte n'en devenait que plus impitoyable.

Unité après unité, le 6e BCA renaissait dans la clandestinité.

Dans le village de Malleval, sur les pentes occidentales du Vercors, séparé de la vallée par les gorges du Nan, une quarantaine de chasseurs se trouvaient réunis autour du lieutenant Eysseric, qui se faisait appeler Durand.

— Vous formerez le noyau du futur 6e, lui avait dit le commandant de Reyniès.

Le petit groupe avait en garde des armes et des munitions parachutées et se préparait à la bataille. Le 29 janvier 1944, ce sont les Allemands, à l'improviste, qui prennent l'offensive. Encerclés, les Alpins se défendent avec l'énergie du désespoir. Le lieutenant Eysseric est tué avec vingt-deux des siens. Le village sera brûlé. Quand l'ennemi se retire, il ne reste que des cadavres et des ruines. Le vent glacial de janvier disperse des cendres encore fumantes.

— Nous continuons, dit seulement le commandant de Reyniès. Le 6e BCA ne peut pas mourir.

Il faut désigner un nouvel officier pour prendre contact avec les maquisards du Vercors dont on commence à beaucoup parler dans toute la région. Ce sera le capitaine Pierre Tanant, alors âgé de trente-cinq ans.

— Vous prendrez le nom de Laroche, lui dit son chef.

Chacun des hommes engagés dans la lutte contre l'occupant doit choisir un pseudonyme qui brouillera les pistes et évitera peut-être les représailles sur les familles. Le premier officier que rencontre au Vercors Tanant-Laroche se fait appeler le capitaine Thivollet et le nouveau venu apprendra vite qu'il s'agit du capitaine Geyer, du 11e régiment de cuirassiers. Ce cavalier, qui se vante de n'avoir pas quitté un seul jour l'uniforme depuis la déclaration de guerre, est en grande tenue, vareuse kaki, ceinturon et baudrier de cuir fauve, képi de son arme. Il arbore toutes ses décorations, l'insigne de son régiment, sa fourragère. Seule entrave au règlement, il porte le col de sa chemise largement ouvert, ce qui lui donne un air encore plus juvénile. Il reçoit l'officier d'Alpins dans son bureau où sont accrochés aux murs le fanion de son escadron et un pavillon à croix gammée pris à l'ennemi au cours d'une opération.

Le capitaine Tanant est particulièrement bien accueilli.

— Pour la guerre en montagne que nous allons mener, vos chasseurs alpins seront les bienvenus.

— Combien avez-vous d'hommes pour l'instant ?

— Trois ou quatre cents à la sortie de l'hiver. Il y a des réfractaires et des volontaires. Nous réussissons à faire l'amalgame sous la direction de cadres d'active, officiers et sous-officiers.

Le capitaine Tanant, militaire de tradition et très désireux de rapidement reconstituer un « vrai » bataillon d'Alpins, est heureux de découvrir qu'il règne déjà au Vercors le style d'une véritable armée.

— Comment êtes-vous organisés ? demande-t-il au capitaine de cuirassiers.

— Nous formons deux groupements, assez indépendants l'un de l'autre. Tout en assurant la coordination de l'ensemble, je commande celui du sud autour de Vassieux. Dans le nord, autour d'Autrans, c'est un de nos anciens camarades chasseurs, le capitaine Durieu.

Durieu est le nom de guerre choisi par le lieutenant Costa de Beauregard, récemment promu capitaine. Il est sans doute le plus expérimenté des officiers d'active ayant décidé de servir au Vercors.

Sa visite au maquis a profondément impressionné le capitaine Tanant. Il fait à son chef une description enthousiaste de ce qu'il a vu sur le plateau.

— Ce sont des gars de bonne race, dit-il. Il faut que des chasseurs participent à cette aventure.

— Ainsi revivra le 6e BCA, constate le commandant de Reyniès. Ces volontaires remplaceront ceux de ce pauvre Eysseric.

Il faut un chef pour les commander. Les deux officiers pensent en même temps à un homme justement fort apprécié d'Eysseric, l'adjudant-chef Chabal. C'est un vrai montagnard, paysan et chasseur, un coureur de pistes, Alpin dans l'âme. Il quitte sans hésiter son poste civil dans les Eaux et Forêts.

— J'étais prêt à répondre au premier appel du lieutenant Eysseric, dit-il. Maintenant qu'il est tombé, j'y suis encore deux fois plus résolu.

Quelques jours plus tard, le sous-officier parvient à monter sur le plateau et rencontre le capitaine Thivollet-Geyer à La Chapelle-en-Vercors.

— Vous allez vous installer dans quelques baraques. Ce sera le camp des chasseurs alpins.

Rapidement, les volontaires qui parviennent à rejoindre le maquis forment une section d'une vingtaine d'hommes sous les ordres de l'adjudant-chef Chabal. Il les habille de la tenue bleue, les coiffe du béret alpin et leur remet l'insigne de « leur » bataillon, le cor à l'hirondelle, ainsi que la fourragère rouge gagnée par leurs aînés en 1914-1918. Jamais encore le Vercors n'a vu groupe de volontaires aussi disciplinés. Fort séduit par cette troupe flattant son goût pour la chose militaire, le capitaine Thivollet déclare à ce noyau d'un futur 6e BCA résolu à reprendre le combat :

— C'est vous qui assurerez la garde de mon PC.

Les Alpins de Chabal s'installent à la ferme du Rimet, au-dessus de Saint-Jean-en-Royans.

Des semaines se passent. Après une rude attaque des Allemands le 18 mars, le calme semble revenu sur le plateau. On signale seulement quelques accrochages entre des maquisards et des miliciens, notamment à La Chapelle et à Vassieux. Pour le moment, la consigne chez les résistants est d'éviter le combat et de s'organiser.

A Grenoble, c'est le drame. Le chef de bataillon de Reyniès, dit Sylvain dans la Résistance, disparaît le 6 mai. En vain, sa femme et ses huit enfants attendent son retour. Ils ne le reverront jamais. Dénoncé, arrêté, torturé, le chef du 6e BCA de l'armée d'armistice succombera sans que personne, jamais, puisse rapporter les circonstances de sa mort.

Un mois plus tard, c'est le débarquement. Selon les plans de l'Armée secrète, qui agit en liaison avec l'état-major d'Alger, le Vercors doit devenir le point de rassemblement de volontaires armés qui pourraient ensuite mener des opérations sur les arrières des troupes allemandes.

Le colonel Bayard [1] — de son vrai nom Descour — qui commande la région clandestine dont dépend le plateau, décide de nommer un nouveau chef pour le Vercors.

— Je désigne le chef d'escadrons Hervieux.

De son vrai nom Huet, cet officier de cavalerie n'a même pas quarante ans. Sportif, sec, nerveux, officier de tradition il a longtemps servi au Maroc. Comme officier des Affaires indigènes. D'opinions résolument conservatrices, il a été, dit-on, un des dirigeants du mouvement des Compagnons de France à l'idéologie « Travail-Famille-Patrie » très prononcée...

Dès l'annonce du débarquement en Normandie, le capitaine Tanant monte à bicyclette sur le plateau et retrouve à Saint-Martin l'adjudant-chef Chabal et ses chasseurs. Puis il se présente au chef d'escadrons Hervieux. Celui-ci lui déclare aussitôt :

— Il faudra que vous demandiez à tous les anciens du 6e BCA habitant Grenoble de nous rejoindre. Nous allons essayer de former tout un bataillon d'Alpins.

— Je pourrais en prendre le commandement, mon commandant ?

1. Ne pas confondre Bayard-Descour avec un autre « Bayard », Bayard-Anjot, ancien capitaine adjudant-major du 27e BCA, chef du maquis des Glières à la suite du lieutenant Morel et tué au combat le 27 mars 1944.

— Non. Je vous garde comme chef d'état-major. L'expérience d'un montagnard comme vous, connaissant bien le pays, me sera utile. Quant aux chasseurs, l'adjudant-chef Chabal se débrouille à merveille.

Ses Alpins sont justement en train de s'installer au hameau de La Rivière, entre Saint-Martin et Saint-Agnan.

Ils ne sont encore qu'une poignée parmi les futurs combattants qui montent des vallées pour se rassembler au Vercors. Les effectifs qui étaient de moins d'un millier d'hommes passent, en quelques jours, avec l'annonce du débarquement à près de trois mille, pour atteindre finalement cinq mille. Les quelques centaines de réfractaires et de maquisards du printemps 1944 sont en train de devenir les soldats d'une véritable armée, souvent sans uniforme, qui sera ravitaillée par parachutages. Quant aux habitants du Vercors, ils soutiennent les résistants. Désormais, dans les villages et par les chemins du plateau, les volontaires de l'Armée secrète apparaissent au grand jour, sous le soleil d'un mois de juin qui n'a jamais été aussi beau.

Dès le 14 juin, la première bataille éclate à une des portes de la forteresse naturelle du Vercors. Rafales et explosions se succèdent sur un rythme de plus en plus frénétique. On se bat à Saint-Nizier, dans le nord.

Le chef de la région militaire clandestine, le colonel Descour-Bayard, a installé son poste de commandement et son état-major dans un nid d'aigle au-dessus du hameau des Brunets. Ancien officier de cavalerie, il est secondé par un certain « capitaine Lemoine » — son vrai nom est Dom Guétet — qui a la particularité d'être bénédictin dans le civil ; il participe à la résistance comme à une croisade.

Le capitaine Tanant-Laroche se rend à leur poste de commandement, où il espère rencontrer le commandant Huet-Hervieux, dont il est désormais le chef d'état-major.

— Il est parti à Saint-Nizier à motocyclette pour voir lui-même ce qu'il en est de cette bagarre, lui dit-on.

Le chef militaire du Vercors ne tarde pas à surgir, couvert de poussière, sur sa machine pétaradante.

— Les Allemands, venant de Grenoble, ont attaqué ce matin vers 9 h 30, lance-t-il. Le capitaine Durieu tient bon sur ses positions.

— Comment ses hommes ont-ils subi le choc ? demande Descour-Bayard.

— Bien, mon colonel. Mais pour la plupart c'est le baptême du feu. Il serait bon de leur envoyer des renforts.

L'état-major décide alors de mettre en alerte les deux sections de chasseurs alpins de l'adjudant-chef Chabal à La Rivière.

— On va les faire prendre par un autocar à gazogène réquisitionné et les diriger le plus rapidement possible sur Saint-Nizier, décide Hervieux.

Quelques instants plus tard, le véhicule surgit dans un nuage de fumée noire. Entassés à l'intérieur, les Alpins chantent à pleins poumons. L'autocar prend la route du nord et ne tarde pas à disparaître.

— Ce sera le premier combat du nouveau 6ᵉ BCA, murmure le capitaine Tanant.

Quand les hommes de l'adjudant-chef Chabal arrivent à Saint-Nizier, ils chantent toujours. *La Marseillaise*, très exactement. Ils aperçoivent un tombereau d'où dépassent des pieds chaussés de grosses godasses à clous. Ce sont leurs camarades tombés dans les premiers moments du combat, que l'on emmène dans le foyer municipal transformé en chapelle ardente.

— Dirigez-vous vers Le Charvet, ordonne un officier aux Alpins dès qu'ils sautent en bas de l'autocar à Saint-Nizier.

Impeccables, avec leur tenue bleue et leur grand béret, ceux que certains considèrent parfois avec un sourire puisque leur service de garde à l'état-major du Vercors en a fait aussi une unité de parade, se mettent aussitôt en route. Les Alpins sont armés de deux fusils mitrailleurs et d'une vingtaine de fusils ou mitraillettes Sten. Il faut traverser un terrain découvert.

— Dispersez-vous ! crie l'adjudant-chef Chabal.

Ses hommes s'élancent d'un seul bond. Le chasseur Joseph Gaston, dit Lafleur, vingt-trois ans, ancien muletier au 6ᵉ BCA, sert un des deux fusils mitrailleurs du petit groupe.

— On occupe la crête, ordonne l'adjudant-chef Chabal.

Les Allemands montent par la route de la Tour-sans-Venin. Ils ont vu la manœuvre et prennent à partie le petit groupe. Gaston, frappé en pleine poitrine, s'écroule tué sur le coup. Ses camarades ramassent son arme automatique. C'est le premier tué de la section Chabal. Enfant de l'Assistance publique, il avait été élevé par des religieuses à Vinay, aux portes du Vercors. Il repose sur l'herbe verte, au milieu des coquelicots rouges comme du sang frais.

L'adjudant-chef Chabal et ses Alpins sont alors dirigés sur la position des Guillets, où on a rudement besoin de leurs deux armes automatiques. Pendant plus d'une heure et demie, avec leurs camarades des autres unités du groupement « Nord », ils vont se battre en combat rapproché contre les Allemands qui essayent de forcer le passage.

Le capitaine Tanant a quitté l'état-major pour rejoindre ses chasseurs alpins en pleine bataille. Il s'approche de l'adjudant-chef Chabal.

— Regardez, lui dit le sous-officier. Notre fanion flotte pour son premier combat.

Une flamme de cor bleu-jonquille témoigne, en plein accrochage, de la tradition chasseur.

La lutte devient de plus en plus dure. Les chasseurs alpins voient encore tomber deux des leurs, le caporal-chef Romier et le caporal Garand. Mais les maquisards tiennent bon aux portes septentrionales de leur forteresse.

L'officier qui les commande, l'écrivain Jean Prévost, n'est connu ici que sous le nom de capitaine Goderville. Il commence à devenir légendaire.

Nu-tête en chandail sans galons, un Colt dans une poche et un Stendhal dans l'autre, cet homme assez trapu avec ses cheveux blonds et bouclés, ses yeux clairs, sa « grande gueule » évoque un véritable taureau de son pays de Caux ancestral.

Républicain de tripe, normalien de formation, poète et guerrier tout ensemble, c'est un personnage ! Viking solitaire et enthousiaste, il semble, après bien des errances parisiennes ou espagnoles, avoir trouvé dans le maquis du Vercors sa vraie vocation. Pour le moment, il est chef d'une compagnie au combat et rien d'autre.

— Ils ne passeront pas, dit-il seulement.

Devant ses positions de Saint-Nizier, les Allemands voient tomber soixante des leurs, sans parvenir à faire sauter le verrou. Dans la nuit, un vrombissement de moteurs emplit tout le ciel. Malgré la pénombre, on distingue les appareils sombres aux grandes ailes noires. Puis se détachent des corolles blanches. Les Alliés parachutent du matériel aux combattants du Vercors.

— Nous ne sommes pas seuls, disent les chasseurs accrochés sur leur position des Guillets.

Mais aux moteurs des avions ravitailleurs répondent les explosions des obus des canons allemands de 155 qui tirent depuis leurs emplacements de batterie de Grenoble.

Le surlendemain, les Allemands attaquent pour la seconde fois les maquisards de Saint-Nizier, des Trois Pucelles au Charvet, le combat devient très dur. Cette fois les assaillants sont en force. Ils manœuvrent pour s'infiltrer dans les positions tenues par les maquisards. A 10 heures du matin, pour ne pas être encerclés les défenseurs de Saint-Nizier reçoivent l'ordre de décrocher.

Par trois fois, l'adjudant-chef Chabal répond simplement :

— Non, pas tout de suite.

Avec ses Alpins, il tiendra jusqu'au début de l'après-midi. Près de lui combat le caporal-chef Masselot, arrivé la veille au Vercors venant de Grenoble en lui disant :

— Je viens prendre la place d'un de mes camarades tué.

A son tour il sera tué. Mais il sera le seul homme que perdra ce jour-là le 6e BCA dont les chasseurs, aux trois quarts encerclés, ne se replient que dans l'après-midi sur le pont de la Goule Noire et Valchevrière.

Les assaillants s'emparent de Saint-Nizier et l'incendient, tandis que les maquisards se replient au sud des gorges de la Bourne.

— C'est notre nouvelle ligne de défense, décide le capitaine Costa de Beauregard-Durieu.

Les hommes du groupement « Nord » ont perdu vingt-cinq des leurs. Mais ils gardent une âme de vainqueurs. Avec un chef comme Durieu ils ont confiance.

Dans la nuit, le capitaine Tanant récupère une dizaine de volontaires ; restés au cantonnement des Alpins de La Rivière ils n'avaient pu prendre part au combat.

— On part en patrouille, leur dit-il.

Le chef d'état-major du camp retranché du Vercors part en opération comme simple sergent avec son groupe de combat. Il est bien décidé à ne pas faire toute la guerre dans un bureau.

Après une cinquantaine de kilomètres dans la nuit à bord d'un camion, Tanant fait arrêter le véhicule sur la place de Lans-en-Vercors, au-delà des derniers avant-postes tenus par les maquisards.

— A terre ! lance-t-il à voix basse.

Maintenant, ses Alpins s'avancent en deux colonnes d'une demi-douzaine d'hommes de part et d'autre de la route qui mène à Saint-Nizier. Après avoir parcouru, l'arme au poing et le doigt sur la détente, plus de cinq kilomètres, ils entendent soudain :

— *Halt !*

Déjà, des balles sifflent dans la nuit. Les chasseurs se replient. L'officier sait ce qu'il veut savoir. Les Allemands ne sont pas redescendus à Grenoble. Ils ont pris pied sur le plateau. Cette fois, la bataille est commencée. Impitoyable.

Après la dure attaque allemande et la perte de Saint-Nizier, les forces du Vercors se reconstituent. Tandis que le colonel Descour-Bayard reste dans son poste de commandement au hameau des Brunets, au Rang-des-Pourrets, le commandement de la « forteresse » elle-même s'installe à Saint-Martin, dans un hôtel qui donne sur la place du village.

Au premier étage, les services civils. C'est là que règne un des pères du Vercors, Eugène Chavant dit Clément. Enthousiaste et infatigable, il a réussi à se rendre à Alger, dans les pires conditions, pour y plaider la cause du Vercors. Au bout de quelques jours il demande à revenir sur le plateau où les autorités de la France Libre lui confèrent le rang de préfet, ce qui ne va pas parfois sans quelques heurts avec les éléments militaires.

L'état-major, lui, s'installe au rez-de-chaussée du même hôtel.

Comme le chef d'escadrons Huet-Hervieux se trouve souvent en inspection sur sa motocyclette, par des chemins impossibles dans la montagne, c'est le domaine du capitaine Laroche, le Tanant du 6e BCA.

Son grand souci est d'organiser les bureaux selon les prescriptions du règlement et de la hiérarchie. Rapidement, il met au point un organigramme dont il vante les mérites à son chef :

— Ça y est, mon commandant. Les quatre bureaux fonctionnent. Le premier gère le personnel et on y a rattaché le tribunal militaire. Le deuxième centralise les renseignements et contrôle la compagnie de discipline et le camp de concentration. Le troisième bureau, dont j'assume moi-même la direction, établit les plans d'opérations. Enfin le quatrième s'occupe de l'intendance, du ravitaillement, des transports. A lui de réceptionner et de répartir les parachutages éventuels.

Il existe une section de commandement. Elle est confiée à un officier de chasseurs alpins, le sous-lieutenant Coquet, ancien du 6e. Car le capitaine Tanant tient à insuffler « l'esprit chasseur » sur tout le plateau du Vercors. La discipline reste pour lui « la force principale des armées » et il se méfie de tout ce mélange de bonne volonté et de laisser-aller des premiers maquisards. Et puis, en bon militaire, il a horreur de la politique. Il se considère comme l'héritier spirituel du commandant de Reyniès et entend bien rester fidèle à l'idée d'une armée dure et pure, au-dessus de la mêlée.

Tandis que la bataille fait rage en Normandie, l'orage de la guerre semble soudain s'éloigner du Vercors. Les Allemands qui entretiennent une solide garnison à Grenoble et occupent les vallées n'attaquent pas la fameuse « forteresse naturelle ». Pendant un mois, jusqu'à la mi-juillet, les résistants, rassemblés sous les ordres du chef d'escadrons Huet-Hervieux attendent l'heure du combat, sans trop savoir ce qu'il sera. Leur grande illusion, c'est l'arrivée d'unités aéroportées de la France Libre. Ou, au moins, le parachutage d'armes lourdes et de leurs servants. Les combattants du Vercors sont équipés de pistolets, de fusils, de mitraillettes, de fusils mitrailleurs et de vieilles mitrailleuses Hotchkiss de la guerre 1914-1918. Mais ils manquent d'armes à tir courbe, canons et même mortiers. Ils sont près de cinq mille, soit volontaires soit mobilisés, comme les trois cents jeunes gens récupérés à Villard-de-Lans, tournant en vase clos dans leur réduit, et paralysés par le manque d'armes lourdes. Pour être efficaces, ils devraient descendre de leur montagne et mener la guérilla sur les arrières de l'ennemi. Personne ne le leur demande.

Les hommes du Vercors vivent dans une ambiance de ville assiégée. Ils sont à la fois libres et captifs. Libres de porter les armes de recevoir des parachutages, de s'organiser en compagnies et en bataillons, mais captifs de ce camp retranché dont le plan *Montagnards* ne voulait faire qu'une base provisoire en attendant l'arrivée des renforts aéroportés.

Entre le 15 juin et le 21 juillet, il ne se déroule pas d'événements graves. A l'ouest, sur Grenoble, rien de nouveau. A l'est, sur Valence, non plus. Ni au sud, vers Die, ni au nord vers Voiron. Sur le plateau, on pourrait presque dire que c'est la vie de quartier, dans sa monotonie...

L'état-major déménage de son hôtel pour une villa ; un hôpital militaire accueille malades et blessés ; les services civils, à leur tour, quittent l'hôtel pour occuper une école.

Sur le plan militaire, tous les services d'une véritable armée sont créés, du Génie aux Transmissions. Il ne manque même pas une aumônerie. Et les Alpins peuvent faire bénir leur fanion bleu-jonquille.

Plus que jamais, les chasseurs sont en tenue impeccable, vareuse de drap aux plis nets, cuirs brillants comme des miroirs et écusson du 6e BCA aux deux pointes du col. L'adjudant-chef Chabal est promu lieutenant, consécration plus que normale de tout le travail accompli depuis son arrivée au Vercors.

Parfois un des anciens sous-officiers du bataillon, l'adjudant-chef Féret, monte de Grenoble pour passer quelques heures au milieu de ses camarades du plateau. Cet Alpin de grande tradition est promis à la déportation et à la mort à Mauthausen.

En fait de renfort ne sont parachutés que des officiers de liaison, britanniques ou américains, accompagnés d'une poignée d'instructeurs et de quelques cadres français surtout chargés du contact radio avec Alger.

Le 13 juillet, à la veille de la fête nationale, le capitaine Tanant-Laroche peut satisfaire un de ses plus chers désirs, celui de voir reconstituer officiellement dans le Vercors des unités de tradition de l'armée française. C'est le fameux « Ordre général N° 1 » qui porte la signature du chef d'escadrons Hervieux, mais a été soigneusement rédigé par son chef d'état-major. Les phrases sonnent comme des coups de clairon :

« Depuis deux ans, les drapeaux, les étendards, les fanions de nos régiments et de nos bataillons sont en sommeil. Maintenant, la France s'est, dans un élan magnifique, redressée contre l'envahisseur.

« La vieille armée française qui s'est illustrée au cours des siècles sur tous les champs de bataille du monde va reprendre sa place dans la nation.

« Sur le plateau du Vercors où nos maquis et nos sédentaires luttent avec une énergie farouche depuis des mois, peu à peu les unités prennent corps.

« Le chef d'escadrons Hervieux, commandant le Vercors, décide qu'à dater de ce jour les unités placées sous ses ordres reprendront les traditions militaires des corps de troupe de la région et leurs écussons chargés de gloire... »

Les deux principaux éléments concernés sont les cuirassiers et les chasseurs alpins. Ceux-ci sont désormais répartis entre trois bataillons.

Le premier est, bien entendu, le 6e BCA dont le commandant Durieu, c'est-à-dire Costa de Beauregard, va prendre la tête. Ses compagnies de combat — dont la 2e est commandée par le lieutenant Chabal — regroupent les anciens du camp d'Autrans, les corps francs du Vercors et la compagnie dite de Grenoble.

Les 12e BCA, dans le nord-ouest du plateau est placé sous les ordres du commandant Philippe, de son vrai nom Ullmann. Le 14e BCA, qui stationne dans le Royans, sur la façade occidentale du Vercors est commandé par le capitaine Bourdeaux, dit Fayard.

Désormais, les BCA du Vercors forment en quelque sorte une demi-brigade et reprennent les numéros des trois bataillons d'Alpins ayant participé à l'expédition de Narvik.

L'ordre établi par l'état-major du Vercors prévoit aussi la reconstitution des escadrons du 11e Cuirassiers d'une compagnie du 4e Génie, d'une batterie de canonniers du 2e d'Artillerie qui, faute de pièces, est dite « en formation », et même d'une section de tirailleurs sénégalais, à laquelle on néglige d'ailleurs d'accoler le numéro d'un ancien régiment colonial.

— Ne sommes-nous pas en train d'usurper nos droits ? demande le chef d'escadrons Hervieux. Créer des unités est une décision qui n'appartient qu'au ministre de la Guerre.

— Sans doute, mon commandant, objecte le capitaine Tanant. Mais les circonstances... Les liaisons avec Alger ne sont déjà pas si faciles.

Donner des numéros de tradition ne pose pas de problème. Habiller et équiper ces hommes qui reprennent les écussons de leurs aînés en pose bien davantage. Si les armes légères ne manquent pas trop, grâce aux parachutages, les maquisards sont vêtus de tenues disparates. Beaucoup sont même en civil, avec un simple brassard. Et certains n'ont même pas de brodequins de marche.

— Ah, si seulement je pouvais récupérer les huit mille tenues de chasseurs qui se trouvent stockées à Grenoble, ne cesse de soupirer le chef d'état-major.

Le capitaine Valentin, l'ancien major du 6e BCA, a la garde de ce dépôt. Toutes ses sympathies sont acquises à la Résistance.

Le sous-lieutenant Bigot, de la compagnie Chabal, partage totalement les idées du capitaine Tanant quant à l'esprit de corps et à la « tenue chasseur ».

— Autorisez-moi à tenter un coup sur le dépôt de Grenoble, mon capitaine.

— Vous allez vous faire prendre et fusiller !

— Mais non, tout se passera bien. Nos Alpins ne peuvent quand même pas partir se battre en civil ou en tenue « moutarde ».

Cet argument emporte la décision. Bigot descend sur Grenoble, récupère une camionnette. Au volant, le sergent Gontier du 6e BCA. Quelques autres chasseurs les accompagnent. Le petit groupe et son véhicule arrivent au dépôt du quartier de l'Alma. Le capitaine Valentin est ravi. Un premier lot de trois cent cinquante tenues est embarqué aussitôt.

— Maintenant, on rentre vite au Vercors.

— Et le barrage allemand du pont du Drac ?

— On se débrouillera, répond Bigot.

Quand il arrive au contrôle, le sous-lieutenant montre des papiers en règle et désignant les ballots de tenues bleu sombre il lance :

— Secours national. C'est pour habiller des réfugiés.

Les œuvres sociales du Maréchal sont encore une excellente couverture et la camionnette poursuit sa route vers la montagne.

La section de commandement de l'état-major du Vercors et deux compagnies seront alors entièrement habillées en bleu sombre.

— Comme ils ont fière allure ! s'exclame le chef d'escadrons Huet-Hervieux. Enfin, ils ont l'air de soldats !

— De soldats ? Non pas, mon commandant. Des chasseurs, précise le capitaine Tanant qui tient à toutes les subtilités de la tradition.

Le 14 Juillet, vers 9 heures du matin, une cinquantaine de « forteresses volantes » apparaissent au-dessus du terrain de Vassieux. Des avions de chasse escortent les bombardiers. Le grondement des appareils emplit l'air. Et soudain une première corolle s'ouvre dans le ciel.

— Des parachutistes !

Ce ne sont que des containers, avec du matériel. Il y en aura ainsi un millier.

Et pour marquer l'anniversaire de la prise de la Bastille les soies des parachutes sont aux couleurs nationales, bleu, blanc et rouge.

Noires par contre seront les croix sur les ailes des avions surgissant tout de suite après le parachutage massif. La Luftwaffe vient elle aussi célébrer le 14 Juillet...

Les Allemands attaquent aussitôt, mitraillant tout ce qui bouge au sol, lançant des bombes incendiaires, détruisant les maisons l'une après l'autre. Après leur pasage, les villages de Vassieux et de La Chapelle-en-Vercors ne sont plus que ruines. Les habitants se sont réfugiés dans les bois. Les maquisards comprennent que, cette fois, l'adversaire s'apprête à la riposte. Comme l'écrit en termes lyriques le capitaine Tanant :

« On sent la bataille toute proche. Ce sera très dur. Et dans la grande forteresse à la veille d'être assiégée, chacun est à son poste, comme sur un navire pris par la tempête en haute mer, où les marins de l'équipage attendent les ordres du commandant qui, seul maître à bord après Dieu, tient le sort de tous entre ses mains [1].

Depuis quelques jours les signes inquiétants ne manquent pas. Un gigantesque orage de fer et de feu menace. On entend dans les vallées le grondement de moteurs des convois allemands. L'assaut ennemi se prépare. Des messages venus de résistants de Grenoble ou des autorités d'Alger annoncent l'imminence de l'attaque.

Le colonel Descour, toujours flanqué du bénédictin Dom Guétet a quitté le Vercors pour d'autres tâches. Le plateau n'est qu'un des points forts de l'immense région qu'il dirige. Bayard parti, c'est donc Hervieux qui reste le seul chef des assiégés. Les effectifs théoriques sont de quatre à cinq mille hommes. En réalité, on compte deux mille maquisards armés, dont la moitié seulement vont vraiment se battre durant les quatre terribles journées qui commencent en ce 20 juillet 1944.

Tôt dans la matinée, des guetteurs annoncent que des forces allemandes s'avancent vers les « portes » du Vercors. Il s'agit d'hommes à pied, suivis de convois de mulets. Nul doute, ce sont les hommes de la 157e division de réserve comprenant des fantassins et des chasseurs de montagne.

Devant les nouvelles qui lui parviennent de partout sur la montée des colonnes ennemies vers le plateau, le chef d'escadrons Huet-Hervieux, aidé du capitaine Tanant-Laroche, commence par rédiger un ordre général, qui sera diffusé à toutes les unités :

« L'ennemi investit cet après-midi, au nord et à l'ouest, la forteresse du Vercors ; il est probable que cet investissement se poursuit sur tous les côtés, en vue, soit de nous affamer en nous empêchant de descendre en plaine, soit plutôt de nous attaquer.

« Soldats du Vercors, c'est le moment de montrer ce que nous valons. C'est l'heure pour nous de la bataille.

« Nous manquons de presque tout, mais nous sommes armés et nous avons contre l'ennemi notre force de Français qui dans leur pays difficile se battent pour la Liberté. »

Et le chef militaire du Vercors poursuit :

« Nous nous battrons sur nos positions, nous accrocherons

1. Commandant Pierre Tanant : *Vercors, haut lieu de France,* Arthaud 1948, réédité par Lavauzelle, 1982.

l'ennemi où il est et à tout instant, surtout au moment où il s'y attendra le moins. Nous le harcèlerons sans cesse, même si nous sommes séparés les uns des autres. Nous lui ferons payer cher sa volonté d'oppression.

« Soldats du Vercors, tout le pays a les yeux fixés sur vous. Nous avons tous une égale confiance les uns dans les autres, nous avons pour nous le Droit. Nous aurons à souffrir des privations, mais depuis quatre ans, nous sommes habitués à souffrir.

« L'idéal qui nous anime et qui nous unit nous fera gagner. »

On ne peut certes dire que cette proclamation rende un son très optimiste. De toute façon, beaucoup de combattants, rapidement pris dans l'action, n'auront pas le temps de la recevoir.

En gros, au moment de l'attaque allemande, le sud du réduit est tenu par les « cavaliers » du 11ᵉ Cuirassiers ; l'est et le nord — zones les plus exposées — par les chasseurs alpins du 6ᵉ BCA ; l'ouest par leurs camarades du 12ᵉ, au nord des gorges de la Bourne, et par ceux du 14ᵉ au sud de ces gorges orientées est-ouest.

Chaque « bataillon », à quatre compagnies, regroupe environ quatre cents hommes. Il va falloir les rassembler et les faire manœuvrer en pleine montagne, par un temps épouvantable.

Le chef de bataillon Costa de Beauregard qui n'est pour tous que le capitaine Durieu vit depuis dix-huit mois dans le Vercors, maquisard parmi les maquisards. Avare de paroles et de promesses, cet ancien chef de section d'éclaireurs-skieurs surprend par son calme vite proverbial et son énergie contagieuse. Sac au dos, chaussé de souliers de montagne, vêtu d'un anorak de grosse toile beige, il aime se trouver sur le terrain et ne se repose que quelques heures au hasard d'une grange. C'est un officier de grand vent, qui sait bien que le combat n'a que faire de l'esprit bureaucratique que sécrète toute armée même en campagne.

Il ne commande en fait le 6ᵉ que depuis une semaine. Mais il connaît assez bien les groupes agglomérés sous ses ordres pour constituer sections et compagnies.

Dans le nord de son secteur, vers Autrans, c'est la 1ʳᵉ compagnie du capitaine Bordenave-Duffau, un aspirant de réserve promu capitaine et qui a une bonne expérience du maquis.

Plus au sud-est vers Meaudre se regroupe la 3ᵉ compagnie du capitaine Brisac-Belmont qui rassemble des volontaires venus de Grenoble.

Ensuite, autour du piton de Valchevrière et du pont de la Goule Noire, se tiennent les Alpins de la 2ᵉ compagnie, celle du lieutenant Chabal, noyau initial du 6ᵉ BCA reconstitué.

Enfin, au sud, non loin de la grotte d'Herbouilly, se situe

la 4e compagnie, celle du capitaine Goderville, formée par les anciens groupes francs du Vercors. C'est peut-être la plus solide des unités du Vercors. Et la mieux préparée à la terrible bataille qui s'engage.

L'orage éclate dans l'après-midi. Le ciel se zèbre d'éclairs fulgurants. Des coups de tonnerre roulent dans toute la montagne. La pluie tombe. Elle ne va pas cesser pendant trois jours. Pluie d'orage qui transforme le moindre ruisseau en torrent boueux, ravine les chemins, arrache les pierres, cingle les sommets qui luisent comme du mica. Alourdies et glaciales, les branches des sapins fouettent les hommes qui se hâtent par des pistes impossibles, chargés de leurs sacs, de leurs armes, de leurs munitions. Ils n'ont pour tout bien que quelques paquets de cartouches, deux ou trois boîtes de conserve, leur bidon, parfois un couteau.

A bord d'un vieux camion à ridelles qui secoue toute la section qui se trouve sur la plate-forme, le capitaine Costa-Durieu monte depuis le carrefour du pont de la Goule Noire en direction du nord. Le véhicule, tout brinquebalant sous la pluie diluvienne suit la route de Meaudre à Autrans.

Un coup de frein. Le chef du 6e est déjà à terre, sac au dos.

— Nous allons gagner le col de la Croix-Perrin en suivant la ligne de crête, dit-il, de sa voix calme et basse.

Le commandant du secteur « Nord » n'a avec lui qu'une seule section, celle du lieutenant Pierre Trombert.

— Le reste de la 1re compagnie avec le capitaine Bordenave nous rejoindra plus tard, lui dit-il.

Et tout de suite :

— En file par un et en route !

Les Alpins de la section Trombert le suivent aussitôt. Il pleut tellement qu'il semble déjà faire nuit. Le vent souffle en rafales, cinglant les visages de grosses gouttes froides. La colonne évite les chemins et grimpe à flanc de montagne, par les prairies transformées en bourbiers. Les tenues, trempées, collent à la peau, les grands bérets sombres se gorgent d'humidité et leur « bec » dégouline. Les sacs semblent chargés de pierre ou de plomb. Il faut trimbaler des caisses de munitions, des bandes de mitrailleuses, des musettes de grenades, tout un fourbi guerrier que la pluie semble alourdir encore et qui glisse sous les mains calleuses.

Il faudra deux heures au capitaine Costa-Durieu et à sa section d'Alpins de la 1re compagnie pour arriver à une étable près de la ligne de crête. Le chef n'a pas besoin de consulter sa carte pour savoir qu'il est arrivé au lieu-dit Les Fenêts.

— Laissez vos sacs, dit-il. Ne prenez que les armes et les munitions. On part tout de suite.

— On ne peut pas faire halte, mon capitaine ? demande le lieutenant Trombert.

— Pas le temps. En route.

Maintenant, c'est la nuit noire. Et toujours la pluie.

Dans les fonds, entre deux moments où l'orage redouble, on devine des lumières, des centaines de lumières qui serpentent comme un mille-pattes luisant sur la route de Lans-en-Vercors.

— Les Allemands !

Leurs convois montent lentement vers le plateau du Vercors, perdu dans la nuit et la pluie. Une impression de tragique solitude étreint tous les maquisards, titubant de fatigue depuis le début de cette marche épuisante où les cailloux roulent sous les mauvaises godasses alourdies de boue gluante.

Cette grisaille brumeuse, est-ce enfin l'aube ?

La colonne parvient au point le plus haut du massif, à 1 700 mètres d'altitude.

— Halte ! lance seulement le chef du 12e BCA.

— Protégez vos armes, ajoute le lieutenant Trombert.

Les hommes peuvent être trempés, transis, à bout de force. Mais ils vont devoir se battre pour survivre. Alors, ils n'auront plus d'autre ami que leur mousqueton ou leur mitraillette.

Dressé sur la paroi à pic, le capitaine Costa-Durieu regarde à la jumelle les troupes allemandes qui montent depuis les ruines de Saint-Nizier.

Sa décision est vite prise. Pour lui, il ne peut y en avoir d'autre que de se battre :

— Les trois autres sections nous rejoindront au col de la Croix-Perrin, dit-il au lieutenant Trombert. C'est là où nous allons monter notre embuscade.

Pour gagner le point de rendez-vous, les chasseurs progressent par Bellecombe et la forêt de Guiney. Harassés de fatigue après cette nuit passée sous la pluie à courir la montagne, ils peinent beaucoup pour porter les armes automatiques. Alors chacun, à tour de rôle, s'empare d'une mitrailleuse ou d'un fusil mitrailleur.

Enfin, vers 8 heures du matin, la compagnie Bordenave-Duffau qui ne compte guère plus d'une centaine de maquisards se met en position au-dessus du carrefour où se rejoignent les deux routes qui montent de Sassenage et de Seyssins en direction de Villard-de-Lans.

— Les voilà !

Les chasseurs de montagne de la Wehrmacht avancent lentement, tirant leurs mulets chargés d'armes automatiques, de mortiers, de pièces de campagne.

Un coup de pistolet donne le signal. Les Alpins ouvrent le feu sur la colonne ennemie. Tous ensemble.

La section du sous-lieutenant Cheynis, dit Noël, est disposée en embuscade dans la carrière Converso et domine la route.

— Pas plus d'une minute de tir, a décidé le commandant Costa. Et après on se replie.

Surpris, les Allemands ripostent aussitôt. Les chasseurs de montagne giclent dans les fossés. Les mitrailleurs ouvrent le tir. Déjà les servants s'affairent autour des mulets pour débâter les tubes de mortiers.

Les rafales de MG 42 sifflent à une cadence infernale. La section Cheynis doit se replier rapidement. Elle emmène un blessé. Et elle compte un tué dans ses rangs, le sergent René Dechandol, vingt-deux ans. Ses parents recevront après la bataille une lettre qu'il leur avait écrite du maquis, où il leur disait : « Le vent souffle dans les sapins, le temps n'est pas très beau, mais cela ne fait rien, car la joie est dans mon cœur. »

Tandis que les Alpins sont obligés de se replier vers les hauts, la colonne allemande qui monte de la vallée de Saint-Nizier se fractionne en deux éléments. L'un continue sur Autrans, par le col de la Croix-Perrin, et l'autre se dirige vers Villard-de-Lans et Corrençon.

L'attaque menée par la 1re compagnie aura au moins retardé l'adversaire et prévenu les camarades.

Au sud, se trouve la 3e compagnie du 6e BCA, avec le capitaine Brisac-Belmont. Sa section, en embuscade à la Roche-Pointue, au débouché des gorges de la Bourne sur Villard-de-Lans, sera la première à découvrir l'ennemi qui monte de la vallée. Coups de feu et rafales commencent à résonner dans toute la montagne.

En face des Alpins, les Tyroliens et les Bavarois de la Wehrmacht se révèlent vite des adversaires redoutables. Ils manœuvrent rapidement et bien, s'ouvrent un passage malgré la pente et le feu.

Ils ne peuvent franchir le verrou de Valchevrière que tiennent les chasseurs de la 2e compagnie du lieutenant Chabal.

Alors les Allemands poursuivent leur route, sans chercher pour l'instant à forcer ce passage et vont occuper le village de Corrençon.

Là, ils se heurtent à des éléments de la 4e compagnie du 6e BCA. Plus que jamais, son chef Jean Prévost n'est plus que le capitaine Goderville, maquisard parmi les maquisards.

Le lieutenant Bouchier et sa section, près de la grotte de la Glacière, défendent l'accès du Vallon de la Narce débouchant sur Corrençon. Les Allemands parviennent à occuper le village et Bouchier décide :

— On se replie au Frier du Bois.

Le bois des Essarteaux a été miné par les sapeurs du génie et la section Bouchier va défendre le Pas de la Sambue, où se trouve aussi la section Bechman dit Lescot.

En fin de matinée du 21 juillet, la compagnie Goderville tient solidement le Pas de la Sambue et son chef demande même à ses hommes de se tenir prêts à des contre-attaques.

Le 6e BCA a donc supporté, depuis 8 heures du matin, le premier choc de la bataille du Vercors. Son chef s'est trouvé en pleine bagarre avec sa 1re compagnie. Mais il connaît, mieux que nul autre, en vieux maquisard, les limites du possible et de l'impossible. Ses hommes, redoutables dans la guérilla, n'ont guère de chances dans une bataille rangée.

— Il faudrait des armes lourdes, dit-il au chef de sa 1re compagnie avec qui il se bat depuis le matin.

— Hélas, mon capitaine. Mortiers lourds et pièces de montagne sont toujours stockés à Alger.

— Il faut faire avec ce que nous avons. Pas d'autre solution que de nous battre. Nous sommes là pour ça. Une seule tactique : les harceler et disparaître. Maintenant, on se disperse, ordonne le chef du 6e BCA.

Le capitaine Costa-Durieu reste avec la section qui remonte à la cabane des Fenêts. De là, il domine la situation. Mais, sur son piton, il va se trouver coupé des autres combattants du Vercors. Sans ravitaillement en vivres ni en munitions, sans un poste de radio, sans espoir de s'en tirer autrement que par ses propres moyens. Dérisoires en face de la masse ennemie qui attaque avec l'effectif d'une division.

Le reste de la 1re compagnie du capitaine Bordenave-Duffau a décroché par Pierre Taillée et, après trois heures de marche sous la pluie, atteint Feyssole.

Dans la vallée, au carrefour de la Croix-Perrin, occupé désormais par les Allemands, la maison forestière brûle. Les chasseurs de montagne de la Wehrmacht après l'avoir incendiée poursuivent leur route. Maintenant, ils tiennent les villages de Méaudre et Autrans.

La plus importante vallée du nord du Vercors se trouve désormais aux mains de l'ennemi.

Dans le sud, la situation est encore bien pire.

A 9 heures du matin, une vingtaine de planeurs tractés par des avions se sont posés sur la piste d'atterrissage de Vassieux que les maquisards espéraient mettre en état pour les parachutistes de la France Libre.

Sitôt à terre, des paras allemands surgissent et commencent le combat, mitraillant, incendiant, détruisant tout ce qui résiste et même tout ce qui vit. En quelques minutes la situation tourne à l'avantage des assaillants.

Les maquisards, surpris et choqués par cette attaque sur un terrain où ils attendaient des frères d'armes, établissent un bouchon un peu au nord de Vassieux. Ils demandent des renforts.

Le capitaine Bourdeaux-Fayard, chef du nouveau 14e BCA, cantonné au sud-ouest du Vercors, en forêt de Lente, expédie aussitôt deux camions Berliet chargés de cuirassiers du 2e escadron sous les ordres de l'aspirant Gaston. Tout le monde appelle cet officier « Bras-de-Fer » parce qu'une prothèse remplace son bras gauche amputé. Peu après la section de chasseurs alpins Lacombe rejoint le « bouchon » qui s'installe au nord de Vassieux, pour essayer de bloquer les parachutistes allemands — dont beaucoup sont d'ailleurs, dira-t-on, des Ukrainiens.

Près de quatre-vingts civils trouveront alors une mort affreuse, tandis que claquent les rafales d'armes automatiques, explosent les grenades et brûlent les maisons de Vassieux et des quelques hameaux des environs.

Le commandant Thivollet et ses cuirassiers, lancés à la contre-attaque, ne pourront déboucher. Et un drame terrible se déroule au sud-est du Vercors.

Le commandant Huet-Hervieux a toujours cru, en bon cavalier, que les « Pas » qui ouvraient des passages dans la ligne de crêtes du Vercors étaient infranchissables. Même un Alpin comme le capitaine Tanant-Laroche ne croyait guère au danger de ce côté, car les assaillants auraient dû être des acrobates. C'est justement le propre des Bavarois et des Tyroliens qui portent comme insigne l'edelweiss...

Partis par petites colonnes des villages de Gresse, Saint-Michel-les-Portes et Chichilianne, ils se lancent dans une fantastique ascension en direction de l'arête du Grand-Veymont qui culmine à 2 341 mètres et interdit l'accès du Vercors par l'est. Quatre passages sont possibles, du nord au sud : Pas de la Ville, Pas des Chattons, Pas de la Selle et Pas de l'Anguille.

Pour les défendre, la compagnie André, soit une centaine de maquisards répartis sur environ dix kilomètres ! A chacune des brèches on ne compte même en général qu'une dizaine de volontaires. Ils seront vite bousculés par les Allemands, surgis de là où on les attendait pas.

Au premier soir de la bataille, la situation apparaît très grave. Après avoir complètement encerclé le Vercors, les assaillants ont pris pied à Autrans au nord et à Vassieux au sud. Et les infranchissables Pas sont franchis...

Dans la nuit, le chef d'escadrons Hervieux tient une réunion à son poste de commandement.

— Nous sommes devant trois solutions, déclare-t-il d'emblée. Une percée en masse. Impossible, car nous ne pouvons rassembler tout le monde. Des percées locales ? Elles nous coûteraient très cher.

— Alors ? lui demande Chavant-Clément, le chef civil du Vercors. Que proposez-vous ?

— Nous replier par petites unités à l'intérieur du massif, en dehors des localités et des grands axes. Je nomme cela « maquiser dans le maquis ».

Le chef d'état-major approuve son supérieur d'un hochement de tête. Nul n'est plus discipliné que le capitaine Tanant.

— Et que va faire Alger pour nous ? demande Chavant.

Le chef militaire du Vercors a un geste d'impuissance et murmure :

— Il est bien tard, maintenant. Nous n'avons plus de terrain de parachutage...

— Je vais leur envoyer un télégramme, dit Chavant.

Ce sera le fameux message adressé aux autorités d'Alger que les combattants du Vercors rendent responsables de les avoir encouragés à tenter l'aventure pour ensuite les abandonner une fois qu'ils se trouvaient pris au piège :

« La Chapelle, Vassieux, Saint-Martin bombardés par l'aviation allemande. Troupes ennemies parachutées sur Vassieux. Demandons bombardement immédiat. Temps écoulé depuis la mise en place de notre organisation six semaines. Demandons ravitaillement en hommes, vivres, matériel. Moral de la population excellent mais se retournera contre vous si vous ne prenez pas dispositions immédiates et nous serons d'accord avec eux pour dire que ceux qui sont à Londres et à Alger n'ont rien compris à la situation dans laquelle nous nous trouvons et sont considérés comme des criminels et des lâches. Nous disons bien : criminels et lâches. »

Ce télégramme désespéré et insolent, c'est tout le drame du Vercors en quelques phrases.

Dans le nord du massif, les Alpins de la 1re compagnie du 6e BCA partent de Feyssole à 4 heures du matin le 22 juillet après seulement trois heures de repos. Ils descendent sur Rencurel.

— Il faut aller à Autrans, leur dit-on.

Exténués, ils repartent quand même. Ils passent par le Pas de la Clé et Pierre Taillée. A 10 heures du soir, ils sont à Carteaux. Là, ils reçoivent un nouvel ordre :

— Retournez prendre position au Pas de la Clé.

Affamés, trempés par les incessantes pluies d'orage, épuisés par ces marches et ces contre-marches de la montagne, les malheureux n'en peuvent plus. Il s'en trouvera pourtant une dizaine pour repartir et aller s'installer, sous les ondées glaciales, pour défendre ce passage qui pour eux ne semble déboucher que sur le néant.

Le capitaine Bordenave-Duffau, après avoir vu sa 1re compagnie disloquée et fragmentée en petits groupes de maquisards errant à travers la montagne, espère qu'au sud son camarade Brisac-Belmont et la 3e compagnie du 6e BCA, celle des gars de Grenoble, tiendront le coup.

Effectivement, la 3e tient. Elle occupe une sorte de forteresse naturelle au débouché des gorges de la Bourne. Le point fort de la défense se trouve à Haute-Valette, au-dessus de la Goule Noire. De ce piton, on aperçoit vers le sud les positions des camarades. Ils doivent tenir huit kilomètres, de Valchevrière au collet de la Coinchette.

Au centre du dispositif, dans la vallée, le poste de commandement du capitaine Prévost-Goderville est établi, dans la ferme d'Herbouilly, solitaire au pied des pentes que couronne le vert sombre des sapins.

L'écrivain-guerrier a reçu le commandement d'une sorte de groupement qui comprend sa 4ᵉ compagnie du 6ᵉ BCA au sud, chargée de défendre le Pas de la Sambue et le Pas de l'Ane, la 2ᵉ compagnie du lieutenant Chabal au nord, accrochée au Belvédère, la section de tirailleurs sénégalais du lieutenant Point et une section de chasseurs alpins du 12ᵉ. Cela ne fait guère plus de deux cents combattants. Ils doivent couvrir le principal axe de communications du Vercors, la route nord-sud de Saint-Julien à Saint-Agnan. Elle traverse Saint-Martin, véritable centre nerveux de la Résistance, où le chef d'escadrons Huet-Hervieux a installé son poste de commandement. En ce matin du 22 juillet, il lance à son chef d'état-major :

— Voyez-vous, mon cher Laroche — puisque tel est le pseudonyme de Tanant — nous sommes lancés dans une grande, très grande aventure. J'ai toujours considéré que sur dix d'entre nous qui y seraient engagés, neuf ne reviendraient pas. Et pourtant, nous n'avions pas le droit de la refuser.

— Cela va sans dire, mon commandant.

— Oui, murmure Huet-Hervieux songeur, nous n'avons qu'une chose à faire. A foncer.

A la ferme d'Herbouilly, Prévost-Goderville donne ses ordres.

— Nous allons avoir sur le dos d'une minute à l'autre les Allemands qui montent de Corrençon. Il faut que les deux Pas tiennent. Au nord, il n'y aura pas de problème avec Chabal au Belvédère de Valchevrière.

Le lieutenant Chabal a installé son poste de commandement sur le Belvédère, un escarpement rocheux dominant Valchevrière, un petit hameau accroché à la montagne. C'est le passage obligé entre la bourgade de Villard-de-Lans, désormais solidement tenue par les Allemands, et la vallée où s'est établi, à Saint-Martin, le poste de commandement de tout le Vercors. Chabal et sa 2ᵉ compagnie ne peuvent rêver poste plus capital.

— On tient la clé du Vercors, dit le lieutenant à ses Alpins.

Les sapins sciés en travers de la route forment des obstacles sérieux, qui seront battus par le feu des armes automatiques. Il ne sera pas commode à l'assaillant de franchir ce mauvais pas.

Dans la matinée du 22 juillet, Chabal appelle le lieutenant Passy, un jeune polytechnicien. Artilleur et réserviste, il est arrivé depuis exactement huit jours pour servir au Vercors. Le voici maintenant à la tête d'une section de chasseurs alpins.

— Vous partez occuper un avant-poste à environ un kilomètre vers l'est, lui indique son chef.

La longue attente commence.

Les Allemands n'attaquent qu'au début de l'après-midi et commencent par prendre la section Passy à partie, depuis le Bois-Barbu. Le polytechnicien fait replier ses chasseurs comme prévu. Il rejoint son chef :

— On contre-attaque sans attendre, ordonne Chabal, et on reprend le terrain perdu.

Un peu après cinq heures du soir, le capitaine Goderville, secondé par le capitaine Rochard, de son vrai nom Rollet, expédie un message au PC du Vercors : « Succès à Valchevrière. Chabal repousse l'ennemi en lui infligeant des pertes sensibles. »

Le verrou au nord-ouest du village de Corrençon tient bon, mais au sud-est, le Pas de la Balme est enlevé d'assaut par les chasseurs de montagne allemands.

La position était tenue par seulement sept chasseurs du 12e BCA, que commandait le sergent-chef Besson. Armés d'un seul fusil mitrailleur, de fusils et de mtraillettes Sten, ils se trouvaient isolés, en enfants perdus à l'extrême est de la défense du Vercors. En position depuis huit jours, ils n'avaient même pas été ravitaillés. Tous les défenseurs du Pas de la Balme seront tués au combat ou achevés par leurs vainqueurs. Un seul échappera — pour quelques heures seulement — au massacre.

Son chef a envoyé au ravitaillement, vers le village de Corrençon, le chasseur Arnaud. Il descend dans la vallée, en compagnie de son camarade Rolland qui n'a que dix-sept ans. Apercevant la colonne ennemie, les deux adolescents se séparent. Arnaud est surpris par un des assaillants qui le désarme. Un orage éclate à ce moment. L'Allemand ordonne à son prisonnier de rentrer avec lui sous une cabane recouverte de tôle ondulée. Les autres soldats ennemis tardent à arriver. Alors les deux hommes bavardent. L'Allemand parle couramment le français.

— J'ai été étudiant en France, dit-il.

Arnaud ne répond pas grand-chose et pense que rien ne l'empêchera d'être fusillé par l'unité à laquelle appartient ce soldat si aimable.

— Veux-tu un bonbon contre la soif ? propose son gardien.

Machinalement, le chasseur accepte.

— Veux-tu fumer ?

Arnaud fait oui d'un signe de tête.

Sans se méfier, l'Allemand, pour sortir son paquet de cigarettes, pose son pistolet mitrailleur la crosse sur le sol et le canon contre une de ses jambes.

Le jeune chasseur Arnaud bondit, s'empare de l'arme et tire

une rafale à bout portant sur son interlocuteur. Puis il se sauve en courant.

Il espère rejoindre Herbouilly où sont ses camarades de la compagnie Goderville. Sans s'en rendre compte, il traverse un champ de mines et ne tarde pas à se prendre le pied dans un fil. L'engin explose avec une forte détonation. Arnaud est blessé à la cuisse droite. Il ramasse une branche, s'en sert comme d'une canne. Il parvient à poursuivre son chemin. A bout de force, il finit par s'écrouler et s'évanouir. Une patrouille de tirailleurs sénégalais le ramasse en pleine forêt.

Il sera évacué sur la grotte de la Luire où s'est replié le service sanitaire avec les blessés graves, après un essai infructueux d'occuper l'hôpital de Die, désormais tombé aux mains des Allemands.

Arnaud a échappé au sort de ses camarades du Pas de la Balme. Par un second miracle, il échappera une nouvelle fois à la mort en quittant la grotte de la Luire peu avant que les assaillants y surgissent, achevant tous les blessés.

— Les Allemands attaquent les Pas dans le sud-est du périmètre de défense !

Une telle éventualité avait été écartée a priori. Aussi la défense dans ce secteur est-elle ridiculement faible. A Saint-Martin-en-Vercors, une soudaine inquiétude envahit l'état-major. L'attaque des chasseurs de montagne de la Wehrmacht par cette face vertigineuse semble vite aussi grave que la brutale descente des troupes de choc aéroportées sur Vassieux.

— Nos hommes auront du mal à tenir, mon commandant.

— Je le crains, confie Huet-Hervieux à son chef d'état-major. Il faut leur envoyer des renforts. De qui disposons-nous ?

— Les chasseurs alpins du 6e BCA et les cavaliers du 11e Cuirassiers sont en plein combat. Il va falloir dégarnir un secteur moins menacé.

Le capitaine Tanant réfléchit. Pour le moment, tout semble calme dans le nord-ouest du Vercors, même si les Allemands contrôlent dans la vallée la nationale qui suit l'Isère de Tullins à Valence par Vinay, Saint-Marcellin, Bourg-de-Péage, Romans.

— On pourrait prélever des unités sur le 12e BCA, suggère-t-il. Le bataillon est en réserve dans la forêt de Coulmes.

— C'est ça. Excellente idée, mais ne croyez-vous pas que cela prenne du temps ?

— Nous n'avons guère d'autres réserves, mon commandant.

— Alors prévenez le commandant Philippe.

Averti par téléphone, le commandant Ullmann qui se fait appeler Philippe, alerte une de ses compagnies, la 2e, celle du capitaine Villard-Adrian, stationnée à Pétouze.

— Ordre de vous rendre à la maison forestière du Pré

Grandu, mon capitaine, à l'est de la grotte de la Luire, annonce un messager.

— Pour y faire quoi ? rétorque Villard-Adrian.

— Vous y rencontrerez le lieutenant Champon-Henri. Il aura des ordres pour vous.

Les chasseurs de la 2e compagnie du 12e BCA se mettent alors en marche vers le sud. Dispersées dans la montagne, les sections s'étirent sur les chemins et vont s'échelonner pendant des heures. Si les premiers arrivent au rendez-vous peu après quatre heures de l'après-midi, les derniers ne rejoignent qu'à sept heures du soir, sous une pluie battante le point de rendez-vous en bordure de la forêt domaniale du Vercors, à l'est de Vassieux où le combat fait rage.

Le capitaine Villard est suivi de son adjoint, le lieutenant Valençais, un grand officier de réserve maigre et sec à lunettes, qui se nomme en réalité Treuille et exerçait jusqu'à une date récente la haute fonction d'inspecteur général des Finances. Les deux officiers sont accueillis par le commandant Georges. Celui-ci leur explique la situation :

— Le Pas de la Selle et le Pas des Chattons ont été franchis par l'ennemi. Des infiltrations sont à craindre sur le Grand-Veymont.

L'officier, d'un grand geste de bras, montre la montagne qui les domine vers l'est de toute sa masse grise que l'on croyait infranchissable.

— Vos camarades, qui tenaient ces passages des Pas depuis le début du mois, sont peu nombreux et très fatigués. Il faut les relever.

La 2e compagnie du 12e BCA se divise en neuf groupes. Aussitôt répartis en unités de combat, les chasseurs s'entassent dans deux camions qui partent aussitôt. Bientôt, les véhicules s'arrêtent, à bout de souffle, moteurs fumants.

— La pente est trop rude. Pied à terre, les gars ! On continue à pied !

— Encore ! On est crevés !

En longue colonne, les maquisards de la compagnie Villard-Adrian s'engagent sur le chemin escarpé jusqu'à la Fontaine du Pichet. Le commandant de la 2e compagnie du 12e suivi de ses hommes prend alors la direction du Pas de la Ville.

— Mon capitaine, lui dit le lieutenant Valençais-Treuille, nos hommes sont exténués. Certains n'ont rien mangé depuis hier soir.

— Je le sais, hélas ! Mais il faut absolument colmater cette brèche.

Pourtant, à 11 heures du soir, le capitaine ordonne une halte. A bout de force, ses chasseurs se laissent tomber dans la pierraille. Lui, il continue avec son lieutenant jusqu'au Pas de la Ville. Ils y trouvent quelques hommes.

— Lieutenant Simonneau, dit l'un.

— Aspirant Bréchet, fait l'autre.

Ils s'installent tous sous une tente. Le froid, à cette altitude de près de deux mille mètres, est devenu épouvantable. Il souffle un vent glacé, alourdi de pluie orageuse. Quelques formes se reposent sous des couvertures ou des lambeaux de parachute.

— Les chasseurs de ma compagnie sont épuisés, annonce Villard-Adrian.

— Laissez-les se reposer un peu sur le chemin. Mais il faudrait quand même un groupe de combat pour relever les guetteurs du Pas de la Ville.

Malgré leur fatigue, les Alpins du groupe Oriol gagnent le poste de veille. Ils vont passer toute la nuit sur des pierres humides et glacées à épier les bruits qui montent de la vallée. Parfois, une fusée s'élève de Vassieux ou de Corrençon. Les Allemands sont là, dans cette nuit sombre que zèbrent parfois des éclairs d'argent.

Après l'orage et la pluie, voici la brume. Tout le plateau du Vercors est noyé dans un brouillard humide et visqueux quand se lève, dans la grisaille, l'aube du 23 juillet. Dès 5 heures du matin, des coups d'arrivée retentissent à l'ouest du massif.

— Ce sont des mortiers lourds, dit le capitaine Goderville à Reymond-Veyrat, son adjoint. Les obus tombent sur Chabal.

Aucun doute, les Allemands veulent aujourd'hui forcer la décision dans le secteur tenu par la 2e compagnie du 6e BCA, à Valchevrière.

Dès six heures du matin, une vive fusillade retentit aux avant-postes, sur la route en lacet qui monte du Bois-Barbu. Le lieutenant Passy se voit près d'être débordé. Près de lui, un de ses chasseurs, un Alsacien du nom de Mulheim, a une idée :

— Mon lieutenant, je vais leur parler en « *chleuh* » !

— Si tu crois que ça peut faire quelque chose...

Déjà, Mulheim bondit sur la route et se met à hurler en allemand :

— Rendez-vous ! Nous sommes les plus fort ! Rendez-vous !

Et il ajoute, pour impressionner encore davantage les assaillants :

— Savez-vous que les Américains viennent de débarquer en Provence ? Ils arrivent !

La nouvelle ne sera vraie que dans vingt-quatre jours. En attendant, elle provoque un instant de stupeur chez les chasseurs de montagne de la Wehrmacht qui cessent le feu.

— Je crois que j'ai réussi à les étonner, lance Mulheim à son chef.

Au même moment, une pluie d'obus de mortiers s'abat sur la section d'Alpins. Le lieutenant Passy est tué sur le coup. Des rafales de mitrailleuses cinglent les fossés et les bois au-dessus de la route. Un chasseur de dix-neuf ans, Robert Perrin, est frappé mortellement. Quant à l'Alsacien Mulheim il a été fauché par une rafale de mitrailleuse et gît sur la route, trois balles dans le ventre. Ses camarades parviennent à traîner son corps et le font transporter à la grotte de la Luire.

Vers 9 heures et demie, l'ennemi réussit à s'infiltrer et les rescapés de la section Passy se replient sur le gros de la 2e compagnie, groupée autour du lieutenant Chabal, à Valchevrière. Ils prennent aussitôt position sur la crête rocheuse dominant le Belvédère. Les Allemands continuent à progresser, bien appuyés par des armes automatiques qui clouent les Alpins au sol sous un feu d'enfer. Chabal se demande s'il va pouvoir tenir encore longtemps dans de telles conditions.

La plupart des hommes disponibles au sud des gorges de la Bourne ont été envoyés sur Vassieux où le combat avec les parachutistes allemands fait toujours rage. Il ne reste que quelques isolés qui courent au canon. Une demi-douzaine de volontaires, dont deux républicains espagnols, essayent de joindre Chabal. Ils ne peuvent parvenir jusqu'à lui et sont accueillis par les coups de feu des Allemands profondément infiltrés dans le dispositif clé de la 2e compagnie du 6e BCA. Ils doivent se replier et annoncent :

— Le lieutenant Chabal est encerclé !

Immédiatement au sud, cela ne va pas mieux pour la 4e compagnie. Dans le poste de commandement du capitaine Goderville à Herbouilly ne cessent d'arriver de mauvaises nouvelles.

— Les Allemands ont réussi à franchir le Pas de la Sambue, mon capitaine.

— Mais que fait le lieutenant Reymond ?

— Il doit être débordé !

Reymond-Veyrat, un de ses meilleurs officiers, paraissait pourtant tenir solidement le passage, encadré par les sections du lieutenant Bouchier et du sergent-chef Liotard, de chaque côté de ce Pas de la Sambue, où la situation devient, de minute en minute, plus alarmante.

— Il faut lancer des contre-attaques par Narces et le Pas de l'Ane, décide le chef de la 4e compagnie.

Mais où Prévost-Goderville pourrait-il trouver les hommes nécessaires ?

— Que font les Sénégalais du lieutenant Point ?

— Ils sont épuisés, mon capitaine. Avec ce froid et cette pluie, on ne peut plus rien leur demander.

Au moment où tout semble désespéré une vingtaine d'hommes arrivent au poste de commandement de la ferme d'Herbouilly. Ce sont les membres du « Groupe Vallier » un redoutable corps franc spécialiste des coups de main les plus audacieux dans les bourgades des vallées au pied du Vercors.

— On vient se battre avec vous, disent-ils.

Jean Prévost a son grand sourire. Ceux-là, ce sont des garçons comme il les aime, des durs que rien n'arrête. Des guerriers, pas de ces militaires que supporte mal le capitaine Goderville.

— On va essayer de tenir, leur dit-il d'un air à la fois fatigué et résolu.

A l'ouest du massif, la situation reste encore assez favorable aux défenseurs.

Le capitaine Bourdeaux-Fayard, chef du 14ᵉ BCA, a installé son poste de commandement à Gaudissard. De là, aux lisières de la forêt de Lente, où sont tapis ses hommes, presque tous originaires du Royans, il surveille le village de Saint-Jean-en-Royans. Dans ses jumelles, il repère un convoi allemand.

— Les voici qui arrivent de Saint-Just-de-Claix, dit-il. Ils risquent de prendre à revers nos camarades cuirassiers. Il faut intervenir.

Le commandant du 14ᵉ expédie d'abord un détachement d'une trentaine d'hommes avec le chef de section Razaire dit Cigogne. Puis, un peu plus tard, Bourdeaux-Fayard fait appeler le lieutenant André Valot dit Stephen.

— Il faut monter une attaque de diversion, lui dit-il. Tu vas y aller avec une cinquantaine de chasseurs.

Les Alpins partent aussitôt à bord de trois camions qui dévalent de la montagne par Sainte-Eulalie et Pont-en-Royans. Quand ils arrivent il est trop tard, les cavaliers se sont repliés vers la forêt de la Sieurlé, où ils espèrent trouver un refuge.

Mais les chasseurs envoyés en renfort ne peuvent plus décrocher. Ils se heurtent avec violence à la colonne allemande. Cette fois, on se bat à l'entrée des gorges de la Bourne, mais à l'ouest du massif du Vercors. Rafales et explosions retentissent longuement dans ce décor chaotique de ravins boisés. Finalement, les chasseurs du lieutenant Valot-Stephen parviennent à se replier.

Descendus de leur repaire à 8 heures du matin, ils ne parviendront à le retrouver que vers 5 heures du soir. Ils ont marché et se sont battus pendant des heures, talonnés par les patrouilles ennemies. Le lieutenant Valot rend compte au capitaine Fayard. Alors que l'on se bat partout dans le Vercors, celui-ci s'étonne un peu que son bataillon, encore pratiquement intact, ne soit pas engagé et se contente de monter la garde dans le pays dont la plupart de ses maquisards sont originaires.

Dans l'après-midi, le capitaine Tanant est envoyé du poste de commandement de Saint-Martin vers le refuge du 14ᵉ en forêt de Lente. Le chef d'état-major du Vercors doit demander au capitaine Fayard de fournir des renforts aux autres unités durement accrochées, surtout à Vassieux et sur les Pas du Grand-Veymont.

Enfourchant une motocyclette, l'officier d'Alpins se réjouit de voir que l'orage a cessé et que le ciel maintenant se dégage après les pluies diluviennes des derniers jours. Il finit par découvrir le poste de commandement du capitaine Fayard.

— Je suis bien content de vous voir, lui dit le chef du 14ᵉ. Je n'ai aucune nouvelle sérieuse de la bataille.

Tanant le met au courant. Puis il lui demande :

— Et chez vous, comment ça va ?

— Plutôt bien. L'ennemi occupe la plaine du Royans. Nous avons eu un accrochage. Mais rien de très grave. Les Allemands ne paraissent pas décidés à attaquer de ce côté. Finalement, tout se borne pour l'instant à des activités de patrouilles.

— Formez un détachement qui va combattre à Vassieux. Je vous enverrai des autocars pour le prendre.

Mais il est déjà trop tard. Le 14ᵉ BCA sera pris au piège de la forêt de Lente comme le 12ᵉ à celui de la forêt de Presles.

Tout va se décider à l'est du Vercors.

Très exactement à Valchevrière où combattent le lieutenant Chabal et ses Alpins.

Le chef de la 2ᵉ compagnie sent qu'il ne pourra plus bien longtemps empêcher les chasseurs de montagne allemands de s'infiltrer dans sa position de Valchevrière.

— Va faire sauter la route, dit-il au sergent Bejot.

Une terrible explosion. Du moins, les véhicules ennemis ne passeront pas. Mais les fantassins progressent toujours. Chabal entend des bruits de voix, des craquements de branches, tout un bruissement ponctué de coups de feu et de rafales. On se bat partout, sur la route et sous les sapins. Bientôt au corps à corps.

Chabal s'est emparé d'un de ces bazookas dont une petite équipe de commandos américains a enseigné la manœuvre aux maquisards. Sans cesse, des hommes tombent autour de lui.

L'étudiant Jacques Renoux, dix-huit ans, s'écroule mortellement touché. Il a juste le temps de lancer à un de ses camarades :

— Tu diras à ma mère que je suis mort pour la France !

Juste à côté de Chabal, le chasseur alpin Vincendon est tué net. Le sergent Seguin est grièvement blessé, puis un autre de ses hommes nommé Guillet.

— Allez vous faire soigner. Le combat est fini pour vous.

— Non, mon lieutenant, on reste avec vous.

— C'est un ordre.

Personne n'abandonnera son poste de combat au-dessus du Belvédère de Valchevrière. Seulement, Chabal sait qu'il ne peut plus tenir seul avec les quelques Alpins qui lui restent. Sur un morceau de papier, il rédige un dernier message pour le capitaine Goderville :

« Je suis presque complètement encerclé. Nous nous apprêtons à faire Sidi-Brahim. Vive la France. »

Un agent de liaison part aussitôt vers la ferme d'Herbouilly.

— Pourvu qu'il passe, murmure Chabal.

Puis le lieutenant sort sa pipe de sa poche, l'allume tranquillement, s'empare d'un fusil mitrailleur et va faire le coup de feu contre les assaillants qui débordent de plus en plus sa position.

Il est maintenant 11 heures du matin. Bruquement, le lieutenant Chabal s'affaisse. Il vient d'être frappé par une balle. Il se redresse, reprend son arme, tire à nouveau quelques brèves rafales de fusil mitrailleur. Il sent bien qu'il ne pourra plus tenir très longtemps. Il se souvient alors qu'il porte sur lui un petit carnet sur lequel sont inscrits les noms des soixante-quinze gradés et chasseurs de sa compagnie. Il ne faut pas que les Allemands le trouvent sur son cadavre. Alors il rampe jusqu'au parapet du Belvédère et parvient à le jeter dans le vide.

Une nouvelle balle le frappe. Cette fois, le lieutenant Chabal est mort. La 2e compagnie du 6e BCA, privée de son chef et réduite à quelques hommes, reflue vers Herbouilly, où se trouvent sans doute les camarades de la 4e compagnie.

Juste au nord, le capitaine Brisac-Belmont et ses chasseurs de la 3e compagnie, en pleine bataille à l'entrée des gorges de la Bourne, ne peuvent plus tenir. Sous les rafales d'armes automatiques, ils sont obligés de décrocher. Une nouvelle brèche s'ouvre dans le front est du Vercors.

Plus au sud, dans son poste de commandement de la ferme d'Herbouilly, le capitaine Goderville relance sans cesse ses hommes à l'attaque.

— Il faut que les sections Bouchier et Bechmann conservent à tout prix le Pas de la Sambue, ordonne-t-il.

Ses maquisards de la 4e compagnie subissent là leur troisième attaque allemande depuis le matin. Pourtant, malgré les brèches que la mort ouvre dans leurs rangs déjà si ténus, les volontaires du capitaine Goderville tiennent toujours. Mais chaque minute voit tomber un homme ou se taire une arme.

Leur chef a l'impression qu'il se trouve devant une digue où l'océan a ouvert une brèche et que le flot, maintenant, va irrésistiblement s'épandre et l'engloutir. Il regarde sa montre. Il est exactement 3 heures de l'après-midi.

— Valchevrière enlevé, constate-t-il, nous allons être tournés et nous ne servirons plus à rien.

Jamais il n'a été obligé de prendre une décision aussi dure :

— La 4e compagnie se replie.

Le capitaine Goderville s'empare d'une arme et couvre lui-même la retraite de ses hommes submergés qui décrochent du Pas de la Sambue.

— Direction le hameau de Tourtres, décide l'écrivain-guerrier.

De là, Jean Prévost espère gagner le plateau de la Sarna qui culmine à 1 329 mètres et se situe près de la grotte de l'Ours, au sud-est du village de Saint-Martin-en-Vercors, où devrait être installé le poste de commandement du Vercors. On essayera plus tard de rétablir une liaison [1].

Mais la 4e compagnie est déjà disloquée en deux groupes au moins. Un certain nombre de chasseurs sont toujours avec le capitaine Goderville. Les autres se sont repliés sur Herbouilly, d'où ils vont devoir décrocher en toute hâte.

— Les Allemands sont partout !

En ce milieu de journée, les chasseurs de montagne de la Wehrmacht ont atteint la route départementale à cinq ou six cents mètres au nord du centre névralgique de la résistance de Saint-Martin-en-Vercors.

La lutte pour les Pas du sud-est a été tout aussi violente que dans le secteur tenu plus au nord par le capitaine Goderville et le lieutenant Chabal.

Les principales « forces » des maquisards sont constituées dans ce secteur par la 2e compagnie du 12e BCA arrivée la veille à marche forcée de Pétouze au-delà des gorges de la Bourne. En pleine nuit, les Alpins se sont scindés en deux groupes.

Le premier, commandé par le chef de compagnie, le capitaine Villard-Adrian lui-même, commence à ratisser les pentes du Grand-Veymont en direction du Pas des Chattons. Il est 6 heures du matin quand les éclaireurs de pointe aperçoivent l'ennemi.

— Mon capitaine, disent-ils à leur chef, les Allemands sont solidement installés sur le passage. Ils y ont même monté leurs tentes.

— Mettez un fusil mitrailleur en batterie, ordonne Villard. On va les réveiller !

Aux premières rafales, les chasseurs de montagne de la Wehrmacht se précipitent, le torse nu, hors de leurs abris et bondissent vers les emplacements de combat. Tout de suite, des rafales de mitrailleuses cinglent les pentes du massif par où progressent les hommes de la compagnie Villard. Presque aussitôt, des détonations sèches se font entendre. Ce sont les coups

1. Le 1er août en essayant de gagner Sassenage, où il peut compter sur des amis dévoués, le capitaine Goderville, chef de la 4e compagnie du 6e BCA, accompagné du capitaine Loysel, des lieutenants Veyrat et Julien, ainsi que d'un ou deux maquisards de son unité, se heurte à un avant-poste allemand, à la sortie des gorges d'Engins, près du Pont Charvet. Pas un ne survivra. Ainsi mourut l'écrivain Jean Prévost, le poète-guerrier normand.

de départ des mortiers. Les premiers projectiles éclatent au milieu des maquisards.

— Mon capitaine, il y a trois blessés !

— Ramassez-les. On se replie sur le Pas de la Ville.

Les Alpins décrochent sous le feu. L'ennemi reste solidement maître du Pas des Chattons et tient cette brèche largement ouverte dans la muraille défensive du Vercors oriental.

Pendant ce temps le reste de la compagnie Villard, sous les ordres du lieutenant Valençais-Treuille et du lieutenant Simonneau, a rejoint le groupe Oriol au Pas de la Ville.

— Il faut essayer de gagner le Pas de la Posterle, décident aussitôt les deux officiers.

— Il n'est gardé que par cinq hommes, s'inquiète Valençais.

— Heureusement, le passage est à peu près infranchissable.

Effectivement, le Pas de la Posterle, qu'ils atteignent après une heure de marche, n'est pas encore tombé aux mains de l'ennemi. La 2e compagnie du 12e BCA y installe un poste renforcé, avec une arme automatique et des emplacements de combat, aussitôt occupés par les chasseurs du groupe Perrin.

— Il faudra aussi construire une cabane pour vous abriter, conseille Valençais.

— Vous ne restez pas avec nous ?

— Non, répondent ensemble Valençais et Simonneau. Il faut nous rendre au Pas de Berrièves. Là non plus, ils ne sont pas bien nombreux.

La petite colonne part dans la montagne. Les hommes, lourdement chargés d'armes et de munitions, sont épuisés. Ils n'ont rien mangé depuis la veille et titubent de fatigue. A bout de force, ils n'arrivent plus à grimper et se traînent, harassés, loin derrière les deux officiers qui décident de partir en avant. Ils découvrent l'abri de pierres maçonnées par de la terre qui sert de cabane au poste de garde du Pas de Berrièves. Mais de défenseurs plus personne.

— Ce n'est pas possible... Ils sont partis, murmure Valençais.

— Allons voir aux postes de combat, propose Simonneau.

Là ce que découvrent les deux officiers les stupéfie. Il y a bien un fusil mitrailleur en position de tir, avec même quelques boîtes-chargeurs posées sur le sol tout auprès de l'arme. Mais plus personne non plus.

Perplexes, les deux officiers de la 2e compagnie inspectent les moindres recoins de la position abandonnée.

Ils aperçoivent un homme seul, dans la montagne.

— C'est sans doute un berger, dit Simonneau.

— Allons l'interroger, décide Valençais.

Les deux lieutenants s'approchent du paysan. Celui-ci n'est guère bavard mais finit par leur dire :

— Vos copains ? Ils ont fichu le camp hier soir vers 5 heures... Même qu'ils m'ont tiré dessus une rafale de leur fichue mitrailleuse avant de partir... C'étaient comme qui dirait des déserteurs.

Maintenant, les premiers Alpins de la compagnie parviennent enfin au Pas de Berrièves. Ils sont totalement à bout de force, mais les deux officiers leur lancent :

— Encore un peu de courage, les gars. Vous voici arrivés.

En plein vent, sous le soleil revenu, les maquisards prennent leurs positions de combat.

— La mitrailleuse au nord du Pas, décide Simonneau. Et le fusil mitrailleur au sud. Les voltigeurs, vous vous dispersez.

Renouvelant sans le savoir les méthodes de combat de leurs anciens de l'Hilsenfirst de 1915, les Alpins disposent devant eux de grosses pierres pour pouvoir les précipiter sur les assaillants en les faisant rouler le long de la pente abrupte.

Les officiers du poste de garde du Pas de Berrièves sont inquiets. Le manque d'eau ne va pas tarder à se faire sentir en cette fin de juillet. Le soleil revenu tape terriblement. Il faut trois heures de marche pour descendre à la source, près d'une cabane de berger.

— Maintenant nous regagnons le Pas de la Ville, annoncent les deux officiers au chef de poste. Faites bonne garde.

Ils redescendent aussitôt mais ne tardent pas à entendre des bruits d'explosions.

— Ce sont des mortiers, dit Simonneau.

— Ils doivent tirer sur le Pas de la Ville, remarque Valençais. Le poste de commandement du capitaine Villard est sûrement pris à partie.

Les deux officiers du 12ᵉ arrivent maintenant au Pas de la Posterle, où ils avaient tout à l'heure laissé un petit poste.

— Tout va bien, leur dit Perrin, le chef de groupe. On est en train de s'installer une cabane. On peut tenir longtemps.

Simonneau et Valençais poursuivent leur route vers le Pas de la Ville. Ils l'atteignent peu avant une heure de l'après-midi. Un message du capitaine Villard les attend. Le chef de la 2ᵉ compagnie a installé ses chasseurs en embuscade à quatre cents mètres du Pas de la Ville. Il a demandé du ravitaillement dans ce secteur du Grand-Veymont, tout le monde souffre de plus en plus cruellement de la faim.

Très rapidement, canons de montagne et mortiers allemands prennent à partie les défenseurs des Pas. Des armes automatiques se dévoilent à leur tour. Les chasseurs de montagne de la Wehrmacht se sont infiltrés dans le dispositif de défense et leurs mitrailleuses prennent de flanc les petits groupes de maquisards. Parfois claque un coup de feu isolé et un Alpin s'abat, tué sur son arme, en général d'une balle en pleine tête.

— Ils ont des tireurs d'élite sur la crête au nord du Pas.

— Essayez de les repérer !

Ce n'est pas commode. Bavarois et Autrichiens sont des vrais rochassiers, agiles comme des chamois, et ils utilisent bien ce terrain montagneux de pierrailles et d'herbe rase. Bondissant d'abri en abri, ils commencent à encercler les Alpins de la 2e compagnie du 12e.

Vers 6 heures du soir, la situation devient tragique. De l'arrière, une rafale de mitrailleuse MG 42, balaye toutes les positions françaises.

Le capitaine Villard s'élance et tente d'enrayer le danger.

— Un fusil mitrailleur par ici !

Un maquisard se précipite avec son arme et se met en position à une vingtaine de mètres du poste de commandement.

— Tu essayes de faire taire cette saleté de mitrailleuse, lui dit son chef. Elle est quelque part vers le nord, dans la caillasse.

Le FM 24/29 commence à tirer par petites rafales, s'efforçant de prendre pour cible l'arme automatique allemande dont on aperçoit parfois la lueur au départ des rafales qui cinglent tout le Pas de la Ville.

Le capitaine Villard n'a plus que deux groupes de réserve. Ils vont au moins servir à couvrir son décrochage, car la situation devient intenable. Les chasseurs de montagne allemands avancent partout dans la vallée et sur les pentes.

— Ordre de repli, lance le chef de la 2e compagnie du 12e à ses agents de liaison.

Le lieutenant Simonneau vient prévenir son camarade Valençais installé, avec deux armes automatiques, un peu au nord du Pas de la Ville.

— On décroche.

— Pas question pour moi. Je couvre le repli de la compagnie.

— Comme tu voudras.

Il est 8 heures du soir. Le jour a sérieusement décliné. Le capitaine Villard veut profiter du crépuscule pour essayer de récupérer ses chasseurs à peu près complètement encerclés au Pas de la Ville. Ils sont totalement épuisés et ils commencent à manquer de munitions. Le chef de la 2e compagnie du 12e appelle le lieutenant Simonneau :

— Vous allez faire décrocher les trois groupes de combat dans l'ordre : Kormann, Martin et Oriol. On se retrouve à la cabane de La Chau.

Les chasseurs doivent descendre le long d'une pente presque à pic. Lourdement chargés par leurs paquetages de combat, ils n'ont même pas de cordes.

Tout en haut, sur la petite prairie où il a mis en batterie une arme automatique, près d'une tente criblée d'éclats d'obus de mortiers, le lieutenant Valençais essaye de couvrir le repli de ses camarades [1].

Le capitaine Villard conduit les survivants de sa 2e compagnie à la maison forestière du Pré Grandu où il retrouve le commandant Georges dit Jouneau, lui aussi encerclé avec ses hommes.

— J'ai reçu l'ordre de dispersion, lui dit celui-ci. Il faut sauver les armes et les hommes et tenter de partir vers l'est pour rejoindre les maquis de partisans italiens antifascistes.

— Alors tentons la percée vers l'Oisans par le Pas de Chabrinel, mon commandant, propose le capitaine Villard.

De sa 2e compagnie du 12e BCA il reste soixante-douze maquisards armés de sept fusils mitrailleurs et d'une mitrailleuse. Ils partent vers une heure du matin sous la conduite d'un guide du pays. Ce sera une marche si épuisante et si terrible, au milieu d'une région totalement occupée par l'ennemi, qu'un des chasseurs légèrement blessé, le jeune Adrien Martin, s'écartera un instant de la colonne, le temps de se suicider...

Dans la nuit du 23 au 24 juillet, le chef d'escadrons Huet-Hervieux ordonne de transmettre le dernier message à Londres et à Alger. C'est un véritable acte d'accusation :

« Défense Vercors percée le 23 à 16 heures, après une lutte de 56 heures. Ai ordonné dispersion par petits groupes en vue de reprendre la lutte si possibilités. Tous ont fait courageusement leur devoir dans une lutte désespérée et portent la tristesse d'avoir dû céder sous le nombre et d'avoir été abandonnés seuls au moment du combat [2]. »

Désormais, il n'y a plus guère d'unités constituées. Les trois bataillons de chasseurs alpins éclatent en petits groupes de quelques dizaines d'hommes qui vont essayer de survivre, alors que les Allemands sillonnent tout le Vercors, incendiant les maisons, abattant les paysans et les bergers, fusillant les maquisards, tous considérés comme francs-tireurs.

Pendant des jours et des semaines, les résistants, pris au piège du Vercors se terrent dans les forêts, les grottes, les ravins. Maintenant le beau temps est revenu après les trois jours d'orage et de bataille. Jamais, ces hommes, traqués et perdus ne vont autant souffrir de la soif que sur ce plateau où l'eau est rare dès la belle saison.

Certains essayent de rejoindre l'Isère où le commandant Le Ray, un des pionniers du Vercors, dirige la résistance armée.

---

1. Le lieutenant Valençais, de son vrai nom Treuille, inspecteur général des Finances, parviendra à gagner le maquis de l'Oisans avec une partie de la compagnie Villard. Il sera tué au combat le 9 août, près de Valbonnais.

2. Le chef d'escadrons Hervieux parviendra à échapper à l'encerclement du Vercors. Il reprendra son nom de Huet et poursuivra sa carrière militaire. Il est mort le 16 janvier 1968, alors qu'il avait atteint le grade de général d'armée.

L'ennemi tend des barrages et des embuscades sur toutes les routes qui encerclent le massif. Pourtant de nombreux combattants parviennent à s'échapper [1].

Le chef du 6ᵉ BCA, le commandant Costa de Beauregard, dit Durieu, reste, lui, dans le Vercors avec une section de maquisards de la 1ʳᵉ compagnie et va réussir à tendre plusieurs embuscades aux patrouilles allemandes qui sillonnent encore le plateau.

---

1. Parmi les officiers de chasseurs alpins qui survivront aux combats du Vercors se trouvent les chefs de bataillon Costa de Beauregard, dit Durieu, chef du 12ᵉ BCA et Bourdeaux dit Fayard, chef du 14ᵉ BCA. S'y ajoutent un certain nombre de chefs de compagnie, comme le capitaine Bordenave dit Duffau (1/6ᵉ BCA) ainsi que plusieurs de leurs camarades du 12ᵉ et du 14ᵉ BCA.

Le capitaine Tanant, dit Laroche, chef d'état-major du Vercors, ancien officier d'active du 6ᵉ BCA, est également parmi les survivants et sera nommé chef de bataillon au mois d'août 1944.

Quant au commandant Ullmann, dit Philippe, chef du 12ᵉ BCA, capturé par les Allemands dans son PC de Pétouze, au-dessus de la forêt de Coulmes, emmené à Grenoble et emprisonné, il ne sera pas fusillé comme la plupart des maquisards capturés. Après huit jours de détention, il se verra libéré par l'arrivée des troupes américaines.

Le bilan total des combats du Vercors est d'environ sept cents tués, dont un demi-millier de maquisards et deux cents civils.

CHAPITRE XVI

LA DERNIERE MISSION DU CAPITAINE BULLE

« Jour J : 1er août. Heure H : 11 heures. »

Tel est le message que reçoivent les groupes de résistance du Beaufortin, de la Tarentaise et même de la Maurienne. Le lieu n'est pas précisé, mais tous les chefs le connaissent. Son nom de code est « Ebonite ». Il s'agit du col des Saisies, situé à 1 633 m d'altitude, à une quinzaine de kilomètres au nord-est d'Albertville, à vol d'oiseau. Par la route, c'est autre chose... Les chemins serpentent à travers la montagne, s'accrochant aux pentes en multiples lacets. Pourtant, bien avant l'aube, les routes de toute cette région de Savoie sont déjà noires de monde. Sous la protection de sections de maquisards en armes, postés en embuscade sur les itinéraires qui mènent au massif des Saisies, des convois se forment. Tout est bon pour transporter le matériel attendu : vieux camions brinquebalants, charrettes de paysans attelées de bœufs, infatigables mulets et même volontaires qui vont charrier, à bras d'hommes, les armes et les munitions tombées du ciel dans des containers métalliques pesant près de cent cinquante kilos.

Aujourd'hui, c'est le jour du grand parachutage que les responsables savoyards de la lutte contre l'occupant attendent depuis des mois et des mois.

Dès 5 heures du matin, ce 1er août 1944, dans une rue discrète d'Albertville, l'agent de liaison de l'AS, l'Armée secrète, a rencontré son camarade des FTP, les Francs-tireurs et partisans :

— C'est pour aujourd'hui.

Dans cette partie septentrionale du département de la Savoie, officiers de tradition et militants communistes s'entendent assez bien. Une sorte de partage des secteurs va même s'établir. FTP au sud de l'Isère et AS au nord. Quant au parachutage d'aujourd'hui, il y en aura pour tout le monde...

Dès le lever du soleil, il fait très beau. Ciel bleu, bien dégagé, pas trop de vent. Un temps idéal pour des vacances. Mais ce sont de singulières vacances que prennent ces hommes disséminés dans la montagne sous les ordres d'une poignée de chefs que rien n'a jamais désespéré. Il y a de tout parmi ceux qui ont pris la tête de la résistance en Beaufortin. Des officiers et des ingénieurs, des gendarmes et des hôteliers, et même des curés. Les lignes téléphoniques sont coupées, les axes routiers surveillés, les curieux écartés.

Dès le début de cette belle matinée estivale, on prépare trois feux de balisage, disposés en triangle. Comme ils doivent brûler longtemps, le responsable de l'opération parachutage a ordonné :

— N'utilisez pas du bois mais de vieux pneus arrosés d'essence. Cela durera plus longtemps et fera davantage de fumée.

Le terrain du col des Saisies est long de mille mètres et large de cinq cents. Dès l'aube, les troupeaux, dans un grand bruit de sonnailles, ont été poussés un peu plus loin sur les pentes à l'herbe tendre.

— Tout est prêt, mon capitaine.

— Bien.

L'homme aux lèvres minces et aux yeux clairs derrière les lunettes sévères, a toujours été avare de paroles. Les cheveux ondulés dissimulés par un béret sombre, la poitrine bien prise dans un blouson militaire où le ruban de la Légion d'honneur met une tache rouge, le ceinturon serré au dernier cran, tout chez lui indique la rigidité et même la froideur. Il est de ces chefs à la fois enthousiastes et silencieux dont on ne songerait même pas à discuter les ordres lancés d'une voix calme. Ceux qui le connaissent mieux savent que cet être tout de volonté n'a guère de santé et qu'il devrait faire davantage attention à son estomac et à ses bronches. Mais il mène son corps — comme le reste — à la dure. Son nom ? Jusqu'ici on l'appelait le lieutenant Dubois puis le capitaine Devèze. Maintenant, il paraît qu'il faut l'appeler Baffert. Quelques-uns seulement connaissent sa véritable identité. Il va bientôt avoir trente ans. Il se nomme Jean Bulle et il est né à Pontarlier dans le Jura, dans une famille nombreuse, patriote et catholique.

Ancien élève du Prytanée militaire de La Flèche, Jean Bulle est entré en 1934 à Saint-Cyr et dès sa sortie a demandé à servir comme fantassin. Il a vite quitté Besançon et son régiment d'infanterie — le célèbre 60e — pour servir dans les bataillons alpins de forteresse, le 70e à Bourg-Saint-Maurice, puis le 80e à Beaufort. Tarentaise et Beaufortin, c'est là où il choisit de vivre et où il va mourir...

Lieutenant, Jean Bulle réussit à obtenir le commandement de la section d'éclaireurs-skieurs. C'est avec cette SES qu'il va gagner la Légion d'honneur en 1940. Un de ses exploits est resté légendaire : le 22 juin, accroché à une corde de rappel le long d'une paroi à pic, il ouvre le feu, avec un fusil mitrailleur 24/29, contre les « Alpini » italiens qui menacent de franchir le col d'Enclave.

Après l'armistice, Jean Bulle reste dans les troupes alpines. Beaucoup de ses camarades, après la dissolution du 7e BCA, servent au 13e de Chambéry ou au 27e d'Annecy. Lui, il choisit le 6e de Grenoble qui revient de Narvik. Tout de suite, il va vouer un véritable culte à son chef de corps, le commandant de Seguin de Reyniès, dont il partage les idées. Chef de la 2e compagnie, lors de la dissolution du bataillon, le 28 novembre 1942, il est de ceux qui sont décidés, comme son camarade le lieutenant Eysseric [1], à entrer dans la Résistance.

Au début, le lieutenant Jean Bulle, qui sera bientôt promu capitaine, ne songe qu'à mener la lutte dans un cadre strictement militaire. Pourtant, il prend rapidement contact avec des réseaux de renseignements travaillant pour les Alliés et quitte le Dauphiné pour la Savoie.

Le capitaine Bulle découvre que des civils d'Albertville pensent comme lui. Avec l'aide du négociant Joseph Gaudin et du photographe Raymond Bertrand, l'ancien officier de chasseurs alpins commence à mettre sur pied ce qui sera l'Armée secrète du Beaufortin. Les trois hommes bénéficient de nombreuses complicités aux aciéries d'Ugine ou au chantier du barrage de la Girotte, situé à 1800 mètres d'altitude dans un site inaccessible par la route et où les trois quarts des ouvriers et des cadres sont en situation illégale vis-à-vis du travail obligatoire en Allemagne.

L'année 1943 est une période d'organisation. Au mois d'août, Jean Bulle est nommé chef militaire du « Secteur 3 » qui correspond à l'arrondissement d'Albertville. Son armée secrète se compose de sédentaires, qui seront mobilisés le jour venu, et de quelques maquisards, dont les camps se trouvent à Queige et à Héry. Les premiers adversaires, dans cette région frontalière — le col du Petit-Saint-Bernard est à vingt-cinq kilomètres à vol d'oiseau — ce sont les Italiens. Les Allemands ne vont pas tarder à les remplacer et se révéler autrement plus coriaces que les « Piafs ».

Le capitaine Bulle ne cesse de parcourir la région. Il est souvent guidé par un ancien sous-officier du 7e BCA, un Alsacien,

---

1. Le lieutenant Eysseric organisera un maquis d'une cinquantaine de chasseurs alpins, presque tous anciens du 6e BCA, à Malleval sur la face occidentale du Vercors. Parmi ses volontaires se trouve Paul Bulle, le frère cadet de Jean. Les Allemands attaquent cette unité le 29 janvier 1944. Presque tous les maquisards sont tués au combat ou fusillés. On connaît deux rescapés : Paul Bulle, grièvement blessé, qui devint par la suite officier de renseignements du 7e BCA, et un jeune maquisard qui parvint à rejoindre la fameuse « compagnie Stéphane » du capitaine Poitau, noyau du futur 15e BCA.

l'adjudant-chef Goetz [1], qui, fait prisonnier sur l'Ailette a réussi à s'évader et à rejoindre Albertville. Un autre ancien sous-officier de chasseurs alpins, André Désir, qui a servi au 13ᵉ BCA avant de devenir élève gendarme, a pris la tête d'un petit groupe à Grésy-sur-Isère, entre Albertville et Montmélian.

Renseignements et sabotages constituent alors l'essentiel des activités des résistants.

Les hommes de l'Armée secrète du Beaufortin manquent d'armements et d'équipements. Leur chef possède deux vertus indispensables à la lutte clandestine, la ténacité et la patience. Il écrit dans une de ses notes de service : « Ne perdez jamais de vue le but à atteindre qui est d'arriver au Jour J avec tous nos moyens. »

L'hiver 1943-1944 sera particulièrement rude mais l'année nouvelle s'annonce pleine d'espérance. Le capitaine Bulle réussit à camoufler ses hommes, tout en poursuivant recrutement et entraînement. Son grand souci devient le contact avec Londres ou Alger qui, seuls, peuvent le ravitailler par parachutages. Des liaisons radio sont établies, non sans mal.

Au début du printemps, le capitaine Jean Bulle rencontre le chef de la mission interalliée qui assure la liaison entre le BCRA [2] et les maquis de la Drôme, de l'Isère et de la Savoie. Il se fait nommer « Sphère ». Son vrai nom est Pierre Fourcaud. Il a déjà quarante-sept ans et il a servi dans des unités de chasseurs alpins au cours des deux guerres. Gaulliste de la première heure, c'est un fonceur à qui personne ne songerait à reprocher son passé de « cagoulard ». Il explique à Bulle la mission de l'Armée secrète en Beaufortin et en Tarentaise au moment du Jour J, c'est-à-dire du débarquement dans le Midi :

— Il faudra s'emparer de toute la vallée d'Albertville à Bourg-Saint-Maurice, laisser des bouchons à Ugine et sur la route du Petit-Saint-Bernard. Ensuite, vous attaquerez sur Chambéry et sur Grenoble.

— Je trouverai sans peine des hommes décidés à se battre, dit Bulle. Mais avec quoi ? Ce sera à vous de les armer.

— Entendu. Voyons quels sont les terrains possibles pour les parachutages.

Instruit par le drame des Glières, le chef de l'Armée secrète d'Albertville ne veut surtout pas concentrer ses troupes et déclencher une action prématurée. En cela, il a l'approbation totale de son ancien chef de la 16ᵉ demi-brigade alpine de forteresse, le lieutenant-colonel Vergezac, qui va coordonner l'action mili-

---

1. Successeur de l'aspirant Derbez, arrêté en juillet 1943, l'adjudant-chef Goetz sera capturé un an plus tard, au début de juin 1944 et fusillé à Chambéry. Son adjoint, l'adjudant Bonvin, lui aussi ancien du 7ᵉ BCA, mourra au camp de déportation de Dachau.

2. Le BCRA : Bureau Central de Renseignements et d'Action. C'est l'organisation centrale des services spéciaux établie à Alger.

taire dans le Beaufortin et la Tarentaise, essayant avec diplomatie de faire cohabiter AS et FTP. Un premier parachutage le 26 mai 1944, permettra d'armer environ deux cents volontaires.

Les résistants vont se montrer d'autant plus impatients d'en découdre que le 6 juin les Alliés débarquent en Normandie. Beaucoup de Français croient qu'un autre débarquement, en Provence cette fois, est imminent. Le capitaine Bulle, lui, reste prudent. Survoltés par les émissions de la radio de Londres, environ quinze cents volontaires venus d'Albertville et d'Ugine prennent le maquis. Beaucoup se retrouvent à Queige, sous le col de la Forclaz où leur chef arrive dans l'après-midi. Il est fort mécontent.

— La mobilisation des sédentaires ne doit pas se faire sans ordres, leur dit le capitaine Bulle. Vous devez savoir attendre.

Il n'y a pas d'armes pour ces hommes. Pas de vivres non plus. Et fort peu de cadres. Que les Allemands s'inquiètent de cette masse de partisans qui ont spontanément pris le maquis, et c'est le massacre, comme ce fut le cas aux Glières et comme ce le sera au Vercors.

Dès le 9 juin, avec l'accord du chef civil Joseph Gaudin, le capitaine Bulle prend sur lui de renvoyer chez eux les volontaires et il s'en explique auprès du colonel Vergezac dans un message laconique, bien dans sa manière : « Arrivée de 1 500 hommes dans le Beaufortin, armement de 250, renvoi de ceux qui ne sont pas armés. »

Son chef est totalement d'accord avec lui et fait répondre : « Faites le mort. »

Ce que confirmera dans un message le général Kœnig, le défenseur de Bir-Hakeim, nommé chef des Forces Françaises de l'Intérieur, les FFI, dès le 9 juin : « Ordre formel freiner au maximum activités guérillas. Actuellement sommes dans l'impossibilité vous envoyer quantités suffisantes armes et munitions. Pour permettre réorganisation, rompez le contact partout dans la mesure du possible. »

Cette démobilisation n'empêche pas la poursuite d'opérations ponctuelles contre les communications ennemies. Lignes à haute tension, câbles téléphoniques, voies ferrées et même routes nationales sont régulièrement coupées. Et cela avec des effectifs réduits. Une cinquantaine de volontaires à Ugine, autant à Mercury et deux groupes francs de deux douzaines d'hommes chacun. Seulement, le capitaine Bulle ne contrôle que l'AS alors que les FTP n'ont pas toujours la même politique de prudente réserve. Le 21 juin, les douaniers allemands de Beaufort voient célébrer le solstice d'été par un bien inattendu feu de joie. Pendant cinq heures, leur poste est attaqué par des maquisards communistes. Bilan : quatre tués, trois blessés, sept disparus et presque tous les bâtiments incendiés.

Le capitaine Bulle se montre furieux de cette initiative prise dans son domaine. Il devine de terribles représailles, surtout en raison de l'inexpérience des vainqueurs. Dès le lendemain, les Allemands ratissent la région et encerclent les francs-tireurs. Le chef et son adjoint parviennent à s'échapper, mais tous leurs hommes sont capturés. Nouveau bilan : trente-quatre maquisards fusillés et quatre déportés.

Le capitaine Bulle est profondément frappé de cette catastrophe, hélas prévisible. Il en tire la leçon :

— Toutes nos unités vont se fractionner en groupes de combat d'une dizaine d'hommes. Ils ne commenceront la guérilla que sur ordre.

Décision d'autant plus évidente que les trois quarts de ses volontaires, maquisards et surtout sédentaires, n'ont même pas d'armes. Aussi le début du mois de juillet ne sera marqué dans le Beaufortin que par des sabotages. Les Allemands évacuent les garnisons de Beaufort et d'Ugine mais ne s'en accrochent que davantage à Albertville, nœud routier essentiel entre Chambéry et la frontière italienne.

L'essentiel pour les FFI de Savoie et de Haute-Savoie, que dirige désormais le lieutenant-colonel de Galbert, c'est de recevoir des parachutages d'armes.

— L'opération aura lieu sous votre responsabilité, dit-il à Jean Bulle. Quel terrain me proposez-vous ?

— Le col des Saisies, mon colonel.

Malgré la présence dans les maquis d'officiers qui ont le contact radio avec Londres et Alger, la coordination s'avère parfois difficile. Chaque jour qui passe accroît l'impatience des résistants du Beaufortin.

Jean Bulle va retrouver au col du Pré un de ses grands anciens de Saint-Cyr, le capitaine Lorin, qui se fait appeler Lacroix, et qui lui succédera un jour à la tête de son bataillon, devenu 7e BCA.

Les deux officiers étudient la protection du terrain de parachutage par des maquisards établis dans la vallée du Donnet, aux environs du village de Hauteluce.

— Toutes les autres voies d'accès au col des Saisies sont bouclées, mon capitaine.

— Qu'attendez-vous, Bulle ?

— Quatre-vingts avions alliés avec cent tonnes de matériel de guerre.

— Cela fait de quoi armer trois mille hommes ?

— Enfin ! Nous avons assez perdu de temps !

Jean Bulle, depuis des semaines, souffre profondément d'avoir été obligé de multiplier les conseils et même les ordres de prudence. Maintenant, il sait que ce 1er août sera le jour qu'il a tellement espéré, celui où il pourra se battre au grand soleil.

Quand il arrive sur sa motocyclette au col des Saisies, le capitaine Bulle constate que tout est en ordre, les trois feux en triangle sont préparés pour être aperçus par les aviateurs à une dizaine de kilomètres de distance. Un parachutage en montagne n'est jamais tellement évident.

— Non, il ne manque rien, confie Jean Bulle à Joseph Gaudin.

Rien ni personne, puisque le photographe d'Albertville, Raymond Bertrand, un des trois organisateurs de la résistance avec Gaudin et Bulle est monté jusqu'au col pour prendre des clichés.

Soudain, le capitaine se ravise. Si, il manque quelque chose à ce grand jour. Il fait appeler Jacques Gendron, un ingénieur des aciéries qui commande les deux compagnies de l'Armée secrète d'Ugine.

— Faites hisser les couleurs.

Un drapeau tricolore monte lentement à un mât improvisé. Ceux qui possèdent un fusil s'immobilisent au « Présentez armes ». Les autres portent la main à leur béret. Quelques minutes de silence. L'air est pur, le ciel très dégagé.

— Allumez les feux, ordonne le capitaine Bulle.

Les pneus ont du mal à prendre. Une très faible brise suffit à rabattre la fumée sur le terrain.

— Ils ne nous verront jamais, s'inquiète Joseph Gaudin.

Et pourtant on entend déjà le ronflement des appareils.

Des maquisards se précipitent et jettent de l'herbe sur les pneus qui se décident à fumer un peu plus vaillamment.

Déjà une première vague arrive. Puis une autre. Elles passent au-dessus du col, sans rien larguer.

— Deux fois trente-six avions, annonce à haute voix Joseph Gaudin.

Les appareils, dans un énorme vrombissement, poursuivent leur route.

— Ils ne nous ont pas vus, se lamente Jacques Gendron.

Déjà ils disparaissent derrière les montagnes.

Soudain, le vrombissement semble à nouveau plus fort.

— Ils reviennent sur nous.

— Les voilà !

— Ils devraient se mettre dans le sens du vent, constate le capitaine Bulle qui dissimule soigneusement son émotion.

Déjà les premiers containers passent par la portière des appareils qui volent à trois cents mètres de haut au-dessus du terrain. Les parachutes s'ouvrent.

Les résistants du col des Saisies remuent les bras vers le ciel, hurlent comme si les aviateurs pouvaient les entendre. Certains dansent de joie et s'embrassent comme des enfants un matin de Noël.

— Des parachutistes !

En tête de la seconde vague, ce ne sont plus des paquets

qui sont précipités dans le vide, mais des hommes. Les maquisards les comptent :

— Cinq... Six... Sept... Oh ! Celui-là, son parachute ne s'ouvre pas !

Le sergent américain Charles Perry, du corps des Marines, s'écrase au sol, victime d'une « torche ». Un de ses camarades se blesse à l'atterrissage. Les cinq autres sont indemnes. Un des parachutistes se dirige aussitôt vers Jean Bulle.

— Comment ça va, mon vieux ?

— Très bien... puisque vous êtes là, Sir.

— Appellez-moi Chambellan. Ou plutôt, tout simplement, Peter.

Chambellan, c'est le nom de guerre du major Peter J. Ortiz, Fils d'un éditeur américain établi avant la guerre à Paris où il dirige la revue *Vogue,* il s'est engagé dans la Légion étrangère en 1932. Chambellan a tout juste trente ans — comme Bulle — et son passé militaire est prestigieux. Cinq ans de Légion et la médaille militaire. Rengagé en 1939 et blessé dans les Ardennes en 1940. Prisonnier et évadé. De retour aux USA, il se rengage à nouveau, cette fois dans les Marines. Blessé en Tunisie. Volontaire pour l'OSS [1]. Parachuté en janvier 1944, repéré par les Allemands, il doit fuir la Savoie pour regagner l'Angleterre par l'Espagne à la fin du printemps. En quittant les maquisards, il leur dira seulement :

— Je reviendrai.

Ce 1er août, le major Ortiz tient parole. Avec lui un autre officier américain, qu'il présente à Jean Bulle :

— Le captain Francis L. Coolidge. Nous étions ensemble à la Légion étrangère. Il en avait assez de faire des paquets pour vous les parachuter. Alors, il a voulu sauter lui-même.

Ces Américains que la légende populaire ne va pas tarder dans tout le pays à transformer en une « compagnie de parachutistes canadiens » surveillent la récupération du matériel largué au début de l'après-midi, tout en acceptant un et même plusieurs petits verres de vin blanc du pays.

La dispersion est grande. Beaucoup de containers sont tombés hors du terrain de parachutage. On en retrouvera sur le toit des chalets, dans des marécages et des bois.

— De l'ordre, répète sans cesse le capitaine Bulle. De l'ordre !

Il faut récupérer les colis tombés du ciel et surtout les partager entre les diverses unités. Aucune compagnie des deux Savoies — qu'elle soit AS ou FTP — ne doit être oubliée. Au crépuscule, le tiers des containers est déjà réparti, à bord

1. « Office of Strategic Services », formation chargée de la liaison avec les maquis et dont les membres étaient parachutés en Europe à titre de conseillers et d'instructeurs. Ils se battaient en principe en uniforme et, en cas de capture, étaient considérés par les Allemands comme prisonniers de guerre.

de charrettes ou de camions. Le travail se poursuit fébrilement. Un peu à l'écart, on a creusé une fosse pour le sergent Perry. Il sera enterré dans un drapeau américain fabriqué dans la journée par des paysannes du hameau des Saisies.

Le capitaine Jean Bulle prononce quelques mots, tandis qu'une section présente les armes. Puis le chef de l'Armée secrète du Beaufortin va travailler en compagnie du major Ortiz dans le chalet-hôtel du col, transformé en poste de commandement. Dans la nuit, Coolidge peut annoncer :

— Sur 899 containers parachutés, on en a retrouvé 864. C'est un succès comme ça !

Et il lève le pouce en l'air avec un large sourire.

Très rapidement, le capitaine Bulle se rend compte que cette grande livraison sur laquelle il comptait tant ne comporte ni appareils de radio, ni mortiers, ni mitrailleuses.

— Il n'y a que des armes légères ! fait-il remarquer au major Ortiz avec un peu de dépit.

— Vous avez quand même de quoi armer trois mille hommes [1] avec tout ce bazar ! s'exclame l'officier américain.

Les maquisards, en ouvrant containers et ballots, découvrent aussi du matériel d'infirmerie, des blousons aux poches multiples, des boîtes de ration... Les expéditeurs n'ont oublié ni les tablettes de chewing-gum ni les manuels de sabotage rédigés en six langues européennes.

Dans toute la pagaille qui suit inévitablement un parachutage de près de cent tonnes de matériel on retrouve même « le nerf de la guerre ».

Roger Lévy, dit Incidence, qui travaille avec le capitaine Bulle depuis plus d'un an comme agent de liaison avec l'extérieur, est nommé sur le champ trésorier.

— Voici un million de francs. A vous les servitudes de la comptabilité.

Seul incident militaire de ce parachutage : la compagnie qui tenait le pont de Grésy, en aval d'Albertville, se heurte aux Allemands au cours d'un violent accrochage nocturne. C'est le baptême du feu pour beaucoup de volontaires. Des fusées éclairantes illuminent les ténèbres. Le sergent Bal-Richard crie :

— Essayez de passer de l'autre côté du pont. Lancez des grenades pour vous couvrir.

Le groupe qui se trouve au sud de la route décroche et rejoint le sous-officier.

— Où est votre fusil mitrailleur ?

— On n'a pas eu le temps de l'emporter, sergent.

1. Ont été parachutés le 1er août 1944 au col des Saisies : 298 fusils mitrailleurs Bren, 1 350 fusils, 1 096 mitraillettes Sten, 26C pistolets, 51 armes antichars du type bazooka, ainsi que 2 000 grenades Mills, 1 000 grenades Gammon et deux millions et demi de cartouches. Sans compter deux tonnes d'explosifs.

C'est la seule arme automatique de la section. Le sous-officier repart le chercher mais, éclairé par une fusée, il est abattu d'une rafale.

Pendant trois jours, au col des Saisies, le capitaine Bulle surveille la distribution des armes qui partent vers les unités de Tarentaise et même de Maurienne.

Quant au bataillon du Beaufortin, il est en train de devenir une réalité et ses effectifs atteignent quatorze cents volontaires, désormais bien armés. Le capitaine Bulle les répartit en plusieurs compagnies de combat auxquelles il donne des chefs qu'il connaît depuis longtemps :

— La 1re compagnie, recrutée au barrage de la Girotte, sera commandée par le capitaine Escande.

Polytechnicien et officier de réserve du génie, c'est un homme un peu plus âgé que lui et dont il a, peu à peu, découvert les qualités militaires.

— La 2e compagnie est aux ordres du lieutenant Lavallée.

Sorti major de sa promotion de Saint-Cyr en 1939, il se nomme en réalité André Boulet et a servi au 13e BCA avant d'entrer aux aciéries d'Ugine.

— La 3e compagnie aura pour chef le capitaine Miguet.

Paul Miguet se trouvait avec lui pendant la guerre au 80e BAF et tanne depuis le mois d'avril son ami Jean Bulle pour avoir un commandement dans son bataillon.

— Le capitaine Jacques Gendron formera deux compagnies avec les volontaires d'Ugine.

Ce seront la 5e et la 6e compagnie, aux ordres des capitaines Favre et Cordier.

Il faut y ajouter les compagnies de Basse-Tarentaise, qui regroupent les volontaires de Mercury, de Sainte-Hélène ou de Grésy, que commande depuis le début de 1943 l'élève gendarme André Désir, cet ancien sous-officier du 13e BCA.

— J'irai demain l'inspecter au col de la Forclaz, décide le 6 août le capitaine Bulle.

Le chef du bataillon du Beaufortin s'y rendra en compagnie du major Ortiz, qui a revêtu pour la circonstance sa grande tenue d'officier de l'armée des Etats-Unis à la poitrine barrée de plusieurs rangées de décorations. Celui qui se fait appeler Chambellan s'entend certes bien avec le capitaine Bulle mais ils ne sont pas toujours d'accord.

— Attaquez ! répète l'Américain, le regard dissimulé derrière de perpétuelles lunettes de soleil.

— Mes ordres précisent que nous ne devons passer à l'action qu'après le débarquement dans le Midi. Et pour quand est-il, ce débarquement, major ?

Ortiz lève ses larges épaules, passe un doigt sur sa moustache et lance :

— Je n'en sais rien. Je ne sais même pas s'il en est question. Mais attaquez !

— Ce serait plus facile si vous m'aviez livré des armes lourdes.

En fin de journée, le capitaine Bulle rencontre l'abbé Giroud. Cet ecclésiastique commande une section, celle qui tient le pont des Roengers.

— En cas d'attaque, faites le plus de mal possible à l'ennemi et repliez-vous en combattant. Surtout ne vous laissez pas déborder et gagnez la zone refuge prévue.

Toujours la prudence. Le major Ortiz hausse les épaules. Mais le capitaine Bulle désire avec une volonté fanatique garder ses hommes vivants pour attaquer seulement quand ils seront certains de remporter de vrais succès.

Tout semble aller pour le mieux au sud du Secteur 3 et les nouvelles que reçoit alors le chef du bataillon du Beaufortin semblent excellentes :

— La Moyenne et la Haute Tarentaise sont libérées, mon capitaine. Les Allemands de Moûtiers sont prisonniers et ceux de Bourg-Saint-Maurice se sont repliés vers le Petit-Saint-Bernard, prêts à s'enfuir en vallée d'Aoste.

— Leurs camarades ne peuvent pas ne pas réagir. Ils vont sûrement faire monter des troupes de Chambéry vers Albertville. Et ce sont nos gars de la Basse Tarentaise qui vont recevoir le premier choc !

Dans cette zone particulièrement sensible, il faut un chef de poids. Le capitaine Bulle désigne le lieutenant Lavallée, officier de carrière comme lui. Quant à la compagnie de Grésy, chargée du harcèlement des convois sur la route de Chambéry vers Albertville, elle passe sous les ordres de Maître Volland qui se fait appeler capitaine Vauthier et va coiffer aussi les unités de Mercury et de Sainte-Hélène, en gardant André Désir comme indispensable adjoint. Ce remaniement à la veille du combat surprend un peu les maquisards habitués à leurs chefs. Mais le capitaine Bulle ne confie pas volontiers les raisons qui le poussent à agir, d'autant qu'il est personnellement fort handicapé. Dans la nuit du 8 au 9 août, le chef du bataillon du Beaufortin fait une chute de motocyclette près de Villard-sur-Doron. Il perd connaissance pendant plusieurs heures. Dès qu'il récupère un peu, il installe son poste de commandement à Beaufort. Le lieutenant Jean Silly demande à le voir d'urgence.

— Mon capitaine, les Allemands attaquent !

— Je l'avais prévu, murmure Jean Bulle.

— Ils montent de Chambéry avec une vingtaine de véhicules et deux canons. Ils sont au moins trois cents.

— Pourvu que Lavallée puisse les arrêter ! Rien ne doit passer sur la route.

Il dicte aussitôt des messages pour les compagnies chargées de tenir des « bouchons » en aval d'Albertville.

La population ne tient pas tellement à ce que les maquisards viennent opérer à proximité des villages, tant chacun vit dans la peur des représailles. Et certains volontaires se dérobent à l'approche du danger.

« Je ne sais pas si l'on peut compter sur la moitié de nos hommes », écrit Paul Miguet, chef de la 3e compagnie.

On forme à toute allure une section de marche « mixte » avec les trois groupes de combat de l'AS et deux des FTP. A leur tête, un prêtre, l'abbé Hubry. Ils s'installent en embuscade dans la nuit, au sud d'Albertville sur la route de Moûtiers, dans les vignes proches du ruisseau de Feissons.

L'ensemble du bataillon Bulle flotte un peu. Il ne reste de vraiment solide que la 1re compagnie, celle qui se trouve en réserve près du lac de Girotte. Mais les liaisons sont difficiles sans moyen radio.

— Je n'ai pas les moyens d'attaquer Albertville, confie le capitaine Bulle au major Ortiz. Et je veux éviter des représailles sur les civils.

— Alors, que décidez-vous ?

— De ne garder que les meilleurs des volontaires. Les « durs ».

Et le chef du bataillon du Beaufortin dicte un ordre insolite :

« Ceux qui veulent entrer dans la constitution de groupes très mobiles seront regroupés un peu en arrière de leurs positions actuelles. Les autres seront désarmés et renvoyés chez eux. Leurs armes seront camouflées. »

Un nouveau message aux cadres suivra peu après :

« Remontez le moral de vos hommes. Tout le monde marche ! »

En réalité, la section qui va supporter le plus dur des combats sera celle de l'abbé Hubry. Volontaires de l'AS et des FTP se battent de 7 heures du matin à 3 heures de l'après-midi pour tenir un bouchon sur la route d'Albertville à Moûtiers et essayer d'empêcher la forte colonne ennemie — un régiment entier de chasseurs de montagne de la Wehrmacht — de déboucher en Tarentaise où tous, civils comme maquisards, croyaient la liberté acquise.

Le 11 août au matin, les chefs militaires de la Résistance se réunissent autour du colonel de Galbert qui commande les FFI des deux départements de Savoie.

— Il faut sauver la Tarentaise, décide-t-il d'emblée.

— Je ne peux sortir du Beaufortin sans ordre, mon colonel, objecte le capitaine Bulle. Je vous écoute...

— Continuez à tenir les cols et à bloquer l'ennemi entre Albertville et Ugine. Mais il faut aussi attaquer son flanc gauche. Je vous renforce d'une compagnie venue de Haute-Savoie. Et nous demanderons à nos unités de Maurienne d'attaquer le flanc droit de l'ennemi en même temps que vous.

Le chef militaire du Beaufortin n'a plus qu'une unité de réserve, la compagnie du Lac.

— Je vais la regrouper à la chapelle de Saint-Guérin d'Arêches. Ce sera son baptême du feu. Je pars avec elle.

— Moi aussi, dit le major Ortiz. J'ai envie de visiter la Tarentaise...

Le rassemblement est prévu pour la nuit du 11 au 12 août. Les hommes vont marcher dans la montagne toute une partie de cette nuit. A leur tête Jean Bulle, flanqué du capitaine Lorin et d'un nouveau venu, le capitaine de réserve de Monterno, un artilleur. L'abbé Ploton se trouve avec eux, ainsi que le major Ortiz et toute la mission américaine. Une journée entière de marche par monts et par vaux. A la nuit, on arrive au-dessus du hameau de Naves. Les hommes, épuisés, s'installent dans des chalets d'alpage. Une patrouille va jusqu'au village. Bulle et Lorin en font partie, passant du grade de capitaine à la fonction de voltigeur de pointe.

— Rien, annonce Bulle dès son retour à Ortiz. Ni ennemi ni ami. Je repars en patrouille demain matin.

Il se rendra jusqu'au hameau de Fontaine dès l'aube. Toujours rien. Alors le chef du bataillon du Beaufortin décide :

— Je reste avec la compagnie Escande. Que le capitaine Lorin regagne Beaufort et prenne le commandement en mon absence.

Encore une journée d'attente. Des patrouilles partent aux nouvelles. A leur retour, ces éclaireurs racontent :

— Les Allemands sont à Moûtiers. Ils ont pris des otages.

Il faut leur barrer la route de Bourg-Saint-Maurice. Le capitaine Bulle décide de pousser sur Montgirod, où il pense faire sa jonction avec les camarades de Tarentaise, dont un élément doit tenir un bouchon à l'Etroit de Saix.

La colonne repart aussitôt. Au crépuscule, on entend un bruit de moteur.

— Un avion !

Ce ne peut être qu'un Allemand. Les maquisards se dissimulent comme ils peuvent, tandis qu'un appareil d'observation survole lentement la compagnie Escande.

— On campe dans les chalets de la Faverge, décide le capitaine Bulle. On partira demain avant le lever du jour.

A peine arrivés sur cet objectif au matin du 14 août, les hommes de la 1re compagnie sont pris sous un tir de mortiers et de canons de 75. Des éclats sifflent dans tous les coins. Une maison commence à brûler. Puis une autre.

— Les voilà !

Les chasseurs de montagne de la Wehrmacht donnent l'assaut. Le capitaine Bulle et le major Ortiz sont installés près de l'église. Les maquisards n'ont que trois sections de volontaires pas du tout aguerris. Jean Bulle espérait joindre les camarades à l'Etroit de Saix, mais ce sont les Allemands qui occupent déjà le passage.

Le tir des mitrailleuses ennemies converge vers le village de Montgirod, où les assaillants ne cessent de progresser.

— Pas question de descendre dans la vallée, dit Bulle. Il n'y a plus un seul des nôtres sur les bords de l'Isère.

— Je voudrais pourtant bien pousser jusque-là, dit Ortiz.

— Pas question, répète Bulle. On décroche.

A ce moment le capitaine Escande annonce :

— J'ai deux blessés graves, mon capitaine.

— Impossible de les emmener. Cachez-les dans les fourrés.

Les malheureux seront retrouvés peu après par les Allemands qui les achèvent, abattent aussi un paysan et brûlent le village en représailles.

Le repli s'avère vite très difficile. Il faut regagner Saint-Guérin d'Arêches par la montagne. Les Allemands se sont lancés à la poursuite des maquisards épuisés et ratissent le terrain. Méthodiquement.

— On se cache et on attend la tombée de la nuit, décide le capitaine Bulle.

Une patrouille ennemie passera à vingt mètres de l'endroit où se camouflent le chef du bataillon du Beaufortin et quelques officiers.

Dès le crépuscule, le major Ortiz décide :

— Je retourne avec mes Américains vers la vallée. Je veux prendre contact avec le poste de commandement FFI de la Tarentaise à Longefoy.

— C'est de la folie, major.

— Je suis libre d'être fou [1].

Tandis que brûle, avec de grandes flammes qui illuminent la nuit, le village de Montgirod, les maquisards remontent vers les hauteurs. Ils doivent regagner la chapelle de Saint-Guérin

1. Rapidement repéré et entouré par les Allemands, le major Ortiz, qui était en uniforme américain, va préférer se rendre plutôt que de combattre dans cette vallée où les civils sont nombeux et risquent de terribles représailles. Trois sous-officiers imitent son geste. Le major et ses compagnons seront emmenés à Albertville puis évacués sur l'Allemagne par Aix-les-Bains. Chambellan parviendra à s'évader de son Oflag, peu avant la fin de la guerre. Quant à son adjoint, le capitaine Coolidge, il avait refusé de se rendre et avait réussi à retraverser l'Isère à la nage avec un des sous-officiers. Les deux Américains parviendront le 17 août à rejoindre les maquisards du Beaufortin, au Cormet d'Arêches, et à reprendre le combat avec eux.

d'Arêches, d'où ils sont partis l'avant-veille au matin. La colonne s'étire. Les hommes sont épuisés par la longue marche et le dur combat.

— Ça ne suit pas derrière...

Rapidement, la queue perd la liaison avec la tête. La compagnie se fractionne en sections, puis en petits groupes qui vont essayer de s'en sortir, chacun pour soi, avec la hantise d'être rattrapés par les Allemands venus de la vallée de l'Isère et lancés à leur poursuite. De temps à autre des coups de feu claquent dans la nuit.

Le capitaine Bulle se foule une cheville et va chercher refuge dans un chalet abandonné où il reste seul. Prévenu, un des chefs de section de la compagnie Escande, le capitaine de réserve d'artillerie de Monterno, redescend de quelques centaines de mètres pour le rejoindre.

— Je peux trouver un mulet pour vous transporter, mon capitaine.

— Non, laissez-moi, lui répond Bulle. Je n'ai besoin de rien ni de personne. Je veux rester seul.

Le chef du bataillon du Beaufortin semble profondément abattu et même découragé après cette opération manquée sur la Tarentaise. Ce combat de Montgirod se solde par des pertes d'autant plus cruelles qu'il a fallu abandonner les deux blessés.

Le capitaine de Monterno se résout à quitter son chef et reprend la route vers le lieu de rendez-vous de la compagnie Escande à la chapelle de Saint-Guérin d'Arêches.

Le colonel Vergezac voit arriver les sections l'une après l'autre, parfois disloquées en plusieurs groupes. Les hommes après cette triste opération sont à bout de force. Ils souffrent de la faim et surtout de la soif.

— Les Alliés ont débarqué en Provence ! leur crie le colonel du plus loin qu'il les aperçoit.

C'est une bonne nouvelle. La mauvaise, c'est que les Allemands ont repris le contrôle de la Tarentaise. La colonne des chasseurs de montagne vient d'atteindre Bourg-Saint-Maurice, et le col du Petit-Saint-Bernard est à nouveau tenu par les forces d'occupation. Les civils sont réquisitionnés pour détruire les barrages. L'axe routier est redevenu libre pour les convois de la Wehrmacht. Les maquisards de l'AS comme des FTP sont obligés de se réfugier dans les montagnes.

Parfois, pourtant, de rapides coups de main s'avèrent payants. C'est ainsi que le capitaine Bulle dès qu'il parvient à rejoindre son poste de commandement de Beaufort, apprend que le lieutenant Buchet a réussi, avec deux sections d'Ugine, à tendre une embuscade sur la route de Chambéry, à une demi-douzaine de kilomètres de la sortie d'Albertville, près du passage à niveau de Bornery. Après une heure de combat, les maquisards regagnaient leur refuge du col de Tamié. Ils avaient perdu trois tués et sept blessés. Mais les Allemands, surpris, devaient déplorer une vingtaine de morts et une cinquantaine de blessés.

Une réaction brutale de l'ennemi est prévisible. Pour Jean Bulle, l'essentiel reste de tenir les cols qui mènent au cœur de son repaire. Ainsi donne-t-il rapidement ses ordres :

— La 1re compagnie du capitaine Escandre se porte sur le Cormet de Roselend et la 2e compagnie du capitaine Lavallée occupe le Cormet d'Arêches.

Installés sur leurs positions, les maquisards entament des duels à la mitrailleuse avec les Allemands mais ceux-ci restent immobiles, à près d'un kilomètre de distance, murés dans une attitude défensive.

Le vendredi 18 août, vers 7 heures du soir, le capitaine Bulle se rend à Queige qui a toujours été une des places fortes de la résistance en Beaufortin, proche de la « réserve humaine » d'Ugine où les volontaires sont décidés et nombreux, au-delà du col de la Forclaz.

— Maintenant, dit-il, l'essentiel c'est de libérer Albertville.

— Quand attaquons-nous, mon capitaine ?

— L'idéal serait de ne pas attaquer, mais de forcer les Allemands à se rendre. Il faut éviter à la population tous les risques des combats et surtout des représailles.

— Bien sûr, mon capitaine. Mais comment faire ?

— J'ai peut-être une idée.

L'idée du capitaine Jean Bulle, c'est d'utiliser comme parlementaire un officier allemand prisonnier. Il n'en manque pas en Haute-Savoie où les garnisons ennemies sont anéanties ou captives, même dans Annecy, dernière ville tenue par la Wehrmacht. Le colonel Meyer vient d'y signer la reddition.

Tandis que ses compagnies situées à l'ouest de son secteur convergent vers Albertville pour le combat final, le capitaine Bulle reçoit, le dimanche 20 août au matin, une communication téléphonique du colonel de Galbert, dont le poste de commandement se trouve à Notre-Dame-de-Bellecombe, sur la route entre Ugine et Megève :

— Je peux mettre à votre disposition un officier allemand prisonnier.

Le capitaine Godard, chef de l'Armée secrète de Haute-Savoie et futur chef de corps du 27e BCA, a réussi à capturer tout un état-major qu'il a enfermé dans un grand hôtel d'Annecy.

— Faites-moi envoyer le colis, mon colonel.

Le capitaine Bulle raccroche le combiné et lance à ceux qui l'entourent :

— Voilà une bonne nouvelle. Je vais pouvoir faire remettre un message à la garnison ennemie d'Albertville.

Seul le lieutenant-colonel Vergezac ne partage pas l'enthousiasme général :

— Eh ! Attention, mon ami, dit-il à Bulle, avec le Boche, il faut se méfier.

— Oh ! répond le chef du bataillon du Beaufortin, soyez tranquille, mon colonel.

Il s'agit maintenant de prendre livraison du prisonnier. C'est un officier de la Luftwaffe, largement quinquagénaire, le major Eggers. Il doit être accompagné d'un officier des FTP du nom de Beauregard et d'un officier de l'AS qui n'est autre que Jacques Gendron, le chef des deux compagnies d'Ugine.

Le capitaine Jean Bulle quitte son poste de commandement de Beaufort vers 5 heures et demie de l'après-midi, le dimanche 20 août. Tous lui disent :

— Faites attention, mon capitaine.

Le plus inquiet est le chef civil de la Résistance, son vieil ami Joseph Gaudin, qui lui recommande :

— Il faut prendre une section pour ta protection. Et surtout ne dépasse pas Venthon. A aucun prix tu ne dois entrer dans Albertville.

Le capitaine Bulle ne répond pas et confie sa mitraillette au docteur Gasca.

— Tiens, prends-la, je n'en ai plus besoin.

— Tu es fou !

— Il y a des folies qu'il faut savoir faire.

— Tu ne connais pas les Allemands, affirme le médecin.

— Je les connais mieux que toi, conclut le capitaine [1].

Une demi-heure plus tard, il arrive avec son chauffeur, le fidèle Pichol, au pont des Roengers où il dit au lieutenant Buchet :

— Ne t'en fais pas, il n'y aura pas un coup de feu à tirer.

Le major Eggers se trouve au rendez-vous. Il a revêtu pour la circonstance une superbe tenue d'été de toile blanche qui lui a valu les insultes et même les menaces des partisans tout au long de la route d'Annecy à Ugine, où certains FTP voulaient tout simplement « lui faire la peau ». Mais Beauregard, responsable influent du Front national communiste, a tout arrangé. Il monte d'ailleurs dans la voiture avec le prisonnier et le capitaine Bulle.

L'automobile part aussitôt pour Albertville et s'arrête peu avant l'entrée de la ville près du Café des Tilleuls.

— C'est là où je vais vous attendre jusqu'à 10 heures du soir, dit le capitaine Bulle au major Eggers. Donnez-moi votre parole d'honneur que vous reviendrez.

1. Jeune officier, Jean Bulle avait voyagé en Allemagne en 1937. A son ami Paul Miguet, il aurait parlé d'un officier allemand de la garnison d'Albertville qu'il aurait connu avant la guerre et sur lequel il croyait pouvoir compter. Ce point n'a jamais été éclairci.

— Vous avez ma parole, dit l'officier de la Luftwaffe.

— Alors on y va.

Les trois hommes se dirigent vers le pont des Adoubes qui marque l'entrée d'Albertville. Les deux Français encadrent le parlementaire, tandis qu'on agite des mouchoirs blancs.

Il est 7 heures du soir.

— *Halt !*

Un sous-officier de la Wehrmacht commande le barrage qui interdit l'accès d'Albertville. Le major Eggers se fait reconnaître.

— Je veux voir un officier, dit-il.

— J'arrête les terroristes qui sont avec vous, Herr Major.

— Pas question. Ce sont des parlementaires.

Jean Bulle et Beauregard peuvent regagner leur voiture. Les deux officiers, suivis de quelques soldats allemands en armes, traversent lentement et calmement le quartier des Adoubes, à la grande stupéfaction des habitants.

— Rentrez tous chez vous, dit Bulle. Ce sera bientôt fini.

Au Café des Tilleuls, commence la longue attente. On débouche quand même une bouteille et on sort des verres. Albertville sera bientôt libre. Le chef du bataillon du Beaufortin n'en doute pas.

Le major Eggers arrive rapidement à l'hôtel de l'Etoile où sont rassemblés les officiers allemands de la garnison d'Albertville, sous les ordres du capitaine Obser, commandant d'un bataillon de grenadiers. L'officier de la Luftwaffe remet la lettre rédigée par le chef FFI des deux départements savoyards demandant aux Allemands d'Albertville de se rendre sans combat.

Le capitaine Obser lit la lettre et décide d'en référer à son supérieur, le colonel de chasseurs de montagne Schwehr, qui commande les forces allemandes de la haute vallée de l'Isère et dont le poste de commandement se trouve à Moûtiers. Il a déjà participé à la répression dans le Vercors et considère tous les maquisards comme des francs-tireurs à fusiller. Schwehr demande que le major Eggers lui soit immédiatement amené sous bonne escorte.

Dès que l'officier de la Luftwaffe arrive à Moûtiers, il est 9 heures du soir et il indique qu'il doit se trouver dans une heure de retour à Albertville, où il a rendez-vous avec le capitaine Bulle.

— Pas question, lui dit le colonel Schwehr. Une parole donnée à un terroriste ne compte pas. Si vous insistez, je vous fais arrêter.

Le major Eggers est finalement reconduit à Albertville, où les officiers ont l'ordre de ne le laisser sous aucun prétexte retourner auprès des résistants qui l'ont conduit jusqu'au pont des Adoubes. Il passera donc, sous bonne garde, la nuit à l'hôtel de l'Etoile.

Pendant ce temps, les officiers français s'impatientent. Louis Bellet est venu rejoindre Beauregard et le capitaine Bulle. Finalement, le chef du bataillon du Beaufortin confie sa sacoche et son pistolet à son chauffeur et décide :

— Je vais aller voir ce qui se passe vers le pont. Le major Eggers ne devrait pas tarder.

Il fait quelques pas, revient à l'automobile pour prendre des cigarettes et repart dans la nuit.

A 10 heures du soir, heure limite fixée au major Eggers pour son retour dans les lignes françaises, le capitaine Bulle se présente sans armes au poste de garde allemand et demande à téléphoner à la Kommandantur d'Albertville.

Il faudra attendre deux heures pour que Jean Bulle puisse obtenir de parler à un officier de la garnison ennemie. Il s'exprime couramment en allemand et la conversation est brève.

— Puis-je me rendre en parlementaire à l'hôtel de l'Etoile ? demande-t-il.

— Oui, répond son interlocuteur. Nous vous garantissons le libre passage à l'aller comme au retour.

Bulle raccroche et va se diriger vers le centre de la ville.

— N'y allez pas, lui dit le chef de poste, un douanier assez peu farouche que les habitants surnomment Tony et qui désertera dans quelques jours pour rejoindre le maquis.

— Pourquoi donc ?

— Je crains pour votre vie.

— J'ai toute confiance dans la parole d'un officier de la Wehrmacht.

Puisque le major Eggers ne revient pas, le capitaine Bulle a décidé d'aller le chercher lui-même et de préciser de vive voix aux Allemands l'injonction de se rendre.

Ses compagnons l'attendront toute la nuit. A l'aube ils regagnent Beaufort et annoncent au capitaine Lorin, qui remplace son chef quand celui-ci est absent :

— Le capitaine Bulle a disparu.

Aucun de ses camarades ne le reverra plus vivant.

Quand le major Eggers quitte sa chambre de l'hôtel de l'Etoile peu après 6 heures du matin, il descend dans la salle à manger et découvre une sentinelle armée et casquée. Un homme est assis sur une chaise, silencieux, en uniforme, ruban de la Légion d'honneur sur la poitrine, trois galons sur les épaules et brassard tricolore au bras. C'est le capitaine Bulle !

L'officier de la Luftwaffe est stupéfait.

— Pourquoi n'êtes-vous pas venu à notre rendez-vous ? demande Bulle aussitôt.

— J'ai été retenu ici de vive force. Et vous ?

— Un officier m'a assuré par téléphone que je serai traité en parlementaire, mais je crois que je suis prisonnier.

Ce que le capitaine Bulle ne sait pas, c'est que le capitaine Obser qui commande à Albertville a eu une communication téléphonique avec le colonel Schwehr à son sujet. Celui-ci a seulement dit :

— Fusillez-le et rendez-moi compte avant une heure.

Le capitaine Obser et son officier adjoint le lieutenant Meissner ne sont pas tellement désireux d'exécuter un tel ordre. Ils essayent de gagner du temps en proposant de conduire Bulle à l'officier de renseignements de la division, mais une nouvelle communication du colonel Schwehr se résume à un seul ordre :

— Fusillez-le !

Finalement, un convoi de camions est formé en direction d'Aix-les-Bains que l'on doit rejoindre par la route nationale qui suit l'Isère jusqu'à Montmélian avant de remonter sur Chambéry d'où il ne restera plus qu'une quinzaine de kilomètres. Cet itinéraire reste encore fortement tenu par la Wehrmacht.

Dans le convoi se trouve une voiture où ont pris place l'officier adjoint Meissner et le capitaine Bulle. En fin de matinée, la voiture s'arrête à une dizaine de kilomètres d'Albertville. Le chef du maquis du Beaufortin est alors assassiné de deux balles, l'une dans le cœur et l'autre près de l'oreille. Le corps, chargé sur un camion, est abandonné en pleine campagne près de Chambéry-le-Vieux, à demi dissimulé sous une couverture d'où dépassent deux pieds nus.

Le jour même où le capitaine Bulle était abattu par le lieutenant Meissner, ses hommes passaient partout à l'attaque pour chasser l'ennemi des dernières positions qu'il tenait encore dans la région.

Le demi-millier de soldats allemands qui tiennent Albertville se réfugient dans l'Arsenal, sous la protection de fortins de béton et de trois pièces d'artillerie.

Les maquisards, tenus au courant par un de leurs agents resté en ville, l'adjudant Ruffing, un Lorrain ancien du 7e BCA, savent que le moral de la garnison est au plus bas.

Le lendemain de l'assassinat du capitaine Bulle, une réunion se tient à Ugine sous la direction du colonel de Galbert.

— Albertville sera attaquée demain par toutes les unités disponibles de l'AS et des FTP dans le Beaufortin, décide le chef militaire des deux Savoies.

Le 23 août, la garnison allemande tente une sortie de la dernière chance. La plupart des unités parviennent à bousculer les barrages des FFI et prennent la route du sud pour rejoindre Moûtiers et la Tarentaise, d'où la route reste encore libre pour Bourg-Saint-Maurice et l'Italie.

Le capitaine Jacques Gendron, à la tête d'une dizaine d'hommes, entre dans Albertville où les drapeaux tricolores commencent à surgir. Un des premiers habitants que rencontre le chef des deux compagnies de l'AS d'Ugine est l'adjudant Ruffing qui lui dit seulement :

— Le capitaine est mort.

Jean Bulle a donc été tué au cours de la difficile mission qu'il s'était donnée à lui-même de sa propre autorité. Le capitaine Lorin prend la tête du bataillon du Beaufortin.

Le 27 septembre, les neuf compagnies du bataillon Bulle défilent dans Albertville.

Pour les maquisards survivants la guerre continue sur le front des Alpes. Le 1er janvier 1945, le bataillon Bulle, qui regroupe les survivants des unités de maquisards du Beaufortin et de la Tarentaise qu'ont rejoints des francs-tireurs de Savoie venus des Glières, prend le nom de 7e bataillon de Chasseurs Alpins.

Les anciens du bataillon Bulle, quand ils se souviennent de ce jeune chef mort à moins de trente ans, se rappellent cette phrase que leur disait souvent leur commandant miné par son mauvais état de santé et qui allait volontairement se sacrifier dans une aventure sans retour :

— Je ne me reposerai qu'après la victoire.

CHAPITRE XVII

LES « STEPHANES », VOLONTAIRES A L'ETOILE VERTE

Deux explosions déchirent l'air en cette belle fin de matinée du 22 août 1944.

— Des mines ! Quelle saloperie ! Qui est touché ?

Les hommes des groupes d'assaut de la 1re section se précipitent au secours des maquisards qui viennent d'être atteints par les éclats meurtriers, au moment même où ils pénétraient dans le fort de la Bastille, au-dessus de Grenoble à peine libérée.

Fred, le chef de section, est blessé. Le caporal Lamorlette dit Taupin et le volontaire Barbieri dit Zizi sont morts tous deux, affreusement déchiquetés. Les deux cadavres mutilés reposent dans une mare de sang, tandis que leurs camarades se préparent à défiler dans la capitale du Dauphiné.

Maintenant, voici les maquisards au grand jour, devant la foule stupéfaite qui découvre le nouveau style de cette armée surgie du combat et de la nuit. Grand béret alpin, anorak beige clair, courte culotte de grosse toile, chaussettes roulées sur les brodequins de montagne. Ce sont des sportifs autant que des soldats, avec leurs visages creusés par la fatigue, leur peau tannée par le vent et le soleil, leurs muscles durs. Et dans leurs yeux brille l'orgueil fou de faire partie de l'unité la plus célèbre parmi les combattants de l'ombre du Grésivaudan, la compagnie Stéphane.

Ils portent tous sur la poitrine l'insigne de leur unité d'élite, une étoile verte à la couleur de l'espérance. Peu de troupes des Forces Françaises de l'Intérieur montrent une telle allure et une telle fierté.

Dès le surlendemain, les volontaires de la compagnie Stéphane repartiront au combat en Maurienne, dans les rangs du bataillon de marche du Grésivaudan. Après un mois de durs engagements, ils reviendront à Grenoble pour former le bataillon Belledonne. Et celui-ci sera le noyau d'un « vrai » bataillon de chasseurs alpins, qui reprendra avant la fin de l'année 1944 l'insigne « à l'Alsacienne », la fourragère aux couleurs rouge et verte de la croix de guerre 14-18 et l'écusson bleu-jonquille du 15e BCA.

Ce sont eux, les « Stéphanes », qui donneront son mordant et son style au bataillon du commandant Lecoanet, engagé dans les rudes combats des Alpes, au cours du terrible hiver 1944-1945, face au Mont-Cenis et au fort de La Turra, tenus par les chasseurs de montagne allemands et les parachutistes italiens de la division d'élite *Folgore,* adversaires loyaux et coriaces. Leur aventure se terminera à Turin.

A la fin de la guerre, il ne restera au 15e BCA qu'une poignée de survivants de la compagnie Stéphane du temps de la Résistance. Chacun des nouveaux venus qui a rejoint l'unité en cours de route a commencé par découvrir la longue « saga » du premier noyau, dur et pur, du futur bataillon bleu. Ce récit commence toujours de la même manière :

— Il était une fois un capitaine et sept garçons...

Le capitaine, c'est Poitau. Etienne Poitau. Originaire de Dijon, il est sorti de Saint-Cyr à vingt ans, en 1939, juste à temps pour se lancer dans la guerre, à la tête d'un corps franc, avec toute la fougue d'un chef pour qui la vraie vie ne peut être que combat. En novembre 1942, quand commence sa grande aventure, il n'est encore que lieutenant. Il sert en Afrique du Nord, au 8e régiment de tirailleurs marocains. L'invasion de la zone libre le surprend alors qu'il se trouve en permission. Il se précipite chez son parrain de Saint-Cyr, le général Frère, qui commanda un bataillon de Diables Bleus, le 6e BCA, aux heures les plus noires de la Grande Guerre, sur le Chemin des Dames, en août 1917.

— Mon général, je suis à vos ordres.

Celui qui va prendre une part déterminante à la lutte clandestine en créant l'Organisation de Résistance de l'Armée, l'ORA, et trouvera la mort dans le camp de déportation du Struthof, lance à ce jeune officier impétueux :

— Mon petit, préparez-vous à la reprise immédiate de la lutte armée sur le territoire national.

« Mon petit »... Etienne Poitau serait plutôt un géant qui va dominer tous ses hommes par sa taille autant que par sa foi. Un des éclaireurs-skieurs qui a servi sous ses ordres, le célèbre guide Lionel Terray, mort en montagne en 1965, a tracé un portrait fidèle de son ancien chef : « Très grand, blond, les cheveux en brosse, la peau fraîche et colorée comme une jeune fille, son visage un peu large éclairé par des yeux gris candides, Stéphane cachait sous des dehors de jeune homme timide et gauche le courage et l'énergie d'un condottiere associés à beaucoup d'intelligence, de psychologie et d'humanité... »

Pourtant, ce grand corps qui paraît tout en muscles sous une enveloppe de cuir est fragile. Poitau souffre d'une sinusite chronique, de séquelles de gelures au pied pendant la « drôle de guerre » et d'une dysenterie amibienne. Mais il se mène à la dure et ne laisse rien paraître de ses misères. Prodigieux effort d'une volonté indomptable...

L'entrevue entre le lieutenant Poitau et le général Frère a lieu le 11 novembre 1942. Jamais anniversaire de la victoire de 1918 ne fut sans doute plus triste que ce jour qui voit déferler l'armée d'invasion jusqu'aux rivages de la Méditerranée.

Le lieutenant Poitau part aussitôt pour l'Auvergne qu'il espère peut-être soulever comme naguère le jeune Vercingétorix. Le bilan, il le fera lui-même :

— Un an d'essais, un an d'échecs.

Se faisant désormais appeler Stéphane, il part pour la région de Grenoble, où il croit pouvoir recruter des soldats prêts à se battre parmi les jeunes gens réfugiés dans les chalets de la montagne pour échapper au STO en Allemagne. Il arrive ainsi dans un maquis de Belledonne.

— Je serai votre instructeur militaire, annonce-t-il.

Il dirige aussitôt l'entraînement sur un rythme infernal. Poitau a toujours fait sienne cette maxime attribuée à Lyautey et qui figure dans tous les manuels de l'armée allemande : « La sueur épargne le sang. » Le résultat ne se fait pas attendre :

— Allez ailleurs, mon lieutenant, lui dit le chef de camp, vous êtes trop dur.

Stéphane ne se le fait pas dire deux fois. Il sait qu'il a raison. Le combat le prouvera un jour. Il étudie toutes les formes de la résistance à l'occupant.

— Le sabotage, le renseignement, la propagande, conclut-il, mais c'est un métier ! Moi, j'en fais un autre, la guerre.

Encore faudrait-il savoir quelle guerre.

La lutte ouverte ? Folie. La guerre classique ? Double folie. A courage égal, le faible ne peut battre le fort que par l'imagination. Et dans le combat, l'imagination a un nom : guérilla. Le mot est d'origine espagnole. Il vient du temps de la lutte impitoyable des insurgés ibériques contre les armées de Napoléon.

Le lieutenant Poitau a toujours su contre qui il fallait se battre et il sait maintenant comment il faut se battre. Ce qu'il ignore encore, en ce mois de novembre 1943, c'est avec qui.

Le résistant doit se faire « pêcheur d'hommes ». Ses premiers disciples, il les trouvera au camp de Villard-Notre-Dame, au-dessus de Bourg-d'Oisans, où l'expédie le commandant « Evreux », chef des maquis de l'Isère.

Repéré par les occupants, ce refuge où se cachent une douzaine de réfractaires doit être prochainement évacué.

Le 9 novembre 1943, le chef du camp de Villard-Notre-Dame, dont la principale activité est l'abattage du bois en forêt, présente aux jeunes qui ont gagné le maquis un garçon athlétique. En ce début d'automne déjà frais, il est vêtu d'une chemisette et d'un short très court qui lui laisse les jambes nues. Blond et souriant, il évoque assez le fameux Prince Eric de la collection scoute « Signe de piste ».

— Voici le lieutenant Stéphane.

Aussitôt, le nouveau venu s'adresse à ces jeunes qui l'entourent, avec un mélange de curiosité et de scepticisme. Il parle assez difficilement, avec des phrases hachées où les mots se bousculent. Mais le ton même de ce discours inopiné est impressionnant :

— Je vais prendre la tête d'un petit groupe décidé à lutter contre l'ennemi. Je vous promets que nous ne serons jamais gibier mais toujours chasseurs. Nous ne nous défendrons pas, nous attaquerons.

Les jeunes gens se regardent, un peu interloqués de ce langage si brutal. Stéphane ne les laisse pas longtemps hésiter :

— Bien entendu, je ne veux que des volontaires. Que ceux que cette vie fatigue ou effraye restent ici. Je repartirai au besoin avec un seul homme. Je suis même prêt à repartir seul.

Finalement, sept garçons vont se décider à suivre ce « lieutenant Stéphane ». Sept seulement. Deux étudiants parisiens, Jacques et Jean Maréchaux, qui deviendront Cousin et Robin ; un paysan de l'Oise, Pinel dit Legros ; Bruno qui est cuisinier de métier ; un jeune de l'Assistance publique, Foucart, que ses camarades appellent l'Avia, parce qu'il a servi naguère dans l'aviation ; deux communistes allemands, largement quadragénaires, qui répondent aux prénoms de Karl et de Frantz et dont personne ne connaîtra jamais les patronymes réels.

— Bien, leur dit seulement Stéphane. Nous partirons demain en fin d'après-midi.

Dès l'aube du lendemain, le jeune lieutenant s'en va avec deux ou trois volontaires pour reconnaître l'itinéraire. Le petit groupe patauge pendant des heures, avec de la neige fraîche parfois jusqu'au ventre. A peine sont-ils rentrés à Villard-Notre-Dame que Stéphane annonce :

— En route !

Les sept garçons prennent leur barda et le suivent, se demandant dans quelle aventure ils se lancent, derrière cet inconnu à l'allure si abrupte.

Pendant des heures, tandis que tombe le jour, ils vont marcher dans la neige, cinglés par un vent qui les transperce jusqu'aux os. Enfin, la nuit arrive, une nuit glaciale de novembre. Vont-ils chercher un refuge, s'arrêter ?

— On continue, annonce Stéphane d'un ton sans réplique.

Quinze heures de marche les mèneront, par la cote 2059 et le col d'Ornon, au-dessus du village du Désert-en-Valjouffrey. Quand ils y arrivent, épuisés, les sept garçons espèrent se reposer :

— Corvée de bois et corvée de paille, leur annonce Stéphane. Imméditaement.

— Où est-ce, mon lieutenant ?

— Tout près. A cinq kilomètres d'ici.

La corvée terminée, les volontaires titubent d'épuisement. Ils souffrent terriblement du froid et de la faim, d'une sorte d'angoisse sourde aussi. Ils se sentent désormais totalement en marge, hors-la-loi parmi les hors-la-loi. Seuls, tous les sept, comme ils ne l'ont encore jamais été. Ils espèrent se laisser tomber sur un bat-flanc de bois dans cette maison glaciale abandonnée pour l'hiver.

— Rassemblement, dit Stéphane. J'ai à vous parler.

Son discours sera assez bref :

— L'armée française d'Afrique a repris la lutte aux côtés des Alliés. Notre mission est de préparer le débarquement en France en attaquant les troupes allemandes au jour et à l'endroit qui nous seront fixés par Alger. Nous sommes considérés comme une troupe de choc déjà rendue en France au lieu d'y être parachutée.

Et ce singulier chef, qui vient tout juste d'avoir vingt-trois ans, ajoute :

— Si vous êtes volontaires, vous signerez un engagement pour la durée de la guerre, tout comme dans une unité mobilisée en Afrique. Vous aurez les mêmes droits et les mêmes devoirs que vos camarades.

Après ce petit discours, tandis que la nuit commence à envelopper les sommets après avoir totalement assombri la vallée du Désert-en-Valjouffrey, voici sept garçons réunis autour de l'homme le plus extraordinaire qu'ils aient jamais rencontré. Une ampoule électrique pend au bout d'un fil et projette de grandes ombres contre les murs, noircis par la fumée d'une cheminée qui tire mal. Ils tombent de fatigue et de sommeil. Ils ne pensent qu'à éteindre la lumière et à partir se coucher, grelottant de froid sous une mauvaise couverture. Stéphane reprend la parole. Est-ce pour leur souhaiter de bien dormir ? Mais non.

— Aujourd'hui 11 novembre, dit le lieutenant, des camarades manifestent à Paris, à Grenoble et ailleurs. Nous, nous manifesterons quand nous serons les plus forts.

Et il enchaîne aussitôt :

— Commençons l'instruction.

L'officier n'a pour toute arme qu'une mitraillette Sten, d'ailleurs dépourvue de chargeur, et une grenade, dont il manque le bouchon allumeur ! C'est tout l'arsenal de son maquis. Mais cela suffit pour transformer, par sa seule volonté, les planqués de Villard-Notre-Dame en chasseurs du Désert-en-Valjouffrey.

Ce sera enfin un bon repas et une nuit de repos, ou presque...

— Voici les tours de garde, annonce Stéphane. Ce n'est pas une corvée. Tenir entre ses mains la vie des hommes de son groupe ne saurait être une punition.

Chaque tour dure une heure. La sentinelle se tient dehors, en plein vent, dans la neige.

Cousin, l'étudiant parisien, ne peut s'empêcher d'être impressionné par l'extraordinaire beauté sauvage de ce paysage nocturne. Mais ce qui compte, cette nuit, c'est le service. Le voici devenu soldat en guerre. Quand Bruno le cuisinier vient le relever, il lui dit :

— Fais attention. Tu peux entendre le bruit d'une auto à des kilomètres. Préviens-nous vite. Tout ce qui possède un moteur est notre ennemi.

Dans la nuit, les sentinelles du groupe du lieutenant Stéphane n'entendront pourtant que le grondement du torrent et les craquements de la neige.

Dès l'aube, commence l'entraînement. La plupart des sept premiers volontaires ne possèdent que des souliers de ville et des pantalons de toile venant des Chantiers de Jeunesse.

— Pour l'endurance, annonce Stéphane, la course. Pour l'agressivité, la boxe.

Comme ils n'ont pas de chaussures, ils courent pieds nus dans la neige et comme ils n'ont pas de gants, ils s'affrontent à poings nus.

— Gare à ceux qui ne cognent pas très fort, dit Stéphane. Leur prochain « round » sera avec moi. Et ce sera leur fête !

En dehors du service, le lieutenant Stéphane semble un garçon gentil, presque timide. Ses rares moments de loisir, il les passe à lire. Toujours le même bouquin, un gros volume usé à force d'être feuilleté. C'est *Le grand passage* de Kenneth Roberts.

— Tout est là, dit-il parfois à ses garçons. Le major Rogers et ses éclaireurs avaient déjà tout inventé quand ils se battaient contre les Indiens...

Pour Stéphane, l'enseignement des coureurs de bois est plus instructif que le *Manuel du gradé d'infanterie* dont il devait naguère apprendre des pages entières par cœur. Désormais, ce n'est plus la guerre de l'armée régulière qu'il faut mener.

— Il ne faut pas faire ce que l'ennemi attend de nous, dit-il. Ni le contraire, d'ailleurs. Il faut faire autre chose.

Pendant une longue année d'expériences cruelles et de réflexions amères, le lieutenant Poitau a eu le temps d'inventer par lui-même cette forme de lutte que ne prévoit aucun règlement. Peu à peu, les principes prennent le tranchant glacial d'une épée nue :

— Il n'est de richesses que d'hommes. Nous ne devons pas les gaspiller. Alors je veux un entraînement infernal. Que l'accrochage apparaisse plus facile que l'exercice !

Contrairement à beaucoup de maquisards, Stéphane ne tient pas du tout à « mouiller » les civils.

— La nature sera notre seul refuge. Nous devons devenir rochers, terre et forêts. Nomadiser sans cesse. Etre toujours ailleurs, loin des chemins et des villages.

Le meilleur décor pour cette vie de guérilleros, ce sera la montagne.

Au rythme de l'entraînement mené à un train d'enfer, en ce dur hiver de dénuement et de solitude, la vie quotidienne s'organise au Désert-en-Valjouffrey. Des amitiés se nouent avec le village. Des ouvriers complices, employés à la petite centrale électrique, à trente kilomètres en aval, donnent l'alerte en cas de danger en coupant le courant. Mais la pression ennemie parfois se resserre. L'agent de liaison du petit groupe, Edmond Gallais dit Ali, est pris dans une rafle à Grenoble et déporté dans un camp d'où il ne reviendra jamais.

Le lieutenant Stéphane décide :

— On va gagner une ancienne galerie d'ardoisière.

Elle se trouve à 1 700 mètres d'altitude. Le déménagement se fait en plein mois de décembre, par des pentes où roulent des avalanches. Puis en janvier 1944, c'est le départ, deux par deux, pour la Chartreuse.

— Rendez-vous au-dessus du col de la Placette.

La petite équipe de Stéphane s'augmente de cinq jeunes gens et commence ses actions de guerre : sabotage de voie ferrée à Voreppe, réception d'un parachutage aux Bannettes, recueil d'un des deux seuls survivants de la section du 6e BCA surprise par les Allemands à Malleval-en-Vercors et aussitôt massacrée.

— Les réduits présumés imprenables, déclare Stéphane, ce sont de vraies souricières.

Alors ses hommes nomadisent sans cesse, malgré le dur hiver. En février, ils sont seize, armés d'un fusil mitrailleur et de quelques fusils. Ils gagnent le Grésivaudan. Vingt heures de marche dans la neige profonde, en traînant le paquetage et l'armement.

Voici le lieutenant et ses hommes installés au bois des Combes, au-dessus des Adrets. Ce sera le repaire de ce qui va devenir la compagnie Stéphane, cette unité de choc qui mènera la vie dure à l'ennemi et à ses collaborateurs dans tout le Grésivaudan, la Chartreuse et jusque dans l'Oisans.

Le premier impératif, pour le capitaine Stéphane, c'est de recruter de nouveaux partisans. Mais il ne veut pas n'importe qui. Il ne retient, pour servir sous ses ordres, qu'un seul candidat sur six volontaires qui se présentent. Dans son parler haché, il prévient chaque nouveau de ce qui l'attend :

— Si tu es venu au maquis pour te planquer, tu peux foutre le camp tout de suite. A la moindre incartade, tu seras privé de tabac ou de nourriture. Ton arme te sera retirée si tu t'en sers mal. Et au-delà, à la première faute grave, comme de ne pas remplir ta mission ou de me donner un faux renseignement, il n'y a plus qu'une sanction, la mort. Seul avantage chez nous, tu la choisiras toi-même, en t'exposant au feu de l'ennemi.

Ce dur langage en séduit plus d'un. La compagnie ne cesse de voir arriver de nouveaux venus. Aux réfractaires se joignent des garçons formés par « Jeunesse et Montagne », et qui gardent souvent l'esprit des Chantiers de Jeunesse du maréchal Pétain. Peu importe à Stéphane. Ce qui compte ce n'est pas le passé, c'est la volonté de se battre. Il recrute même des « volontaires » parmi les trafiquants du marché noir arrêtés par le maquis, si ce n'est parmi les prisonniers allemands ou des jeunes gens naguère tentés par la Milice. S'il les juge endurants et courageux, il leur propose :

— Je te prends chez moi à l'essai. A moins que tu ne préfères être exécuté immédiatement.

Le choix est vite fait [1].

Les meilleures recrues sont sans doute les transfuges des maquis voisins qui parviennent à se faire affecter à la compagnie Stéphane, dont la réputation ne cesse de grandir.

Pour entraîner ses hommes, le jeune capitaine songe à utiliser des sous-officiers, d'origine polonaise ou yougoslave, déserteurs de la Wehrmacht. Ces singuliers instructeurs dressent les maquisards selon les dures méthodes en usage dans l'armée allemande.

— Comme ça, vous saurez mieux qui vous aurez en face de vous ! lance Stéphane.

Au mot d'ordre « la sueur épargne le sang », il en ajoute un autre : « une balle, un homme ».

Pour s'entraîner au tir sans attirer l'attention, il faut monter encore plus haut dans la montagne. Les coups de feu déchirent l'air raréfié des sommets. Le ciel vire au bleu. Le printemps arrive. Des plaques d'herbe apparaissent au milieu des champs de neige.

---

1. Ce choix jouera parfois dans les deux sens. Ainsi un jeune officier de la compagnie Stéphane, l'aspirant P., fait prisonnier par la Milice, sera « retourné » par ses gardiens dont il trouvera le patriotisme assez semblable au sien... Refusant, bien entendu, de se battre contre le maquis, il partira à la Waffen SS, obtiendra le grade d'Unterscharführer (sergent) et fera partie de la 8e compagnie (lourde) du régiment 57 de la division *Charlemagne*. Fait prisonnier en Poméranie, il passera cinq années de captivité dans les camps soviétiques, avant de retourner en Savoie.

— On déménage, ordonne le chef.

Stéphane a décidé de ne pas s'abriter dans un village ni même dans des chalets isolés, mais de faire bivouaquer ses hommes en plein bois. Ils s'installent dans des trous, sous leurs toiles de tente.

— En cas d'alerte, nous devons lever le camp en cinq minutes, ordonne le jeune officier.

Qu'un bûcheron ou un braconnier, même ami, repère leur bivouac et c'est le départ. Immédiat. L'unité nomadise dans tout le massif de Belledonne. Dans chaque vallée, quelques résistants prennent tous les risques pour ravitailler et renseigner les maquisards invisibles dans leurs tanières de plein vent.

Le 2 mai, au col des Mouilles, un officier inconnu vient inspecter la compagnie Stéphane. On ne le connaît que sous le nom de Sylvain. Seul Stéphane sait qu'il s'agit du commandant de Reyniès, le dernier chef de bataillon du 6e BCA avant la dissolution de l'armée d'armistice.

— C'est bien, dit-il seulement. Vos hommes me semblent taillés pour devenir de vrais Alpins.

Sylvain n'a même plus une semaine à vivre. A son retour à Grenoble il sera dénoncé, torturé, assassiné.

Le capitaine Stéphane, lui, se voit attribuer par un autre officier résistant, le commandant « Evreux », un secteur s'étendant de Froges-Les Adrets jusqu'à la vallée d'Uriage.

Le rythme de l'entraînement s'accélère encore. Renforcée par des éléments venus de la compagnie Bernard, comme Rythout, qui deviendra un fidèle parmi les fidèles, et appuyée à l'occasion par les corps francs Dax et Henry, la compagnie Stéphane est désormais une unité de cent trente-six hommes. Les combattants sont répartis en trois sections de chacune trois groupes d'assaut.

Les groupes d'assaut, numérotés de un à neuf, constituent la véritable formation de base, pratiquement autonome, de cette singulière compagnie franche. Ils s'articulent en deux patrouilles de six hommes chacune. Un éclaireur, un chef, un tireur au fusil mitrailleur, deux flanqueurs et un serre-file. Telle est l'unité de base redoutable dont Stéphane va utiliser toutes les possibilités. Le courage, ses hommes en ont à revendre. Leur chef va leur enseigner l'imagination, le camouflage, la mobilité, sans lesquels il n'est pas de troupe de guérilla.

La personnalité même de celui que l'on commence à nommer le capitaine Stéphane s'impose comme le grand ciment de sa compagnie. La hiérarchie reste absolue. Indiscutable. Les ordres donnés sont sans appel. Ensuite, seul compte le succès.

— Au retour, vous devrez rendre compte et vous pourrez discuter, déclare Stéphane. Pas avant.

Ce que cherche le capitaine, c'est le héros et non plus le

« bidasse ». Nul plus que lui ne va haïr l'armée « classique », qui ne fabrique que de la chair à canon.

Pour tous ses volontaires, une idée apparaît comme un absolu : la compagnie Stéphane est la meilleure. Un point c'est tout.

Parfois les unités voisines prennent quelque ombrage de l'orgueil des maquisards à l'étoile verte (dont chaque exemplaire est numéroté). Au fond, l'esprit de corps des « Stéphanes », c'est celui des chasseurs... multiplié par dix !

Impulsif et autoritaire, le capitaine Stéphane n'en sait pas moins attendre. Il calme l'impatience des maquisards du Grésivaudan :

— Nous n'attaquerons que sur ordre. Le signal de commencer la guérilla, ce sera le débarquement.

Il croit sans doute, comme beaucoup, que les Alliés attaqueront à la fois sur l'Atlantique et en Méditerranée.

Certains rêvent d'une « vraie » guerre menée sur les arrières de l'ennemi par les volontaires de l'Armée secrète alliés aux FTP, les Francs-tireurs et partisans. Stéphane, lui, ne croit qu'aux embuscades et aux coups de main. Frapper vite, très fort, et disparaître. Ainsi, avec neuf groupes d'assaut, on peut faire croire que les maquisards disposent de centaines de combattants.

— Hors les larges vallées, dit-il, la supériorité de l'ennemi n'existe plus. En montagne, c'est nous qui sommes supérieurs. A condition d'avoir du souffle, des jambes et une parfaite connaissance du pays.

Le mois de juin arrive. Stéphane se trouve alors immobilisé par une plaie infectée au genou, tandis que sa compagnie reçoit l'ordre de faire mouvement sur Les Seiglières, entre Uriage et Revel.

Au soir du 2 juin, un aspirant et un volontaire tombent par hasard sur une troupe de miliciens et sont faits prisonniers. Les chefs de section se trouvent alors auprès de Stéphane, alité. Après une brève période de flottement, les hommes de la compagnie, selon les ordres reçus, lèvent le camp en toute hâte. Après vingt heures de marche, ils se retrouveront au Freney, lieu de rendez-vous fixé à l'avance, prêts à recevoir les ordres de leur chef.

Le 5 juin, une vague d'avions alliés passe au-dessus du camp et le lendemain, dans la matinée, la grande nouvelle éclate :

— C'est le débarquement !

Oui, mais en Normandie seulement.

Il n'en faut pas moins commencer les opérations de guérilla.

Grelottant de mauvaise fièvre, abattu par la sinusite et la dysenterie, le capitaine Stéphane abandonne cependant son lit par un prodigieux sursaut de volonté. Il se traîne jusqu'à la forêt, où sa compagnie s'est rassemblée au complet.

Cent trente-cinq volontaires attendent leur chef.

Il faut commencer par un succès indiscutable qui galvanise tout le monde. La décision de Stéphane est vite prise :

— Nous allons attaquer l'école des cadres de la Milice au château de Saint-Martin-d'Uriage.

Une garnison allemande se trouve à moins d'un kilomètre dans la vallée.

— Nous nous battrons à un contre sept, annonce Stéphane. Je pense que nous n'aurons pas de mal à l'emporter.

L'opération est prévue pour la nuit du 9 au 10 juin. Stéphane fait part à son adjoint, l'officier d'aviation Emery — il se fait appeler le lieutenant Maurice — de son projet, assez diabolique pour faire éclater les deux chefs d'un rire irrépressible.

— Nous attaquerons les miliciens en criant des ordres en allemand. Ils ne vont rien y comprendre !

Deux sections se placent en protection dans le village. Les trois groupes d'assaut de la troisième, sous les ordres directs de Stéphane, convergent à minuit vers la mairie et attaquent le poste de garde des miliciens, tout en hurlant en allemand !

Le chef adjoint de l'école d'Uriage refuse de se rendre et ouvre le feu avec sa mitraillette. Il est abattu aussitôt, ainsi qu'un autre officier de la Milice, blessé mortellement. Le château, barricadé, reste imprenable. Mais les maquisards récupèrent tous les miliciens qui se trouvent dans le village, deux chefs de dizaine et huit francs-gardes.

— On les emmène avec nous, décide Stéphane. Interdiction de les maltraiter ni même de les insulter [1].

La compagnie ne compte dans ses rangs qu'un blessé léger. L'opération est un succès. Enhardis, les groupes d'assaut des « Stéphanes » vont pendant une semaine harceler l'ennemi dans toute la région d'Uriage.

Le 17 juin, le chef départemental de l'Isère des Forces Françaises de l'Intérieur, le commandant Le Ray — que l'on ne connaît encore que sous le nom de Bastide — ordonne à Stéphane :

— Il faut tendre des embuscades sur toutes les routes qui mènent à Grenoble.

C'est le triomphe de la méthode préconisée depuis des mois par le capitaine Poitau, la guérilla totale et sans merci. Ses neuf groupes d'assaut, répartis sur le terrain, presque toujours

1. Ces miliciens capturés à Uriage seront par la suite livrés à la justice et le capitaine Stéphane viendra témoigner à leur procès, comme témoin à décharge Il proposera même de les prendre dans sa compagnie, alors au combat dans les Alpes. Cette proposition ne sera pas retenue et les miliciens seront fusillés à Grenoble.

isolés les uns des autres, vont se battre en Grésivaudan, Chartreuse, Matheysine, Cluse de Voreppe.

Dressés par des mois et des mois d'entraînement mené sur un rythme infernal, les volontaires de la compagnie Stéphane savent monter une embuscade comme un véritable mouvement d'horlogerie.

Ceux qui ont vécu ces interminables heures d'attente et de combat, sous le brûlant soleil de juin, ne les oublieront jamais.

Le 24 juin, les hommes du 1er groupe, partis du camp depuis une semaine, sont en train d'aménager des positions d'embuscade sur la route entre La Salle et Corps. Il est à peine 6 heures du matin. On entend dans le lointain un bruit de moteur qui s'amplifie rapidement.

— Les voilà !

Un convoi allemand surgit dans un nuage de poussière, alors que rien n'est encore prêt pour le prendre au piège. Les mines ne sont pas enterrées sur la route ni le fusil mitrailleur à son emplacement de tir, bien camouflé et protégé. Mais il est trop tard. Les maquisards de la compagnie Stéphane ouvrent le feu dans les pires conditions. Tout aussi surpris, leurs adversaires commencent par perdre six morts et huit blessés. Mais ils réagissent rapidement. Ils se glissent sous leurs camions et, ainsi à l'abri, mettent en batterie des armes automatiques. Couverts par les rafales de ces mitrailleuses, d'autres soldats de la Wehrmacht s'éparpillent de chaque côté de la route et se lancent à la poursuite des maquisards.

— Je suis blessé !

Le jeune étudiant grenoblois, Dominique Mounier, s'écroule. Il perd son sang à flots. Pourtant, il semble encore possible de le sauver.

— Couvrez-nous ! lancent deux volontaires à leurs camarades. On va essayer de mettre Dominique à l'abri.

Ils se replient vers l'arrière, sous le feu des mitrailleuses. Assez loin du lieu de l'accrochage, les deux maquisards et leur blessé rencontrent un paysan avec sa charrette. Le dialogue sera rapide :

— Tu prends ce blessé et tu le planques !

— Mais, c'est un dissident...

L'homme n'ose pas dire un terroriste, mais n'en pense pas moins.

— Tu le planques, ou on te fait la peau.

Les deux maquisards, après avoir confié Dominique au paysan, se hâtent de rejoindre leurs camarades qui essayent de décrocher, sous le feu de plus en plus nourri des Allemands.

Le blessé, très calme, voit que l'hémorragie ne s'arrête pas. Alors, il tente de se faire lui-même un garrot, assis dans la charrette.

Il n'ira pas bien loin. Le paysan le conduit à une grange et lui montre un tas de paille :

— Tu peux t'installer là, lui dit-il brutalement.

— Tu me laisses tout seul ? demande Dominique. Je vais mourir si personne ne s'occupe de moi.

L'homme ne répond pas et s'éloigne. Le blessé s'installe comme il peut dans cette grange ouverte à tous les vents. Son garrot improvisé ne peut arrêter le sang qui ne cesse de couler. Quand ses camarades parviennent à le retrouver, il est trop tard. Dominique Mounier a succombé après plusieurs heures d'agonie [1].

C'est le premier mort de la compagnie Stéphane.

Les pertes chez l'ennemi sont déjà d'une quinzaine de tués. Et les blessés ne se comptent plus dans les rangs allemands. Circuler sur les routes de l'Isère devient une véritable épreuve pour les convois de la Wehrmacht.

Bien renseigné par des agents totalement acquis à la Résistance, chaque chef de groupe d'assaut monte ses opérations comme il l'entend, selon le schéma général établi par le capitaine Stéphane.

Au matin du 29 juin, le sergent André Lagier, surnommé Dédé, un ancien gendarme qui compte déjà six mois de maquis et commande le 8e groupe d'assaut, installe ses hommes en embuscade sur la route près de Saint-Ismier, où passent très souvent des convois allemands. Les « Stéphanes » seront appuyés par les hommes du groupe franc Henry.

Peu après neuf heures, on entend des moteurs. D'un geste, le sergent Lagier ordonne à ses hommes de ne pas bouger. L'ennemi lui semble trop fort cette fois-ci.

Les maquisards se terrent à leur poste de combat, comme s'ils voulaient ne faire qu'un avec le sol. Les camions bâchés passent, l'un après l'autre, soulevant de gros nuages de poussière. André Lagier compte les véhicules. Il y en a vingt et un. Ils s'éloignent rapidement.

On entend alors un autre bruit de moteur. C'est une camionnette allemande. Isolée. Le conducteur semble avoir des difficultés avec son engin qui avance mal. Entre deux ratés du moteur, on entend une brève rafale. C'est un fusil mitrailleur du groupe franc qui se dévoile. Le combat s'engage aussitôt. Le sergent lance ses hommes à l'assaut. Mais un nouveau bruit caractéristique stoppe net leur élan.

— Les Allemands !

C'est un nouveau convoi. Près d'une trentaine de véhicules

1. Le paysan qui avait abandonné le blessé sera jugé et condamné à mort par le maquis. Mais deux personnes vont demander et obtenir sa grâce. Ce sont les parents de Dominique lui-même. Alors emprisonnés par la Milice, ils avaient été libérés pour assister à l'enterrement de leur fils.

escortés d'engins blindés. Rapidement, les camions s'arrêtent et les soldats de la Wehrmacht giclent, l'arme au poing. Ils se déploient immédiatement et contre-attaquent sans perdre un instant.

— C'est du solide ! constate le sergent Lagier.

Malgré les rafales de mitrailleuses et les tirs de mortiers, les maquisards de la compagnie Stéphane et du corps franc Henry parviennent à bloquer les Allemands pendant plusieurs heures. Mais les hommes du 8e groupe sont trop peu nombreux pour ne pas risquer à chaque minute d'être débordés et encerclés.

— On se replie, décide leur chef en fin de matinée.

C'est une manœuvre connue. Le fusil mitrailleur couvre le décrochage, puis s'éloigne à son tour vers l'arrière, sous la protection d'un feu nourri des fusils et des mitraillettes. Tous les maquisards se retrouvent au lieu de rendez-vous fixé avant l'accrochage.

— Il ne manque personne ? demande le sergent Lagier.

— Personne.

— On a une de ces chances..., soupire le sous-officier.

Il décide d'attendre sur place. Un long moment se passe. On n'entend plus rien. Les Allemands semblent avoir décroché à leur tour.

— Qu'est-ce qui te tourmente, Dédé ? Tu as l'air tout songeur.

— Quand je pense au matériel qu'ils ont dû laisser dans la camionnette sur la route. Ça vaudrait quand même le coup d'y aller voir.

— C'est trop risqué !

— On se renseignera auprès des paysans.

Accompagné de quelques volontaires, le sergent redescend vers la route sur le coup d'une heure de l'après-midi. Le petit groupe repère quelques civils dans un champ.

— Avez-vous vu les Boches ?

— Pour sûr... Il y en avait plein. Mais ils sont partis.

— Certain ?

— Puisqu'on vous le dit.

Les maquisards, sans se méfier, s'avancent vers la route. Une brusque rafale d'arme automatique. Quelques-uns des Allemands rescapés du convoi sont restés, à leur tour en embuscade, à la sortie de Saint-Ismier.

Le sergent Lagier est atteint de deux balles et s'écroule. Pris sous le feu, ses hommes ne peuvent l'emmener. Un des maquisards, un scout de Lyon surnommé Buffalo, est blessé au bras.

Le sergent ne sera achevé que trois heures plus tard, d'une balle en pleine tête. Pour les Allemands, ce combattant sans uniforme n'est qu'un franc-tireur. On ne retrouvera même pas la médaille d'or qu'il portait à son cou.

Finalement, les soldats de la Wehrmacht s'en vont, abandonnant le cadavre du sergent. Les habitants du village de Saint-Ismier le déposent dans une salle de l'école des filles.

Prévenus, les hommes du 8e groupe viennent reconnaître le corps de leur chef.

— C'est pas possible, murmurent-ils. Lui que tout faisait rire...

— On l'emmène, les gars. Il ne faut pas le laisser là.

— Avec quoi ?

— Il suffit de réquisitionner une auto.

Les maquisards du 8e groupe transportent le corps de leur chef jusqu'à Prabert. De là ils l'enveloppent dans une toile de tente et le montent à dos d'homme jusqu'au camp, où ils arrivent vers 5 heures du matin.

Le soleil levant de ce beau jour d'été éclaire le corps figé par la mort sur la terre nue, à l'ombre des grands sapins. Ses camarades, l'arme au pied, vont le veiller toute la journée. A la nuit tombante, le capitaine Stéphane réunit toutes les sections présentes au camp. Près de lui, se trouve l'abbé Ploton, qui sera son aumônier avant de devenir celui du bataillon Bulle.

— Présentez... armes !

Les rayons de la lune jouent dans les branches des grands sapins de la forêt. Il est près de minuit quand le prêtre bénit le corps. De sa voix hachée, le chef de la compagnie prononce un dernier adieu. Puis six jeunes de son groupe descendent le corps du sergent Lagier dans la vallée, en suivant le lit à sec d'un torrent de montagne. Sur le cercueil de bois blanc on a fixé un restant de cierge. On dirait un feu follet au hasard de la piste sinueuse. Dans la nuit, seule brûle cette petite lueur tremblante entre les grands fûts sombres des sapins.

Le sergent Lagier est enterré de nuit dans le cimetière du village des Adrets.

— C'est le deuxième tué de la compagnie Stéphane.

Juillet sera dur pour les maquisards. Mais plus encore pour leurs adversaires, soldats de la Wehrmacht ou francs-gardes de la Milice.

Chaque groupe d'assaut, vivant pour son propre compte, va connaître des aventures singulières.

— C'est bien compris, les gars, vous ne tirez pas avant le signal.

La consigne du sergent Daniel, le chef du 2e groupe, semble encore plus impérative que d'habitude. Après deux journées d'attente à guetter l'ennemi au bord de la route près de Lus-la-Croix-Haute, au pied du Vercors, ses maquisards sont fatigués et énervés. Ils n'ont pas vu un seul soldat allemand et n'ont arrêté qu'un gendarme français, pour le laisser d'ailleurs poursuivre sa route « après vérification d'identité ». Dans la guérilla, les rôles sont inversés et ce sont les « hors-la-loi » qui font la police.

Voici la troisième journée d'embuscade, le 13 juillet. Toute la matinée se passe dans une vaine attente. Les hommes, totalement immobiles à leurs postes de combat, souffrent de la chaleur et de la soif. Enfin, peu après midi, une voiture allemande arrive tranquillement, venant de Monestier-de-Clermont. Est-ce la proie tant attendue par les chasseurs ? Les occupants semblent sur leurs gardes et braquent leurs armes en direction de la route. Justement, un sous-officier tend le doigt pour leur désigner un objectif. C'est exactement l'endroit où se terrent les volontaires de la compagnie Stéphane dans un terrain assez découvert.

Le sergent Daniel estime qu'il faut attendre. D'autant plus qu'il vient d'apercevoir quatre autres voitures allemandes qui suivent la première. D'un geste, il ordonne aux hommes de la première patrouille, qui se trouve près de lui :

— Ne tirez pas.

La seconde patrouille de son groupe d'assaut a tendu son embuscade un peu plus loin. Au moment où la première voiture ennemie arrive à sa hauteur, un coup de feu claque brusquement.

— Nom de Dieu ! s'exclame Daniel. Quel est le con qui a tiré ?

Le chef de groupe n'aura pas le temps de se poser la question bien longtemps. Déjà, le combat commence. La voiture allemande pile sur place et ses occupants jaillissent. Un fusil mitrailleur des maquisards essaye de les prendre à partie, mais ils se jettent dans le fossé et commencent à riposter. La seconde voiture s'est arrêtée à l'abri d'un talus. Un nouveau groupe de soldats allemands saute à terre et commence à manœuvrer en criant :

— *Terroristen ! Terroristen !*

Très rapidement, les soldats de la Wehrmacht prennent le dessus et les maquisards de la deuxième patrouille doivent se replier. Ils connaissent la consigne de Daniel et savent où le retrouver après l'accrochage. La première patrouille, pendant ce temps, s'attaque aux occupants de la troisième et de la quatrième voiture qui ont stoppé devant sa position. Tony, le tireur au fusil mitrailleur, expédie des petites rafales précises de trois ou quatre cartouches qui obligent ses adversaires à se planquer derrière les véhicules ou à l'abri des haies.

— Tire dans le tas ! crie le sergent Daniel. Il ne faut pas qu'ils puissent lever le nez.

Pour le moment, les maquisards parviennent à bloquer les Allemands. Mais Daniel entend soudain des rafales sur sa gauche.

— Merde ! Il y en a encore d'autres !

C'est une cinquième et une sixième voiture allemande qui suivaient les quatre premières et viennent de s'arrêter plus bas, dans un tournant. Leurs occupants commencent déjà à escalader les pentes en tiraillant pour dégager leurs camarades accrochés sur la route.

Les maquisards sont en terrain découvert et le sergent Daniel comprend vite qu'il doit se replier s'il veut éviter un massacre.

— On va foncer vers la forêt, ordonne-t-il. Tony, tu nous couvres avec ton FM.

Deux volontaires, Jean-Pierre et Jean-Louis, sont restés à leur poste, non loin de la route. Ils doivent faire sauter les mines antivéhicules et attendent que chaque voiture passe à bonne hauteur. Quand ils manœuvrent le dispositif de mise à feu, quatre mines sur six refusent de fonctionner. Les deux artificiers décrochent à toute allure, salués par une fusillade nourrie des Allemands, et rejoignent leurs camarades sur les lisières de la forêt.

Le sergent Daniel fait un rapide bilan :

— Il y avait au moins deux cents types en face. Mais on en a bien démoli une vingtaine. Plus deux véhicules. On s'en tire bien.

Le chef de groupe demande alors :

— Il ne manque personne ?

— Si. Aymard, de la deuxième patrouille. Il n'a pas rejoint.

— Il est blessé ?

— Sans doute pas.

— C'est bizarre, remarque Daniel. Au fait, ce ne serait pas lui l'imbécile qui a tiré le premier sur la voiture allemande de tête ?

— C'est lui.

A la compagnie Stéphane, on essaye de ne laisser personne en arrière. On sait trop ce qu'il advient des blessés tombés aux mains de l'ennemi. Alors Daniel, un peu plus tard, envoie une patrouille à la recherche d'Aymard. Les hommes ne tardent pas à revenir :

— Cette histoire est vraiment bizarre. Il n'a pas été touché pendant l'accrochage, car il a rejoint l'endroit où il avait planqué son sac.

— Comment le savez-vous ? demande Daniel.

— On a retrouvé ses affaires légères et sa musette à munitions qu'il a rapportées.

— Et lui ?

— Aucune nouvelle.

Très intrigué, le sergent Daniel se demande vraiment ce qui a pu passer par la tête d'Aymard. Ce n'est certes pas un garçon à déserter. Alors, pourquoi cette brusque disparition en plein accrochage ? Le chef de groupe fouille les affaires laissées par le disparu. Rien de particulier dans son sac. Dans la musette, il découvre une assiette d'aluminium.

— Ça alors ! s'exclame-t-il brusquement.

Aymard a gravé un message avec la pointe de son couteau. Le sergent le déchiffre avec stupéfaction :

« Daniel, je te demande pardon. Le coup est parti sans que je voie le deuxième camion. Je ne pourrai pas surmonter mon erreur : aussi ma grenade sera mon tombeau. Au revoir, chers camarades. »

Marcel Loiseau dit Aymard s'est suicidé. Et de la manière la plus atroce, en se faisant déchiqueter par une grenade. L'entraînement impitoyable du capitaine Stéphane a rendu chaque homme responsable du moindre de ses actes. Ainsi, celui-ci a volontairement payé sa faute de son sang.

— Il faut retrouver son corps, décide Daniel.

Une patrouille finit par découvrir le cadavre mutilé du maquisard dans une grange incendiée.

— C'était un vrai « Stéphane », disent ses camarades, bouleversés par son geste de repentir.

A la mi-juillet, après plus d'un mois d'opérations incessantes des neuf groupes d'assaut, les succès remportés par la compagnie Stéphane impressionnent vivement le commandant Le Ray et tous les chefs de l'Armée secrète. Un nouvel ordre arrive à la base arrière de Prabert :

— Essayez de récupérer du matériel et de faire des prisonniers.

Stéphane discute de la situation avec son adjoint Maurice :

— Il faut pour une fois regrouper nos forces et monter une grosse opération, décide le jeune officier. Quels sont les groupes d'assaut tout de suite disponibles ?

— 1er, 5e, 6e, 7e, 8e et 9e.

— On demandera en renfort une section de la compagnie Bernard et l'appui des corps francs Henry et Petit-Louis.

— Et où comptes-tu monter cette embuscade ?

Le capitaine Stéphane n'a pas besoin de consulter la carte. Il connaît la région par cœur, mieux même que beaucoup d'habitants du pays.

— On va les attendre près de Brignoud, à la hauteur du château de Miribel et du pont de Vorz.

Cette attaque va s'accompagner de toute une intoxication de l'ennemi par de fausses nouvelles, selon les meilleures recettes de la guerre subversive. Les partisans ont l'ordre de répandre une fantastique légende qui finira bien par arriver, sans doute amplifiée, aux oreilles des Allemands :

— Nous sommes plus de cinq mille maquisards en Belledonne. Des parachutistes ont sauté pour nous renforcer. Tout le massif est protégé par des champs de mines. Nous allons profiter d'une alerte aérienne pour attaquer Grenoble.

L'intoxication fait son œuvre. L'ennemi se retranche dans la capitale du Dauphiné et rameute ses postes isolés.

Au jour choisi, le 17 juillet, des agents de liaison à bicyclette, se faisant passer pour de paisibles civils, contrôlent le trafic en amont et en aval du lieu de l'embuscade.

Stéphane lui-même se trouve sur place, au milieu de ses six groupes d'assaut.

— Les voilà !

Une camionnette surgit. Aussitôt les fusils mitrailleurs crépitent. Soudain, un des maquisards s'aperçoit de l'horrible méprise :

— Halte au feu ! Ce sont des civils !

Il n'y a heureusement pas de tués mais plusieurs blessés.

L'attente reprend. La nervosité croît parmi les maquisards. Le temps passe. Enfin, une voiture de tourisme surgit et s'arrête devant l'entrée du parc du château de Miribel.

Un officier allemand descend.

Un des tireurs au fusil mitrailleur veut ouvrir le feu. Mais son arme s'enraye et on entend juste le bruit du percuteur contre la cartouche. L'officier ennemi comprend en un éclair qu'il est tombé dans un piège. Il bondit dans un véhicule sanitaire allemand qui se trouve à proximité et démarre à toute allure.

Les maquisards ont bien vu qui se dissimule à l'abri des croix rouges peintes sur les flancs de la camionnette. Ils ouvrent le feu avec des mitraillettes et des fusils. L'officier allemand parvient à s'enfuir, mais le chauffeur, blessé, est capturé par les « Stéphanes ». Il est conduit à leur chef.

Le capitaine commence aussitôt l'interrogatoire du prisonnier. Celui-ci se révèle très bavard.

— L'officier qui a réussi à s'échapper venait préparer les cantonnements pour des unités arrivant d'Italie.

— Nombreux ? demande Stéphane.

— On parle de toute une division. Au moins dix mille hommes.

— Quand arrivent-ils ?

— L'officier précédait de peu le convoi.

La disproportion des forces apparaît trop grande. C'est la première règle de la guérilla. Ne frapper que si le succès est certain, du moins probable.

— On décroche, lance Stéphane à Maurice. Fais prévenir tous les groupes.

Mais il est trop tard. Dix-huit camions arrivent et stationnent dans le village de Brignoud.

— On les attaque ? demande Maurice.

— Non. Je ne veux pas de combats dans les lieux habités. Nous partis, ce sont les civils qui trinquent. Et durement.

L'officier de la Wehrmacht rescapé de l'embuscade a réussi à prévenir le chef du convoi. Aussitôt ses hommes sautent en bas des véhicules et s'élancent. Les fantassins, bien couverts par des tirs de mitrailleuses et de mortiers se dirigent vers les maquisards.

Surpris, les hommes des groupes d'assaut de la compagnie Stéphane ne peuvent que faire face. Les Allemands ne tardent pas à recevoir des renforts et de nouveaux camions arrivent à Brignoud.

Le combat fait rage. Il dure près de quatre heures.

Débordés, les maquisards risquent à chaque instant d'être encerclés et capturés.

— Ce n'est pas la peine d'insister, constate Stéphane. Maintenant, il faut absolument réussir à décrocher.

Ce n'est pas la première fois que ses hommes doivent tenter une telle manœuvre sous le feu de l'ennemi. Et puis l'entraînement est là. « Une balle, un homme. »

Les groupes qui étaient devant le château de Miribel parviennent à se replier, l'un après l'autre.

— Il ne reste plus que les gars du 5ᵉ groupe au pont de Vorz, annonce Maurice à Stéphane.

— Pour eux, ce sera plus dur. Ils sont au milieu des Allemands.

Stéphane rameute ses volontaires et lance plusieurs contre-attaques. Impossible de dégager les camarades encerclés.

— Je leur fais confiance, dit le capitaine. Ils parviendront à s'en sortir par l'Isère dès que la nuit sera tombée.

— Pourvu qu'ils tiennent jusque-là...

Un dernier groupe reste au contact de l'ennemi, couvrant la retraite des quatre autres. Ils tiennent les Allemands à bonne distance. Un des maquisards, Pierre Severac, s'écroule.

— Pat est tué ! annoncent ses camarades au chef de groupe.

Plusieurs d'entre eux sont blessés et semblent à bout de force.

— Les autres ont réussi à se replier, lance le chef de groupe. C'est à notre tour maintenant. On y va !

— Et le corps de Pat ?

— On ira le chercher à la nuit.

Finalement, les six groupes qui ont combattu à Brignoud parviennent tous à rejoindre le capitaine Stéphane, y compris celui qui était encerclé.

Pendant cette même journée du 17 juillet, un autre groupe bloquait un convoi allemand au col de la Croix-Haute et deux autres attaquaient des véhicules ennemis à la Cluse de Voreppe.

La guérilla paye !

Harcelé, l'ennemi semble à bout de nerfs, mais la population craint des représailles. Le 21 juillet, le capitaine Stéphane reçoit l'ordre de cesser toute attaque.

Il en profite pour rassembler sa compagnie au complet. C'est la première fois depuis le 17 juin que les volontaires à l'étoile verte se retrouvent tous ensemble. Très peu manquent à l'appel. La sueur a épargné le sang...

Leur chef les attend au col des Mouilles, dans la forêt de Belledonne. Il va leur parler de cette voix trop rapide, qui scande brusquement les phrases et fait rouler les mots pêle-mêle comme les pierres d'un torrent :

— Nos camarades du Vercors sont attaqués. L'ennemi dispose sans doute de quinze mille hommes. Nous avons reçu l'ordre de créer une diversion. Je compte sur vous tous. La lutte sera très dure, mais nous sommes prêts.

« Etre prêt », c'est un de ses maîtres mots. Comme « servir ». Il y a toujours eu un côté « scout » chez Stéphane. Le grand capitaine blond reste un perpétuel adolescent à la poursuite du rêve de toute sa jeunesse. La bataille et l'amitié sont devenues son seul univers.

— Nous allons nous battre plus que jamais, conclut-il.

Ce qu'il ne dit pas, c'est qu'il a reçu l'ordre d'attaquer Grenoble. « Harceler la ville, sans compromettre la population. » Cela lui paraît, pourquoi le cacher, insensé. Pour Stéphane, la guérilla exige de ne jamais frapper à visage découvert. Et surtout pas un ennemi retranché.

Dès le lendemain, 23 juillet, les neuf groupes d'assaut de la compagnie enfin réunis et renforcés par tous les éléments de l'arrière — ceux que Stéphane appelle parfois avec ironie « l'équipe des cloches » — s'embarquent dans des camions. Pour transporter ces deux cents hommes, la Résistance a réquisitionné les véhicules des Papeteries de Domène. Avec armes et bagages, les maquisards à l'étoile verte sont transportés vers le col de Vence, en Chartreuse.

— Ça change de la marche à pied !

— C'est la vie de château !

Les hommes passent l'Isère de nuit. Un premier arrêt à La Frette pour regrouper tout le monde. Puis c'est la mise en place sous les couverts du mont Rachais, au nord de Grenoble.

Commence une longue attente.

Des petites patrouilles ont été envoyées pour reconnaître le Saint-Eynard et le mont Jallat. Leurs chefs confirment tout ce que Stéphane craignait.

— Partout des blockhaus bétonnés à moitié enterrés et protégés par des réseaux de barbelés. Les Allemands se retranchent comme dans une forteresse, mon capitaine.

Que faire. Tuer quelques sentinelles ? S'emparer à la rigueur d'un quartier ? Mais quelles terribles représailles s'abattront alors sur les civils ! Quant à prendre les forts Rabot et de la Bastille, même s'ils datent de Vauban, c'est impossible sans armes lourdes !

— On va commencer par un solide harcèlement, décide Stéphane.

Le mont Rachais offre des couverts propices. De là on domine la ville et ses issues vers la Chartreuse.

— Il faut attirer les Allemands hors de la ville. Nous allons attaquer la Bastille. Et quand les renforts arriveront...

Stéphane n'en dit pas plus. Son adjoint Maurice et les trois chefs de section l'ont bien compris.

Les maquisards se mettent en place dans la nuit du 26 au 27 juillet.

Tout commence par une diversion.

A 3 h 30 du matin, le 9e groupe quitte le camp du mont Rachais. Après une marche nocturne de cinq heures, les maquisards arrivent près de leur objectif, le pont de Pique-Pierre, et se glissent parmi les ouvriers qui viennent prendre le travail.

Devant le poste de garde allemand se tiennent deux soldats en sentinelle. Ils regardent passer les civils, comme chaque jour, et ne semblent pas se méfier. Tout à coup, les « Stéphanes » bondissent et dévoilent leurs armes.

— *Hände hoch !*

Mais les soldats de la Wehrmacht refusent de lever les mains. Ils ne sont que deux, face à la ruée d'une douzaine de furieux. Les hommes du 9e groupe n'ont pas de mal à les abattre et à s'emparer de leurs armes.

Seulement, le poste de garde, bien retranché derrière des murs de béton et protégé de fils de fer barbelé, riposte rapidement. Pris sous le feu, les maquisards ne peuvent franchir l'Isère. L'un d'eux est touché.

— Germain a la main traversée par une balle.

— Qu'il nous suive. On décroche !

Les assaillants se replient. Ils sont réduits à aller tendre une embuscade, un peu plus loin, vers Lachal.

Cette première attaque se solde par un semi-échec.

Pendant ce temps, la 2e section du sous-lieutenant de Quinsonnas surnommé Fiancey, qui a quitté le camp du mont Rachais à 4 heures du matin, est en train de se mettre en place, face au fort de la Bastille.

Cette unité qui comprend les 4e, 5e et 6e groupes d'assaut est renforcée par un mortier anglais, dont les servants viennent de la compagnie Bernard. Deux des groupes de la section se glissent à la lisière, tandis que le troisième reste un peu en arrière. Le lieutenant attend l'heure de l'attaque. Quinsonnas se souvient bien du plan de son chef :

— Pendant que tu attaques la Bastille, lui a dit le capitaine Stéphane, les deux autres sections monteront des embuscades sur les arrières, aux deux cols de Vence et de Clémencières. On va aussi harceler les deux postes ennemis de Pique-Pierre et de Saint-Laurent, aux portes de Grenoble.

— Où serez-vous, mon capitaine ?

— Sur le mont Jallat avec un groupe de réserve. Je vous appuierai de mes feux en cas de besoin.

Dès l'aube, les hommes du 4e groupe placés à l'avant-garde de la section Quinsonnas sont en place. Le premier tireur est installé dans la broussaille près des cavernes qui surplombent le fort. Quant au second, il s'est mis en batterie dans des rocailles et des arbustes, à une centaine de mètres plus à gauche.

Le chef de la 2e section a disposé en soutien, un peu en arrière, le 5e et le 6e groupe, qui sont dissimulés sur les pentes du mont Rachais et du mont Jallat.

— Vous attendrez mon ordre pour ouvrir le feu, a ordonné le sous-lieutenant de Quinsonnas.

Pour le moment, en ce milieu de matinée, le seul objectif qui se présente dans le champ de tir des fusils mitrailleurs est... un troupeau de chèvres.

— Est-ce qu'elles vont aller brouter ailleurs, ces idiotes ? s'exclame l'officier qui surveille tout le terrain à la jumelle.

Trois quarts d'heure se passent. Et puis voici un détachement en uniforme feldgrau qui apparaît. Les soldats allemands sortent du fort de la Bastille et se dirigent vers le champ de tir, situé juste en dessous des positions de combat tenues par les maquisards.

Les hommes de corvée amènent le matériel, les gradés font aligner leurs hommes au pas de tir. Un officier, flegmatique, surveille l'instruction. C'est une matinée de routine. Les premiers coups de feu claquent. Les soldats se rendent devant les cibles. L'officier commente les résultats. Ils forment un groupe bien tentant.

— Feu ! hurle Quinsonnas.

Brusques rafales. Cette fois, ce sont les hommes de la compagnie Stéphane qui viennent de tirer. Au bruit saccadé des six fusils mitrailleurs répondent les aboiements rauques des coups de départ du gros mortier anglais. Les premiers projectiles éclatent au milieu des Allemands bien regroupés autour de leurs instructeurs.

— En fait d'exercice, ils sont servis ! s'écrie Quinsonnas.

Déjà des morts et des blessés gisent sur le terre-plein que cinglent les rafales, soulevant des nuages de poussière. Et puis d'autres coups de mortier arrivent au but. Surpris, les rescapés se replient en désordre, sans même pouvoir ramasser ceux des leurs qui restent sur le terrain.

La 2e section vient de remporter la première manche.

Les maquisards se réjouissent de leur facile succès et ne comprennent pas pourquoi leurs adversaires ne réagissent pas.

— Qu'il sortent donc du fort, s'impatiente Quinsonnas. On les attend...

C'est sans doute pour cela que les soldats de la Wehrmacht se méfient et ne montrent pas le sommet d'un casque. Pendant plusieurs heures, les deux adversaires restent sur leurs positions. La chaleur, le silence, la poussière, tout soudain semble prendre une densité extraordinaire par cet après-midi du 27 juillet. De temps à autre, les Allemands tiraillent depuis le fort. A l'aveuglette. Quelques balles se perdent dans les frondaisons du mont Rachais. Et le silence revient.

Le capitaine Stéphane s'est installé en haut des anciens fours à chaux et surveille le terrain avec ses jumelles binoculaires.

— Ce n'est pas possible, murmure-t-il. Ils vont quand même finir par réagir !

Les heures s'écoulent. Toujours rien. Dans la soirée, les groupes d'assaut envoient des hommes de corvée chercher de l'eau et de la soupe, car personne n'a rien bu ni mangé de la journée. Il est 7 heures du soir bien passées maintenant. Les guetteurs du flanc ouest aperçoivent alors des Allemands qui manœuvrent en dessous d'eux, parmi les arbustes et les murets de pierres.

— On a l'ordre de ne pas se faire repérer, dit une des sentinelles à ses camarades. Je vais aller prévenir le capitaine.

Il n'en aura pas le temps. Les Allemands progressent rapidement et prennent à revers les deux groupes laissés face au fort de la Bastille. Une troisième section allemande surgit brusquement et se lance à l'attaque.

Les fantassins de la Wehrmacht sont appuyés par leurs camarades du fort. Mitrailleuses, mortiers et même pièces de campagne entrent brusquement en action. La journée qui vient de s'écouler a permis à l'adversaire de préparer en force sa contre-attaque. Les armes lourdes ne vont pas tarder à lui donner l'avantage. Toutes les hauteurs, au-dessus des maquisards de la section Quinsonnas, se trouvent très vite sous le feu de l'ennemi. Les Allemands ne semblent pas manquer de munitions. Leurs armes automatiques tirent bande sur bande à un rythme infernal. Et les servants enfournent sans cesse des obus dans les tubes.

Soldats de la Wehrmacht et maquisards vont en venir au corps à corps. Du haut de sa position des fours à chaux, le capitaine Stéphane observe la bataille qui tourne au désavantage de ses hommes. La 2e section se trouve rudement accrochée.

— Le lieutenant est blessé.

Quinsonnas, touché une première fois au bras, continue le combat avec une poignée de maquisards qu'il a regroupés. Mais une balle en pleine tête le couche raide mort.

Cette fois, c'est la fin. En avant de la falaise du mont Jallat, les deux groupes d'assaut sont submergés. Ils refluent, laissant derrière eux le corps de leur chef. Les Allemands les poursuivent, à portée de grenades. On entend des explosions. Et les sèches rafales de pistolets mitrailleurs. Les hommes des deux sections de soutien, un peu en arrière, sont menacés à leur tour. Dissimulés dans les rochers et derrière les arbres, ils essayent d'arrêter la ruée des Allemands, mais la vague s'avance, irrésistible.

— Contre-attaque, dit seulement le capitaine Stéphane.

Il n'y a pas grande réserve disponible. Et puis les mitrailleuses allemandes du fort de la Bastille tiennent tous les glacis sous leur feux. Les grenadiers ennemis continuent à avancer.

— Tirez dans le tas ! ordonne Stéphane aux servants des armes automatiques.

— Mais mon capitaine, il y a des camarades tout près d'eux !

— Mais tirez donc ! Il faut bloquer cet assaut.

Au combat, seules comptent la nécessité et l'urgence. Sacrifier quelques hommes pour sauver les autres. Finalement, les Allemands hésitent et se replient très rapidement vers l'abri du fort. Pas un maquisard n'est touché.

Maintenant arrive la nuit. Et la pluie.

— Nos deux complices, murmure Stéphane.

Le capitaine sait qu'il doit évacuer au plus vite le mont Rachais. Il a lancé son attaque contre le fort de la Bastille. De nombreux ennemis gisent hors de combat sur le champ de tir, d'autres sont tombés au pied de la falaise du Jallat. Sa mission de harcèlement est remplie.

— Surtout, dit le jeune chef à ceux qui l'entourent, ne pas nous laisser encercler.

Il faut décrocher. Ceux qui sont restés au contact de l'ennemi rejoindront. S'ils sont encore en vie.

Il manque une section entière, la 2e, celle du sous-lieutenant de Quinsonnas. Mais il reste deux sections, indemnes, à sauver.

— Ordre de repli, décide Stéphane, dents serrées et rage au cœur.

Les colonnes de sa compagnie s'enfoncent dans les ténèbres, cinglées par de soudaines et brutales rafales de pluie. Les hommes marchent la tête basse, traînant leur barda. Pour la première fois, Stéphane les sent découragés, à bout de force. C'est bien la peine d'avoir réuni toute la compagnie pour cette opération suicide sur Grenoble.

Une sorte de murmure s'élève. Le capitaine croit entendre le refrain même de la déroute de 40 :

— On est encerclés...

— Non, lance-t-il. On s'en sort !

Il est fou de colère. Pas question d'abandonner la lutte. Dès qu'il a rejoint le point de rendez-vous fixé à l'avance, il lance des patrouilles et renforce la garde sur les cols de Vence et de Clémentières. Il faut garder des chemins de repli.

Avec cette pluie, il fait très noir, presque froid. Stéphane frissonne. Sa sinusite le torture. Et puis la rage le reprend. C'est trop bête. Une section entière submergée et sans doute anéantie, sans qu'il puisse rien faire.

Dans l'obscurité, on entend des bruits de pas, un craquement de branches brisées, puis un sifflement, à peine audible. C'est le signe de ralliement des « Stéphanes ».

L'un après l'autre, les hommes de la 2e section parviennent à rejoindre leurs camarades. Les gradés font l'appel et viennent rendre compte. Il est 4 heures du matin.

— Nous sommes tous là, mon capitaine.

C'est miraculeux, pense Stéphane, qui demande :

— Il ne manque personne ?

— Personne... sauf le lieutenant. Il a été tué d'une balle en pleine tête. Il est mort. Aucun doute.

— Et son corps ? rugit Stéphane. Son corps... Vous n'allez pas le laisser comme ça ! Envoyez une patrouille le chercher. On l'enterrera nous-mêmes.

Les volontaires à l'étoile verte gardent les leurs.

Jusqu'au 5 août, les groupes d'assaut de la compagnie Stéphane vont bivouaquer sur les falaises du Saint-Eynard. De leur repaire, ils partent chaque nuit pour tendre des embuscades.

— Tout notre effort doit porter sur la nationale 85 et la nationale 6, ordonne le capitaine.

Ses hommes attaquent des convois à Voreppe ou aux Echelles. Les Allemands en sont réduits à circuler sous la protection des chars et des avions. Pourtant, les maquisards frappent. Douze hommes attaquent un bataillon de plusieurs centaines de soldats de la Wehrmacht et s'en tirent sans une égratignure, après avoir, pendant des heures, immobilisé une trentaine de camions chargés de troupes.

Le débarquement du 15 août en Provence ranime l'espoir des volontaires du Grésivaudan.

Moins d'une semaine plus tard, il n'est question que de prendre Grenoble.

Depuis le harcèlement du fort de la Bastille, les « Stéphanes » ont vu tomber trois des leurs, Marietta, Chabot et Ripert. Et au matin du 22 août les mines ennemies tueront encore Lamorlette et Barbieri.

Mais Grenoble est libérée par les Forces Françaises de l'Intérieur. La capitale du Dauphiné découvre, parmi les autres combattants sans uniforme, les « Stéphanes ». Leur chef commence par les faire se laver et s'habiller de neuf. Il est un peu surpris, comme il l'écrira plus tard, « par le foisonnement subit des partisans de la Résistance ».

Le défilé dans Grenoble, avec les cris, les drapeaux, les fleurs, n'est qu'un bref entracte qui montre aux hommes de la compagnie Stéphane qu'ils sont d'une autre race que ces civils libérés et dont bien peu les avaient aidés quelques mois auparavant quand ils menaient leur folle guérilla contre l'occupant italien puis allemand.

A peine Grenoble libérée, ce n'est qu'un cri :

— Les Allemands reviennent !

La nouvelle fait l'effet d'une bombe. Que se passe-t-il ? Descendant du nord, une colonne ennemie vient d'être repérée.

— Ils approchent de Voreppe.

Les rues de Grenoble se vident. Le capitaine Stéphane fait remarquer au lieutenant Maurice :

— Adieu lampions et drapeaux.

— Que faisons-nous ?

— On y va !

Il veut à tout prix éviter aux civils les représailles atroces dont les survivants du Vercors lui ont appris toute l'horreur.

Les groupes d'assaut se mettent en place et barrent la route. Mais déjà arrivent dans leur dos les premiers chars américains. Les Allemands semblent s'être évanouis.

De Belledonne, pourtant, parviennent des appels au secours. Des unités ennemies errent dans la montagne.

— On les poursuit ! lance Stéphane.

Plus que jamais ses hommes se font chasseurs. Le 24 août, surlendemain de la libération de Grenoble, une colonne allemande venue de Savoie reprend la vallée du Grésivaudan. Depuis Uriage les « Stéphanes » sont lancés sur les flancs et les arrières de l'ennemi.

Finalement, les soldats de la Wehrmacht, plutôt que de se battre sans espoir, acceptent de se rendre par petits groupes. Ils sont près d'un millier, avec armes et bagages. Croyant avoir affaire aux seuls Américains ils semblent fort vexés de découvrir, pour les emmener en captivité, vaincus, des soldats français à peine surgis de leur maquis.

Cette capitulation n'avait pas été obtenue facilement.

— Nous rendre à des « terroristes » ? Pas question.

Deux officiers américains, faits prisonniers quelques jours auparavant, ont bien du mal à convaincre leurs gardiens qu'il convenait mieux pour eux de devenir, à leur tour, des captifs.

Ces chasseurs de montagne, bavarois ou autrichiens, encore bien équipés, regardent avec stupéfaction les hommes qui les désarment.

— Des va-nu-pieds !

C'est exactement ce que devait dire un général français en découvrant les maquisards de la compagnie Stéphane...

Pour l'instant, en ce soir du 25 août, tous les groupes de combat sont rassemblés à Grenoble, au quartier Hoche, après avoir nettoyé Belledonne des derniers éléments ennemis.

Celui qui reste pour ses hommes le capitaine Stéphane ne songe qu'à reprendre le combat, au grand jour, loin des passions partisanes. Le bilan de la lutte qu'il a menée apparaît prodigieux : soixante-neuf opérations de guerre entre le 5 juin et le 24 août 1944. Sa compagnie ne déplore que douze tués et quatorze blessés graves. En face, les Allemands hors de combat se comptent par centaines...

Le chef d'une des unités les plus redoutables de la résistance armée découvre alors un monde qu'il ignorait, celui de la férocité sans risque. « Le triomphe de la Résistance marque sa fin, submergée par ses partisans de l'après-dernière heure, assombrie par un flot de haine et de basse vengeance. Les miliciens, que nous, terroristes, avons épargnés dans la rage de l'assaut, seront hideusement exécutés, après jugement par des magistrats : la foule réclamait du sang[1]. »

La compagnie Stéphane quitte la ville et part pour son domaine, la forêt à quinze cents mètres d'altitude. En vingt-quatre heures les groupes d'assaut sont prêts à repartir en opération.

— Nous allons poursuivre les Allemands en Maurienne, annonce le capitaine à ses hommes.

Ils vont constituer le premier bataillon de marche du Grésivaudan, en se regroupant avec les compagnies Maurois, Ribeill et Sotty[2]...

De nombreux volontaires se présentent. La compagnie Stéphane recrute. Ce qui compte, pour son chef, c'est le courage, l'endurance, la fidélité. Peu importe le passé. Déserteurs allemands et militants communistes voisinent avec des garçons qui ont appartenu aux Jeunes de l'Europe nouvelle. L'amalgame se fera au front.

— La guérilla est terminée, annonce le capitaine Poitau à ses « Stéphanes ». Maintenant, la guerre commence.

Désormais le capitaine Poitau commande le bataillon de marche du Grésivaudan, qui va se battre en montagne pendant un mois. Avant la fin de l'année, les volontaires à l'étoile verte de la compagnie Stéphane porteront les écussons du 15e BCA. Ils seront chasseurs alpins à part entière et formeront

1. Capitaine Poitau : *Guérilla en montagne,* texte établi pour l'Ecole d'Etat-Major, le 15 avril 1951.

2. 1re compagnie : Stéphane ; 2e : Ribeill ; 3e : Sotty ; compagnie d'appui ou C.A. : Maurois.

deux compagnies d'éclaireurs-skieurs engagées dans la dure bataille des Alpes de l'hiver 1944-1945.

Le capitaine Poitau conduira ses hommes vers la victoire. Il défilera dans Turin et partira avec eux jusqu'en Autriche. Puis il quittera un jour la tenue bleue pour s'engager dans les parachutistes au béret amarante.

Marié, père de famille, il reste fidèle à celui qu'il fut dans sa jeunesse, tout illuminé d'une foi naïve dans les vertus héroïques du métier des armes. Il écrit un jour à sa femme :

« Devenir une grande flamme rayonnante, comme m'a toujours apparu la vie, flamme nourrie de sacrifices, de douleurs, mais flamme belle et chaude, d'autant plus belle qu'on l'épargne moins, qu'on en fait une grande flambée qui éclaire les autres. »

Le 4 avril 1952, dans la région de Bao-Minh, à une trentaine de kilomètres au nord-est d'Hanoï, le capitaine Poitau sera mortellement blessé, à la tombée du jour, entre les postes de Tian-Son et de Phu-To-Son, au détour d'une piste oubliée.

C'est dans une lointaine embuscade que Stéphane trouve la mort qui n'avait pas voulu de lui à l'époque du Grésivaudan plongé dans l'interminable nuit de l'occupation.

CHAPITRE XVIII

A 2 819 METRES, LE PLUS HAUT COMBAT D'EUROPE

— Maintenant, on attaque !

Au sortir des durs mois de l'hiver 1944-1945, les chasseurs alpins des deux demi-brigades du détachement d'armée des Alpes [1] sont impatients d'en découdre. Ils veulent frapper vite et fort, sur les sommets que tiennent des ennemis coriaces.

Depuis cinq mois, les Alpins des bataillons où se retrouvent, en un rude amalgame, des résistants de l'Armée secrète, des Francs-tireurs et partisans et de jeunes volontaires bien décidés à ce que la guerre ne se termine pas sans eux, cantonnent dans les villages à demi ruinés de la Haute-Maurienne. Ils ont souffert du froid, de l'insomnie, des dures patrouilles sur les cols et vers les sommets par un froid épouvantable qu'ils ont affronté sans équipement hivernal. De jeunes recrues de la classe 1943 sont venues rejoindre les anciens. Tous posent la même question :

— C'est pour quand ?

En montagne, tout dépend des conditions atmosphériques. Or, elles sont épouvantables. Mars a été assez chaud et la neige a fondu et s'est tassée. Mais, au début du mois d'avril, alors qu'on attendait le printemps, c'est un véritable retour de l'hiver. Il neige sans arrêt. Et le vent se met à souffler de l'ouest, glacial. Une croûte cassante où l'on enfonce jusqu'aux genoux alterne avec des plaques verglacées où progresser devient un exercice d'acrobatie.

1. La 27e division d'infanterie alpine du général Molle, dont l'adjoint était le colonel Valette d'Osia, faisait partie du détachement d'armée des Alpes commandé par le général Doyen. Elle comprenait deux demi-brigades de Chasseurs Alpins. La 5e demi-brigade, commandée par le colonel de Galbert, avec le 7e BCA (commandant de Buttet), le 13e BCA (commandant Héritier) et le 27e BCA (commandant Godard). La 7e demi-brigade, commandée par le lieutenant-colonel Le Ray, avec le 6e BCA (commandant Costa de Beauregard), le 11e BCA (capitaine Grand) et le 15e BCA (commandant Lecoanet).

Le commandement — en l'occurrence le général Doyen, ancien chasseur alpin grièvement blessé à la face pendant la Grande Guerre — décide de s'emparer du plateau du Grand-Mont-Cenis qui ne culmine guère à plus de deux mille mètres.

Cet objectif, fortement défendu, constitue la porte même de l'Italie du Nord, dont les Allemands et les Italiens, à l'heure dernière, entendent faire l'ultime bastion de la résistance des forces de l'Axe. Mussolini et Adolf Hitler ne doivent-ils pas se réfugier dans le fameux « réduit alpin » ? Pour prendre le plateau, il faut s'emparer des pitons qui le dominent.

Le lieutenant-colonel Le Ray, qui commande la 7e demi-brigade de Chasseurs Alpins, fait appeler le capitaine Grand, chef du 11e BCA, que l'on continue à nommer le « bataillon de l'Oisans ». Les deux officiers se sont connus lors des combats de la Résistance dont ils ont été à Grenoble et dans l'Isère parmi les principaux acteurs.

— Le 11e va prendre à son compte la conquête des trois objectifs principaux, annonce Le Ray. A vous, le Mont-Froid, la pointe de Bellecombe et le col du Petit-Mont-Cenis. Les camarades du 15e s'empareront de la Turra et de l'Ouillon des Arcellins dès le lendemain. Puis ils lanceront une incursion sur les arrières de l'ennemi. Quant à ceux du 6e, je les garde pour l'instant en réserve.

— Et l'ennemi, mon colonel ?

— Nous avons contre nous le IIIe bataillon du 100e régiment de Gerbirgsjäger du major Singer. Ce sera un adversaire redoutable. Il y aura aussi une compagnie de la *Folgore*.

— Des « Piafs » !

— Oui, mais ceux-là, les parachutistes de la république fasciste, ce sont des durs. Tenaces et cruels.

Il ne reste plus qu'à fixer le jour de l'attaque. Tempêtes de pluie et de neige ne font que se succéder. L'opération, prévue pour le 4 avril, va être retardée de vingt-quatre heures au dernier moment.

Très vite, il apparaît que le plus dur sera la prise du Mont-Froid, qui culmine à 2 819 mètres. Le chef du 11e BCA désigne les unités qui vont prendre part à cette attaque hivernale qui exige une progression sur mille mètres de dénivelée :

— L'attaque sur le Mont-Froid sera menée par la 4e compagnie du capitaine Branche, renforcée par la section d'éclaireurs-skieurs du sous-lieutenant Julien Faure de la 2e compagnie.

Le général Molle qui commande la division alpine vient en personne à la fin de l'après-midi du 4 avril, passer l'ultime inspection des hommes cantonnés au Verney et qui vont essayer de conquérir le Mont-Froid. Dans le crépuscule, les visages, sous le grand béret alpin, paraissent encore plus durs et plus tendus. Beaucoup de ces hommes sont de solides montagnards. Mais les meilleurs alpinistes savent que ce qui leur est demandé, contre un ennemi résolu et par ce temps épouvantable, frise l'impossible.

Il est maintenant 6 heures du soir quand le capitaine Branche lance seulement :

— En route !

Depuis l'avant-veille, sa 3e section, celle de l'aspirant Vannier se trouve au Jeu, dans ce no man's land où se croisent, depuis des mois, les patrouilles des chasseurs alpins et des Allemands, occupant tour à tour les chalets abandonnés et se surveillant mutuellement.

Il ne faudra pas moins de quatre heures de marche dans la neige et la nuit pour gagner ce hameau dont la 4e compagnie fera sa base de départ.

— Rien à signaler, Vannier ?

— Rien, mon capitaine. Les Allemands ne se montrent pas. Avec un temps pareil, ils ne doivent pas s'attendre à une attaque.

— Il faut être fou pour mettre le nez dehors. Mais justement, c'est parce que nous allons nous conduire comme des fous que nous risquons de gagner.

Le capitaine ordonne à ses hommes de se reposer quelques instants tandis qu'il étudie, une dernière fois, le plan d'attaque avec ses chefs de section :

— C'est bien compris, dit-il, la SES de la compagnie attaque par l'arête nord-ouest du Bloc Ouest et notre 3e section par l'arête sud. La section de mitrailleuses nous appuie et je garde en réserve la 2e section.

— Et moi, mon capitaine, demande le sous-lieutenant Julien Faure, un solide montagnard de quarante ans. J'attaque toujours par les pentes nord du Bloc Centre ?

— Rien de changé, lui dit Branche, très heureux de pouvoir compter sur ce solide renfort qui lui arrive de la 2e compagnie.

— Quand partons-nous, mon capitaine ? demande le lieutenant Lacabe, qui commande la SES de la 4e compagnie.

— Tout de suite.

Déjà assez fatigués par les quatre heures de marche qui les ont conduits jusqu'au Jeu, les Alpins se remettent en route pour gagner le pied même du Mont-Froid. L'ascension des pentes vers le Bloc Ouest, dans des pierrailles qui glissent sous le pied et sur des plaques de neige pourrie est épouvantable. Il fait —20° et les assaillants, lourdement chargés, ont l'impression qu'ils n'arriveront jamais en haut de ce sommet qui les domine de toute sa masse hostile. Ils progressent dans une véritable tempête de neige fondue.

A 3 heures du matin, les voici enfin au pied de la dernière pente, à la cote 2 466 mètres.

— Ne gardez que les armes et les munitions, ordonne le capitaine Branche. Nous viendrons rechercher les sacs plus tard.

Ses Alpins sont armés de pistolets mitrailleurs, de quelques fusils et surtout de grenades. Comme armes collectives, ils servent des FM 24/29 qu'ils connaissent bien. C'est un engin robuste et, par ce temps épouvantable, la simplicité du mécanisme compense largement la cadence de tir peut-être un peu lente.

L'ultime escalade commence à quatre heures et demie du matin, ce 5 avril. Il ne reste plus que trois heures de nuit et il faut absolument atteindre le sommet du Mont-Froid avant l'aube si on veut surprendre l'ennemi.

Lentement le plafond nuageux, très dense, se dissipe et la lune vient éclairer tout le paysage. Au moins, la tempête servait de camouflage. Maintenant, c'est dans une pénombre laiteuse que doit se terminer la dure montée vers l'objectif. Parfois, un homme dérape sur une plaque de verglas, glisse sur quelques mètres, se rattrape, reprend, les dents serrées, l'ascension en maugréant une injure contre « cette sale montagne pourrie »...

Le sous-lieutenant Faure et le lieutenant Charvet, chef de la 1re section de la 4e compagnie qui lui sert de guide, progressent avec leurs hommes sur la crête dite du général Sarret. Ils réussissent à s'approcher du Bloc Ouest.

— Attention, il y a une tranchée ! dit Charvet.

Elle mène de la galerie au poste d'observation de l'arête ouest. Mais par ce temps épouvantable, aucune sentinelle ne s'y trouve. Qui aurait l'idée d'attaquer par ces pentes impossibles ?

— Vite, dit le chef des éclaireurs-skieurs. Le groupe Bruni en surveillance sur les quatre sorties.

Les Alpins s'installent dans la neige autour de leurs armes automatiques braquées vers le Bloc Ouest.

— J'y vais ! lance le sous-lieutenant Faure.

Ce quadragénaire est infatigable. Il se jette en avant et lance une grenade dans les issues de l'ouvrage. Puis une autre. Et encore une... Les trois explosions s'enchaînent. Brutalement. L'officier saute alors dans un des trous qui protègent le Bloc. Il est refoulé par un Allemand qui l'accueille, à quelques mètres, par une rafale de pistolet mitrailleur. Faure n'a que le temps de sauter en arrière.

— Vous êtes blessé, mon lieutenant ?

— Non, je ne crois pas.

Il s'en faut de peu. Ses vêtements sont troués de plusieurs balles. Son portefeuille est traversé et sa boussole brisée. Qu'il ne soit pas lui-même atteint est un vrai miracle.

— Allez ! ordonne-t-il. On y retourne !

Le caporal Reverbery se précipite en avant et se fait cueillir par une nouvelle rafale qui le blesse grièvement au bras droit. Il n'est pas le seul frappé. Un chasseur de la section de l'aspirant Vannier a le fût de son fusil cassé par une balle et un éclat de bois l'atteint à la joue. Le sang ruisselle et tache son survêtement blanc, mais la blessure n'est pas grave et le froid a vite fait de cicatriser la plaie sur laquelle se forme une croûte de glace.

D'autres Alpins s'en prennent au Bloc Centre. L'adjudant-chef Benoit-Lizon mène l'assaut avec le groupe Dap et plusieurs hommes de la section de l'aspirant Vannier. Un Allemand essaye de s'enfuir, mais il est tué aussitôt. Un autre expédie une grenade sur les assaillants. Elle éclate sans leur causer de dommage.

— Je vais essayer de lancer une grenade dans le trou d'entrée du Bloc, annonce l'adjudant-chef.

Le sous-officier s'avance, mais il se fait prendre à partie par des tireurs installés dans le Bloc Est et doit rapidement se replier. Près de lui, un chasseur de la section Vannier s'écroule en lui criant :

— Mon adjudant-chef, ne me laissez pas. Je suis blessé !

— Ne bouge pas, je vais venir te panser, lui lance le sous-officier qui se précipite et parvient à le porter jusqu'au-delà de la crête, où ils vont se trouver, l'un comme l'autre, à l'abri des tirs ennemis.

La section d'éclaireurs-skieurs de la 4e compagnie, commandée par le lieutenant Lacabe, doit attaquer le Bloc Est. L'ouvrage est isolé des deux autres et il se trouve au bout d'une arête d'environ six cents mètres de longueur. Du fortin, une arme automatique prend les Alpins à partie alors qu'ils essayent de progresser sur la crête très étroite qui mène à l'ouvrage. Pourtant les éclaireurs arrivent au contact et commencent un combat au pistolet mitrailleur et à la grenade, avec le soutien des fusils mitrailleurs qui essayent de museler les pièces adverses. Deux ou trois Allemands sont tués. Mais les éclaireurs du lieutenant Lacabe voient tomber quatre des leurs, Pic, Sonnier, Favier et Cudraz, mortellement atteints.

Sur le Bloc Centre, la bataille continue. L'adjudant-chef Benoit-Lizon descend sur le toit de l'ouvrage et tue un Allemand d'une rafale de son pistolet mitrailleur. Puis il saute devant l'entrée du bloc et parvient à faire prisonniers les deux derniers chasseurs de montagne de la Wehrmacht qui se trouvaient dans l'abri. Ils avancent, les mains en l'air, et le sergent Dap les conduit derrière la crête.

Le feu semble se calmer un instant. En haut du Mont-Froid, seul le Bloc Centre est tombé en quelques minutes au pouvoir des chasseurs alpins. Mais le Bloc Ouest tout comme le Bloc Est, isolé au bout de son arête, résistent toujours.

L'adjudant-chef Benoit-Lizon rejoint le lieutenant Lacabe, qui surveille ce dernier ouvrage, de loin le plus menaçant pour les assaillants du 11e BCA.

— Il va falloir reprendre l'assaut, dit l'officier.

Au même moment, un chasseur qui se trouvait à quatre mètres d'eux est frappé par une balle. Il perd l'équilibre et glisse sur la pente nord du Mont-Froid. L'adjudant-chef pose son pistolet mitrailleur et se lance à son tour dans la pente pour essayer de le rejoindre et de le porter à l'abri de la crête.

La mitrailleuse allemande du Bloc Est cesse de tirer dès que ses servants s'aperçoivent qu'il s'agit de porter secours à un blessé. Entre montagnards, de tels gestes donnent au combat une noblesse bien souvent inconnue dans les vallées.

A l'autre extrémité du sommet, le sous-lieutenant Faure essaye d'obtenir sans combat la reddition du Bloc Ouest, où une dizaine d'Allemands réfugiés dans un souterrain sans issue refusent de cesser le combat. L'officier fait appeler un des prisonniers du Bloc Centre.

— Va dire à tes camarades de se rendre, lui demande-t-il. Tu vois bien qu'il n'y a plus d'espoir pour eux.

Sans trop se faire prier, le captif va parlementer. Au début de l'après-midi, ces hommes accepteront de se soumettre. Parmi eux, il y a trois blessés.

— Il faut les soigner, dit le sous-lieutenant Faure au sergent Bruni.

Le sous-officier sort aussitôt d'une musette le matériel sanitaire, tandis que prisonniers allemands et chasseurs alpins s'installent sur le sommet du Mont-Froid, balayé par des rafales de vent glacial.

Très rapidement, l'adversaire établi près du lac du Mont-Cenis réagit et commence à prendre l'objectif conquis sous une pluie d'obus de mortiers. Les projectiles tombent, sans distinguer amis et ennemis, désormais étroitement confondus dans les trous creusés au sommet de l'ouvrage.

L'artillerie française répond aux pièces allemandes. Pendant toute la journée, vainqueurs et vaincus, totalement mêlés au sommet du Mont-Froid, observent les explosions qui secouent la montagne.

— Une fusée !

— J'ai vu, dit seulement le capitaine Branche arrivé dans les premiers au sommet du Mont-Froid.

Ses trois feux verts indiquent que les éclaireurs-skieurs du lieutenant Frendo viennent de s'emparer de la pointe de Bellecombe. L'attaque sur le massif du Mont-Cenis semble se dérouler normalement. Mais ce Bloc Est continue à narguer les assaillants du Mont-Froid. Par moments, il en part une rafale de mitrailleuse qui balaye le sommet.

— Il faut absolument nous emparer de cet ouvrage, s'exclame le chef de la 4e compagnie.

— Attendons la nuit, mon capitaine, lui conseille le lieutenant Charvet.

— D'accord.

Dès le crépuscule, la 2e compagnie de Reymond se lance sur l'arête qui conduit à l'ouvrage. Les Alpins progressent assez rapidement. Mais dès qu'ils arrivent près de l'ouvrage, les défenseurs ouvrent le feu et les assaillants doivent se replier, sans avoir subi de pertes, ce qui est un vrai miracle.

Le capitaine Branche enrage et décide :

— On tentera un nouvel assaut au milieu de la nuit.

A minuit, ce ne sont pourtant pas les Français qui attaquent mais les Allemands ! Venu de la vallée, un groupe d'assaut se rue sur le Bloc Centre que tient la 3e section de l'aspirant Vannier.

Par radio, les défenseurs du Mont-Froid demandent un tir de barrage. Après une belle fusillade, cette première contre-attaque est brisée.

Maintenant, c'est contre les éléments déchaînés qu'il faut lutter. Le froid est épouvantable et atteint — 20°. Avec l'aube des nappes de brouillard passent et repassent, supprimant par moments toute visibilité. Les vainqueurs du Mont-Froid ne distinguent plus rien au-delà de quelques mètres. Le Bloc Est semble avoir sombré dans cette véritable purée de pois gluante et glacée.

Le capitaine Branche appelle près de lui le lieutenant Lacabe et l'adjudant-chef Benoit-Lizon.

— Il faut profiter du brouillard pour prendre le Bloc Est, leur dit-il. Ce temps bouché sera notre meilleur allié.

Cette fois, on ne fait pas appel à une des sections de la compagnie mais on forme un groupe d'assaut, uniquement composé de volontaires.

Quelques Alpins, presque tous des éclaireurs-skieurs, se sortent de leurs trous où ils ont gelé pendant toute la nuit et s'avancent sur l'arête. De chaque côté, des écharpes de brume s'accrochent aux pentes. L'adjudant-chef Benoit-Lizon progresse à plusieurs dizaines de mètres devant ses camarades. Il arrive seul devant le Bloc Est et lance aussitôt deux grenades dans l'abri. Il attend un instant et, après les deux explosions, pénètre à l'intérieur, le pistolet mitrailleur au poing. Il ressort aussitôt, fait un geste de la main, se met à crier. Avec le brouillard la voix porte mal :

— Il n'y a plus personne... Plus personne... Tous partis.

Les Allemands ont décroché dans la nuit, ne laissant dans le Bloc Est que le cadavre de l'adjudant-chef allemand qui commandait l'ouvrage et celui d'un de ses chasseurs de montagne.

Le sous-lieutenant Julien Faure rejoint le capitaine Branche sur le sommet du Mont-Froid.

— Les trois Blocs sont entre nos mains. La mission de ma

SES auprès de votre compagnie est donc terminée, mon capitaine.

— Très bien, Faure, vous redescendrez sur le poste de commandement du bataillon dans l'après-midi [1].

Cette journée du 6 avril est marquée par un duel d'artillerie. Canons et mortiers des deux camps ne cessent d'échanger des coups. Le Bloc Centre et le Bloc Ouest sont particulièrement visés par l'adversaire. A la suite d'une erreur de réglage, ce sont des éclats d'obus français qui vont tuer au début de l'après-midi le médecin auxiliaire Strobel ainsi que l'éclaireur-skieur Garnier.

Le capitaine Branche parcourt toutes les positions occupées par ses Alpins au sommet du Mont-Froid et ne cesse de répéter :

— Enterrez-vous. Les Allemands vont contre-attaquer. Soyez prêts.

On aménage des postes de tir pour les armes automatiques. Mais ce temps épouvantable paralyse un peu les défenseurs des trois Blocs conquis la veille de haute lutte. Les chasseurs souffrent du froid et de la faim. On compte déjà plusieurs malades et des pieds gelés.

Pourtant, ils vont passer une troisième nuit en montagne, à plus de 1 800 mètres d'altitude. Rafales de vent et nappes de brouillard se succèdent. Ce début d'avril est épouvantable.

Maintenant, le Mont-Froid sombre dans les ténèbres. Le vent hurle. A 10 heures du soir, le Bloc Centre est à nouveau attaqué.

— Alerte générale ! décide le capitaine Branche. Envoyez des fusées éclairantes.

A leur lueur fulgurante, les Alpins expédient quelques grenades sur les assaillants qui n'insistent pas davantage.

— Ils reviendront, dit seulement le chef de la 4e compagnie du 11e BCA, qui estime que sa situation va vite s'aggraver.

A 11 heures du soir, nouvelle attaque. Cette fois les Allemands bénéficient d'une véritable préparation d'artillerie. Leur objectif est le Bloc Est. Les guetteurs, paralysés par le froid, ne voient ni n'entendent pratiquement rien dans le brouillard. Les Allemands s'approchent très près. Soudain ils lancent leur assaut, rapide et brutal.

— Alerte ! Alerte ! Ils sont là ! crie le chasseur Paquet qui a juste le temps de tirer une rafale de fusil mitrailleur avant de s'écrouler sur son arme, frappé à mort.

Ses camarades de la SES de la 4e compagnie ripostent en lançant des grenades. Mais ils ne peuvent stopper l'assaut ennemi. Ils doivent abandonner le Bloc Est et se replier tant bien que mal par l'arête étroite qui mène vers le Bloc Centre.

---

1. Le sous-lieutenant Julien Faure sera tué d'une balle en plein front moins d'une semaine plus tard, le 11 avril, alors qu'il attaquait avec sa SES, sous les ordres du lieutenant Frendo, la Pointe de Cugnes et le signal du Petit-Mont-Cenis.

Le capitaine Branche se voit à son tour durement attaqué. Des mitrailleuses ennemies lui tirent dessus depuis plusieurs pitons voisins et les balles traçantes convergent toutes vers le sommet du Mont-Froid. Sur les pentes, les sections d'assaut des chasseurs de montagne de la Wehrmacht s'apprêtent à une nouvelle opération.

Et dans cette fournaise, ce qui devient le plus épouvantable, c'est le froid. La température ne fait que chuter et descend maintenant à — 30°. Les chasseurs alpins tombent de sommeil et de fatigue. Et ils sentent qu'ils sont véritablement en train de geler sur place.

A 3 heures du matin, dans la nuit du 6 au 7 avril, les Allemands ont réussi à reprendre toute l'arête et commencent à déborder le Bloc Centre par le nord.

Les tireurs au fusil mitrailleur doivent être relevés toutes les dix minutes tant il fait froid dans les trous où sont installés les Alpins. Le lieutenant Charvet n'arrive même plus à assurer cette relève aux postes de tir, car tous ses hommes sont à bout de force. Et le tir de mortiers allemands se fait plus dense et plus précis. L'aspirant Vannier et deux chasseurs sont blessés.

— Pas question de m'évacuer, dit le jeune chef de section. Je reste à mon poste.

Près de lui le chasseur André s'écroule, tué net par un éclat de mortier. La 3e section, très en avant des autres, reçoit l'ordre de se replier pour rejoindre le lieutenant Charvet. Les chasseurs de montagne de la Wehrmacht, dans le brouillard glacial, s'approchent encore. On entend des coups de feu isolés, des rafales d'armes automatiques, des explosions sourdes. Avec ce temps épouvantable, tout se déroule dans une confusion ouatée. Les mauvaises nouvelles se répandent de trou de neige en trou de neige.

— Le sergent Thiebaut vient d'être tué d'une balle en pleine tête.

— Il n'y a plus de munitions.

— Les Allemands sont en train de nous encercler !

Le capitaine Branche expédie un agent de liaison vers les avant-postes avec quelques paquets de cartouches. Dès qu'il arrive, celui-ci, le chasseur Franck, lance à ses camarades :

— Je reste avec vous !

Il s'écroule presque aussitôt, frappé à mort.

Les chefs de section font demander à leur commandant de compagnie quels sont les ordres.

— Tenir sur place et ne pas reculer, leur dit le capitaine Branche. C'est tout.

Vers 3 heures du matin, la 4e compagnie reçoit enfin quelques renforts.

Le capitaine Martinerie, récemment arrivé au bataillon dont il commande la 2e compagnie, rejoint le capitaine Branche.

— J'ai reçu l'ordre de me mettre à votre disposition, lui dit-il.

— Que m'amenez-vous ?

— Une partie de ma 2e compagnie du 11e BCA ainsi que des éléments du 6e BCA.

— Il faudrait essayer de reprendre le Bloc Est.

— Je vais demander des volontaires.

Ils sont une vingtaine, ceux du 6e avec l'adjudant-chef Jeangrand et ceux de la 2e compagnie avec le sergent-chef Vague. Le capitaine Martinerie décide alors :

— Je prends moi-même le commandement de cette patrouille.

— Je vais avec vous, mon capitaine, dit le sous-lieutenant Huguenin.

A peine engagés sur l'arête, les nouveaux arrivés sont pris sous le feu terrible d'armes automatiques. Puis les Allemands jaillissent du Bloc Est et se lancent à la contre-attaque. Un coup de Panzerfaust désorganise le petit groupe des assaillants. Le capitaine Martinerie perd connaissance. Quand il revient à lui, il est prisonnier des Allemands. Presque tous ceux qui l'entouraient ont été tués, dont les deux sous-officiers, Vague, du 11e, et Jeangrand, du 6e.

Sur le sommet du Mont-Froid, le capitaine Branche après la disparition de son camarade Martinerie, se trouve dans une situation de plus en plus critique. Il récupère quelques-uns de ses chasseurs du Bloc Ouest pour renforcer le Bloc Centre.

— Prenez position au nord de l'ouvrage, dit-il.

Le caporal-chef Lopez décide de faire encore mieux et bondit sur le sommet même de l'ouvrage avec une mitrailleuse allemande capturée l'avant-veille. Il ouvre un feu d'enfer sur les Allemands qui arrivent maintenant à une trentaine de mètres seulement du Bloc Centre. Les assaillants se mettent à crier en français :

— Rendez-vous ! Vous êtes battus par les armes (*sic*) !

Lopez leur répond par des petites rafales sèches et précises avec la MG 42. Les chasseurs de montagne de la Wehrmacht sont stoppés dans leur assaut brutal, mais continuent lentement à s'infiltrer.

— Economisez les munitions, ordonne le capitaine Branche. Que les FM tirent coup par coup.

Le plus terrible pour les Alpins, c'est que beaucoup de leurs armes sont devenues inutilisables à cause du gel qui en bloque le mécanisme.

Du poste de commandement du 11e BCA, le capitaine Paut a grimpé jusqu'au sommet du Mont-Froid avec une corvée qui amène quelques caisses de munitions. Il apporte aussi un ordre du chef de bataillon, le capitaine Grand : « Tenir sans esprit de recul. » L'officier de liaison participe à la défense, l'arme au poing, et ne tarde pas à s'écrouler, atteint d'une balle en pleine poitrine. On va l'évacuer sur un brancard dès que le feu se calmera un peu. Mais le capitaine Paut se sait mortellement atteint. Il murmure alors :

— Maintenant, je puis mourir, puisque le Mont-Froid nous reste.

« Nous reste » ? Ce n'est, hélas, pas si certain. La situation est de plus en plus grave pour la 4e compagnie du capitaine Branche.

Les Allemands recommencent à crier :

— Rendez-vous ! Rendez-vous !

Cette fois, ce n'est pas le tir d'une arme automatique qui leur répond. Mais un chant. Les chasseurs de la section de l'aspirant Vannier dans le Bloc Centre entonnent tous ensemble la *Sidi-Brahim*. Comme leurs aînés de 1915 ou de 1940 ! Au sommet du Mont-Froid, le chant vengeur claque comme un drapeau dans la tempête.

En avant, braves bataillons,
Jaloux de notre indépendance,
Si l'ennemi vers nous s'avance...

L'aspirant Vannier semble illuminé par quelque coup de folie guerrière. Il accomplit pourtant le seul geste raisonnable au milieu de tout ce tumulte :

— En avant ! A la contre-attaque ! hurle-t-il à ses Alpins. En avant !

Les chasseurs de la 3e section se précipitent hors du Bloc en chantant toujours la *Sidi-Brahim* :

Marchons, marchons, marchons !
Mort aux ennemis de la France !

Les pistolets mitrailleurs crépitent et les grenades explosent. Stupéfaits et bousculés, les Allemands hésitent, puis commencent à refluer sur la pente nord.

Le lieutenant Charvet avec quelques chasseurs intervient à son tour. Il n'a plus qu'une seule arme automatique. Mais il parvient à effectuer un mouvement tournant et à prendre ses adversaires par-derrière.

Les Allemands se replient alors à la faveur du brouillard.

Il est 6 heures du matin. Le jour va bientôt se lever. Les Alpins, debout sur le sommet, vident leurs derniers chargeurs sur l'ennemi en fuite. Le combat du Mont-Froid a coûté quinze tués, quinze blessés et trois disparus.

A 8 heures du matin, le capitaine Branche reçoit un ordre de son chef de bataillon :

« La 4e compagnie sera relevée au sommet du Mont-Froid par la 2e compagnie du 11e BCA et par la 4e compagnie du 6e BCA. »

Pour saluer le départ des vainqueurs de ces journées et de ces nuits terribles, les Allemands lancent un véritable feu d'artifice d'obus de mortier. Mais personne n'est touché.

Trois jours plus tard, à Saint-Pierre-d'Albigny, le général de Gaulle lui-même remet la croix de guerre avec palme à la 4e compagnie et à son chef le capitaine Branche.

Quant à leur bataillon, il sera grâce à eux cité à l'ordre de l'Armée par le général Doyen qui écrit :

« Le 11e BCA, commandé par le capitaine Grand, a remporté un succès peut-être unique dans l'histoire de l'Armée française des Alpes [1]. »

---

1. Tandis que le 11e BCA s'emparait du Mont-Froid et de Bellecombe, la SES du 15e BCA gravissait la pointe de Clairy à 3 173 m d'altitude. En Tarentaise, les bataillons de chasseurs alpins de la 5e demi-brigade connaissaient aussi des succès prodigieux, notamment le 13e BCA au Roc Noir et à la Redoute Ruinée, et le 7e BCA au roc de Belleface. Ces combats en haute altitude du printemps 1945 comptent parmi les plus grands exploits des chasseurs alpins. Dans l'Ubaye, le 24e BCA reconstitué sous les ordres du commandant Marey, s'emparait de vive force du col de Larche le 26 avril 1945.

V

1946-1983

CHAPITRE XIX

DANS LES RIZIERES DE DAT-DO-PHUONG

Là-haut sur la montagne
L'était un beau chalet...

Le chant monte de l'entrepont du paquebot *Ile-de-France* transformé en fournaise, tandis que le bâtiment arrive en mer Rouge, à la mi-janvier 1947, après avoir longuement cuit et recuit sa coque de fer au soleil du canal de Suez.

— Qu'est-ce qui se passe ?

— Ce sont les « chass' bit' » qui sont en train de chanter.

— Ils ont le moral !

Pour avoir le moral, ils ont le moral, les chasseurs de la 1re compagnie du bataillon de marche du 110e régiment d'infanterie, en partance pour l'Extrême-Orient. Autour de l'adjudant Pomi et du sergent Perron, un ancien de l'Ecole de Haute Montagne, ils se sont regroupés à quelques-uns et tous les chants du répertoire montagnard vont défiler.

... La neige et les rochers
S'étaient unis pour l'arracher

Malgré la chaleur, s'ils ont adopté l'uniforme de toile des troupes coloniales, ils ne se sont pas séparés de leur grande « tarte » bleu sombre qui leur confère incontestablement leur style d'Alpins envers et contre tous. Et pourtant, les voici désormais pour le meilleur et pour le pire « intégrés » dans un bataillon de « Biffe », bataillon métropolitain d'ailleurs et non colonial, ce qui n'est pas la moindre singularité de cette aventure.

Cette 1re compagnie du 110e RI est entièrement composée de chasseurs alpins, volontaires pour l'Indochine [1].

1. La compagnie Desserteaux, mise sur pied à Bregenz, le 1er janvier 1947, comprend quatre officiers, vingt-quatre sous-officiers, dont un aspirant, et cent

Ils connaissaient pourtant une heureuse occupation en Autriche et s'apprêtaient, à l'approche de l'hiver, à retrouver leurs « planches » pour de nouvelles compétitions de ski. Seulement, l'appel de l'aventure, le désir de continuer à servir le pays sur un lointain théâtre d'opérations extérieures, le plaisir de rester entre copains, tout cela les a conduits à se retrouver, en ce début d'année 1947, comme passagers gratuits sur l'*Ile-de-France*. Pour maintenir l'esprit de corps, chaque section provient en grosse majorité du même bataillon de Chasseurs Alpins. Ce sont les 6e, 11e, 13e et 27e BCA qui ont fourni le plus gros des effectifs de cette compagnie singulière de cent quatre-vingt-neuf chasseurs, qui tient jalousement à garder toutes les traditions de l'arme bleue.

Les chanteurs se sont arrêtés. Un jeune officier, très mince, avec des lunettes à fine monture chaussant un nez pointu, donne discrètement le signal des applaudissements. Il sourit.

Il sourit toujours, le capitaine Desserteaux. Quelles que soient les circonstances. Il a connu bien des aventures et son nom est déjà légendaire parmi les Alpins, dont il est, à moins de vingt-neuf ans, un des chefs les plus prestigieux. Quand il s'est porté volontaire pour l'Indochine, quarante-deux chasseurs de son 13e BCA l'ont suivi, sans un instant d'hésitation. Il est de ceux dont on dit qu'ils vous mèneraient jusqu'au bout du monde, et même au-delà.

Le voyage va durer vingt-deux jours, par Ceylan et Singapour. Les anciens du 13e en profiteront pour raconter à leurs camarades les exploits de celui qui reste *leur* capitaine :

— En septembre 1939, quand il sortait de Saint-Cyr, il a rejoint le 70e bataillon alpin de forteresse à Bourg-Saint-Maurice. On lui a confié une section et le poste de la Redoute Ruinée, un vrai nid d'aigle, situé sur une barre rocheuse, à 2 400 mètres d'altitude. De là, il commandait les vallées d'Aoste et du Petit-Saint-Bernard.

— Quelle position stratégique !

— Tu parles ! Alors, imagine l'envie qu'avaient les « Piafs » de le déloger. Ils ont mis le paquet. Mais rien à faire pour venir à bout du capitaine, qui n'était que sous-lieutenant à cette époque. Complètement encerclés, les hommes de la Redoute Ruinée ne se rendaient pas. Le drapeau français a flotté sur l'ouvrage jusqu'au 2 juillet 1940, huit jours après l'Armistice. Et quand la section Desserteaux a quitté le fort, sur ordre, les Italiens ont présenté les armes.

---

soixante et un caporaux et chasseurs. Les chefs de section sont : le lieutenant Le Scouarnec (11e BCA) à la 1re section ; l'aspirant Boisson (27e BCA) à la 2e section ; le lieutenant d'Amonville (6e BCA) à la 3e section ; le lieutenant Willard (13e BCA) à la 4e section (lourde) ; l'adjudant Ducrey à la section de commandement.

Le jeune officier était ensuite resté dans l'armée d'armistice, au 13e BCA de Chambéry, qu'il n'allait plus quitter. Au mois de novembre 1942, c'est l'invasion de la zone libre et la dissolution des unités.

— Et tu ne sais pas ce qu'il a fait alors, le capitaine ? Eh bien, il est redevenu étudiant. Imagine qu'il a passé tous les examens et qu'il peut être prof' d'histoire et géo, s'il voulait.

— Plus d'armée, alors ?

— Attends. En juillet 1944, il rejoint la Résistance. Il devient officier de renseignements du bataillon de l'Armée secrète de Savoie. Mais son travail, ce n'était pas seulement de rassembler des fiches et de mettre à jour des cartes d'état-major. Lors de la libération de Modane, on le retrouve les armes à la main, faisant le coup de feu.

Le 1er octobre 1944, quand le 13e BCA est reconstitué, le lieutenant Desserteaux devient officier adjoint du commandant Héritier, son patron dans la Résistance.

— Mais il a mis une condition avant de prendre ce poste.

— Il ne manquait pas de culot, ce lieut'... Et quelle condition, donc ?

— Celle de participer aux actions de guerre du bataillon. Ce qu'il aime, ce sont les coups de main à 3 000 mètres d'altitude. Au mont Valezan ou au col de la Louie Blanche. Le plus fantastique, ce sera, le 27 mars 1945, l'opération sur le Roc Noir, avec son copain Chappaz et les éclaireurs-skieurs de la demi-brigade. Un canon de 75 capturé avec quatorze servants. Alors, il a eu la « rouge ». Mais sais-tu ce qui lui a fait le plus plaisir dans toute cette campagne ?

— Non, raconte.

— Eh bien, c'est lui qui a hissé le drapeau français sur la Redoute Ruinée, son ancien fortin de 40.

Promu capitaine dès avant la fin de la guerre, Desserteaux déboule dans le Val d'Aoste, puis se retrouve en Autriche, où il commande une compagnie de recrues. Les jeunes appelés découvrent un chef si prestigieux que certains rempilent. Quand on demande des volontaires pour l'Extrême-Orient, Desserteaux exige d'être le premier à partir.

Au fur et à mesure que l'*Ile-de-France* de rapproche de Saigon, où il doit déposer un certain nombre d'éléments, avant de gagner Tourane, la 1re compagnie du bataillon de marche du 110e RI n'est plus connue à bord que sous le nom de « compagnie Desserteaux ». Son chef impose son style à tous ceux qui le côtoient.

Le chef de bataillon Le Vigouroux, qui commande l'unité, n'est pas fâché d'avoir sous ses ordres une compagnie qui possède autant de tonus et il ne manque pas d'assister aux « dégagements » qu'organisent les chasseurs alpins, jamais en retard quand il s'agit de mettre de l'animation à bord.

Le seul d'entre eux qui ne porte plus le grand béret alpin, c'est le capitaine lui-même, qui arbore désormais un calot de toile beige clair.

— C'est la coiffure réglementaire de la « Biffe », dit-il en souriant. Alors, si je ne donne pas moi-même l'exemple de la discipline...

Il ne manquera pas pourtant d'indulgence pour ses chasseurs qui continueront, imperturbables, sous toutes les latitudes, à commettre cette entorse au règlement. Il ne reste plus que cet attribut vestimentaire qui les rattache extérieurement à l'arme bleue. Intérieurement, ils ne l'ont jamais quittée.

Un jour prochain, ils porteront même un insigne spécial pour leur seule compagnie et qui comporte une carte d'Indochine dans un cor de chasse. Pas de numéro de bataillon, bien sûr. Mais un nom, celui de leur capitaine. « Desserteaux ».

Maintenant, l'amalgame est fait et bien fait entre les Alpins venus de quatre bataillons et réunis désormais, à la vie et à la mort, dans une même compagnie.

Dès le débarquement à Tourane, où les chasseurs découvrent un monde totalement exotique qui leur fait vite oublier la neige et la glace d'Autriche, le chef de bataillon Le Vigouroux fait appeler le chef de sa 1re compagnie.

— Vous allez partir tout de suite, Desserteaux. Vous occuperez deux points d'appui à six kilomètres au sud de Tourane.

Dès la nuit suivante, les Alpins essuient leurs premiers coups de feu sur la terre annamite. Ce pays qui ressemble à une sorte de paradis lointain est quand même un pays en guerre.

Guerre singulière où les adversaires sont habillés du même costume noir que les paysans et coiffés du même casque conique en paille tressée. Et puis brusquement, au crépuscule, ils sortent leur fusil de sa cachette et commencent à tirailler. En ce début de 1947, « les événements d'Indochine » ne ressemblent pas encore à ce conflit impitoyable qui va ensanglanter pendant si longtemps cette terre d'Asie. La guerre n'en est qu'à ses balbutiements.

Débarqué le 4 février, le bataillon rejoint Hué en camions, par le col des Nuages, le 12 février. Voici désormais toutes les compagnies à pied d'œuvre. La ville se trouve enserrée dans la plaine côtière. Partout, des rizières, que coupent des diguettes, miroitent au soleil. Une véritable fourmilière humaine de paysans annamites assez misérables vit dans une multitude de hameaux et de villages. Le pays n'est pas encore « pourri » par le Viêt-minh, qui commence pourtant à étendre sa toile d'araignée d'organisations fanatiques : comités d'assassinat, volontaires de la mort, cadres parallèles chargés de remplacer les notables traditionnels destinés à être éliminés inexorablement dans un processus de violence sanglante qui se met en place dans l'ombre.

Vers le sud-ouest, des montagnes barrent tout l'horizon. Elles dominent toute la plaine côtière, culminant à sept ou huit cents mètres. Elles ne sont pas très élevées mais couvertes d'une végétation à peu près impénétrable pour tout étranger au pays. Sous ces couverts sauvages, vivent les Viêt-minhs.

— Beau terrain de chasse pour des Alpins, n'est-ce pas, Desserteaux ? lance le chef de bataillon Le Vigouroux au chef de sa 1re compagnie.

— C'est tout à fait mon avis, mon commandant, répond le jeune officier à l'éternel sourire. Quand partons-nous ?

— Vous êtes si pressé ?

Desserteaux lui apparaît d'emblée infatigable. Aucun autre jeune officier n'a autant de « pétrole »...

Quand le commandement veut monter une opération dans la Chaîne Annamitique, le premier réflexe du colonel Larroque qui commande le secteur de Hué est de penser à la compagnie Desserteaux.

— La montagne ? Il n'y a qu'à y envoyer les Alpins.

Le capitaine organise aussitôt deux groupes :

— Une colonne légère marchera en tête, avec les sections du lieutenant d'Amonville et de l'aspirant Boisson. Une colonne lourde suivra, avec la section de voltigeurs du lieutenant Le Scouarnec et la section de mortiers et mitrailleuses du lieutenant Willard. Avec elle, le groupe sanitaire du médecin-lieutenant Farsy. Nous aurons une soixantaine de coolies pour nous aider au transport des vivres et des munitions.

Le capitaine Desserteaux conclut, comme si la chose allait de soi :

— Je marcherai en tête avec la colonne légère. Le lieutenant Willard commandera la colonne lourde. Nous rejoindrons nos bases de départ, à dix kilomètres au sud de Hué, le 22 février.

Dès le lendemain, à 8 heures du matin, c'est le départ. Tout de suite, dès les premières pentes, la végétation devient si dense qu'on ne voit plus le ciel. Dans cette pénombre humide, bourdonnante de moustiques, la progression s'avère vite difficile. La piste ne fait guère plus d'un mètre de large et parfois elle est totalement envahie par la broussaille. Il faut s'ouvrir un chemin au coupe-coupe. A midi, il semble que l'on a déjà marché depuis très longtemps et ces quatre premières heures d'opération ont fort éprouvé les Alpins, véritablement « assommés » par le climat. Le guide paraît hésiter.

— Qu'est-ce qui se passe ? demande le capitaine Desserteaux.

— Je crois que ce n'est pas le bon chemin. Il faut revenir.

— Pas question, dit l'officier.

Il décide de changer d'itinéraire et de couper à travers la jungle pour rejoindre la bonne piste. Une patrouille préviendra la colonne lourde du changement d'itinéraire.

Encore des heures et des heures avant de s'arrêter pour un bivouac de fortune, au milieu de cette nature hostile qui se ferme comme un poing dès que des étrangers pénètrent sous les couverts. Au matin du 23 février, après une mauvaise nuit, la colonne légère se remet en route et finit par arriver à Lâng-Ngoi. Tout semble désert dans ce village de montagne. Les habitants se sont enfuis, abandonnant leurs huttes de branchages. Le capitaine organise aussitôt la défense et tend quelques embuscades sur les pistes des environs.

La halte est brève. En se suivant, la colonne légère et la colonne lourde reprennent cette piste chaotique qui grimpe et descend sans arrêt. Pendant six jours, ce sera une marche harassante entrecoupée de bivouacs, de patrouilles et d'embuscades.

— Le pays est vide, mon capitaine, annoncent tous les gradés au retour de mission.

— Méfiez-vous, répond Desserteaux. Les Viets ne sont pas loin. Eux, ils savent où nous sommes.

— Que faire, alors, mon capitaine ?

— Continuer.

Desserteaux semble infatigable. Il veille lui-même aux liaisons entre la colonne légère et la colonne lourde, car dans ce terrain invraisemblable, complètement envahi par la végétation, on ne peut compter sur les postes de radio. Des incidents émaillent la progression. Un sampan, chargé d'obus de mortier, se renverse au passage d'une rivière et il faut envoyer les meilleurs nageurs de la compagnie récupérer la cargaison, projectile par projectile, dans les eaux tourbillonnantes.

Le 1er mars, la colonne lourde, avec les lieutenants Willard et Le Scouarnec, progresse sur la piste déjà reconnue au passage de la colonne légère qui marche en avant. Il est 3 heures de l'après-midi. Il fait très chaud. Les hommes, fortement chargés, titubent de fatigue. Leurs vêtements de toile sont trempés de sueur. Les armes pèsent lourd au bout des bras et les cartouchières arrachent les épaules. On ne pense qu'à mettre un pied devant l'autre et à rejoindre le bivouac du soir. Tout à coup, une rafale d'arme automatique claque, toute proche, sur la droite.

— Les Viets !

Ils sont là. Invisibles. A quelques mètres, cachés dans la jungle. La section de tête accroche dur et parvient à récupérer un fusil mitrailleur japonais. Mais deux Alpins sont blessés. Leurs camarades fabriquent des brancards de fortune et s'apprêtent à les transporter par cette piste impossible. C'est une course contre la montre pour essayer de battre la mort de vitesse. Il faudra six heures pour arriver au point d'appui d'A La. Le médecin-lieutenant Farsy n'est guère optimiste.

— Il faudrait faire une transfusion au caporal Fromageot, annonce-t-il au capitaine Desserteaux.

— Prenez mon sang, ordonne celui-ci aussitôt.

Ses deux hommes seront sauvés. Mais dès le lendemain, la compagnie compte son premier mort. Le caporal-chef Pépin est tué. Il sera enterré sur place en pleine forêt hostile.

Le point d'appui est situé au bord d'une rivière. Une bande de terre d'une centaine de mètres au bord de l'eau a été baptisée « la plage ». Sur la rive, une croix solitaire...

— Maintenant, nous savons que les Viets sont là, déclare le capitaine Desserteaux à ses chefs de section. Si seulement nous avions un contact radio avec nos camarades dans la plaine côtière...

Un grondement de moteur se fait entendre. C'est le « mouchard », l'avion de liaison. Le colonel Larroque, grand organisateur de cette opération sur les premiers contreforts de la Chaîne Annamitique, est à bord. Il parvient à envoyer un message, avec ses ordres.

— L'opération va durer plus longtemps que prévu, annonce seulement Desserteaux.

— Et comment allons-nous être ravitaillés, mon capitaine ? demande le lieutenant Willard.

— Chaque chasseur aura une boîte de ration K par jour, décide le chef de la 1re compagnie. Pour améliorer l'ordinaire, on se fera des biftecks de buffle sauvage. Il ne nous manquera qu'un peu de sel. Mais nous ne mourrons pas de faim.

Le capitaine Desserteaux récupère des sampans, qui évacuent les deux blessés, avec l'escorte de la section d'Amonville.

Les trois autres sections reviendront dans la plaine par la piste. Desserteaux reprend la tête. Cette fois, il dirige la colonne lourde qui suit la rivière. Sans cesse, l'itinéraire se perd dans des rochers qu'il faut escalader.

— Des Viets, mon capitaine !

Ils sont de l'autre côté de l'eau, dans des tenues de toile noire, surveillant la marche des Alpins, qui suivent péniblement le lit de ce cours d'eau torrentueux et jaunâtre.

— Je vais aller à la rencontre des sampans que doivent nous envoyer les coloniaux, décide le capitaine Desserteaux. Qui est volontaire pour venir avec moi ?

Plusieurs mains se lèvent.

— Nous irons à la nage, dit le capitaine en souriant. Alors, je ne veux que les meilleurs sportifs.

Avant de se mettre à l'eau, l'officier appelle le lieutenant Willard :

— Prenez le commandement de la compagnie et continuez

le long de la rive, lui dit-il. Vous arriverez obligatoirement dans la plaine.

Partie de jour, la longue colonne ne peut s'arrêter à la nuit. Les sangsues occupent en force le terrain et rendent tout bivouac impossible. Alors il faut marcher, marcher encore, marcher jusqu'à n'être plus qu'une mécanique qui avance comme un somnambule perdu dans son rêve. Il est 2 heures du matin, le 4 mars, quand les Alpins de la compagnie Desserteaux débouchent enfin sous une pluie tenace dans la plaine côtière. Ils ont marché douze heures. Il leur reste encore à prendre liaison avec le premier poste français, celui de Thanh-Tân, occupé par des coloniaux. Ceux-ci n'ont jamais vu de camarades aussi épuisés. Ces dix jours de marche dans la montagne ont creusé les visages, enfiévré les regards, plaqué sur les corps les vêtements de toile d'où surgissent des membres brûlés par le soleil et zébrés d'écorchures parfois purulentes. Le colonel Larroque tient à venir féliciter les Alpins.

— C'était une belle balade en montagne, mon colonel, lui dit seulement le capitaine Desserteaux. On repart quand vous voudrez.

— Pour l'instant, j'ai besoin que vous teniez une série de postes dans la région de Cô-Bi. Ce sera la meilleure occasion de vous acclimater.

Désormais, la compagnie Desserteaux va occuper une série de points d'appui dans la plaine côtière, à une trentaine de kilomètres à l'ouest de Hué. Chaque section aura le sien, y compris la section de commandement, installée avec le capitaine à Cô-Bi. Patrouilles et corvées se succèdent. La vie serait monotone, si le capitaine Desserteaux ne surgissait toujours, à bord de l'unique véhicule de la compagnie, pour faire vivre ses chasseurs sur son rythme infernal.

— Avec lui, on n'a pas le temps de s'ennuyer, lance le sergent Angelini qui commande le groupe des mortiers de la compagnie lourde à son camarade Savart, chef du groupe des mitrailleuses.

— Et quand il n'inspecte pas ses postes dans la plaine, il part courir la montagne. Il est « increvable », notre capitaine !

Justement, Desserteaux se trouve, en cette fin du mois de mars, à nouveau en opération dans la Chaîne Annamitique et il a passé le commandement de la compagnie au lieutenant Willard. Celui-ci, en partant pour Cô-Bi, a confié, à son tour, la responsabilité de la 4e section et du poste de Dat-Dô-Phuong à son sous-officier adjoint, le sergent Orsini.

La garnison est réduite à vingt-quatre hommes seulement. Venus du 13e BCA comme Desserteaux, presque tous sont des gradés, sergents, caporaux-chefs ou caporaux, car ils sont militaires de carrière, ayant déjà plusieurs années de service. Beaucoup se sont battus en 1944 et 1945 dans les Alpes. Ce ne sont pas des guerriers à se laisser surprendre. Et pourtant...

Le poste de Dat-Dô-Phuong, que l'on appelle toujours en abrégé Dat-Dô, ne paraît guère fortifié. Le bâtiment principal est une pagode en maçonnerie, dont la dépendance, un hangar couvert de chaume, sert de réfectoire. La garnison a installé une enceinte en bambous avec des gabions, à environ vingt-cinq mètres autour du poste. Un peu plus loin, à une centaine de mètres, quelques éléments de défense, toujours en bambous. Rien de bien solide.

Le terrain ne manque pas de buissons qui donneront de bons couverts à un assaillant éventuel. Les abords vers le sud et l'est, en direction de la route coloniale et de Hué, sont formés d'une suite de rizières que coupent des diguettes. A l'ouest, ce sont des collines qui moutonnent sous le ciel bleu. Au sud, très vite, les premiers contreforts de la Chaîne Annamitique, dominent totalement la garnison de Dat-Dô, qui a l'impression d'être totalement isolée en pays hostile. Le poste de commandement de la compagnie à Cô-Bi se trouve à seize kilomètres. Quant à la route qui mène à Phò-Trach, où se trouve une garnison de coloniaux, elle est coupée en deux endroits, car des ponts détruits n'ont pas encore été remplacés.

Dans ce poste de Dat-Dô, deux douzaines d'Alpins, qui n'ont même pas sept semaines de séjour en Indochine, attendent des événements qui ne peuvent être que dramatiques. Car, c'est évident, tout près d'eux, les Réguliers de la montagne guettent le moment de leur bondir dessus, tels des tigres certains de leur proie...

— Ce n'est quand même pas les Viets qui vont nous couper l'appétit ! lance le sergent Angelini. A la soupe, les gars !

Ce jour-là, le 29 mars, il est 5 heures et demie, très exactement. A ce moment précis, une grenade éclate sur la table. Deux hommes sont tués, le sergent Orsini, chef du poste, et le caporal Zambon. Quatre autres sont blessés, dont le plus grièvement atteint, le sergent Savart, a reçu des éclats dans le ventre.

— Les Viets !

— Ils sont dans le poste !

— Mais tirez donc !

Quelques rafales de pistolets mitrailleurs claquent aussitôt. Deux boys, engagés depuis peu, ont trahi la confiance des Alpins et introduit une poignée de Viêt-minhs dans le poste même de Dat-Dô. La réaction brutale de la garnison permet de récupérer quelques coupe-coupe et même deux mitraillettes.

— Aux postes de combat !

Les rescapés de ce premier accrochage, emmenant leurs blessés et leurs morts, se retirent à l'intérieur de la pagode, où ils seront protégés par les murs en dur.

L'arme principale de la défense est un mortier de 60. Le

sergent Angelini, qui commande désormais le poste de Dat-Dô, décide :

— On le met en batterie et on expédie quelques pélots sur la piste qui vient de la montagne.

Tous les obus lâchés dans le tube refusent de partir, les uns après les autres.

— Saloperie de percuteurs ! lance le sergent Angelini.

— J'te dis, ils sont tous sabotés.

— Les vaches ! conclut le sous-officier.

Se plaindre davantage ne sert à rien. Il faudra se battre sans l'appui du mortier. La nuit va bientôt venir. Elle sera terrible.

Il est 8 heures du soir quand de nouvelles grenades volent en direction du petit groupe d'Alpins qui ne sont plus que dix-huit encore valides. Puis des coups de feu et des rafales claquent sèchement. Quand le bruit de la fusillade s'apaise, on entend une voix crier, en excellent français :

— Rendez-vous ou vous serez tous tués !

Les chasseurs répondent par une salve de coups de feu. Cela commence fâcheusement à ressembler au combat de Sidi-Brahim...

Jusqu'à 3 heures du matin, les Viets animent la nuit par des fusillades sporadiques. Les défenseurs de Dat-Dô préfèrent économiser leurs munitions.

Lentement, la lune se cache derrière de gros nuages. Il fait soudain très noir. Alors, dans l'obscurité, les assaillants lancent une attaque rapide et brutale. Des armes automatiques s'en mêlent.

— Le feu !

Une grenade incendiaire vient d'embraser le chaume du hangar. Les flammes, illuminant la nuit, se communiquent au toit de la pagode. Les assiégés parviennent à éteindre l'incendie de leur réduit. Mais le hangar continue de brûler, avec une fumée âcre que le vent rabat vers les défenseurs.

— On ne sera pas cramés, les gars, s'écrie le caporal-chef Piquet. On va crever enfumés.

Les Viets attaquent à nouveau. Les rafales d'armes automatiques cinglent les murs de la pagode. Plusieurs Alpins sont blessés par balles, très sérieusement comme le caporal-chef Brillon et son camarade Delengaigne, frappés l'un à l'abdomen, l'autre à la poitrine. Quant au caporal Anxionnaz, qui a reçu de multiples éclats, il est très mal en point. Et beaucoup d'autres sont plus ou moins touchés. Attent d'une balle à la tête, le sergent Angelini n'en garde pas moins le commandement du poste de Dat-Dô.

Il fait une chaleur étouffante, la fumée pique les yeux, sans cesse des plâtras tombent du plafond de la pagode, la poussière envahit tout.

— Les deux mitrailleuses sont enrayées !

Impossible de les réparer. Et les autres armes, hors d'usage l'une après l'autre, doivent être démontées et nettoyées sous le feu. La situation devient de plus en plus critique dans la pagode de Dat-Dô.

A 5 heures du matin, le 30 mars, les Viets lancent un nouvel assaut, avec des grenades incendiaires. Les sacs marins, qui obstruaient portes et fenêtres du bâtiment, s'embrasent. La toiture reprend feu de plus belle. La fumée rend l'air irrespirable. Les assaillants se rapprochent de plus en plus. Les Alpins se battent à un contre dix, matraqués par des grenades qui pénètrent par une brèche de la muraille et éclatent au milieu de la pagode.

Le sergent Angelini réfléchit très vite. Le choix est simple. Ou se faire griller vif ou tenter une sortie. De se rendre, pas question. Il appelle ses camarades :

— On sort tous ensemble, les gars. Et on fonce vers le nord-est. C'est la seule chance. Allez ! On y va !

Valides et blessés légers, au signal du sous-officier, se ruent vers la sortie.

Les Alpins bondissent comme des diables et parviennent à s'établir en point d'appui fermé, assez loin de la pagode, qui brûle avec de grandes flammes. Certains blessés graves n'ont pas pu suivre.

— On va les chercher, annoncent le caporal-chef Torresan et le caporal Klein.

Couverts par les armes de leurs camarades, ils retournent vers les ruines du poste et ramènent ceux qui ont survécu. Ils ne laissent derrière eux que les morts, le sergent Orsini, les caporaux-chefs Labranche et Mouton, les caporaux Zambon et Loucheux.

Les survivants du poste de Dat-Dô se divisent alors en trois groupes, tandis que les Viets commencent à ratisser le terrain pour retrouver ceux qui leur ont échappé.

Le sergent Angelini récupère quatre camarades, dont l'un, le caporal Herman, a été grièvement blessé au cours de la sortie.

— On va se cacher dans les fossés, au bord de la rivière, décide le sous-officier. On finira bien par nous envoyer une colonne de secours.

Un second groupe comprend cinq Alpins et l'interprète du poste, resté fidèle. Ils parcourent environ deux cents mètres dans la nuit, mais trois d'entre eux, grièvement blessés, ne peuvent aller plus loin.

Le caporal-chef Torresan et le caporal Klein se consultent rapidement sur le sort des camarades qu'ils sont allés chercher dans la fournaise.

— Qu'est-ce qu'on en fait ?

— Il faut les planquer dans des buissons. Peut-être que les Viets ne les trouveront pas.

— Peut-être.

Rapidement, ils installent ainsi, du mieux qu'ils peuvent, le caporal-chef Brillon et les caporaux Anxionnaz et Mola. Puis ils se dirigent vers le poste de Phò-Trach, où ils veulent donner l'alerte. Ils auront la surprise d'y retrouver deux des hommes de la garnison de Dat-Dô, blessés, et qui ont réussi à passer à travers les patrouilles viets.

Il reste encore un troisième groupe, composé de six hommes, dont deux sont gravement atteints.

— Impossible de transporter les copains, constate le caporal-chef Coudurier.

— Si, lui dit un des blessés, le caporal-chef Delengaigne. Il y a un moyen. C'est de trouver un bateau et de descendre la rivière jusqu'à Phò-Trach.

La demi-douzaine d'Alpins parviennent en pleine nuit à trouver un sampan et à s'y embarquer. Ils se croient sauvés. Mais à quinze cents mètres du poste ami, des coups de feu partent d'une rive toute proche.

— Les Viets !

— A l'eau, les gars !

Valides et blessés n'ont d'autre ressource que de plonger dans la rivière. Les uns soutenant les autres, ils arrivent à la berge opposée et gagnent le poste de Phó-Trach, au prix d'efforts inouïs. Ils sont épuisés et peuvent à peine parler.

— Le poste... Le poste de Dat-Dô... Pris par les Viets...

La section qui y cantonnait est désormais éclatée en trois groupes, dont l'un est encore camouflé à proximité immédiate des ruines fumantes de la pagode, où reposent les cadavres de leurs camarades.

Dès qu'il apprend la chute du poste de Dat-Dô-Phuong, le capitaine Desserteaux descend à toute vitesse de la montagne pour prendre la tête d'une colonne de secours. Avec lui, un détachement qui comprend des artilleurs, des légionnaires du 1er REC et des fantassins du 110e RI. Des camions les emmènent à Phô-Trach. Desserteaux, dans le véhicule de tête, ne cache pas son impatience. Cette fois, le capitaine ne sourit plus. Il a un lourd compte à régler avec les Viets.

Il est 5 heures de l'après-midi quand la colonne de secours arrive à Dat-Dô, exactement vingt-quatre heures après le début de l'attaque ennemie. Avec les soldats français, des chasseurs laotiens sont arrivés en renfort. Le sergent Angelini et ses camarades sont récupérés. Six morts sont identifiés. Quatre, le sergent Orsini, le caporal-chef Mouton et les caporaux Zambon et Labranche, reposent, à moitié calcinés dans les décombres de la pagode ruinée. Deux autres, le caporal-chef Loucheux et le caporal Anxionnaz, retrouvés dans la tranchée du poste, sont enterrés sommairement.

Le capitaine Desserteaux fait rapidement le compte des pertes de sa section de Dat-Dô. Aux six morts, s'ajoutent douze blessés, dont certains grièvement atteints, et seulement trois hommes indemnes. En plus, on compte trois disparus, le sergent Savart, le caporal-chef Brillon et le caporal Mola, que personne n'a revus depuis la fin de la nuit tragique.

Il faudra attendre le 7 avril avant de retrouver, au cours d'une opération, les tombes, creusées par l'ennemi, de deux des disparus. Par ironie, les Viets ont planté sur la terre fraîchement remuée, une croix de bois avec l'inscription :

Ci-gît François le Stupide,
mort pour les capitalo-colonialistes.

Exhumés, les deux corps révèlent des traces de torture. Quant au dernier disparu, il ne sera pas retrouvé[1].

Peu après ce drame, l'officier de renseignements du bataillon, le sous-lieutenant Chalon, annonce au chef de la 1re compagnie :

— Savez-vous combien vos hommes avaient en face d'eux, mon capitaine ?

— Au moins une section.

— Non. Une compagnie. Cent cinquante Viets au moins.

Contre deux douzaines de chasseurs, pour la plupart blessés, l'assaillant possédait une supériorité écrasante. Et pourtant, la section encerclée à Dat-Dô a réussi, avant de succomber sous le nombre, à mettre au moins quarante de ses adversaires hors de combat.

Mais depuis ce jour, le capitaine Desserteaux sait qu'il reviendra un jour dans le poste abandonné. Et que sa vengeance sera terrible.

Commencent alors des mois d'opérations, tant dans les rizières de la plaine côtière que sur les contreforts de la montagne toute proche. La guérilla s'installe avec son cortège d'embuscades et d'attentats. Les Annamites sont les premiers visés et payent chèrement une étonnante fidélité à la religion catholique, qui draine vers les églises la population de la plaine côtière. Les Viêt-minhs, établis dans les montagnes, lancent des raids de représailles.

Isolés et immobiles, les postes français montent la garde le jour, imposant l'ouverture des marchés et des écoles. La politique de pacification semble réussir. La nuit, pourtant, appartient souvent à l'adversaire, qui se déplace silencieuse-

---

1. Fait prisonnier, le sergent Savart aurait été, selon certains témoignages, libéré en 1954, après sept ans de captivité.

ment sur les diguettes des rizières, vêtu de noir et l'arme au poing.

Les Viets commencent à s'installer dans la plaine, protégeant leurs repaires par des réseaux de pièges et de mines. Abandonné, le village de Dat-Dô devient un de leurs points d'appui que les Français doivent à tout prix nettoyer, s'ils veulent assainir le plat pays en voie de lent pourrissement.

— Il faut en finir ! s'exclame le capitaine Desserteaux.

Il obtient du commandement qu'une nouvelle opération sur Dat-Dô soit montée. Le capitaine Verbeke, qui commande désormais le bataillon de marche du 110ᵉ RI, met à sa disposition des moyens importants :

— Vous aurez une section de votre 1ʳᵉ compagnie, un peloton de légionnaires du REC, la section d'intervention du bataillon, un groupe de mortiers de 81, un peloton de Brenn Carriers [1], et une pièce 25 Pounder d'un régiment d'artillerie coloniale.

— Et pour les liaisons ?

— Une voiture radio Pick-up. Quand comptez-vous partir ?

— Le 23 septembre.

Le capitaine Desserteaux ne le dit pas, mais c'est une date importante pour tout chasseur ; c'est l'anniversaire du combat de Sidi-Brahim. L'ancien officier du 13ᵉ BCA y voit un heureux présage.

Au matin prévu, les différents éléments qui forment sa colonne se rassemblent sur la Route coloniale nº 1, près d'An-Lo, et gagnent un emplacement prévu pour le bivouac. Les assaillants vont ainsi s'installer à trois kilomètres au nord-est de leur objectif, ce camp de Dat-Dô, dont le capitaine Desserteaux a décidé la destruction définitive.

Le bivouac est établi dans un champ de manioc, seul point propice au milieu des broussailles et des rizières. Les chenillettes s'immobilisent pour la nuit et les conducteurs stoppent les moteurs. Dans le silence, on entend un bruit de pelles et de pioches.

— Enterrez-vous, ordonne le capitaine. On ne sait pas ce que peuvent nous préparer les Viets.

Au bout de deux heures, Desserteaux part inspecter toutes les positions. Il tient à vérifier les plans de feux. Il tient surtout à montrer qu'il ne dort pas, pour la première nuit de cette importante opération lancée dans la plaine côtière, à une trentaine de kilomètres à l'ouest de Hué.

— Tout va bien ? demande-t-il à chacun des petits postes.

— Tout va bien, mon capitaine.

Il regagne son poste de commandement. Finalement, l'attaque n'aura pas lieu à l'aube, mais seulement le lendemain. Il reste toute une longue journée pour préparer la liquidation du

---

1. Chenillette blindée tout-terrain d'origine britannique.

camp de Dat-Dô. Ce qui tourmente le capitaine Desserteaux, en cette matinée du 24 septembre, c'est la pièce d'artillerie de 25 Pounder qui n'a pu suivre à cause du mauvais état de la route. Elle se trouve vers Phò-Trach, à deux kilomètres du bivouac, protégée par un des Brenns et quelques fantassins. Ils sont isolés et le chef de la colonne veut se rendre sur place pour vérifier que tout va bien pour eux. Desserteaux est un chef tant d'audace que de prudence. Il ne néglige aucun détail. Maintenant, il retourne vers le bivouac. Pas un camion ne peut emprunter la piste ravagée par les pluies torrentielles et il faut utiliser un Brenn qui secoue rudement ses occupants mais passe partout.

Voici le capitaine sur la base de départ prévue pour l'opération du lendemain. Il observe longuement dans ses jumelles les abords du camp viêt-minh de Dat-Dô et repère, une fois encore, les cheminements qu'il compte suivre pour son attaque. Le camion radio n'a pas pu rejoindre et il faut faire porter un message au chef du bataillon de marche dont dépend la colonne Desserteaux. Ce texte sera bref et indique seulement la position du bivouac et l'itinéraire pour le rejoindre éventuellement.

Le capitaine réunit ses officiers :

— Nous attaquons demain matin. Réveil à 5 h 30. Un dernier conseil pour cette nuit. Méfiez-vous !

Le temps est vraiment splendide et la lune éclaire tout le paysage. Les sentinelles y voient comme en plein jour ou presque. Tout semble calme. Les hommes sommeillent dans ce champ de manioc où ils peuvent profiter de leurs dernières heures de repos avant la rude journée du lendemain.

Vers deux heures du matin, de sombres nuages envahissent le ciel et la lune disparaît. Il fait soudain très noir.

— C'est le temps des Viets, remarque le capitaine Desserteaux. Attention !

Vingt minutes se passent quand retentit une violente explosion. Aussitôt suivie par quelques rafales d'armes automatiques.

— Les Viets !

— Ils attaquent par le sud-est.

C'est dans l'angle du bivouac que tiennent les cavaliers de la Légion étrangère.

Tous ont bondi à leurs emplacements de combat. Les assaillants tirent rafale sur rafale et expédient quelques grenades. Debout à son poste de commandement, le chef de la colonne donne ses ordres :

— Le mortier... Vous expédiez trois obus en direction de la colline.

— Le Brenn. Moteur en route.

On ne voit rien, si ce n'est le temps d'un éclair, à chaque explosion, quand le paysage s'illumine d'un seul coup à l'arrivée d'une grenade. Bien enterrés, les hommes de la colonne attendent que passe cet orage nocturne. Des harcèlements, ils en ont déjà connu plus d'un depuis leur débarquement à Tourane. Et puis, leur chef est là. Si droit, si calme, mince silhouette qui se découpe à peine sur le ciel sombre. Mais on reconnaît sa voix, très distincte dans la nuit.

Parfois, on entend des bribes de dialogue :

— Mon capitaine, dit une voix avec un fort accent germanique. Le légionnaire Grunberg vient d'être tué. Nous avons aussi un blessé.

— J'y vais, répond Desserteaux.

Au passage, il voit un de ses hommes, dans son trou, le fusil au poing. On devine qu'il écarquille les yeux pour essayer de distinguer quelque chose dans toute cette obscurité.

— Qui est là-dedans ?

— C'est moi, Rocchia, mon capitaine.

— Ça va ?

— Au poil[1] !

Desserteaux s'éloigne. Il veut voir où en est la première pièce de mortier de 81. Le combat dure depuis seulement dix minutes, mais il est très violent et les Viets, disposant de mitrailleuses et de mortiers de 60, attaquent en poussant des hurlements.

Voici Desserteaux près des mortiers. Il indique un objectif aux servants. Il faut museler les pièces adverses.

— Essayez de repérer leurs coups de départ, dit-il.

Il dirige le tir des premiers obus, puis annonce :

— Je vais voir ce qui se passe du côté des Brenns.

Le capitaine Desserteaux fait quelques pas puis s'écroule, frappé par une rafale de mitrailleuse en pleine poitrine. Il tombe dans les bras d'un sous-officier qui l'accompagne et murmure :

— Ils m'ont eu...

Il succombe aussitôt. La nouvelle se répand rapidement dans tout le bivouac, où ses hommes se hèlent de trou en trou :

— Le capitaine vient d'être tué.

Les Viets continuent à bombarder les positions avec des mortiers de 60, mais les Brenns contre-attaquent, phares allumés, et l'ennemi finit par décrocher sous le feu des fantassins et des légionnaires qui comptent cinq blessés dans leurs rangs.

L'aube tarde à venir.

— Restez à vos places tant que le jour n'est pas levé, ordonne le lieutenant d'Amonville qui a remplacé le capitaine, dont le corps, enveloppé dans une couverture, repose au milieu du bivouac, près de son poste de commandement.

---

1. Le soldat Rocchia, de la section d'intervention du bataillon de marche, devait être tué peu après. Il sera enterré à Hué avec le légionnaire Grunberg et le capitaine Desserteaux.

Maintenant, il fait clair. Les hommes se lèvent les uns après les autres de leurs trous, se figent au garde-à-vous et saluent le corps de leur chef. Beaucoup se mettent à pleurer.

Le capitaine Desserteaux sera enterré à Hué, au milieu de ses hommes qui se sont tous coiffés, pour cet ultime adieu, du grand béret alpin.

— Etrange hasard, fait remarquer un des chefs de section à ses camarades. Le capitaine appartenait au 13e BCA, il venait pour la treizième fois à Dat-Dô et c'est le treizième mort de la compagnie Desserteaux.

Deux mois plus tard, à la fin de novembre 1947, le bataillon de marche du 110e RI va être dissous. La compagnie Desserteaux ne sera plus qu'un souvenir pour tous les Alpins qui ont servi sous les ordres de ce chef inoubliable.

— Et dire qu'il a été enterré en terre d'Annam le jour même où il aurait fêté son trentième anniversaire ! dit son ami le lieutenant Willard au lieutenant Le Scouarnec, qui a commandé la compagnie pendant les deux derniers mois avant la dissolution.

Le plus insolite de l'aventure du capitaine Desserteaux, c'est peut-être cette couronne déposée sur sa tombe clandestinement, par une nuit noire propice au Viêt-minh. Une seule inscription : *A mon plus loyal adversaire.*

C'était le dernier hommage du colonel viet Anh van Lo, commandant du régiment de Réguliers de la région, et lui-même ancien élève de Saint-Cyr.

Chapitre XX

LES « BLEU-JONQUILLE » SUR LA TERRE D'ALGERIE

1954-1964. C'est sans doute la plus longue campagne menée par les chasseurs alpins. Peut-être pas la plus dure, mais la plus ingrate certainement, celle qui a profondément marqué toute une génération d'hommes qui n'oublieront jamais ce qui fut pour eux « la guerre d'Algérie » et que l'on a longtemps dissimulée sous des vocables pudiques, du style « les événements », la pacification, le maintien de l'ordre... et qui fut en réalité une longue, très longue, et souvent rude besogne militaire. Ceux qui y ont participé ont aujourd'hui entre quarante et cinquante ans et constituent la plus jeune génération du feu d'un pays, dont ce fut outre-mer le dernier sursaut armé ne faisant pas appel à des soldats de métier mais à la jeunesse de toute la nation.

Le « contingent », comme on disait alors, y connut tour à tour, et parfois en même temps, la surprise, l'enthousiasme, la résignation, la lassitude et la colère. Rarement la haine. Mais toujours le courage et la peur étroitement mêlés.

Neuf bataillons de Chasseurs Alpins vont participer à cette aventure algérienne [1]. Le premier, le 6e BCA, arrivera en Algérie dès le 24 novembre 1954 — moins d'un mois après la Toussaint sanglante qui marque le début de l'insurrection. Le dernier, le 22e BCA, partira le 30 janvier 1964, alors que le cessez-le-feu a sonné depuis mars 1962. Dans leurs rangs, des jeunes

---

1. En Grande-Kabylie, la 27e division d'infanterie alpine regroupait la 4e demi-brigade de Chasseurs Alpins (6e, 7e et 27e BCA) et la 5e demi-brigade de Chasseurs Alpins (15e, 22e et 28e BCA). La 1re demi-brigade de Chasseurs Alpins (12e, 14e et 25e BCA) se trouvait sur la frontière tunisienne devant le « Barrage », après avoir d'ailleurs séjourné et combattu en Tunisie du mois d'août 1954 au mois de mars 1957. Le chef de la 1re demi-brigade, le colonel Putz, est tombé au champ d'honneur le 21 février 1957, près de Laverdure, dans la région de Souk-Ahras.

appelés ont servi pendant souvent vingt-six et même vingt-huit mois de leur vie et seront marqués à jamais par cette épreuve, dont ils reviendront tous avec une immense amertume, celle d'avoir gagné « sur le terrain » une guerre que d'autres perdront par ailleurs, donnant à leurs sacrifices le triste privilège d'être jugés inutiles — quand ils n'ont pas été qualifiés de criminels par toute une partie de l'opinion française.

Quel contraste ironique entre les discours officiels entendus au départ et ceux découverts à l'arrivée... par les rescapés de cette expédition !

Cette blessure secrète demeure. Même si les anciens d'Algérie ont droit désormais au titre de combattants, ils resteront à jamais des combattants différents des autres, transformés qu'ils ont été en autant de « malgré nous » au fur et à mesure que leur combat s'avérait contraire aux choix politiques, successifs et contradictoires, d'un pays aux sentiments incertains.

Inconnus en 1956, adulés en 1958, inopportuns en 1960... Ce fut beaucoup en peu de temps pour « les petits gars du contingent ».

Tandis que les projecteurs se braquaient sur quelques chefs légendaires et sur les corps d'élite aux bilans avantageux et aux humeurs décisives, les troupes de secteur, vouées aux obscures tâches quotidiennes, toujours pénibles et parfois sanglantes, disparaissaient dans l'ombre que créait le soleil guerrier des képis blancs ou des bérets rouges aux tenues camouflées. Dans un monde où tout devient spectacle et même le combat, les unités dites de « quadrillage » n'étaient pas spectaculaires. Pourtant si décision militaire il y eut à un moment — celui-là même vers le début de 1960 où la décision politique intervenait en sens exactement contraire — ce fut aux unités de secteur qu'en revint le mérite au moins autant qu'aux troupes dites d'intervention. Les sédentaires ont pesé aussi lourd que les opérationnels, les guerriers d'occasion autant que les soldats de fortune et les appelés pas moins que les gens de métier [1].

Les chasseurs alpins, dans beaucoup de cas, furent à la fois troupes de secteur tenant des postes isolés et troupes d'intervention « crapahutant » sur les sommets de Grande-Kabylie ou les collines boisées de la frontière tunisienne.

La campagne d'Algérie obligea les combattants de l'armée française à se livrer aux tâches les plus inattendues. Certains furent bâtisseurs et d'autres maîtres d'école. Un contrôle d'identité dans une mechta perdue en plein bled ressemblait à une besogne de gendarmes, tandis qu'attaquer un piton, solidement

---

1. Sur le rôle du contingent dans cette guerre toujours méconnue, il faut lire absolument d'Erwan Bergot : *La guerre des appelés en Algérie*, Presses de la Cité, 1980.

défendu, au cœur de quelque djebel hostile, était mission de guerrier dans le sens le plus dangereux et le plus honorable du terme. Entre les grandes opérations, comme « Jumelles », auxquelles furent étroitement associés les Alpins, le travail quotidien n'en restait pas moins rude, avec sa succession de patrouilles et d'embuscades, d'escortes de convoi et d'ouvertures de routes, de cent et de mille sorties toujours à refaire dans les mêmes zones de refuge où les « fellouzes » restaient terrés, invisibles, jusqu'à l'instant où ils surgissaient à l'improviste pour frapper vite et fort, avant de se fondre dans la forêt, la montagne et la nuit.

Le plus éprouvant fut sans doute que rien ne distinguait l'allié de l'ennemi et que la question qui se posait à chaque seconde était la question de confiance.

A quel camp appartient ce paysan qui s'en vient au marché, avec son bourricot chargé de couffins où une grenade peut se cacher au milieu des tomates et des oranges, fruit de mort avec sa lourde peau d'acier quadrillé ? Ce gamin qui erre dans la campagne cherche-t-il à rassembler son troupeau de chèvres ou porte-t-il un message entre deux katibas [1] rebelles ? Ce notable qui arbore sur sa djellaba sa vieille croix de guerre de la campagne d'Italie est-il des nôtres, promis à l'assassinat, la gorge fendue d'une oreille à l'autre dans l'ultime « sourire kabyle » ? Ou bien est-il le chef de l'organisation politico-administrative du FLN, avec nous le jour et avec eux la nuit ? Et aux soldats musulmans peut-on opposer les anciens fells ralliés devenus harkis ? Est-ce une guerre civile ? Une rébellion dans une province partie intégrante de la nation ? Une occupation coloniale ?

Dans la montagne kabyle, la population se fermait derrière ses murs de pierres, dans ces villages accrochés à des pentes impossibles, où l'odeur de bois brûlé et de crotte annonçait de loin la présence humaine que venaient confirmer, au passage les longues colonnes d'Alpins, les interminables aboiements de chiens couleur de sable, faméliques et hargneux.

Toujours les mêmes questions et toujours les mêmes réponses :

— *Labbès* (ça va) ?

— Labbès, mon capitaine.

Tout officier, même avec un seul galon, obtenait en général un avancement rapide avec son interlocuteur indigène.

— Les fellaghas ? Tu les as vus ?

— Jamais. *Acarabi* (je le jure).

Accepter cette omniprésence du mensonge ? Ce fragile équilibre des villageois partagés entre deux terreurs ? Se résoudre

1. La « katiba » est la compagnie de l'ALN et regroupe environ cent cinquante « moudjahidines » ou « combattants de la foi ».

à frapper sans trop savoir qui est innocent et qui est coupable ? Innocent de quoi et coupable de quoi ? Parmi ces montagnards kabyles à l'hospitalité généreuse, au caractère orgueilleux et au courage traditionnel, combien de civils seront tués pour avoir cru à cette formule si longtemps magique d'Algérie française ? Et combien de soldats seront perdus parce qu'ils n'ont jamais accepté d'avoir promis ce que d'autres allaient nier ?

La guerre des opérations, la guerre sur les sommets, la guerre des braves qui aurait pu déboucher sur la paix des braves, n'était que le moment incertain et exaltant qui mettait soudain en présence sur les pitons et dans les ravins deux adversaires qui avaient le temps de se regarder dans les yeux avant de se balancer une rafale de pistolet mitrailleur. Tuer ou être tué, c'est une règle simple. Hélas, cette guerre connaissait d'autres lois, celles précisément de n'en point avoir.

Ce fut une guerre-Janus à deux visages. Pour les Français, pacification et répression ne pouvaient que s'enchaîner selon une fatalité incontournable. Il en allait de même en face, où libération et épuration connaissaient la même dialectique sanglante. Aucun des deux camps ne pouvait être à l'abri de l'infernal engrenage. Massacre et torture dans une telle guerre, celle des partisans contre les réguliers, font obligatoirement partie du paysage quotidien. Il n'existe jamais le camp du Mal absolu ni celui du Bien absolu. Chacune des deux armées adverses connaît ses bourreaux et ses cœurs purs. Ce sont même parfois, tragiquement, les mêmes. L'Histoire, en désignant les vainqueurs et les vaincus, n'est pas forcément en accord avec la morale. Ni les maquisards algériens ni les chasseurs français qui les traquaient ne furent aussi sanguinaires que la propagande des deux camps ennemis se complaisait à les décrire. Dans cette sale guerre, beaucoup de combattants des deux camps ont réussi à garder les mains propres. En Grande Kabylie, où la lutte fut particulièrement cruelle, les Alpins de la DIA et les insurgés de l'ALN eurent au moins une qualité en commun, et ce fut le courage.

On imagine mal aujourd'hui la vie de ces garçons arrachés à leurs montagnes de Savoie, de Dauphiné ou de Provence et qui découvraient, brusquement, une terre qu'on leur disait aussi française que leur province. Quel dépaysement, total, aboutissant à un fossé impossible à combler, parce que tout était différent, de la religion jusqu'à la température, et parce que le Français, moins qu'un autre, ne peut admettre les différences !

Pourtant, les hommes du contingent se sont adaptés. Ils ont rapidement découvert que l'Algérie était un pays froid où le soleil était chaud.

Combien de nuits où ils ont gelé sur des sommets dénudés, balayés par un vent glacial qui hurlait en tempête ! Combien de jours où ils ont étouffé dans une chaleur lourde, bourdonnante de moustiques agressifs ! Ils ont connu la neige des sommets où se glissaient silencieusement les patrouilles d'éclaireurs-skieurs. Ils ont connu aussi ce four torride des vallées sans ombre où plus un filet d'eau ne se glisse sur le fond craquelé et poussiéreux d'un oued asséché. Ils ont marché pendant des heures dans les broussailles épineuses, dans les marécages gargouillants, dans les éboulis où les cailloux acérés roulent sous le pied tandis que soudain, à quelques mètres, retentit une fusillade qui se répand brutalement d'un bout à l'autre de la colonne à l'allure d'un feu que la tornade attise dans les herbes sèches.

Marcher. Marcher. Marcher. Cela semblait finalement le seul verbe de ces jours et de ces nuits, de ces semaines et de ces mois. Bouclage et ratissage. Toujours les mêmes mots qui revenaient dans les ordres d'opérations. Et toujours les mêmes colonnes d'hommes en treillis verdâtre, parfois encore coiffés de la grande « tarte » bleu sombre des Alpins, qui se glissaient par des sentiers impossibles le long des pentes toujours recommencées.

Finalement, chaque opération se ressemblait, dans cette monotonie épuisante d'un conflit interminable. Malgré les bilans où l'on comptabilisait les fusils récupérés et les hommes abattus, il restait toujours, quelque part, une bande qui rôdait dans la montagne et qu'il fallait poursuivre, traquer, détruire. Souvent elle s'échappait évanouie dans le vent et dans la nuit. Parfois, acculée sur un sommet, elle faisait front. Et il fallait alors en finir avant la tombée du jour tandis que les avions d'appui tourbillonnaient dans un ciel sans nuages avec des vrombissements de moteurs assourdissants que venait relayer le bruit des coups de départ des roquettes et des mitrailleuses de bord. Dans le crépuscule, la montagne se couvrait de panaches gris et bleus sous les tirs des canons ou bien le napalm embrasait soudain tout le paysage de ses énormes flammes aux vives couleurs jonquille et bleu-cerise.

Parmi tant de marches, tant d'embuscades, tant de patrouilles, tant de sorties que le commandement baptisait « opérations » et auxquelles il donnait des noms étranges dont il ne reste que des comptes rendus sur papier-pelure dans les dossiers encore interdits du Service historique des Armées, quelle unité choisir, quelle journée, quelle montagne, quel bilan ? Ce qui frappe dans cette lutte qui dura finalement près de huit années, c'est l'aspect étrangement répétitif de ces actions de guerre. Dans le souvenir, elles se confondent toutes, si bien qu'une seule suffirait à résumer toutes les autres et qu'on ne sait même plus très bien au cours de laquelle un camarade a trouvé la mort et un autre a mérité la croix de la Valeur militaire. Le propre des « événements » d'Algérie, c'est justement qu'il n'y avait pas d'événements, mais une succession de fatigues et de peines, toujours liées les unes aux autres dans une sorte de chaîne dont on ne pouvait même pas imaginer la fin.

Parfois survenait un coup dur qui marquait peut-être plus que d'autres. La seule manière de compter le temps étant encore d'ajouter de nouveaux noms à la liste des morts.

Elle est longue cette liste. Plus qu'on ne le croit. Le chiffre total pour l'armée française est de vingt-quatre mille tués au combat. Les neuf bataillons de Chasseurs Alpins ont payé lourd le droit pour les survivants de se voir décerner le ruban de la « commémorative », la croix du combattant et parfois celle de la Valeur militaire pour les plus braves ou les plus chanceux.

Le chiffre total des pertes pour les six bataillons alpins de Grande Kabylie et les trois de la frontière tunisienne doit se situer entre six et sept cents tués [1].

Parmi tant de récits, s'il faut en choisir un, c'est le dernier combat du lieutenant Toma, chef du commando de chasse de la 1re demi-brigade de Chasseurs Alpins, sur la frontière tunisienne, qui peut servir d'exemple, tant cet officier était devenu rapidement légendaire dans l'arme bleue, où il faisait déjà figure de son vivant de héros non conformiste, imprudent et veinard, jusqu'au jour, ou plutôt jusqu'à la nuit où...

C'était la nuit du 20 au 21 mai 1959.

Il souffle depuis plusieurs jours un vent brûlant et poisseux qui ne tombe pas au crépuscule et continue à faire trembler les arbres et les fourrés de cette forêt d'une effrayante opacité qui couvre les montagnes de la frontière incertaine entre l'Algérie et la Tunisie. La mer reste proche. A vol d'oiseau, le port de La Calle n'est qu'à une quarantaine de kilomètres du poste de Munier, sentinelle perdue, comme Toustain au nord et Lamy au sud, au creux d'une cuvette entièrement dominée par des pitons boisés. Vers l'est, c'est le pays ennemi, cette Tunisie où les fellaghas possèdent des camps où ils regroupent de dix à quinze mille combattants. Vers l'ouest, au-delà d'une autre chaîne de montagnes — qui culminent entre 700 et 1 000 mètres — c'est l'Algérie, protégée par un barrage électrifié que suit une route où patrouillent sans cesse les automitrailleuses de la « herse ».

1. Les chiffres connus concernent cinq bataillons sur neuf, ce qui donne quand même une idée de la dureté des combats et de l'importance des pertes : 6e BCA (72 tués), 7e BCA (62), 15e BCA (102), 22e BCA (52) et 25e BCA (83). En extrapolant une « moyenne », on aboutit par bataillon de Chasseurs Alpins à 74 tués, dont 7 officiers, 14 sous-officiers et 53 caporaux et chasseurs. Ces chiffres sont dans l'ensemble supérieurs à ceux de la campagne de France 39-40, où les BCA qui ont le plus durement été touchés ont en général perdu une cinquantaine de tués pendant les deux jours de très violents combats des 5 et 6 juin 1940. Il est donc faux de présenter l'Algérie comme une guerre pour rire, si ce n'est une simple grande manœuvre...

Ici, c'est le « no man's land ».

Le commandement, plutôt que de coller le barrage à la frontière, a imaginé une vaste zone interdite presque totalement vidée de population, que l'adversaire devra traverser à l'aller comme au retour de ses incursions. Ainsi, on pourra le manœuvrer et le détruire avant qu'il ne trouve son refuge derrière le pointillé invisible d'une frontière diplomatiquement infranchissable, surtout quand l'opinion mondiale a les yeux fixés sur la France, une des dernières puissances colonialistes, en cette année 1959 où un référendum triomphal semble avoir réglé à jamais le problème algérien.

L'ambiance est un peu celle des corps francs de la « drôle de guerre » pendant l'hiver 1939-1940. Sans cesse, des patrouilles nomadisent dans cette immense bande frontalière d'une quinzaine de kilomètres de large, au relief chaotique et au maquis épuisant de rochers, de ravins, de ronciers, d'épineux, de chênes-lièges. Quelques sentiers serpentent sous les couverts. De chaque côté, c'est un vrai terrain à sangliers et à rebelles. Les katibas de l'ALN y viennent souvent et les Français ne se déplacent pas à moins d'une compagnie. Pour les deux adversaires, c'est le « terrain de jeu » idéal de leurs commandos.

Chez les Alpins, il y en a quatre. Un par bataillon[1] et un pour la demi-brigade, qui a son poste de commandement à Morris, où cantonne le colonel Bernard de Susbielle, commandant le secteur et la demi-brigade, où il a succédé au colonel Putz, tué au combat.

A sa charge, cent vingt kilomètres de frontière totalement perméable par de multiples pistes de montagne. En face, plusieurs milliers de fellaghas qui constituent à la fois la réserve et le fer de lance de l'ALN. Les Alpins, si l'ennemi attaque, devront se battre à un contre trois ou quatre. Et leurs adversaires, les troupes plus solides de la rébellion, possèdent des mortiers lourds et des canons de 75 sans recul. Quand quelques-unes de leurs katibas viennent attaquer un poste, comme ce fut le cas le 20 octobre 1957 à Toustain, que tenait la 4e compagnie du 25e BCA, ça fait mal ! La frontière est la seule région d'Algérie où les troupes françaises se voient attaquées avec de l'artillerie...

— Si cela continue, les chasseurs de nos postes vont prendre une mentalité d'assiégés, confie le colonel de Susbielle à son adjoint le lieutenant-colonel Gambotti.

— Nos petits gars vont finir par se croire à Verdun, ou derrière la ligne Maginot, et ils ne sortiront plus, mon colonel.

— Alors, il n'y a qu'une solution, Gambotti, c'est de faire

---

1. Commando de chasse du 12e BCA à Blandan (lieutenant Mabire), commando de chasse du 14e BCA à Combes (sous-lieutenant Andlauer) et commando de chasse du 25e BCA à La Calle (lieutenant Vernay, tué au combat, le 11 août 1961).

la guerre comme eux, par petits groupes rapides, mobiles, efficaces. Il nous faut des hommes capables de vivre pendant plusieurs jours invisibles mais prêts à frapper, dur et fort, au moment où l'ennemi se déplacera dans cette zone où il se croit chez lui.

C'est l'idée de ce que seront un jour futur les commandos de chasse. Ici, elle va naître très tôt, précisément en ce mois d'octobre 1957 qui a vu l'attaque du poste de Toustain où a trouvé la mort l'adjudant-chef Roussel.

Le capitaine Bance, un grand Normand, d'un calme proverbial, qui dirige le service de renseignements du secteur, se réjouit fort de cette mesure. Ainsi il va pouvoir rapidement « exploiter » toutes les informations qui lui parviennent.

— Maintenant, ce sont les « fells » qui vont vivre dans l'insécurité, annonce-t-il.

Les compagnies opérationnelles — une par bataillon de Chasseurs Alpins — de la demi-brigade ont trop à faire avec les ouvertures de routes, les protections de convois et les opérations de plus vaste envergure que le commandement monte parfois en formant un bataillon de marche avec trois compagnies du 12e, du 14e et du 25e BCA. Un tel système est forcément lent à mettre en place et quand les chasseurs, rameutés après un franchissement de barrage dans le sens Algérie-Tunisie, essayent de « coxer » l'ennemi avant qu'il ne parvienne à son refuge étranger, il a déjà gagné à toute vitesse la Tunisie où il se cache dans des montagnes si boisées et si hostiles que le retrouver équivaut à rechercher, comme l'on dit, « une aiguille dans une botte de foin ».

— Le commando, explique Bance au chef de la demi-brigade, sera déjà sur place, dans le no man's land. On le déposera discrètement, de nuit si possible, en pleine nature. Et il pourra agir à la première alerte. Le seul problème est de garder de bonnes liaisons radio avec le PC de Morris, mon colonel.

L'idée de posséder une troupe de choc de haute valeur opérationnelle ne peut que séduire le colonel de Susbielle. Monter la garde sur une frontière, face à de fortes bandes rebelles insaisissables et rendues prudentes après les durs étrillages que leur ont fait subir les paras et les légionnaires dans la région de Souk-Ahras, ne peut se comparer à la situation des six bataillons de Grande Kabylie dont les Alpins peuvent poursuivre, encercler et anéantir les « fells » de l'intérieur. Ici, en avant du barrage, on reçoit souvent des coups sans pouvoir les rendre puisqu'il est impossible « juridiquement » de franchir le fameux pointillé qui marque la frontière entre un département français et un pays étranger devenu souverain.

— Nous allons installer la base arrière du commando de la demi-brigade à Morris, décide le colonel. Nous ne manquerons pas de volontaires dans les trois bataillons où les plus ardents s'ennuient dans leurs postes de sous-quartiers. Mais il faut un chef à la hauteur.

— Pourquoi pas Toma, mon colonel ?

— Le lieutenant Toma, du 14e BCA... Il me semble taillé pour devenir l'homme de la situation. Je vais y réfléchir.

— Tout ce que je peux vous assurer, mon colonel, c'est qu'il sera volontaire. Et plutôt deux fois qu'une.

Le lieutenant Toma, issu d'une famille de militaires — son père est chef de bataillon en retraite — est né dans le Nord. Entré à Saint-Cyr en 1951, il s'est tout de suite fait remarquer, par une volonté et une ambition qui le poussent toujours à « en vouloir » davantage. Des notes reçues à Coëtquidan, on ne retiendra qu'une seule appréciation : « susceptible d'atteindre des résultats sensationnels ».

Alors que d'autres jeunes officiers rêvaient de rejoindre les parachutistes ou les légionnaires, qui semblent bénéficier d'une « aura » incomparable, le sous-lieutenant Toma, à la sortie de l'école d'application d'infanterie, n'a qu'un seul désir, celui d'être admis dans un bataillon bleu, si possible alpin. C'est un montagnard d'instinct. Pas très grand, solide, brun, tout en muscles et en nerfs. Un fonceur et un grimpeur. Il a organisé à Coët un groupe d'alpinisme parmi ses camarades et a failli les entraîner dans une expédition jusqu'à la Cordillère des Andes. Car, Toma, en plus, c'est un homme que sont prêts à suivre partout tous ceux qui l'approchent.

Le voici donc jeune officier de chasseurs alpins. A la vie et à la mort. Ce sera à la mort. Il sert d'abord au 27e BCA, puis part en Tunisie avec le 25e. Chef de section puis commandant de compagnie, il reçoit rapidement la croix de la Valeur militaire. Une, puis deux citations prouvent que Toma est une véritable « bête de guerre ». Ses camarades sont un peu surpris, quand il quitte un corps de troupe pour le service des Affaires algériennes. Il les rassure.

— Je reviendrai vite. Mais cette guerre est une guerre politique. Comment pourrions-nous gagner si nous ne connaissons pas cette population où nous devrons faire, les armes à la main, le tri des amis et des ennemis ?

Il reviendra vite à la demi-brigade, au 14e BCA, mais il n'y fera qu'un passage éclair. Les Alpins qui se trouvaient naguère en Tunisie depuis 1954 sont passés maintenant en Algérie à la fin du mois de février 1957.

Très vite, le lieutenant Toma se porte volontaire pour le commando. Son passage aux Affaires algériennes l'a profondément marqué. Il parle un peu l'arabe et le parlera de mieux en mieux. Et surtout il appréhende la mentalité musulmane. Il acquiert vite l'allure d'un homme du pays, et peut-être même l'état d'esprit. Il aime s'entourer de musulmans — et surtout d'anciens rebelles ralliés.

Qui l'a rencontré un jour au détour d'une piste n'oubliera pas sa silhouette, avec sa casquette verdâtre, sa djellaba rayée beige et marron, ses yeux sombres, son teint mat. Il provoquait d'emblée, sur le terrain, une sorte de haut-le-corps tant il avait l'allure d'un véritable officier fellouze. Il en avait aussi le style où l'indispensable férocité au combat ne saurait aller sans un sens aigu et parfois cruel d'une justice souveraine et absolue. Un tel chef ne pouvait que prendre droit de vie et de mort sur la troupe fort spéciale qui suivait son fanion noir.

Le commando s'installe très à l'écart du village de Morris, dans un bâtiment aux murs blancs que domine une sorte de tour de guet. C'est son domaine, où ne pénètre personne qui ne porte le petit béret noir où scintille l'insigne d'argent dont le cor de chasse et l'épée marquent l'appartenance à la 1re demi-brigade.

Les volontaires qui arrivent du 12e, du 14e et du 25e BCA coupent rapidement tous les liens avec leur bataillon d'origine pour devenir « les hommes du lieutenant Toma ». Indéniablement, le commando forme un Etat dans l'Etat, ce qui ne plaît pas toujours aux camarades occupés à tenir des postes ou voués à courir le djebel — sans grand succès — dans le cadre des trois compagnies opérationnelles. Très vite, le lieutenant Toma obtiendra des résultats. Il sera envié, parfois même jalousé. Ses succès surprennent et irritent. Sa chance devient vite insolente. Il ne cache d'ailleurs pas son ambition. Etre le meilleur, le premier, le seul....

— Il veut la « rouge » ! grogne le capitaine d'une compagnie opérationnelle, vieux guerrier du canal de l'Ailette, de la Résistance et de l'Indo. Eh bien, il finira par l'avoir à titre posthume...

Très vite, le lieutenant Toma apparaît marqué par la mort. La mort donnée et la mort reçue. Elle est sa vraie compagne, quotidienne. Sa solitude impressionne tous ceux qui le rencontrent. Personne d'autre que le capitaine Bance ne sait où vont les « Noirs » quand par hasard leurs colonnes croisent la piste de quelque compagnie en opération. Avec ses camarades des autres unités, Toma est à la fois gentil et distant. Impénétrable. Finalement, il ne fait confiance qu'au chef du 2e Bureau du secteur, avec qui il forme une équipe vite rodée, Bance dans son bureau de Morris et Toma sur toutes les pistes, de Lacroix à Lamy, dans ce qu'on nomme le massif de la Medjerda.

Peu à peu, la « tactique » du commando, bien comprise et bien rodée, commence à donner des résultats. Pendant des heures, des jours même, les « Noirs » restent en observation, en « chouf », invisibles et prêts à bondir. Quand ils frappent, c'est à coup sûr.

Au début de l'année 1958, le commando lance un raid de onze jours entiers dans la zone de la Cheffia. Vivant de quelques boîtes de ration et de quelques bidons d'eau, les chasseurs et les harkis du lieutenant Toma vont réussir à accrocher l'ennemi à neuf reprises. La cible préférée de leur chef, ce sont les multiples agents de l'infrastructure politico-administrative du FLN. Ce sont eux qui renseignent et qui ravitaillent les bandes armées venues de Tunisie et qui organisent les passages dans les deux sens. Les capturer et les interroger deviennent pour Bance comme pour Toma une véritable hantise de tous les instants.

Le lieutenant sur le terrain et le capitaine dans son bureau veulent du résultat, avec une sorte de soif inextinguible qui les pousse à enchaîner opération sur opération.

Le 24 février, le commando accroche dur à Bou Hamana. Cette fois, en face, c'est du solide. Toute une unité de l'ALN, bien équipée, bien armée, bien commandée. Toma a trouvé un adversaire à sa mesure. Il le manœuvre, tue six hommes, capture le dernier et s'empare d'une mitrailleuse et de six fusils.

C'est le retour à la base de Morris. Le commando de la demi-brigade a maintenant l'effectif d'une véritable petite compagnie d'une centaine d'hommes. Le lieutenant Toma a maintenant un adjoint qui partage sa vitalité et son fanatisme. C'est un Basque, le lieutenant d'active de Gorostarzu. Lui aussi très brun, assez trapu, athlétique et silencieux. Il s'applique à ressembler en tout à son chef dont il est le reflet fidèle. Les deux lieutenants sont secondés par un remarquable sous-officier, le sergent-chef Gauvain, venu du 12e BCA, et lui aussi promis à la mort au combat.

Le scénario des opérations reste toujours le même. Un convoi de camions roule dans la nuit. Les chauffeurs ralentissent. L'un après l'autre, les « Noirs » se laissent glisser à terre et se dissimulent d'un bond dans le fossé. Sans un bruit avec leurs pataugas à semelle de caoutchouc, ils se rassemblent sous les couverts.

— En route, dit seulement Toma.

C'est la longue marche, pendant des heures et des heures, en pleine nuit, vers le lieu choisi pour l'intervention et l'embuscade. Jamais les chasseurs n'auront tant mérité leur nom. Mais le gibier traqué se rebiffe souvent et fait front. Et c'est l'accrochage. Les hommes du lieutenant Toma opèrent dans les montagnes, mais aussi dans la plaine marécageuse qui s'étend entre le rivage désert et le lac des Oiseaux, au nord de la route Bône-Tunis. L'hiver 1958-1959, avec ses pluies fréquentes, ses nappes de brouillard, ses rafales de vent, sera froid. Pourtant, il faut vivre pendant des jours entiers dans ces champs inondés et ces sous-bois marécageux qui parfois évoquent les paysages de Louisiane quand les arbres surgissent au milieu des étangs noirs où flotte une odeur de pourriture.

Désormais, pour les maquisards du FLN il n'y a plus de

zones refuges inviolables. Sur toutes les pistes et dans toutes les caches, à n'importe quelle heure, par n'importe quel temps, ils risquent d'être surpris par les « Noirs ». Le jeune officier au visage secret et fermé en tire un singulier prestige auprès des plus durs des chefs rebelles, qui le considèrent comme l'un des leurs, un homme de la forêt et de la nuit, un guerrier.

Le bilan s'alourdit. Un jour, le commando récupère une mitrailleuse Lewis, puis ce sera un bazooka américain tout neuf, et un fusil mitrailleur Bren. Toma obtient alors une quatrième citation. La « rouge » est proche. Il compte déjà une cinquantaine de hors-la-loi à son tableau de chasse. Il connaît désormais toute la région frontalière mieux que les fellaghas eux-mêmes qui, venant du centre de l'Algérie ou du refuge de Tunisie sont parfois un peu perdus dans cette zone de passage au paysage hostile à toutes les troupes étrangères. Dans l'Oued Soudan ou la Bou Namoussa, dans le djebel Filfila ou la mechta Bourdim, sur le coupe-feu d'Adjar-Siah ou les rives de l'Oued Kébir, le commando de la 1re demi-brigade de Chasseurs Alpins est chez lui. D'autant plus chez lui que les deux tiers de ses effectifs sont formés de musulmans du pays qui ne seront pas les moins impitoyables dans l'accrochage ou la poursuite.

Maintenant, de plus en plus souvent, Toma s'attaque à de fortes bandes rebelles. A force de traquer les agents de liaison ennemis, il sait désormais où trouver « le gros gibier ». Il continue à mettre hors de combat des hommes et à récupérer des armes. Mais il semble qu'il en faille chaque fois davantage. Son ambition et son imprudence n'ont plus de limites.

Et c'est le premier coup dur.

Dans la nuit du 10 au 11 avril, le commando nomadise à nouveau dans la plaine côtière, aux environs de la « Necha » Righia.

Les « Noirs » progressent sur une piste marécageuse qui parfois disparaît sous des nappes d'eau sombre. Une rafale claque brusquement. Le sergent-chef Gauvain s'écroule, touché à mort.

Dans la bourgade de Blandan, c'est l'alerte. Le 12e BCA expédie à la rescousse sa section d'appui et son commando de chasse que commande un lieutenant de réserve rappelé, Normand comme le capitaine Bance. L'ambulance est là aussi, avec le médecin-lieutenant Astrié. Les half-tracks foncent dans la nuit.

Toma est au bord de la piste, crotté de fange jusqu'à mi-corps.

— Vite, dit-il, il faut récupérer Gauvain.

Même les véhicules semi-chenillés ne peuvent aller plus loin. Des équipes fouillent le terrain, ramènent le sous-officier sur un brancard. Il est en train de mourir. Dans cette nuit d'avril très noire, ce qui impressionne le plus, c'est le poids du silence.

Toma ne fera aucun commentaire. Ses « Noirs » avec leurs casquettes et leurs parkas verdâtres évoquent irrésistiblement les gars d'en face. Ils ne prononcent pas un mot. Quand Gauvain est chargé dans l'ambulance qui va l'évacuer sans espoir, Toma ne dira rien au chef du commando du 12e. Ni d'où il venait, ni où il allait, ni comment c'est arrivé, ni ce qu'il va faire maintenant. Il laisse seulement tomber :

— C'est fini. Tu peux partir.

Impossible de se souvenir s'il a même dit merci. Tout ce qui n'était pas ses « Noirs » semblait ne pas exister à ses yeux.

Les half-tracks s'éloignent dans la nuit, vers le sud, pour rejoindre Blandan avec la section d'appui et le commando de chasse du 12e, dont le chef vient de rencontrer Toma vivant pour la dernière fois.

Le printemps 1959 est fort agité. Subissant de lourdes pertes à l'intérieur de l'Algérie, les hommes de l'ALN voudraient porter des coups sur la frontière. Il faut nomadiser pour essayer d'intercepter les bandes et de les arrêter avant qu'elles ne viennent harceler les postes isolés comme Toustain ou Munier. Les trois commandos de chasse du 12e, du 14e et du 25e BCA se trouvent sans cesse sur la brèche. Celui du 12e déménage de Blandan pour s'installer en base arrière à Munier, que tient la 2e compagnie du capitaine Chaumet.

Tous les commandos de bataillon travaillent, avec plus ou moins de succès, à l'imitation du commando de la demi-brigade. Le lieutenant Toma reste une sorte de modèle, par son courage certes, mais aussi par le non-conformisme avec lequel il conçoit une guerre qui reste celle des irréguliers et des partisans, des « hors-la-loi » qui dans les deux camps se ressemblent étrangement, dans une sorte d'éloignement orgueilleux des états-majors de Bône et de Tunis. Il est en train de se créer, à l'avant du barrage électrifié, une sorte d'esprit de la frontière qui fait dire à quelques commandants de compagnie, comme celui que nous avons déjà rencontré, que commandos et fellaghas jouent aux cow-boys et aux Indiens...

Le capitaine Chaumet, qui héberge le commando du 12e, est un ancien officier de Légion qui porte sur sa tenue bleue un bouton doré de son arme d'origine. Méticuleux, courtois, courageux, il n'a hélas plus la santé qui lui premettrait de courir le djebel à la tête de sa compagnie. Alors, c'est le commando du bataillon qui « donne de l'air » au poste de Munier et passe dehors la plupart de son temps, pour des opérations de deux ou trois jours. Chaque commando possède sa « zone de chasse ». Vers le 20 mai, on sait que le lieutenant Toma et ses hommes doivent se trouver plus au sud dans la montagne, à l'est du col des Vents qui se trouve sur la route de Munier à Lamy.

Dans la nuit, le poste de radio de la 2e compagnie grésille.

C'est un message urgent. Le commando de la demi-brigade vient d'accrocher.

— Vous allez tout de suite en recueil, demande le capitaine Chaumet au chef du commando de chasse du 12e BCA. Arrivé au col des Vents vous essaierez d'étabir un contact radio direct avec Toma.

— On sait quelque chose, mon capitaine ?

— Rien. Enfin, pas grand-chose. Il paraît qu'il y a deux blessés chez eux. Les deux officiers, justement.

— Toma et « Goro »... C'est pas vrai ! En même temps...

— Vous verrez sur place ce qu'il y aura de mieux à faire. Partez vite !

Le convoi de quelques camions GMC ne tarde pas à quitter Munier et roule vers le sud. Assis dans la cabine du premier véhicule, le chef du commando du 12e ne fait que se répéter : « Mais qu'est-ce qui a pu se passer... » Il ne l'apprendra que par bribes, dans les heures dramatiques qui vont suivre.

Le lieutenant Toma avait un renseignement sûr, le poste de commandement d'une katiba de l'ALN s'était installé dans une clairière, juste à proximité de la frontière tunisienne. Depuis plusieurs jours, l'officier ruminait un raid de commando sur ce PC rebelle, situé en pleine forêt, dans le djebel Bou Nab, un des coins les plus escarpés et les plus imprenables de la grande forêt de chênes-lièges de ce secteur.

— Il faudra faire attention, lui a dit Gorostarzu, tout le coin grouille de camps « fells ».

— Le temps qu'ils arrivent à la rescousse, nous serons loin. L'essentiel c'est d'agir vite.

Les renseignements obtenus sont précis. Le PC se compose de trois gourbis de rondins, entourés d'une murette de pierres. C'est un véritable blockhaus. La section de garde se trouve cantonnée non loin de là, dans un quatrième gourbi, de plus vaste dimension.

— On va se diviser en deux groupes d'assaut d'une quinzaine d'hommes, décide Toma. Tu commandes l'un et je prends l'autre. Nous attaquerons ensemble. Tout le reste du commando nous attendra en recueil.

Et Toma ajoute aussitôt, avec une lueur d'hésitation :

— Qu'est-ce que tu en penses ?

— Moi, je suis pour y aller, mon lieutenant. Mais on risque de tomber sur du dur. Alors il nous faudra de la chance.

— De la chance, Goro, les « Noirs » en ont toujours eu jusqu'ici.

Il ne reste qu'à fixer le jour. Ou plutôt la nuit. Ce sera celle du 20 au 21 mai. L'heure ? Minuit.

— Avec un peu de pot, ils seront tous endormis, nos fells, conclut Toma.

Mais on sent que son ironie sonne un peu faux. Pour la

première fois depuis qu'il est à la tête du commando de la demi-brigade, ceux qui l'approchent de près le trouvent tendu et soucieux, presque inquiet. Cette attaque d'un PC, juste sur la frontière, c'est la chance de sa carrière militaire. Ou alors la malchance. De toute façon, le lieutenant Toma sent qu'il a rendez-vous avec son destin cette nuit-là. Ce sera la « rouge » ou la mort.

Le vent n'a pas cessé depuis plusieurs jours, très chaud, accablant, insidieux, entêtant. Cette véritable tempête de printemps contribue à donner à tout le paysage, déjà grandiose, un aspect encore plus dramatique avec les grands arbres échevelés qui bruissent dans l'obscurité et s'agitent sur un ciel sans lune.

Des véhicules déposent silencieusement le commando Toma sur la route entre Munier et Lamy, du côté du col des Vents. Aussitôt la longue file de chasseurs s'enfonce sous les couverts, cap à l'est, vers la Tunisie et les hors-la-loi. Il faudra deux pénibles heures de marche pour parvenir à distance d'assaut. Ces derniers jours, tout le monde, à la base arrière de Morris, a répété les gestes qu'il faut accomplir cette nuit. Jamais le commando n'a été davantage prêt à frapper.

Le lieutenant Gorostarzu doit attaquer le gourbi isolé de la section de garde. Le lieutenant Toma s'est réservé les trois petits bâtiments qui servent de PC. Un dernier contact radio entre les deux officiers donnera le signal de l'attaque.

— Tu es prêt ?

— Oui.

— On y va !

« Goro » marche en tête de ses hommes. Mais les fells ont disposé sur les chemins d'accès des pièges que les assaillants ne peuvent voir dans la nuit. L'officier accroche un fil. Une lumière soudaine et brutale. C'est une mine éclairante. La sentinelle ennemie tire aussitôt. Gorostarzu ressent une grosse claque sur la cuisse. Il vient d'être frappé d'une balle. Il continue à avancer en boitant et ordonne à la quinzaine d'hommes qui le suivent :

— En avant !

Les commandos se précipitent, tirant droit devant eux, sur les fellaghas qui, avec cette chaleur, dormaient à la belle étoile. Les soldats de l'ALN laissent deux tués sur le terrain, mais parviennent à disparaître dans la nuit. Il n'y a plus qu'à récupérer deux fusils, quelques grenades, à détruire le gourbi et à décrocher.

— *Fissa* (vite) ! lance le lieutenant à ses hommes qui se replient vers le groupe de recueil, constitué par le gros du commando.

Le second groupe d'assaut, au même moment, devait attaquer le PC.

La quinzaine de chasseurs qui entourent le lieutenant Toma se sont divisés en trois groupes de cinq hommes. Un groupe par gourbi. On se précipite, on expédie une grenade par l'ouverture, on rafale et on va au résultat. Quoi de plus simple lorsque le chef du commando de la demi-brigade avait expliqué hier l'opération à ses gradés ?

Tout est prévu, sauf la balle qui frappe le lieutenant Toma en pleine tête. L'officier s'écroule aussitôt, sans connaissance, touché à mort.

— Je prends le commandement !

Celui qui vient de crier ainsi, c'est un musulman, le sergent Allouche Khemis.

L'accrochage devient d'une terrible brutalité. Il se déroule maintenant entre Algériens eux-mêmes. Six soldats de l'ALN sont tués. Les autres décrochent rapidement. Ils abandonnent sur le terrain une mitrailleuse allemande MG 42 et huit fusils.

— Vite, lance Allouche en arabe à ses hommes. On ramasse le lieutenant, on récupère le matériel et on décroche.

Le commando transporte toujours un brancard pliable. Toma, inconscient, est attaché par quelques sangles. Le groupe de recueil voit arriver la quinzaine de chasseurs entourant le sergent Allouche qui annonce seulement :

— Le lieutenant est blessé.

Puis il demande brusquement :

— Et le lieutenant de Gorostarzu ? Où est-il ?

— Il vient d'arriver. Il est lui aussi blessé.

— Grave ?

— La cuisse traversée. Mais il peut marcher.

D'ailleurs voici Goro lui-même, appuyé sur une branche d'arbre qui désormais va lui servir de canne. Il examine rapidement le corps de son chef. D'une large plaie à la tempe sort un gros caillot de sang sombre qui est en train de coaguler. Il n'y a rien à faire. Ce n'est même pas la peine d'essayer de lui entourer le crâne d'un pansement.

— On prévient la base arrière et on se replie sur le col des Vents, décide aussitôt l'officier qui, malgré sa blessure, prend la tête du commando enfin regroupé.

Il rassemble tout le monde et envoie déjà les premiers sur la piste.

— Vous emportez la mitrailleuse, dit-il.

— La mitrailleuse, on s'en fout, lui lance Allouche. Le lieutenant va mourir.

— Mais non, murmure Goro sans conviction.

Il sait bien que Toma est perdu.

Le repli va durer quatre heures et demie. Le lieutenant Gorostarzu n'a voulu quitter ni la carabine qu'il porte à la bretelle ni le poste de radio dont les sangles lui meurtrissent les épaules. Il est épuisé, à bout de force, sa jambe l'élance, mais il marche quand même. Et commande.

Les hommes se relayent, quatre par quatre, pour porter le brancard où gît le lieutenant Toma.

Enfin Goro réussit à accrocher par radio le commando du 12e BCA qui a débarqué de ses camions au col des Vents et arrive à toute allure en recueil, après avoir disposé un fusil mitrailleur pour protéger le convoi de toute surprise.

— Il faut faire attention de ne pas se tirer dessus, dit son chef. Il ne manquerait plus que ça.

— Préviens tes éclaireurs de pointe, lui dit Goro.

— C'est fait.

— Les miens aussi sont prévenus.

— Et « Noir autorité » ? Comment va-t-il ?

Goro ne veut donner aucun renseignement par radio. Il suffit que les fells soient sur la longueur d'onde de son poste. Ils apprendront bien assez tôt la disparition de Toma. Alors, il lance seulement :

— Fais vite !

Les deux colonnes se rejoignent dans la nuit. Les gars du 12e BCA relayant aussitôt les commandos épuisés d'avoir traîné, à toute allure, en courant parfois sur la piste, le corps de leur chef. Le lieutenant arrive jusqu'à son camarade Gorostarzu.

— Tu veux qu'on te porte ?

— Non, ça ira. Ce qu'il faut c'est descendre le lieutenant le plus vite possible.

— Il sera dans quelques minutes au col des Vents.

Déjà les chauffeurs ont mis le moteur d'un camion en marche. Le brancard de Toma est chargé au moment même où le ciel commence à virer du noir au gris. Le jour se lève lentement. Le vent chaud hurle toujours.

L'adjoint du moribond arrive à son tour. Goro s'appuie contre l'aile d'un camion. Il va à son tour être évacué sur Munier. Dans le jour qui se lève on voit enfin son visage creusé par la fatigue et la douleur. Son camarade du 12e essaye de le rassurer avec des mots idiots :

— Tu t'en tireras... Toma aussi... Un hélico va venir vous prendre à Munier... Tu sais, les chirurgiens font des miracles...

— Une balle dans la tête, tu te rends compte !

— C'est une question de rapidité d'évacuation. Il n'est peut-être pas trop tard.

Il est trop tard.

A 6 heures du matin, au poste de Munier, le lieutenant Toma succombe à sa blessure. Près de lui, à genoux dans le camion qui l'a transporté depuis le col des Vents se tient un seul de ses chasseurs, le sergent Allouche, le visage crispé de chagrin.

Après dix-huit mois d'opérations incessantes, le commando de chasse de la 1re demi-brigade de Chasseurs Alpins vient de perdre son chef[1].

Mais il a gagné son nom. Il se nomme désormais, simplement, le *Commando Toma.*

1. Le lieutenant Toma sera décoré de la Légion d'honneur à titre posthume. Le lieutenant de Gorostarzu recevra également, sur son lit d'hôpital à Bône, la Légion d'honneur. Le sergent Allouche sera décoré de la médaille militaire et plusieurs de ses hommes recevront la croix de la Valeur militaire, ainsi que le lieutenant du 12e BCA qui a assuré l'ultime recueil sur le col des Vents.

Chapitre XXI

L'HIRONDELLE, LE DIABLE, L'EDELWEISS L'AIGLE ET LE TIGRE

« Des accords d'Evian à nos jours, le Xe BCA, obéissant à des ordres fluctuants, s'est replié. Tournant le dos à l'inhospitalière Algérie qu'il quitte par ordre, la tête haute, son devoir noblement accompli, il va regagner sa garnison traditionnelle.

« Nous avons bien des motifs de nous réjouir, au moment d'échanger notre secteur de Kabylie contre Y., notre ville, et les djebels, devenus trop familiers, contre les Alpes, plus à la mesure de nos ambitions de montagnards.

« Nous allons ainsi nous rapprocher des nôtres, les libérant de leurs inquiétudes... »

Ainsi s'exprime en 1962, dans *le Cor de chasse*, le chef de bataillon Z., qui commande un des BCA rapatriés de l'Algérie ex-française. La guerre qui se termine se voit seulement qualifiée de « mission difficile ». Quant aux sacrifices consentis par le bataillon, ils sont évoqués pour mémoire au passage, comme s'il était normal d'avoir ainsi perdu au combat plus de soixante-dix des siens, après « sept années de séjour » au-delà de la Méditerranée, dans ce qui fut l'AFN désormais devenue terre étrangère.

Pour les bataillons alpins le « décrochage » s'est passé ainsi sans trop de problèmes, même si un des anciens chefs de la division alpine de Grande Kabylie, le général Jacques Faure, fut parmi les plus notoires partisans de l'Algérie française, ce qui lui valut d'être arrêté pour complot avant tout le monde et de passer de nombreuses années en prison à la Santé et à Tulle. Ancien de la campagne de Norvège, parachutiste et montagnard, le général Faure fut de ces chefs de l'arme bleue dont le maréchal Lyautey aimait à dire « qu'ils pigent et qu'ils galopent ».

Son exemple paraît avoir, par avance, exorcisé les Alpins

d'Algérie de la tentation de se lancer ultérieurement dans quelque aventure. Il n'y aura donc pas chez eux d'unités dissoutes, comme ce fut le cas pour des régiments parachutistes ou légionnaires. Les bataillons alpins sont restés, dans leur immense majorité, strictement disciplinés [1]. Les seuls à rejoindre l'OAS le feront à titre individuel, comme le célèbre colonel Godard, ancien chef du 27e BCA d'Annecy dans la Résistance et pendant la guerre des Alpes, avant de commander le fameux 11e Bataillon de Choc et de devenir chef des services de renseignements en Algérie.

Très implantés dans leurs garnisons métropolitaines, où certains bataillons ont leur quartier depuis près d'un siècle, les Alpins vont retrouver la montagne avec une véritable passion. De tous les corps de l'armée française, au sortir de la guerre d'Algérie, ce seront eux qui auront le moins de mal à se réacclimater, parce que leur spécialisation de troupes de montagne s'affirme en soi exaltante. Comme par un phénomène de balancier, au sortir de l'épreuve algérienne et de cet exil outre-mer, leur entraînement à la montagne va subir une accélération prodigieuse sur les plans technique, militaire, moral même. Ce qui était le rêve du commandant Arvers, quand il lançait le 12e BCP dans les premières courses alpestres vers 1880, va devenir, bien davantage encore qu'entre les deux guerres, une véritable exaltation quotidienne pour ces unités rendues à leur vocation première.

Dès 1962, en Grande Kabylie, un bataillon comme le 22e BCA avait déjà organisé une école d'escalade, dans le cadre de la 3e compagnie de montagne, stationnée à Tikjda, dans le Djurdjura. C'était une sorte de répétion générale avant le retour en métropole... Le centre d'instruction de montagne servira finalement aux six bataillons bleus de la 27e division d'infanterie alpine.

Les vingt années à venir vont voir un développement prodigieux de l'entraînement à la glace et au rocher.

Le 13 septembre 1962, une dizaine de jours avant la fête de la Sidi-Brahim, comme pour exorciser les fantômes algériens encore si présents, le commandement organise une fantastique « Opération Mont-Blanc ». Non seulement quarante-deux cordées, regroupant cent quatorze montagnards, vont se retrouver sur le sommet le plus haut d'Europe, à 4 807 mètres, mais les

---

1. Attitude qui n'est pas sans rappeler celle de leurs aînés en 1940 qui, au retour de Norvège, obéirent aux ordres du gouvernement d'alors et quittèrent l'Angleterre pour regagner le sol national, en ne laissant qu'une trentaine des leurs s'engager dans les Forces Françaises Libres. Cela n'empêchera pas, par la suite, ces mêmes chasseurs alpins de rejoindre nombreux le rangs de la Résistance intérieure, après la dissolution de l'armée d'armistice.

Alpins qui vont entreprendre cette ascension pourront saluer au terme de leur course le drapeau de l'arme bleue.

Autour de l'emblème unique des chasseurs, flotteront les fanions de nombreux bataillons d'active et amicales d'anciens qui ont détaché quelques-uns des leurs pour cette « première » de l'alpinisme militaire. Ainsi sont représentés les 6e, 7e, 11e, 13e, 15e, 22e et 27e BCA — ainsi que leur frère « biffin » le célèbre 159e BIA, le « quinze-neuf »....

Le grand organisateur de cette épreuve est le lieutenant-colonel Courbe-Michollet, qui commande l'Ecole militaire de Haute Montagne.

— Trente cordées emprunteront l'itinéraire de l'Aiguille du Goûter, annonce-t-il, et douze celui des Grands Mulets. Le départ aura lieu le 12 septembre à l'aube.

A l'heure H les Alpins s'embarquent... dans le petit tramway du mont Blanc qui va les emmener à 2 388 mètres.

— Maintenant, les choses sérieuses commencent, annonce le lieutenant-colonel Courbe-Michollet.

A 9 heures du matin, les cordées se mettent en marche. Elles arrivent au refuge de Tête Rousse deux heures et demie plus tard. Une brève halte vient couper la progression et les Alpins sortent les provisions de leur sac. Après ce casse-croûte à 3 167 mètres, la marche reprend. Voici le couloir de l'Aiguille du Goûter :

— Attention aux chutes de pierres !

Le passage dangereux est franchi sans encombre et les cordées, l'une après l'autre, atteignent le refuge. C'est l'ultime étape avant la marche vers le sommet du mont Blanc. Repas, vérification du matériel. Repos.

— Réveil à 3 heures du matin et départ à 4 heures, annonce le lieutenant-colonel Courbe-Michollet. Essayez de dormir.

Ceux dont ce sera la première ascension du mont Blanc sont assez énervés, un peu comme des parachutistes à la veille de leur premier saut, et ne vont guère pouvoir fermer l'œil.

Dans la nuit du 13 septembre, très froide, les Alpins sortent du refuge, chargent leur sac et chaussent leurs crampons. Les chefs de cordées vérifient l'équipement. Il ne s'agit pas d'oublier les moufles ou les lunettes solaires...

Au lever du jour, la caravane atteint le Dôme du Goûter à 4 304 mètres. Les deux colonnes se rejoignent alors pour entamer ensemble la dernière partie de l'ascension du mont Blanc.

— Tout le monde est là ? On y va !

Les quarante-deux cordées s'avancent lentement en un long serpent sombre sur la glace des arêtes que les rafales de vent font « fumer ». A droite et à gauche, des pentes vertigineuses plongent vers les sombres vallées encore endormies. Les souffles deviennent plus courts, le sac plus lourd, les jambes plus dures à remuer. Pourtant, il faut continuer la progression, au rythme ralenti mais irrésistible. Il fait — 15° en ce début du mois de septembre et le vent souffle à plus de cent kilomètres à l'heure. Luttant contre cette véritable tempête, les hommes avancent courbés en deux, semblant parfois tituber dans les rafales. Enfin, c'est le sommet. 4 807 mètres. Nul n'est plus haut en Europe que ces cent quatorze chasseurs alpins.

— Sortez le drapeau de sa housse ! ordonne le lieutenant-colonel.

Le vent est si fort qu'il faut assurer avec des cordes le lieutenant qui porte l'emblème unique des chasseurs.

Il est exactement 8 heures du matin. Les fanions des bataillons, tous de couleur bleue et jonquille, claquent dans la bourrasque, les fils d'argent brillent comme des aiguilles de glace.

La descente commence aussitôt, cordée après cordée.

— On rejoint la vallée de Chamonix par les Grands Mulets et le Plan de l'Aiguille, décide le chef de l'Ecole militaire de Haute Montagne.

Une prise d'armes a lieu au refuge Vallot où les Alpins sont présentés au colonel Flottard, l'adjoint de l'inspecteur général des troupes de montagne.

En fin de journée, vers 6 heures du soir, un « pot » réunit les vainqueurs du mont Blanc au camp des Pècles. Jamais n'ont été plus d'actualité les paroles de la vibrante *Sidi-Brahim* qu'ils entonnent tous à pleins poumons :

Quand votre pied rapide et sûr
Rase le sol, franchit l'abîme,
On croit voir à travers l'azur
L'aigle voler de cime en cime !

L'opération Mont-Blanc est terminée. La « première » opération Mont-Blanc, car, maintenant, le rêve du commandement est de faire grimper sur le plus haut sommet d'Europe un ou deux bataillons en entier, avec leur équipement de montagne et de combat.

Les unités désignées pour tenter la grande épreuve sont le 13ᵉ BCA de Chambéry et le 7ᵉ BCA de Bourg-Saint-Maurice, qui seront précédés par la section d'éclaireurs de montagne du 6ᵉ BCA de Grenoble, chargée de repérer et d'aménager les passages les plus difficiles.

Le 29 juin 1970, les Alpins du 13ᵉ partent dans la matinée du Plan de l'Aiguille et atteignent vers midi le refuge des Grands Mulets.

— Installation du bivouac, ordonnent les gradés.

Leurs chasseurs montent aussitôt les tentes spéciales « Himalaya ». L'équipement et le ravitaillement sont à la hauteur. Pour se protéger du froid, double parka, triple paire de chaussettes, gants de cuir et de laine, moufles, guêtres pour neige.

Pour combattre la faim, paquets de fruits secs, viande séchée et salée, tubes de potions sucrées...

Le commandement a profité d'un créneau du beau temps fugitif. Le soleil ne doit guère briller plus de quarante-huit heures et il faut surveiller de près la météo, si vite changeante en montagne. Déjà, on aperçoit les premiers nuages dans le ciel bleu.

Le départ vers le sommet du mont Blanc est fixé à 11 heures du soir le 29 juin. Les premières cordées devraient arriver au sommet au lever du jour, après 1 800 mètres de dénivelée d'un seul élan.

— On l'aura ce mont Blanc ! lancent quelques enthousiastes.

La cote 4 000 est atteinte un peu après 3 heures du matin, le dimanche. Le chef de corps du 13ᵉ en profite pour tenir à ses Alpins un petit discours bien senti :

— Vous n'êtes pas des fillettes. Le sommet, ce n'est qu'une question de courage et de volonté. Vous avez déjà prouvé que vous en aviez. Vous avez « la pêche »... Allez-y, les gars, c'est tout bon.

Il est 6 heures du matin quand les premières cordées arrivent au sommet.

Le capitaine de la 2ᵉ compagnie, penché à la limite du mur de glace, encourage ses chasseurs pour les derniers efforts :

— Allez-y, les gars ! Vous aurez la victoire ! Plus que cinquante mètres... Plus que quarante ! Allez-y, c'est gagné ! Vous êtes des chefs !

Arrivé au sommet, un des Alpins dit à son camarade de cordée :

— Ça fait tout drôle de baisser la tête pour voir l'Aiguille du Midi et le Brévent.

Une dernière poignée de main au sommet. Il fait — 25°.

— On redescend.

Le 13ᵉ BCA, après avoir vaincu le mont Blanc, regagne les Grands Mulets et le camp de tentes dans la neige, que les hommes appellent par ironie l'Hôtel Himalaya. Heureux et fourbus, ils retrouvent leurs camarades du 7ᵉ qui s'apprêtent, à leur tour, pour la grande ascension.

— C'est comment, les gars ? demandent-ils.

— Dur. Mais rudement chouette !

A 11 heures du soir, comme la veille, plus de trois cents chasseurs encordés s'attaquent au flanc du glacier. Un coup de tonnerre. C'est une chute de sérac amplifiée par le fantastique écho qui roule entre les sommets. Les Alpins avancent dans un véritable chaos de crevasses vertigineuses aux parois bleutées. Les crampons mordent la glace, les piolets assurent le poids du corps, les cordes sont autant de lignes de vie...

Les sommets neigeux se découpent distinctement sur le ciel étoilé de cette nuit du 30 juin au 1ᵉʳ juillet.

Et comme pour leurs camarades du 13e la veille, c'est la pause casse-croûte au Grand Plateau, à 4 000 mètres d'altitude. Le vent se lève, le jour arrive, alourdi de gros nuages sombres, les premiers flocons de neige tourbillonnent. Une tempête qui commence. A quelques dizaines de mètres du sommet, les Alpins du 7e reçoivent l'ordre de faire demi-tour. Mais ils sont quand même parvenus à plus de 4 600 mètres.

La rage au cœur, ils redescendent vers les Grands Mulets. Pour la première fois, le 7e doit reculer.

Bataillon, bataillon, bataillon de fer
Bataillon, bataillon, bataillon d'acier.

Leurs aînés ont affronté le feu de l'ennemi sans jamais céder. Mais la montagne reste plus forte que tous les guerriers, fussent-ils les plus braves.

Le commandement peut cependant être fier de l'exploit réalisé. En vingt-quatre heures, six cent cinquante hommes ont participé, avec armes et bagages, à cette nouvelle opération Mont-Blanc.

Va-t-elle devenir désormais une « épreuve de routine » pour les bataillons alpins ?

De toutes les unités de l'armée française, les bataillons de chasseurs alpins sont, sans doute, ceux qui exigent le plus d'endurance physique et morale en temps de paix. Le danger reste présent à chaque seconde des courses en montagne. Eté comme hiver, les Alpins affrontent un adversaire qui parfois se montre impitoyable. Comme dans tous les corps d'élite, ce climat de risque permanent fait intégralement partie du service quotidien. C'est même lui qui va cimenter leur esprit de corps, tout autant que les traditions de l'arme bleue, jalousement conservées dans les quartiers de chasseurs. Sous la casquette de montagne et la cagoule blanche, les Alpins n'en restent pas moins fort semblables à leurs aînés au dur visage coiffé du grand béret bleu sombre à la visière « cassée » sur le même regard clair qui fixe les sommets.

Des douze unités d'active qui furent, voici près de cent ans, à l'origine des bataillons alpins de Chasseurs à Pied, il ne reste aujourd'hui que cinq BCA seulement, où servent tout aussi bien des engagés que des appelés. Ce sont pour beaucoup des hommes « du contingent », même si ces garçons sont devenus capables de pratiquer la guerre en montagne dans une optique véritablement professionnelle.

Ces chasseurs constituent le plus gros des unités d'infanterie de la 27e division alpine [1].

1. La 27e division alpine comprend environ neuf mille hommes, qui servent dans deux demi-brigades d'infanterie (5e et 7e), un régiment de cavalerie légère

Trois BCA forment la 5e demi-brigade de Chasseurs Alpins, dont le poste de commandement est à Annecy.

Le 7e BCA, le *Bataillon de Tarentaise,* stationné à Bourg-Saint-Maurice, au quartier « Capitaine Bulle », avec des éléments à Vulmix et à Aiton, et un poste de montagne à Tignes-les-Boisses. Son insigne est un diable, le « diable au cor ».

Le 13e BCA, le *Bataillon de Maurienne,* après un siècle de garnison à Chambéry, installé désormais à Barby, dans la banlieue de cette ville. Son poste de montagne se trouve à Modane. Son insigne conserve les armes de la villes de Chambéry que survole un aigle.

Le 27e BCA, le *Bataillon des Glières,* tient garnison à Annecy et se partage entre le quartier « de Galbert » en ville et le quartier « Tom Morel » à Seynod. Son poste de montagne est à Flaine. Son insigne est un tigre.

Deux BCA et un RIA (le 159e de Briançon) constituent la 7e demi-brigade de Chasseurs Alpins, dont le poste de commandement se trouve à Gap.

Le 6e BCA, le *Bataillon du Vercors,* a quitté la ville même de Grenoble, pour s'installer au quartier « de Reyniès » à Varces, au sud de la ville. Il possède un poste de montagne à Chamrousse. Son insigne est une hirondelle.

Le 11e BCA, le *Bataillon de l'Ubaye,* tient garnison à Barcelonnette, avec un poste de montagne à Maison-Meane près du col de Larche. Son insigne est un edelweiss.

A proximité des plus belles pistes de ski et des sommets les plus hauts d'Europe, les Alpins d'aujourd'hui s'entraînent hiver comme été aux opérations en montagne. Profondément intégrés à la population savoyarde ou dauphinoise, ils restent toujours — qu'ils en soient ou non originaires — les « enfants du pays » et connaissent une cote de popularité absolument unique dans l'armée française. Leur participation aux plus périlleux sauvetages en montagne n'est pas pour rien dans la renommée affectueuse qui continue à entourer les Alpins, une centaine d'années après leur création.

L'ambiance sportive qui règne dans les bataillons bleus — même quand les chasseurs abandonnent leur tenue sombre pour le blanc des survêtements d'hiver ou le verdâtre des treillis de combat — ne peut se comparer à aucune autre. Les chasseurs alpins sont unis entre eux comme le sont des compagnons de cordée. Tour à tour, la vie de chacun se trouve entre les mains du camarade qui l'assure au-dessus de l'abîme vertigineux. Autrefois au combat et aujourd'hui en montagne, les hommes des BCA, du chef de bataillon jusqu'au moindre pour-

---

blindée (le 4e régiment de Chasseurs « Clermont-Prince »), un régiment d'artillerie (le 93e de montagne), un régiment de commandement et de soutien, deux escadrilles d'hélicoptères légers, une compagnie du génie et un peloton cynophile d'avalanches.

voyeur d'une arme automatique, sont tous, un jour ou l'autre, des frères affrontant les mêmes dangers et rencontrant le même destin, au hasard de la foudre ou de la chute.

L'histoire des Alpins, c'est une suite d'exploits sportifs. C'est aussi la série des accidents que semble exiger la montagne dans certaines de ses colères qui déchaînent tempêtes et orages.

Le 6 juillet 1965, le lieutenant Jacques Valette d'Osia, fils de l'ancien chef de corps du 27e BCA d'Annecy du temps de la Résistance, effectue l'ascension de l'arête des Papillons, à l'Aiguille du Peigne, dans le massif du Mont-Blanc. Officier à l'Ecole de Haute Montagne, il dirige l'entraînement de stagiaires et se trouve encordé avec son camarade de promotion, le lieutenant Payer. A 8 heures, quand les Alpins ont gagné la vaste terrasse située à quelques mètres sous le sommet, le temps, depuis longtemps incertain, se gâte carrément.

Pendant trois quarts d'heure les deux officiers assurent la sécurité de leurs élèves. Soudain, Payer est ébloui par un gigantesque éclair, tandis qu'un bruit épouvantable semble lui crever les tympans. La foudre vient de tomber, frappant son camarade. Le lieutenant Valette d'Osia, qui s'était décordé pour une manœuvre délicate, bascule dans le vide, mortellement atteint.

Une douzaine d'années plus tard, le 2 août 1977, le lieutenant-colonel René Pélardy, chef de corps du 11e BCA, conduit une cordée qui effectue l'ascension de l'Aiguille Large du Marinet. L'officier est assuré par un piton. Brusquement, celui-ci saute de la paroi et le chef de cordée est précipité dans le vide avec son compagnon. Par miracle, le chasseur Sindilhan, grièvement blessé, va survivre, mais le chef du 11e, évacué par hélicoptère, succombe à son arrivée à l'hôpital de Barcelonnette.

Moins d'un an plus tard, le 16 juin 1978, un nouvel accident mortel vient frapper un officier du même 11e BCA. Le capitaine Bernard Chatellier, atteint par un rocher détaché d'une paroi sur la face nord-ouest du Petit Cayre, dans la région de la Madone de Fenestre, « dévisse » et fait une chute de cinquante mètres. Avant de tomber dans le vide, il a le temps de crier pour avertir ses camarades du danger qui les menace.

De même le lieutenant Philippe Petel, du 6e BCA, trouve la mort en montagne en service commandé, victime d'une chute de trente-cinq mètres, alors qu'il descendait en rappel la paroi d'une carrière à Pont-de-Claix, près de Grenoble, le 7 juin 1983.

D'autres Alpins ont ainsi rencontré leur destin. Mourir en montagne, pour eux, c'est comme pour les marins, périr en mer. Seuls ceux qui n'ont jamais appareillé des rivages ou qui ne sont jamais partis des vallées vers les sommets peuvent s'attrister de tels destins.

S'attrister sur son sort... ce n'est certes pas le genre du lieutenant Yves Guichard qui vient d'être affecté au 6e BCA de

Chasseurs Alpins au début de l'été 1983 et doit suivre un stage à l'Ecole militaire de Haute Montagne.

Il a vingt-six ans. C'est un garçon si trapu et si large, tout en muscles, qu'il paraîtrait presque petit, alors qu'il dépasse le mètre soixante-quinze. Mais il a un de ces coffres... D'ailleurs, ses camarades s'en moquent parfois et l'ont surnommé *l'Ours !* De cet animal des montagnes, il a la force tenace et calme. Le côté bourru aussi parfois, quand on ne comprend pas quel est son seul univers, celui de l'armée, non pas dans la perspective d'une carrière dans un monde hiérarchisé de fonctionnaires en uniforme, mais sous l'angle totalement aigu d'une « rude école ».

Pour Yves Guichard, cette rude école, on ne la trouve pas seulement dans la guerre. La paix aussi peut en dispenser l'enseignement quand on sert dans une arme d'élite. Déjà, quand il avait seize ans, à Grenoble, il ne rêvait que de s'évader du lycée pour suivre justement les cours de cette éternelle école du courage et de la volonté.

Il avait alors découvert, avec un enthousiasme communicatif, un texte qui semblait résumer l'idéal même de sa vie : « Ce qui distingue la rude école de toutes les autres écoles, c'est que les exigences y sont grandes, qu'elles y sont sévères ; que le bien, l'extraordinaire même y sont exigés comme normaux ; que la louange y est rare, l'indulgence inconnue ; que le blâme y est cinglant, précis, ne tient compte ni du talent, ni de l'origine. » Ce texte avait été écrit en 1888, l'année même de la création des bataillons alpins. Son auteur ? Frédéric Nietzsche. Dans quel livre ? *La volonté de puissance.*

De même : « Monter... dans l'air pur des Alpes et des glaces, là où il n'y a plus ni brouillards ni nuages, où l'essence même des choses s'exprime d'une façon dure et rigide, mais avec une pression inévitable ! Il suffit de songer à tout cela pour que l'âme devienne solitaire et infinie ! »

Il n'est pas besoin d'être un intellectuel pour entendre un tel appel. Yves Guichard décide de choisir le métier des armes, qu'il considère comme un Ordre. Son père est Dauphinois et sa mère Savoyarde, mais elle est d'origine ukrainienne et le jeune Yves a hérité du sabre d'un grand-père cosaque. Il rejoint l'Ecole des Cadets d'Aix-en-Provence. Au début, il veut être cavalier. Cavalier et parachutiste. Il entre à Saumur et devient aspirant de réserve. Il sert au 13ᵉ régiment de dragons parachutistes.

Le service terminé, il « rempile » comme réserviste en situation d'activité et se retrouve au 1ᵉʳ régiment de hussards parachutistes. Chef de section, instructeur, spécialiste du renseignement et de la recherche, c'est ce qu'on appelle en argot militaire un « pêchu ». Il entre à l'Ecole de Strasbourg pour se faire intégrer comme officier d'active et arrive enfin à Coëtquidan. La route a été longue. Mais cette fois-ci, il croit avoir trouvé la fameuse « rude école » dont il rêvait dans sa jeunesse.

« Une telle école nous est à tout point de vue nécessaire : aussi bien pour ce qui est le plus physique que pour ce qui est le plus spirituel... Savoir commander puis obéir avec fierté ; se tenir dans le rang, mais être à tout moment capable de prendre le commandement ; préférer le danger à l'agrément... Qu'apprend-on dans une rude école ? A obéir et à commander. »

Un an à Coëtquidan et un an à Montpellier. Maintenant, Yves Guichard est fantassin. En juin 1983, il sort avec ses deux galons de lieutenant d'active de l'école d'application de l'infanterie. Il doit choisir son arme.

Il décide de servir dans les chasseurs. Si possible dans un bataillon alpin. Au début de l'année 1983, il accomplit un premier stage à l'Ecole militaire de Haute Montagne de Chamonix. Il réussit les épreuves d'hiver. Il lui reste à subir celles d'été pour obtenir le fameux BAM, le brevet d'alpinisme militaire, avec l'aigle aux ailes étendues survolant les sommets. Il rejoint alors le 6e BCA, dont il doit commander une section de la 1re compagnie.

Le vendredi 26 août 1983 se déroule une des épreuves les plus rudes. C'est une marche chronométrée avec une dénivelée d'environ douze cents mètres en moyenne montagne au-dessus de la vallée de Chamonix. Une affaire d'endurance et de volonté. Le lieutenant Guichard en possède à revendre. Par contre — et il est seul à le savoir, il n'a pas une santé à toute épreuve. Sportif, para, fonceur, il cache soigneusement une sorte de blessure secrète. Parfois son cœur lui joue des tours. Mais il méprise de tels avertissements. « Tu trembles carcasse... », disait déjà le maréchal de Turenne. Et la carcasse ne suit pas toujours le rythme infernal auquel la mène le jeune officier. Premier malaise lors de sa préparation militaire parachutiste. Deuxième malaise lors de son stage commando à Mont-Louis. Troisième malaise... Non, il n'y a pas eu de troisième malaise. Pas encore.

Le lieutenant Guichard et un de ses compagnons partent au « top » que leur donne l'instructeur avec son chronomètre. Ils sont tous deux en treillis, casquette, le sac sur le dos, assez lourdement chargés. Mais n'est-ce pas une des règles de la dure école ?

En cette fin d'août, le soleil tape depuis des semaines et des semaines, comme il n'a peut-être encore jamais tapé en France. Toutes les Alpes semblent brûler sous la morsure de ses rayons qui transforment le parcours d'endurance en course dans une véritable fournaise. Les pierres qui roulent sous le pied paraissent des pavés brûlants. Pas un coin d'ombre. Et il faut aller vite. Toujours plus vite. Le lieutenant Guichard ne veut pas seulement faire « un bon temps », il rêve de faire le meilleur.

Dans ce monde de faiblesse et de lâcheté, il semble qu'il n'y ait plus qu'une place pour lui, la première. Orgueil ? Oui, parfaitement. Pour lui, l'orgueil n'est pas un péché c'est même une vertu. Et la plus cardinale de toutes.

Le soleil grimpe haut dans le ciel. Les deux officiers stagiaires peinent, mais sans cesse Guichard accélère l'allure. Cela devient une course infernale, démente. Enfin, le plus dur est fait. Ils aperçoivent le but, la descente s'amorce. Ils n'ont plus que cinq ou six cents mètres à parcourir avant de se faire pointer.

— Je crois qu'on sera dans les temps, dit son compagnon.

Yves ne répond pas. Il est étrangement pâle. Il sent une sorte de douleur sourde qui lui enserre tout le torse. La chaleur l'accable. Ses tempes bourdonnent. Toute la montagne se met à vaciller. Celui qu'on appelle l'Ours est-il blessé ? Il s'arrête et lance d'une voix fatiguée à son camarade :

— Continue tout seul. Moi je m'arrête pour boire. Je suis crevé.

Son camarade disparaît rapidement. Voici le lieutenant Guichard du 6e BCA seul. Seul face à la montagne, face au soleil, face à la mort.

Le vieux chef scout Baden-Powell écrivait naguère : « Ne dites jamais « je suis mort » avant d'être mort... » Justement, celui qui dit à son camarade : « je suis crevé » va mourir.

Mourir à force d'avoir voulu aller plus loin et plus vite sur la piste de montagne, mourir à force d'avoir voulu mériter ce brevet sans lequel il n'aurait pu être officier dans un BCA, mourir à force d'avoir voulu endosser, en vainqueur, la tenue bleu-jonquille.

« Ce qui ne me fait pas mourir me rend plus fort », a dit Nietzsche. Tant de fois, Yves a bravé le destin, tirant le maximum d'un cœur épuisé. Maintenant, c'est fini. Il a perdu.

Non, il a gagné. Il entre à jamais dans le domaine du grand vent et des cimes.

Il succombera sans avoir repris connaissance, trois jours plus tard, à l'hôpital de Grenoble. Le lieutenant Guichard sera inhumé en terre savoyarde à Saint-Vital, près d'Albertville. Autour de sa tombe, quelques camarades. Un dernier chant...

Fidèles aux voix de l'âme
Des bois, du roc et du sang,
Fidèles à la vraie flamme...

Au loin, les montagnes bleutées disparaissent dans le crépuscule. Un officier d'Alpins est parti pour le grand voyage vers les sommets inconnus, plus près du soleil.

... A l'ombre de nos halliers,
Amis, célébrons la fête
Du glaive et du chevalier.

ANNEXES

QUELQUES REGLES
DU VOCABULAIRE DES CHASSEURS

Comme tous les groupes à forte personnalité, les Chasseurs ont, depuis très longtemps, manifesté la leur par l'emploi d'un certain nombre de règles de vocabulaire qu'il est impropre de ne pas appliquer lorsqu'on parle de cette subdivision d'arme.

● *Les termes qui n'ont pas à être utilisés, car ils sont « impropres » :*

— Il n'existe pas de « caserne » de Chasseurs car, de même que les cavaliers ou les artilleurs, les Chasseurs vivent dans les « quartiers ».

— Il n'existe pas de « musique » de Chasseurs car ceux-ci n'ont que des « fanfares ».

— Le mot « jaune », pour désigner la couleur des passepoils, lisérés, fanions, flammes de clairon, soutaches, etc., est absolument proscrit. Le mot « jonquille » est le seul convenable chez les Chasseurs, qui ne sont qu' « argent, bleu et jonquille ».

— Le Chasseur ne porte pas un « uniforme » mais une « tenue ».

● *Les termes qui n'ont pas à être utilisés car ils définissent des choses qui n'existent pas chez les Chasseurs :*

— Le terme de « régiment » n'a jamais à être employé avec le mot « chasseur » car, de tout temps, leurs formations n'ont été rassemblées qu'en « bataillon » ou « groupe » ou « demi-brigade », mais jamais en « régiment ».

— Dans les fanfares de Chasseurs, il n'y a ni « tambour », ni « grosse caisse », ni « cymbales ». Ces termes n'ont donc pas à être utilisés dès qu'on parle de Chasseurs.

● *Les termes qu'une « substitution » astucieuse et humoristique a fait passer dans l'usage chez les Chasseurs :*

— Le « rouge » qui, depuis leur origine, a été proscrit de la tenue des Chasseurs (sauf pendant une très courte période pour les galons de certains gradés) est appelé « bleu-cerise ».

Le terme « rouge » n'est autorisé que pour désigner la couleur du Drapeau, celle de la Légion d'honneur... et, pour certains, les lèvres de la femme aimée !

— L'étoffe « kaki », mal vue chez les Chasseurs — mais pas par ceux qui la portent — est appelée « drap moutarde ».

— Enfin, un jeu de mots humoristique fait dire que le sang des Chasseurs est « vert », car dans le chant de *La Protestation,* on lit :

Notre sang versé pour la France.

Interprétation : *Notre sang vert, c'est pour la France !*

Extrait de la brochure *Les traditions des Chasseurs,* document réalisé par la Fédération Nationale des Anciens Chasseurs (F.N.A.C.) et le Service d'Information et de Relations publiques des Armées (S.I.R.P.A.), novembre 1974, réédition 1980.

QUELQUES RÈGLES DU VOCABULAIRE DES CHASSEURS

Comme toutes les troupes d'élite, [illegible] les Chasseurs ont, depuis très longtemps, manifesté leur [illegible] par l'emploi d'un certain nombre [illegible] de vocabulaire qui [illegible]

[illegible]

— Le Chasseur [illegible]

[illegible]

— Dans les Bataillons de Chasseurs [illegible]

[illegible]

Interprétation : « Notre sang [illegible] c'est pour la France »

Extrait de la brochure *La Tradition des Chasseurs*, réalisé par la Fédération Nationale des Anciens Chasseurs (F.N.A.C.) et le Service d'information et de relations publiques des Armées (S.I.R.P.A.), novembre 1984, édition 1986.

LE REFRAIN DES CHASSEURS

Encore un carreau d'cassé, v'là l'vitrier qui passe,
Encore un carreau d'cassé, v'là l'vitrier passé.

L'origine de ce refrain est la suivante : la patelette du sac des Chasseurs de 1840 était en toile cirée qui brillait comme une vitre ; à leur passage les Chasseurs donnaient l'impression de vitriers.

LA MARCHE DES CHASSEURS

Les chasseurs en avant, l'artilleur au milieu,
Les biffins, les biffins en arrière,
Les chasseurs en avant, l'artilleur au milieu,
Les biffins, les biffins à la queue

Son origine est la marche particulière du Bataillon de Tirailleurs de Vincennes, devenu le 1er Bataillon de Chasseurs à Pied. Elle est au nombre des sonneries de manœuvres données par l'Instruction provisoire de 1841 sur l'Exercice et les Manœuvres des Bataillons de Chasseurs à Pied et l'Ordonnance du roi du 22 Juillet 1845 sur l'Exercice et les Manœuvres des Bataillons de Chasseurs d'Orléans.

LA SIDI-BRAHIM

Elle a été composée immédiatement après le glorieux fait d'armes du 8e Bataillon de Chasseurs qui l'a inspirée. Dès 1846, les « Vengeurs » (nom donné aux Chasseurs venus en renfort au 8e) l'ont chantée. L'air a été emprunté au *Chant des Ouvriers,* composé par le chansonnier Pierre Dupont un peu avant 1846. L'avant-dernier couplet a été ajouté après la guerre de 1870, le dernier après celle de 1914-1918 :

- 1 -

Francs chasseurs, hardis compagnons,
Voici venir le jour de gloire,
Entendez l'appel du clairon
Qui vous présage la victoire,
Volez, intrépides chasseurs,
La France est là qui vous regarde ;
Quand sonne l'heure du combat
Votre place est à l'avant-garde.

Refrain

En avant, braves bataillons,
Jaloux de votre indépendance,
Si l'ennemi vers nous s'avance,
Marchons, marchons, marchons,
Mort aux ennemis de la France !
Marchons, marchons, marchons,
Mort aux ennemis de la France !

- 2 -

Quand votre pied rapide et sûr
Rase le sol, franchit l'abîme,
On croit voir, à travers l'azur,
L'aigle voler de cime en cime.
Vous roulez en noirs tourbillons
Et parfois, limiers invisibles,
Vous vous couchez dans les sillons
Pour vous relever plus terribles.

- 3 -

Aux champs où l'Oued Had suit son cours,
Sidi-Brahim a vu nos frères,
Un contre cent, lutter trois jours
Contre des hordes sanguinaires.
Ils sont tombés silencieux
Sous le choc, comme une muraille.
Que leurs fantômes glorieux
Guident nos pas dans la bataille !

- 4 -

Héros au courage inspiré,
Nos pères conquirent le monde,
Et le monde régénéré
En garde la trace féconde !
Nobles aïeux, reposez-vous !
Dormez dans vos couches austères,
La France peut compter sur nous :
Les fils seront dignes des pères.

- 5 -

Surprise un jour, frappée au cœur,
France, tu tombas expirante.
Le talon brutal du vainqueur
Meurtrit ta poitrine sanglante.
O France relève le front
Et lave le sang de ta face.
Nos pas bientôt réveilleront
Les morts de Lorraine et d'Alsace.

- 6 -

O morts, nous vous avions promis
De libérer le territoire.
Ils sont chassés nos ennemis.
Nous vous apportons la Victoire.
Sous vos lauriers dormez en paix
Face au vaincu qui nous regarde,
C'est au bord du Rhin, désormais,
Chasseurs, que nous montons la garde !

LA PROTESTATION DES CHASSEURS

C'est une protestation contre des projets de suppression des Chasseurs.

La date de sa composition a été controversée. Vingtrinier, dans son livre, *Les Chants et Chansons des Soldats de France*, indique 1890, certains la fixent vers 1886, au moment des projets du général Boulanger. Elle date incontestablement, croyons-nous des premières années qui ont suivi la guerre de 1870 : les anciens chasseurs déclarent l'avoir entendu chanter dès cette époque et les projets de réorganisation de l'armée, d'alors, menaçaient l'existence des Bataillons de Chasseurs.

Au début elle ne comprenait que trois couplets (les 1er, 2e et 4e). Le 3e a été ajouté plus tard.

L'avant-dernier couplet a été composé après la guerre de 1914 et le dernier entre les deux guerres, pour protester contre la suppression envisagée de la tenue bleue.

- 1 -

Nous sommes trente mille braves,
Au képi sombre, au manteau bleu,
Et nous voyons même les Zouaves,
Derrière nous courir au feu.
Vous qui voulez qu'on nous supprime,
Qu'avez-vous à nous reprocher ?
En guerre, en paix, notre seul crime
Est d'avoir su trop bien marcher.

Ne touchez pas au corps d'élite,
Chasseurs, Chasseurs, pressons le pas,
Qu'on nous fasse marcher plus vite,
Mais qu'on ne nous supprime pas.

- 2 -

Voyez un peu notre démarche,
Essayez de nous suivre au pas,
C'est notre Bataillon qui marche.
Allons, ne vous essoufflez pas,
C'est le clairon qui nous entraîne,
Notre clairon, c'est notre amour.
Fi du Biffin qui lent se traîne,
Trébuchant derrière un tambour.

Place aux Chasseurs, la route est large,
La route qui mène au combat,
Vous les verrez pousser la charge,
Si vous ne les supprimez pas.

- 3 -

Visez-vous à l'économie
Des cinq milliards qu'on dut verser ?
Nous vous offrons tous notre vie
Pour vous les faire rembourser.
Si vous tenez au drap garance,
Qui coûte autant sans valoir mieux,
Notre sang versé pour la France
Rougira nos pantalons bleus.

A nous les coups de main dans l'ombre
Qu'il faut exécuter tout bas,
Notre tenue est assez sombre
Pour qu'on ne la supprime pas.

\- 4 -

Vous avez vu nos frères d'armes
Tomber au loin pour leur pays ;
Vous leur avez donné vos larmes,
Epargnez donc leurs vieux débris.
Serez-vous plus durs que la guerre ?
Ne voulez-vous ménager,
Aux Chasseurs dormant sous la terre,
Quelques Chasseurs pour les venger ?

Que le canon Krupp nous décime,
Il a sur nous droit de trépas ;
Et s'il le peut qu'il nous supprime,
Mais vous, ne nous supprimez pas.

\- 5 -

Vous avez vu la Grande Guerre
Faire de nous des Diables Bleus,
Ce nom, ceux qui nous le donnèrent,
Allez, s'y connaissaient un peu...
Sur tous les fronts, Verdun, la Somme,
Plus de cent fois renouvelés,
Nos Bataillons, comme un seul homme,
Devant la Mort se sont dressés.

Chez nous pas de paroles vaines,
Les Chasseurs de Driant sont là,
Qu'à leurs tombeaux on nous enchaîne,
Mais qu'on ne nous supprime pas.

\- 6 -

Notre drap bleu, c'est le symbole
Du dévouement de nos Aînés,
Nous y tenons plus qu'une idole,
Car il est leur linceul sacré.
Pourquoi nous mettre en drap moutarde ?
Les Chasseurs ne meurent qu'en Bleu.
Voulez-vous perdre une avant-garde
Qui fut toujours première au feu ?

Si vous respectez la mémoire
Des Chasseurs qui, par leur trépas,
Ont couvert la France de Gloire,
Vous ne le supprimerez pas !

Refrain

Encore un carreau d' cassé...
V'là l' vitrier qui passe,
Encore un carreau d' cassé
V'là l' vitrier passé...

HISTORIQUES SUCCINCTS
DES
BATAILLONS D'ACTIVE
DE CHASSEURS ALPINS

Dans ces historiques, il ne sera envisagé que la période durant laquelle les unités en question auront effectivement porté le titre de Bataillon alpin de Chasseurs à Pied, *sans considérer les événements qui auraient précédé ou suivi ce moment de leur histoire. Pour des raisons de place, il ne sera traité ni des bataillons de réserve, ni des bataillons de marche, ni des bataillons territoriaux de 1914-1918 et de 1939-1940.*

6e BATAILLON DE CHASSEURS ALPINS

LE BATAILLON DU VERCORS

Un des douze bataillons de Chasseurs à Pied spécialisés « alpins » par la loi du 24 décembre 1888.
En garnison à Nice.

Guerre de 1914-1918
Parti de Nice le 7 août 1914.
Secteurs et combats :
1914-1915 : Lorraine (Dieuze, La Mortagne). Vassincourt. Argonne (Vauquois). Verdun (bois des Forges). Belgique (Vormezeele, Yser). Artois (bois de Berthonval). Alsace (Südel, Reichackerkopf, Braunkopf). Séjour à l'île de Corfou. — *1916 :* Alsace (Linge). Somme (bois Reinette, Bouchavesnes, Saint-Pierre-Waast). Alsace. Vosges. — *1917 :* Chemin des Dames (Craonne, La Gargousse, La Malmaison). Alsace (Südel, Hartmann). — *1918 :* Picardie (bois Sénécat). Aisne (Mont des Tombes, Mont des Singes). Canal de la Sambre.
Sept citations.

Fait partie en 1921 du corps expéditionnaire en Haute-Silésie.
En garnison à Grenoble entre les deux guerres.
En 1939, forme, avec le 12e et le 14e BCA (tous deux de réserve), la 27e demi-brigade de Chasseurs Alpins. Participe à l'expédition de Norvège (Narvik). Rapatrié en France par l'Ecosse et le Maroc.
Une citation.
Maintenu dans l'armée d'armistice. Toujours à Grenoble.
Dissous en novembre 1942.
Recréé le 13 juillet 1944 dans le maquis du Vercors.
Son chef, le commandant de Reyniès, arrêté par la police allemande, disparaît en captivité.
Participe à la campagne 1944-45 dans les Alpes, sous le commandement du chef de bataillon Costa de Beauregard.
En occupation à Bludenz (Autriche) de septembre 1945 à novembre 1953.
Fournit une section pour la compagnie de Chasseurs Alpins d'Indochine dans le bataillon de marche du 110e RI.
Campagne d'Algérie : stationne dans la région de Michelet, près de Fort-National, du 24 novembre 1954 au 11 novembre 1962.
Un des cinq bataillons de Chasseurs Alpins actuellement maintenus.
En garnison au quartier « de Reyniès » à Varces, au sud de Grenoble, avec un poste de montagne à Chamrousse.
Insigne : L'Hirondelle.
Fourragère : Aux couleurs de la Légion d'honneur.
Refrain : Le Sixième est là !
Il est un peu là !

7e BATAILLON DE CHASSEURS ALPINS

LE BATAILLON DE TARENTAISE

Un des douze bataillons de Chasseurs à Pied spécialisés « alpins » par la loi du 24 décembre 1888.

En garnison à Nice, puis à Antibes.

Campagne du Maroc (Nord) dans les régions de Fez et de Meknès, de septembre 1912 à octobre 1913.

Guerre de 1914-1918

Parti de Draguignan le 4 août 1914.

Secteurs et combats :

1914-1915 : Alsace et Vosges (Les Bagenelles, La Bourgonce). Somme (Chaulnes, Maucourt). Belgique (Poperinghe). Alsace (Hartmann, Hilsenfirst, Mättle, Hirtszein, Linge). — *1916 :* Somme (Maurepas, Sailly-Saillisel). Alsace. — *1917 :* Brimont. Sapigneul. Chemin des Dames (Craonne, Les Casemates). Italie. — *1918 :* Italie (Monte Tomba). Belgique (Dickebusch). Champagne. Faverolles. Tilloloy. Crapeaumesnil. Canal du Nord. Morcourt, Canal de la Sambre.

Trois citations.

Fait partie en 1921 du corps expéditionnaire en Haute-Silésie.

En garnison à Albertville. Séjourne dans la Ruhr en 1923 et en Tunisie en 1925.

En 1939, forme avec le 27e et le 47e BCA la 25e demi-brigade de Chasseurs Alpins.

Laisse sa SES dans le Beaufortin, où elle se battra en juin 40 contre les Italiens dans le secteur du col de la Seigne et du col de l'Œillon.

Rejoint les avant-postes devant la ligne Maginot en Alsace jusqu'en avril 40.

Dirigé sur la région du canal de l'Ailette dès le début de l'offensive allemande à l'Ouest.

Va se battre magnifiquement à Pinon (6 juin 40)

Son chef, le commandant Soutiras, est tué le 14 juin.

Une citation.

Dissous en juillet 1940.

Sera recréé à partir du bataillon « Bulle » du Beaufortin et du 2e bataillon des Glières.

Participe à la campagne 1944-1945 dans les Alpes, sous le commandement du chef de bataillon de Buttet.

Se trouve dans le Val d'Aoste au moment de l'armistice de 1945.

En occupation à Kustein (Autriche) de septembre 1945 à sa dissolution en avril 1946. Recréé en Autriche le 1er avril 1948, il y stationne jusqu'en novembre 1953.

Part pour l'Algérie et séjourne dans la partie sud du secteur de Fort-National (quartier des Ouadhias puis quartier du Tassaft) du 20 septembre 1955 au 6 décembre 1962. Est regroupé à Bordj-Menaïel.

Un des cinq bataillons de Chasseurs Alpins actuellement maintenus.

Et garnison à Bourg-Saint-Maurice, avec des éléments à Vulmix et à Aiton et un poste de montagne à Tignes-les-Boisses.

Insigne : Le « Diable au cor ».

Fourragère : Aux couleurs de la Croix de guerre 14-18.

Refrain : Bataillon, bataillon, bataillon de fer
Bataillon, bataillon, bataillon d'acier.

9e BATAILLON DE CHASSEURS ALPINS

Le 9e BCP en garnison à Sarrelouis devient 9e BCA en 1926 et se spécialise « alpin ».

Sa garnison est désormais à Antibes.

En 1939, forme avec le 20e et le 49e BCA la 2e demi-brigade de Chasseurs Alpins.

Part à la fin de janvier 1940 pour les avant-postes devant la ligne Maginot entre Bitche et Lembache.

Laisse sa SES dans les Alpes à Pas de Cuore (secteur fortifié des Alpes-Maritimes).

Désigné pour l'expédition de Scandinavie, séjourne en Ecosse. L'opération projetée sur Andalsnes étant annulée, ne part pas en Norvège et rejoint la France par la Bretagne.

Combat sur la Somme du 4 au 12 juin 1940 (Orival-Offignies). Se replie sur la Bresle.

Perd au feu son chef, le commandant Prieur, tué à la tête du bataillon encerclé dans la poche de Saint-Valéry-en-Caux en Normandie orientale.

Dissous en 1940.

Insigne : La Hure de sanglier et la Croix de Lorraine.

Fourragère : Aux couleurs de la Croix de guerre 14-18.

Refrain : Marie, j'ai vu ton cul tout nu !
Cochon, pourquoi l' regardes-tu ?

11e BATAILLON DE CHASSEURS ALPINS

LE BATAILLON DE L'UBAYE

Un des douze bataillons de Chasseurs à Pied spécialisés « alpins » par la loi du 24 décembre 1888.

En garnison à Annecy.

Fournit une compagnie pour l'expédition de Madagascar en 1895.

Guerre de 1914-1918

Parti d'Annecy le 4 août 1914.

Secteurs et combats :

1914 : Alsace (Calvaire du Lac Blanc, Crête des Genêts). Lorraine (Nompatelize). Lihons. Belgique (Kemmel). Artois (Carency). — *1915 :* Alsace (Sulzern, Braunkopf, Barrenkopf, Linge, Hartmann, Hilsenfirst). — *1916 :* Somme (bois de Hem, Maurepas). Vosges. — *1917 :* Champagne (Tahure). Italie (Monte Fenera). — *1918 :* Ourcq (Chézy). Picardie (Roye). Ligne Hindenburg (Fontaine Utertre). Bataille de Guise.

Le nom de *Bataillon de Carency* lui fut donné par le colonel Passaga après le combat de Carency, le 27 décembre 1914, où se distinguèrent les 4e et 5e compagnies.

Quatre citations.

En occupation à Neustadt après la guerre, puis Düsseldorf, Kreuznach et Kaiserslautern.

Vient à Gap en 1929, où il prend la place du 23e BCA, par changement de numéro.

En 1939, forme avec le 15e et le 28e BCA la 7e demi-brigade de Chasseurs Alpins.

Envoyé aux avant-postes devant la ligne Maginot, en Lorraine.
Les 8 et 9 juin 1940, se bat au Mont-de-Soissons et à Fère-en-Tardenois.
Obtient deux citations.
Dissous en 1940.
En 1944 se forment deux 11e BCA, l'un en Queyras et l'autre en Maurienne.
Ils fusionnent en mars 1945.
Participe à la campagne 1945 dans les Alpes, sous le commandement du capitaine Grand. Obtient une citation à l'ordre de l'Armée pour la prise du Mont-Froid.
Rejoint Briançon en 1945.
En occupation en Autriche, de septembre 1945 à octobre 1947. Fournit une section pour la compagnie de Chasseurs Alpins d'Indochine dans le bataillon de marche du 110e RI.
En garnison à Barcelonnette, où il forme le CI du 11e BCA.
Un des cinq bataillons de Chasseurs Alpins actuellement maintenus.
En garnison à Barcelonnette, avec un poste de montagne à Maison-Meane, près du col de Larche.
Insigne : L'Edelweiss.
Fourragère : Aux couleurs de la Médaille militaire. Aux couleurs de la Croix de guerre 1939-45.
Refrain : Onzième bataillon d' Chasseurs Alpins,
Onzième bataillon d' lapins !

12e BATAILLON DE CHASSEURS ALPINS

Il a été le premier bataillon ayant exécuté des marches de montagne dans les Alpes dès 1879, sous les ordres du commandant Arvers, surnommé pour cela le « Père des Alpins ». La section lyonnaise du Club Alpin nomme le 12e membre honoraire du club, après l'ascension de la Barre des Ecrins, par des officiers du bataillon en 1885.
Un des douze bataillons de Chasseurs à Pied spécialisés « alpins » par la loi du 24 décembre 1888.
Fournit une compagnie pour l'expédition de Madagascar en 1895.
En garnison à Embrun.

Guerre de 1914-1918
Parti en août 1914 de Guillestre, où il se trouvait en manœuvres alpines.
Secteurs et combats :
1914-1915 : Alsace (Ingersheim, Ammerschwihr, Wettstein, Barrenkopf, Sulzern, Barrenkopf, Schratz, Hartmann). — *1916 :* Metzral. Somme (Bois de Hem, Tranchée des Cloportes, Tranchée de l'Inferno). Vosges. — *1917 :* Chemin des Dames (Corbeny). Perthes-les-Hurlus. Italie (Monte Tomba). — *1918 :* Italie (Plateau d'Asiago). Ourcq (Chézy, Sommelans). Picardie (Andechy). Ligne Hindenburg. Bataille de Guise.
Quatre citations.

Après la guerre, en occupation à Trèves puis Kreuznach.
Dissous en 1929.
Recréé en septembre 1939 à Péage-de-Vizille.
Forme avec le 6e et le 14e BCA la 27e demi-brigade de Chasseurs Alpins. Participe à l'expédition de Norvège (Narvik). Une citation.
Dissous en 1940.

Recréé pour quelques jours dans le Vercors le 13 juillet 1944.

Recréé en juin 1954 comme 12e BCP et deviendra 12e BCA en 1955.

Fait partie avec le 14e et le 25e BCA de la 1re demi-brigade de Chasseurs Alpins.

Stationne tout d'abord en Tunisie du 7 août 1954 au 7 mars 1957, puis en Algérie dans le quartier de La Calle, puis de Blandan, du 8 mars 1957 au 31 septembre 1962.

Dissous à Reims en octobre 1962.

Insigne : L'Aigle.

Fourragère : Aux couleurs de la Médaille militaire.

Refrain : Ah, c' qu'il est con, c' qu'il est con le douzième,
Ah, c' qu'il est con, c' qu'il est con, c' con-là !

13e BATAILLON DE CHASSEURS ALPINS

LE BATAILLON DE MAURIENNE

Un des douze bataillons de Chasseurs à Pied spécialisés « alpins » par la loi du 24 décembre 1888.

En garnison à Chambéry.

Guerre de 1914-1918

La mobilisation le trouve dans son secteur de Lanslebourg. Il vient se compléter au Fort de l'Esseillon, puis il s'embarque à Saint-Pierre-d'Albigny, le 12 août 1914.

Secteurs et combats :

1914 : Alsace (Sulzern, Logelbach). Mandray. Tête de Béhouille. Mandramont. Wissembach. Bois de la Garde. Le Mont. Lesseux. — *1915 :* Alsace (Hartmannswillerkopf. Judenhut. Hilsenfirst. Sondernach. Hartmann. Südel). — *1916 :* Linge. Violu. Somme (Le Forest, Rancourt, Sailly-Saillisel). Alsace (Metzeral). — *1917 :* Courcy. Cote 108. Chemin des Dames (Craonne. Les Casemates). Italie. — *1918 :* Italie (Monte Fenera). Belgique (Dickebusch). Champagne (St-Hilaire). Tilloloy. Canal du Nord. Bataille de St-Quentin (Morcourt). Ligne Hindenburg (Ferme Tilloy). Canal de la Sambre.

Sept citations.

Fait partie en 1921 du corps expéditionnaire en Haute-Silésie.

Séjourne en Tunisie en 1925.

Retrouve sa garnison de Chambéry.

En 1939, forme avec le 53e et le 67e BCA la 5e demi-brigade de Chasseurs Alpins.

Participe à l'expédition de Scandinavie et débarque à Namsos en Norvège.

De retour en France par l'Ecosse et la Normandie, est engagé sur le Liger.

Soutient de durs combats à Liomer le 8 juin 1940.

Se regroupe dans le pays de Caux où il est encerclé à Houdetot. Une citation.

Maintenu dans l'armée d'armistice. Toujours en garnison à Chambéry. Dissous en novembre 1942.

Recréé à partir des bataillons « Savoie » et « Maurienne » des FFI. Participe à la campagne 1944-1945 dans les Alpes, sous le commandement du chef de bataillon Héritier.

En occupation en Autriche de septembre 1945 à sa dissolution en 1952.

Fournit une section pour la compagnie de Chasseurs Alpins d'Indochine (compagnie Desserteaux, du 13e BCA) dans le bataillon de marche du 110e RI.

Devient 28e BCA. Recréé en novembre 1952 à Chambéry.

Devient centre d'instruction du 13e BCA, dissous à la fin de 1963.

Recréé le 1er janvier 1964 avec le 15e BCA de retour d'Algérie.

Un des cinq bataillons de Chasseurs Alpins actuellement maintenus.

En garnison à Barby dans la banlieue de Chambéry avec un poste de montagne à Modane.

Insigne : Les Armes de Chambéry surmontées d'un aigle.

Fourragère : Aux couleurs de la Médaille militaire.

Refrain : Sans pain, sans fricot
Au treizième, on n' boit que de l'eau !

14e BATAILLON DE CHASSEURS ALPINS

Un des douze bataillons de Chasseurs à Pied spécialisés « alpins » par la loi du 24 décembre 1888.

En garnison à Embrun, puis à Grenoble.

Fournit une compagnie pour l'expédition de Madagascar en 1895.

Campagne du Maroc Sud dans la région de Mogador et de Marrakech de septembre 1912 à août 1914.

Guerre de 1914-1918 :

S'embarque à Kénitra (Maroc) le 2 août 1914 et débarque à Bordeaux le 9 août 1914.

Secteurs et combats :

1914 : La Bruche. Etival. Nompatelize. Somme (Chilly, Maucourt). Belgique (Ypres). Vosges (Tête-de-Faux). — *1915 :* Alsace (La Fecht, Linge, Braunkopf). — *1916 :* Somme (Maurepas, Cléry). Vosges (La Fontenelle.) — *1917 :* Corbeny. Champagne (Butte de Tahure, Butte du Mesnil). Italie : (Monte Tomba). — *1918 :* Italie (Plateau d'Asiago). Ourcq (Dammard, Monnes, Grisolles). Picardie (Goyencourt, Bois Croisette). Ligne Hindenburg (Ferme Bellecourt). Bataille de Guise.

Six citations.

Après la guerre, en occupation à Trèves, puis à Kreuznach.

Dissous en 1929.

Recréé en septembre 1939 à Gap.

Forme, avec le 6e et le 12e BCA, la 27e demi-brigade de Chasseurs Alpins.

Participe à l'expédition de Norvège (Narvik). Une citation.

Dissous en 1940. Recréé pour quelques jours dans le Vercors le 13 juillet 1944.

Recréé à Chambéry en 1954. Fait partie, avec le 12e et le 25e BCA, de la 1re demi-brigade de Chasseurs Alpins. Expédié en Tunisie du 7 août 1954 au 26 juin 1957, puis en Algérie du 25 février 1957 au 1er juin 1962, dans la région de Lamy puis de Combes sur le Barrage.

Dissous au camp de Sissonne en juin 1962.

Insigne : Le Dauphin.

Fourragère : Aux couleurs de la Médaille militaire.

Refrain : La peau d'mes roulettes pour une casquette,
La peau de mes rouleaux pour un shako !

15e BATAILLON DE CHASSEURS ALPINS

Le 15e BCP devient 15e BCA en 1922, alors qu'il se trouve à Teschen dans les Sudètes, et se spécialise « alpin » prenant garnison à Barcelonnette.

Participe à la campagne du Rif en 1925.

En 1939, forme avec le 11e et le 28e BCA la 7e demi-brigade de Chasseurs Alpins.

Laisse sa SES dans le secteur fortifié de Savoie.

Aux avant-postes de la ligne Maginot en Lorraine puis au repos en haute Alsace.

Engagé dans de durs combats au Mont-de-Soissons le 8 juin et Fère-en-Tardenois le 9 juin 1940.

Dissous en 1940.

Recréé dans la Résistance à partir de la « compagnie Stéphane » et des bataillons « Belledonne » et « Grésivaudan » des FFI.

Participe à la campagne 1944-1945 dans les Alpes sous le commandement du chef de bataillon Lecoanet.

En occupation en Autriche à Feldkirch de 1945 à sa dissolution en avril 1946. Recréé en Autriche à Lochau le 1er avril 1948. Reste à Bregenz jusqu'en juin 1950. Dissous à Mourmelon à la fin 1953. Recréé à Vienne, Autriche, en 1954. Dissous à Uriage en 1955.

Recréé en Algérie par changement de dénomination du IIe bataillon du 99e régiment d'infanterie. Stationne dans la région de Tigzirt sur la côte de Grande Kabylie.

Rentre à Chambéry à la fin de 1962, dissous fin 1963, devient 13e BCA.

Forme le 1er avril 1964 le Centre d'entraînement de commando du 15e BCA.

Dissous par la suite.

Insigne : L'Alsacienne.

Fourragère : Aux couleurs de la Croix de guerre 14-18.

Refrain : Je fum'rais bien un' pipe
Mais je n'ai pas d' tabac !

18e BATAILLON DE CHASSEURS ALPINS

Le 18e BCP en garnison à Sarrebruck devient 18e BCA en 1926 et se spécialise « alpin ».

Prend garnison à Grasse.

En 1939 forme avec le 23e et le 60e BCA la 22e demi-brigade de Chasseurs Alpins.

Laisse sa SES sur le front des Alpes à la douane de Bourguet, dans les Alpes-Maritimes.

Aux avant-postes de la ligne Maginot en Lorraine.

Se replie à marche forcée dans les Vosges.

Combat à Lépanges le 21 juin 1940. Encerclé et fait prisonnier.

Dissous en 1940.

Recréé en été 1944 avec des FFI du Gard et des Basses-Alpes. Combat avec la 1re armée française.

Forme en 1945 le 20e BCP.

Insigne : Le Coq et la Croix de Lorraine.

Fourragère : Aux couleurs de la Croix de guerre 14-18.

Refrain : Encore un biffin d'enfilé, rompez !
Encore un biffin d'enfilé !

20e BATAILLON DE CHASSEURS ALPINS

Le 20e BCP, alors à Forbach, devient le 20e BCA en 1926 et se spécialise « alpin ».

Prend garnison à Antibes.

En 1939, laisse sa SES sur le front des Alpes à Orméa, dans le secteur fortifié des Alpes-Maritimes.

Forme, avec le 9e et le 49e BCA, la 2e demi-brigade de Chasseurs Alpins.

Désigné pour le corps expéditionnaire de Scandinavie, part pour l'Ecosse. L'opération prévue sur Andalsnes est annulée.

Sera rapatrié en France par la Bretagne.

Engagé sur la Somme. Une citation.

Encerclé en Normandie dans le pays de Caux.

Maintenu dans l'armée d'armistice, avec garnison à Digne.

Dissous en novembre 1942.

Reconstitué dans la Résistance, sous le commandement du colonel Vigan-Braguet.

Prend part à la campagne 1944-1945 sur le Rhin et en Allemagne. Franchit le 8 mai 1945, au dernier jour de la guerre, le col de l'Arlberg et pénètre en Autriche.

Devenu ensuite bataillon de Chasseurs Portés.

Insigne : La Cigogne, la Croix de Lorraine et l'Edelweiss.

Fourragère : Aux couleurs de la Médaille militaire.

Refrain : Vingtième bataillon, commandant Cambriels,
Les chasseurs aux pieds ont des ailes !

22e BATAILLON DE CHASSEURS ALPINS

Un des douze bataillons de Chasseurs à Pied spécialisés « alpins » par la loi du 24 décembre 1888.

En garnison à Albertville.

Fournit une compagnie pour l'expédition de Madagascar en 1895.

Guerre de 1914-1918

Parti des Chapieux, le 8 août 1914, s'embarque à Bourg-Saint-Maurice, le 9 août 1914.

Secteurs et combats :

1914 : Alsace. Vosges (Mandray, Tête de Béhouille, Fouchifol, le Bonhomme, Wissembach). — *1915 :* Vosges (Wissembach, Croix-le-Prêtre). Alsace (Metzral, Barrenkopf, Linge, Schratzmännele, Reichacker). — *1916 :* Alsace (Hilsenfirst, Linge). Violu. La Béchine. Somme (chemin creux de Maurepas, St-Pierre-Waast). Alsace (Hartmann). — *1917 :* Loivre. Cote 108. Chemin des Dames (Les Casemates, Vauclerc). Italie (Monte Tomba). Belgique (Dickebusch). Champagne (Perthes-les-Hurlus). Picardie (Fescamps, Tilloloy). Ligne Hindenburg (Ferme Tilloy). Canal de la Sambre.

Six citations.

Fait partie en 1921 du corps expéditionnaire au Schleswig, sur la frontière danoise.

En garnison à Nice. Surnommé « le bataillon des Fleurs ».

Part en occupation en Rhénanie.

En 1939, laisse sa SES sur le front des Alpes à Granges de Fromagine, dans le secteur fortifié des Alpes-Maritimes.

Forme, avec le 62e et le 64e BCA, la 26e demi-brigade de Chasseurs Alpins.

Après être resté sur les crêtes de la frontière des Alpes, est dirigé vers l'Aisne. Endigue pendant vingt jours la poussée ennemie sur le Chemin des Dames.

Dissous en 1940.

Forme dans la Résistance les bataillons « Esterel 9 » et « Corniche 22 ». Devient 22/XVe et se bat dans le secteur de la haute Vésubie au sud du front des Alpes en 1945.

Dissous en 1945 et reformé en 1951.

Tient garnison à partir de 1951 au quartier Saint-Jean-d'Angély à Nice.

Envoyé au Maroc du 15 septembre 1955 au 7 janvier 1956. Passe ensuite en Algérie, où il séjourne en Kabylie dans les régions de Ménerville, Fort-National et Bouira jusqu'au 30 janvier 1964. Entraînement de montagne à Tikjda. Replié sur Rocher-Noir et Courbet-Marine. Sera le dernier BCA à quitter la terre algérienne.

Dissous au camp de Sissonne en 1964 et se transforme en centre d'instruction montagne. Redevient 22e BCA, en 1969, toujours à Nice, mais dissous à nouveau en 1976.

Insigne : Le Chamois.

Fourragère : Aux couleurs de la Médaille militaire.

Refrain : Encore un biffin d'tombé dans la merde ;
Encore un biffin d'emmerdé !

23e BATAILLON DE CHASSEURS ALPINS

Un des douze bataillons de Chasseurs à Pied spécialisés « alpins » par la loi du 24 décembre 1888.

En garnison à Grasse.

Guerre de 1914-1918

Parti de Grasse le 2 août 1914 pour la frontière italienne, puis s'embarque à Nice pour le front le 12 août 1914.

Secteurs et combats :

1914 : Lorraine (Dieuze, Lunéville, Lamath, Xermaménil, Forêt de Parroy). Woëvre, Belgique (Poelkapelle, Dixmude. Artois). — *1915 :* Alsace (Reichackerkopf, Metzeral, Braunkopf, Linge). — *1916 :* Alsace (Kiosque). Vosges (Violu). Somme (Chemin creux, Rancourt, St-Pierre-Waast). Alsace). — *1917 :* Alsace (Metzral). Brimont. Cote 108. Chemin des Dames (Californie). Italie. — *1918 :* Italie (Monte Tomba). Belgique (Dickebusch). Champagne (Mesnil-les-Hurlus). Picardie (Crapeaumesnil). Ligne Hindenburg (Morcourt). Canal de la Sambre (Etreux). Etrœungt.

Quatre citations.

Fait partie en 1921 du corps expéditionnaire en Haute-Silésie.

Participe à la campagne du Rif au Maroc en 1925.

Dissous en 1929. Est remplacé à Gap par le 11e BCA.

Recréé en septembre 1939 à Grasse.

Laisse sa SES à Isola, avec la 65e DI dans le secteur fortifié des Alpes-Maritimes.

Forme, avec le 18e et le 60e BCA, la 22e demi-brigade de Chasseurs Alpins. Envoyé aux avant-postes de la ligne Maginot sur le front

de Lorraine. Retraite dans les Vosges. Encerclé et capturé à Lépanges le 21 juin 1940.
Dissous en 1940.
Non reconstitué.
Insigne : La Cigale.
Fourragère : Aux couleurs de la Croix de guerre 14-18.
Refrain : V'la l'vingt-troisième, nom de Dieu !
Ça va barder !

24e BATAILLON DE CHASSEURS ALPINS

LE BATAILLON DE LA GARDE

Conserve les traditions du bataillon de Chasseurs à Pied de la Garde impériale de 1854 à 1870.
Un des douze bataillons de Chasseurs à Pied spécialisés « alpins » par la loi du 24 décembre 1888.

Guerre de 1914-1918
Dans son secteur des Alpes à la mobilisation, rejoint Villefranche-sur-Mer, d'où il part le 8 août 1914.

Secteurs et combats :
1914 : Lorraine (Dieuze, Xermaménil). Verdun (Malancourt, Avocourt, bois de Forges). Belgique (Ypres). — *1915 :* Alsace (Südelkopf, Reichacker, Cote 830, rive gauche de la Fecht, Braunkopf, Petit Reichacker). — *1916 :* Alsace. Somme (Chemin creux, La Cranière, Rancourt). — *1917 :* Chemin des Dames (Craonne, La Malmaison). — *1918 :* Alsace (Südel). Somme et Aisne (Gros-Hêtre, ravin des Ribaudes, l'Ermitage, Mont des Tombes, Vauxaillon). Ligne Hindenburg. Canal de la Sambre.
Six citations.

Fait partie en 1921 du corps expéditionnaire en Haute-Silésie.
Participe à la campagne du Rif au Maroc en 1925.
En garnison à Villefranche-sur-Mer.
En 1939, laisse sa SES sur le front des Alpes à Granges d'Arrès, dans le secteur fortifié des Alpes-Maritimes.
Forme avec le 25e et le 65e BCA la 6e demi-brigade de Chasseurs Alpins.
Aux avant-postes devant la ligne Maginot en Lorraine.
Engagé dans l'Oise à Liancourt, au sud de Chaulnes. Repousse de violents assauts les 5 et 6 juin 1940.
Maintenu dans l'armée d'armistice. En garnison à Fréjus, puis à Hyères. Dissous en novembre 1942.
Recréé après la guerre comme BCP. Devient bataillon porté puis groupe de chasseurs mécanisés.
Insigne : L'Aigle tenant dans ses serres un drapeau autrichien conquis à Solférino.
Fourragère : Aux couleurs de la Médaille militaire.
Refrain : Tout le long du bois, j'ai baisé Jeannette,
Tout le long du bois, j'l'ai baisée trois fois.

25e BATAILLON DE CHASSEURS ALPINS

Le 25e BCP, alors en garnison à Saint-Mihiel, devient 25e BCA en 1920 et se spécialise « alpin ».

Prend garnison à Menton.

Participe à la campagne du Rif au Maroc en 1925.

En 1939 laisse sa SES sur le front des Alpes à Plan-du-Lion dans le secteur fortifié des Alpes-Maritimes.

Forme avec le 24e et le 65e BCA la 6e demi-brigade de Chasseurs Alpins.

Aux avant-postes devant la ligne Maginot en Lorraine.

Combat les 6 et 7 juin 1940 à Liancourt au sud de Chaulnes dans l'Oise. Une citation.

Maintenu dans l'armée d'armistice. En garnison à Hyères.

Dissous en novembre 1942.

Recréé en 1951 à Villefranche-sur-Mer. Dissous en 1952. Recréé à nouveau au camp de Mourmelon en 1954. Part en Afrique du Nord.

Fait partie avec le 12e et le 14e BCA de la 1re demi-brigade de Chasseurs Alpins.

Stationne d'abord en Tunisie du 7 août 1954 au 25 février 1957. Puis passe en Algérie, où il reste jusqu'en octobre 1963. D'abord dans le quartier de Lamy puis dans celui de La Calle.

Dissous au camp de Sissonne en 1963.

Insigne : Le Coq.

Fourragère : Aux couleurs de la Médaille militaire.

Refrain : Pas plus con qu'un autre, nom de Dieu !
Mais toujours autant !

27e BATAILLON DE CHASSEURS ALPINS

LE BATAILLON DES GLIÈRES

Un des douze bataillons de Chasseurs à pied spécialisés « alpins » par la loi du 24 décembre 1888.

En garnison à Menton au retour de six années de campagne en Tunisie.

Guerre de 1914-1918

La mobilisation le trouve dans son secteur à Saint-Martin-Vésubie, il revient à Menton, d'où il part le 10 août 1914.

Secteurs et combats :

1914 : Lorraine (Dieuze, la Mortagne, Lamath, Xermaménil, Forêt de Vitrimont, Forêt de Parroy). Belgique (Ypres, Poperinghe, Langemark). Artois (Carency). — *1915 :* Alsace (Hartmann, Metzeral, Linge, Hirtzstein). — *1916 :* Alsace (Südel). Somme (crête de l'Observatoire, en avant du bois de Hem, Bouchavesnes, St-Pierre-Waast). Alsace (Linge). — *1917 :* Alsace (Linge). Chemin des Dames (Lützen. Californie, La Gargousse, La Malmaison). Alsace (Sicurani). — *1918 :* Alsace (Sicurani). Somme (Bois Senecat, bois du Gros-Hêtre). Ligne Hindenburg (Vauxaillon). Canal de la Sambre.

Neuf citations.

Fait partie en 1921 du corps expéditionnaire en Haute-Silésie où est assassiné son chef de corps, le commandant Montalègre.

En 1925, part en Tunisie puis au Maroc pour la campagne du Rif.

En garnison à Annecy.

En 1939, laisse sa SES sur le front des Alpes à La Chapelle-Saint-Jacques.

Forme, avec le 7e et le 47e BCA, la 25e demi-brigade de Chasseurs Alpins.

Aux avant-postes de la ligne Maginot dans les basses Vosges jusqu'en avril 1940.

Engagé lors de l'offensive allemande sur le canal de l'Ailette dans l'Aisne. Combat à Soupir (5-6 juin). Encerclé à Maizières (14 juin 1940). Deux citations.

Maintenu dans l'armée d'armistice. Toujours en garnison à Annecy.

Dissous en novembre 1942.

Organise et encadre en 1943-1944 le maquis des Glières. Reforme avec le 1er bataillon des Glières et le bataillon Foges une nouvelle unité.

Participe à la campagne 1944-1945 dans les Alpes, sous le commandement du chef de bataillon Godard.

En occupation en Autriche de 1945 à 1948. Fournit une section pour la compagnie de Chasseurs Alpins d'Indochine dans le bataillon de marche du 110e RI.

Revient à Annecy pour repartir en Afrique du Nord. Stationne en Kabylie du 23 septembre 1955 au 25 novembre 1962 dans la région de Iffira.

Rentre à Annecy en 1962.

Un des cinq bataillons de Chasseurs Alpins actuellement maintenus.

En garnison au quartier « de Galbert » en ville et le quartier « Tom Morel » à Synod. Poste de montagne à Flaine.

Insigne : Le Tigre.

Fourragère : Aux couleurs de la Légion d'honneur.

Refrain : Baisons la cantinière !
Son mari n'est pas là !

28e BATAILLON DE CHASSEURS ALPINS

Un des douze bataillons de Chasseurs à Pied spécialisés « alpins » par la loi du 24 décembre 1888.

En garnison à Grenoble.

Guerre de 1914-1918

Parti le 10 août 1914, de La Vachette, près de Briançon, son secteur.

Secteurs et combats :

1914 : Alsace et les Vosges (Ingersheim, Orbey, La Chapelle, Le Bonhomme, Les Bagenelles, le Violu, La Cude, Tête-de-Faux). — *1915 :* Alsace (Hartmannswillerkopf, bois de Wattwiller, Breitfirst, Schnepfenrieth, cotes 1025 et 955. Metzral, Le Kiosque, Hirzstein, Hartmann). — *1916 :* Alsace (Rehfelsen, Judenhut), Somme (tranchée de Marrières, Bouchavesnes, Saint-Pierre-Waast). Vosges (Violu, La Cude). — *1917 :* Alsace (Rodern). Chemin des Dames (Bois de Beaumarais, Californie, Craonne, La Gargousse, Les Bovettes, La Malmaison). Alsace (Hartmann). — *1918 :* Alsace (Sicurani). Picardie

(Hailles, Bois Senecat, Castel, Moreuil). Aisne (Montécouvé, Ferme Moisy, Vauxaillon). Bataille de Guise.
Huit citations.

En occupation à Landau, puis Trèves et Oberstein.
Dissous en 1929.
Recréé en septembre 1939 à Gap.
Laisse sa SES sur le front des Alpes à Chalet-de-Melezet, dans le secteur fortifié du Dauphiné.
Forme avec le 11e et le 15e BCA la 7e demi-brigade de Chasseurs Alpins.
Rejoint les avant-postes de Lorraine, devant la ligne Maginot.
Le 8 et 9 juin 1940 se bat au Mont-de-Soissons et à Fère-en-Tardenois. Une citation.
Dissous en 1940.
Recréé après la guerre par changement de numéro du 13e BCA, à Landeck en Autriche.
En garnison à Briançon de 1953 à sa dissolution en février 1955.
Recréé en novembre 1955 à Sarrebourg. Envoyé en Tunisie du 28 novembre au 3 décembre 1955. Passe ensuite en Algérie. séjourne jusqu'au 31 août 1962 dans les régions de Toudja, Sidi-Aïch et El Flaye.
Dissous au camp de Sissonne en 1962.
Insigne : Le Chamois bondissant.
Fourragère : Aux couleurs de la Médaille militaire.
Refrain : Saut' putain, t'auras d'la saucisse !
Saut' putain, t'auras du boudin !

30e BATAILLON DE CHASSEURS ALPINS

Un des douze bataillons de Chasseurs à Pied spécialisés « alpins » par la loi du 24 décembre 1888.
En garnison à Grenoble.

Guerre de 1914-1918
Parti de Jausiers, son secteur des Alpes, s'embarque à Chorges, le 10 août 1914.

Secteurs et combats :
1914 : Alsace (Gaschney, Sattel, Günsbach, Wihr-au-Val, Logelbach). Vosges (Les Journaux, Les Bagenelles, col du Bonhomme, Lesseux, Violu, Tête-de-Faux). — *1915 :* Vosges (Tête-de-Faux). Alsace (Wettstein, Linge, Schratzmännele). — *1916 :* Alsace (Barrenkopf, Reichacker). Somme (Curlu, La Pestilence, Cléry). Vosges (La Chapelotte). — *1917 :* Vosges (La Chapelotte). Chevreux, Tahure. Italie (Monte Tomba). — *1918 :* Italie (col del Rosso). Ourcq (Ferme Lessart, Brécy). Picardie (Roye). Ligne Hindenburg. Bataille de Guise.
Huit citations.

Après la guerre, en occupation à Ider-Birkenfeld. Puis Düren, Drove et Euskirchen.
Vient à Metz en 1929.
Cesse d'être BCA pour devenir 30e BCP en 1929.
Insigne : Le Chamois sur un roc.
Fourragère : Aux couleurs de la Légion d'honneur.
Refrain : Il était un p'tit homme
Tout habillé de bleu, sacrebleu !

BIBLIOGRAPHIE

Généralités sur les Chasseurs à Pied.

Les traditions des Chasseurs, document réalisé par le Service d'Information et de Relations publiques des Armées (SIRPA) en 1974 et réédité par la Fédération nationale des Anciens chasseurs (FNAC) en 1980.

RICHARD (lieutenant) : *Chasseurs à Pied,* Lavauzelle, 1890.

Un lieutenant de Chasseurs : *les Chasseurs,* G. Crès, 1916.

JEANNERET (commandant André) : *Pages de gloire des Chasseurs,* avec vingt planches hors-texte d'Edmond Lajoux, chez l'auteur, s.d.

PAYARD (colonel Pol) : *les Chasseurs à Pied,* préface du maréchal Franchet d'Esperey, Société des Editions militaires, Paris, 1930.

LA GOUTTE (lieutenant-colonel de) : *Annuaire de la Fédération nationale des Anciens Chasseurs,* FNAC, Paris, 1936.

Numéro spécial de la *Revue d'Histoire militaire,* n° 13, 1941.

Chasseurs, un siècle de gloire, numéro spécial de la revue *l'Armée française au combat,* édité par le ministère de la Guerre, 1945.

Numéro spécial de la *Revue historique de l'Armée,* n° 2, 1966.

MONTAGNON (colonel) : *Chasseurs à Pied,* Lavauzelle.

Le combat de Sidi-Brahim.

PERNOT (capitaine) : *Combat de Sidi-Brahim.* Ad. Weick, Saint-Dié, 1901.

CAFFIER (commandant) : *Au marabout de Sidi-Brahim,* Tallandier, 1905.

AZAN (lieutenant Paul) : *Récits d'Afrique, Sidi-Brahim,* Charles Lavauzelle, 1906.

CHRÉTIEN (lieutenant) : *Pèlerinage au marabout de Sidi-Brahim,* Editions « Le Cor de Chasse », 1935.

Les chasseurs alpins avant 1914.

GAMBIEZ (lieutenant-colonel Eugène) : *L'alpinisme militaire,* 36 pages, Breynat, Grenoble, 1884.

ROCHAS (commandant de) : *L'origine des troupes alpines,* Baratier et Dardelet, Grenoble, 1891.
BESSON (docteur Armand) : *Quatre mois aux chasseurs alpins,* Tardy-Pigelet, Bourges, 1894.
BUTTET (commandant Marc de) : *Les Alpins,* Masson Frères, Thonon, 1894.
PARDIELLAN (de) : *Nos troupes alpines,* Paris, 1898.
PARQUIÉ (lieutenant-colonel) : *Marche en pays de montagne,* Paris, 1897.
TEZIER (pour les dessins) et SEGOND (pour le texte) : *Nos Alpins,* album humoristique, Librairie dauphinoise à Grenoble et J. Groux et Cie à Paris, 1898.
BREGEAULT (G.) : *Les chasseurs alpins,* Chamerot et Renouard, 1899.
MARGUERITTE (Paul et Victor) : *Le poste des neiges,* roman, 1899.
DUHAMEL (Henry) : *Au pays des Alpins,* deux éditions : in 4°, 1899 et in 16°, 1902. Très illustré de nombreuses photographies, Grenoble, librarie Dauphinoise ; Paris, Nilsson.
HENRY (lieutenant Georges) : *Nos Alpins en campagne* — sur l'artillerie de montagne, Lavauzelle, 1906.
B. (commandant) : *Les troupes alpines en Italie et en France,* Charles Lavauzelle, sans date.
X : Alpes et Alpins.
Trois articles de l'Annuaire du club alpin français :
- *Les troupes françaises de montagne,* 1893.
- *Notice sur les chasseurs alpins,* 1895.
- *Les chasseurs alpins* par Bregeault, 1898.
BLAZER (général) : *Mes souvenirs de montagne* — concerne surtout la période précédant la guerre de 1914-1918, Arthaud, 1929.
DELPÉRIER (Louis) : *Les premiers chasseurs Alpins 1887-1890.* Revue *Uniformes,* n° 67, 1982.
DELPÉRIER Louis) : *Les Chasseurs Alpins, 1890-1914.* Revue *Uniformes,* n° 73, 1983.
HUMBERT (général Jacques) : *La défense des Alpes 1860-1914,* dans la « Revue historique de l'Armée ».

La guerre de 1914-1918.

● *L'ouvrage capital reste :*
LAJOUX (Edmond) : *Les Chasseurs à Pied,* deux volumes, Edition d'Art, 1923. Chaque bataillon fait l'objet d'une importante notice de plusieurs pages. Très nombreuses illustrations de l'auteur.
THOMAS (Louis) : *Les diables bleus pendant la guerre de délivrance,* Perrin, 1916. Suite de récits s'arrêtant au printemps 1916.

● *Les « Historiques de bataillon » de la guerre 1914-1918 sont d'importance très inégale. En ce qui concerne les douze bataillons d'active de 1914, l'auteur a notamment consulté :*
— *Historique du 6ᵉ bataillon alpin de Chasseurs à Pied,* 170 pages, Chapelot.
— *Historique du 7ᵉ bataillon de Chasseurs Alpins,* 60 pages, imprimerie générale, Grenoble, 1923.
— *Historique du 11ᵉ bataillon de Chasseurs Alpins,* 46 pages, imprimerie Dormann, Etampes, 1920.
— *Historique du 12ᵉ bataillon de Chasseurs Alpins,* 376 pages, Lavauzelle, 1920.
— *Historique du 13ᵉ bataillon de Chasseurs Alpins,* 56 pages, Chambéry, imprimerie chambérienne, 1920.
— *Historique du 13ᵉ bataillon de Chasseurs Alpins de Chambéry* par M. Finas, Editions A. et P. Jarach, 1950. Les 180 premières pages sont consacrées à la guerre 1914-1918.

— *Historique du 14e bataillon alpin de Chasseurs à Pied,* 1912-1918, 60 pages.
— *Historique succinct du 22e bataillon de Chasseurs Alpins,* 42 *pages.*
— Pas d'Historique connu du 23e BCA.
— *Mémorial du 24e bataillon de Chasseurs Alpins,* Berger-Levrault, s.d.
— *Historique du 27e bataillon alpin de Chasseurs à Pied,* 47 pages, Berger-Levrault.
— *Pages de gloire du 28e bataillon de Chasseurs Alpins,* 152 pages, Berger-Levrault, 1921.
— *Le 30e bataillon de Chasseurs Alpins pendant la Grande Guerre,* 190 pages, Berger-Levrault, 1923.

● *Ces historiques sont complétés par un certain nombre de livres de souvenirs :*

BERTRAND (lieutenant) : *Carnets de route d'un officier d'Alpins,* (6e BCA), deux volumes, I : août-septembre 1914 et II : octobre-novembre-décembre, 1914, Berger-Levrault, 1915.

BRUNON (Raoul) : *Lettre d'un soldat de la Grande Guerre* (6e BCA), Marseille, 1920.

BELMONT (capitaine Ferdinand) : *Lettres d'un officier de Chasseurs Alpins,* (11e BCA), Librairie Plon, 1917.

BOUTLE (colonel) : *Deux mois de campagne dans les Vosges, août et septembre 1914* (13e BCA), Coueslant, Cahors, 1917.

DELERS (Marcel) : *Fournaises* (14e BCA), Marcel Gilly, 1920.

ARTHUS (capitaine) : *Prise du bois Croisette (Somme) par la 1re compagnie du 14e BCA,* Berger-Levrault, 1938.

ANDRIEU (Richard) : *Sous les pignates,* (24e BCA), Vosges 1915.

DIDE (Maurice) : *Ceux qui combattent et ceux qui meurent* (24e BCA), Payot, 1916.

VIDAL (Gaston) : *Figures et anecdotes de la Grande Guerre* (30e BCA). La Renaissance du Livre, s.d.

● *On peut y ajouter d'autres souvenirs publiés dans la revue « Le Cor de Chasse », dans la rubrique « Histoire et Traditions » dirigée par le colonel Defrasne, et notamment :*

MANHÈS (général) : *La 6e compagnie du 7e BCA à l'Hilsenfirst.*

GIRAUD (professeur) : *La bataille des frontières en Lorraine vue par un médecin auxiliaire du 23e BCA.*

OMEZON (capitaine D') : *Dix mois de guerre au 24e BCA* (1914-1915).

TOUCHON (général) : *A la Tête-de-Faux* (28e et 30e BCA).

● *En ce qui concerne les combats des Vosges, notamment en 1915 :*

Deux volumes ont paru sur la division *l'Alsacienne.*

BOYER-RESSÈS (colonel) : *Le général de Maud'huy,* Ed. Le Cor de Chasse, 1931.

Guide Michelin : *L'Alsace et les combats des Vosges,* deux volumes, Clermont-Ferrand, 1920.

ARMAU DE POUYDRAGUIN (général) : *La bataille des hautes Vosges,* Payot, 1937.

DURAND (M.J.) : *Nos diables bleus, récits de guerre dans les Vosges,* 48 pages, Larousse, s.d.

DURLEWANGER (Armand) : *Le drame du Linge,* Editions SAEP, Ingersheim, Colmar, s.d.

TISSERAND (François) : *Le Linge, tombeau des Chasseurs,* (30e et 70e BCA), Berthod, Bourg, 1969.

JOURDAN (sergent-major Noël) (30e BCA) : *La bataille du Linge,* Mémorial du Linge, s.d.

Bretteville (commandant) : *Les Vosges et les combats du Linge, juillet-août 1915,* chez l'auteur, s.d.
Bordeaux (Henry) : *Vie et mort du général Serret,* Plon, 1927.
Marteaux (Pierre) : *Diables rouges, diables bleus à l'Hartmannswillerkopf,* Payot, 1937.
Martin (aspirant) : *Le Vieil-Armand,* Payot, 1936.
Goetz (Lucien) : *L'Hartmannswillerkopf,* Berger-Levrault.
Dupuy (chef d'escadron) : *La lutte pour l'Hartmannswillerkopf,* Berger-Levrault, 1932.

• *Sur la dernière année de la guerre :*
Mangin (général E.) : *Les chasseurs dans la bataille de France (47e division, juillet-novembre 1918),* Payot, 1935.
Vuillermet (Père) : *Avec les Alpins,* Lethielleux, 1918.

la guerre en montagne.

Defrasne (colonel J.) : *Les troupes de montagne,* Encyclopédie de la Montagne n° 115, Editions Atlas.
Revol (général J.) : *La guerre en montagne au* XXe *siècle,* Charles Lavauzelle, 1956.
Bordeaux (général P.E.) : *A travers les Alpes militaires,* Grenoble, 1928.
Touchon (Robert) et Drevet (Joanny) : *Trois Noëls alpins,* Didier et Richard, Grenoble, 1939.
Bethouart (commandant) : *Le livre de l'Alpin,* Lavauzelle, 1933.
Baschet (Eric) : *Chasseurs et Alpins,* préface de Frison-Roche, collection ECPA, 1982.
Pochard (colonel) : *Les bataillons alpins,* chez l'auteur en Savoie. (Recueil d'articles parus dans la revue *le Cor de Chasse.*)

La guerre de 1939-1940.

• *Il n'existe pas en général d'historique des bataillons comme pour la guerre 1914-1918. On se reportera donc soit à des historiques généraux (notamment pour le 7e, le 13e, le 24e et le 27e BCA), soit à des récits publiés sous forme de livres et d'articles. (La bibliographie sur l'expédition de Norvège est regroupée plus loin.)*

Delcros, Pollet et Bel : *Bataillon de fer... Bataillon d'acier,* Historique du 7e BCA (et du 47e BCA), Lavauzelle, 1953.
Carcassonne (capitaine) : *La fin glorieuse du 7e BCA,* article paru dans *le Cor de chasse.*
Pailloncy (abbé) : *Le 7e BCA sur l'Ailette,* article paru dans « les Cahiers de Savoie », janvier-mars 1966.
Anonyme : *Le 9e bataillon de Chasseurs Alpins pendant la guerre 1939-1940,* 34 pages.
Finas (M.) : *Historique du 13e bataillon de Chasseurs Alpins de Chambéry (Savoie),* Editions A. et P. Jarach, 1950. 270 pages dont environ un tiers sur 39-40.
Fejoz (Henri) : *Une page d'héroïsme écrite en lettres de sang* (13e BCA), chez l'auteur, à Chambéry, 1973.
Vincent (Edouard) : *Avec le 15e BCA, notes de guerre,* chez l'auteur.
Anonyme : *Le 23e bataillon de Chasseurs Alpins au cours de la campagne contre l'Allemagne, 1939-1940,* notice ronéotypée tirée à cent exemplaires, ne constitue pas un historique officiel.
Turpin (Michel) et Maloire (Albert) : *Le 24e bataillon de Chasseurs, Bataillon de la Garde impériale,* Berger-Levrault, 1959.

ROUCAUD (lieutenant-colonel) : *L'odyssée douloureuse du 25e BCA (mai-juin 1940)*, article paru dans *le Cor de Chasse.*

LA BASTIE (capitaine de) : *Sous la tenue bleue du 27e BCA*, Lyon, 1951.

MAZAUD (lieutenant-colonel) : *Les diables bleus du 27e BCA dans la campagne de France*, Hérisson, Annecy, 1941.

DEFRASNE (colonel J.) : *L'épopée du 28e BCA en juin 1940*, série d'articles parus dans *le Cor de Chasse.*

GIRAUD (Henri) : *La 19e DI et le 141e RIA au feu, 39-40* (concerne les 24e, 25e et 65e BCA). Marseille, Lecomte, 1941.

SERTAY (Jacques) : *Des chasseurs dans la débâcle*, les lettres françaises à Beyrouth, 1942. Concerne surtout le 19e BCP que l'auteur nomme à tort 19e BCA.

● *Sur l'expédition de Norvège :*

MORDAL (Jacques) : *L'expédition de Norvège*, Editions Self, 1949.

KERSAUDY (François) : *Stratégies et Norvège 1940*, Hachette, 1977.

CHEYRON DU PAVILLON (Raymond du) : *Les dessous de l'expédition de Norvège 1940*, Arthaud, 1976. (Du même auteur *Treize jours à Namsos* est épuisé.)

NESQUE (Olivier) : *L'Expédition de Namsos*, P. Besacier, Lyon, 1950.

MORDAL (Jacques) : *Narvik*, les Presses de la Cité.

WAAGE (Johan) : *La bataille de Narvik*, Robert Laffont, 1965.

HENCHE (Henri Chenavas) : *Combats par —30°*, (6e BCA), Arthaud, 1941.

TORRIS (J.M.) : *Narvik*, Fayard, 1942.

Des Hautes-Alpes à Narvik, le 14e BCA en Scandinavie, Cahier édité par le Centre Départemental de Documentation Pédagogique, 05000 Gap.

Narvik, victoire française, brochure anonyme de 32 pages, très illustrées, avec préface du général Béthouart.

BÉTHOUART (général) : *Les bataillons de Chasseurs en Norvège* dans « la Revue historique de l'Armée ».

LE GOYET (lieutenant-colonel) : *Les Chasseurs en Norvège* dans « la Revue Historique de l'Armée ».

AUDET (général) : *L'expédition de Norvège - Namsos février-mai 1940* dans « la Revue historique de l'Armée ».

● *Sur la guerre dans les Alpes :*

BOELLE (Jacques) : *Eclaireurs-skieurs au combat, 40-45* (première partie), Arthaud, Grenoble, 1946.

AZEAU (Henri) : *La guerre franco-italienne, juin 1940*, Presses de la Cité, 1967.

PLAN (général E.) et LEFÈVRE (Eric) : *La bataille des Alpes, 10-25 juin 1940*, Lavauzelle, 1982.

La Résistance.

● *Généralités :*

NOGUÈRES (Henri), avec la collaboration de DEGLIAME-FOUCHÉ (Marcel) et VIGIER (Jean-Louis) : *Histoire de la Résistance en France*, cinq volumes parus, Robert Laffont, 1967 et suivantes.

GILBERT (Charles) : *Soldats bleus dans l'ombre*, Editions du Cercle d'Or.

GILBERT (Charles) : *La montagne héroïque*, le Cercle d'Or, 1980.

GILBERT (Charles) : *La montagne libérée*, le Cercle d'Or, 1981.

VISTEL (Alban) : *La nuit sans ombre*, Fayard, 1970.

SYLVESTRE (Paul et Suzanne) : *Chronique des maquis de l'Isère*, Editions des Quatre Seigneurs, Grenoble.

MONNET (Jean) : *Dans le maquis de Haute-Savoie,* Gardet-Garin, Annecy.
BÉRAUD (commandant) : *Edelweiss,* la guerre de 39-45 en Briançonnais, Queyras et Ubaye, Société d'Etudes des Hautes-Alpes, à Gap.

● *Sur la France Libre :*
SICARD (Jacques) : *Les Chasseurs de la France Libre* (1940), revue *Uniformes* nos 71 et 78.
DESTIEU (J.) : *Chasseur de la France Libre,* roman historique, 1978.

● *Sur les Glières et le 27e BCA :*
MUSARD (François) : *Les Glières,* Robert Laffont, 1965.
TRUFFY (J.) : *Mémoires du curé du maquis de Glières,* Editions Atra, Paris, 1979.
JOURDAN (Louis), HELFGOTT (Julien) et GOLLIET (Pierre) : *Glières, Haute-Savoie,* Association des Rescapés des Glières, Annecy, 1967.
METRAL (Alphonse) : *Les Glières, 1944.* « Revue historique de l'Armée ».

● *Sur le Vercors et les 6e, 12e et 14e BCA :*
DALLOZ (Pierre) : *Vérités sur le drame du Vercors,* Fernand Lanore, Paris, 1979.
DREYFUS (Paul) : *Histoire de la Résistance en Vercors,* Arthaud, Paris, 1975.
DREYFUS (Paul) : *Vercors, citadelle de la liberté,* Arthaud, Paris, 1969.
TANANT (Pierre) : *Vercors, Haut-lieu de France,* Lavauzelle, 1983 (réédition).
LA PICIRELLA (Joseph) : *Mon journal du Vercors,* Nouvelles imprimeries, Lyon, 1951.
LA PICIRELLA (Joseph) : *Témoignages sur le Vercors,* chez l'auteur, Lyon, 1977.
BELLEDONNE (Pierre) : *Féret, héros obscur,* Prudhomme, Grenoble, 1952.
JOSEPH (Gilbert) : *Combattant du Vercors,* Fayard, 1972.
DOUILLET (Jacques) : *Valchevrière, le chemin de croix du Vercors,* Prisma, 1950.
PRÉVOST (Mme Jean) et ROUVIÈRE : *Vercors, atrocités allemandes,* Sencol, Clichy, 1945.
YELNIK (Odile) : *Jean Prévost, portrait d'un homme,* présenté par Vercors, Fayard, 1979.
LEFÈVRE (Eric) : *Les maquis du Vercors,* A la Une, no 80, Editions Atlas, 1980.
PERSON (Michael) : *Tears of Glory, The betrayal of Vercors 1944,* Mac Millan, London, 1978.
COSTA DE BEAUREGARD (général) : *Le Vercors, juin 1944, projets et réalités,* « Revue historique de l'Armée », no 4, 1972.
DEFRASNE (colonel) : *1942-1944, l'épopée du Vercors,* « Revue historique de l'Armée », numéro spécial sur les Chasseurs à Pied. Article dans *le Cor de Chasse* sur l'inauguration le 20 mai 1979 du quartier « de Reyniès » à Varces avec discours du colonel Tanant.
REY (lieutenant) : *le Commandant Albert de Reyniès.*

● *Sur le capitaine Bulle et le futur 7e BCA :*
FRISON-ROCHE : *Les Montagnes de la nuit,* roman dont le héros Rivier s'inspire de Bulle.

Amicale des Anciens du 7e BCA : *Vie et mort du capitaine Bulle.*
Arbaumont (Jean d') : *Entre Glières et Vercors, vie et mort du capitaine Bulle,* Gardet, éditeur, Annecy, 1972.
Ploton (abbé) : *Quatre années de résistance à Albertville,* Ch. Bonneau, Albertville, 1946.

● *Sur la compagnie Stéphane et le futur 15e BCA :*
Poitau (capitaine) : *Guérilla en montagne,* « Revue historique de l'Armée ».
La compagnie Stéphane, brochure publiée à l'occasion du trentième anniversaire de la mort du capitaine Poitau, Ecole d'imprimerie du Lycée Jean-Bart à Grenoble, 1982.
Journal de marche de la compagnie Stéphane — inédit.
Ploton (M. le curé) : *FFI Grésivaudan, la compagnie Stéphane,* manuscrit inédit, 44 pages.
« Cousin », *Mémoires d'un ancien de la compagnie Stéphane*, manuscrit inédit.

La campagne d'Allemagne.

Ruby (Pierre) : *Du maquis à l'Arlberg,* la 3e compagnie du 20e BCA, journal de marche, de la mi-septembre 1944 à la mi-mai 1945, s.d.

La campagne des Alpes 1944-1945.

Azeau (Henri) : *la Lutte pour les Alpes, les deux Savoies,* Presses de la Cité, 1968.
Doyen (général) : *la Campagne du détachement d'armée des Alpes, mars-avril 1945,* Arthaud, 1948.
Boell (Jacques) : *Eclaireurs-skieurs au combat, 40-45* (deuxième partie), Arthaud, Grenoble, 1946.
Courbe-Michollet (capitaine) : *Combat sur les Alpes, avec les chasseurs alpins des 7e, 13e et 27e BCA,* préface du colonel Valette d'Osia, Thonon-les-Bains, 1947.
Anonyme : *La demi-brigade de l'Isère : 6e, 11e et 15e BCA,* s. d.
Le Ray (chef de bataillon A.) : *Opérations de détail en haute montagne d'hiver.* Trois parties : Stabilisation du Front à l'automne en Haute-Maurienne, L'hivernage et attaques d'avril 1945 contre le saillant du Mont-Cenis, dans *Revue militaire d'information* nos 156, 157, 159 et 140.
Divers articles de la revue *le Cor de Chasse,* notamment sur les combats du Mont-Froid (11e BCA) du Roc de Belleface (7e BCA) et du Roc-Noir (13e BCA).

L'Indochine, l'Algérie et la période actuelle.

Sur la compagnie Desserteaux en Indochine, plusieurs articles dans *le Cor de Chasse* par le lieutenant-colonel Angelini (Charles). Voir également : *Historique du bataillon de marche du 110e régiment d'infanterie.*
Sur les neuf bataillons de Chasseurs Alpins en Algérie entre 1954 et 1964, il n'existe qu'un seul livre, à notre connaissance :
Enria (Roger) : *Mon poste en Kabylie,* chez l'auteur.

Sur la période actuelle, l'activité des bataillons de Chasseurs, notamment Alpins, est régulièrement suivie dans la revue *le Cor de Chasse.*

Journaux, revues et bulletins.

Les *Cahiers d'information des troupes de montagne,* publiés après la guerre, ont cessé leur parution après une trentaine de numéros.

La source d'information la plus précieuse se trouve dans *le Cor de Chasse,* FNAC, 5, rue Lincoln, 75008 Paris, et notamment dans la rubrique « Histoire et traditions », animée par le colonel Defrasne.

Il est malheureusement très difficile de se procurer les journaux de corps et les bulletins des amicales d'anciens des différents bataillons de Chasseurs Alpins. C'est d'autant plus regrettable qu'on y trouve souvent des récits inédits du plus grand intérêt historique et anecdotique.

Notamment : *L'Hirondelle* (6e BCA), *Notre Fanion* (7e BCA), *L'Edelweiss* (12e et 14e BCA), *L'Arc-en-ciel* et *La Voix du Cor* (13e BCA), *Au Dauphin* (14e BCA), *L'Alsacienne* (15e BCA), *Nul ne craint* (22e BCA), *El Adrar* et *Le Cor* (27e BCA), *L'Eclaireur-skieur* (anciens des SES), *Bulletin de l'Amicale des combattants de Narvik, Alsace-Norvège-Somme* (13e, 53e et 67e BCA).

Un certain nombre de ces bulletins ont aujourd'hui disparu. Et plusieurs amicales ont pris la décision de les publier dans les colonnes du *Cor de Chasse.*

Musée.

Le musée des Traditions Chasseurs, inauguré le 10 octobre 1965, se trouve au vieux fort de Vincennes, berceau des Chasseurs à Pied. Il est ouvert le mercredi de 10 h à 12 h 30 et de 14 h à 18 h, ainsi que le premier et le troisième samedi de chaque mois de 14 h à 17 h. On y trouve l'urne des cendres du Tombeau des Braves de Sidi-Brahim, ramenée d'Algérie, et de très nombreux souvenirs des bataillons bleus de 1840 à nos jours.

L'auteur remercie son conservateur, M. Bacigalupo de l'accueil qui lui a toujours été réservé.

Il remercie également, pour l'aide qu'ils ont bien voulu lui apporter dans ses recherches, le président Muron et tous les animateurs de la Fédération nationale des Anciens Chasseurs.

TABLE

ACHEVÉ D'IMPRIMER LE
10 FÉVRIER 1984 SUR
LES PRESSES DE LA
SIMPED A EVREUX POUR
LES PRESSES DE LA CITÉ
ÉDITEUR A PARIS

Numéro d'impression : 7467
Numéro d'édition : 4855
Dépôt légal : février 1984